EL CORDERO Y EL LEÓN

Una introducción al Nuevo Testamento

ANDREAS J. KÖSTENBERGER
L. SCOTT KELLUM
CHARLES L. QUARLES

EL CORDERO
Y EL LEÓN

Una introducción al Nuevo Testamento

ANDREAS J. KÖSTENBERGER
L. SCOTT KELLUM
CHARLES L. QUARLES

B&H
ESPAÑOL
NASHVILLE, TN

El Cordero y el León: Una introducción al Nuevo Testamento

Copyright © 2021
por Andreas J. Köstenberger, L.Scott Kellum y Charles L.Quarles

Todos los derechos reservados.
Derechos internacionales registrados.

B&H Publishing Group
Nashville, TN 37234

Diseño de portada por B&H Publishing Group.
Imágen «Agnus Dei the Lamb of God» por Francisco de Zurbaran,
c 1635-1640, San Francisco Museum of Art; image © Alamy Stock Photo.

Director editorial: Giancarlo Montemayor
Coordinadora de proyectos: Cristina O'Shee

Clasificación Decimal Dewey: 255.07
Clasifíquese: BIBLIA N.T. ESTUDIO Y ENSEÑANZA/ BIBLIA N.T. — CRÍTICA / BIBLIA N.T. COMENTARIO

Ninguna parte de esta publicación puede ser reproducida ni distribuida de manera alguna ni por ningún medio electrónico o mecánico, incluidos el fotocopiado, la grabación y cualquier otro sistema de archivo y recuperación de datos, sin el consentimiento escrito del autor.

Las citas bíblicas marcadas RVR1960 se tomaron de la versión *Reina-Valera 1960*® © 1960 por Sociedades Bíblicas en América Latina; © renovado 1988 Sociedades Bíblicas Unidas. Usadas con permiso. *Reina-Valera 1960*® es una marca registrada de las Sociedades Bíblicas Unidas y puede ser usada solo bajo licencia.

Las citas bíblicas marcadas NVI se tomaron de La Santa Biblia, Nueva Versión Internacional®, © 1999 por Biblica, Inc.®. Usadas con permiso. Todos los derechos reservados.

ISBN: 978-1-0877-3815-4

Impreso en EE. UU.
1 2 3 4 5 * 24 23 22 21

Índice

Prefacio	vii
PRIMERA PARTE: INTRODUCCIÓN	1
Capítulo 1: La naturaleza y el alcance de las Escrituras	2
Capítulo 2: Antecedentes políticos y religiosos del Nuevo Testamento	20
SEGUNDA PARTE: JESÚS Y LOS EVANGELIOS	39
Capítulo 3: Introducción a Jesús y los Evangelios	40
Capítulo 4: El Evangelio según Mateo	55
Capítulo 5: El Evangelio según Marcos	78
Capítulo 6: El Evangelio según Lucas	89
Capítulo 7: El Evangelio según Juan	107
TERCERA PARTE: LA IGLESIA PRIMITIVA Y PABLO	125
Capítulo 8: El Libro de los Hechos	126
Capítulo 9: Introducción a Pablo y sus cartas	143
Capítulo 10: Carta de Pablo a los Gálatas	155
Capítulo 11: Correspondencia de Pablo con los Tesalonicenses: 1-2 Tesalonicenses	167
Capítulo 12: Correspondencia de Pablo con los Corintios: 1 y 2 Corintios	181
Capítulo 13: Carta de Pablo a los Romanos	212
Capítulo 14: Epístolas de la Prisión: Filipenses, Efesios, Colosenses y Filemón	236
Capítulo 15: Epístolas pastorales: 1 y 2 Timoteo, Tito	271
CUARTA PARTE: LAS EPÍSTOLAS GENERALES Y APOCALIPSIS	293
Capítulo 16: Carta a los Hebreos	294
Capítulo 17: Carta de Santiago	316
Capítulo 18: Epístolas petrinas (1-2 Pedro) y la carta de Judas	331
Capítulo 19: Epístolas de Juan: 1-3 Juan	364
Capítulo 20: El libro de Apocalipsis	382
Glosario	405
Índice de Nombres	420
Índice Temático	424
Índice de las Escrituras	429

Prefacio

PARA LOS CREYENTES que ven las Escrituras como la autoridad de su fe y su práctica, el N.T., con sus 27 libros, presenta tanto un maravilloso tratado dado por Dios, un tesoro de ideas espirituales y un formidable desafío para una interpretación fiel y precisa. Sin duda que «toda la Escritura es inspirada por Dios, y útil para enseñar, para redargüir, para corregir, para instruir en justicia, a fin de que el hombre de Dios sea perfecto, enteramente preparado para toda buena obra» (2 Tim. 3:16-17), pero para estar preparado, el estudiante de la Escritura debe seguir la exhortación de Pablo: «Procura con diligencia presentarte a Dios aprobado, como obrero que no tiene de qué avergonzarse, que usa bien la palabra de verdad» (2 Tim 2:15). Esta diligencia requerida para una comprensión correcta de la «palabra de verdad» de Dios implica un conocimiento profundo de los aspectos históricos, literarios y teológicos de los diversos escritos del N.T.

RESUMEN DEL TÍTULO Y CONTENIDO

Título

El León y el Cordero, por supuesto, es Jesús, el que vino a morir por nuestros pecados en la cruz de acuerdo con la profecía mesiánica del A.T. (por ejemplo, Isa. 52:13-53:12) y el que volverá triunfante para consumar el reino de Dios (Apoc. 19). Como en el caso de su predecesor, *La cuna, la cruz y la corona*, el presente volumen abarca la literatura del N.T. desde los Evangelios (donde Jesús es representado como el Cordero de Dios; Juan 1:29,36) hasta el Libro del Apocalipsis (que presenta a Jesús como el Cordero que fue inmolado y que regresará como el León de Judá). En un formato conciso pero completo, el presente volumen explora el escenario original de cada escrito del N.T., se dedica a un estudio cuidadoso de los documentos en un formato de unidad por unidad, y cierra con puntos de aplicación relevantes.

La naturaleza de la Escritura

La primera parte de este libro intenta establecer el escenario para el estudio posterior mediante una discusión de los temas fundamentales más críticos para la interpretación del N.T.: (1) la naturaleza y el alcance de las Escrituras (cap. 1); y (2) el trasfondo político y religioso del N.T. (cap. 2). Es vital para todos los estudiantes de la Escritura tener una comprensión adecuada de la *doctrina* de la Escritura, por lo que el capítulo 1 discute la formación del canon del N.T., su inspiración e inerrancia, la preservación y transmisión de la Biblia a lo largo de los siglos, y cuestiones referentes a la traducción de la Escritura.

Desafortunadamente, este tipo de instrucción doctrinal es cada vez más descuidado en muchas publicaciones sobre el tema en nuestros días. Pero la juzgamos absolutamente vital porque solo comprendiendo la Escritura como revelación divina, conforme a sus propias pretensiones, podremos proseguir nuestro estudio hasta el fin pretendido: la aplicación de la «palabra de verdad» a nuestra vida personal y a nuestras relaciones con los demás.[1] Dios se ha revelado en Su Palabra inspirada, y como la Biblia es la palabra escrita de Dios, es por lo tanto inerrante, digna de confianza y autorizada, y requiere obediencia y aplicación personal (Sant. 1:22-25). De hecho, el propósito de la Escritura es «… instruir en justicia, a fin de que el hombre de Dios sea perfecto, enteramente preparado para toda buena obra» (2 Tim. 3:16-17).

En este sentido, es nuestro deseo que este libro sea más que una compilación insípida y académica de fechas y hechos. Ciertamente, el estudio de la Escritura requiere diligencia, es decir, esfuerzo, pero lo que debe motivar nuestros esfuerzos es la recompensa al final de nuestra investigación: una mejor comprensión de la historia, la literatura y la teología de los escritos del N.T. con el propósito de cultivar, en el poder del Espíritu Santo, una vida espiritual más profunda en nosotros mismos, nuestras familias y nuestras iglesias. Esto, a su vez, resultará en una proclamación más auténtica y autorizada del mensaje bíblico para que el reino de Dios pueda avanzar en este mundo y para que otros puedan estar sujetos a Su reinado en sus vidas.

Los antecedentes del Nuevo Testamento

A medida que nos acercamos a nuestro estudio del N.T., necesitamos familiarizarnos con el trasfondo político y religioso del N.T. (el contenido del capítulo 2). Este es un ingrediente que no siempre se encuentra en las introducciones estándar del N.T., una omisión que al impartir cursos de estudio del N.T. en el pasado nos ha hecho buscar otros recursos para preparar adecuadamente a nuestros estudiantes para entrar en el mundo del N.T. En este capítulo cubrimos el final de la historia del A.T. (los exiliados de Israel y Judá, los últimos profetas); el período entre los Testamentos (los griegos, los macabeos y los romanos); y el entorno político del ministerio de Jesús (las sectas judías, la dinastía herodiana, etc.). También proporcionamos un estudio de la literatura del Segundo Templo y discutimos temas teológicos y filosóficos relevantes.

Historia, literatura y teología

Una vez que se ha sentado esta base, analizaremos cada libro del N.T. usando el mismo patrón, que se llama «tríada hermenéutica» en *Invitation to Biblical Interpretation*[2]

---

[1] Ver el artículo clásico de W. A. Grudem, «*Scripture's Self-Attestation and the Problem of Formulating a Doctrine of Scripture*» [«El testimonio propio de las Escrituras y el problema de formular una doctrina de las Escrituras»], en *Scripture and Truth* [Escritura y verdad], ed. D. A. Carson y J. D. Woodbridge (Grand Rapids: Zondervan, 1983), 19-59.

[2] Ver A. J. Köstenberger y R. D. Patterson, *Invitation to Biblical Interpretation: Exploring the Hermeneutical Triad of History, Literature, and Theology* [Invitación a la interpretación bíblica: Explorar la triada hermenéutica de la historia, la literatura y la teología] (Grand Rapids: Kregel, 2011); comp. N. T. Wright, *The New Testament and the People of God*,

[Invitación a la interpretación bíblica] de Köstenberger y Patterson: (1) historia (incluyendo la autoría del libro, fecha, procedencia, destino, etc.); (2) literatura (género, plan literario, bosquejo, discusión unidad por unidad); y (3) teología (temas teológicos, contribución al canon). De acuerdo con las tres grandes divisiones del canon del N.T., el material del cuerpo de este libro está organizado en las tres siguientes partes:

- Segunda parte: Jesús y los Evangelios, que incluye un capítulo sobre Jesús y la relación entre los cuatro Evangelios, así como introducciones a cada uno de ellos.
- Tercera parte: La Iglesia primitiva y Pablo, que incluye capítulos sobre el Libro de los Hechos; el ministerio y el mensaje del apóstol Pablo; y las 13 cartas canónicas de Pablo en un probable orden cronológico de escritura: Gálatas; 1-2 Tesalonicenses; 1-2 Corintios; Romanos; las Epístolas desde la prisión; y las Epístolas pastorales.
- Cuarta parte: Las Epístolas generales y el Apocalipsis, que se discuten en orden canónico (excepto que Judas se mantiene con las Epístolas petrinas debido a la estrecha relación de la carta con 2 Pedro): Hebreos; Santiago; 1-2 Pedro; Judas; 1-3 Juan; y Apocalipsis.

FUNDAMENTOS Y DISTINTIVOS

Razón de ser

Creemos, a partir de años de enseñanza tanto a nivel de licenciatura como de postgrado, que el patrón de organización del material descrito anteriormente refleja mejor el crecimiento orgánico del material del N.T. Permite al profesor de aula (1) cubrir el material de la fuente, es decir, la doctrina de las Escrituras, el trasfondo del N.T., y Jesús y los Evangelios; y (2) utilizar la plantilla proporcionada por el Libro de los Hechos como base para un estudio del ministerio y los escritos del apóstol Pablo y los otros testigos del N.T.

Aunque el N.T. es una colección de escritos, un conjunto de literatura, que debe ser apreciado en la secuencia en que se da, también refleja un plan histórico. Pasa de la promesa de Dios de un Mesías como se describe en el A.T., a la venida de ese Mesías como se describe en los Evangelios, al crecimiento de la Iglesia primitiva como se narra en el Libro de los Hechos y en las cartas del N.T., y a la consumación de la historia humana con el regreso de Cristo como se anticipa en el Apocalipsis.[3]

Para dar solo un ejemplo, será útil que el estudiante entienda que Pablo escribió la Epístola a los Gálatas varios años antes que su Carta a los Romanos, de modo que la «controversia judaizante» que rodea a la circuncisión (discutida en Gálatas) puede verse como el telón de fondo de la posterior formulación más general del evangelio en el Libro de los Romanos. También será útil relacionar tanto Gálatas como Romanos con los acontecimientos del

---

Christian Origins and the Question of God 1 [El Nuevo Testamento y el pueblo de Dios, orígenes del cristianismo y la pregunta de Dios] (Minneapolis: Fortress, 1992).

[3] Ver el capítulo «Evangelios, Hechos, Epístolas y Apocalipsis: El cumplimiento del Antiguo Testamento en el Nuevo Testamento», en Köstenberger y Patterson, *Invitation to Biblical Interpretation* [Invitación a una interpretación bíblica].

Libro de los Hechos y con otros acontecimientos de la historia de los primeros cristianos y del ministerio de Pablo.

Distintivos

El León y el Cordero representa un resumen de *La cuna, la cruz y la corona*. En casi 1000 páginas, la introducción completa del N.T. contiene no solo información básica, sino también conocimientos intermedios y avanzados. *El León y el Cordero*, por el contrario, se centra en los conocimientos básicos de introducción para cada libro del N.T. Típicamente, un capítulo comienza presentando el conocimiento básico presentado en el capítulo, así como los hechos clave y un resumen de la contribución del libro al canon. A esto le sigue una discusión de la información histórica del libro sobre el autor, la procedencia, el destino, la fecha, la ocasión y el propósito. Después de esto viene una sección sobre el plan literario del libro, incluyendo un bosquejo y una discusión detallada unidad por unidad. Muchos encontrarán esta discusión unidad por unidad particularmente valiosa, pues brinda un resumen completo del contenido del libro. El componente final es un estudio de los principales temas teológicos de un determinado libro del N.T., seguido de puntos de aplicación, preguntas de estudio y recursos para un estudio más profundo.

En comparación con *La cuna, la cruz y la corona*, se han omitido las discusiones sobre los retos críticos para la autoría tradicional de un libro, los tratamientos de reordenamiento literario o teorías de partición y otros tipos de material igualmente avanzados. Parte de la información sobre el escenario histórico original se ha condensado para centrarse en los aspectos más relevantes de los asuntos introductorios de un libro del N.T. Se han conservado en su totalidad los debates unidad por unidad, y se ha hecho una selección de los temas teológicos más importantes. Una característica completamente nueva de *El León y el Cordero* son los puntos de aplicación, que se proporcionan para sugerir posibles formas en las que se puede aplicar la enseñanza de un libro del N.T. en particular a tu vida y a la vida de las personas de tu congregación. En general, hemos tratado de retener la mejor y más importante información que se encuentra en *La cuna, la cruz y la corona*, mientras que nos centramos en los conocimientos esenciales y en la selección de las discusiones más avanzadas. Dicho esto, una vez más nos hemos propuesto producir un volumen con los siguientes distintivos:

1. *Fácil de usar*. Hemos escrito pensando en el profesor y en el estudiante. Este libro es profundo pero accesible; es útil como texto para las clases de estudio del N.T. en la universidad. Las características de uso fácil incluyen preguntas de estudio y recursos para un estudio más profundo al final de cada capítulo. Un breve glosario se encuentra en la parte posterior del volumen.
2. *Completo*. Este libro cubre todo el canon del N.T., el trasfondo, a Jesús, los Evangelios, la Iglesia primitiva y los escritos de Pablo en orden de composición, las Epístolas generales y el Apocalipsis. Estudiar las cartas de Pablo en el orden en que fueron escritas ayuda a integrarlas con el marco histórico de los Hechos.

3. *Conservador.* Los tres escritores de este libro afirman que los 27 libros del N.T. fueron escritos por las personas a las que se les atribuye (los cuatro Evangelios, las cartas). Hemos incluido una fuerte defensa de la autoría apostólica de Mateo y Juan y una refutación del supuesto seudónimo de las cartas de Pablo y Pedro, especialmente las pastorales y 2 Pedro.
4. *Equilibrado.* Hemos intentado seguir un procedimiento hermenéutico sólido, modelando el estudio de cada libro del N.T. en su contexto histórico, literario y teológico. Por lo tanto, este volumen es más (aunque no menos) que una simple introducción al N.T. que trata de los temas introductorios de autoría, fecha, procedencia, destino, etc.
5. *Actualizado.* Este volumen incluye una amplia interacción académica tanto con los estudiosos más antiguos como con los más recientes, centrándose en las fuentes de lengua inglesa. Cuando es apropiado, recurrimos a los recientes avances en el estudio literario de las Escrituras, siguiendo un enfoque de análisis narrativo o de discurso para trazar los contenidos de varios libros del N.T.
6. *Alimento espiritual orientado a la aplicación.* El estilo de la escritura busca consistentemente nutrir la espiritualidad del estudiante y anima a la aplicación de lo aprendido en lugar de proveer una presentación árida de hechos para ser dominados meramente a nivel cognitivo. Esto se refleja especialmente en los debates unidad por unidad, las secciones de temas teológicos y los puntos de aplicación al final del capítulo.

CONCLUSIÓN

Este libro representa el producto de la colaboración entre los tres autores. Además, Jason Meyer y Alan Bandy hicieron contribuciones sustanciales al escribir los primeros borradores formales de los capítulos sobre las Epístolas desde la prisión y el Libro de Apocalipsis. También hay que agradecer a Grant Taylor por su ayuda para abreviar los capítulos 1-11. Andreas Köstenberger abrevió los capítulos restantes y sirvió como editor general de la producción de *El León y el Cordero* en su totalidad. También escribió todos los puntos de aplicación al final de los respectivos capítulos bíblicos. Como autores estamos agradecidos con nuestras esposas y familias por su apoyo y a nuestros estudiantes que dieron su opinión sobre partes de este libro en varias etapas del proceso. También agradecemos a Jim Baird, el editor, por su liderazgo visionario y su fuerte apoyo, y a Chris Cowan por sus esfuerzos para llevar este proyecto a través de las diversas etapas de producción.

A medida que lanzamos este libro al público, somos muy conscientes de las limitaciones asociadas a la producción de tal obra. En esta época de proliferación sin precedentes de literatura académica, ¿quién es adecuado para la tarea? No obstante, creemos que es un riesgo que vale la pena correr, ya que no se puede dejar de lado la tarea de ayudar a equipar a otra generación de estudiantes de la Biblia con una parte del conocimiento de «… las Sagradas Escrituras, las cuales te pueden hacer sabio para la salvación por la fe que es en Cristo Jesús» (2 Tim. 3:15). De este lado del cielo, nuestro conocimiento será necesariamente preliminar e incompleto: «Ahora vemos por espejo, oscuramente...» y anhelamos el día en que veamos a Jesús «cara a cara» (1 Cor. 13:12). Mientras tanto, les invitamos a unirse a nosotros para avanzar hacia la plena madurez cristiana (Fil. 3:12-14) mientras crecemos en el conocimiento y la gracia de nuestro Señor Jesucristo (2 Ped. 3:18). Que Dios se complazca en usar este volumen como una pequeña herramienta para ese digno y glorioso fin.

Primera Parte

INTRODUCCIÓN

ANTES DE EXAMINAR los Evangelios y el resto del N.T. en la segunda, tercera y cuarta partes de este volumen, es apropiado sentar las bases para el estudio de los escritos incluidos en el canon del N.T., considerando la naturaleza y el alcance de la Escritura (cap. 1) y estudiando el panorama de los antecedentes políticos y religiosos del N.T. (cap. 2). Esto es apropiado porque cuestiones como el alcance del canon del N.T., la inerrancia e inspiración de las Escrituras, así como su traducción y transmisión textual (crítica textual) constituyen temas preliminares importantes que tienen gran influencia en la interpretación de los libros incluidos en el N.T.

A menos que estas cuestiones se aborden adecuadamente, la introducción del N.T. se hace sin el fundamento adecuado, lo que da lugar a un vacío doctrinal que deja al estudiante en una posición precaria y vulnerable cuando se enfrenta a desafíos del canon de ciertos libros del N.T. o a una visión elevada de las Escrituras y su autoridad. Además, los Evangelios, los Hechos, las epístolas y el Libro del Apocalipsis no aparecieron en un vacío. Por esta razón es vital discutir los antecedentes políticos y religiosos que forman el telón de fondo para el estudio de los diversos escritos del N.T. Por lo tanto, la introducción comienza con el tratamiento de la naturaleza de las escrituras del N.T. y de sus antecedentes relevantes.

Capítulo 1
La naturaleza y el alcance de las Escrituras

CONOCIMIENTO ESENCIAL

Los estudiantes deben conocer los principales asuntos relacionados con la formación del canon, las doctrinas de la inerrancia y la inspiración, la transmisión textual del N.T. y las traducciones de la Biblia. Deben tener una comprensión básica de las principales figuras, los documentos involucrados y los temas tratados, incluyendo las fechas clave.

INTRODUCCIÓN

B. F. WESTCOTT señaló hace mucho tiempo que «un estudio general de la historia del canon forma parte necesaria de una introducción a los escritos del Nuevo Testamento».[1] Para muchos estudiantes, la discusión del canon (la cuestión de qué libros deben incluirse en la Biblia) parece discutible: el canon está cerrado y limitado a los libros que se encuentran en la Biblia. Pero un estudio del canon hace más que simplemente determinar los libros del A.T. y N.T. o proporcionar material para el debate académico. Proporciona una orientación básica de cómo la Biblia llegó a existir y por lo tanto nos conecta con mayor firmeza a los fundamentos de nuestra fe.

En este capítulo comenzamos un viaje a través del N.T. Su razón se traza a lo largo de líneas históricas. En nuestro recorrido, será una práctica sobre cada libro la discusión del canon neotestamentario bajo las rúbricas de la historia, la literatura y la teología. En primer lugar, en relación con la *historia*, echaremos un vistazo al proceso de canonización para responder a la pregunta: ¿por qué estos 27 libros? En segundo lugar, en lo que respecta a la *literatura* vamos a investigar la fiabilidad de la Biblia y discutir la pregunta: ¿es la Biblia hoy en día lo que se escribió originalmente? Por último, el canon está ligado

---

[1] B. F. Westcott, *A General Survey of the History of the Canon of the New Testament* [Panorama general de la historia del canon del Nuevo Testamento] (London: Macmillan & Co., 1896), 1. Westcott define el canon como «la colección de libros que constituyen la regla escrita original de la fe cristiana» (*Ibid.*, n1).

La naturaleza y el alcance de las Escrituras 3

significativamente a la *teología* de la Iglesia. Por lo tanto, responderemos a la pregunta: ¿cuál es la naturaleza del canon?

EL CANON DEL NUEVO TESTAMENTO: ¿POR QUÉ ESTOS 27 LIBROS?

Nuestro estudio del alcance y la extensión del N.T., el canon que conforma, se ocupa principalmente del reconocimiento de los escritos que contiene como Escritura cristiana con exclusión de todos los demás posibles candidatos. ¿Qué es un «canon»? En pocas palabras, la palabra «canon» viene de la palabra griega *kanōn*, que a su vez deriva de su equivalente hebreo *kaneh* y significa «regla» o «estándar».[2] El término finalmente llegó a referirse a la colección de las Escrituras cristianas.

La composición de los diversos escritos del N.T. tuvo lugar a partir de finales de los años 40 d.C. y continuó hasta el final del primer siglo. Posteriormente, estos libros fueron copiados y difundidos entre el creciente número de congregaciones cristianas en todo el Imperio romano, como lo atestigua la evidencia manuscrita disponible.

En general, el principal tema de debate hoy en día no es si el canon del N.T. es cerrado (es decir, fijo y por lo tanto inalterable); esto se supone ampliamente, aunque no universalmente. El debate se centra en la cuestión de cómo y cuándo tuvo lugar el cierre del canon. El marco temporal en el que se produjo este proceso de canonización abarca desde el período de la Iglesia primitiva hasta los concilios eclesiásticos de los siglos IV y V.[3]

El testimonio del Nuevo Testamento

El canon del N.T. puede ser considerado tanto desde una perspectiva humana como desde una perspectiva divina. El punto de vista evangélico tradicional afirma el trabajo de Dios en la formación del canon. Desde este punto de vista, puede decirse que, al menos en un sentido, el canon del N.T. se cerró en el momento en que se escribió su último libro.

Dios, a través del Espíritu Santo, utilizando como instrumentos a los escritores del N.T., generó la Sagrada Escritura (un fenómeno llamado «inspiración»); y la tarea de la Iglesia no fue la *creación* del canon, sino simplemente el *reconocimiento* de las Escrituras que Dios había elegido previamente inspirar. De ello se deduce que, si el papel de la Iglesia es principalmente pasivo en la determinación por canon cristiano, entonces es la Escritura inspirada, no la Iglesia, la que está en la posición final de autoridad.

Tradicionalmente, el segundo siglo ha sido visto como el período crucial para el proceso de canonización de los escritos del N.T. A finales de ese siglo, los libros del N.T. eran ampliamente reconocidos en todas las iglesias. En los siguientes dos siglos, todo lo que

---

[2] Ver L. M. McDonald, *The Biblical Canon: Its Origin, Transmission, and Authority* [El canon bíblico: Su origen, transmisión y autoridad], 3ª ed. (Peabody: Hendrickson, 2007), 38–39; y B. M. Metzger, *The Canon of the New Testament: Its Origin, Development, and Significance* [El canon del Nuevo Testamento: Su origen, desarrollo e importancia] (Oxford: Clarendon, 1987), 289–93.

[3] J. Barton, *Holy Writings, Sacred Text: The Canon in Early Christianity* [Sagradas Escrituras: El canon en el cristianismo primitivo] (Louisville: Westminster John Knox, 1997), 1.

quedaba era una resolución final con respecto a la canonización de libros más pequeños o controversiales como Santiago, 2 Pedro, 2-3 Juan, Judas y el Apocalipsis.

Esto no quiere decir que la *idea* del canon aparece en el segundo siglo. El hecho de que la conciencia canónica de la Iglesia parece haber dejado huellas incluso en el mismo N.T. sugiere que los escritores eran conscientes de que Dios estaba inspirando nuevos documentos en su tiempo. En dos importantes pasajes del N.T., el término «Escritura»,[4] usado unas 50 veces en el N.T. para referirse al A.T.,[5] puede referirse a los escritos emergentes del N.T.

El primero de estos pasajes es 1 Timoteo 5:18: «Pues la Escritura dice: No pondrás bozal al buey que trilla; y: Digno es el obrero de su salario». El texto utiliza la palabra «Escritura» con referencia a dos citas. La primera, la prohibición de amordazar a un buey, está tomada de Deuteronomio 25:4. La segunda, «digno es el obrero de su salario», es de hecho un paralelo de Lucas 10:7. Tanto si el Evangelio de Lucas fue la fuente de esta cita como si no, está claro que (1) el autor utilizó una fuente escrita (exigida por la palabra «Escritura»); y (2) la fuente fue considerada autoritaria a la par que Deuteronomio. Esto demuestra la conciencia canónica emergente en la época del N.T.

El segundo pasaje relevante es 2 Pedro 3:15-16. Con referencia al apóstol Pablo, Pedro señala que «… os ha escrito, casi en todas sus epístolas, hablando en ellas de estas cosas; entre las cuales hay algunas difíciles de entender, las cuales los indoctos e inconstantes tuercen, como también *las otras Escrituras*, para su propia perdición» (énfasis añadido). De este pasaje aprendemos que Pedro veía las cartas de Pablo como «Escritura» a la par de los escritos del A.T. Sorprendentemente, por lo tanto, 2 Pedro muestra que las cartas de Pablo fueron aceptadas como Escritura incluso mientras los escritos del N.T. todavía se estaban produciendo.

Teniendo en cuenta este tipo de pruebas del N.T., se puede concluir que casi antes de que se secara la tinta, los primeros cristianos, incluidos los líderes de la Iglesia, como los apóstoles Pablo y Pedro, consideraban los documentos cristianos contemporáneos como los Evangelios y las cartas de Pablo como Escritura a la par del A.T. A partir de esto no es muy difícil rastrear la conciencia canónica emergente con respecto a la formación del N.T. a través de los escritos de los primeros padres de la Iglesia.

El testimonio de los padres de la Iglesia primitiva

Un estudio de la literatura patrística temprana revela que los primeros padres de la Iglesia no dudaron en absoluto en citar los diversos libros del N.T. como Escritura. Por ejemplo, el autor de *1 Clemente*, el primer documento cristiano no bíblico conocido (ca. 96), citaba regularmente las Escrituras de forma orgánica (es decir, sin fórmulas introductorias).[6] Se refirió a los evangelios canónicos, los Hechos, 1 Corintios, Filipenses, Tito, Hebreos, 1 Pedro y quizás Santiago, de la misma forma que lo hizo con el A.T. Lo más probable es que la primera

---

[4] Griego: *graphē*.

[5] Por ejemplo, Lucas 4:21; 2 Timoteo 3:16; 2 Pedro 1:20.

[6] Generalmente, Clemente utiliza *graphē* para referirse al AT, excepto en 2 Clemente 23:3, cuando cita un texto desconocido (ver también 2 Clemente 11:2-4 para la misma cita). Existe cierta conexión de este texto desconocido con Santiago.

cita de un pasaje del N.T. que utiliza el término «Escritura» en el período subapostólico (el período posterior a la era apostólica) sea 2 Clemente 2:4 (final del siglo I): «Y otra escritura señala: "… No he venido a llamar a los justos, sino a los pecadores"» (comp. Mar. 2:17).[7]

De estas observaciones se desprende que la mayoría de los documentos del N.T. fueron reconocidos como fidedignos, incluso las Escrituras, ya al final del siglo I o al menos al final del siglo II de la era cristiana. Los cuatro Evangelios, el Libro de los Hechos, las cartas de Pablo, 1 Pedro y 1 Juan fueron reconocidos universalmente. Con la excepción de 3 Juan, los primeros padres de la Iglesia citaron todos los libros del N.T. como Escritura. Hacia el final del siglo II, los principales contornos del N.T. habían surgido claramente, estableciendo el marco para la subsiguiente resolución final del estatus canónico de varios de los libros más pequeños o controvertidos que quedaban.

El testimonio del Canon Muratoriano y la resolución final del Canon del N.T.

A finales del siglo II, un escritor desconocido compuso una defensa de los libros del N.T. que parece corroborar la conclusión de que la mayoría de los escritos que contiene fueron reconocidos como Escrituras en ese momento. Como mínimo, el escritor consideró los libros listados como un canon firme. El Canon Muratoriano, que recibe su nombre por el historiador y teólogo italiano del siglo XVIII que lo descubrió, enumera al menos 22 de los 27 libros del canon del N.T.[8] Estas obras incluían los cuatro Evangelios, al menos dos de las cartas de Juan (y posiblemente la tercera), los Hechos de los Apóstoles, las 13 cartas de Pablo, Judas y el Apocalipsis. Otros libros pueden haber sido incluidos en el canon de la Iglesia en el momento en que se escribió el Canon Muratoriano, como Hebreos, las cartas de Pedro o la carta de Santiago.

Desde el siglo III al V, tuvo lugar el reconocimiento final del resto de las Epístolas generales y el Libro de la Apocalipsis. Durante este período se resolvieron las cuestiones pendientes sobre el canon del N.T., aunque no puede afirmarse que algún concilio de la Iglesia hiciera y aplicara tal decisión. Es comúnmente declarado que los concilios de la Iglesia seleccionaron ciertas obras y prohibieron otras. No hay evidencia de una actividad eclesiástica tan desmedida. En su lugar, las iglesias utilizaron ciertos estímulos y criterios para reconocer la canonicidad.

Estímulos para la canonización y criterios de canonización

Estímulos para la canonización. Probablemente hubo una serie de factores que contribuyeron a la canonización del N.T. Los autores N. Geisler y W. Nix sugieren de manera útil los siguientes cinco estímulos principales para la determinación de la Iglesia del canon del N.T.[9]

---

[7] M. W. Holmes, *The Apostolic Fathers* [Los padres apostólicos], 3a ed. (Grand Rapids: Baker, 2007), 141: «Este parece ser la primera vez en que un texto del NT es citado como *Escritura*» (énfasis original). Holmes sugiere que el pasaje citado es o Mateo 9:13 o Marcos 2:17.

[8] Ver Metzger, *Canon*, 191–201.

[9] N. L. Geisler y W. E. Nix, *A General Introduction to the Bible* [Introducción general a la Biblia], edición revisada y expandida (Chicago: Moody, 1986), 277–78.

1. *La naturaleza profética.* Los libros del N.T. eran proféticos, intrínsecamente valiosos y dignos de ser preservados.
2. *La necesidad de la Iglesia de tener Escrituras autorizadas.* La demanda de libros que se ajustaran a la enseñanza apostólica para ser leídos en las iglesias (ver 1 Tes. 5:27; 1 Tim. 4:13) requería un proceso de selección.
3. *Desafíos heréticos.* Alrededor del año 140, el hereje Marción, en Roma, declaró como útiles un evangelio editado de Lucas y solo diez cartas de Pablo, mientras que rechazó todas las demás obras apostólicas, lo que requirió una respuesta de los que estaban en la corriente principal apostólica del cristianismo.
4. *Alcance misionero.* Desde que la Biblia comenzó a ser traducida al siríaco y al latín en la primera mitad del siglo II, determinar el canon del N.T. fue importante para decidir qué libros debían ser traducidos.
5. *La persecución.* El edicto de Diocleciano en el año 303 ordenó que se quemaran todos los libros sagrados de los cristianos (un hecho que puede, al menos en parte, explicar la relativa escasez de manuscritos del N.T. anteriores al año 300 d.C.), y esto requirió que los creyentes eligieran qué libros formaban parte de la Escritura y por lo tanto eran los más dignos de ser preservados.

Criterios de canonicidad. Cuando la Iglesia primitiva compiló el canon, reconoció qué escritos llevaban el sello de la inspiración divina. En este proceso se utilizaron cuatro criterios principales.[10] El primero fue la apostolicidad, es decir, la asociación directa o indirecta de una obra determinada con un apóstol. Este criterio lo cumplían Mateo, Juan y Pedro, todos ellos miembros de los doce (Mat. 10:2-3), así como Pablo, un apóstol comisionado por el Cristo resucitado en el camino a Damasco (Hech. 9:1-9). También se encontraron con Santiago y Judas, medios hermanos de Jesús (Mat. 13:55; Mar. 6:3; ver Sant. 1:1; Jud. 1:1). Indirectamente, el criterio también fue satisfecho por Marcos, un asociado cercano de Pedro (1 Ped. 5:13) y Pablo (2 Tim. 4:11), y Lucas, un compañero de viaje de Pablo en algunos de sus viajes misioneros (ver especialmente los pasajes de «nosotros» en el Libro de los Hechos).

El segundo criterio de la canonicidad era la *ortodoxia* del libro, es decir, si un determinado escrito se ajustaba a la «regla de fe» de la Iglesia (lat. *regula fidei*). La cuestión que se aborda bajo esta rúbrica es si la enseñanza de un determinado libro se ajustaba a la enseñanza apostólica (véase Hech. 2:42).

El tercer criterio era la *antigüedad* del libro, es decir, si un determinado escrito fue producido durante la era apostólica. Y el cuarto y último gran criterio de la canonicidad era el del *uso eclesiástico*, es decir, si un determinado documento ya se utilizaba ampliamente en la Iglesia primitiva.

---

[10] Para mayor información sobre la formación del canon cristiano, incluyendo los criterios para la canonicidad, ver D. A. Carson y D. J. Moo, *An Introduction to the New Testament* [Introducción al Nuevo Testamento], 2a ed. (Grand Rapids: Zondervan, 2005), 726–43 (esp. 736–37); y L. M. McDonald, «Canon» en *Dictionary of the Later New Testament and Its Development* [Diccionario del Nuevo Testamento y su desarrollo], ed. R. Martin y P. H. Davids (Downers Grove: InterVarsity, 1997), 134–44 (para referencias antiguas relacionadas a los criterios de canonicidad, ver 135).

La opinión evangélica tradicional, entonces, sitúa el cierre del canon esencialmente a finales del siglo II. Todo lo que queda es un poco de «limpieza» alrededor de los bordes del canon. Sin embargo, hay razones para sugerir que deberíamos considerar seriamente una fecha más temprana.

La evidencia de un canon temprano de los principales libros del N.T.

El Evangelio cuádruple. No fue mucho después del ministerio terrenal de Jesús que se escribieron los Evangelios sinópticos (muy probablemente todos antes de la caída de Jerusalén en el año 70 d.C.). Originalmente, los cuatro Evangelios se diseminaron independientemente uno del otro. Su estatus individual como Escritura no suele ser objeto de debate. Si la colección de Evangelios debe limitarse a estos cuatro es un asunto diferente. Hay alrededor de 30 evangelios conocidos que aparecieron antes del año 600, pero ninguno fue tan popular como los Evangelios canónicos.[11] Solo estos cuatro fueron reconocidos porque, como dijo Serapión (murió en el 211) y otros, fueron «entregados» a la Iglesia.[12] Los otros evangelios fueron rechazados porque no estaban de acuerdo con los cuatro Evangelios canónicos comúnmente aceptados. Esto implica no solo la antigüedad, sino también la autoridad de los transmisores.[13]

Aunque una docena o más de «evangelios» heréticos pueden haber estado circulando en el siglo II, la evidencia manuscrita es reveladora en cuanto a cuál de estos Evangelios fueron considerados como canónicos por la Iglesia. En primer lugar, ningún evangelio no canónico aparece ligado a uno canónico, por lo que no hay evidencia de Mateo-Tomás o Lucas-Pedro, por ejemplo. Esto indica que la cuestión de que otros evangelios tuvieran un estatus escritural igual era un punto discutible entre los ortodoxos.[14] En segundo lugar, la evidencia manuscrita de los evangelios no canónicos es sorprendentemente escasa en comparación con el número de manuscritos griegos de los Evangelios canónicos. Por ejemplo, solo se conoce una copia completa del evangelio de Tomás. La evidencia apunta al hecho de que los evangelios apócrifos nunca tuvieron una amplia audiencia entre los ortodoxos o rápidamente cayeron en desgracia.

El Libro de los Hechos circuló en los manuscritos con las Epístolas generales. Es muy probable que esto se haya elaborado poco después del cuádruple códice de los Evangelios. Porque la pregunta surge naturalmente: «¿Qué haces con los Hechos si lo separas del Evangelio de Lucas?».

---

[11] Las pruebas del manuscrito por sí solas sugieren que los cuatro Evangelios canónicos eran mucho más populares que el resto. El evangelio de Tomás tiene un manuscrito completo (y tres pequeños fragmentos); el evangelio de Pedro sobrevive en solo tres pequeños fragmentos; el evangelio de Egerton en dos pequeños fragmentos; el evangelio de los Hebreos solo en citas (G. Stanton, *The Gospels and Jesus* [Los evangelios y Jesús], 2ª ed., 2003. [Oxford: Oxford Univ. Press, 2002], 122-35).

[12] Ver Eusebio, *Hist. Ecl.* 6.12.

[13] Ver especialmente a R. Bauckham, *Jesus and the Eyewitnesses: The Gospels as Eyewitness Testimony* [Jesús y los testigos oculares: Los Evangelios como testigos oculares] (Grand Rapids: Eerdmans, 2006). Destaca el carácter de testigo ocular de los Evangelios y sostiene que los doce sirvieron de «colegio autorizado» en la preservación del testimonio de los testigos oculares de Jesús en los Evangelios.

[14] J. K. Elliott, «*Manuscripts, the Codex, and the Canon*» [«Manuscritos, el códice y el canon»], *JSNT* 63 (1996): 107.

Esto, entre otras razones, debe ser tomado como evidencia del reconocimiento de la Iglesia de que el número de los Evangelios fue fijado y cerrado a principios o por lo menos a mediados del siglo II.

La colección de cartas paulinas y Apocalipsis. También se sabe que las cartas de Pablo circularon juntas como una unidad. La pregunta que surge es: ¿cómo se originó esta colección? La corriente principal de estudios asume que las cartas de Pablo eran una colección y (hasta cierto punto) una producción de finales del siglo I, ya que las cartas se fueron formando gradualmente en una colección de cartas.[15]

Sin embargo, el tiempo transcurrido entre la muerte de Pablo (mediados y finales de los años 60) y las referencias históricas a esta colección es demasiado corto para ser explicado por una colección gradual. Por la producción de 2 Pedro (¿mediados de los 60?), es probable que haya habido al menos un comienzo de la colección de cartas de Pablo. Hacia el año 96, Clemente de Roma señaló que Pablo escribió «verdaderamente bajo la inspiración del Espíritu» (1 Clem. 47:3). Policarpo (ca. 69-ca. 155) citó un conjunto de Escrituras que debió incluir la colección de cartas paulinas. Los estudiosos actuales aceptan la idea de que la colección se originó con las copias conservadas de las cartas de Pablo, de modo que Pablo es la fuente original de la colección que se publicó posteriormente.[16] Si bien no es posible identificar a todos los individuos y señalar cada etapa de la producción, las pruebas hasta ahora sugieren un reconocimiento temprano de la mayor parte del canon del N.T.

El orden actual de los libros del Nuevo Testamento. Los Evangelios al principio del N.T. transitan desde el A.T. de buena manera. Esta ubicación indica su naturaleza fundamental. Prácticamente ningún arreglo del N.T. comienza en otro lugar. La ubicación de Mateo en primer lugar entre los Evangelios es probablemente, al menos en parte, una función de la genealogía inicial del libro de Jesús, que proporciona una introducción natural a la presentación de Jesús en los cuatro Evangelios canónicos en su conjunto. El Evangelio de Lucas, aunque contiene una genealogía en 3:23-37, la sitúa inmediatamente antes del comienzo del ministerio público de Jesús en lugar de al comienzo del libro.

Más allá de esto, no hay razón para suponer que el orden de los Evangelios sinópticos (Mateo, Marcos y Lucas) sea una indicación del orden de su composición, así como el orden de las cartas paulinas (Romanos, 1 Corintios, 2 Corintios y Gálatas, etc.) no es manifiestamente una función de la secuencia cronológica de su composición, como es aceptado universalmente. Por el contrario, es probable que la colocación del Evangelio de Juan en el último lugar entre los cuatro Evangelios canónicos indique su composición posterior. Y más importante, el final del Evangelio de Juan proporciona ciertamente una conclusión adecuada, no solo al Evangelio de Juan, sino a los cuatro Evangelios canónicos en su totalidad (ver 21:24-25).

---

[15] W. G. Kümmel, P. Fein, y J. Behm, *Introduction to the New Testament* [Introducción al Nuevo Testamento] (Nashville: Abingdon, 1966), 480–81. Ver también Aland y Aland, *Text of the New Testament: An Introduction to the Critical Editions and to the Theory and Practice of Modern Textual Criticism* [El texto del Nuevo Testamento: Introducción a la crítica editorial y a la teoría y práctica de la crítica textual], trad. E. F. Rhodes (Grand Rapids: Eerdmans, 1987), 49.

[16] Ver, por ejemplo, E. R. Richards, *Paul and First-Century Letter Writing: Secretaries, Composition, and Collection* [Pablo y las cartas del siglo I: Secretarios, composición y colección] (Grand Rapids: InterVarsity, 2004), 223.

La naturaleza y el alcance de las Escrituras 9

Los Hechos llenan el vacío entre los Evangelios y las cartas. Como una secuela de Lucas, continúa la narración de la realización de Cristo (ver Hech. 1:1) y proporciona la base para una comprensión básica de Pablo y su correspondencia.

En cuanto al orden de las cartas paulinas, parece que, más que el orden cronológico de la escritura fue en mayor parte la longitud del documento lo que resultó decisivo para que la Iglesia colocara estas cartas en orden canónico.[17] En cuanto al orden de las Epístolas generales, Hebreos debe su primer lugar en esta colección y en inmediata proximidad a las cartas de Pablo, a la atribución tradicional de la autoría a Pablo o a un miembro de su círculo. Naturalmente, 1 y 2 Pedro están agrupados, al igual que 1, 2 y 3 Juan. Más allá de esto, es incierto qué llevó históricamente a los compiladores a colocar los escritos en el orden Santiago, 1-2 Pedro, 1-3 Juan y Judas. Pero esta disposición es consistente en los manuscritos desde el principio.

El Apocalipsis es una conclusión adecuada para toda la Biblia y no solo para el N.T.[18] No solo el tema del regreso de Cristo y el triunfo del Cordero sobre todo el mal es apropiado como el mensaje final del N.T., sino que también hay una bonita *inclusión* con el Génesis. El estado final, tal como se registra en el Apocalipsis, es en muchos sentidos un regreso al Edén (ver Apoc. 22:1-5). Hay sanidad para las naciones. Ya no hay una maldición sobre la tierra y sus habitantes. El árbol de la vida está una vez más a la vista de los humanos, aunque no hay un árbol del conocimiento del bien y del mal. En el Apocalipsis, «el Edén no solo ha sido restaurado, sino que ha sido elevado y expandido para el pueblo de Dios en la eternidad».[19]

El Nuevo Testamento como una colección de documentos del Nuevo Pacto. ¿Cómo es que los primeros cristianos recibieron tan fácilmente nuevos documentos como Escrituras, de hecho, un nuevo conjunto de documentos?[20] Con el nuevo pacto instituido, estos creyentes pueden haber estado esperando documentos del nuevo pacto. El «Antiguo Testamento» se consideraba claramente basado en documentos del pacto, y porciones de él se llamaban «el libro del pacto» (ver Éx. 24:7; Deut. 29:20; 31:9,26; 2 Rey. 23:2,21; 2 Crón. 34:30).

Dado que el establecimiento del antiguo pacto iba acompañado de documentos del pacto, era razonable esperar que hubiera documentos del nuevo pacto al instituirse éste. Esta expectativa explicaría no solo la rápida recepción de los escritos del N.T. en las iglesias, sino también el reconocimiento de que estos documentos eran Escrituras a la par del A.T. en documentos virtualmente contemporáneos (1 Tim. 5:18; 2 Ped. 3:16).

---

[17] «Longitud» no necesariamente se refiere al número de palabras, sino al número de líneas o alguna otra forma de medición (S. E. Porter, «*When and How Was the Pauline Canon Compiled? An Assessment of Theories*» [«¿Cómo y cuándo fue compilado el canon paulino? Una evaluación de las teorías»] en *The Pauline Canon* [El canon paulino], ed. S. E. Porter [Boston: Brill, 2004], 115).

[18] Ver R. Bauckham, *The Theology of the Book of Revelation, New Testament Theology* [La teología de apocalipsis, teología del Nuevo Testamento] (Cambridge: University Press, 1993), 144: «Es una obra de profecía cristiana que se entiende es la culminación de toda la tradición bíblica».

[19] G. R. Osborne, *Revelation* [Apocalipsis], BECNT (Grand Rapids: Baker, 2002), 768.

[20] M. G. Kline, *The Structure of Biblical Authority* [La estructura de la autoridad bíblica], 2ª ed. (Eugene: Wipf & Stock, 1997 [1987]).

Si es así, la idea de un canon del N.T. surgió orgánicamente del establecimiento de un nuevo pacto, predicho por los profetas del A.T. e instituido en y a través del Señor Jesucristo, que se convirtió así en la fuente misma no solo de la salvación sino también del canon del N.T.

Conclusión

El canon de las Escrituras está cerrado. En cierto sentido el canon se cerró alrededor del 95 cuando el Libro del Apocalipsis fue escrito como el último libro que se incluyó en el canon del N.T. Concebido correctamente, el deber de la Iglesia era reconocer el canon de los escritos inspirados y proclamar las verdades que contenían. Esto es lo que la Iglesia hizo y continúa haciendo. Además, este reconocimiento de los libros canónicos del N.T. llegó pronto, antes de lo que muchos están dispuestos a reconocer. Las diferencias de opinión con respecto a los libros individuales del N.T. se resolvieron a través de un proceso de deliberación hasta que se alcanzó un consenso general con respecto a los contenidos del canon del N.T. en el siglo IV.

LA TRANSMISIÓN Y LA TRADUCCIÓN DEL NUEVO TESTAMENTO: ¿LA BIBLIA ES HOY LO QUE SE ESCRIBIÓ ORIGINALMENTE?

La Biblia fue escrita originalmente en los idiomas que se usaban en ese momento. El A.T. fue escrito en hebreo y arameo y el N.T. en griego. Las Biblias que se usan hoy en día son traducciones de los idiomas originales al castellano u otros idiomas. Es muy probable que Jesús enseñara en arameo (aunque probablemente también sabía hebreo y griego), de modo que el propio N.T. griego representa en su mayor parte una traducción de las enseñanzas de Jesús del arameo al griego.

La pregunta «¿la Biblia es hoy lo que se escribió originalmente?» implica dos preguntas importantes. Primero, ¿son los manuscritos disponibles de la Biblia representaciones exactas de los manuscritos originales (los autógrafos de las Escrituras) de los respectivos libros de la Biblia? Esta es una cuestión de *transmisión* textual. En segundo lugar, ¿son las traducciones disponibles fieles a las traducciones de la Biblia en los idiomas originales? Esta es una cuestión de *traducción*.

Transmisión textual: ¿Son los manuscritos disponibles precisos y fiables?

Con respecto a la primera pregunta, no existen autógrafos originales de ningún texto bíblico; solo tenemos copias disponibles. La palabra *manuscrito* se utiliza para designar todo lo escrito a mano, más que las copias producidas por la imprenta.[21] La evidencia textual constituye todo lo escrito en tablillas de arcilla, piedra, hueso, madera, metales varios, macetas (ostraca), pero sobre todo papiro y pergamino (pieles de animales, también llamado vitela).[22]

---

[21] N. R. Lightfoot, *How We Got the Bible* [Cómo obtuvimos la Biblia], 3ª ed. (New York: MJF, 2003), 33.

[22] B. M. Metzger y B. D. Ehrman, *The Text of the New Testament: Its Transmission, Corruption, and Restoration* [El texto del Nuevo Testamento: Su transmisión, corrupción y restauración], 4ª ed. (Nueva York/Oxford: Oxford Univ. Press, 2005), 4.

La naturaleza y el alcance de las Escrituras 11

La mayoría de los libros antiguos fueron compilados y luego dispuestos en un rollo.[23] Dado que un rollo de papiro rara vez excedía los diez metros de longitud, los autores antiguos dividían una larga obra literaria en varios «libros» (por ejemplo, el Evangelio de Lucas y los Hechos de los Apóstoles consistían en un conjunto de dos volúmenes compuestos por Lucas).[24] Estas fueron publicadas tanto por individuos para uso privado como por profesionales para su venta. En ambos casos los libros fueron copiados laboriosamente a mano.

Uno de los misterios de la literatura cristiana es la preferencia por el códice en lugar del rollo. Incluso cuando solo se encuentra una página de un libro antiguo, se puede determinar fácilmente si proviene de un rollo o de un códice: el códice tiene escritura a ambos lados de la página. El rollo se consideraba la forma más literaria de los libros. Es probable que el N.T. siempre circuló como un códice y fue muy probablemente una innovación cristiana el publicar libros sagrados en forma de códice.

Los libros eventualmente sucumben a los estragos del tiempo. Se desgastan o se deterioran con el tiempo. Esto se extendió también a los escritos originales que componen el N.T. Aunque los autógrafos ya no están disponibles, los textos originales se conservan en miles de copias. La evidencia manuscrita existente infunde un alto grado de confianza en el texto de la Biblia. Tanto el A.T. como el N.T. están atestiguados por un gran número de manuscritos en una variedad de formas que abarcan muchos siglos. Los textos del N.T. siguen siendo los documentos más probados del mundo antiguo. El recuento total de cerca de 6000 manuscritos griegos, más de 10 000 manuscritos de la Vulgata Latina, y más de 9300 versiones tempranas da como resultado más de 25 000 testigos del texto del N.T. Cuando esto se compara con otras obras de la antigüedad, ningún otro libro se acerca siquiera a esto. No hace falta decir que a los estudiosos e historiadores clásicos les encantaría trabajar con libros tan bien atestiguados como el N.T.

Tabla 1.1. Copias existentes de obras antiguas

La Ilíada de Homero: 643 copias.
Las Guerras Gálicas de Julio César: 10 copias, la más antigua de las cuales data de 1000 años después de haber sido escrita.
Livy escribió 142 libros de historia romana, de los cuales solo 35 sobreviven en solo 20 manuscritos, solo uno de los cuales es tan antiguo como el siglo IV, ¡y solamente sobrevivió porque tiene una copia del Libro de Hebreos escrito en la parte posterior!
Historias y anales de Tácito: 2 copias (siglos IX y XI).
La historia de Tucídides: 8 copias (siglo X).
La historia de Heródoto: la más antigua es 1300 años posterior a la original.
Los escritos de Platón: 7 copias.
Cuentos de Canterbury de Chaucer: 80 manuscritos.
Beowulf: 1 copia.

---

[23] *Ibid.*, 5.
[24] *Ibid.*

Traducción: ¿Son fieles las traducciones disponibles?

La segunda cuestión, es decir, la de la *traducción*, sigue como un corolario natural una vez que se resuelve la cuestión de la *transmisión*. Las teorías de la traducción nos ayudan a considerar la validez de una traducción en particular. Algunos traductores sostienen que la traducción exacta requiere un enfoque palabra por palabra de equivalencia formal o «esencialmente literal» (NKJV, NASB, ESV, HCSB). Otros sostienen que interpretar una correlación directa de uno a uno entre dos idiomas realmente distorsiona el significado. Estos traductores emplean un enfoque frase por frase[25] de equivalencia dinámica o funcional (NRSV, NIV, CEV, NLT). El objetivo de todos los traductores, independientemente de la teoría de la traducción que empleen, es la producción de una versión que sea una representación exacta del texto escrito, de tal manera que la Biblia conserve su belleza literaria, su grandeza teológica y, más importante, su mensaje espiritual.[26]

La buena noticia, es que hay traducciones fieles de la Biblia disponibles para una amplia variedad de lectores. Ya sea que una persona necesite una interpretación con un vocabulario limitado y una sintaxis simple o prefiera un estilo elevado y una riqueza de lenguaje, existe una traducción fiel para ellos.

Como afirma el autor de Hebreos: «Dios, habiendo hablado muchas veces y de muchas maneras en otro tiempo a los padres por los profetas, en estos postreros días nos ha hablado por el Hijo, a quien constituyó heredero de todo, y por quien asimismo hizo el universo» (Heb. 1:1-2). Con este tipo de revelación, no hay necesidad de esperar otra revelación mayor, sino estudiar, evangelizar, predicar y enseñar la Palabra de Dios. El canon es la fuente de esta información inspirada, iluminada y aplicada por el Espíritu Santo. Verdaderamente, como un escritor declaró, el canon de las Escrituras es «el aire que respiramos».[27]

INSPIRACIÓN E INERRANCIA: ¿CUÁL ES LA NATURALEZA DEL CANON?

Con esto pasamos a la cuestión de la teología, es decir, la doctrina de la Escritura, y en particular el testimonio de la Biblia sobre sí misma. Esta discusión trata del testimonio de la Escritura con respecto a sí misma en el A.T.; el uso y el enfoque de la Escritura del A.T. por Jesús y la Iglesia primitiva; las referencias del N.T. a la Escritura como «inspirada» (2 Tim. 3:16) y como derivada de los hombres «inspirados por el Espíritu Santo» (2 Ped. 1:21); y la inerrancia (la doctrina de que la Escritura está libre de error).

---

[25] J. R. Kohlenberger III, «*Inclusive Language in Bible Translation*» [«Lenguajes inclusivos en la traducción bíblica»], en *Perspectives on the TNIV from Leading Scholars and Pastors* [Perspectivas sobre la TNVI para guiar a eruditos y pastores] (Grand Rapids: Zondervan, 2004), 11.

[26] G. G. Scorgie, «*Introduction and Overview*» [«Introducción y panorama»] en *The Challenge of Bible Translation* [El desafío de la traducción bíblica], ed. G. G. Scorgie, M. L. Strauss, y S. M. Voth (Grand Rapids: Zondervan, 2002), 25. Ver también A. J. Köstenberger y D. A. Croteau, eds., *Which Bible Translation Should I Use?* [¿Cuál traducción de la Biblia debería utilizar?] (Nashville: B&H, 2012).

[27] S. J. Mikolaski, «*Canon as the Air We Breathe*» [«El canon como el aire que respiramos»], en *From Biblical Criticism to Biblical Faith: Essays In Honor of Lee Martin McDonald* [De la crítica bíblica a la fe bíblica: Ensayos en honor de Lee Martin McDonald], ed. W. Brackney y C. Evans (Macon: Mercer Univ. Press, 2007), 146–63.

El testimonio de la Escritura sobre sí misma: El Antiguo Testamento

El Dios retratado en el A.T. es un Dios comunicativo. Habla a Sus hijos, y lo hace a través de Sus siervos los profetas (de ahí el profético «así dice el Señor»). Debido a que es Dios quien habla con y a través de Sus siervos, exige fe y obediencia a estas declaraciones (ver, por ejemplo, 2 Crón. 20:20).

Pero ¿qué debe decirse de la Palabra escrita? La propia Escritura contiene información relativa a la escritura de la Escritura. Éxodo 17:14 dice: «Y Jehová dijo a Moisés: Escribe esto para memoria en un libro…». En generaciones posteriores, las acciones debían realizarse de acuerdo con lo que estaba escrito en la ley de Moisés (ver Deut. 28:58-59). Por consiguiente, el mandato a Josué estaba relacionado con este libro de la ley: «Nunca se apartará de tu boca este libro de la ley, sino que de día y de noche meditarás en él, para que guardes y hagas conforme a todo lo que en él está escrito; porque entonces harás prosperar tu camino, y todo te saldrá bien» (Jos. 1:8). Josué también copió la ley de Moisés en su ratificación (Jos. 8:32). Claramente, la ley escrita de Moisés, como la Palabra de Dios, fue entendida como autoritaria y como el camino de la bendición para Israel.

Es significativo que, después de un tiempo de declive religioso en Israel, el sacerdote Hilcías encontró «el libro de la ley» en el templo (2 Rey. 22:8; 2 Crón. 34:14). Cuando el joven Josías hizo que le leyeran el libro, se entristeció por la desobediencia de Israel (2 Rey. 22:13) e instituyó reformas en un movimiento «de regreso a la Biblia» (ver también Neh. 8:1).

La inclusión del resto del A.T. se relaciona con el oficio de profeta que fue central para la fidelidad religiosa de Israel. El papel del profeta estaba ligado directamente a la relación de pacto entre Israel y Dios. Es mejor entender su papel como «ejecutores del pacto». Lo que hablan es «la palabra del Señor». El llamado de Jeremías lo hace evidente: «Y extendió Jehová su mano y tocó mi boca, y me dijo Jehová: He aquí he puesto mis palabras en tu boca» (Jer. 1:9). Así como Dios ordenó a Moisés que escribiera Sus palabras, a muchos de los profetas escritores se les ordenó que escribieran las palabras de Dios (ver Jer. 36:28; Ezeq. 43:11; Hab. 2:2). Puesto que Dios no puede mentir (Núm. 23:19; 1 Sam. 15:29; Sal. 89:35; Prov. 8:8), Su palabra es verdadera (ver la afirmación similar de Jesús en Juan 17:17). Y como Dios nunca falla (Sof. 3:5), tampoco puede hacerlo Su palabra.

Además, la Palabra de Dios, tal y como fue entregada a los profetas, no debía ser editada. Así que Moisés escribió: «No añadiréis a la palabra que yo os mando, ni disminuiréis de ella, para que guardéis los mandamientos de Jehová vuestro Dios que yo os ordeno» (Deut. 4:2; ver 12:32). Como Proverbios 30:5-6 deja claro, el principio se aplica a cada palabra de Dios: «Toda palabra de Dios es limpia; él es escudo a los que en él esperan. No añadas a Sus palabras, para que no te reprenda, y seas hallado mentiroso».

Por lo tanto, aunque los libros del A.T. abarcan una variedad de géneros, presentan diferentes formas retóricas y representan el trabajo de diferentes profetas, todos ellos comparten como su principal elemento común la fuente divina de sus palabras. Lo mismo es cierto para el N.T., comenzando con Jesús.

El uso y acercamiento de Jesús a las Escrituras del A.T.

En primer lugar, según Jesús y Sus contemporáneos, las Escrituras del A.T. eran la autoridad de la que se derivaban la doctrina y la práctica. Así, Jesús desafió a Sus oponentes a entender las Escrituras: «¿Nunca leísteis en las Escrituras?» (Mat. 21:42; Mar. 12:10). Del mismo modo, Jesús afirmó que la ignorancia con respecto a las Escrituras del Antiguo Testamento era la razón por la que Sus oponentes se equivocaban: «Erráis, ignorando las Escrituras y el poder de Dios» (Mat. 22:29; Mar. 12:24). En Juan 5:39, Jesús hizo la siguiente observación a los judíos: «Escudriñad las Escrituras; porque a vosotros os parece que en ellas tenéis la vida eterna; y ellas son las que dan testimonio de mí».[28] Es evidente que Jesús y Sus oyentes consideraban que el A.T. era la palabra autorizada de Dios.

Los Evangelios también demuestran el cumplimiento del A.T. con declaraciones como «todo esto aconteció para que se cumpliese lo dicho por el Señor por medio del profeta», que se dan especialmente en Mateo y Juan.[29] Los hombres que hablaron en el A.T. son descritos en los Evangelios como Dios hablando. Por ejemplo, las palabras de Isaías en Isaías 7:14 son descritas por Mateo 1:22 como «... lo dicho por el Señor por medio del profeta...», lo que revela que la Escritura en su totalidad era considerada como la Palabra de Dios. Pero esto no era solo una creencia de los escritores de los Evangelios; también era la opinión del propio Jesús (ver Luc. 24:27, 44).

No solo las Escrituras del A.T. eran en su totalidad la Palabra de Dios, sino que Jesús también afirmó su naturaleza especial. En Juan 10:35-36, Jesús afirmó que «*la Escritura no puede ser quebrantada*»,[30] un recordatorio de que la Escritura es la Palabra de Dios. La Escritura no puede ser acusada de error o sería quebrantada, es decir, rechazada como la Palabra de Dios. Jesús dijo brevemente algo similar en Juan 17:17: «...Tu palabra es verdad». Así que, en el Evangelio de Juan la Palabra está conectada con el concepto de la verdad. Jesús, que es «la verdad» (14:6), da el «Espíritu de la verdad» (14:17; 15:26; 16:13), que conduce a los creyentes «a toda la verdad» (16:13).[31] Y esta verdad es «Tu palabra [de Dios]». Esto serviría de base para los documentos del nuevo pacto: las palabras de Jesús como las palabras de Dios.

Uno de los pasajes más sorprendentes relacionados con el uso y acercamiento de Jesús a las Escrituras del A.T. se encuentra en Mateo 5:18, donde Jesús afirmó que no destruiría la ley: «Porque de cierto os digo que hasta que pasen el cielo y la tierra, ni una jota ni una tilde pasará de la ley, hasta que todo se haya cumplido».[32] La referencia aquí es a la letra más pequeña (*iota*, en hebreo la *yodh*) o una tilde (*keraia*, lit. «un cuerno», lo más probable es una marca ornamental sobre una letra hebrea, o una serifa), siendo absolutamente

---

[28] Ver otros ejemplos: Mat. 4:4; 12:5; 15:6; 22:40; 23:23; Luc. 2:23-24; 4:17; 8:21; 11:28; 16:29,31; 24:25; Juan 7:19,23,49,51; 8:17; 10:34; 18:31; 19:7.

[29] Ver, por ejemplo, Mat. 1:22; 2:5,15,17,23; 3:3; 4:14; Juan 12:38; 13:18; 15:25; 17:12; 19:24,28,36,37; 20:9.

[30] Ver A. J. Köstenberger, «*John*» [«Juan»] en *Commentary on the New Testament Use of the Old Testament* [Comentario sobre el uso del Antiguo Testamento en el Nuevo Testamento], ed. G. K. Beale and D. A. Carson (Grand Rapids: Baker, 2007), 464–67.

[31] A. J. Köstenberger, *John* [Juan], BECNT (Grand Rapids: Baker, 2004), 496.

[32] Ver Lucas 16:17: «Pero más fácil es que pasen el cielo y la tierra, que se frustre una tilde de la ley».

La naturaleza y el alcance de las Escrituras

firme. Jesús afirmó la autoridad duradera del A.T., hasta los más mínimos elementos de una palabra individual escrita.[33]

La postura de Jesús hacia la Escritura era llamativa en dos frentes. Primero, Jesús se sometió a las Escrituras como lo haría cualquier ser humano. Esto puede verse en el relato de la tentación de Jesús por el diablo (Mat. 4:1-11; Luc. 4:1-13). En segundo lugar, Jesús afirmó ser el cumplimiento de las Escrituras, como en Su discurso en la sinagoga de Nazaret (Luc. 4:18-21). Lo que sorprendió a los oyentes de Jesús fue que Su interpretación era cristológica en Su enfoque. Así se convirtió en el cumplimiento de los propósitos y promesas de Dios a Israel. El uso de las Escrituras por parte de Jesús también allana el camino para el N.T.

El uso y acercamiento de la Iglesia primitiva a las Escrituras del A.T.

Jesús transmitió a Sus discípulos Su enfoque de las Escrituras del A.T.[34] Él mismo les prometió que el Espíritu Santo «... os enseñará todas las cosas, y os recordará todo lo que yo os he dicho» (Juan 14:26). Desde la perspectiva de Juan, que escribió en los años 80 o principios de los 90, es muy probable que esta promesa sirviera también como afirmación de al menos sus recuerdos de las palabras de Jesús (si no de los recuerdos de todos los apóstoles) registradas en los Evangelios.

Los apóstoles y sus seguidores siguieron utilizando las Escrituras del A.T. como lo hizo Jesús, es decir, como su autoridad para la vida y la doctrina. Una cita del A.T. ayuda a adjudicar el tema de la inclusión de los gentiles en la Iglesia del N.T. en el concilio de Jerusalén (Hech. 15:16-17). Pasajes clave del A.T. proveen la base para la enseñanza de Pablo en Romanos con respecto a la justificación por la fe (Rom. 1:17; 4:3), la pecaminosidad de toda la humanidad (Rom. 3:10-18), y la elección (Rom. 9:6-18). Lo mismo es cierto para otras cartas de Pablo y las Epístolas generales.[35]

Los apóstoles y los escritores del N.T., sin embargo, fueron más allá de la mera afirmación y uso del A.T. Continuaron valorando los escritos proféticos, pero también estaban profundamente interesados en las palabras de Cristo. Hechos 11:16 indica que Pedro confirmó la conversión de los gentiles porque recordó «lo dicho por el Señor». Los escritores del N.T. también establecieron sus recuerdos de Jesús a la par con el A.T.[36] Un ejemplo de esto es la declaración en 2 Pedro 3:2, donde Pedro afirmó que escribió «para que tengáis memoria de las palabras que antes han sido dichas por los santos profetas, y del mandamiento del Señor y Salvador dado por vuestros apóstoles».

El escritor de Hebreos declaró la continuidad entre la revelación de Dios en el A.T. y el N.T.: «Dios, habiendo hablado muchas veces y de muchas maneras en otro tiempo

---

[33] Ver L. Morris, *The Gospel According to Matthew* [El Evangelio según Mateo], PNTC (Grand Rapids: Eerdmans, 1992), 109–10.

[34] Ver especialmente R. N. Longenecker, *Biblical Exegesis in the Apostolic Period* [Exégesis bíblica en el período apostólico], 2ª ed. (Grand Rapids: Eerdmans, 1999).

[35] Ver Gál. 3:22; 4:22,27,30; Sant. 2:8; 4:52; 1 Ped. 1:16.

[36] W. A. Grudem, «*Scripture's Self-Attestation and the Problem of Formulating a Doctrine of Scripture*», [«El autotestimonio de la Escritura y el problema de formular la doctrina de la Escritura»] en *Scripture and Truth* [Escritura y verdad], ed. D. A. Carson y J. D. Woodbridge (Grand Rapids: Zondervan, 1983), 46.

a los padres por los profetas, en estos postreros días nos ha hablado por el Hijo, a quien constituyó heredero de todo, y por quien asimismo hizo el universo» (Heb. 1:1-2). La comunicación de la Palabra de Dios continúa en Hebreos 2:3: «... Habiendo sido anunciada primeramente por el Señor, nos fue confirmada por los que oyeron». La naturaleza de los testigos oculares de los apóstoles los convierte en los garantes autorizados del mensaje del evangelio (ver 1 Jn. 1:1-5). Como se ha mencionado, 1 Timoteo 5:18 probablemente cita el Evangelio de Lucas como Escritura a la par de Deuteronomio, y Pedro se refirió a las cartas de Pablo como «Escritura» a la par del A.T. (2 Ped. 3:16).

Esto pone el autotestimonio del N.T. al mismo nivel que el autotestimonio del A.T.[37] Los contornos básicos de la Palabra de Dios están establecidos por la enseñanza de Jesús. Esto se extiende aún más a la enseñanza de los apóstoles y a los diversos escritores del N.T. Más allá de esto, algunos de los libros del N.T. son reconocidos como Escrituras en otras partes del N.T. Como la Palabra de Dios, el N.T., así como el A.T., es de Dios, y por lo tanto verdadera, autoritaria, irrevocable e irremplazable. Incluso más allá de esto, hay un entendimiento y una expectativa de que, acompañando a la institución del nuevo pacto, se inspiren nuevos documentos escriturales.

La Escritura como «inspirada»: Dios, la fuente de la Escritura (2 Tim. 3:16-17)

El pasaje del N.T. que aborda el tema de la inspiración de la Escritura de forma más directa es 2 Timoteo 3:16-17: 'Toda la Escritura es inspirada por Dios, y útil para enseñar, para redargüir, para corregir, para instruir en justicia, a fin de que el hombre de Dios sea perfecto, enteramente preparado para toda buena obra». Estos versos plantean varias cuestiones interpretativas importantes; solo los puntos más destacados se pueden señalar aquí.[38]

1. El término «toda» es singular, y es mejor pensar en la «Escritura» en el presente caso como un singular colectivo, considerando la Escritura en su totalidad.
2. La palabra «Escritura» en el contexto original se refiere al A.T.
3. La frase «toda la Escritura» en el contexto inmediato se refiere a la totalidad del A.T., y la lógica del versículo se aplica por extensión también al N.T. (ver también 1 Tim. 5:18).
4. El término «inspirada por Dios» designa la *fuente* de la Escritura (Dios), en lugar de elaborar el *proceso* de inspiración (ver más adelante). Por lo tanto, la lógica del versículo sugiere que como la Escritura tiene a *Dios* como *fuente*, es verdad.

Estas observaciones, entre otras razones, sugieren que la afirmación de 2 Timoteo 3:16 es que «toda la Escritura es inspirada por Dios y [por lo tanto] es útil...». Lo que esto

---

[37] *Ibid.*, 45.
[38] Ver especialmente W. D. Mounce, *The Pastoral Epistles* [Las epístolas pastorales], WBC (Nashville: Thomas Nelson, 2000), 565–70; comp. A. J. Köstenberger, «1–2 Timothy, Titus» [«1-2 Timoteo, Tito»], en *Expositor's Bible Commentary* [Comentario bíblico del expositor], rev. ed., vol. 12: *Ephesians–Philemon* [Efesios-Filemón] (Grand Rapids: Zondervan, 2005), 591.

significa es que la Escritura tiene a Dios como su fuente, y que por esta razón es provechosa para una variedad de usos para preparar al «hombre de Dios [...] para toda buena obra» (2 Tim. 3:17). Esto encaja con la anterior exhortación de Pablo a Timoteo de ser diligente para presentarse aprobado ante Dios como un obrero que enseña correctamente «la palabra de verdad» (2 Tim. 2:15).

Hombres «siendo inspirados por el Espíritu Santo»: Dios como superintendente de la Escritura (2 Ped. 1:19-21)

Mientras que el término «inspirada por Dios» en 2 Timoteo 3:16 se centra en la *fuente* de la Escritura más que en el *modo* de inspiración, esto no significa que el N.T. guarde silencio con respecto a lo último. En 2 Pedro 1:19-21 leemos: «Tenemos también la palabra profética más segura [...], entendiendo primero esto, que ninguna profecía de la Escritura es de interpretación privada, porque nunca la profecía fue traída por voluntad humana, sino que los santos hombres de Dios hablaron siendo inspirados por el Espíritu Santo».

Que la referencia es a la Escritura y no a una profecía hablada está claro en la designación «profecía de la Escritura». La frase «interpretación privada» puede traducirse mejor como «de su propia imaginación» y ser tomada para referirse a la recepción e interpretación de una profecía de Dios. Por lo tanto, el pasaje afirma que la Escritura no tiene un origen meramente humano, sino que es el producto del Espíritu Santo que mueve a los seres humanos a hablar la palabra de Dios.[39]

La descripción de los hombres «inspirados por el Espíritu Santo» sugiere que el Espíritu Santo tomó la iniciativa principal al escribir la Escritura, mientras que los escritores humanos escribieron libremente las palabras que Dios deseaba que utilizaran. Ya sea que la escritura de la Escritura implicara el uso de fuentes, la recepción de un mensaje profético directamente de Dios o algún otro mecanismo, el producto final fue inspirado por el Espíritu Santo.

La discusión anterior ha tratado de demostrar que el hecho de que el autotestimonio de la Escritura sea primordial conduce inexorablemente a la conclusión de que la Escritura es inspirada e inerrante. Esto se desprende tanto de las referencias bíblicas específicas relacionadas a la naturaleza de la Escritura como totalmente confiable y es requerido por el carácter de Dios como fuente suprema de la Escritura.

Cuando el conocido erudito conservador del siglo XX, A. Schlatter, fue considerado para un nombramiento como profesor en la universidad de Berlín, un hombre de la iglesia le preguntó si, en su trabajo académico, «se apoyaba en la Biblia». La respuesta de Schlatter fue: «¡No, me coloco debajo de la Biblia!».[40] Esto capta bien la postura correcta del intérprete bíblico. En lugar de elevarse como un crítico supuestamente neutral de la Escritura y pretender ser totalmente objetivo, el estudiante de la Biblia debe tomar su lugar «debajo de la Escritura» como alguien a quien la Escritura se dirige y busca ser cambiado por y debido a que «... la palabra de Dios es viva y eficaz...» (Heb. 4:12).

---

[39] Ver la discusión en R. Bauckham, *Jude, 2 Peter* [Judas, 2 Pedro], WBC (Waco: Word, 1983), 228–35.
[40] Ver W. W. Gasque, «*The Promise of Adolf Schlatter*» [«La promesa de Adolf Schlatter»], *Crux* 15/2 (Junio 1979): 8 (un artículo reimpreso en *Evangelical Theological Review* 4 [1980]: 20–30).

PREGUNTAS DE ESTUDIO

1. ¿Cuál es la posición evangélica tradicional con respecto al canon?
2. ¿Alguna vez circuló un evangelio apócrifo con un Evangelio canónico?
3. ¿Cuándo se cerró el canon del N.T. desde una perspectiva divina?
4. ¿Qué libros del N.T. se llaman «Escrituras» en el N.T.?
5. ¿Qué es la «equivalencia formal»? ¿Qué es la «equivalencia dinámica»?
6. ¿Qué es un «autógrafo»?

PARA UN ESTUDIO MÁS PROFUNDO

Referencia general
Geisler, N. L., y W. E. Nix. *A General Introduction to the Bible.* Rev. y exp. ed. Chicago: Moody, 1986.
Patzia, A. G. *The Making of the New Testament: Origin, Collection, Text and Canon.* Downers Grove: InterVarsity, 1995.

Canon
Beckwith, R. *The Old Testament Canon of the New Testament Church.* Grand Rapids: Eerdmans, 1985.
Bruce, F. F. *The Canon of Scripture.* Downers Grove: InterVarsity, 1988.
Gamble, H. Y. *The New Testament Canon: Its Making and Meaning.* Guides to Biblical Scholarship. Philadelphia: Fortress, 1985.
Lightfoot, N. R. *How We Got the Bible.* 2.ª ed. Grand Rapids: Baker, 1988.
McDonald, L. *The Biblical Canon: Its Origin, Transmission, and Authority.* 3rd ed. Peabody: Hendrickson, 2007.
McDonald, L. M., and J. A. Sanders, eds. *The Canon Debate.* 2.ª ed. Peabody: Hendrickson, 2002.
Metzger, B. M. *The Canon of Scripture: Its Origin, Development, and Significance.* Oxford: Clarendon, 1987.
Westcott, B. F. *A General Survey of the History of the Canon of the New Testament.* London: Macmillan, 1896.

Inspiración e inerrancia
Dockery, D. *Christian Scripture: An Evangelical Perspective on Inspiration, Authority, and Interpretation.* Nashville: B&H, 1995.
Geisler, N., ed. *Inerrancy.* Grand Rapids: Zondervan, 1980.
Harris, R. L. *Inspiration and Canonicity of the Scriptures.* Grand Rapids: Zondervan, 1969.
Henry, C. F. H. "The Authority and Inspiration of the Bible." In *The Expositor's Bible Commentary.* Vol. 1: *Introductory Articles.* Edited by F. E. Gaebelein. Grand Rapids: Zondervan, 1979, 1–35.
Pache, R. *The Inspiration and Authority of Scripture.* Chicago: Moody, 1969.
Warfield, B. B. *The Inspiration and Authority of the Bible.* Philadelphia: Presbyterian & Reformed, 1948.

Hermenéutica y armonización
Archer, G. L., Jr. *The New International Encyclopedia of Bible Difficulties.* Grand Rapids: Zondervan, 2001.
Blomberg, C. L. *The Historical Reliability of John's Gospel.* Downers Grove: InterVarsity, 2001.
_____. *The Historical Reliability of the Gospels.* 2.ª ed. Downers Grove: InterVarsity, 2007.
Kaiser, W. C., Jr., ed. *Hard Sayings in the Bible.* Downers Grove: InterVarsity, 1996.
Köstenberger, A. J., y R. D. Patterson. *Invitation to Biblical Interpretation.* Grand Rapids: Kregel, 2011.
Osborne, G. R. *The Hermeneutical Spiral: A Comprehensive Introduction to Biblical Interpretation.* 2.ª ed. Downers Grove: InterVarsity, 2006.

Crítica textual
Aland, K., y B. Aland. *The Text of the New Testament: An Introduction to the Critical Editions and to the Theory and Practice of Modern Textual Criticism.* Translated by E. F. Rhodes. Grand Rapids: Eerdmans, 1987.

Gamble, H. Y. *Books and Readers in the Early Church: A History of Early Christian Texts.* New Haven: Yale Univ. Press, 1995.

Metzger, B. M., y B. D. Ehrman. *The Text of the New Testament: Its Transmission, Corruption, and Restoration.* 4th ed. New York/Oxford: Oxford Univ. Press, 2005.

Wegner, P. D. *A Student's Guide to Textual Criticism of the Bible: Its History, Methods and Results.* Downers Grove: InterVarsity, 2006.

_____. *The Journey from Texts to Translations: The Origins and Developments of the Bible.* Grand Rapids: Baker, 1999.

Traducción bíblica

Bruce, F. F. *The English Bible: A History of Translations.* New York: Oxford Univ. Press, 1961.

Köstenberger, A. J., y D. A. Croteau, eds. *Which Bible Translation Should I Use?* Nashville: B&H, 2012.

McGrath, A. E. *In the Beginning: The Story of the King James Bible and How It Changed a Nation, a Language, and a Culture.* New York: Doubleday, 2001.

Metzger, B. M. *The Bible in Translation.* Grand Rapids: Baker, 2001.

Ryken, L. *The Word of God in English: Criteria for Excellence in Bible Translation.* Wheaton: Crossway, 2002.

Scorgie, G. G., M. L. Strauss, y S. M. Voth, eds. *The Challenge of Bible Translation.* Grand Rapids: Zondervan, 2003.

Capítulo 2
Antecedentes políticos y religiosos del Nuevo Testamento

CONOCIMIENTO ESENCIAL

Los estudiantes deben conocer las ocho eras de control sobre Palestina del período del Segundo Templo. Deben tener un conocimiento básico de las principales figuras y gobernantes, y estar familiarizados con las características más importantes de este momento, incluyendo fechas, nombres de obras y grupos e instituciones que tienen su origen en este tiempo.

INTRODUCCIÓN

AL FINALIZAR LA era del A.T., el Imperio persa tenía control sobre Jerusalén y Judea. Al comenzar la era del N.T., Roma estaba en el poder. El siguiente resumen de esta era, su literatura y teología será útil para el estudio de Jesús, los Evangelios y otros escritos del N.T. Debido a que no hubo profeta en Israel desde Malaquías y hasta el ministerio de Juan el Bautista, a este tiempo, desde el año 400 a.C. hasta la era cristiana, se le llama «los años silenciosos». Esto resalta la ausencia de la revelación divina por un profeta durante este período, pero como mostrará el siguiente estudio, ese tiempo fue todo menos tranquilo.

Tabla 2.1. De Babilonia a Roma: el período del Segundo Templo

Período	Período de tiempo
Período babilónico	606-539 a.C.
Período persa	539-331 a.C.
Período griego	331-167 a.C.
Alejandro Magno	331-320 a.C.
Dinastía ptolemaica	320-198 a.C.
Período sirio	198-167 a.C.
Autonomía judía	167-63 a.C.
Macabeos	167-135 a.C.
Asmoneos	135-63 a.C.
Período romano	63 a.C.-70 d.C.

Tabla 2.2. El período del Segundo Templo: eventos importantes

I. Finaliza la historia del Antiguo Testamento: período persa y babilónico	
A. Periodo babilónico (606-539 a.C.)	
606/5 a.C.	Conquista de Nabucodonosor sobre Judá.
587/86 a.C.	Destrucción del templo de Jerusalén. Exilio de Judá. Origen de la sinagoga.
539 a.C.	Babilonia cae ante Ciro el Grande de Persia. Se permite a los exiliados regresar a Israel.
B. Periodo persa (539-331 a.C.)	
515 a.C.	Dedicación del Segundo Templo (Zorobabel, Hageo y Zacarías)
ca. 400 a.C.	Malaquías, último profeta del A.T.: profecía de Juan el Bautista
II. Entre Testamentos: Imperio griego, autonomía judía e Imperio romano	
A. Periodo griego (331-167 a.C.)	
1. Alejandro Magno y sus conquistas (331-320 a.C.)	
334/333 a.C.	Alejandro derrota a los persas en la batalla del Gránico, Issos.
331 a.C.	Alejandro derrota a Darío II en Arbela, controlando el Cercano Oriente (incluyendo Israel). Comienza la helenización (propagación de estilo de vida griego).
323 a.C.	Muerte de Alejandro: el reino se divide en cuatro.
Al 320 a.C.	Israel cae ante Ptolomeo en Egipto.
2. Periodo ptolemaico (320-198 a.C.)	
320-198 a.C.	Ptolomeo gobierna Palestina desde Alejandría en Egipto. Se crea la Septuaginta (LXX, traducción griega del A.T.).

II. Entre Testamentos: Imperio griego, autonomía judía e Imperio romano

198 a.C.	Antíoco de la dinastía seléucida derrota a Ptolomeo V en Paneas (cerca del monte Hermón) y toma el poder sobre Palestina.

3. Periodo seléucida o sirio (198-167 a.C.)

198-167 a.C.	Los seléucidas en Antioquía y Siria gobiernan Palestina. Surgen dos partidos entre los judíos: «la casa de Onías» (a favor de Egipto) y «los seguidores de Tobías» (a favor de Siria).
168 a.C.	Antíoco IV (175-163 a.C.); tipo de anticristo; reemplaza al sumo sacerdote judío Onías III con el hermano de Onías, Jasón, un helenizador; invade Jerusalén, sacrifica un cerdo en el altar («abominación de la desolación»; Dan. 9:27;11:31;12:11; ver Mat. 24:15 y paralelos). Un sacerdote llamado Matatías en el pueblo de Modín comienza la revuelta de los macabeos.

B. Autonomía judía: los macabeos y asmoneos (167-63 a.C.)

1. Los macabeos (167-135 a.C.)

165/4 a.C.	Restauración del templo de adoración (ver Juan 10:22).
164-161 a.C.	Judas.
161-143/2 a.C.	Jonatán.
143/2-135/4 a.C.	Simón.

2. Los asmoneos (135-63 a.C.)

135/4-104 a.C.	Juan Hircano I
104-103 a.C.	Aristóbulo
103-76 a.C.	Alejandro Janneo
76-67 a.C.	Salomé Alejandra
67-63 a.C.	Aristóbulo II

C. Periodo romano (63 a.C.-70 d.C.)

63 a.C.	El general Pompeyo entra a Jerusalén y establece el Imperio romano.
44 a.C.	Julio César es asesinado en el Senado por Bruto y otros. «César» se convierte en el título de los emperadores.
40 a.C.	Herodes es nombrado rey de Judá por el Senado romano.
37 a.C.	Herodes rechaza a los partos e impide que tomen el reino.
31 a.C.	Octavio («Augusto») vence en la guerra civil contra Marco Antonio y Cleopatra (30 a.C.). «Edad de oro» de Roma. La ley y el orden romano, *pax Romana* («paz romana»). Culto al emperador.
ca. 5 a.C.	Nacimiento de Jesús en Belén (Mat. 1:18-2:12; Luc. 2:1-20).*
4 a.C.	Muerte de Herodes. Arquelao toma el reino.
6 d.C.	Arquelao es remplazado por los prefectos romanos.
26 d.C.	Poncio Pilato gobierna Judá.
33 d.C.	Crucifixión de Jesús.
34 d.C.	Conversión de Pablo.

* Ver la discusión de la cronología de la vida de Jesús en el capítulo 3.

Antecedentes políticos y religiosos del Nuevo Testamento 23

III. Antecedentes de Jesús y la iglesia primitiva	
A. Gobernantes romanos	
31 a.C.-14 d.C.	Augusto: nacimiento de Jesús. La edad de oro (Luc. 2:1).
14-37 d.C.	Tiberio: los ministerios de Juan el Bautista y Jesús ocurren durante su reinado (Luc. 3:1-2,21).
37-41 d.C.	Calígula
41-54 d.C.	Claudio: expulsión de los judíos de Roma (Hech. 18:2).
54-68 d.C.	Nero: gran incendio de Roma (64). Martirio de Pedro y Pablo (65/66).
68-69 d.C.	Galba, Otón y Vitelio.
69-79 d.C.	Vespasiano
81-96 d.C.	Domiciano: persecución de los cristianos (Apocalipsis).[**]
B. Revueltas judías	
66-73 d.C.	Primera revuelta judía.
70 d.C.	Tito destruye Jerusalén y el templo (comp. Mat. 24:1-2 y paralelos).
132-135 d.C.	Rebelión de Bar Kojba: exilio de los judíos hasta los tiempos modernos.
C. Dinastía herodiana	
40/37-4 a.C	Herodes el Grande: edomitas gobiernan como vasallos sobre Palestina. Matanza de los niños en Belén (Luc. 2:16). Tres hijos.
4 a.C.-33 d.C	Herodes Filipo I: tetrarca de las provincias del norte: Iturea, Traconítide, Gaulanitis, Auranitis y Batanea.
4 a.C.-39 d.C.	Herodes Antipas: tetrarca de Galilea y Perea. Juan el Bautista es decapitado (Mat. 14:3-12; Mar. 6:17-29). Jesús lo llamó «aquella zorra» (Luc. 13:32) y fue juzgado ante él (Luc. 23: 7-12).
4 a.C.-6 d.C.	Arquelao: etnarca de Judea y Samaria (desterrado por Augusto en el año 6 d.C.). Su gobierno causó que José se estableciera con María y Jesús en Nazaret después de regresar de Egipto (Mat. 2:21-23). Después del año 6 d.C., Galilea es gobernada por los romanos (prefectos o procuradores).
41-44 d.C.	Herodes Agripa I: nieto de Herodes el Grande; gobernó como rey sobre Judea y Palestina; ejecutó al apóstol Jacobo, hijo de Zebedeo y encarceló a Pedro (Hech. 12:1-3).
50 d.C.-¿?	Herodes Agripa II: bisnieto de Herodes el Grande, escuchó la defensa de Pablo (Hech. 25-26).

[**] Ver la discusión sobre la fecha del Libro de Apocalipsis en el capítulo 20.

HISTORIA

El tiempo entre los Testamentos es comúnmente llamado el «período del Segundo Templo». Abarca desde la construcción del Segundo Templo en el año 515 a.C. por Zorobabel hasta su destrucción por los romanos en el año 70 d.C. Desde el punto de vista de la historia de Israel, este período incluye cinco eras, marcadas por cinco grandes crisis del pueblo judío.[1] Durante gran parte de este tiempo Judá fue prácticamente un «estado del templo» bajo el control de los sumos sacerdotes, que a su vez estaban bajo la autoridad de gobernantes extranjeros. El siguiente estudio del período del Segundo Templo comienza con la *primera gran crisis*, el gobierno del rey babilónico Nabucodonosor y la *destrucción del templo construido por Salomón*, que tuvo como consecuencia la pérdida de la soberanía nacional de los judíos.

Tabla 2.3. Las cinco grandes crisis de los judíos en el período del Segundo Templo

1. Destrucción babilónica de Jerusalén y el primer templo (586 a.C.).
2. Caída del Imperio persa tras la invasión de Alejandro Magno (331 a.C.).
3. Persecución por Antíoco IV Epífanes (198-167 a.C.).
4. Dominio romano (63 a.C.-70 d.C.).
5. Destrucción del estado judío por los romanos y el Segundo Templo (70 d.C.).

Período babilónico (606-539 a.C.)

El relato de la ocupación babilónica de Israel, incluida en el A.T.,[2] comenzó en el año 606/5 a.C. con la conquista de Judá por Nabucodonosor; el reino del norte de Israel ya había caído ante los asirios en el año 722 a.C. (ver 2 Rey. 24:12). Su conquista culminó con el asedio de Jerusalén en el año 586 a.C.[3] Nabucodonosor deportó a las clases altas de Judá (incluyendo a Daniel y Ezequiel) a Babilonia. La monarquía se disolvió, el santuario principal (el templo) se perdió, y los judíos llegaron a vivir cerca de los gentiles. Esto creó grandes problemas morales y ceremoniales.[4]

La predicación de los profetas muestra que la ausencia de un santuario principal llevó a los judíos a buscar el aspecto moral de la ley de Dios. Sin un lugar principal para reunirse y adorar, los cautivos establecieron la sinagoga como un lugar donde podían reunirse para estudiar y discutir la ley. La sinagoga era una institución bien establecida en la época del N.T. Mientras estaban en el exilio, los judíos renunciaron a la idolatría, la adoración de otros dioses que no fueran Yahvé. La idolatría, a su vez, había sido una de las principales causas del exilio en primer lugar (ver 2 Rey. 17).

---

[1] Ver L. R. Helyer, *Exploring Jewish Literature of the Second Temple Period: A Guide for New Testament Students* [Explorando la literatura judía del período del Segundo Templo: una guía para estudiantes del Nuevo Testamento] (Downers Grove: InterVarsity, 2002), 18–24.

[2] Ver 2 Reyes 24–25; 2 Crónicas 36:5–21; Jeremías, Ezequiel y Daniel.

[3] 2 Reyes 25:3; ver Jeremías 39:2: «Y en el undécimo año de Sedequías, en el mes cuarto, a los nueve días del mes se abrió brecha en el muro de la ciudad» (es decir, 18 de julio, 586 a.C.).

[4] J. J. Scott Jr., *Jewish Backgrounds of the New Testament* [Antecedentes judíos del Nuevo Testamento.] (Grand Rapids: Baker, 2000), 108–12.

El período persa (539-331 a.C.)

Babilonia fue atacada por un reino extranjero, el Imperio persa.[5] Ciro de Persia, un antiguo vasallo de Media (alrededor del año 550 a.C.), logró una conquista pacífica sobre Babilonia. El 29 de octubre del año 539 a.C., Ciro entró en Babilonia y se proclamó a sí mismo «rey de Babilonia», comenzando una nueva dinastía en el Cercano Oriente. Varios libros del A.T. describen los acontecimientos durante el período persa, incluyendo 2 Crónicas, Esdras, Nehemías, Ester, algunos Salmos, Isaías, Daniel, Hageo, Zacarías y Malaquías (44-45).

La política exterior de Ciro, a diferencia de la de Babilonia, permitía que los pueblos conquistados mantuvieran sus costumbres y religiones de sus tierras natales. Así, cuando Esdras le pidió a Ciro regresar a Judá, aceptó (Esd. 1:1-4). Posteriormente, Persia se convirtió en una verdadera potencia, y los siguientes reyes expandieron el reino «desde la India hasta Etiopía» (Est. 1:1). Más tarde, cumpliendo la profecía bíblica (Isa. 44:28-45:13), Ciro permitió que los judíos regresaran a su tierra natal (Esd. 1:1-4). Los cautivos volvieron gradualmente, y con ellos, el mobiliario del templo y los materiales para la reconstrucción de Jerusalén. Los persas gobernaron Palestina durante más de 200 años, pero el imperio finalmente cayó ante los griegos.

El período griego (331-167 a.C.)

El período griego puede dividirse en tres fases: 1) las conquistas de Alejandro Magno (331-320 a.C.); 2) la dinastía ptolemaica (320-198 a.C.); y 3) el período seléucida o sirio (198-167 a.C.). Más allá de esto, la influencia griega llegó a Palestina a través del impacto generalizado de la cultura griega llamada «helenización».

Alejandro Magno y sus conquistas (331-320 a.C.). Este período oficialmente comenzó con la conquista de Palestina por Alejandro Magno.[6] Filipo de Macedonia (gobernador de Macedonia), padre de Alejandro, fue asesinado en el año 336 a.C., lo que permitió el ascenso de Alejandro al trono. Después de dominar las ciudades-estado griegas que no se sometieron inmediatamente a su voluntad, Alejandro se enfocó en Persia.[7] Como lo predijo el profeta Daniel (ver Dan. 8), la conquista de Alejandro fue violenta y eficiente.

La derrota de Alejandro en Persia, liderada por Darío III, fue rápida. Alejandro obtuvo victorias en las batallas de Issos (cerca de Tarso, 333 a.C.) y Arbela (331 a.C.), y destruyó Tiro en Fenicia[8] y Gaza en su camino a Egipto. Los egipcios, quienes nunca habían aceptado el dominio persa, se rindieron pacíficamente.[9] Alejandro se dirigió hacia el norte y persiguió a Darío por Siria y Persia. Darío murió después de la batalla

---

[5] Ver L. L. Grabbe, *Jewish History: Persian Period* [Historia judía: período persa], en *Dictionary of New Testament Background: A Compendium of Contemporary Biblical Scholarship* [Diccionario de antecedentes del Nuevo Testamento: Un compendio de estudio bíblico contemporáneo], ed. C. A. Evans and S. E. Porter (Downers Grove: InterVarsity, 2000), 574–76.

[6] Ibid., 570–74.

[7] Ibid.

[8] El puerto que abastecía a la armada persa; ver R. D. Milns, *Alexander the Great* [Alejandro Magno], ABD 1.147.

[9] Milns, *Alexander* [Alejandro], 147.

de Gaugamela (331 a.C.). Sin ningún heredero persa que reclamara el trono, Alejandro fue declarado el nuevo gobernante.[10] Alejandro intentó continuar sus conquistas, pero enfermó de fiebre en Persia y murió a los 33 años, conquistando su imperio en solo 13 años.

El *colapso del Imperio persa*, con su actitud indulgente hacia la identidad y la libertad religiosa, fue la *segunda crisis de la nación judía*. Los judíos tendrían que enfrentarse ahora a una serie de reyes griegos que creían que su cultura «superior» debía estar firmemente impuesta en todas las tierras que gobernaban.[11] Estos reyes surgieron del trabajo débil de los cuatro generales de Alejandro que dividieron su imperio.[12] De los sucesores originales del reino de Alejandro, solo Ptolomeo I Sóter logró formar un reino exitoso. Así, Palestina quedó bajo la jurisdicción del gobernante egipcio Ptolomeo alrededor del año 320 a.C.[13]

Dinastía ptolemaica (320-198 a.C.). Ptolomeo se erigió como el padre de una dinastía de gobernantes. Todos los gobernantes de Egipto hasta el año 30 d.C. llevaban el nombre de «Ptolomeo», independientemente de su ascendencia real. El gobierno de Ptolomeo principalmente se ocupó de aplicar estrictos impuestos y asegurar las rutas comerciales en Transjordania. Mientras los ptolomeos lograban obtener el control en Egipto, otra dinastía griega, los seléucidas, alcanzaron la supremacía en Babilonia. Los seléucidas y los ptolomeos se enfrentaron en constantes batallas por Palestina. Ptolomeo V perdió Israel en el año 198 a.C. en Paneas contra Antíoco III de Siria. Palestina no sería gobernada por los egipcios otra vez.

El período seléucida o sirio (198-167 a.C.). Aunque el control sirio sobre Palestina duró solo 31 años[14] y se caracterizó por exigir pagar tributo a Roma, fue un período clave para una importante figura. Antíoco IV, el gobernante de Palestina, se llamaba a sí mismo «Epífanes», «el Glorioso», alegando ser la encarnación de Zeus en la tierra. Su plan agresivo de helenización indignó a los judíos. Su deseo de difundir la cultura griega y la necesidad de pagar grandes sumas de dinero a Roma afectó la forma en que Antíoco elegía al sumo sacerdote judío en Jerusalén, aceptando sobornos a cambio del cargo.

Antíoco finalmente intentó *prohibir el judaísmo*, lo que representó la *tercera gran crisis* que afectó a los judíos. Prohibió la Torá, la circuncisión, las fiestas y las ofrendas a Yahvé. Quizás la medida más devastadora de Antíoco fue la dedicación del templo de Jerusalén a Zeus, la figura principal del panteón griego. Antíoco erigió una estatua de Zeus en el

---

[10] A. J. Tomasino, *Judaism Before Jesus: The Events and Ideas That Shaped the New Testament World* [Judaísmo antes de Jesús: los eventos e ideas que formaron el mundo del Nuevo Testamento] (Downers Grove: InterVarsity, 2003), 109.

[11] Helyer, *Exploring Jewish Literature of the Second Temple Period* [Explorando la literatura judía del período del Segundo Templo], 19, 75–76.

[12] Ver visión de Daniel cuando un gran cuerno fue quebrado, y en su lugar salieron otros cuatro cuernos notables hacia los cuatro vientos del cielo. (Dan. 8:8).

[13] D. B. Sandy, *Ptolemies* [Ptolomeos], en *Dictionary of New Testament Background* [Diccionario de antecedentes del Nuevo Testamento], 870–73.

[14] Para una introducción útil, ver D. W. J. Gill, *Seleucids and Antiochids* [Seléucidas y antióquidos], en *Dictionary of New Testament Background* [Diccionario de antecedentes del Nuevo Testamento], 1092–93.

templo y sacrificó un cerdo en el altar. Esta abominación enfureció a los judíos y comenzó un movimiento de resistencia iniciado por un sacerdote llamado Matatías.

Autonomía judía (167-63 a.C.)

Los macabeos (167-135 a.C.). El período macabeo es llamado así por el tercer hijo de Matatías, Judas.[15] Apodado «Macabeo», «el martillo», dirigió una guerra contra los seléucidas. Debido a los esfuerzos de Judas Macabeo, en el año 165 a.C. el representante de Antíoco, Lisias, revocó la prohibición del judaísmo. El siguiente año, Judas llevó a cabo una purificación del templo, conmemorada hasta hoy como la Fiesta de las Luces, una fiesta de ocho días conocida como *Hanukah* celebrada a finales del mes diciembre. Aunque Judas murió en batalla en el año 160 a.C. a manos de Nicanor de Siria, los hermanos de Judas, Jonatán y Simón, continuaron la resistencia y alcanzaron la autonomía nacional en el año 142 a.C. Simón dirigió las ramas ejecutiva y religiosa del gobierno (desviándose de las enseñanzas bíblicas), lo que inició una dictadura para los macabeos. Tras un reinado caracterizado por la prosperidad económica y la paz, Simón y dos de sus hijos fueron asesinados por su yerno Ptolomeo. El hijo que sobrevivió, Hircano, escapó y derrotó a Ptolomeo.[16]

Los asmoneos (135-63 a.C.). A pesar del progreso de Simón, los años 142 a 135 a.C. fueron inestables. Juan Hircano (135/34-104 a.C.) fue el primero de los gobernantes asmoneos. Hircano lideró una expansión de los territorios de Judá en Moab e Idumea. Ordenó la circuncisión de los idumeos y así preparó el camino para Herodes el Grande en la época del N.T. Cuando Hircano I murió, su hijo, Aristóbulo I (104-103 a.C.), se proclamó rey, convirtiéndose en el primero de los gobernantes asmoneos con ese título. Tras la repentina muerte de Aristóbulo en el año 103 a.C., su viuda, Salomé Alejandra, nombró a Alejandro Janeo, hermano mayor de Aristóbulo, sumo sacerdote y rey, y se casó con él.

Alejandro Janeo (103-76 a.C.) gobernó como helenístico.[17] Expandió el país con mercenarios extranjeros, pero no se ocupó de los deberes espirituales de sumo sacerdote. Cuando murió, su esposa Salomé Alejandra, reinó en paz desde el año 76 hasta 67 a.C.[18] A su muerte, en el año 67 a.C., sus herederos lucharon por el reino. Mientras tanto, el ejército romano, bajo el liderazgo de los representantes de Pompeyo, sometieron al inestable reino seléucida. La autonomía judía llegó a su fin cuando Pompeyo entró en el lugar santísimo, nombró a Hircano II como sumo sacerdote, pero no como rey, y convirtió a Judá en un reino bajo el mando de un gobernador imperial en Siria. Roma estaba ahora a cargo de Palestina. Los judíos tuvieron que enfrentarse a la *cuarta gran crisis* de su identidad nacional: *la vida bajo el dominio romano.*

---

[15] Para una selección de lecturas de las principales fuentes, ver C. K. Barrett, ed., *The New Testament Background: Selected Documents* [Antecedentes del Nuevo Testamento: documentos seleccionados] (rev. y ed. Exp.; San Francisco: Harper, 1989), cáp. 7.

[16] Ver *Josephus* [Josefo], *Ant.* 20.240; *Jewish War* [La Guerra judía] 1.54.

[17] Josefo lo llamó *philellen*, que significa «que ama la cultura griega» (*Ant.* 13.318).

[18] Ver *Josephus* [Josefo], *Ant.* 13.407.

El período romano (63 a.C.-70 d.C.)

Historia romana y la conquista de Palestina. Según la tradición, Roma fue fundada en el 753 a.C. por Rómulo y Remo.[19] En el siglo V a.C., Roma se convirtió en una república. Varios siglos más tarde Roma prevaleció sobre la ciudad rival del norte de África, Cartago (146 a.C.). En el año 63 a.C., Pompeyo extendió el dominio romano a Palestina. Al principio, el dominio romano debió ser similar al dominio sirio. Varios hombres se disputaban el poder: Antígono (heredero de Aristóbulo II), Hircano II, Antípatro (el Idumeo) y los hijos de Antípatro, Fasael y Herodes.

La dinastía herodiana. Herodes fue nombrado «rey de Judá» por el Senado romano en el año 40 a.C. pero no obtuvo el reino hasta el año 37 a.C. cuando destituyó a Antígono con la ayuda de Antonio.[20] Herodes era técnicamente un rey bajo la autoridad de Roma, por lo que se le consideraba «un amigo y aliado del pueblo romano». Era un administrador capaz, pero cruel y paranoico. Su habilidad se vio reflejada en las empresas agrícolas y comerciales que inició y que trajeron prosperidad a la región. Su crueldad se evidenció en el asesinato de sus propios hijos y su esposa, Mariamna (princesa asmonea, nieta de Hircano y Aristóbulo), de quien sospechaba que planeaba tomar el reino. Aunque algunas de las historias específicas de Herodes en el N.T. (ver Mat. 2) no son corroboradas por otras fuentes, la crueldad y paranoia descritas concuerdan con lo que sabemos del carácter de Herodes por otras fuentes.

Antes de la muerte de Herodes, les otorgó brevemente posiciones de poder a sus hijos. Arquelao fue nombrado etnarca sobre Judá, Samaria e Idumea, que incluía Jerusalén (4 a.C.). Roma lo destituyó en el año 6 d.C. por su incompetencia. Arquelao no era un hábil administrador como su padre, pero era cruel y paranoico como él. El resultado más significativo del gobierno de Arquelao fue dejar a Jerusalén bajo el control directo de los romanos.

Otro de los hijos de Herodes, considerado capaz y astuto, Herodes Antipas, fue nombrado tetrarca sobre Galilea y Perea (4 a.C.). Se divorció de su esposa (hija del rey nabateo Aretas IV) para casarse con la esposa de su medio hermano, Herodes Filipo (no el Filipo mencionado previamente), y martirizó a Juan el Bautista después que condenara este acto (Mar. 6:14-29 y paralelos).

Después del año 6 d.C., Judá se convirtió en una provincia romana y, como tal, estaba bajo el mando de los gobernadores imperiales romanos (llamados prefectos hasta Claudio, más tarde procuradores). Los gobernadores vivían en Cesarea y solo iban a Jerusalén durante las festividades. Sin embargo, mantenían una importante presencia militar en Judá. A los judíos se les permitía acuñar monedas sin imágenes ofensivas, con nombres, pero sin hacer mención a la deidad. Un sacrificio a Yahvé en nombre del gobierno romano tomó el

---

[19] Para un resumen del período romano, ver L. L. Grabbe, *Jewish History: Roman Period* [Historia judía: período romano], en *Dictionary of New Testament Background* [Diccionario de antecedentes de Nuevo Testamento.], 576–80.

[20] Para obtener material útil de la fuente principal, ver Barrett, *New Testament Background* [Antecedentes del Nuevo Testamento], 148–55; cf. H. W. Hoehner, *Herodian Dynasty* [Dinastía herodiana], en *Dictionary of New Testament Background* [Diccionario de antecedentes del Nuevo Testamento], 485–94 (ver tabla en p. 328 y referencias bibliográficas en pp. 332-34).

lugar del sacrificio requerido a los dioses. Tenían autonomía limitada a través del gobierno del Sanedrín, presidido por el sumo sacerdote.

Los emperadores y gobernadores romanos de Palestina. Como se mencionó, Roma se constituyó como república en el siglo V a.C., con el Senado romano gobernando sobre la nación. Los siglos II y I a.C. estuvieron marcados por el ascenso romano a la supremacía mundial. La «Edad de oro» (llamada así por el poeta romano Virgilio) de Roma comenzó bajo el mandato de Augusto, quien gobernó desde el año 31 a.C. hasta 14 d.C. Este período se caracterizó por la ley romana, que proporcionó estabilidad; la «paz romana» (*pax Romana*) proporcionó un clima propicio para la construcción de carreteras y la unificación del imperio; así como la prosperidad y el bienestar general. Tiberio (14-37) sucedió a Augusto y reinó durante las vidas de Juan el Bautista y Jesús (Luc. 3:1).[21]

El gobernador romano de Palestina en la época del ministerio de Cristo era Poncio Pilato.[22] Su mandato se caracterizó por sobornos, insultos, ejecuciones sin juicio y crueldad. Los comienzos de la carrera de Pilato estuvieron marcados por la arrogancia y las ofensas a los judíos, facilitadas por el apoyo de su poderoso mecenas en Roma, Sejano, prefecto de la guardia pretoriana de Tiberio. Sejano administró el imperio para Tiberio, mientras este estaba en la isla de Capri. Según Filón, a Sejano le desagradaban los judíos, y es posible que Pilato estuviera aplicando la política de Sejano en Judá.[23]

Desde el cautiverio en Babilonia hasta *la destrucción de Jerusalén y el templo en el año 70 (la quinta gran crisis)*, la nación judía estuvo sujeta a naciones extranjeras, con solo un breve intervalo de autonomía durante el período macabeo. Cuando Jesús nació y comenzó su ministerio, las expectativas mesiánicas estaban muy extendidas, y la esperanza judía de liberación, aunque interpretada en términos políticos y nacionalistas, estaba en un punto crítico.

El «cumplimiento del tiempo»

Pablo declaró en su carta a los gálatas que el Señor Jesús se apareció «cuando vino el cumplimiento del tiempo» (Gál. 4:4). La expresión «cumplimiento del tiempo», entre otras cosas, transmite la idea de que Jesús vino «en el momento justo». ¿Pero qué hizo que el tiempo de la venida de Cristo fuera «en el momento preciso»? En el contexto, la referencia de Pablo al «cumplimiento del tiempo» en Gálatas 4:4 se refiere a la adopción de los creyentes al ser hechos hijos por medio de la obra redentora de Cristo (ver vv. 5-7). Esto marcó una nueva fase en la historia de la salvación, posterior al período durante el cual la ley sirvió como principal referencia (ver Gál. 3:16-26).

---

[21] Ver J. E. Bowley, *Pax Romana* [Paz romana], en *Dictionary of New Testament Background* [Diccionario de antecedentes del Nuevo Testamento], 771–75.

[22] La famosa «Inscripción de Pilato» descubierta en Cesarea en 1961 dice lo siguiente:
TIBERIEUM (a Tiberio)
[PON]TIUS PILATUS (de Poncio Pilato)
[PRAEF]ECTUS IUDA[EA]E (Gobernador de Judá)

[23] Ver P. L. Maier, *Sejanus, Pilate, and the Date of the Crucifixion* [Sejano, Pilato y la crucifixón], *Church History* [Historia de la iglesia] 37 (1968): 3–13.

Además de esta referencia histórica de la salvación en la frase «cumplimiento del tiempo», que es la principal, las condiciones eran ideales para la venida de Jesús debido a los siguientes factores: 1) la *pax Romana*; 2) las vías romanas; 3) el idioma griego; y 4) las expectativas mesiánicas judías.

En primer lugar, 200 años de una paz sin precedentes (aunque impuesta militarmente) conocida como *pax Romana* proporcionaron «el momento justo» para la llegada de Jesús.[24] Esta paz permitió el desarrollo del segundo factor: las vías. Los romanos habían construido una red de caminos por todo el imperio. De acuerdo con el lenguaje popular, la frase «Todos los caminos llevan a Roma» hace alusión a que dichos caminos proporcionaban viajes relativamente sencillos. Así, en la providencia de Dios, los caminos construidos por los romanos prepararon el camino para la propagación del evangelio de Jesucristo desde Jerusalén hasta Roma (ver Hech. 1:8; 28:14-31).

Tercero, las conquistas de Alejandro Magno hicieron del griego el idioma del comercio en el Imperio romano. El resultado fue un idioma común que proporcionó un vehículo para la propagación del evangelio. De hecho, el idioma se volvió tan influyente que el A.T. se tradujo al griego (LXX) y el N.T. se escribió en griego. Por último, las variantes del judaísmo del primer siglo, cada una a su manera, sostenían una intensa, aunque distinta, esperanza del Mesías. Cuando Jesús llegó afirmando ser el Mesías, entró en un mundo en el que muchos esperaban esa figura. Así, desde la perspectiva de la historia de la salvación, Jesús vino «en el momento justo».

LITERATURA

Aunque la escritura de obras canónicas cesó durante la era intertestamentaria, existe abundante literatura de este período que presenta información sobre el trasfondo del N.T. El siguiente breve resumen de la literatura del Segundo Templo presenta una variedad de material relevante para el estudio de esta era. Incluso el A.T. está disponible en tres versiones: (1) original en hebreo; (2) la traducción griega (la Septuaginta o LXX; ver arriba); y (3) la paráfrasis aramea (los tárgumes). Además, la literatura judía del Segundo Templo incluye los siguientes escritos: (1) los apócrifos; (2) la seudoepigrafía; y (3) los escritos Qumrán o manuscritos del Mar Muerto.

Los apócrifos

La palabra griega *apócrifo* originalmente significa «cosas que están ocultas».[25] La designación *apócrifa* también puede referirse a la naturaleza misteriosa o esotérica del contenido de estos libros, o a su naturaleza espuria o herética (o ambas). Los católicos romanos emplean nombre «deuterocanónicos», con lo que quieren decir que los libros apócrifos fueron añadidos al canon más tarde. Sin embargo, consideran estos escritos canónicos en lugar de apócrifos. Los protestantes han distinguido tradicionalmente las escrituras hebreas como canónicas y las apócrifas como no canónicos.

---

[24] Ver D. Guthrie, *Galatians* [Gálatas], NCBC (Grand Rapids: Eerdmans, 1974), 113.

[25] D. A. deSilva, *Apocrypha and Pseudepigrapha* [Apócrifos y seudoepigrafía], en *Dictionary of New Testament Background* [Diccionario de antecedentes del Nuevo Testamento], 58; ver pp. 58–64, y referencias bibliográficas.

Los escritos que comprenden los apócrifos del A.T. incluidos en esta categoría representan varios géneros:

1. Escritos históricos (1 Esdras, 1-2 Macabeos)
2. Novelas morales (Tobit, Judit, Susana, Bel y el Dragón)
3. Sabiduría o literatura devocional (Sabiduría de Salomón; Siráclides, también llamada Eclesiástica; Oración de Manasés; Oración de Azarías; Cántico de los Tres Jóvenes)
4. Carta seudónima (Carta de Jeremías)
5. Literatura apocalíptica (2 Esdras)

Además, hay apócrifos del N.T. que surgieron en el segundo y siguientes siglos de la era cristiana, que consisten en Evangelios, Hechos y Apocalipsis espurios. Muchos de estos escritos buscan llenar vacíos en las Escrituras, resultando en falsas enseñanzas. Junto con los Apócrifos, la seudoepigrafía muestran una «lectura entre líneas» que condujo a una literatura carente de inspiración divina.

Seudoepigrafía

La seudoepigrafía (de *pseudos*, «falso», y *graphein*, «escribir») abarca los siguientes tipos de literatura (obras seleccionadas).

1. Literatura apocalíptica y afín (1-2 Enoc; 2-3 Baruc; 4 Esdras; Oráculos sibilinos)
2. Testamentos (Testamentos de los doce patriarcas)
3. Epístola seudónima (Carta de Aristeas)
4. Sabiduría o literatura devocional (Salmos de Salomón; Odas de Salomón; Salmo 151)
5. Extensiones del A.T. (Jubileos; José y Asenet; Janes y Jambres; Asunción de Moisés; Martirio y Ascensión de Isaías)
6. Novelas religiosas y tratados filosóficos (3-4 Macabeos)

Manuscritos del Mar Muerto

El descubrimiento de los manuscritos del Mar Muerto en 1947 constituyó el mayor hallazgo arqueológico del siglo XX y afectó enormemente los estudios bíblicos y judíos. Los manuscritos del Mar Muerto proceden de una secta judía que probablemente surgió en la época de los macabeos a mediados del siglo II a.C. y continuó durante la primera revuelta judía en el año 66-73 d.C. El uso de las Escrituras por la comunidad proporciona un precedente para la identificación de Juan el Bautista como la «voz que clama en el desierto» (Isa. 40:3). La comunidad del Mar Muerto utilizó el mismo pasaje de las Escrituras para referirse a sí misma.[26] La comunidad y los manuscritos del Mar Muerto proporcionan un trasfondo útil para comprender el N.T. y las figuras clave del N.T. como Juan el Bautista y Jesús.

---

[26] Ver A. J. Köstenberger, *John* [Juan], en *Commentary on the New Testament Use of the Old Testament* [Comentario del uso del Antiguo Testamento en el Nuevo Testamento], ed. G. K. Beale y D. A. Carson (Grand Rapids: Baker, 2007), 421, 425–28.

TEOLOGÍA

Los capítulos de los libros del N.T. exploran antecedentes específicos relevantes en cada libro. Ahora, será útil proporcionar un trasfondo del mundo judío y greco-romano del primer siglo para entender el entorno en el que vivieron Jesús y la iglesia primitiva. La siguiente discusión presenta los temas más importantes para el estudio del N.T.: (1) paganismo; (2) culto al emperador; (3) religiones misteriosas; (4) superstición y sincretismo; (5) gnosticismo; (6) filosofía; y (7) judaísmo.

Paganismo

La gente en la antigüedad era profundamente religiosa, ya sea que adoptara la religión de Israel o el cristianismo (ver Hech. 14:11-13). La mitología griega presentaba a Zeus como la cabeza de la jerarquía de los dioses. Apolo, hijo de Zeus, era quien inspiraba poetas y profetas. La religión romana se apropió de gran parte del panteón griego, identificando a los dioses romanos con los griegos (Júpiter = Zeus, Venus = Afrodita, etc.). El mismo emperador romano fungió como sumo sacerdote (*pontifex maximus*), fusionando la política y la religión.

Culto al emperador

El Senado romano instituyó el culto al emperador al deificar a Augusto (31 a.C.-14 d.C.) y los siguientes emperadores. Domiciano (81-96) reclamó el título *dominus et deus* («señor y dios»), al que Juan cita en la respuesta de Tomás a Jesús: «¡Señor mío, y Dios mío!» (Juan 20:28).[27] La adoración al emperador proporciona un trasfondo importante al Libro de Apocalipsis, que probablemente fue escrito durante la persecución de los cristianos por Nerón o Domiciano.[28]

Religiones misteriosas

El antiguo mundo en los primeros siglos de la era cristiana estaba repleto de «religiones misteriosas», cultos que concebían el centro de la religión como una unión mística con lo divino. Había religiones misteriosas griegas, egipcias y orientales. Los rituales de iniciación incluían lavados ceremoniales, comidas sagradas, intoxicación y frenesíes emocionales. El propósito de estos rituales era la unión con la deidad.

La superstición y el sincretismo

El mundo antiguo estaba lleno de superstición y sincretismo, una mezcla ecléctica de prácticas religiosas. Estas prácticas incluían magia, horóscopos, oráculos y augurios (la predicción de eventos mediante la observación de los patrones de vuelo de las aves). El Libro de los Hechos presenta numerosos ejemplos de superstición y sincretismo en el mundo del primer siglo (ver Hech. 8:9-24; 13:7; 19:19; 28:3-6).

---

[27] E. Ferguson, *Backgrounds of Early Christianity* [Antecedentes del cristianismo primitivo], rev. ed. (Grand Rapids: Eerdmans, 1993), 35.

[28] Ver discusión del culto al emperador en el capítulo 20.

Gnosticismo

El gnosticismo (del griego *gnōsis*, «conocimiento») tiene sus raíces en el dualismo platónico que distinguía entre el mundo invisible de las ideas y el mundo visible de la materia. Generalmente, esta visión del mundo equiparaba la materia con el mal y veía solo el reino del espíritu como bueno. Es importante señalar que la era del N.T. solo documenta una forma temprana de gnosticismo. El gnosticismo no surgió por completo hasta el segundo siglo.

En una referencia al pensamiento de tipo gnóstico, Pablo advirtió a Timoteo que evitara «... las profanas pláticas sobre cosas vanas, y los argumentos de la falsamente llamada ciencia» (1 Tim. 6:20). Pablo también denunció a los falsos maestros que prohibían el matrimonio y exigían la abstinencia de ciertos alimentos, sosteniendo que todo lo que Dios había creado era bueno (1 Tim. 2:15; 4:1-5). También condenó la herejía colosense que abogaba por el falso ascetismo y el legalismo (Col. 2:4-23; 1 Tim. 4:7-8), aunque esta puede haber sido una forma única de sincretismo.

Filosofía

La filosofía griega también se extendió en el mundo mediterráneo del siglo I.[29] Tres filosofías fueron las más populares. (1) El *epicureísmo* enseñaba que el placer (en el sentido de la felicidad, no necesariamente el placer sensual) era el principal bien de la vida. Esto condujo a la defensa del «hedonismo», la búsqueda del placer como una cuestión de principio ético: «... comamos y bebamos, porque mañana moriremos». (1 Cor. 15:32; ver Isa. 22:13). (2) El *estoicismo* enseñó la aceptación del destino de uno mismo, una forma de fatalismo, determinado por la razón que rige el universo. La gente era obligada a enfrentar su destino «estoicamente», es decir, sin emociones. Pablo encontró filósofos epicúreos y estoicos en Atenas (Hech. 17:18). (3) Los defensores del *cinismo* eran predicadores que enseñaban que la simplicidad era la virtud suprema de la vida y que la gente debía cultivarla en lugar de las actividades populares. Sin embargo, la superstición y el sincretismo prevalecían en gran medida entre la gente.

Judaísmo

El último, y probablemente el más importante elemento de los antecedentes del N.T. es el judaísmo, que hizo importantes contribuciones al cristianismo. Por esta razón, el siguiente resumen del judaísmo es más extenso que los presentados anteriormente. Las características más relevantes para nuestros propósitos son:

Monoteísmo. El judaísmo enseñó el *monoteísmo*, un firme compromiso con la creencia en un solo Dios como se enseña en el A.T. y se proclama en el *Shema* (hebreo «oír»): «Oye, Israel: Jehová nuestro Dios, Jehová uno es» (Deut. 6:4).[30] Los dos primeros de los Diez Mandamientos (el Decálogo) prohibían a los israelitas adorar otros dioses (Éx. 20:2-6;

---

[29] Ver J. M. Dillon, *Philosophy* [Filosofía], en *Dictionary of New Testament Background* [Diccionario de antecedentes del Nuevo Testamento], 793–96.

[30] Ver A. J. Köstenberger y S. R. Swain, *Father, Son and Spirit: The Trinity and John's Gospel* [Padre, Hijo y Espíritu: la Trinidad y el Evangelio de Juan], NSBT 24 (Downers Grove: InterVarsity, 2008), capítulo 1.

Deut. 5:6-10). Este compromiso distinguía a la religión judía en un ambiente politeísta y fue reconocido por historiadores grecorromanos como Tácito, que escribió: «Los judíos conciben un solo Dios» (*Hist.* 5.5).

La sinagoga. La importancia de la sinagoga para la vida judía y la Iglesia primitiva es indiscutible.[31] Los rituales y la estructura de liderazgo de la sinagoga proporcionó a la Iglesia primitiva un modelo para el establecimiento de prácticas y estructuras de liderazgo cristianas distintivas. Para Jesús, Pablo y la misión cristiana, la sinagoga proporcionó una plataforma para proclamar la salvación a través de la fe en Jesús como el Mesías (Luc. 4:16-30; Juan 6:30-59; 18:20; Hech. 13:13-52).

El templo. Otra característica importante del judaísmo era el templo de Jerusalén, un símbolo vital de la unidad nacional y religiosa. El templo original construido por Salomón (1 Rey. 5-8) fue destruido por los babilonios en el año 586 a.C. Después del exilio, Zorobabel construyó un nuevo templo (Esd. 3; Hag. 1-2; Zac. 4). Rodeado de atrios, el templo consistía en un atrio exterior (el Atrio de los Gentiles) y un templo interior. La primera sala era el «lugar santo», que estaba separado del exterior por un velo. La habitación más interna, el «lugar santísimo», estaba separada del lugar santo por otro velo. El sumo sacerdote entraba solo una vez al año, el día de la Expiación.

En los días de Jesús, el templo, que una vez fue el glorioso símbolo de la casa de Dios entre su pueblo, se había degradado a un lugar de comercio y prácticas superficiales (Juan 2:14-16). Con la destrucción del templo en el año 70, el judaísmo se vio obligado a ajustar sus prácticas de sacrificios y rituales porque se había eliminado el elemento central de todo su sistema de adoración.

El calendario religioso. El calendario religioso judío del A.T. proporciona un importante antecedente del N.T. sobre la vida de Jesús y el culto de la Iglesia primitiva. La institución de días santos importantes en la vida de Israel, incluyendo el *Sabbath*, la Pascua y el día de la Expiación está registrada en Levítico 23, y estas fiestas se encuentran en todo el A.T. Tales marcaron la vida de los judíos en la era que condujo al N.T.

Escuelas rabínicas. En Palestina, en el primer siglo, los rabinos de ciertas escuelas sostenían que la ley oral se remontaba a Moisés en el Monte Sinaí y reemplazaba al A.T. Jesús los acusó de revocar la Palabra de Dios por su tradición (Mat. 15:6) y los responsabilizó por ello (Mat. 23:1-7). Entender este antecedente resulta útil cuando uno lee la pregunta que los fariseos le hicieron a Jesús: «… ¿Es lícito al hombre repudiar a su mujer por cualquier causa?» (Mat. 19:3).[32]

Prosélitos y temerosos de Dios. Los prosélitos eran conversos al judaísmo que respetaban el *Sabbath*, cumplían las leyes de la alimentación y la circuncisión de todos los varones; los temerosos de Dios solo aceptaban las enseñanzas morales y las prácticas religiosas generales

---

[31] Ver B. Chilton and E. Yamauchi, *Synagogues* [Sinagogas], en *Dictionary of New Testament Background* [Diccionario de antecedentes del Nuevo Testamento], 1145–53.

[32] Ver A. J. Köstenberger (with D. W. Jones), *God, Marriage, and Family: Rebuilding the Biblical Foundation* [Dios, el matrimonio y la familia: reconstruyendo los fundamentos bíblicos], 2 ed. (Wheaton: Crossway, 2010), capítulo 11, esp. 228–29.

del judaísmo sin someterse a la circuncisión.[33] El N.T., especialmente los Evangelios y el Libro de los Hechos, hace referencia a los prosélitos y los temerosos de Dios.[34] Entre los temerosos de Dios que se acercaron a Jesús para ser sanados se encuentran: un centurión romano (Mat. 8:5-13 y paralelos) y un funcionario real (Juan 4:46-54). La historia de Cornelio, temeroso de Dios, (Hech. 10:9-16) mostró que los gentiles eran iguales a los judíos en la nueva comunidad mesiánica. Este era un concepto revolucionario para muchos judíos del primer siglo, incluyendo a muchos de los primeros cristianos (ver 1 Cor. 12:13; Gál. 2:11-21; 3:28).

Tabla 2.4. Fiestas judías

El calendario religioso judío comenzaba en marzo/abril e incluía los siguientes fiestas:
1. Pascua (Éx. 12:1-14; Lev. 23:5; Núm. 9:1-14; 28:16; Deut. 16:1-7).
2. Panes sin levadura (Éx. 12:15-20; 13:3-10; 23:15; 34:18; Lev. 23:6-8; Núm. 28:17-25; Deut. 16:3-4,8), ambas celebradas al comienzo de la cosecha de trigo (marzo/abril) y conmemoraban la liberación de Dios de Israel en el éxodo.
3. La fiesta de las primicias (Lev. 23:9-14).
4. La fiesta de las semanas o Pentecostés (Éx. 23:16; 34:22; Lev. 23:15-21; Núm. 28:26-31; Deut. 16:9-12), celebrada al final de la cosecha de trigo (mayo/junio).
5. Trompetas o *Rosh Hashaná* (Lev. 23:23-25; Núm. 29:1-6), conmemorando el comienzo del año civil (septiembre/octubre).
6. El día de la Expiación o *Yom Kippur* (Lev. 16; 23:26-32; Núm. 29:7-11), un día de arrepentimiento nacional (septiembre/octubre; técnicamente no es una fiesta).
7. Tabernáculos, Cabañas o cosecha (Éx. 23:16; 34:22; Lev. 23:33-36,39-43; Núm. 29:12-34; Deut. 16:13-15; Zac. 14:16-19), conmemorando la vida de los israelitas en tiendas de campaña en el desierto después del éxodo (septiembre/octubre).
8. Luces, Dedicación o *Hanukkah* (Juan 12:22), celebrando la nueva dedicación del templo por Judas Macabeo en el año 165 o 164 a.C. (25 de diciembre) después de haber sido profanado por Antíoco Epífanes.
9. Purim (Est. 9:18-32), conmemorando la liberación de los judíos en tiempos de Ester (febrero/marzo).

Teología judía. Muchas creencias judías son significativas como antecedentes del N.T., incluyendo aquellas relacionadas con el fin de los tiempos, la naturaleza del hombre y la venida del Mesías. Con respecto al fin de los tiempos, los judíos típicamente adoptaron la enseñanza de las «dos eras», donde «la presente era (malvada)» precede a los «días del Mesías» o «el día del Señor», inaugurando «la era venidera». Esto se ve claramente en los Evangelios.[35] Paradójicamente, los Evangelios indican que, con la venida

---

[33] Ver Ferguson, *Backgrounds of Early Christianity* [Antecedentes del cristianismo primitivo], 512–17; S. McKnight, *Proselytism and Godfearers* [Proselitismo y temerosos de Dios], en *Dictionary of New Testament Background* [Diccionario de antecedentes del Nuevo Testamento], 835–47.

[34] La palabra *theosebeis* («temeroso de Dios») se encuentra en Hechos 10:2,22,35; 13:6,26; el término *sebomenoi* («prosélito») se encuentra en Hechos 13:43,50; 16:14; 17:4,17; 18:7.

[35] Ver G. E. Ladd, *A Theology of the New Testament* [Teología del Nuevo Testamento], ed. rev. (Grand Rapids: Eerdmans, 1993), 54–67.

de Jesús, la «era venidera» ya había comenzado. De ahí que Jesús enseñara que el reino de Dios ya estaba presente (Luc. 17:21), y que los que creían en Él ya tenían vida eterna (Juan 3:16; 10:10).

Mesianismo. Uno de los aspectos más importantes de la teología judía era el mesianismo, es decir, diversas creencias sobre una figura venidera llamada «Mesías» o «Ungido». La mayoría de los judíos esperaban uno, y en algunos casos a varios Mesías. De acuerdo con Miqueas 5:2 algunos creían que el Mesías iba a nacer en Belén (Mat. 2:5-6; ver Juan 7:41-42); otros sostenían que los orígenes del Mesías serían misteriosos (Juan 7:27; ver Dan. 7:13). Pocos esperaban que el Mesías tuviera que sufrir (aunque esto se enseña claramente en Isa. 52:13-53:12; ver Mat. 16:21-23; Juan 12:34). La mayoría pensaba en el Mesías en términos nacionalistas, esperando que estableciera un gobierno terrenal con Israel en su centro y que liberara a los judíos de sus opresores extranjeros (ver Juan 1:49; 6:14; 12:12-13).

Sectas judías y otros grupos de personas. Varias sectas judías prominentes aparecen en los Evangelios.[36]

Los fariseos eran los principales antagonistas de Jesús; practicaban una forma de rectitud con un complejo sistema de tradiciones orales, en un esfuerzo por aplicar los mandamientos bíblicos en la vida cotidiana. A diferencia de los saduceos, los fariseos creían en la resurrección y los ángeles (Hech. 23:8).

Los Saduceos[37] eran mayoría en el Sanedrín, el consejo de gobierno judío, aceptaban solo el Pentateuco como Escritura, negaban la resurrección y no creían en los ángeles (Hech. 23:8). Los saduceos se aliaron con los fariseos para crucificar a Jesús, reflejando que los políticos hacen extrañas parejas.

Los zelotes[38] eran leales a las tradiciones judías y se oponían a cualquier influencia extranjera en Palestina. Uno de los seguidores de Jesús parece haber sido un zelote (Simón el zelote; Mat. 10:4).

El pueblo de Palestina es a veces referido en los Evangelios como «el pueblo de la tierra». Eran despreciados por los líderes religiosos. Esta actitud de los fariseos se ve reflejada en la declaración del Evangelio de Juan: «Mas esta gente que no sabe la ley, maldita es» (7:49).

También había un gran número de judíos en la diáspora fuera de Palestina (ver Juan 7:35) que adoraban en sus sinagogas y atraían un gran número de prosélitos y temerosos de Dios.

El Sanedrín. El Sanedrín, llamado en el N.T. como el «Consejo», «los gobernantes», «los líderes de sacerdotes, ancianos y escribas», o una combinación de ellos, era el consejo supremo judío en todos los asuntos religiosos y políticos, y era presidido por el sumo

---

[36] Sobre los orígenes del período de los macabeos, ver «Historia» previamente; comp. S. Mason, «Theologies and Sects, Jewish» [Teologías y sectas judías], en *Dictionary of New Testament Background* [Diccionario de antecedentes del Nuevo Testamento], 1221–30.

[37] Ver G. G. Porton, *Sadducees* [Saduceos], en *Dictionary of New Testament Background* [Diccionario de antecedentes del Nuevo Testamento], 1050–52.

[38] Ver Josephus, *Jewish War* [Josefo, Guerra judía] 2.598–606.

sacerdote.[39] Idealmente, estaba compuesto por setenta miembros, según el precedente establecido por Moisés en Éxodo 18, aunque probablemente no siempre fue el número real.

CONCLUSIÓN

En este capítulo hemos sentado las bases para nuestro estudio del N.T. en este libro. Mientras Palestina era dirigida por gobernantes romanos, que reportaban al emperador en Roma, los judíos disfrutaban de cierta autonomía religiosa y política en los tiempos de Jesús. Al adquirir un entendimiento básico de los eventos históricos y políticos, así como los puntos de vista teológicos previos al período del N.T., estarás bien equipado para entender el contexto histórico de cada uno de los escritos del N.T.

PREGUNTAS DE ESTUDIO

1. ¿Cuál es el significado de los siguientes eventos o libros para el N.T.?
    a. El exilio asirio de Israel (el reino del norte).
    b. El exilio babilónico de Judá (el reino del sur).
    c. Las conquistas de Alejandro Magno.
2. ¿Cómo se llamaba el gobernante griego que erigió una estatua de Zeus en el templo de Jerusalén, y cuándo tuvo lugar este evento?
3. ¿Cuál es el período de gobierno de los siguientes emperadores romanos?
    a. Augusto
    b. Tiberio
    c. Nerón
    d. Domiciano
4. ¿Cuándo destruyeron los romanos el templo de Jerusalén?
5. ¿Cuáles eran las tres principales sectas activas en el judaísmo del primer siglo?
6. ¿Cómo se llamaba el consejo de gobierno judío?

PARA UN ESTUDIO MÁS PROFUNDO

Barrett, C. K., ed. *The New Testament Background: Selected Documents*. San Francisco: Harper, 1989.
Bruce, F. F. *New Testament History*. Garden City, NY: Doubleday, 1980.
Burge, G. M., L. H. Cohick, and G. L. Green. *The New Testament in Antiquity: A Survey of the New Testament Within Its Cultural Contexts*. Grand Rapids: Zondervan, 2009.
Chapman, D. W., and A. J. Köstenberger. *Jewish Intertestamental and Early Rabbinic Literature: An Annotated Bibliographic Resource Updated*. Journal of the Evangelical Theological Society 55 (2012).
Charlesworth, J. H., ed. *The Old Testament Pseudepigrapha*. 2 vols. Garden City, NY: Doubleday, 1983, 1985.
DeSilva, D. A. *Introducing the Apocrypha: Message, Context, and Significance*. Grand Rapids: Baker, 2002.
Evans, C. A., and S. E. Porter, eds. *Dictionary of New Testament Background: A Compendium of Contemporary Biblical Scholarship*. Downers Grove, IL: InterVarsity, 2000.
Evans, C. A. *Ancient Texts for New Testament Studies*. Peabody, MA: Hendrickson, 2005.
Ferguson, E. *Backgrounds of Early Christianity*. Rev. ed. Grand Rapids: Eerdmans, 1993.

---

[39] Para una discusión detallada de los sumos sacerdotes judíos nombrados por Herodes el Grande y sus sucesores, ver E. Schürer, *The History of the Jewish People in the Age of Jesus Christ (175 BC–AD 135)* [Historia de los judíos en la era de Jesucristo], ed. rev. G. Vermes, E. Millar, and M. Black, vol. 3 (Edinburgh: T&T Clark, 1973, 1979, 1986, 1987), 2:229–36.

Gowan, D. E. *Bridge Between the Testaments: A Reappraisal of Judaism from the Exile to the Birth of Christianity*. 3rd ed. Allison Park, PA: Pickwick, 1986.

Helyer, L. R. *Exploring Jewish Literature of the Second Temple Period: A Guide for New Testament Students*. Downers Grove, IL: InterVarsity, 2002.

Nickelsburg, G. W. E. *Jewish Literature Between the Bible and the Mishnah*. Philadelphia: Fortress, 1981.

Schürer, E. *The History of the Jewish People in the Age of Jesus Christ (175 BC-AD 135)*. Rev. and ed. G. Vermes, F. Millar, and M. Black. 3 vols. in 4. Edinburgh: T&T Clark, 1973, 1979, 1986, 1987.

Scott, J. J., Jr. *Jewish Backgrounds of the New Testament*. Grand Rapids: Baker, 2000.

———. *Customs and Controversies: Intertestamental Jewish Backgrounds of the New Testament*. Grand Rapids: Baker, 1995.

Strack, H. L., and G. Stemberger. *Introduction to the Talmud and Midrash*. Traducido por M. Bockmuehl. Minneapolis: Fortress, 1992.

Witherington, B., III. *New Testament History: A Narrative Account*. Grand Rapids: Baker, 2001.

Segunda Parte

JESÚS Y LOS EVANGELIOS

LA PRIMERA PARTE buscó establecer una base adecuada para esta introducción al N.T. discutiendo la naturaleza y el alcance de la Escritura (cap. 1) y estudiando los antecedentes políticos y religiosos del N.T. (cap. 2). La segunda parte proporciona una introducción a Jesús y a los Evangelios (cap. 3) y aborda la historia, literatura y teología de cada uno de los cuatro Evangelios: Mateo, Marcos, Lucas y Juan, en orden canónico (caps. 4-7).

Este capítulo examinará la evidencia histórica que apoya la representación de Jesús en los Evangelios, la fiabilidad histórica de los Evangelios, y la relación de los Evangelios entre sí. Los capítulos sobre los Evangelios individuales consideran cada uno de estos Evangelios por separado, discutiendo los asuntos introductorios estándar para cada uno, así como su plan literario, esquema, y temas teológicos. Aunque probablemente escritos después de las primeras cartas de Pablo, es apropiado tratar los Evangelios primero debido a su ubicación en el canon del N.T. y debido a su naturaleza fundamental como presentaciones de Jesús como el Mesías, Salvador y Señor.

Capítulo 3
Introducción a Jesús y los Evangelios

CONOCIMIENTO ESENCIAL

Los estudiantes deben ser capaces de identificar las referencias clave de Jesús en los materiales extrabíblicos judíos y romanos, así como conocer los datos más importantes de la vida de Jesús, incluyendo la fecha de Su nacimiento, la duración de Su ministerio y la fecha de la crucifixión. También deben estar familiarizados con las similitudes y diferencias básicas entre los Evangelios sinópticos.

INTRODUCCIÓN

PARA EL CRISTIANO, ningún estudio puede ser más importante que el de Jesús y los Evangelios. Jesús de Nazaret es el centro de la fe cristiana. No es casualidad que los primeros concilios cristianos se hayan convocado y los credos se hayan escrito para tratar cuestiones relacionadas con la naturaleza e identidad de Jesús. La Iglesia primitiva reconoció que la comprensión de la identidad de Jesús es esencial para el cristianismo genuino y un requisito previo para experimentar la salvación y disfrutar de una relación con Dios.

Mientras que el A.T. predijo la venida de Jesús, y partes posteriores del N.T. se refieren frecuentemente a Jesús, las descripciones más completas de la vida y las enseñanzas de Jesús se encuentran en los cuatro Evangelios canónicos. Los primeros títulos (por ejemplo, «El Evangelio según Mateo») captan el importante hecho de que, aunque hay cuatro Evangelios canónicos, solo hay un evangelio de Jesucristo. Los cuatro Evangelios, por lo tanto, pueden entenderse como cuatro perspectivas o versiones complementarias del único evangelio de Jesucristo.

REFERENCIAS DE JESÚS FUERA DE LOS EVANGELIOS

Los no cristianos a veces desafían la fe cristiana afirmando que Jesús nunca existió. A menudo afirman incorrectamente que ningún texto antiguo fuera del N.T. se refiere a Jesús. Incluso si ningún texto fuera del N.T. mencionara a Jesús, esto no sería un motivo razonable para negar su existencia. El N.T. no debe ser considerado como una fuente única ya que está compuesto por 27 libros de al menos ocho autores diferentes. El N.T. proporciona así múltiples testimonios independientes de la existencia, vida, enseñanzas, milagros, muerte y resurrección de Jesús. Otros escritos de los primeros cristianos, de los padres apostólicos y de la Iglesia primitiva ofrecen más pruebas de la existencia de Jesús.[1] Además, varios textos extrabíblicos no cristianos, tanto judíos como paganos, mencionan a Jesús de Nazaret y ofrecen breves descripciones de Él.

El historiador judío del siglo I, Josefo, escribió sobre Jesús como una figura histórica. Josefo se refirió brevemente a Jesús en una discusión sobre la identidad de su hermano Santiago (*Ant.* 20.9.1 §§200-203):

> Él [Ananías el sumo sacerdote] sentó a los jueces del concilio del Sanedrín y después de llevarles a Santiago, el hermano de Jesús a quien llamaban Mesías, y a algunos otros, y de acusarlos de haber transgredido la ley, los entregó para que los apedrearan.

El pasaje atestigua la existencia de Jesús de Nazaret como persona histórica y su relación con Santiago. También confirma que algunos de los contemporáneos de Jesús lo reconocieron como el Mesías. Se cree que Josefo también escribió más específicamente sobre Jesús (*Ant.* 18.3.3 §§63-64):

> En esta época había un hombre sabio que se llamaba Jesús. Su conducta era buena y se le conocía por ser virtuoso. Y muchas personas de entre los judíos y de otras naciones se convirtieron en sus discípulos. Pilato lo condenó a ser crucificado y a morir. Y aquellos que se convirtieron en sus discípulos no abandonaron su discipulado. Ellos informaron que se les había aparecido tres días después de su crucifixión y que estaba vivo; por lo tanto, tal vez era el Mesías sobre el que los profetas han relatado maravillas.[2]

Aunque la obra de Josefo no debe ser considerada como inspirada es, en su mayor parte, una historia fiable escrita durante el siglo I d.C. El testimonio de Josefo constituye el más importante testimonio temprano sobre Jesús de Nazaret fuera de la Biblia.

Además de los escritos judíos, las referencias a Jesús se encuentran en las fuentes romanas. Un ejemplo clave es el trabajo del historiador romano Tácito (ca. 56-después del 113) que escribió sus *Anales* a principios del siglo II. Tácito cubrió el gran incendio

---

[1] «Padres apostólicos» es una etiqueta técnica para los siguientes escritos: 1 y 2 de Clemente; las Cartas de Ignacio; la Carta de Policarpo a los filipenses; El martirio de Policarpo; la Didaché; la Epístola de Bernabé; el Pastor de Hermas; la Epístola a Diogneto; el Fragmento de Cuadrado; y los Fragmentos de Papias. Ver M. W. Holmes, *The Apostolic Fathers: Greek Texts and English Translations* [Los padres apostólicos: Textos griegos y traducciones inglesas], 3.ª ed. (Grand Rapids: Baker, 2007), especialmente las págs. 5 y 6. Además de esto, otros escritos de los primeros padres de la Iglesia se encuentran en otras colecciones.

[2] S. Pines, *An Arabic Version of the Testimonium Flavianum and Its Implications* [Una versión árabe del testimonio de Flavio y sus implicaciones] (Jerusalem: Academy of Sciences and Humanities, 1971), 16.

de Roma, del que Nerón culpó a los cristianos para desviar la atención de su propia participación en él. Tácito escribió: «Por lo tanto, para acallar el rumor, Nerón creó chivos expiatorios y sometió a las más refinadas torturas a los que la gente común llamaba "cristianos", [un grupo] odiado por sus abominables crímenes. Su nombre proviene de Cristo, quien, durante el reinado de Tiberio, había sido ejecutado por el procurador Poncio Pilato» (*Anales* 15.44).

Jesús fue una figura histórica, y las referencias anteriores proporcionan una importante corroboración de este hecho. Si bien estas primeras referencias no cristianas a Jesús deben considerarse en general como testimonios de testigos hostiles, demuestran no obstante la fiabilidad histórica de los Evangelios.

CRONOLOGÍA DEL MINISTERIO DE JESÚS

Introducción

Los occidentales obsesionados con hacer y mantener citas, pueden sentirse decepcionados al encontrar pocas referencias a fechas precisas en el N.T. Pueden sorprenderse al descubrir que Jesús no nació el 25 de diciembre del año 1 d.C., y de que los estudiosos modernos no estén seguros del día, mes o incluso año de Su nacimiento. Sin embargo, la falta de preocupación por la cronología precisa o las referencias frecuentes a las horas y fechas es de esperar de las personas de las sociedades agrarias del primer siglo. En general, los primeros cristianos estaban mucho más preocupados por los acontecimientos de la vida de Jesús y su significado teológico que por las cuestiones de cronología. Los creyentes modernos podrían aprender de las prioridades de los primeros cristianos.

Sin embargo, desarrollar una cronología de la vida de Jesús es un ejercicio digno, ya que nos ayuda a entender la naturaleza histórica de los Evangelios y la relación entre ellos. Por lo tanto, analicemos brevemente la fecha de nacimiento de Jesús, el comienzo y la duración de Su ministerio y Su muerte.

El nacimiento de Jesús

Los estudiantes principiantes pueden asumir que Jesús nació en el año 1 d.C. Sin embargo, como será evidente en breve, las cosas no son tan sencillas. Mateo 2:1 y Lucas 1:5 indican que Jesús nació en los últimos años del reinado de Herodes el Grande. Josefo declaró que un eclipse de luna ocurrió poco antes de la muerte de Herodes.[3] Este eclipse puede ser fechado a partir de datos astronómicos hasta precisamente el 12/13 de marzo en el 4 a.C.[4] Además, Herodes murió antes de la Pascua ese mismo año. La celebración de la Pascua en el 4 a.C. comenzó el 11 de abril. Así pues, Herodes murió entre el 12 de marzo y el 11 de abril del año 4 a.C. La fecha de la muerte de Herodes establece la última fecha posible (*terminus ad quem*) para el nacimiento de Jesús.

---

[3] Josefo, *Ant.* 17.6.5–6 y 17.8.1 §§ 167–81, 188–92.

[4] H. Hoehner, «*Chronolog*» [«Cronología»], *Dictionary of Jesus and the Gospels* [Diccionario de Jesús y los Evangelios], ed. J. B. Green, S. McKnight, y I. H. Marshall (Downers Grove: InterVarsity, 1992), 118–22.

Lucas declaró que el nacimiento de Jesús ocurrió durante el período del censo romano ordenado por César Augusto. Además, señaló el momento del censo asociándolo con el gobierno de Cirenio sobre Siria (Luc. 2:1-2). Desafortunadamente, ningún historiador antiguo se refiere a este censo en particular o al papel de Cirenio en Siria durante el reinado de Herodes el Grande. Existen buenas razones históricas para afirmar la exactitud de la descripción de Lucas de un censo bajo Cirenio. Sin embargo, sin referencias extrabíblicas al censo o al mandato de Cirenio, el censo no ayuda realmente a determinar la fecha de nacimiento de Jesús.

Mateo 2:16 implica que Jesús pudo haber tenido hasta dos años de edad en el momento en que Herodes ordenó la matanza de los inocentes. Esto sugiere que Jesús nació por lo menos a principios del 6 a.C. Sin embargo, es posible que Herodes extendiera la edad de los niños que mató en Belén a dos, a pesar de que la estrella apareció antes de dos años para asegurarse de que el Mesías no escapara de su espada. Así, Jesús pudo haber nacido en cualquier momento entre finales del 7 a.C. y principios del 4 a.C.

Tanto la iglesia occidental (25 de diciembre) como la oriental (6 de enero) celebran el nacimiento de Jesús en invierno. Ninguno de los datos del N.T. es inconsistente con una fecha de mediados de invierno. Si las fechas tradicionales se aproximan a la fecha real de nacimiento de Jesús, probablemente nació en el invierno del 7-6 a.C., 6-5 a.C., o 5-4 a.C., siendo la fecha del 5 a.C. la más probable.[5]

El comienzo del ministerio de Juan el Bautista y Jesús

Lucas 3:1-2 fecha el comienzo del ministerio de Juan el Bautista con mayor precisión que cualquier otro evento en los Evangelios: «En el año decimoquinto del imperio de Tiberio César, siendo gobernador de Judea Poncio Pilato, y Herodes tetrarca de Galilea, y su hermano Felipe tetrarca de Iturea y de la provincia de Traconite, y Lisanias tetrarca de Abilinia, y siendo sumos sacerdotes Anás y Caifás, vino palabra de Dios a Juan, hijo de Zacarías, en el desierto».

Aunque Lucas podría haber contado el decimoquinto año del reinado de Tiberio desde el comienzo de un supuesto correinado con Augusto, esto es poco probable. Ninguna de las fuentes antiguas, incluyendo a Josefo, Apio, Plutarco, Tácito, Suetonio y Dió Casio, adoptaron tal sistema. Es más probable que Lucas contara desde la muerte de Augusto (19 de agosto del 14 d.C.), el voto del senado romano para aprobar a Tiberio como César (14 de septiembre del 14 d.C.), o el comienzo del primer año calendario completo del reinado de Tiberio (15 d.C.).[6] Este año puede haber comenzado el 1 de enero (sistema

---

[5] Esto lo afirma, entre otros, P. L. Maier, «*The Date of the Nativity and the Chronology of Jesus' Life*» [«La fecha de la natividad y la cronología de la vida de Jesús»] en *Chronos, Kairos, Christos: Nativity and Chronological Studies Presented in Jack Finegan* [Chronos, Kairos, Christos: Natividad y estudios cronológicos presentados en Jack Finegan], ed. J. Vardaman y E. Yamauchi (Winona Lake: Eisenbrauns, 1989), 113–30.

[6] Para referencias bibliográficas, ver A. J. Köstenberger, *John* [Juan], BECNT (Grand Rapids: Baker, 2004), 55–56n2. Fuentes antiguas concernientes a la fecha en que murió Augusto son enlistadas en H. W. Hoehner, *Chronological Aspects of the Life of Christ* [Aspectos cronológicos de la vida de Cristo] (Grand Rapids: Zondervan, 1978), 32n13.

romano), el 1 de Nisán (marzo o abril; sistema judío), o incluso el 1 de octubre (sistema siro-macedonio).

Aunque es imposible estar seguro, las opiniones más probables son: 1) que Lucas, o bien comenzó su cálculo en la fecha de la muerte de Augusto, en cuyo caso el primer año de Tiberio se extendió desde el 19 de agosto del año 14 d.C. hasta el 18 de agosto del año 15 d.C.; o (2) que Lucas calculó usando un sistema de año de ascensión y calculó el tiempo de acuerdo con el recién ideado calendario Juliano en el que el año comenzaba el 1 de enero, en cuyo caso el primer año del reinado de Tiberio se extendió desde el 1 de enero del año 15 d.C., hasta el 31 de diciembre del año 15 d.C.[7] Por consiguiente, el decimoquinto año del reinado de Tiberio probablemente se encuentra dentro de las fechas que van desde el 19 de agosto del año 28 d.C., hasta el 31 de diciembre del año 29 d.C. El ministerio de Juan el Bautista comenzó en algún momento de este período.

El ministerio de Jesús probablemente comenzó solo unos meses después del de Juan. Hoehner señaló que si Jesús nació en el invierno del 5/4 a.C. como se sugiere arriba y si fue bautizado en el verano del año 29, habría tenido 32 años en el momento en que comenzó su ministerio público.[8] Esto concuerda con la declaración de Lucas 3:23 de que Jesús «era como de treinta años» cuando comenzó Su ministerio público.

Esta cronología encaja muy bien con otra importante pista que aparece en Juan 2:20. Durante la primera Pascua de Jesús en Jerusalén, después del comienzo de Su ministerio, Sus oponentes judíos proporcionaron una importante referencia que es útil para establecer las fechas de Su ministerio al mencionar la construcción del templo de Herodes. Por desgracia, la mayoría de las principales traducciones al inglés de la Biblia probablemente malinterpretan el significado real del texto griego. Las traducciones de Juan 2:20 en la NVI, HCSB y NRSV implican que la conversación tuvo lugar 46 años después de que se *iniciara* la construcción del templo y que este aún estaba en construcción. Sin embargo, la gramática griega y las referencias extrabíblicas a la construcción del templo parecen implicar que la conversación tuvo lugar 46 años después de que la construcción del templo *se hubiera completado*. Por lo tanto, la traducción «este templo se construyó hace 46 años» (ver nota al pie en la ESV) puede ser superior a la traducción «este templo tardó 46 años en construirse» (HCSB). Aunque la construcción de todo el complejo del templo (*hieron*) continuaría hasta el 64 d.C., Josefo señaló que el santuario interior (*naos*) del templo fue completado por los sacerdotes en solo 18 meses. Por lo tanto, cuando los judíos se refirieron al templo (*naos*) en Juan 2:20, se referían al santuario interior que había sido completado en 18/17 d.C. La Pascua, 46 años después de la finalización del santuario, caería en la primavera del 30 d.C. Esta fecha confirmaría que Jesús comenzó Su ministerio en el verano u otoño del 29 d.C.

---

[7] Para una excelente introducción a diversas opciones cronológicas, ver J. Finegan, *Handbook of Biblical Chronology* [Manual de cronología bíblica], ed. rev. (Peabody: Hendrickson, 1998), 329–44; comp. Hoehner, *Chronological Aspects*, 29–38.

[8] Hoehner, *Chronological Aspects*, 38.

La duración del ministerio de Jesús

Los Evangelios sinópticos hacen referencia a la visita de Jesús a Jerusalén solo una vez durante todo Su ministerio. Pero el Evangelio de Juan hace referencia a la visita de Jesús a Jerusalén tres veces para la Pascua, además de las visitas relacionadas con otras fiestas judías.[9] La mayoría de los estudiosos de hoy en día afirman la exactitud del Evangelio de Juan en este punto. Esto no significa que los Evangelios sinópticos estén equivocados. Aunque solo mencionan una visita a Jerusalén, no niegan que otras visitas ocurrieron durante el ministerio de Jesús. En general, parece que Juan estaba más preocupado por la cronología del ministerio de Jesús que los escritores sinópticos. Además, Juan tiene un interés demostrable en enseñar que Jesús cumplió con el simbolismo que subyace en las diversas fiestas judías y, por lo tanto, narra las visitas de Jesús a Jerusalén en la ocasión de las fiestas religiosas, incluida la Pascua.

La primera visita de Jesús durante la Pascua a Jerusalén en Su ministerio tiene lugar en Juan 2:13,23; otra visita tiene lugar en Juan 6:4; y una visita final durante la Pascua se registra en Juan 11:55; 12:1; 13:1; 18:28,39 y 19:14. Sin embargo, Juan no necesariamente registró todas las visitas de la Pascua durante el ministerio de Jesús. Puede que haya omitido referencias a una Pascua en particular como hicieron los escritores sinópticos. H. Hoehner ha argumentado que una comparación de los sinópticos con Juan sugiere que otra Pascua ocurrió entre la Pascua de Juan 2:13,23 y la de Juan 6:4.[10] Puede ser necesario un año adicional de ministerio entre estas dos Pascuas para acomodar el ministerio de Jesús en Judea, Galilea y Samaria durante este período y para tener en cuenta las diversas estaciones descritas en los relatos de los evangelios.[11]

Si se afirma que el ministerio de Jesús incluyó solo tres Pascuas, su ministerio duró aproximadamente dos años y medio.[12] Si se permite otra Pascua entre la primera y la segunda explícitamente mencionadas por Juan, el ministerio de Jesús duró aproximadamente tres años y medio, siendo esto último lo más probable.[13]

La muerte de Jesús

Los estudiosos suelen fechar la muerte de Jesús en el año 30 o 33 d.C., y cualquiera de las dos fechas son posibles. Sin embargo, la preponderancia de la evidencia examinada anteriormente sugiere que Jesús fue crucificado en el año 33 d.C.

Jesús fue crucificado un viernes y resucitó un domingo. Los Evangelios explícitamente declaran que Jesús fue ejecutado el viernes, el día de preparación para el

---

[9] Ver el cuadro sobre la cronología del ministerio de Jesús en el Evangelio de Juan en Köstenberger, *John* [Juan], 11–13.

[10] Hoehner, *Chronological Aspects*, 56–63.

[11] Ver la discusión sobre el posible significado cronológico de Marcos 2:23; 6:39 y Juan 6:4,10 en J. P. Meier, *A Marginal Jew* [Un judío marginal], 3 vols. (New York: Doubleday, 1991, 1994, 2001), 1:413–14; comp. con el cuadro cronológico en Köstenberger, *John* [Juan], 11–12.

[12] Ver D. A. Carson y D. J. Moo, *An Introduction to the New Testament* [Introducción al Nuevo Testamento], 2ª ed. (Grand Rapids: Zondervan, 2005), 125–26, esp. n129 (con más referencias bibliográficas).

[13] Algunos sugieren que el relato de Juan cuando Jesús arremete en contra de los cambistas en el templo al principio de Su ministerio no es histórico, lo que potencialmente reduciría la duración del ministerio de Jesús según Juan en un año. Pero véase la discusión en Köstenberger, *John* [Juan], 111.

sábado (Mat. 27:62; Mar. 15:42; Luc. 23:54; Juan 19:14,31,42). Debido a que Jesús claramente resucitó de entre los muertos el domingo, y a que Mateo 12:40 afirma que el Hijo del Hombre estaría en el corazón de la tierra «tres días y tres noches», algunos intérpretes han argumentado que Jesús fue crucificado un miércoles o un jueves. Sin embargo, varios textos del A.T. sugieren que «tres días y tres noches» (lo que ocurre solo en Mateo 12:30) podría funcionar como un modismo para cualquier porción de un día, más un día entero, más cualquier porción de otro día (Gén. 42:17-18; 1 Sam. 30:12-13; 2 Crón. 10:5,12; Est. 4:16-5:1). Este método de calcular el tiempo también fue afirmado en la literatura rabínica.[14] Jesús aparentemente usó la expresión «tres días y tres noches» de manera similar. Esto se confirma con las frecuentes referencias a Su resurrección que se produce «al tercer día» (ver Mat. 16:21; 17:23; 20:19; 27:64).

Los Evangelios dejan claro que Jesús comió la Última Cena el día antes de Su crucifixión (Mat. 26:20; Mar. 14:17; Luc. 22:14; Juan 13:2), y esto es confirmado por Pablo (1 Cor. 11:23). Los Evangelios también describen la Última Cena como compartida junto con la comida de Pascua.

Algunos estudiosos han argumentado que el Evangelio de Juan no describe la Última Cena como una comida de Pascua, sino que presenta la crucifixión de Jesús como algo que ocurre en el momento de la Pascua, con el fin de describir la muerte de Jesús como el sacrificio del cordero pascual. Sin embargo, la lectura más natural de la referencia al «día de preparación para la Pascua» se refiere al día de preparación para el sábado durante la semana de la Pascua, el viernes de la celebración de la Pascua.[15] La palabra traducida como «día de preparación» (*paraskeuē*) era la palabra normal para el viernes. Esta interpretación es confirmada por Juan 19:31: «Entonces los judíos, por cuanto era la preparación de la pascua, a fin de que los cuerpos no quedasen en la cruz en el día de reposo (pues aquel día de reposo era de gran solemnidad)…». Tanto los sinópticos como Juan presentan la Última Cena como una comida de Pascua y muestran que Jesús fue ejecutado el viernes de la semana de Pascua.[16] Por lo tanto, no existe ningún conflicto real entre los relatos.

La comida de la Pascua era consumida por los judíos en el 14 de Nisán. Por lo tanto, el año de la ejecución de Jesús debe ser un año en el que el 14 de Nisán cayera en un jueves. Esto posiblemente ocurrió en el 30 d.C. y definitivamente ocurrió en el año 33.[17] Dado que el 30 d.C. no daría tiempo suficiente entre el bautismo y la muerte de Jesús para Su extenso ministerio público, a menos que uno plantee que Josefo o Lucas usaron métodos

---

[14] Ver *TDNT* [Diccionario teológico del Nuevo Testamento], 2:949–50.

[15] Ver la traducción original de la NVI de Juan 19:14: «Era el día de la preparación para la Pascua».

[16] Ver Andreas J. Köstenberger, «*Was the Last Supper a Passover Meal?*» [«¿Fue la Última Cena una comida de Pascua?»] en *The Lord's Supper: Remembering and Proclaiming Christ Until He Comes* [La Última Cena: Recordar y proclamar a Cristo hasta que Él vuelva], ed. Thomas R. Schreiner y Matthew R. Crawford, NAC Studies in Bible & Theology (Nashville: B&H Academic, 2010), 6–30.

[17] C. J. Humphreys y W. G. Waddington, «*Dating the Crucifixion*» [«Datando la crucifixión»] *Nature* 306 (1983): 743–46.

inusuales para calcular el tiempo o que el ministerio de Jesús duró solo uno o dos años, el año más probable de la muerte de Jesús es el 33 d.C.

Tabla 3.1. Cronología de la vida de Jesús

Fecha	Evento	Evidencia más importante para fechar el evento
ca. 5 a.C.	Nacimiento de Jesús	Muerte de Herodes el Grande (4 a.C.) (Mat. 2:13-20)
28-29	Inicio del ministerio de Juan el Bautista	Decimoquinto año del gobierno de Tiberio (Luc. 3:1)
29	Inicio del ministerio de Jesús	46 años desde que se completó la renovación del templo (Juan 2:20)
33	Muerte de Jesús	14 de Nisán en un jueves

Conclusión

Jesús probablemente nació entre el 6 y el 4 a.C. (5 a.C. es la fecha más probable) y comenzó Su ministerio público alrededor del 29 d.C. Su ministerio aparentemente duró unos tres años y medio e incluyó tres o cuatro celebraciones de Pascua. Su crucifixión probablemente ocurrió en el año 33 d.C.

LA RELACIÓN ENTRE LOS EVANGELIOS

Los eruditos a menudo se refieren a Mateo, Marcos y Lucas como los Evangelios sinópticos. El término sinóptico significa «ver juntos, tener el mismo punto de vista o perspectiva», por lo que los tres primeros Evangelios son «sinópticos» porque ofrecen presentaciones similares de la vida y las enseñanzas de Jesús. A pesar de las notables similitudes, también existen diferencias entre estos Evangelios. Hoy en día los estudiosos generalmente se refieren a las preguntas sobre esta desconcertante combinación de diferencias y similitudes entre estos tres evangelios como el *problema sinóptico*. Esta terminología es menos que ideal. Parece presuponer que hay un «problema» que necesita ser resuelto en lugar de una oportunidad de ver a Jesús desde una variedad de perspectivas complementarias que se enriquecen en lugar de contradecirse.

Esta sección explora las similitudes entre los Evangelios y estudia varias explicaciones que los eruditos han ofrecido para entender esas similitudes. También resalta las fortalezas y debilidades de las diversas formas en que la relación entre los Evangelios sinópticos ha sido interpretada.

Similitudes entre los Evangelios

Los estudiosos tratan de identificar las similitudes y diferencias entre los Evangelios utilizando una herramienta llamada *sinopsis de los Evangelios*.[18] Esta herramienta coloca los

---

[18] Ver K. Aland, ed., *Synopsis of the Four Gospels* [Sinopsis de los cuatro Evangelios] (Nueva York: United Bible Societies, 1982; reimpreso, Peabody: Hendrickson, 2006); id., *Synopsis Quattuor Evangeliorum*, 3ª ed. (Nueva York: American Bible Society, 1988).

relatos similares de los diversos Evangelios uno al lado del otro en columnas paralelas para que los estudiosos puedan compararlos con mayor facilidad. La búsqueda para determinar las relaciones literarias entre los Evangelios se llama «crítica de la fuente». Las comparaciones de los Evangelios sinópticos destacan tres grandes similitudes: (1) en la redacción; (2) en el orden; y (3) en el material parentético y explicativo.

Similitudes en la redacción. Algunos de los textos de los Evangelios sinópticos, especialmente la redacción de los dichos de Jesús, son idénticos o casi idénticos, como se ve en la siguiente comparación de la primera predicción de Jesús sobre Sus sufrimientos (Mat. 16:21-23; Mar. 8:31-33; Luc. 9:22).

En el ejemplo de la siguiente tabla, las letras minúsculas indican acuerdos en los tres sinópticos; las cursivas indican acuerdos exactos entre Marcos y Lucas; las negritas cursivas indican acuerdos exactos entre Mateo y Marcos; los subrayados indican acuerdos exactos entre Mateo y Lucas. Un análisis de los paralelos muestra que los tres sinópticos están de acuerdo en la esencia de lo que Jesús dijo.

La única conclusión clara que se deriva de estos paralelos es la conexión especial de Marcos con Mateo y Lucas. Pero esta conexión especial puede ser explicada de dos maneras diferentes: (1) Marcos escribió su Evangelio primero, y Mateo y Lucas usaron a Marcos para escribir sus propios Evangelios; (2) Mateo y Lucas escribieron primero, y Marcos usó ambos Evangelios anteriores para escribir su Evangelio. Estas dos posibles interpretaciones de los paralelos constituyen las dos principales soluciones al problema sinóptico. El punto de vista que considera que Marcos escribió primero y que fue usado por los otros dos escritores sinópticos se llama «prioridad de Marcos». El punto de vista que considera que Mateo y Lucas escribieron primero, y que Marcos usó ambos evangelios anteriores se llama la «hipótesis de Griesbach (o de los dos evangelios)».

Similitudes en el orden. Los Evangelios contienen numerosas perícopas, unidades de narración autónomas, como el relato de la curación del leproso por parte de Jesús en Marcos 1:40-45. Aunque estas perícopas pueden ser organizadas de diferentes maneras en los Evangelios individuales (tópicamente, cronológicamente, o geográficamente [basados en los lugares en los que ocurrieron]), los Evangelios comparten una notable similitud en el orden de las perícopas. El siguiente cuadro muestra cómo los Evangelios sinópticos ordenan las perícopas al describir el ministerio de Jesús. En este cuadro, las cursivas indican las perícopas que Mateo o Lucas colocan en un orden diferente al de Marcos.[19]

El orden compartido de las perícopas sugiere una relación literaria entre los Evangelios sinópticos. Pero las similitudes y diferencias en el orden pueden ser explicadas de acuerdo con cualquiera de las teorías principales de la composición de los Evangelios: la prioridad de Marcos o la hipótesis de Griesbach (dos Evangelios). El análisis del orden de las perícopas por sí mismo no puede probar una teoría sobre la otra, sino que debe ser usado en conjunto con el estudio de otros tipos de similitudes y diferencias.

---

[19] Esta table fue adaptada de R. Stein, *The Synoptic Problem: An Introduction* [El problema sinóptico: Una introducción] (Grand Rapids: Baker, 1987), 35.

Tabla 3.2. Comparación sinóptica de la primera predicción de la pasión de Jesús

Mat. 16:21-23	Mar. 8:31-33	Luc. 9:21-22
Desde entonces **comenzó** Jesús a declarar a sus discípulos que le era necesario ir a Jerusalén Y PADECER MUCHO DE LOS ANCIANOS, DE LOS PRINCIPALES SACERDOTES Y DE LOS ESCRIBAS; Y SER MUERTO, <u>y resucitar al tercer día</u>. **Entonces Pedro, tomándolo aparte, comenzó a reconvenirle**, diciendo: Señor, ten compasión de ti; en ninguna manera esto te acontezca. **Pero él, volviéndose**, dijo a Pedro: **¡Quítate de delante de mí, Satanás!**; me eres tropiezo, **porque no pones la mira en las cosas de Dios, sino en las de los hombres.**	**Comenzó** a enseñarles que le era necesario al *Hijo del Hombre* PADECER MUCHO, *y ser desechado* POR LOS ANCIANOS, POR LOS PRINCIPALES SACERDOTES Y POR LOS ESCRIBAS, Y SER MUERTO, y resucitar después de tres días. Esto les decía claramente. **Entonces Pedro le tomó aparte y comenzó a reconvenirle.** **Pero él, volviéndose** y mirando a los discípulos, reprendió a Pedro, diciendo: **¡Quítate de delante de mí, Satanás! porque no pones la mira en las cosas de Dios, sino en las de los hombres.**	Pero él les mandó que a nadie dijesen esto, encargándoselo rigurosamente, y diciendo: Es necesario que el *Hijo del Hombre* PADEZCA MUCHAS COSAS, *y sea desechado* por los ancianos, POR LOS PRINCIPALES SACERDOTES Y POR LOS ESCRIBAS, Y QUE SEA MUERTO, <u>y resucite al tercer día</u>.

Tabla 3.3. Comparación sinóptica del ministerio de Jesús

Perícopas (en el orden de Marcos)	Mateo	Marcos	Lucas
1. La enseñanza de Jesús en la sinagoga de Capernaúm		1:21-22	4:31-32
2. Jesús sana a un endemoniado en Capernaúm		1:23-28	4:33-37
3. Jesús sana a la suegra de Pedro	8:14-15	1:29-31	4:38-39
4. Jesús sana en la noche	8:16-17	1:32-34	4:40-41
5. Jesús deja Capernaúm		1:35-38	4:42-43
6. Jesús predica en Galilea	4:23	1:39	4:44
7. La pesca milagrosa			5:1-11
8. Jesús sana a un leproso	8:1-4	1:40-45	5:12-16
9. Jesús sana a un paralítico	9:1-8	2:1-12	5:17-26
10. Llamamiento de Leví	9:9-13	2:13-17	5:27-32
11. Controversia sobre el ayuno	9:14-17	2:18-22	5:33-39
12. La controversia sobre arrancar espigas	12:1-8	2:23-28	6:1-5
13. Controversia sobre sanar el día de reposo	12:9-14	3:1-6	6:6-11
14. Sanidad a orillas del mar	4:24-25 12:15-16	3:7-12	6:17-19
15. La elección de los doce	10:1-4	3:13-19	6:12-16

Similitudes en el material parentético y explicativo. Un famoso ejemplo de una declaración parentética compartida es «el que lee, entienda» (Mat. 24:15-18; Mar. 13:14-16; falta en Luc. 21:20-22). Si esta frase entre paréntesis es una nota del escritor del Evangelio a los lectores del Evangelio, el hecho de que tanto Mateo como Marcos la contengan implicaría que un escritor usó el Evangelio del otro. Pero muchos eruditos interpretan el comentario como las palabras de Jesús a los lectores de Daniel, en cuyo caso la afirmación compartida por Mateo y Marcos demostraría la exactitud de la información de las palabras de Jesús en lugar de la dependencia literaria.

Aquellos que argumentan que la declaración es una nota del escritor del Evangelio, declaran que Jesús típicamente se refería a Su audiencia «escuchando» el A.T. en lugar de leyendo el A.T. Dado que solo los judíos ricos del siglo I tenían sus propios ejemplares del A.T., la mayoría se familiarizaba con el A.T. escuchándolo en las sinagogas en lugar de leyéndolo ellos mismos (Luc. 16:29,31).[20] Pero algunos estudiosos que afirman una dependencia literaria entre los evangelios sostienen que Jesús mismo pronunció las palabras «el que lee, entienda» y que las dirigió a los lectores de Daniel. Esto parece confirmado por las referencias bastante frecuentes de Jesús a la lectura del A.T. (Mat. 12:3,5; 19:4; 21:16,42; 22:31; Mar. 12:10,26; Luc. 10:26).[21]

Tabla 3.4. Comparación sinóptica del uso del Antiguo Testamento

A.T.	Mat. 11:10	Mar. 1:2	Luc. 7:27
Éx. 23:20			
He aquí yo envío mi Ángel delante de ti,	He aquí, yo envío mi mensajero delante de tu faz,	He aquí yo envío mi mensajero delante de tu faz,	He aquí, envío mi mensajero delante de tu faz,
Mal. 3:1			
el cual preparará el camino delante de mí.	el cual preparará tu camino delante de ti.	el cual preparará tu camino delante de ti.	el cual preparará tu camino delante de ti.

Explicaciones de las similitudes entre los Evangelios

Las similitudes en la redacción, el orden, los comentarios editoriales y las referencias al A.T. que se han descrito anteriormente han sido explicadas de diferentes maneras en la historia del estudio del A.T.

---

[20] *Ibid.*, 38; comp. E. Best, «*The Gospel of Mark: Who Was the Reader?*» [«El Evangelio de Marcos: ¿Quién era el lector?»] *IBS* 11 (1989): 124–32.

[21] Para los comentaristas que afirman que la declaración parentética fue el llamado de Jesús para la cuidadosa interpretación de Daniel, ver D. A. Carson, «*Matthew*» [«Mateo»] en *Matthew and Mark* [Mateo y Marcos], EBC 9, ed. rev. (Grand Rapids: Zondervan, 2010), 562; C. Keener, *A Commentary on the Gospel of Matthew* [Comentario sobre el Evangelio de Mateo] (Grand Rapids: Eerdmans, 1999), 576; W. D. Davies y D. Allison, *Matthew 19–28* [Mateo 19-28], ICC (London: T&T Clark, 1997), 346. J. Nolland (*The Gospel of Matthew* [El Evangelio de Mateo], NICGT [Grand Rapids: Eerdmans, 2005], 972) argumentó que las palabras se refieren a los lectores de Daniel en lugar de a los lectores de los Evangelios, pero fueron puestas por los evangelistas.

Introducción a Jesús y los Evangelios

Independencia literaria. Algunos eruditos sostienen que estas similitudes son producto de la inspiración divina de los Evangelios sinópticos en lugar de indicar que un Evangelio fue utilizado por otro. De manera similar, otros eruditos argumentan que las similitudes entre los Evangelios simplemente reflejan la historia.

Por un lado, si la inspiración divina por sí sola explica las similitudes entre los sinópticos, es difícil explicar las diferencias entre los sinópticos y especialmente las diferencias entre los sinópticos y Juan. Por otra parte, una explicación meramente histórica no explica los paralelismos en las referencias parentéticas y los comentarios editoriales, ni las similitudes en las citas del A.T. descritas anteriormente.

Interdependencia literaria. Una mejor y más comúnmente aceptada explicación de las similitudes entre los Evangelios sinópticos es que los últimos escritores sinópticos usaron los primeros Evangelios sinópticos. Las teorías de la dependencia literaria entre los Evangelios pueden remontarse a una fecha tan temprana como el siglo V.[22] Por ejemplo, Agustín sugirió que el orden canónico de los Evangelios (Mateo, Marcos, Lucas, Juan) era el orden en el que fueron escritos los Evangelios. Los escritores posteriores utilizaron el material de los escritores anteriores: «Se comprueba que cada uno de ellos no ha deseado escribir ignorando a su predecesor» (*De Consensu Evangelistarum*, 1.4). Según esta teoría, Mateo, un testigo ocular, escribió el primer Evangelio, Marcos utilizó a Mateo en la compilación de su Evangelio y Lucas utilizó a Mateo (y a Marcos) en la compilación de su Evangelio.

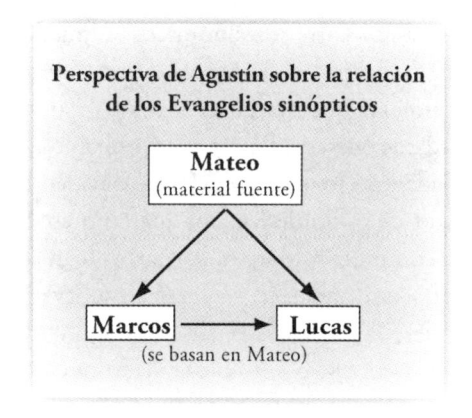

Ilustración 3.1. Perspectiva de Agustín

Perspectiva de Agustín sobre la relación de los Evangelios sinópticos

Mateo (material fuente) → Marcos → Lucas
(se basan en Mateo)

La solución de Agustín al problema sinóptico tiene algunos partidarios modernos; la mayoría de los estudiosos sostienen una de las dos siguientes teorías.

La primera es la hipótesis de los dos evangelios propuesta por J. J. Griesbach en 1783. En contraste con Agustín, Griesbach argumentaba que Lucas era el segundo Evangelio y Marcos el tercero. El punto de vista de Griesbach sobre la posibilidad de que Lucas usara

---

[22] Ver la breve historia de la Iglesia primitiva en D. Bock, *Studying the Historical Jesus: A Guide to Sources and Methods* [Estudiar al Jesús histórico: Guía para fuentes y métodos] (Grand Rapids: Baker, 2002), 164–67.

Mateo no está claro. Más importante aún, Griesbach argumentó que Marcos era el último de los sinópticos y que usó tanto a Mateo como a Lucas para escribir su Evangelio.

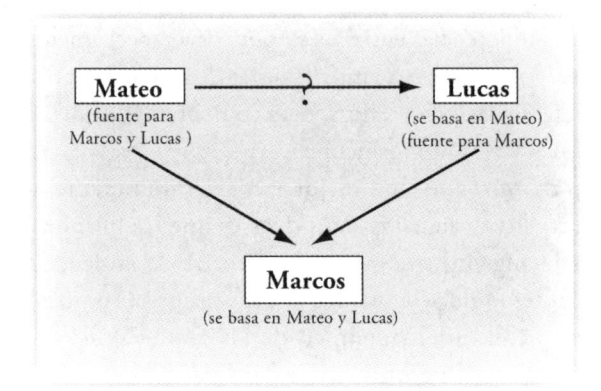

Ilustración 3.2. La hipótesis de los dos Evangelios

```
    Mateo  ———?———▶  Lucas
  (fuente para        (se basa en Mateo)
 Marcos y Lucas)     (fuente para Marcos)
         ↘          ↙
           Marcos
     (se basa en Mateo y Lucas)
```

La segunda teoría se conoce como la ***prioridad de Marcos***. Este punto de vista reconoce que Marcos tiene una relación especial tanto con Mateo como con Lucas. Marcos comparte más concordancia material y textual con Mateo y Lucas que lo que comparten entre ellos. La relación especial de Marcos con Mateo y Lucas se ha explicado comúnmente de dos maneras opuestas. Algunos afirman que la similitud resulta de que Marcos utiliza tanto a Mateo como a Lucas en su Evangelio. La hipótesis de la prioridad de Marcos sugiere que Marcos sirvió como fuente primaria tanto para Mateo como para Lucas.

Generalmente, las diferencias entre los sinópticos se pueden explicar de forma más razonable cuando se asume la prioridad de Marcos. Por ejemplo, Mateo y Lucas ponen mayor énfasis en la alta cristología que Marcos. Ambos aplican el título de «Señor» a Jesús mucho más frecuentemente que Marcos. Parece más probable que Mateo y Lucas adapten Marcos para destacar la deidad de Jesús a que Marcos haya editado ese material.[23]

Por último, ciertos rasgos de estilo de Marcos aparecen en Mateo casi exclusivamente en el material que tiene en común con Marcos. A Marcos le gustaba especialmente utilizar el término temporal «y luego», que aparece 41 veces en su Evangelio. El adverbio aparece 18 veces en el Evangelio de Mateo. Catorce de estas apariciones aparecen en material que Mateo comparte con Marcos. R. Stein ha calculado que el adverbio aparece una vez por cada 778 palabras en el material compartido con Marcos, pero solo una vez por cada 1848 palabras en el material no compartido con Marcos. Esto sugiere que la frecuencia de aparición del término «y luego» en Mateo se vio influida por su dependencia de Marcos.[24]

---

[23] Ver especialmente P. M. Head, *Christology and the Synoptic Problem: An Argument for Markan Priority* [Cristología y el problema sinóptico: Un argumento a favor de la prioridad de Marcos], SNTSMS 94 (Cambridge: University Press, 1997); comp. M. C. Williams, *Two Gospels from One: A Comprehensive Text-Critical Analysis of the Synoptic Gospels* [Dos Evangelios de uno: Análisis de crítica textual de los Evangelios sinópticos] (Grand Rapids: Kregel, 2006).

[24] R. Stein, «Synoptic Problem» [«Problema sinóptico»] en *Dictionary of Jesus and the Gospels* [Diccionario de Jesús y los Evangelios], 787.

Ilustración 3.3. Prioridad de Marcos

```
        Marcos
    (material fuente)
       ↙      ↘
   Mateo      Lucas
     (se basan en Marcos)
```

PREGUNTAS DE ESTUDIO

1. ¿De dónde se obtuvo esta cita? «Por lo tanto, para acallar el rumor, Nerón creó chivos expiatorios y sometió a las más refinadas torturas a los que la gente común llamaba "cristianos"».
2. ¿Cuáles son las fechas más probables para el nacimiento y la muerte de Jesús, y cuáles son los datos críticos para datar estos eventos?
3. ¿Cuáles son las dos posibilidades principales en cuanto a la relación entre los Evangelios sinópticos?
4. ¿En qué orden fueron escritos los Evangelios según la hipótesis de los dos Evangelios?
5. ¿En qué orden se escribieron los Evangelios según el punto de vista de la prioridad de Marcos?

PARA UN ESTUDIO MÁS PROFUNDO

Jesús

Bock, D. L. *Jesus According to Scripture: Restoring the Portrait from the Gospels.* Downers Grove: InterVarsity, 2002.

_____. *Studying the Historical Jesus: A Guide to Sources and Methods.* Grand Rapids: Baker, 2002.

Bock, D. L., and G. J. Herrick, eds. *Jesus in Context: Background Readings for Gospel Study.* Grand Rapids: Baker, 2005.

Bowman, R., J. E. Komoszewski y R. M. Bowman Jr. *Putting Jesus in His Place: The Case for the Deity of Christ.* Grand Rapids: Kregel, 2007.

Boyd, G. A. y P. R. Eddy. *Lord or Legend? Wrestling with the Jesus Dilemma.* Grand Rapids: Baker, 2007.

Dunn, J. D. G. y S. McKnight, eds. *The Historical Jesus in Recent Research.* Sources for Biblical and Theological Study. Winona Lake: Eisenbrauns, 2005.

Eddy, P. R. y G. A. Boyd. *The Jesus Legend: A Case for the Historical Reliability of the Synoptic Tradition.* Grand Rapids: Baker, 2007.

Evans, C. A. «Jesus in Non-Christian Sources». Páginas 364–68 en *Dictionary of Jesus and the Gospels.* Editado por J. B. Green, S. McKnight, y I. H. Marshall. Downers Grove: InterVarsity, 1992.

Hoehner, H. W. *Chronological Aspects of the Life of Christ.* Grand Rapids: Zondervan, 1977.

_____. «Chronology». Páginas 118–22 en *Dictionary of Jesus and the Gospels.* Editado por J. B. Green, S. McKnight y I. H. Marshall. Downers Grove: InterVarsity, 1992.

Köstenberger, M. E. *Jesus and the Feminists: Who Do They Say That He Is?* Wheaton: Crossway, 2008.
Piper, J. *What Jesus Demands from the World.* Wheaton: Crossway, 2006.
Schlatter, A. *Do We Know Jesus?* Traducido por A. J. Köstenberger y R. W. Yarbrough. Grand Rapids: Kregel, 2005 [1938].
Stein, R. H. *The Method and Message of Jesus' Teachings.* Louisville: Westminster John Knox, 1978.
Van Voorst, R. E. *Jesus Outside the New Testament: An Introduction to the Ancient Evidence.* Grand Rapids: Eerdmans, 2000.
Wilkins, M. J. y J. P. Moreland, eds. *Jesus Under Fire.* Grand Rapids: Zondervan, 1995.

Los Evangelios

Bauckham, R. *Jesus and the Eyewitnesses: The Gospels as Eyewitness Testimony.* Grand Rapids: Eerdmans, 2006.
Bauckham, R., ed. *The Gospels for All Christians: Rethinking the Gospel Audiences.* Grand Rapids: Eerdmans, 1997.
Blomberg, C. L. *The Historical Reliability of the Gospels.* 2ª ed. Downers Grove: InterVarsity, 2007.
Burridge, R. A. *What Are the Gospels? A Comparison with Graeco-Roman Biography.* 2ª ed. Grand Rapids: Eerdmans, 2004.
France, R. T. «The Authenticity of the Sayings of Jesus». Páginas 101–41 en *History, Criticism, and Faith.* Edited by Colin Brown. Downers Grove: InterVarsity, 1976.
Green, J. B. *How to Read the Gospels and Acts.* Downers Grove: InterVarsity, 1987.
Green, J. B., S. McKnight y I. H. Marshall, eds. *Dictionary of Jesus and the Gospels.* Downers Grove: InterVarsity, 1992.
Hengel, M. *The Four Gospels and the One Gospel of Jesus Christ.* Harrisburg: Trinity Press, 2000.
McKnight, S. *Interpreting the Synoptic Gospels.* Guides to New Testament Exegesis 2. Grand Rapids: Baker, 1988.
Porter, S. E., ed. *Reading the Gospels Today.* McMaster New Testament Studies. Grand Rapids: Eerdmans, 2004.
Roberts, M. D. *Can We Trust the Gospels? Investigating the Reliability of Matthew, Mark, Luke, and John.* Wheaton: Crossway, 2007.
Stein, R. H. «Synoptic Problem». Páginas 784–92 en *Dictionary of Jesus and the Gospels.* Edited by J. B. Green, S. McKnight y I. H. Marshall. Downers Grove: InterVarsity, 1992.
_____. *The Synoptic Problem: An Introduction.* Grand Rapids: Baker, 1987.
_____. *Studying the Synoptic Gospels: Origin and Interpretation.* Grand Rapids: Baker, 2001.

Capítulo 4
El Evangelio según Mateo

CONOCIMIENTO ESENCIAL

Los estudiantes deben conocer los hechos clave del Evangelio de Mateo. Con respecto a la historia, deben ser capaces de identificar el autor, la fecha, la procedencia, el destino y el propósito del Evangelio. Con respecto a la literatura, deben ser capaces de proporcionar un esquema básico del libro e identificar elementos centrales del contenido que se encuentran en la discusión de cada unidad. Con respecto a la teología, los estudiantes deben ser capaces de identificar los principales temas teológicos de Mateo.

ASPECTOS CLAVE	
Autor:	Mateo.
Fecha:	Años 50 o 60.
Procedencia:	Desconocido.
Destinatarios:	Judíos en lugares desconocidos.
Propósito:	Demostrar que Jesús es el Mesías anunciado en el A.T.
Tema:	Jesús es Emanuel, el Mesías y el Salvador del pueblo de Dios.
Versículos clave:	16:13-20.

CONTRIBUCIÓN AL CANON

- Genealogía de Jesucristo, hijo de Abraham, hijo de David (1:1-17).
- Relato del nacimiento virginal de Cristo (1:18-25).
- Citas del cumplimiento de que Jesús es el Mesías (1-4).
- Cinco grandes discursos o enseñanzas de Jesús, incluyendo el Sermón del monte (5-7), elección de los doce apóstoles (10), las parábolas de Jesús sobre el reino (13; 18), y Sus enseñanzas finales, incluyendo el discurso en el monte de los Olivos sobre el final de los tiempos (24-25).
- La Gran Comisión (28:16-20).

INTRODUCCIÓN

NO ES SORPRESA que el Evangelio de Mateo se convirtiera rápidamente en el Evangelio favorito de la Iglesia primitiva. Es uno de los únicos dos Evangelios escritos por uno de los doce discípulos, rico en teología, con énfasis en verdades como la identidad de Jesús, como Emanuel, nacido de una virgen. Con sus frecuentes citas del A.T., el Evangelio de Mateo enfatiza el cumplimiento de Jesús de las promesas mesiánicas de Dios. Por lo tanto, proporciona un vínculo entre el A.T. y el N.T.

A pesar del orden distinto a los demás Evangelios, Mateo ocupa el primer lugar en la lista de libros y colecciones de textos evangélicos de la Iglesia primitiva.[1] Por esta razón R.T. France escribió: «Es un hecho que la corriente principal del cristianismo fue, desde principios del siglo II, en gran medida el cristianismo de Mateo».[2] El Evangelio de Mateo es también una notable pieza de literatura. Mateo transmitió su mensaje no solo a través de declaraciones explícitas, sino también a través de su estructura y recursos literarios.

El Evangelio de Mateo contiene abundante material sobre la infancia de Jesús, el Sermón del monte (parcialmente paralelo en Lucas) y una valiosa colección de parábolas de Jesús. Demuestra claramente que la muerte de Jesús fue un sacrificio y que rescató a Sus discípulos del castigo por sus pecados. Por esto, E. Renan identificó el Evangelio de Mateo como el libro más importante jamás escrito.[3] El estudio de Mateo revela un mensaje de profundidad teológica y arte literario que convence al lector de que la afirmación de Renan no era una exageración.

HISTORIA

Autor

Como los otros Evangelios canónicos, Mateo es formalmente anónimo, ya que el autor de este Evangelio no se identifica explícitamente en el libro. Sin embargo, el título que atribuye el Evangelio a Mateo es claro.[4] El título habría sido necesario para distinguir un Evangelio de los demás cuando los cuatro Evangelios comenzaron a circular como una sola colección. Especialmente si el autor conocía un Evangelio anterior y lo utilizaba en la composición de su obra, como sospechan la mayoría de los estudiosos, pueden haber considerado que el título era necesario para distinguir su libro de los escritos anteriores (por ejemplo, Marcos, suponiendo la prioridad de Marcos).

---

[1] R. V. G. Tasker, *The Gospel According to St. Matthew* [El Evangelio según Mateo], TNTC [London: Tyndale, 1961], 15–16) señala que esto se debe probablemente a algo más que la convicción de que el Evangelio de Mateo fue el primero en ser escrito. La prioridad de Mateo en el canon viene de la convicción de que Mateo formó un puente apropiado entre los Testamentos.

[2] R. T. France, *Matthew: Evangelist and Teacher* [Mateo: evangelista y maestro] (Grand Rapids: Zondervan, 1989), 16.

[3] L. Morris, *The Gospel According to Matthew* [El Evangelio según Mateo], PNTC (Grand Rapids: Eerdmans, 1992), 1.

[4] M. Hengel argumenta que los Evangelios siempre han tenido sus títulos y que «según» implica autoría. Ver Hengel, *The Four Gospels and the One Gospel of Jesus Christ: An Investigation of the Collection and Origin of the Canonical Gospels* [Los cuatro Evangelios y el evangelio de Jesucristo: investigación de la colección y orígenes de los Evangelios del canon], trad. J. Bowden (Harrisburg: Trinity Press International, 2000), 48–53, 77. Comparar con France, *Matthew: Evangelist and Teacher* [Mateo: evangelista y maestro], 50–80; y la discusión de objeciones a la propuesta de Hengel en D. A. Carson y D. J. Moo, *An Introduction to the New Testament* [Introducción al Nuevo Testamento], 2.ª ed. (Grand Rapids: Zondervan, 2005), 141–42.

La evidencia externa más temprana de la autoría del Evangelio, es decir, evidencia derivada de fuentes ajenas al Evangelio, es una declaración de Papías, obispo de Hierápolis, en sus *Exposiciones de los oráculos del Señor*.[5] El testimonio de Papías es significativo porque afirma haber recibido esta información directamente de quienes escucharon personalmente a los discípulos más cercanos de Jesús, incluyendo a Mateo.[6] Ireneo (ca. 130-ca. 200) afirmó que Papías era discípulo del apóstol Juan y que tuvo acceso al testimonio de Juan sobre los primeros años de la Iglesia cristiana (*Contra las herejías* 5.33.4). Papías escribió: «Por un lado, Mateo ordenó los dichos en el dialecto hebreo; por otro lado, cada uno los tradujo como podía» (Eusebio, *Historia Eclesiástica* 3.39).

Las pistas del propio Evangelio (evidencia interna) tienden a confirmar la atribución de la Iglesia primitiva a Mateo. Basados en la evidencia interna del Evangelio, la mayoría de los eruditos reconocen que el autor era un judío cristiano. Aunque la evidencia interna no es lo suficientemente específica para rastrear la identidad del autor, concuerda y sugiere autoría por Mateo, tal como lo afirma Papías. En primer lugar, Mateo afirmó que el recaudador de impuestos llamado «Leví», a quien Jesús designó como uno de los doce apóstoles (ver Mar. 2:14; Luc. 5:27), también se llamaba «Mateo» (Mat. 9:9). Mateo, nombre hebreo que significa «regalo de Yahvé» o «regalo del Señor», parece ser el nombre apostólico que Jesús dio al recaudador de impuestos después de elegirlo para seguir a Cristo, de manera muy parecida a la forma en que Jesús renombró a Simón «Pedro» (Juan 1:42; reafirmado en Mat. 16:18). El uso del nombre aquí puede ser el toque personal de Mateo.

En segundo lugar, en la discusión sobre el pago de los tributos (Mat. 22:15-22), tanto Marcos como Lucas utilizaron el término griego *denarion*, pero Mateo también incluye el término más preciso *nomisma* («moneda de estado»). El uso de terminología precisa para referirse a la moneda puede sugerir la experiencia de un antiguo recaudador de impuestos.[7] Basados en las evidencias, tanto externas como internas, de la autoría de Mateo, los lectores pueden afirmar con confianza la autoría de Mateo de este Evangelio y reconocerlo como un testimonio de la vida de Jesús escrito tanto por un testigo ocular como por un apóstol.

Fecha

Evidencia interna. Según Mateo 24:2 y sus paralelos, Jesús predijo la caída de Jerusalén. Aun así, algunos eruditos, afirman que Mateo escribió esta predicción después de la caída (es decir, entre mediados y finales de los años 80) y la presentó de forma engañosa a sus lectores como una profecía. Sin embargo, si uno cree que Jesús era capaz de profetizar (y abundantes pruebas respaldan esta afirmación), una fecha anterior a los años 70 es posible.

---

[5] Las obras de Papías no sobrevivieron, pero son citadas por Eusebio de Cesarea en su *Historia Eclesiástica* de principios del siglo IV.

[6] Ver discusión en R. H. Gundry, *Matthew: A Commentary on His Handbook for a Mixed Church Under Persecution* [Mateo: comentario de su libro para la Iglesia en persecución], 2.ª ed. (Grand Rapids: Eerdmans, 1994), 611-17. Para el argumento de que Papías escuchó las enseñanzas de dos testigos del ministerio de Jesús, ver R. Bauckham, *Jesus and the Eyewitnesses: The Gospels as Eyewitness Testimony* [Jesús y los testigos: los Evangelios como testimonio de los testigos] (Grand Rapids: Eerdmans, 2006), 12-38.

[7] D. Guthrie, *New Testament Introduction* [Introducción al Nuevo Testamento], rev. ed. (Downers Grove: InterVarsity, 1990), 52-53.

Otras evidencias presentadas en Mateo sugieren que el Evangelio fue escrito antes de los años 70, cuando el ejército romano destruyó el templo de Jerusalén y la Ciudad Santa. Mateo 17:24-27 contiene la instrucción de Jesús sobre el pago del impuesto de dos dracmas del templo. Jesús enseñó que Sus discípulos debían pagar el impuesto para no ofender a otros judíos. Sin embargo, después de la destrucción del templo, el impuesto fue recaudado por los romanos para apoyar el templo pagano de Júpiter Capitolino en Roma.[8] Sería poco probable que Mateo hubiera incluido el relato en su Evangelio en una fecha en la que esto hubiera sido interpretado como un apoyo a la idolatría pagana (ver Mat. 4:10).[9]

Las referencias especiales de Mateo al sacrificio también tienen más sentido si se escribieron antes de la caída de Jerusalén. Mateo constantemente presentó tales sacrificios como presentes que expresaban gratitud a Dios, en lugar de rituales para expiación. Además, enseñó que Jesús era el cumplimiento de Isaías 53, el Siervo sufriente, cuya muerte sacrificial lograba la expiación del pecado. La teología del sacrificio cuidadosamente presentada por Mateo, y su preocupación por aclarar el significado de las ofrendas del templo, concuerdan con una fecha anterior al año 70, cuando el templo fue destruido y el sistema de sacrificios terminó.

Evidencia externa. La evidencia externa requiere una fecha del primer siglo. Si Mateo usó el Evangelio de Marcos, pudo haber escrito su Evangelio en cualquier momento a partir de mediados de los años 50 o, más probablemente, a principios de los años 60. Las primeras pruebas históricas coinciden con esta opinión ya que Ireneo (ca. 130-200) afirmó que Mateo escribió su Evangelio mientras Pedro y Pablo predicaban en Roma (a principios de los años 60).[10]

Estas pistas, y muchas otras, sugieren una fecha para Mateo en algún momento anterior a la destrucción de Jerusalén en el año 70.[11] Esta fecha, anterior al año 70 d.C., para el Evangelio de Mateo, aumenta la probabilidad de que el Evangelio de Mateo conserve relatos de la vida y las enseñanzas de Jesús que son precisos en detalle.

Procedencia y destinatarios

Los eruditos han propuesto diferentes teorías sobre el origen del Evangelio de Mateo, incluyendo: Jerusalén o Palestina, Cesarea Marítima, Fenicia, Alejandría, Pella, Edesa, Siria y Antioquía. Allison afirmó: «Dada la naturaleza de la evidencia disponible, es imposible estar completamente convencido del tema en cuestión. Nunca sabremos con certeza dónde se completó el Libro de Mateo».[12] Sin embargo, las teorías sobre el origen que han obtenido más apoyo académico consideran que el Evangelio fue escrito en Palestina o Siria, la mayoría de los estudiosos de hoy señalan a Siria, específicamente Antioquía de Siria, como el lugar de origen.

---

[8] Josephus, *Jewish War* [Guerra Judía] 7.218; Dion Casio, 65.7.2; Suetonio, *Domitian* [Dominicano] 12. En consecuencia, *Sheq.* 8.8 enseñó que las leyes del siclo aplicaban solo mientras el templo estuviera en pie.

[9] Gundry, *Matthew* [Mateo], 606.

[10] Irenaeus, *Against Heresies* [Contra las herejías] 3.1.1.

[11] Ver la extensa y convincente defensa de la fecha temprana de Mateo en Gundry (*Matthew* [Mateo], 599-609), quien concluyó que Mateo fue probablemente escrito durante los años 50 o principios de los 60.

[12] W. D. Davies y D.C. Allison, *Matthew* [Mateo], 3 vols., ICC (Edinburgh: T&T Clark, 1988–1997), 1:139.

Los aspectos sobre la procedencia y los destinatarios de este Evangelio están estrechamente vinculados. Los eruditos que aceptan la procedencia de Palestina generalmente ven a la iglesia en Palestina como la audiencia destinada. De la misma forma, los estudiosos que aceptan una procedencia siria, generalmente ven a la iglesia en Siria como destinataria. Independientemente de la opinión sobre la procedencia y la audiencia original, el Evangelio de Mateo claramente circuló con mucha amplitud poco después de su redacción. Esto queda demostrado por la distribución geográfica de las primeras citas del libro que aparecen en los escritos de Ignacio (ca. 35-110; Antioquía), Policarpo (ca. 69-155; Esmirna), Pseudo-Barnabás (ca. 135; posiblemente Alejandría), Justino Mártir (ca. 100-165; Éfeso), y 2 Clemente (probablemente Alejandría) a finales del primer siglo o principios del segundo.

Propósito

En parte porque el Evangelio de Mateo no incluye una declaración explícita de propósito, algunos eruditos han propuesto que Mateo se lea como un documento teológico en lugar de un documento histórico.[13] Sin embargo, esto no explica mejor los datos. En particular, la insistencia de Mateo en que ciertos acontecimientos de la vida de Jesús ocurrieron para cumplir el A.T. indica que Mateo escribió un cuidadoso registro de los acontecimientos reales.

Con esta base histórica en mente, el enfoque principal de Mateo era la identidad de Jesús. El Evangelio de Mateo destacaba cuatro aspectos.[14] En primer lugar, Jesús es el Mesías, el esperado Rey del pueblo de Dios. En segundo lugar, Jesús es el nuevo Abraham, el fundador de un nuevo Israel espiritual, formado por todas las personas que deciden seguirle, tanto judíos como gentiles. Tercero, Jesús es el nuevo Moisés, libertador e instructor del pueblo de Dios. Cuarto, Jesús es Emanuel, el Hijo de Dios nacido de una virgen que cumple las promesas del A.T. Mateo no solo se preocupó en preservar las enseñanzas de Jesús, registrar Sus hechos o elogiar Su ejemplo, sino también en explicar quién era Jesús. El Evangelio de Mateo podría describirse mejor como una «biografía teológica», un relato histórico de la vida y las enseñanzas de Jesús que explica su significado espiritual.

Aunque el Evangelio de Mateo es principalmente una biografía teológica, el Evangelio también fue escrito para servir como un manual para el discipulado. La disposición por temas de los largos discursos de Mateo, su énfasis en las exigencias éticas del reino de Dios y, especialmente, la declaración sobre la enseñanza a los nuevos discípulos para que cumplan los mandamientos de Jesús, se combinan para ofrecer una guía para la vida cristiana.

---

[13] Ver especialmente M. D. Goulder, *Midrash and Lection in Matthew: The Speaker's Lectures in Biblical* Studies [*Midrash y lecciones en Mateo: las conferencias del orador en estudios bíblicos*] 1969–71 (London: SPCK, 1974); Gundry, *Matthew* [*Mateo*], cuyo comentario originalmente fue titulado, *A Commentary on His Literary and Theological Art* [*Comentario sobre su arte literario y teológico*].

[14] Ver una discusión similar en Carson y Moo, *Introduction to the New Testament* [*Introducción al Nuevo Testamento*], 158.

LITERATURA

Plan literario

Además de comentar sobre su autoría, Papías también comentó sobre la estructura literaria del Evangelio de Mateo. Según Papías, «Mateo ordenó los dichos [de Jesús]» (Eusebio, *Historia Eclesiástica* 3.39). Probablemente, Papías quiso decir que el Evangelio de Mateo se presentaba de una forma más ordenada que el de Marcos. Dado que Mateo generalmente comparte el mismo orden de perícopas que Marcos cuando ambos se superponen, Papías probablemente se refirió al hecho de que Mateo comenzó con una genealogía y un relato del nacimiento de Jesús, describió detalladamente las apariciones de Jesús después de la resurrección, y organizó la enseñanza de Jesús en cinco secciones principales.

Como se muestra a continuación, los eruditos están de acuerdo en que la estructura del Evangelio de Mateo se centra en los cinco grandes discursos que presentan la esencia de las enseñanzas de Jesús (5-7; 10:5-42; 13:1-52; 18:1-35; y 23-25). Por lo tanto, las porciones narrativas y las secciones del discurso se alternan en el Evangelio de Mateo. Cada uno de estos discursos se distingue de las porciones narrativas mediante frases que concluyen con palabras similares a: «Y cuando terminó Jesús estas palabras» (7:28; 11:1; 13:53; 19:1; 26:1).

Estos cinco «libros de Jesús» del Evangelio de Mateo parecen estar diseñados para evocar los cinco libros de Moisés (Génesis a Deuteronomio). A lo largo del Evangelio de Mateo, Jesús se presenta como el nuevo Moisés, por lo que el primer discurso, el Sermón del monte en los capítulos 5-7, invoca el recuerdo de Moisés cuando recibió la ley en el monte Sinaí. Más allá de esto, no es necesario ni aconsejable presionar el contenido de los cinco discursos de Jesús en el Evangelio de Mateo de acuerdo a las instrucciones de Moisés a Israel en el Deuteronomio. Aunque algunas partes del Evangelio de Mateo están claramente organizadas por temas, el Evangelio sigue un orden cronológico general: genealogía, nacimiento, bautismo, ministerio en Galilea, viaje a Jerusalén, juicio, crucifixión y resurrección,[15] con los cinco discursos vinculando la enseñanza con la vida de Jesús.

BOSQUEJO

I. INTRODUCCIÓN (1:1-4:11)
    a. La ascendencia, el nacimiento y la infancia de Jesús (1-2).
    b. Antecedentes del ministerio de Jesús (3:1-4:11).

II. MINISTERIO DE JESÚS EN GALILEA (4:12-18:35)
    a. Primera parte del ministerio de Galilea (4:12-25).
    Discurso 1: Sermón del monte (5-7).
    b. Segunda parte del ministerio de Galilea (8-9).
    Discurso 2: Elección de los doce (10).
    c. Tercera parte del ministerio de Galilea (11-12).

---

[15] Ver D. A. Hagner, *Matthew 1-13* [Mateo 1–13], WBC 33a (Dallas: Word, 1993), liii

Discurso 3: Parábolas del reino (13:1-53).
   d. El ministerio de Galilea se extendió al norte (13:54-17:27).
   Discurso 4: Parábolas del reino (18).
III. EL MINISTERIO DE JESÚS Y SU PASIÓN (19-28)
   a. Ministerio en Judá (19-20).
   b. Ministerio final en Jerusalén (21-22).
   c. La denuncia de Jesús ante los fariseos (23).
   Discurso 5: Monte de los Olivos, parábolas del reino (24-25).
   d. La pasión (26-27).
   e. La resurrección y la Gran Comisión (28).

Tabla 4.1. Los cinco discursos en el Evangelio de Mateo

Discurso	Referencia	Tema
1. Sermón del monte	5-7	Descripción de la justicia suprema que caracterizará a los discípulos de Jesús.
2. Elección de los doce	10	Los discípulos deben enseñar el evangelio, advierte la persecución que se avecina.
3. Parábolas del reino	13	Explica el rechazo del evangelio por algunos y la presencia del mal; crecimiento y ministerio del reino de Dios frente a la oposición.
4. Parábolas del reino	18	Explica cómo los discípulos deben relacionarse con Jesús y entre sí.
5. Monte de los Olivos, parábolas del reino	24-25	Profecía de la destrucción del templo y los eventos que preceden a la segunda venida.

DISCUSIÓN UNIDAD POR UNIDAD

I. Introducción (1:1-4:11)

a. La ascendencia, el nacimiento y la infancia de Jesús (1-2). Mateo comienza su Evangelio con la genealogía de Jesús (1:1-17). Esta genealogía destaca la identidad de Jesús como hijo de Abraham, destinatario de la promesa divina de que por medio de Él serían bendecidas todas las naciones de la tierra (Gén. 12:1-3), y como Rey prometido del linaje de David que gobernará sobre el pueblo de Dios. También subraya Su dominio sobre los patriarcas del A.T., así como Su misión redentora primero para los judíos, pero también para los gentiles.

El relato de la concepción y el nacimiento de Jesús (1:18-25) describe estos eventos como únicos. Demuestra que Jesús fue el cumplimiento de las promesas de Dios dadas a través de los profetas del A.T. y, lo que es más importante, enfatiza la identidad de Jesús como Emanuel, nacido de una virgen, Dios viviendo entre los humanos y Salvador que rescataría a Su pueblo de sus pecados. La referencia a Isaías 7:14 en Mateo 1:22-23 es la primera de una serie de citas del cumplimiento de las profecías, que documentan el hecho de que todos los acontecimientos importantes de la vida de Jesús tuvieron lugar para cumplir, y estaban de acuerdo con, las Escrituras del A.T.[16]

La visita de los magos para adorar al niño Jesús (2:1-12) demuestra que, aunque la misión de Jesús se dirigió primero a los judíos, su alcance trascendió Israel y llegó también a los gentiles. Su largo y difícil viaje desde el este hasta Belén, sus valiosos regalos y especialmente su adoración a Jesús, ponen en evidencia Su dominio y deidad. El hecho de que los jefes de los sacerdotes y los escribas no hayan viajado a Belén en busca de Jesús refleja la indiferencia hacia el Mesías, que más tarde se convirtió en odio.

La huida de Herodes y la matanza de los niños (2:13-18) recuerdan el asesinato de los niños hebreos por orden del faraón y la huida de Moisés (Éx. 1-2) y concuerda con la profecía del A.T. (Jer. 31:15 citado en Mat. 2:18). El relato comienza con un retrato de Jesús como el nuevo Moisés, líder y libertador del pueblo de Dios. La relación temporal del nacimiento de Jesús con la muerte de Herodes es el factor más significativo para establecer una cronología de la vida de Jesús.[17]

El relato de la infancia de Jesús termina con una descripción de la familia situada en Nazaret (Mat. 2:19-23). Mateo vio una conexión entre el nombre de la ciudad y la palabra hebrea de sonido similar para «rama» (hebreo *netser*). La conexión representaba a Jesús como el cumplimiento de las «profecías del renuevo» del A.T. (Isa. 4:2; 11:1; Jer. 23:5; 33:15), resaltando Su linaje de David e identidad como Mesías.

b. Antecedentes del ministerio de Jesús (3:1-4:11). Esta sección comienza con una descripción del ministerio de Juan el Bautista, de acuerdo con la expectativa del A.T. (3:1-6). Juan es una «voz que clama en el desierto» (Isa. 40:3), llamando al pueblo judío al arrepentimiento y preparando así el camino para que Dios mismo venga en la persona de Jesús, el Mesías. El camino del Señor se asocia con el camino de Jesús para desatacar Su estado divino.

Juan anunció la venida del reino y llamó a los judíos al arrepentimiento (3:7-12). En particular, los exhortó a abandonar la suposición de que la descendencia de Abraham les garantizaba la salvación. Pidió que se arrepintieran, aceptaran su bautismo y produjeran buenas obras, y prometió que vendría otro después de él que era más poderoso y superior a él. Esta figura mesiánica ofrecería a los pecadores la posibilidad de elegir entre dos bautismos: un bautismo por el Espíritu, que los transformaría, o un bautismo de fuego que los quemaría como el fuego quema la paja.

La descripción de Mateo del bautismo de Jesús (3:13-17) está llena de significado teológico. Cuando Jesús se acercó a Juan pidiéndole ser bautizado, Juan identificó a Jesús como el que había prometido, argumentando que era más apropiado que Jesús bautizara a Juan. El descenso del Espíritu Santo sobre Jesús como una paloma puede indicar que Jesús poseía el poder de la nueva creación (Gén. 1:1-2; comp. Gén 8:8-12). La voz del Padre

---

[16] Ver la tabla de principales temas teológicos. En Jesús como Emanuel, ver *Immanuel* [Emanuel], en D. D. Kupp, *Matthew's Emmanuel: Divine Presence and God's People in the First Gospel* [El Emanuel de Mateo: la presencia divina y el pueblo de Dios en el primer Evangelio], SNTSMS 90 (Cambridge: University Press, 1996).

[17] Ver discusión de la cronología de la vida de Jesús en el capítulo 3.

celestial describió a Jesús utilizando dos textos del A.T. que identificaban a Jesús como el Mesías y Siervo sufriente que daría perdón a los pecadores, convirtiéndose en sacrificio (Sal. 2:7; Isa. 42:1).

La tentación de Jesús (4:1-11) demostró que Jesús realmente vino a «cumplir toda justicia» (3:15).[18] La tentación también mostró la autoridad de Jesús sobre Satanás y Su dominio sobre los ángeles.

II. El ministerio de Jesús en Galilea (4:12-18:35)

a. Primera parte del ministerio en Galilea (4:12-25). Jesús entonces estableció la sede de Su ministerio en Capernaúm en «Galilea de los gentiles» (4:12-16). Esta ubicación confirmó la intención de Dios de incluir a los gentiles en Su plan de redención, un tema importante del Evangelio de Mateo. Jesús comenzó a proclamar un mensaje idéntico al de Juan: «… Arrepentíos, porque el reino de los cielos se ha acercado» (4:17; ver 3:2). Después de esto, Jesús comenzó a llamar a Sus primeros discípulos, dos pares de hermanos que eran pescadores: Pedro y Andrés, y Santiago y Juan (4:18-22). Su disposición a abandonar su trabajo y dejar sus familias para seguir a Jesús muestra que Jesús era digno de cualquier sacrificio que llamara a Sus seguidores a hacer. Jesús comenzó a predicar el evangelio del reino por toda Galilea (4:23-25). Grandes multitudes lo siguieron en respuesta a Sus poderosas predicaciones y asombrosos milagros de sanación.

Discurso 1: El Sermón del monte (5-7). La introducción del primer discurso de Jesús, el Sermón del monte (5-7), lo presenta claramente como el nuevo Moisés. El ascenso de Jesús al monte hace referencia el ascenso de Moisés al monte Sinaí (Éx. 19:3; 24:13,18). Al igual que en el A.T. (por ejemplo, el monte Sinaí; Éx. 19:3), en Mateo, las montañas son lugares de revelación divina (por ejemplo, el monte de la Transfiguración; 17:1-3, con Moisés y Elías junto a Jesús).[19] Además, las bienaventuranzas pronunciadas por Jesús recuerdan la bendición de Moisés sobre el pueblo de Israel (Deut. 33:29). Las bienaventuranzas (5:3-12) identifican a los discípulos de Jesús como el nuevo y verdadero Israel espiritual sobre el que descansan las bendiciones de Dios. En este Su discurso inaugural, Jesús describe la justicia suprema que caracterizará a Sus discípulos, que participan en el nuevo éxodo (liberación de la esclavitud del pecado), reciben los beneficios de la nueva alianza (la ley de Dios escrita en el corazón) y experimentan el milagro de la nueva creación.

Jesús instruyó a Sus discípulos a vivir vidas caracterizadas por la pureza para glorificar a Dios. De esta manera serían la «sal» y la «luz» del mundo (5:13-16). A menos que su justicia sea mayor a la de los fariseos, los seguidores de Jesús no podrán entrar en el reino de Dios (5:17-20). La correcta interpretación del A.T. demanda que los discípulos controlen su temperamento, busquen la pureza sexual, honren el pacto matrimonial, hablen con

---

[18] La «justicia» es un tema importante en el Evangelio de Mateo, especialmente en las primeras partes del mismo: ver la referencia a los que «tienen hambre y sed de justicia» (5:6); el requisito de Jesús de que la «justicia» de Sus seguidores sea mayor que la de los escribas y fariseos (5:20); y Su mandato de que Sus discípulos busquen primero «el reino de Dios y su justicia» (6:33).

[19] Ver T. L. Donaldson, *Jesus on the Mountain: A Study in Matthean Theology* [Jesús en la montaña: estudio de la teología de Mateo], JSNTSup 8 (Sheffield: Almond, 1985).

integridad, se abstengan de actos de venganza y amen a sus enemigos (5:21-48). Jesús insistió que solo Sus discípulos eran capaces de tal rectitud, ya que impartía esta rectitud a Sus seguidores con Su bendición (5:6).

Jesús también dio instrucciones sobre los llamados tres pilares del judaísmo: la oración, el ayuno y la limosna (6:1-18). Especialmente advirtió a Sus discípulos que no realizaran actos de devoción religiosa para complacer a una audiencia. Hizo énfasis en que los verdaderos actos de devoción deben centrarse exclusivamente en complacer a Dios. Prometió que Dios recompensaría tales expresiones genuinas de piedad. Los exhortó a valorar los asuntos eternos y espirituales por encima de las cosas temporales y materiales. Les ordenó que se libraran de la ansiedad, confiando en la capacidad de Dios para proveer sus necesidades y dejando que las prioridades de Dios definieran las suyas (6:19-34).

Jesús prohibió juzgar hipócritamente a los demás (7:1-6). Enseñó que los discípulos pueden ayudar a otros a vencer hábitos pecaminosos solo cuando han vencido los suyos. Jesús prometió a Sus discípulos que aquellos que pidieran bendiciones las recibirían. Aquellos que buscaran el reino lo encontrarían (6:33). Sin embargo, Jesús advirtió que la vida del verdadero discípulo tendría dificultades y persecuciones. Pocas personas estarían dispuestas a sufrir estas dificultades para recibir la vida eterna (7:7-14).

Jesús advirtió a Sus discípulos sobre los falsos profetas y los falsos discípulos (7:15-23). Los discípulos podían reconocerlos por sus «frutos», las acciones y palabras que daban fe de su verdadero carácter. Jesús enseñó que los falsos discípulos serían expuestos en el día del juicio por lo que realmente eran. Él personalmente los desenmascararía y los desterraría del reino de los cielos. Jesús concluyó el Sermón del monte con una parábola que enseñaba que escuchar y obedecer las enseñanzas de Jesús era el único medio eficaz para prepararse para el juicio. Mateo resaltó que el pueblo reconocía la inusual autoridad de la enseñanza de Jesús a diferencia de la de los escribas y maestros de la ley (7:24-29).

b. Segunda parte del ministerio de Jesús en Galilea (8-9). La narrativa que sigue al Sermón del monte está llena de relatos de los milagros de Jesús. Sanó a un leproso, al siervo paralítico de un centurión romano, la fiebre de la suegra de Simón, controló el clima con Su orden, liberó al hombre gadareno de una legión de demonios, resucitó a la hija de un principal de la sinagoga, sanó el flujo de sangre de una mujer que simplemente tocó el borde de Sus vestiduras, dio vista a los ciegos y permitió que un hombre mudo hablara.

Estos milagros confirmaron la identidad de Jesús como Dios y Salvador de acuerdo con Isaías 35:5-6; mostraron la compasión de Cristo a los gentiles y declararon claramente la intención de Dios de concederles salvación (esp. Mat. 8:28-34); señalaron a Jesús como el Siervo del Señor que ofrecería Su vida como sacrificio para expiar los pecados del pueblo de Dios (Mat. 8:17, citando a Isa. 53:4); expresaron claramente la autoridad de Jesús para perdonar los pecados (Mat. 9:1-8); y, por último, presentaron Su compasión hacia las personas consideradas inmundas, intocables y rechazadas por la comunidad religiosa. La gracia y la misericordia de Jesús se extendió incluso a las personas más despreciadas e indignas.

Tabla 4.2. Los doce discípulos de Jesús

Nombre	Citas clave	Descripción
Simón Pedro	Mateo 4:18; 16:13-17,21-23; Lucas 22:54-62; Juan 21:15-19	Pescador antes de ser llamado al discipulado; uno del círculo interno de los discípulos; a menudo descarado y exaltado.
Andrés	Mateo 4:18; Juan 1:40; 6:8; 12:22	Hermano de Pedro; pescador antes de seguir a Jesús; discípulo de Juan el Bautista antes de seguir a Jesús.
Jacobo	Mateo 4:21; Marcos 3:17; 9:2; 14:33; Hechos 12:1-5	Antiguo pescador; hermano de Juan; uno de los dos «hijos del trueno» posiblemente por su temperamento; uno del círculo íntimo de discípulos; mártir a mano de Herodes.
Juan	Mateo 4:21; Marcos 3:17; 9:2; 14:33; Juan 1:35-39; 13:23; 21:2	Antiguo pescador; uno de los dos «hijos del trueno» posiblemente por su temperamento, pero también llamado «discípulo amado»; uno del círculo íntimo de los discípulos.
Felipe	Juan 1:43-48; 6:5-7; 12:21-22; Hechos 8:4-25,26-40	Llamado como discípulo y trajo a Natanael a Jesús; disfrutó de un gran éxito predicando en Samaria, evangelizó al eunuco etíope.
Bartolomé (Natanael)	Mateo 10:3 paralelos; Juan 1:43-49	También conocido como Natanael; visto por Jesús «debajo de la higuera», confesando a Jesús como «Hijo de Dios» y «Rey de Israel».
Tomás	Juan 11:16; 14:5; 20:24-29	Conocido como un «incrédulo», pero más tarde llamó a Jesús «mi Señor y mi Dios».
Mateo (Leví)	Mateo 9:9-13; 10:3; Marcos 2:18; Lucas 6:15	Antiguo recaudador de impuestos que lo dejó todo para seguir a Jesús, ¿hermano de Santiago, hijo de Alfeo?
Jacobo, hijo de Alfeo	Mateo 10:3; Marcos 3:18; Lucas 6:15; Hechos 1:13	¿Hermano de Mateo?
Tadeo (Judas, hijo de Jacobo)	Mateo 10:3; Marcos 3:18; Lucas 6:16; Juan 14:22; Hechos 1:13	También conocido como Judas hijo de Jacobo; el «otro Judas» (no Iscariote; ver abajo).
Simón el Zelote	Mateo 10:4; Marcos 3:18; Lucas 6:15; Hechos 1:13	Antiguo zelote (luchador por la libertad judía/terrorista) que en su lugar predicaba un reino de otro mundo que vendría a la tierra.
Judas Iscariote	Mateo 10:4; 26:14-16; 27:3-10; Juan 6:70-71; 12:4-6; 13:21-30; 17:12; Hechos 1:16-20	El traidor, guardián de la bolsa de dinero de los discípulos, que finalmente traicionó a Jesús por 30 piezas de plata y posteriormente se ahorcó.

Esta sección concluye con la observación de Jesús de que las multitudes eran como ovejas sin pastor (9:35-38; ver Núm. 27:17 con referencia a la transición del liderazgo de Moisés a Josué), una acusación contra los líderes judíos (ver Ezeq. 34:5).

Discurso 2: Elección de los doce (10). Jesús siguió Su acusación a los líderes judíos con el nombramiento de los doce para servir como pastores de las ovejas perdidas de la casa de Israel. Estos doce discípulos servirían como el núcleo de un Israel espiritual recién reconstituido. Jesús ordenó a los discípulos que proclamaran el mensaje del reino venidero, que realizaran milagros similares a los suyos para demostrar que la era mesiánica había comenzado, y que vivieran dependiendo de la provisión y la gracia de Dios, y les advirtió sobre las persecuciones que tendrían que soportar por su asociación con Él. Sin embargo, estas persecuciones les darían la oportunidad de dar testimonio con el poder del Espíritu Santo.

c. Tercera parte del ministerio de Jesús en Galilea (11-12). Esta sección describe la amplia variedad de respuestas al ministerio de Jesús, que van desde la duda de figuras como Juan el Bautista hasta la negativa de sus oyentes a arrepentirse. Jesús resolvió las dudas de Juan señalando Sus obras milagrosas que cumplían la profecía del A.T. y confirmaban Su identidad como el Mesías (11:1-19). Jesús identificó a Juan como el precursor del Mesías, identificándose así como el Mesías.

Jesús advirtió a las ciudades no arrepentidas del terrible juicio que les esperaba si no se arrepentían de haber rechazado a Jesús (11:20-24). Explicó que nadie conoce a Dios Padre excepto Jesús Su Hijo y «aquel a quien el Hijo lo quiera revelar» (11:25-30). Las siguientes perícopas muestran el intenso rechazo a Jesús por parte de los líderes judíos. Los fariseos desafiaron primero a los discípulos de Jesús por violar una de sus leyes del día de reposo. Jesús respondió identificándose como el Señor del día de reposo, un título que los fariseos habían reconocido como perteneciente solo a Yahvé. Cuando, más tarde, Jesús sanó a un hombre paralítico en un día de reposo, los fariseos comenzaron a planear la muerte de Jesús (12:1-14).

Jesús es identificado de nuevo como el Siervo de Yahvé (ver 8:17), cumpliendo las promesas mesiánicas del A.T. en Su ministerio manso y humilde (12:15-21). Sin embargo, el rechazo de los fariseos a Jesús alcanzó su punto culminante cuando afirmaron que el príncipe de los demonios era la fuente de la capacidad de Jesús para expulsar demonios (12:22-37). Jesús les advirtió que atribuir las actividades del Espíritu en Su ministerio a Satanás constituía blasfemia contra el Espíritu, un pecado que no será perdonado. También advirtió que las palabras de los fariseos resultarían en su condena el día del juicio.

Los fariseos le pidieron a Jesús una señal para confirmar Sus afirmaciones (12:38-45). Jesús respondió que la única señal que se les daría era Su propia resurrección (la «señal de Jonás»; ésta es la única «señal» de Jesús en los sinópticos, mientras que Juan presenta una serie de señales para mostrar que Jesús es el Mesías prometido). Sin embargo, Jesús advirtió que los fariseos y muchos otros de esa generación rechazarían esa señal y que su condición espiritual solo empeoraría, como un hombre liberado de un demonio solo para ser habitado por más espíritus malignos. Finalmente, Jesús enseñó otra lección sobre la fe y el discipulado al identificar a todos los que cumplían la voluntad de Su Padre como Sus hermanos y hermanas espirituales (12:46-50).

Discurso 3: Parábolas del reino (13). En Su tercer gran discurso, Jesús contó una serie de parábolas relacionadas con el reino de Dios.[20] La parábola del sembrador (13:1-23) explicó las razones por las que muchos rechazaron el mensaje de Jesús. La parábola de la cizaña (13:24-30,36-43) demostró que Jesús no era la fuente del mal en el mundo (comp. 13:27-28 con 13:36-39), que el mundo pertenece al Hijo del Hombre, que el diablo no tiene derecho a traer el mal al mundo y que el Hijo del Hombre afirmaría Su reinado sobre el mundo, castigando a los malvados y bendiciendo a los justos en el momento oportuno.

Las parábolas del grano de mostaza y la levadura (13:31-35) retratan el notable crecimiento del reino y su influencia en el mundo. Las parábolas del tesoro escondido y la perla (13:44-46) muestran que el reino de Dios es digno de cualquier sacrificio que los discípulos de Jesús puedan ser llamados a hacer.

La parábola de la red (13:47-51) retrata la separación de los discípulos justos de Jesús de los malvados del mundo en el juicio final y el castigo que los malvados enfrentarán. La parábola del escriba (13:52) describió a los discípulos de Jesús mejor calificados que los escribas y fariseos para servir como maestros de la ley. En su colección de conocimiento, tenían tanto los antiguos (el A.T.) como los nuevos tesoros (las enseñanzas de Jesús).

d. El ministerio de Galilea se extendió al norte (13-17). Esta sección del Evangelio comienza con otra referencia al rechazo de Jesús por Su propio pueblo, esta vez el pueblo de Nazaret, Su propia ciudad natal (13:53-58). El comienzo del cierre del ministerio de Galilea se distingue por la ejecución de Juan el Bautista por Herodes el Tetrarca (14:1-12). En el plan de Dios, la misión de Juan como una voz que prepara el camino para el Señor en el desierto ya se había cumplido, y deja la escena, con Jesús comprometido en el cumplimiento de Su misión.

Jesús trató de retirarse a un lugar solitario después de la muerte de Juan, pero la multitud lo seguía dondequiera que fuera. Él proveyó a las multitudes a través del milagro de los panes y los peces (14:13-21). También sorprendió a Sus discípulos al caminar sobre el agua (14:22-36). Los dos milagros recordaban la provisión del maná en el desierto y el cruce del Mar Rojo, contribuyendo al énfasis de Mateo en la identidad de Jesús como el nuevo Moisés.

La popularidad de Jesús entre el pueblo por tales milagros despertó el resentimiento de los fariseos y los escribas (15:1-20). Jesús denunció a los escribas y fariseos como hipócritas que elevaban sus propias tradiciones por encima de los mandamientos de Dios, y por lo tanto se preocupaban más por las tradiciones judías que por la condición de sus corazones.

---

[20] Obsérvese que el término preferido de Mateo es «reino de los cielos» (utilizado 32 veces, aunque «reino de Dios» ocurre cinco veces; Marcos, Lucas y Juan no utilizan el término «reino de los cielos»). Lo más probable es que «cielo» se utilice para evitar la referencia abierta a Dios, a la manera típica de los judíos, aunque ambas expresiones parecen utilizarse como sinónimos. Ver C. C. Caragounis, *Kingdom of God/Heaven* [Reino de Dios/cielo], en *Dictionary of Jesus and the Gospels* [Diccionario de Jesús y los Evangelios], ed. (en inglés). J. B. Green, S. McKnight, e I. H. Marshall (Downers Grove: InterVarsity, 1992), 417-30, esp. 435-29.

En contraste, la historia de la mujer cananea (15:21-28) y las palabras de Jesús «grande es tu fe» implican que Jesús llamaría a discípulos entre los gentiles, así como entre los judíos. Sin embargo, Jesús afirma el privilegio histórico de la salvación de los judíos e indica que ellos son el foco principal de Su misión terrenal (15:24,26; ver 10:5-6).

Tabla 4.3. Parábolas de Jesús en los sinópticos

Parábola	Marcos	Mateo	Lucas
Las bodas	2:19-20	9:15	5:33-39
Paño nuevo	2:21	9:16	5:36
Vino nuevo en odres viejos	2:22	9:17	5:37-39
El hombre fuerte	3:22-27	12:29-30	11:21-23
El sembrador	4:1-9,13-20	13:1-9,18-23	8:4-8,11-15
La luz del mundo	4:21-25	5:14-15	8:16-18
Crecimiento de la semilla	4:26-29		
Semilla de mostaza	4:30-32	13:31-32	13:18-19
Los labradores malvados	12:1-12	21:33-46	20:9-19
La higuera	13:28-32	24:32-36	21:29-33
Siervos vigilantes	13:34-37		12:35-38
Padre e hijo		7:9-11	11:11-13
La puerta estrecha		7:13-14	13:23-27
Frutos buenos y malos		7:16-20	
Los dos cimientos		7:24-27	6:47-49
El trigo y la cizaña		13:24-30,36-43	
La levadura		13:33	13:20-21
El tesoro escondido		13:44	
La perla de gran precio		13:45-46	
La red		13:47-50	
El padre de familia		13:52	
La oveja perdida		18:12-14	15:1-7
Los dos deudores		18:23-35	
Los obreros de la viña		20:1-16	
Los dos hijos		21:28-32	
La fiesta de bodas		22:1-14	14:15-24
Ladrón en la noche		24:42-44	12:39-40
Siervo fiel y prudente		24:45-51	12:42-46

Parábola	Marcos	Mateo	Lucas
Las diez vírgenes		25:1-13	
Los talentos		25:14-30	19:11-27
Las ovejas y los cabritos		25:31-46	
Los dos deudores			7:41-50
El buen samaritano			10:25-37
El amigo persistente			11:5-8
El rico insensato			12:13-21
La higuera estéril			13:6-9
Los convidados a las bodas			14:7-14
La gran cena			14:16-24
Edificación de la torre			14:28-30
Rey guerrero			14:31-33
La oveja perdida			15:1-7
La moneda perdida			15:8-10
El hijo pródigo			15:11-32
El mayordomo infiel			16:1-8
El rico y Lázaro			16:19-31
El deber del siervo			17:7-10
La viuda y el juez injusto			18:1-8
El fariseo y el publicano			18:9-14

Jesús continuó Su ministerio milagroso ascendiendo a una montaña y sanando personas que sufrían de diversas enfermedades y realizó otra milagrosa alimentación que recordaba el ministerio de Moisés en el desierto (15:29-39). A pesar de estos frecuentes milagros públicos, los fariseos y los saduceos se acercaron a Jesús y le pidieron otra señal milagrosa (16:1-12). Jesús insistió de nuevo en que solo recibirían una señal, la señal de Jonás mencionada anteriormente, la resurrección de Jesús.

Contrario a los fariseos y saduceos, los discípulos de Jesús, en particular Pedro (16:13-20), reconoció la identidad de Jesús como el Hijo de Dios. Según Jesús, la confesión de Pedro en Cesarea de Filipo fue el resultado de la revelación divina, y Él construiría Su comunidad mesiánica[21] sobre Pedro debido a su confesión. Sin embargo, cuando Jesús comenzó a predecir Su sufrimiento, muerte y resurrección, Pedro protestó.

---

[21] Nótese que esta es una de las dos únicas instancias de *ekklēsia* en los Evangelios (la otra referencia es en Mateo 18:17). Por esta razón, una traducción no técnica como «comunidad mesiánica» parece preferible a la interpretación estándar de «iglesia» en Mateo 16:18 y 18:17.

Así, a pesar de su confesión de Jesús como el Mesías, Pedro todavía no entendía que el Mesías debía sufrir. Jesús explicó además que todos Sus discípulos tenían que estar preparados para llevar su propia cruz al igual que Jesús estaba preparado para llevar la suya.

El indicio del reino prometido a Sus discípulos llegó seis días más tarde durante la transfiguración de Jesús (17:1-13). Varias características del evento son paralelas en Éxodo 34:29-35. Además, la descripción de Jesús hace eco de las descripciones de Dios en el A.T. y confirma la deidad de Jesús. Jesús procedió a expulsar un demonio que Sus discípulos no pudieron expulsar porque, según Jesús, carecían de fe del tamaño de un grano de mostaza.

Esta sección concluye con el relato de Jesús pagando el impuesto del templo (17:24-27). Jesús se describió a sí mismo como el Hijo del Rey celestial y por lo tanto no estaba obligado a pagar el impuesto. Pero realizó un milagro que demostró Su autoridad sobre el reino terrenal para que Él y Pedro pudieran pagar el impuesto y evitar ofender a los judíos.

Discurso 4: Parábolas del reino (18). Jesús comenzó el cuarto gran discurso de Mateo describiendo a Sus discípulos la humildad parecida a la de los niños, lo que les permitió someterse a la autoridad de Jesús como un niño se somete a la autoridad de sus padres (18:1-9). También advirtió que aquellos que intentaran provocar la caída de Sus discípulos serían severamente castigados debido a la importancia que tienen para Dios. Aunque se alejen de Él, Sus verdaderos discípulos no se perderán para siempre (18:10-14). Por lo tanto, Jesús diseñó un proceso disciplinario que alentaría a los verdaderos discípulos a arrepentirse y a diferenciar a los falsos discípulos de la comunidad cristiana (18:15-20), y prometió Su presencia con ellos cuando tomaran decisiones sobre el comportamiento adecuado de Sus discípulos.

Finalmente, Jesús usó una poderosa parábola para exhortar a Sus discípulos perdonar a los demás (18:21-35). Los verdaderos discípulos perdonan a los demás. Aquellos que se niegan a perdonar a otros que se arrepienten demuestran que no son verdaderos discípulos y sufrirán la ira de Dios por su hipocresía.

III. El ministerio de Jesús en Judea y su pasión (19-28)

a. Ministerio en Judá (19-20). Jesús terminó Su ministerio en Galilea y cruzó el río Jordán para entrar en Judá y comenzar Su viaje a Jerusalén. Los fariseos trataron de atrapar a Jesús con una pregunta sobre el divorcio (19:1-12) pero Jesús afirmó la santidad y la permanencia del matrimonio. Enseñó que el divorcio había sido permitido en la ley del A.T. debido a la dureza del corazón del pueblo de Dios. Sin embargo, como los discípulos de Jesús se caracterizaban por tener un corazón puro (ver 5:8), eran capaces de un amor matrimonial que cumplía el ideal original de Dios.

Después de bendecir a los niños (19:13-15), Jesús explicó a un joven rico los requisitos para heredar la vida eterna (19:16-30). Jesús lo exhortó a guardar los mandamientos y nombró todos los mandamientos de la segunda tabla excepto el décimo, relacionado con las posesiones. El mandamiento de Jesús, «… vende lo que tienes, […] y ven y sígueme», fue diseñado para mostrar al joven que estaba desafiando el espíritu del décimo mandamiento por su codicia, y el mandamiento de amar a su prójimo por su negligencia hacia los pobres. La entrada al reino, requiere renunciar a esta auto dependencia y confiar humildemente en el perdón misericordioso de Dios.

Jesús también enseñó que los sacrificios que Sus discípulos hicieron al seguirlo serían recompensados. Los discípulos reinarían sobre las doce tribus de Israel y recibirían de vuelta 100 veces más de lo que habían sacrificado por Él, como se muestra en la parábola de los obreros de la viña (20:1-16). Después Jesús los reunió en privado y predijo Su traición, juicio, burla, flagelación, crucifixión y resurrección (20:17-19). Después de que la madre de Jacobo y Juan pidiera a Jesús posiciones especiales para sus hijos en el reino (20:20-28), Jesús exhortó a Sus discípulos a ofrecer servicio humildemente a los demás, en lugar de tratar de dominar a los demás, ya que Él moriría como rescate por muchos. Al pasar por Jericó, Jesús sanó a dos ciegos tocando sus ojos (20:29-34).

b. Ministerio final (21-22). Cuando Jesús y Sus discípulos se acercaron a Jerusalén, Jesús cumplió la profecía del A.T. al montar un burro en Su entrada a la ciudad, en una procesión triunfal (21:1-11; ver Zac. 9:9). La multitud en Jerusalén alabó a Jesús como profeta y como el Hijo de David, el tan esperado Mesías. Jesús entró en el templo y echó a los que vendían monedas para las ofrendas del templo y animales para el sacrificio (21:12-17), y citó Isaías 56:7 como justificación de Sus acciones. También sanó a los ciegos y los cojos en el templo. El despliegue de poder milagroso de Jesús y las alabanzas de los niños que lo proclamaron como el Hijo de David incitaron la ira de los líderes judíos. Su ira se reflejó en las trampas que pusieron a Jesús, pero que se encontraron con la comprensión e interpretación superior de Jesús del A.T.

En Su camino de regreso de Jerusalén a Betania, Jesús maldijo una higuera cuyas hojas verdes daban la apariencia de vida, sin embargo, no producía frutos (21:18-22), y el árbol se marchitó inmediatamente. La maldición de la higuera presagiaba la destrucción de Jerusalén, que no había producido los frutos de justicia que Dios esperaba de ella. Evitando una trampa (21:23-27), Jesús contrastó a los líderes judíos con Sus propios discípulos contando una parábola sobre dos hijos (21:28-32). Jesús comparó al primer hijo con los pecadores que se arrepintieron en respuesta a la predicación de Juan, y al segundo hijo con los líderes judíos que se negaron a creer y a obedecer el mensaje de Juan.

A continuación, Jesús contó la parábola de los labradores malvados, que describe el abuso de los líderes judíos de los profetas del A.T. y el asesinato del Hijo de Dios (21:33-46). Jesús advirtió que Dios castigaría a los líderes judíos despojándolos de su reino y confiándolo a los discípulos de Jesús, quienes producirían la justicia que Dios esperaba. La parábola enfureció a los líderes judíos, y resolvieron de nuevo matar a Jesús. La parábola de la fiesta de bodas reiteró la advertencia de Jesús al presentar a los líderes judíos como aquellos que insultaban al Rey celestial al rechazar una invitación a honrar a Su Hijo y maltratar y matar a Sus siervos, los profetas del A.T. (22:1-14). El Rey los destruyó a ellos y su ciudad, presentando así la inminente destrucción de la ciudad de Jerusalén. El Rey invitó entonces a otros, que representan a los discípulos de Jesús, a participar en la gran fiesta mesiánica.

Otra trampa fue tendida cuando los fariseos preguntaron a Jesús si debían pagar impuestos al emperador romano (22:15-22). Si así fuera, habría reconocido el derecho de los romanos a cobrar impuestos al pueblo de Dios. Si no, habrían tenido motivos para acusar a Jesús de subversión política contra Roma. Jesús inteligentemente, y de manera memorable, respondió que la gente debe dar al César lo que es de César y a Dios lo que es de Dios. La respuesta de Jesús eludió la trampa y enseñó el importante principio de que, puesto que los seres humanos fueron creados a imagen y semejanza de Dios, todo lo que tienen y son pertenece a Dios.[22] Los saduceos también intentaron atrapar a Jesús ofreciendo lo que parecía una prueba irrefutable contra la doctrina de la resurrección, pero Jesús demostró, a partir de la ley de Moisés, que los individuos siguen existiendo incluso después de la muerte (22:23-33).

Los fariseos intentaron atrapar a Jesús de nuevo con una pregunta sobre el mandamiento más importante (22:34-40). Jesús respondió que los mandamientos más importantes requerían una devoción incondicional a Dios y amor por los demás, y que todos los demás aspectos de la ley estaban relacionados y dependían de estos dos mandamientos centrales. Finalmente, Jesús preguntó a los fariseos sobre el linaje del Mesías y no pudieron responder. Demostró que el Mesías era superior a David y fue reconocido por el propio David como Señor (22:41-45). La respuesta de Jesús frustró tanto las estratagemas de los líderes judíos que nadie se atrevió a desafiar de nuevo las enseñanzas de Jesús en público (22:46).

c. La denuncia de Jesús ante los fariseos (23). En una serie de abrasadoras aflicciones, Jesús advirtió a las multitudes que, aunque la enseñanza de los escribas y fariseos era en general fiable, no debían seguir su ejemplo, ya que sus vidas no eran coherentes con sus enseñanzas (23:1-39). Desafió la forma egoísta en que estos líderes religiosos buscaban el honor de otras personas y, por lo tanto, exhortó a Sus seguidores a que se caracterizaran por la humildad. Jesús juzgó a los escribas y fariseos por la forma en que impedían que otros entraran en el reino, sentenciaban a los que contradecían sus enseñanzas, utilizaban lagunas legales para evadir las claras exigencias de los mandamientos y se centraban en las insignificancias de la ley para descuidar los asuntos más importantes como la justicia, la misericordia y la fe. Los reprendió por centrarse en asuntos relacionados con la pureza externa y no prestar atención a su corrupción interna. Aunque los líderes judíos afirmaban piadosamente ser moralmente superiores a sus antepasados, Jesús insistió en que el abuso de Sus discípulos les haría responsables de la sangre de todos los mártires justos que se había derramado en la historia de la humanidad. Jesús concluyó Su reclamo contra los líderes judíos con una advertencia de que Dios abandonaría el templo y que Jesús no volvería a Jerusalén hasta Su segunda venida.

---

[22] También enseñó que debemos pagar nuestros impuestos.

Discurso 5: Discurso del monte de los Olivos, parábolas del reino (24-25). El discurso final de Jesús en Mateo comienza con la inminente destrucción del templo de Jerusalén, que ocurriría dentro de una generación, y la segunda venida, que ocurriría en un futuro lejano. Profetizó que el templo sería destruido, y luego trazó los acontecimientos que precederían a esta destrucción. Explicó el sufrimiento que Su pueblo soportaría durante ese período de tribulación y les aseguró que acortaría el período de sufrimiento por su bien. También aseguró a Sus elegidos que no serían engañados por los falsos mesías y profetas que aparecerían. La propia venida de Jesús sería inconfundible y fácilmente distinguible de la aparición de los falsos mesías. Así, Jesús enseñó a Sus discípulos a estar preparados constantemente (24:42-50).

La parábola de las diez vírgenes (25:1-13) advirtió a los discípulos que se prepararan inmediatamente para la segunda venida pero que anticiparan una larga espera. La parábola de los talentos (25:14-30) enfatizó la importancia de vivir fiel y responsablemente durante la larga espera antes del regreso del Señor. La parábola de las ovejas y los cabritos (25:31-46) demostró que uno de los pasos más importantes en la preparación del regreso de Jesús era tratar a los seguidores de Jesús con gentileza y compasión.

d. La pasión (26-27). Al concluir el discurso final de Jesús, varias particularidades de Mateo indican que la muerte de Jesús se acercaba. Jesús predijo nuevamente Su crucifixión (26:1-2). Los líderes judíos se reunieron a conspirar para matarlo (26:3-5). Una mujer ungió a Jesús con mirra en preparación para Su sepultura (26:6-16). Uno de los propios discípulos de Jesús se acercó a los líderes judíos ofreciendo traicionar a Jesús por un precio (26:17-25). Mientras Jesús celebraba la Pascua con Sus discípulos, anunció que uno de ellos lo traicionaría (26:26-30) e identificó específicamente a Judas como el traidor. Entonces Jesús instituyó la Cena del Señor utilizando el pan y la copa de la Pascua para representar Su cuerpo y Su sangre, que serían sacrificados para sellar el nuevo pacto y otorgar el perdón de los pecados.

Después de esto, Jesús citó una profecía del A.T. para revelar que Sus discípulos lo abandonarían después de Su arresto (26:31-35). Pedro y los demás discípulos negaron rotundamente que esto fuera posible, pero Jesús predijo que Pedro lo negaría tres veces antes de que el gallo cantara al amanecer. En ese momento Jesús llevó a Sus discípulos al jardín de Getsemaní (26:36-46), reuniendo a Su círculo íntimo (Pedro, Jacobo y Juan) para unirse a Él en oración. Jesús pidió al Padre que le permitiera escapar de la cruz, pero se sometió a la voluntad del Padre, fuera cual fuera. Entonces Jesús se acercó a los discípulos, y cuando los encontró durmiendo, los exhortó a estar alerta y a orar.

Esta escena se repitió tres veces hasta que Judas entró en el Getsemaní acompañado de una multitud armada que había sido enviada por los oficiales judíos (26:47-56). Judas identificó a Jesús saludándolo con un beso, y Jesús fue capturado por la turba. Uno de los discípulos intervino, sacó su espada y le cortó la oreja a un siervo del sumo sacerdote. Jesús reprendió al discípulo y le recordó que Su Padre era más que capaz de rescatarlo si así lo deseaba, pero que Su arresto y muerte eran necesarios para cumplir las promesas de la Escritura.

Después de esto, Jesús fue llevado ante Caifás, el sumo sacerdote, y una asamblea de escribas y ancianos (26:57-68). Pedro lo siguió de cerca pero discretamente y esperó en el patio para escuchar el resultado del proceso. Los líderes judíos buscaron falsos testigos cuyo testimonio pudiera justificar la ejecución de Jesús. Aparecieron dos testigos que acusaron a Jesús de haber afirmado que podía destruir el templo y reconstruirlo en tres días. Jesús guardó silencio ante los cargos hasta que el sumo sacerdote lo puso bajo juramento y exigió saber si era el Mesías, el Hijo de Dios. Jesús respondió citando el Salmo 110:1 y Daniel 7:13. El sumo sacerdote acusó a Jesús de blasfemia. Entonces la asamblea sentenció a Jesús a muerte. Los miembros de la asamblea comenzaron a abusar de Jesús escupiéndole en la cara, dándole puñetazos y abofeteándolo.

Mientras tanto, los presentes en el patio reconocieron a Pedro como discípulo de Jesús (26:69-75). Pedro negó conocer a Jesús en tres ocasiones diferentes. Cada negación fue más firme y airada que la anterior. Inmediatamente después de la tercera negación, el gallo cantó, cumpliendo la profecía de Jesús y causando el llanto de Pedro.

Mientras Jesús era llevado ante Pilato, Judas se arrepintió de su decisión de traicionar a Jesús (27:1-10). Devolvió el precio de la traición a los líderes judíos, proclamó la inocencia de Jesús y luego se ahorcó. Los líderes judíos usaron el dinero para comprar un terreno para el entierro de los extranjeros que visitaban Jerusalén.

Cuando Jesús fue interrogado por Pilato y acusado por los líderes judíos, guardó silencio (27:11-26). Aunque Pilato intentó liberar a Jesús, el pueblo, impulsado por sus líderes, suplicó a Pilato que liberara a Barrabás en su lugar y que crucificara a Jesús. Pilato se lavó las manos en un intento simbólico de aliviar su culpa de la ejecución de Jesús mientras los judíos aceptaban la responsabilidad de Su muerte, entonces hizo que azotaran a Jesús y lo entregó para ser crucificado.

Los soldados romanos responsables de la ejecución de Jesús lo desnudaron y ridiculizaron Sus afirmaciones mesiánicas colocándole un manto, una corona y una caña, y se inclinaron ante Él en un falso homenaje (27:27-50). Luego escupieron a Jesús y lo golpearon brutalmente. Como Jesús estaba débil por los fuertes azotes y no podía llevar Su cruz al lugar de la ejecución, los soldados obligaron a Simón de Cirene a llevar la cruz por Él. A Jesús le ofrecieron una mezcla que podría haber disminuido Su sufrimiento, pero se negó a beberla. Mientras sufría, los espectadores se burlaban de Él, principalmente los jefes de los sacerdotes, escribas y ancianos, así como los crucificados junto a Él.

Varias señales importantes acompañaron los sufrimientos y la muerte de Jesús (27:51-56). Mientras estaba en la cruz, el cielo se oscureció, aunque era mediodía. Cuando Jesús murió, la cortina que separaba el lugar santísimo del resto del templo se rasgó de arriba a abajo mientras un terremoto partió las rocas y abrió las tumbas de la ciudad. El centurión romano y los soldados que supervisaban la crucifixión se aterrorizaron por estos eventos sobrenaturales y confesaron que Jesús era verdaderamente el Hijo de Dios.

José de Arimatea sepultó a Jesús en su propia tumba nueva y la selló con una piedra (27:57-66). María Magdalena y María, madre de dos de los discípulos de Jesús, observaron la sepultura y, por lo tanto, conocían la ubicación de la tumba. Esto aseguró que la tumba que más tarde encontraron vacía era, de hecho, la tumba donde Jesús había sido enterrado. A petición de los fariseos, Pilato aseguró y selló la tumba de Jesús y ordenó a una custodia romana que la resguardara para evitar que los discípulos de Jesús robaran el cuerpo y escenificaran una resurrección.

e. La resurrección y la Gran Comisión (28). Al amanecer del domingo, las dos mujeres que observaron el entierro de Jesús volvieron a la tumba (28:1-10). Se produjo un terremoto y un ángel apareció e hizo rodar la piedra que sellaba la tumba de Jesús. La guardia romana quedó inmovilizada de terror. El ángel anunció que Jesús había resucitado de entre los muertos y ordenó a las mujeres que informaran a los discípulos y los exhortaran a viajar a Galilea, donde Jesús se encontraría con ellos. Mientras corrían hacia los discípulos, Jesús las interceptó. Las mujeres cayeron al suelo, pusieron sus brazos alrededor de los pies de Jesús y lo adoraron.

Mientras tanto, algunos de los soldados de la guardia romana informaron a los jefes de los sacerdotes de lo que había sucedido (28:11-15). El Sanedrín se reunió y decidió sobornar a los soldados para que dieran el falso informe de que los discípulos habían robado el cuerpo de Jesús mientras dormían. Más tarde, Jesús apareció a Sus discípulos en Galilea y les ordenó que reconocieran Su autoridad sobre el cielo y la tierra haciendo discípulos en todas las naciones (28:16-20). Estos nuevos discípulos debían ser bautizados y enseñados a obedecer todos los mandamientos de Jesús. Él prometió que Su presencia daría poder a Sus discípulos para cumplir esta comisión.

TEOLOGÍA

Temas teológicos

Jesús como el cumplimiento de las profecías mesiánicas del Antiguo Testamento. Uno de los temas teológicos más significativos del Evangelio de Mateo es que Jesús es el Mesías profetizado en las Escrituras hebreas. Este cumplimiento se destaca especialmente en Mateo 1-4 en varias citas de cumplimiento. Sin embargo, según Mateo, prácticamente todos los eventos significativos en la vida de Jesús se muestran como el cumplimiento de las Escrituras:

Al principio, Mateo presenta a Jesús como el *hijo de David y el hijo de Abraham* (1:1-18). Jesús es también *el nuevo Moisés*, que, en Su «discurso inaugural» en el Evangelio, el Sermón del monte, sube a una montaña e instruye a Sus seguidores en Su nueva ley (caps. 5-7).

También relacionado con el cumplimiento de Jesús del A.T. está el *reino de Dios*. Aunque la frase exacta «reino de Dios» no se encuentra en el A.T., el concepto sí lo está. En el apogeo de la historia de Israel, la nación fue gobernada por el rey David y Salomón. En última instancia, Dios mismo era Rey y Gobernante de Su pueblo.

Tabla 4.4. Cumplimiento de las profecías del A.T. de Jesús en el Evangelio de Mateo

Evento en la vida de Jesús	Mateo	Antiguo Testamento
El nacimiento de una virgen y el nombre de Jesús	1:22–23	Isa. 7:14; 8:8,10
El lugar de nacimiento de Jesús, Belén	2:5–6	Miq. 5:2
La huida a Egipto	2:15	Os. 11:1
El asesinato de los niños por Herodes	2:18	Jer. 31:15
Jesús llamado Nazareno («rama»)	2:23	Isa. 11:1; 53:2
El ministerio de Juan el Bautista	3:3; 11:10	Isa. 40:3; Mal 3:1
La tentación de Jesús	4:1–11	Deut. 6:13,16; 8:3
El comienzo del ministerio de Jesús	4:15–16	Isa. 9:1–2
El ministerio de sanación de Jesús	8:17; 11:5; 12:17–21	Isa. 53:4; 35:5–6; 42:18; 61:1
La división ocasionada por Jesús	10:35–36	Miq. 7:6
El gentil estilo del ministerio de Jesús	12:17–21	Isa. 42:1–4
La muerte, sepultura y resurrección de Jesús	12:40	Jon. 1:17
La respuesta firme de Jesús	13:14–15; 15:7–9; 21:33,42	Isa. 5:1–2; 6:9–10; 29:13; Sal. 118:22–23
La enseñanza de Jesús en parábolas	13:35	Sal. 78:2
La entrada triunfal de Jesús	21:5,9	Isa. 62:11; Sal. 118:26
La limpieza del templo por Jesús	21:13	Isa. 56:7; Jer 7:11
Jesús como Hijo y Señor de David	1:1; 22:44	Sal. 110:1
Lamento por Jerusalén	23:38–39	Jer. 12:7; 22:5; Sal. 118:26
La traición de Judas a Jesús	26:15	Zac. 11:12
La negación de Pedro	26:31	Zac. 13:7
El arresto de Jesús	26:54,56	Las Escrituras, los profetas
La muerte de Judas	27:9–10	Zac. 11:12–13; Jer. 32:6–9
Jesús, el justo sufriente	27:34–35,39,43,46,48	Sal. 22:1,7–8,18; 69:21

La Gran Comisión y la inclusión de los gentiles. Aunque originalmente Mateo escribió su Evangelio para un público predominantemente judío, uno de sus propósitos era demostrar que el Mesías de Israel no vino solo para el beneficio de Israel. Más bien, Jesús vino para ofrecer la salvación a todos los pueblos de la tierra.[23] A lo largo del ministerio de Jesús, los gentiles son atraídos a Él, especialmente cuando ministraba en territorio gentil (por ejemplo, Mat. 4:24-25; 15:21-31). Mateo 12:15-21 identifica a Jesús como el

---

[23] Ver A. J. Köstenberger y P. T. O'Brien, *Salvation to the Ends of the Earth: A Biblical Theology of Mission* [Salvación en los confines de la tierra: teología bíblica de la misión], NSBT 11 (Downers Grove: InterVarsity, 2001), 87–109 (con referencias bibliográficas).

cumplimiento de Isaías 42:1-4, una profecía que culmina con la promesa de que «... en su nombre esperarán los gentiles».

La inclusión de los gentiles por parte de Dios culminó en la crucifixión de Jesús con la confesión del centurión romano y sus guardias que exclamaron: «... Verdaderamente éste era Hijo de Dios» (27:54). Su audaz confesión contrasta con la negativa de los líderes judíos a creer incluso después de que los soldados informaran de la resurrección de Jesús. Finalmente, el tema es expuesto en la Gran Comisión, en la que Jesús exhortó a Sus seguidores a hacer discípulos de «todas las naciones» (28:19-20).

PUNTOS DE APLICACIÓN

- Creer en Jesús el Mesías (16:16).
- Imitar el carácter de Dios (5:48).
- Sigue el llamado de Jesús al discipulado para tomar tu cruz y seguirlo (16:24).
- Agradece a Jesús por pagar la pena por tus pecados (26:26-29).
- Obedecer la Gran Comisión (28:18-20).

PREGUNTAS DE ESTUDIO

1. ¿Cuándo es probable que Mateo escribiera su Evangelio? ¿Por qué una fecha temprana es significativa?
2. ¿Cuáles son los propósitos primarios y secundarios del Evangelio de Mateo?
3. ¿Cuáles son los capítulos de Mateo que corresponden al Sermón del monte y al discurso final?
4. ¿Qué característica literaria y teológica es particularmente prominente en Mateo 1-4?
5. ¿Cuáles son algunos textos que muestran la preocupación de Mateo por la «Gran Comisión»?

PARA UN ESTUDIO MÁS PROFUNDO

Allison, D.C., Jr. *The New Moses: A Matthean Typology*. Minneapolis: Fortress, 1993.
Blomberg, C. L. Matthew. *New American Commentary 22*. Nashville: Broadman, 1992.
Carson, D. A. *Matthew*. Páginas 3–602 en *Matthew, Mark, Luke. Vol. 8* de *The Expositor's Bible Commentary*. Grand Rapids: Zondervan, 1984.
France, R. T. Matthew. *Tyndale New Testament Commentary*. Grand Rapids: Eerdmans, 1985.
Hagner, D. A. *Matthew*. 2 vols. *Word Biblical Commentary 33*. Dallas: Word, 1993.
Keener, C. S. *A Commentary on the Gospel of Matthew*. Grand Rapids: Eerdmans, 1999.
Morris, L. *The Gospel According to Matthew. Pillar New Testament Commentary*. Grand Rapids: Eerdmans, 1992.
Nolland, J. *The Gospel of Matthew. New International Greek Testament Commentary*. Grand Rapids: Eerdmans, 2005.
Turner, D. L. *Matthew. Baker Exegetical Commentary on the New Testament*. Grand Rapids: Baker, 2008.
Wilkins, M. J. *Matthew. NIV Application Commentary*. Grand Rapids: Zondervan, 2004.

Capítulo 5
El Evangelio según Marcos

CONOCIMIENTO ESENCIAL

Los estudiantes deben conocer los hechos clave del Evangelio de Marcos. Con respecto a la historia, deben ser capaces de identificar el autor, la fecha, la procedencia, el destino y el propósito del Evangelio. Con respecto a la literatura, deben ser capaces de proporcionar un esquema básico del libro e identificar los elementos centrales del contenido que se encuentran en la discusión unidad por unidad. Con respecto a la teología, los estudiantes deben ser capaces de identificar los principales temas teológicos de Marcos.

ASPECTOS CLAVE	
Autor:	Juan Marcos, «intérprete» de Pedro.
Fecha:	Mediados a finales de los años 50.
Procedencia:	Roma.
Destinatarios:	Gentiles en Roma.
Propósito:	Apología por la cruz, discipulado.
Tema:	Jesús tiene toda autoridad y es el Hijo de Dios que hace milagros.
Versículos clave:	10:45; 15:39.

CONTRIBUCIÓN AL CANON

- Presentación del Evangelio de Jesús que narra Su ministerio desde Galilea hasta Jerusalén.
- Jesús como el Hijo de Dios que hace milagros (1:1,11; 5:7; 9:7; 15:39).
- El despliegue del poder de Jesús sobre la naturaleza, los demonios, la enfermedad y la muerte (4:35-5:43).
- Fracaso del discipulado (4:40; 6:51-52; 8:16-21,33; 9:18-19; 14:66-72; 16:8).
- La muerte sacrificial y vicaria de Jesús como rescate por muchos (10:45).

INTRODUCCIÓN

EL EVANGELIO DE Marcos es el más corto de los cuatro evangelios y tiene el material menos único. Aunque no utiliza la palabra «evangelio» (*euangelion*) como título, es el único evangelio que se refiere a su mensaje sobre Jesús como el «evangelio» (1:1).[1] Es considerado por muchos como fundamental para los otros dos Evangelios sinópticos, Mateo y Lucas. Alrededor del 92 % de él es paralelo en Mateo, alrededor del 48 % en Lucas, y alrededor del 95 % en Mateo y Lucas combinados.

El Evangelio de Marcos es un rápido retrato de la vida de Jesucristo, probablemente siguiendo el modelo de la predicación de Pedro. El sermón de Pedro en Hechos 10:34-43 nos proporciona un breve resumen de la estructura básica de los cuatro Evangelios canónicos.[2] Nos relata una historia, el «evangelio», sobre Jesús (1:1). Marcos enfatiza la identidad de Jesús como el Hijo de Dios enfocándose en Sus hazañas milagrosas más que en las parábolas. Al mismo tiempo, Marcos señala la falta de comprensión de la verdadera identidad de Jesús por parte de Sus primeros seguidores.

HISTORIA

Autor

Como los otros Evangelios, Marcos es formalmente anónimo, ya que el autor de este Evangelio no se identificó explícitamente. Pero, como en el caso de Mateo y los otros Evangelios, el título que atribuye el Evangelio a Marcos es claramente muy temprano, incluso original. Si Marcos fue el primero en escribir su Evangelio (una teoría comúnmente llamada «prioridad de Marcos»; ver el capítulo 3) y puso el título al propio Evangelio, los otros evangelistas probablemente habrían seguido su ejemplo. En cualquier caso, los títulos se habrían hecho necesarios tan pronto como los Evangelios fueran reunidos y empezaran a circular en una sola colección.

El Evangelio de Marcos afirma estar basado en el testimonio del apóstol Pedro (ver las referencias a Pedro en 1:16 y 16:7), lo que también está respaldado por las pruebas de los padres de la Iglesia primitiva.[3] Otra característica, el «dispositivo de plural a singular», que señala a un individuo de un grupo para contar un relato desde la perspectiva de ese individuo, hace que la perspectiva de Pedro sea la dominante en la narración, reproduciendo el recuerdo de su testigo ocular en términos de primera persona.[4]

Evidencia externa. La tradición antigua ha atribuido consistentemente este Evangelio a Marcos, quien se creía que estaba estrechamente asociado con el apóstol Pedro. El testimonio más antiguo e importante es el de Papías, obispo de Hierápolis en Frigia, Asia Menor

---

[1] Si bien es posible que esta frase sirva como título para el Evangelio en su conjunto, lo más probable es que se refiera, como en Pablo, al mensaje salvador sobre Jesús y la salvación que Él proporciona.

[2] R. A. Guelich, «Mark, Gospel of» [«El Evangelio de Marcos»] en *Dictionary of Jesus and the Gospels* [Diccionario de Jesús y los Evangelios], ed. J. B. Green, S. McKnight, y I. H. Marshall (Downers Grove: InterVarsity, 1992), 513.

[3] R. Bauckham, *Jesus and the Eyewitnesses: The Gospels as Eyewitness Testimony* [Jesús y los testigos oculares: Los Evangelios como testigos oculares] (Grand Rapids: Eerdmans, 2006), caps. 6–7, llaman a esto «la inclusión del testimonio de testigos oculares»: la práctica de nombrar al principal testigo ocular que subyace a un relato primero y último en el documento.

[4] *Ibid.*, 156–64.

(ca. 60-130), cuya obra de cinco volúmenes *Exposiciones de los dichos del Señor* fue citada por Eusebio a principios del siglo IV (*Hist. Ecl.* 3.39). Papías afirmó que se enteró de la autoría de Marcos por un individuo al que se refirió como «el anciano» o «el presbítero», preservando así una tradición que se remonta al menos a principios del siglo II.[5]

Testimonios posteriores de mediados y finales del siglo II parecen basarse en esta tradición. Clemente de Alejandría (ca. 150-215; citado por Eusebio, *Hist. Ecl.* 6.14), Tertuliano (ca. 160-225) y Orígenes (ca. 185-254) creían que Marcos escribió este Evangelio y que Pedro era su fuente.[6] La tradición puede variar con respecto a ciertos detalles, como el papel exacto de Pedro en relación con la composición del Evangelio y la fecha de autoría, pero todos están de acuerdo en que Marcos escribió este Evangelio y que la predicación de Pedro en Roma desempeñó un papel central.[7]

Reseña sobre Marcos ¿Quién era Marcos? Aunque el nombre era común en los círculos romanos (Marco), la asociación de Marcos con Pedro tanto por parte de Papías como por la tradición de la Iglesia sugiere que este Marcos es muy probablemente el Marcos de Juan mencionado por Lucas (Hech. 12:12,25; 13:13; 15:37-39), Pedro (1 Ped. 5:13) y Pablo (Col 4:10; Filem. 1:24; 2 Tim. 4:11).[8] La madre de Marcos era un miembro prominente de la Iglesia primitiva de Jerusalén (Hech. 12:12). Fue este mismo Marcos quien acompañó a su tío Bernabé y a Pablo en el primer viaje misionero (Hech. 12:25). El Libro de los Hechos registra que su fracaso en completar este viaje resultó en una brecha entre Bernabé y Pablo sobre Marcos, la cual fue reparada más tarde (Hech. 13:13; 15:37-40; ver Filem. 1:24; Col. 4:10). En 2 Timoteo 4:11, Pablo escribió su deseo de que Marcos se le uniera en Roma, mostrando que Dios puede restaurar a aquellos que previamente han fracasado en el ministerio cristiano efectivo.

Fecha

Una fecha en los años 50 y no más tarde del 60 es muy probable, con base en la presencia de Pedro en Roma en los años 50. Si, como sugiere la tradición, Pedro tuvo una aportación significativa al Evangelio de Marcos, entonces una fecha muy temprana es poco probable porque Pedro probablemente no llegó a Roma mucho antes del 62.

Si Marcos fue el primero en escribir su Evangelio y si Lucas usó a Marcos para escribir su Evangelio, y dado que el Libro de los Hechos fue probablemente escrito a principios de los 60 y Lucas antes de eso, entonces todos estos factores situarían la fecha más probable para la escritura del Evangelio de Marcos en la segunda mitad de los años 50.

Procedencia

Es difícil determinar dónde estaba Marcos cuando escribió su Evangelio. En su mayor parte, la tradición asocia el Evangelio de Marcos con Pedro y, por consiguiente, con Roma. Aunque las evidencias internas son escasas, lo poco que hay apunta a un origen en Roma. Marcos usó un número considerable de latinismos. Por ejemplo, las dos

---

[5] W. L. Lane, *The Gospel According to Mark* [El evangelio según Marcos] (Grand Rapids: Eerdmans, 1974), 8.

[6] J. A. Brooks, *Mark* [Marcos], NAC 23 (Nashville: Broadman, 1991), 18.

[7] W. Hendriksen, *Exposition of the Gospel According to Mark* [Exposición del Evangelio según Marcos], New Testament Commentary (Grand Rapids: Baker, 1975), 12–13.

[8] Guelich, «*Mark, Gospel of*», 514.

monedas de cobre (*lepta*) que la viuda pobre arrojó en la caja de la ofrenda se explican como la cantidad de un cuadrante romano (también llamada «blanca», *padram*; 12:42), y el palacio (*aulē*) al que los soldados llevaron a Jesús se llama pretorio (la residencia oficial del gobernador; 15:16).[9]

Otra posible prueba que señala hacia una procedencia romana es la referencia a Rufo en el 15:21. Como dijo Hendriksen: «Marcos es también el único Evangelio que nos informa (15:21) que Simón de Cirene era "el padre de Alejandro y Rufo", quienes eran evidentemente muy conocidos en Roma (ver Rom. 16:13)».[10] Marcos también calculó el tiempo de acuerdo con el método romano, refiriéndose a los cuatro relojes de la noche en lugar de los tres tradicionales en el cálculo judío (6:48; 13:35).[11] Por estas y otras razones es muy probable que el origen sea Roma.

Destinatarios

El carácter universal de este Evangelio hace difícil señalar una audiencia específica para el Evangelio de Marcos. Un destino no judío se apoya en el hecho de que varios términos y expresiones arameas se traducen al griego: *boanerges* («hijos del trueno»; 3:17), *talita cumi* («Niña, a ti te digo, levántate»; 5:41), *Corbán* («mi ofrenda a Dios»; 7:11), *Efata* («sé abierto»; 7:34), *Bartimeo* («hijo de Timeo»; 10:46), *Abba* («Padre»; 14:36), *Gólgota* («Lugar de la Calavera»; 15:22), y *Eloi, Eloi, ¿lama sabactani?* («Dios mío, Dios mío, ¿por qué me has desamparado?»; 15:34).

Además, se explican a menudo las leyes y costumbres judías, como el lavado de manos (7:3-5), la costumbre de sacrificar el cordero de la Pascua el primer día de la Fiesta de los Panes sin Levadura (14:12), y el «día de preparación» que es el día anterior al *Sabbath* (15:42).[12] Además, Marcos mostró interés en el cese de los elementos rituales de la ley mosaica, especialmente las leyes de la alimentación (ver 7:19).[13] Finalmente, el Evangelio alcanza su punto culminante en la confesión de la deidad de Jesús por un *centurión romano* (15:39).

Los frecuentes latinismos, la referencia a Rufo y el uso del método romano de calcular el tiempo apuntan no solo al origen del evangelio en Roma, sino también a una audiencia romana. De ello se desprende que los primeros lectores de Marcos fueron probablemente personas de habla griega que no sabían arameo ni hebreo y que en su mayoría no estaban familiarizados con ciertas costumbres judías. Al mismo tiempo, parece que poseían al menos un conocimiento básico del A.T. y una familiaridad con las primeras tradiciones cristianas sobre Jesús. La audiencia a la que se dirigía Marcos probablemente estaba compuesta por cristianos gentiles situados en Roma. Más allá de esto, el Evangelio está dirigido a «todos los cristianos» que quieran leerlo.[14]

---

[9] Hendriksen, *Mark* [Marcos], 13.

[10] *Ibid.*

[11] Lane, *Gospel of Mark* [Evangelio de Marcos], 24.

[12] Hendriksen, *Mark* [Marcos], 13.

[13] D. A. Carson y D. J. Moo, *An Introduction to the New Testament* [Introducción al Nuevo Testamento], 2ª ed. (Grand Rapids: Zondervan, 2005), 183.

[14] R. Bauckham, ed., *The Gospels for All Christians: Rethinking the Gospel Audiences* [Los Evangelios para todos los cristianos: Reconsiderar las audiencias de los Evangelios] (Grand Rapids: Eerdmans, 1997).

Propósito

Como con los otros escritores de los Evangelios, el principal problema que enfrenta Marcos es explicar la crucifixión de Jesús. ¿Por qué alguien debería creer en un hacedor de milagros que pretendía ser el Mesías y terminó siendo crucificado como un criminal común? En respuesta a esta objeción, Marcos escribió «una apología [o una disculpa] por la cruz»,[15] afirmando que es precisamente como el Crucificado, que Jesús demostró ser el Rey mesiánico y el Hijo de Dios. La muerte del Mesías no solo se predijo en las Escrituras del A.T., sino que también fue predicha repetidamente por el propio Jesús (8:31; 9:31; 10:33-34), y se exigió como «rescate por muchos» (10:45), es decir, como sacrificio sustitutivo y expiatorio por el pecado.

Una indicación del probable propósito de Marcos es la declaración inicial de su Evangelio, que señala que la narración de Marcos tiene como objetivo principal demostrar que Jesús es el Hijo de Dios (1:1).[16] En el Evangelio, Dios (que se refiere a Jesús como su «Hijo amado» en el bautismo y la transfiguración de Jesús; 1:11; 9:7), los demonios (1:25; 3:11-12; 5:7), el propio Jesús (12:6; 14:61) y un centurión romano (15:39) están de acuerdo en que Jesús es el Hijo de Dios.[17] En apoyo de esta afirmación, la audiencia romana de Marcos fue obsequiada con una deslumbrante muestra del poder milagroso de Jesús que demuestra Su autoridad sobre los reinos de la naturaleza, la enfermedad y la muerte, inclusive lo sobrenatural (4:35-5:43).[18]

En general, entonces, podemos notar cuatro propósitos interrelacionados en el evangelio de Marcos, mismos que giran en torno a la identidad de Jesús como Hijo de Dios: (1) un propósito *pastoral*: enseñar a los cristianos la naturaleza del discipulado; (2) un propósito de *capacitación misionera*: explicar cómo Jesús preparó a Sus seguidores para asumir su misión y mostrar a otros cómo hacerlo también; (3) un propósito *apologético*: demostrar a los no cristianos que Jesús es el Hijo de Dios por Su gran poder y a pesar de Su crucifixión; y (4) un propósito *antiimperial*: mostrar que Jesús, no el César, es el verdadero Hijo de Dios, Salvador y Señor.

LITERATURA

Plan literario

Marcos es un Evangelio rico en acción, cuyo estilo es compacto, concreto, vívido y ordenado. El uso frecuente de la frase «y luego» por parte de Marcos, particularmente en la primera mitad del Evangelio, hace avanzar la narración a un ritmo rápido, mientras que sus descripciones más detalladas añaden color (ver los relatos paralelos más cortos en 2:1-12;

---

[15] Este es el subtítulo del comentario de R. Gundry: *Mark: A Commentary on His Apology for the Cross* [Marcos: Comentario sobre su apología por la cruz] (Grand Rapids: Eerdmans, 1993).

[16] Guelich, «*Mark, Gospel of*» [Evangelio de Marcos], 513. Ver el sermón de Pedro en Hechos 10:34–43.

[17] A. J. Köstenberger y P. T. O'Brien, *Salvation to the Ends of the Earth: A Biblical Theology of Mission* [Salvación a los confines de la tierra: Teología bíblica de las misiones], NSBT 11 (Downers Grove: InterVarsity, 2001), 74. Ver «Jesús como el Hijo de Dios» y Tabla 5.1 más adelante.

[18] Ver Gundry, *Mark* [Marcos], 237; R. A. Guelich, *Mark 1–8:26* [Marcos 1-8:26], WBC 34A (Dallas: Word, 1989), 261–63.

5:1-20). Marcos también tiene el griego menos pulido de los cuatro Evangelios, y sus frases son a menudo simples y directas. En lugar de tomar esto como un ejemplo de estilo poco refinado, podemos tomarlo como un buen acomodo de la vida y el ministerio de Jesús en la lengua vernácula del día.[19] A lo largo de su Evangelio, Marcos trató de demostrar, tanto con citas directas como mediante alusiones del A.T., que la venida de Jesús constituía el cumplimiento de la profecía del A.T. y que Sus poderosos actos demostraban que era el Hijo de Dios.

El Evangelio de Marcos consta de dos secciones principales que describen a Jesús como el poderoso Mesías (1:1-8:26) y el Siervo sufriente (8:27-16:8). La trama se centra en el «evangelio de Jesucristo, Hijo de Dios» (1:1). El desarrollo de esta trama implica un conflicto sobre la cuestión de la identidad de Jesús complicada por los propios mandatos de Jesús de mantener su identidad en secreto (el «secreto mesiánico») y el fracaso de los discípulos para comprender quién era Jesús realmente (los motivos de «fracaso del discipulado» y «malentendido»). Sin embargo, como Rhoads y Michie explicaron, «aunque Jesús es la causa inmediata de los conflictos, la historia muestra que Dios es el origen supremo de muchas de las acciones y eventos de la historia».[20]

El énfasis de Marcos en Jesús como el Hijo de Dios, comenzando con la frase inicial en 1:1 y culminando con la confesión del centurión en 15:39, representa el hilo conductor de su Evangelio (ver 1:11; 3:11; 5:7; 9:7; 12:6; 13:32; 14:61). La historia principal se desarrolla entre el bautismo y la muerte de Jesús, con cambios geográficos de Galilea a las regiones circundantes. Los eventos llegan a un dramático final en Jerusalén. La primera sección está llena de acción y se centra en los milagros e historias de Jesús que se enfocan en sanidades, controversias y parábolas. El mayor punto de inflexión es la confesión de Pedro de Jesús en el camino a Cesarea de Filipo (8:27-30). En la segunda mitad de su narración, Marcos se centró en la enseñanza de Jesús sobre Su inminente sufrimiento y muerte, culminando en el relato de la crucifixión de Jesús.

BOSQUEJO

La estructura del Evangelio de Marcos se presenta de la siguiente manera.[21]
I. JESÚS HIJO DE DIOS COMO EL PODEROSO MESÍAS (1:1-8:26)
   a. Preparación para el ministerio de Jesús en el desierto (1:1-13).
   b. El ministerio inicial de Jesús en Galilea (1:14-3:35).
   c. El ministerio de Jesús en el mar de Galilea y sus alrededores (4:1-8:26).
II. JESÚS HIJO DE DIOS COMO EL SIERVO SUFRIENTE (8:27-16:8)
   a. El ministerio de Jesús en el camino a Jerusalén (8:27-10:52).
   b. El ministerio de Jesús en el templo (11:1-13:37).
   c. La muerte de Jesús en la cruz y Su resurrección (14:1-16:8).

---

[19] Ver Lane, *Gospel of Marck* [Evangelio de Marcos], 26.

[20] D. M. Rhoads y D. M. Michie, *Mark as Story: An Introduction to the Narrative of a Gospel* [Marcos como una historia: Introducción a la narrativa de un Evangelio] (Philadelphia: Fortress, 1982), 74. Ver toda la discusión en pp. 73-100.

[21] El bosquejo es adaptado de J. F. Williams, «*Does Mark's Gospel Have an Outline?*» [«¿Tiene el Evangelio de Marcos un bosquejo?»] *JETS* 49 (2006): 505–25.

DISCUSIÓN UNIDAD POR UNIDAD

I. Jesús como el poderoso Mesías (1:1-8:26).

a. Preparación para el ministerio de Jesús en el desierto (1:1-13). Las primeras palabras del Evangelio de Marcos informan inmediatamente al lector que el evangelista está a punto de narrar una historia que se centra en «Jesucristo, Hijo de Dios» (1:1). Comenzó con el A.T., en palabras del profeta Isaías (en realidad una combinación de Mal. 3:1 e Isa. 40:3), anunciando efectivamente que «el ministerio de Juan cumple la profecía divina y luego identifica a Jesús como el Hijo amado y el portador del Espíritu».[22] Juan el Bautista desempeñó su papel ordenado por Dios al bautizar en el desierto, un lugar significativo debido a su simbolismo como lugar de nuevos comienzos y renovación.[23] Su bautismo fue el medio de preparación para la venida del Mesías y el reino de Dios. Así pues, antes de que Jesús comenzara Su obra, fue bautizado por Juan, momento en el que Dios mismo declaró la filiación de Jesús cuando el Espíritu Santo descendió sobre Él (Mar. 1:11). Luego fue llevado al desierto por el Espíritu Santo para someterse a un período de tentación por parte de Satanás. Su victoria sobre Satanás establece el patrón de la narración que continúa desarrollándose.

b. El ministerio inicial de Jesús en Galilea (1:14-3:35). En el relato de Marcos sobre las actividades de Jesús en Galilea, el ministerio de predicación y sanidad de Jesús se presenta como el modelo a seguir por Sus discípulos (ver 1:14-15, 21-28, 34; y 6:12-13).[24] A medida que la narración avanza, Jesús atrajo a Sus seguidores más plenamente a Su propia misión mesiánica: los llamó a abandonar su vocación natural para seguirle (1:16-20; 2:13-17); eligió a los doce «para que estuviesen con él» (3:13-19); y en el punto culminante de la primera sección los envió a una misión (6:6b-13). Al principio de Su ministerio, Jesús se disoció de los lazos de sangre y afirmó nuevas formas de parentesco. Redefinió quiénes son Su verdadera madre y Sus hermanos (3:31-35) y fue rechazado en Su ciudad natal de Nazaret (ver 6:1-6a). Este importante principio de acceso basado en la identidad espiritual más que en la etnia prepara el camino para la futura extensión del evangelio a los no judíos.[25] También demuestra la naturaleza del verdadero discipulado: seguir a Jesús implica conflicto, rechazo por parte de los propios, incluso cargar con la cruz.

c. El ministerio de Jesús en el mar de Galilea y sus alrededores. Ya en el 3:6, se relata al lector el plan de los fariseos con los herodianos para matar a Jesús (comp. 8:15; 12:13). Aunque este rechazo de Jesús por parte de los representantes oficiales del judaísmo no le hizo abandonar Su misión entre los judíos, sí le dio una mayor exposición a los gentiles.[26] Esto incluye la sanidad del endemoniado gadareno en 5:1-20; Su encuentro con la mujer

---

[22] D. E. Garland, *Mark* [Marcos], NIVAC (Grand Rapids: Zondervan, 1996), 207.

[23] Ver Éx. 2:15; 1 Sam. 23:14; 1 Rey. 19:3-4.

[24] Nota la inclusión de 1:14 y 6:29, que registra el encarcelamiento y la muerte de Juan el Bautista a manos de Herodes.

[25] D. Senior y C. Stuhlmueller, *Biblical Foundations for Mission* [Fundamento bíblico de las misiones] (Maryknoll: Orbis, 1983), 222.

[26] W. Telford, *«Introduction: The Gospel of Mark»* [«Introducción: El Evangelio de Marcos»] en *The Interpretation of Mark* [La interpretación de Marcos], IRT 7, ed. W. Telford (Philadelphia: Fortress, 1985), 23; F. Hahn, *Mission in the New Testament* [Misión en el Nuevo Testamento], SBT 47 (London: SCM, 1965), 113.

sirofenicia en 7:24-30; y la alimentación de la multitud en 8:1-10, que recuerda la milagrosa alimentación de los gentiles por parte de Eliseo en 2 Reyes 4:42-44. Sin embargo, cuando Jesús, por ejemplo, devolvió la cordura al demoníaco gadareno, no invitó al gentil curado a unirse a Su misión mesiánica, sino que lo envió a casa para contar a su propia gente lo que le había sucedido.

En su relato del envío de los doce, Marcos, a diferencia de Mateo (Mat. 10:5-6), no limitó explícitamente su misión a Israel (6:6b-13). Sin embargo, el ministerio de Jesús en la primera parte del Evangelio está dedicado principalmente a los judíos (ver esp. 7:26a). Después de que Herodes identificara erróneamente a Jesús como el resucitado Juan el Bautista (6:14-29), de que Jesús alimentara a los cinco mil y de que caminara sobre el agua (6:30-52), la creciente oposición a Jesús hizo que se retirara de Galilea. Primero se trasladó a la región de Tiro y Sidón al norte de Galilea (7:24-30), luego a la Decápolis al este de Galilea (7:31-8:12), y finalmente al lejano norte en Cesarea de Filipo (8:27-9:32). A lo largo de su narrativa, Marcos no solo destacó la incomprensión y la dureza de corazón de los discípulos, sino que también retrató su creciente implicación en la misión de Jesús (ver 6:41).

II. Jesús como el Hijo de Dios que sufre (8:27-16:8).

a. El ministerio de Jesús en el camino a Jerusalén (8:27-10:52). Después de que Pedro confesara a Jesús como el Cristo (8:29-30), que ocasionó un patrón de tres repeticiones de predicción de la pasión, el fracaso del discipulado, y la instrucción sobre el verdadero discipulado (8:27-9:1; 9:30-41; 10:32-45), el «secreto mesiánico» se levanta gradualmente, al menos para los discípulos (1:34,44-45; 3:12; 5:43; 7:36-37; 8:26,29-30; 9:9). Sin embargo, mientras los discípulos no entendían la dinámica interna de la cruz, no reconocían todavía su misión, ya que esta depende de que los discípulos sigan a Jesús por el camino de la cruz (ver 8:34).[27]

Hasta el 8:26 Jesús ministró en Galilea y no la dejó permanentemente hasta el 10:1. Toda la sección de 8:27-10:52 se proyecta como un viaje de Cesarea de Filipo a Jerusalén (ver 9:30,33; 10:1,17,32,46,52).[28] Curiosamente, Marcos limitó los casos de proclamación del evangelio enteramente a Galilea (ver 1:14,38-39,45; 3:14; 5:20; 6:12; 7:36). Las dos únicas referencias a la predicación del evangelio en la sección de Jerusalén de Marcos se refieren a la *futura* proclamación de las buenas nuevas a los gentiles. Además, un futuro encuentro entre Jesús y los discípulos se detalla en 14:28 y 16:7, lo que dirige aún más la atención del lector a Galilea.

b. El ministerio de Jesús en el templo (11:1-13:37). Después de la entrada de Jesús a Jerusalén (11:1-11), Marcos utilizó escenas que rodeaban el templo judío para llamar la atención sobre el marcado cambio que se produciría como resultado del ministerio de Jesús y su rechazo por parte de los judíos.[29] Así, Marcos se refirió al templo como una

---

[27] Senior y Stuhlmueller, *Biblical Foundations for Mission* [Fundamentos bíblicos para la misión], 226.
[28] Ver W. Kelber, *The Kingdom in Mark* [El reino en Marcos] (Philadelphia: Fortress, 1974), 67–85, para el «camino» o «viaje» en Marcos.
[29] J. R. Donahue, *Are You the Christ?* [¿Eres el Cristo?] SBLDS 10 (Missoula: SBL, 1973), 137; D. Juel, *Messiah and Temple* [Mesías y el templo], SBLDS 31 (Missoula: SBL, 1977), 212.

casa de oración *para todas las naciones* (ver la cita de Isa. 56:7 en 11:17), indicando que el templo pronto sería sustituido por una «casa de oración» escatológica.[30] La maldición de la higuera (11:12-14,20-26; 13:28-31) también llama la atención sobre el rechazo de los judíos como resultado de su rechazo a Jesús como Mesías.

El punto culminante se alcanza en la parábola de los viñadores (12:1-2), donde Jesús declaró que la viña de Dios sería quitada a los judíos y entregada a otros (ver 12:9). Estos «otros» aparecen particularmente en el discurso escatológico de Jesús en el capítulo 13, que una vez más es ocasionado por una escena en el templo. Jesús, después de predecir la destrucción del templo, informó a Sus discípulos que la gloriosa venida del Hijo del Hombre estaría precedida por la predicación del evangelio a *todas las naciones*.

c. La muerte de Jesús en la cruz y Su resurrección (14:1-16:8). La última gran sección del Evangelio de Marcos comienza con la unción de Jesús y la institución de la Cena del Señor. Esta escena íntima se contrasta con la dura realidad del juicio de Jesús ante el Sanedrín (14:53-65). En el momento culminante del juicio judío, Jesús respondió afirmativamente a la pregunta del sumo sacerdote sobre si Él era el Mesías (v. 61), el Hijo del Bendito (ver Juan 20:30-31). En cambio, Jesús se abstuvo de responder a la pregunta de Pilato de si Él era el rey de los judíos, presumiblemente debido a las connotaciones políticas del término (15:2). De este modo, el lector se ve inducido a comprender que Jesús es el Mesías en términos de las expectativas judías del A.T., pero no un rey en términos políticos romanos (ver Juan 18:36).

Por último, en el momento culminante del Evangelio de Marcos, el centurión romano exclamó al pie de la cruz: «Verdaderamente este hombre era Hijo de Dios» (15:39), lo que indica que ahora el secreto mesiánico se ha levantado incluso para los gentiles (romanos), de modo que el poder misionero del sufrimiento y la muerte de Jesús se ha extendido también a los no judíos. Si hay un equivalente genuino a la «Gran Comisión» de Mateo, la confesión del centurión ciertamente calificaría. Al mismo tiempo, no es una coincidencia que una confesión cristológica de un gentil (ver la confesión «judía» de Pedro en 8:29) no se emita hasta *después* de la muerte de Jesús. Si 16:8 es en realidad el final original del Evangelio de Marcos, el relato concluye con una nota de temor por parte de los seguidores de Jesús, una situación que puede parecerse al estado del cristianismo en Roma en el momento de escribir este artículo. El abrupto final deja abierto para el lector cómo se cumpliría el anuncio de Jesús de que se encontraría con los discípulos en Galilea (ver 14:28; 16:7).

TEOLOGÍA

Temas teológicos

Jesús como el Hijo de Dios. El tema teológico preeminente en el Evangelio de Marcos es que Jesús es el Hijo de Dios que hace milagros y tiene autoridad. El siguiente cuadro muestra las referencias del Evangelio de Marcos sobre Jesús como el Hijo de Dios y también incluye la respectiva persona o personas que pronunciaron la declaración.

---

[30] Ver Telford, *Mark* [Marcos], 224–25; Donahue, *Are You the Christ?* [¿Eres tú el Cristo?], 114; Senior and Stuhlmueller, *Biblical Foundations for Mission* [Fundamentos bíblicos para la misión], 223.

Tabla 5.1. Jesús como el Hijo de Dios en el Evangelio de Marcos

Introducción		Ministerio en Galilea		Camino a la cruz		Juicio y crucifixión	
1:1	1:11	3:11	5:7	9:7	13:32	14:61	15:39
Marcos	Dios	Demonios	Demonios	Dios	Jesús	Caifás	Centurión

La tabla indica que este tema forma los encabezados de la narración de Marcos, desde el primer versículo hasta la confesión del centurión romano en 15:39. Esto no es una coincidencia ya que la audiencia de Marcos era la Iglesia en Roma, y es apropiado que la referencia final a Jesús como Hijo de Dios en el Evangelio sea pronunciada por un romano. En un contexto en el que los emperadores romanos se atribuían a sí mismos la deidad, la presentación de Jesús como Hijo de Dios por parte de Marcos es profundamente contracultural.

La naturaleza del discipulado y el fracaso del discipulado. De manera progresiva, a lo largo de su narración, Marcos reveló la naturaleza del verdadero discipulado: seguir a Jesús implica conflicto, rechazo por parte de los propios, incluso cargar con la cruz. Al distanciarse de Su propia familia, y a través de la cruz, Jesús modeló en Su propia vida una postura hacia la pertenencia al reino que los discípulos deben emular en sus relaciones con los demás y en su misión. Como escribió J. Williams: «Seguir a un Mesías que vino a morir en una cruz implica sacrificio, sufrimiento y servicio».[31]

El cuadro inicial de los discípulos pronto se ve ensombrecido por la narración de sus frecuentes fracasos y malentendidos (4:11-13,33-34,40; 6:51-52; 8:4,14-21; 9:14-21; 8:22-26; 10:46-52). Pedro también es arrojado a una luz negativa después de su confesión por no dejar espacio en ella para un Mesías sufriente (8:33). Otros ejemplos de fracaso del discipulado son la negación de Pedro, la traición de Judas y la deserción del resto de los discípulos (caps. 14-15).

El hecho de que los discípulos no comprendieran la verdadera identidad de Jesús antes de la crucifixión no solo enturbió su comprensión de quién era Jesús y lo que haría por ellos en la cruz. Mientras los discípulos no entendieran la verdadera identidad de Jesús, la naturaleza de Su misión y el significado de la cruz, tampoco podrían comprender la esencia de su propia misión, que requería seguir a Jesús en el camino de la cruz (8:34).[32]

PUNTOS DE APLICACIÓN

- Cree que Jesús es el Hijo de Dios, no solo un humano (1:1).
- Cree que Jesús tiene poder sobre la naturaleza, los demonios, la enfermedad y la muerte (4:35-5:43).

---

[31] Ver J. F. Williams, «*Mission in Mark*» [«Misión en Marcos»] en *Mission in the New Testament: An Evangelical Approach* [Misión en el Nuevo Testamento: Un abordaje evangélico], ed. W. J. Larkin Jr. y J. F. Williams (Maryknoll: Orbis, 1998), 146.

[32] Senior y Stuhlmueller, *Biblical Foundations for Mission* [Fundamentos bíblicos para la misión], 226.

- Identifícate con Jesús y prepárate para sufrir con Él si es necesario (8:34-38).
- Cree que Jesús murió como rescate por tus pecados (10:45).
- Conoce que Jesús está dispuesto y es capaz de restaurarte cuando fracasas (14:66-72; 16:8).

PREGUNTAS DE ESTUDIO

1. ¿Quién sugiere la antigua tradición que escribió el Evangelio de Marcos? ¿Quién se creía que era su socio cercano?
2. ¿Cuál es el principal título cristológico en Marcos?
3. Según este capítulo, ¿cuáles son los cuatro propósitos interrelacionados del Evangelio de Marcos?
4. ¿Por qué se dice que el Evangelio de Marcos es «rico en acción»?
5. ¿Cuántas partes principales hay en la estructura del Evangelio de Marcos, y qué versículo es el punto de inflexión?
6. ¿A qué se refiere el «secreto mesiánico»?

PARA UN ESTUDIO MÁS PROFUNDO

Brooks, J. A. *Mark. The New American Commentary 23*. Nashville: Broadman, 1991.
Evans, C. A. *Mark 8:27–16:20. Word Biblical Commentary*. Nashville: Thomas Nelson, 2001.
France, R. T. *The Gospel of Mark: A Commentary on the Greek Text*. New International Greek Testament Commentary. Grand Rapids: Eerdmans, 2002.
Garland, D. E. «Mark» en *Zondervan Illustrated Bible Backgrounds Commentary*. Vol. 1. Editado por C. E. Arnold. Grand Rapids: Zondervan, 2002.
_____. *Mark. NIV Application Commentary*. Grand Rapids: Zondervan, 1996.
Guelich, R. A. *Mark 1–8:26. Word Biblical Commentary*. Volume 34A. Dallas: Word, 1989.
_____. «Mark, Gospel of». Páginas 511–25 en *Dictionary of Jesus and the Gospels*. Editado por J. B. Green, S. McKnight, y I. H. Marshall. Downers Grove: InterVarsity, 1992.
Gundry, R. H. *Mark: A Commentary on His Apology for the Cross*. Grand Rapids: Eerdmans, 1993.
Köstenberger, A. J., y P. T. O'Brien, *Salvation to the Ends of the Earth: A Biblical Theology of Mission*, NSBT 11. Downers Grove: InterVarsity, 2001.
Lane, W. L. *The Gospel According to Mark: The English Text with Introduction, Exposition, and Notes*. Grand Rapids: Eerdmans, 1974.
Martin, R. *Mark: Evangelist and Theologian*. Grand Rapids: Zondervan, 1972.
Rhoads, D. M., and D. M. Michie. *Mark as Story: An Introduction to the Narrative of a Gospel*. Philadelphia: Fortress, 1982.
Stein, R. H. *Mark*. Baker *Exegetical Commentary on the New Testament*. Grand Rapids: Baker, 2008.

Capítulo 6
El Evangelio según Lucas

CONOCIMIENTO ESENCIAL

Los estudiantes deben conocer los hechos clave del Evangelio de Lucas. Con respecto a la historia, deben ser capaces de identificar el autor, la fecha, la procedencia, el destinatario y el propósito del Evangelio. Con respecto a la literatura, deben ser capaces de proporcionar un esquema básico del libro e identificar los elementos centrales del contenido que se encuentran en la discusión unidad por unidad. Con respecto a la teología, los estudiantes deben ser capaces de identificar los principales temas teológicos de Lucas.

ASPECTOS CLAVE	
Autor:	Lucas, el amado médico.
Fecha:	ca. 58-60.
Procedencia:	Roma, quizás Acaya.
Destinatario:	Teófilo.
Propósito:	Una defensa de la fe cristiana, útil tanto para la evangelización como para el discipulado.
Tema:	Jesús trae la salvación universal en cumplimiento de las promesas del A.T. a Israel.
Versículo clave:	19:10.

CONTRIBUCIÓN AL CANON

- Jesús como Hijo de Adán, el Hijo de Dios (3:37).
- Jesús como el Siervo sufriente ungido por el Espíritu (4:18-19).
- Jesús como el Sanador y Médico compasivo (5:31-32).
- Jesús como el Mesías enviado a los pobres, los gentiles, las mujeres, los niños, los enfermos y otros de baja condición social.

- Jesús como «amigo de publicanos y de pecadores» (7:34) y Buscador de los perdidos (19:10).

INTRODUCCIÓN

EL EVANGELIO DE Lucas es el libro más largo del N.T. Comprende un poco más del 14 % del N.T. y es casi un 10 % más largo que el segundo libro más largo del N.T., el Libro de los Hechos. Con la contribución de estos dos volúmenes, Lucas compuso el 27 % del N.T. Lucas escribió en un griego elegante, dominó el vocabulario y la prosa de un hombre educado, y fue capaz de emplear una variedad de géneros y estilos. No es de extrañar que E. Renan llamara al Evangelio de Lucas «el libro más bello» jamás escrito.[1]

Lucas contribuyó a la imagen de Jesús en el Evangelio haciendo hincapié en Su preocupación por los pobres, las mujeres, los niños, los enfermos y otras personas de baja condición social. Jesús es el «amigo [...] de pecadores» que «vino a buscar y a salvar lo que se había perdido» (19:10), el Médico que vino a curar no a los sanos, sino a los enfermos y a proporcionar justicia a aquellos que sabían que eran pobres espiritualmente y a la vez resistían a los espiritualmente orgullosos y autosuficientes.

Aunque Lucas no fue un testigo ocular del ministerio de Jesús, investigó cuidadosamente estos asuntos de los que lo fueron (1:1-4), especialmente Pedro (5:3) y las mujeres que siguieron a Jesús desde Galilea (8:2-3).[2] Se preocupó de relacionar los principales acontecimientos de la historia cristiana con la historia del mundo, como el nacimiento de Jesús en relación con César Augusto y el gobernador Cirenio (2:1), y el comienzo de los ministerios de Juan el Bautista y Jesús con Tiberio César, el gobernador Poncio Pilato, Herodes Antipas y otros (3:1). Así, como se verá más adelante, Lucas es tanto un historiador como un teólogo.

HISTORIA

Autor

La opinión tradicional es que Lucas, el amado médico de Pablo, escribió tanto este Evangelio como el Libro de los Hechos. Si es así, Pablo se refirió a Lucas tres veces en el N.T. (Col. 4:14; 2 Tim. 4:11; Filem. 1:24), y Lucas indirectamente se refirió a sí mismo repetidamente en el Libro de los Hechos en los «pasajes de nosotros». Aunque el autor permanece sin nombre tanto en el Evangelio como en los Hechos, esto no significa necesariamente que estos escritos fueran originalmente anónimos[3] ya que se puede asumir

---

[1] E. Renan, *Les Évangiles et la seconde génération chrétienne* [Los Evangelios y la segunda generación cristiana] (Paris: Calmann Lévy, 1877), 283.

[2] Ver Richard Bauckham, *Jesus and the Eyewitnesses: The Gospels as Eyewitness Testimony* [Jesús y los testigos oculares: Los Evangelios como testigos oculares] (Grand Rapids: Eerdmans, 2006), 114–24, 129–32.

[3] Ver D. A. Carson y D. J. Moo, *An Introduction to the New Testament* [Introducción al Nuevo Testamento], ed. rev. (Grand Rapids: Zondervan, 2005), 205-6 (citando a M. Dibelius, *Studies in the Acts of the Apostles* [Estudios sobre los Hechos de los apóstoles] [London: SCM, 1956], 89 y 148), quien señaló que «es poco probable que los libros circularan sin un nombre ligado a ellos».

que Teófilo, a quien el libro estaba dedicado, y sus primeros lectores sabían quién era el escritor.

Quienquiera que fuera este Lucas, el griego estilístico del prefacio apunta a un autor bien educado.[4] Además, el autor era varón,[5] tenía acceso a una variedad de fuentes sobre la vida de Jesús, no era un testigo ocular del ministerio de Jesús, y tuvo la oportunidad de investigar la historia sobre Jesús por completo (v. 3). Hay evidencias internas y externas que argumentan a favor de la autoría común de Lucas y Hechos por parte de Lucas, el médico.

Evidencia interna. La autoría común de Lucas y Hechos es comúnmente defendida por los eruditos por las siguientes razones.[6] En primer lugar, el prefacio del Libro de Hechos parece introducir una secuela (Hech. 1:1 se refiere a «el primer tratado»). En segundo lugar, ambos libros están dedicados a Teófilo (Luc. 1:3; Hech. 1:1). Tercero, Hechos sigue fácilmente la historia de Jesús presentada en Lucas (ver la referencia a «todas las cosas que Jesús *comenzó* a hacer y a enseñar» en Hech. 1:1). Cuarto, Lucas termina y Hechos comienza con la ascensión de Jesús. Por lo tanto, ambos libros muestran estilos e intereses similares.[7]

La evidencia más fuerte de la autoría de Lucas son los «pasajes de nosotros» en Hechos (16:10-17; 20:5-15; 21:1-18; 27:1-28:16). Estas referencias sugieren que el autor era un compañero de viaje de Pablo, opinión atestiguada ya en tiempos de Ireneo (ca. 130-200; ver *Contra las herejías* 3.1.2).[8] Al comparar ciertos textos (ver Hech. 16:19; 20:4), sabemos que ni Pablo ni otros mencionados por nombre en Hechos lo escribieron. También sabemos que Pablo mencionó a varios compañeros de trabajo que estuvieron con él durante su primer encarcelamiento romano (ver Col. 4:10-17). Es posible que uno de ellos escribiera el Libro de los Hechos, y de estos solo Lucas encaja en la descripción. Así, por el proceso de eliminación esto deja a Lucas como el mejor candidato viable.

Evidencia externa. La Iglesia primitiva entendió claramente que el autor de Lucas y Hechos era el «amado médico de Pablo». Esto se atestigua en el título «según Lucas» al final de los primeros manuscritos (por ejemplo, 𝔓[75]); en la opinión expresada por los primeros padres de la Iglesia, como Ireneo (ca. 130-200), Teófilo de Antioquía (finales del siglo II) y Justino Mártir (ca. 100-165); el nombramiento de Lucas como autor por Policarpo (ca. 69-155) y Papías (ca. 60-130; citado en Eusebio, *Hist. Ecl.* 3.24.5-13); y en las primeras listas canónicas, especialmente el Canon Muratoriano (finales del siglo II). Uno de los primeros indicios extrabíblicos de autoría proviene de Justino Mártir (ca. 100-165), quien mencionó una cita de Lucas como de uno que seguía a los apóstoles (*Dial.* 103).

---

[4] Ver Lucas 1:1–4.

[5] El participio griego *parēkolouthēkoti* («después de haber investigado con diligencia») in 1:3 es masculino.

[6] Por ejemplo, J. Verheyden, «*The Unity of Luke-Acts: What Are We Up To?*» [«La armonía de Lucas y Hechos: ¿Qué debemos concluir?»] en *The Unity of Luke-Acts* [La armonía de Lucas y Hechos], ed. J. Verheyden (Leuven: Univ. Press, 1999), 3.

[7] L. Morris, *The Gospel According to St. Luke: An Introduction and Commentary* [El Evangelio según San Lucas: Introducción y comentario], TNTC 3 (Grand Rapids: Eerdmans, 1974), 14.

[8] Por ejemplo, Carson y Moo, *Introduction to the New Testament* [Introducción al Nuevo Testamento], 204; F. F. Bruce, *The Acts of the Apostles* [Los Hechos de los apóstoles] (Grand Rapids: Eerdmans, 1951), 2–3.

Es de notar que ningún otro candidato, aparte de Lucas, ha sido expuesto en la historia de la Iglesia como el autor de este libro. De forma acumulativa, estos datos proporcionan una fuerte evidencia de Lucas como autor del Evangelio y del Libro de los Hechos, especialmente porque parece muy poco probable que la Iglesia primitiva hubiera atribuido estos libros de peso a un compañero de trabajo de Pablo que de otra manera no sería anunciado, a menos que él fuera el verdadero autor. El hecho de que no fuera un testigo ocular, sino que dependiera de testigos oculares (Luc. 1:1-4) argumenta a favor y no en contra de la autoría de Lucas. Es pues, Lucas, por mucho, el mejor candidato para ser el autor de Lucas y Hechos.

Fecha

Dado que Lucas y Hechos son volúmenes relacionados, es necesario discutir ambos para evaluar con precisión la fecha de Lucas. Aunque algunos han argumentado que Hechos precede a Lucas, esto es muy poco probable.[9] «El primer tratado» mencionado en Hechos 1:1 sin duda se refiere al Evangelio de Lucas. Por lo tanto, el Evangelio de Lucas es anterior al Libro de los Hechos, de modo que la fecha de escritura de los Hechos se basa en cierta medida en la fecha de composición de Lucas.

La evidencia histórica en el Evangelio de Lucas, y especialmente en el Libro de los Hechos, proporciona un punto de referencia independiente para la datación de estos dos libros.[10] Las fechas propuestas para el Libro de los Hechos caen en tres amplias eras: (1) antes del 70; (2) alrededor del 80; y (3) cerca del final del primer siglo o a principios del siglo II.[11] Pero la evidencia de una fecha temprana para Lucas-Hechos (antes de 70) es convincente por las siguientes seis razones.

En primer lugar, Lucas no menciona ningún acontecimiento significativo posterior a principios de los 60 en el Libro de los Hechos,[12] como la persecución de la Iglesia por parte de Nerón, la destrucción de Jerusalén y las muertes de Pedro, Pablo y Santiago el justo. En segundo lugar, la postura hacia el Imperio romano en el Libro de los Hechos es decididamente neutral, incluso amistosa, favoreciendo un tiempo anterior a la persecución de Nerón a los cristianos (64-66).

Tercero, la falta de referencia a la destrucción de Jerusalén en el Evangelio de Lucas también favorece una fecha anterior a los 70. Dado que Lucas señaló constantemente el cumplimiento de la profecía, tanto escrita como oral,[13] ¿por qué no mencionaría que la predicción de Jesús sobre la destrucción del templo de Jerusalén se había cumplido? Además, el templo desempeña un papel destacado tanto en Lucas como en Hechos; de hecho, el Evangelio de Lucas comienza y termina en el templo (1:9; 24:53).

Cuarto, las cartas de Pablo no se mencionan en los Hechos. Como L. T. Johnson declaró, «es mucho más probable que las cartas de Pablo sean ignoradas antes del momento

---

[9] J. A. Fitzmyer, *The Gospel According to Luke I–IX* [El Evangelio según Lucas I-IX] (Garden City: Doubleday, 1981), 53.

[10] Ver Carson y Moo, *Introduction to the New Testament* [Introducción al Nuevo Testamento], 180.

[11] Hemer, *Book of Acts in the Setting of Hellenistic History* [El Libro de los Hechos en el marco de la historia helenística], 365.

[12] Morris, *Gospel According to St. Luke* [El evangelio de acuerdo con San Lucas], 22.

[13] Por ejemplo, Lucas 7:20, ver Isa. 28:18; 35:5; 61:1; Luc. 7:27, ver Mal. 3:1; Luc. 24:6, ver Luc. 9:21–44; 18:31–33; Hech. 11:28; y Hech. 21:10–14.

de su recolección y canonización que después».[14] La quinta razón es la conclusión de los dos volúmenes (Hech. 28:30-31). Pablo llega finalmente a Roma bajo la protección del emperador, predicando el evangelio sin impedimentos, pero el lector se queda sin conocer el resultado del juicio, lo que nos lleva a la conclusión de que cuando Lucas terminó los Hechos, Pablo seguía bajo arresto domiciliario en Roma y esperando el juicio ante el emperador Nerón.

En sexto lugar, en Hechos 20:25 Pablo dijo a los ancianos de Éfeso que no los volvería a ver. Sin embargo, las epístolas pastorales sugieren que Pablo continuó manteniendo estrechos lazos con la iglesia de Éfeso después de ser liberado del primer encarcelamiento romano (1 Tim. 1:3). La inclusión de esta declaración en Hechos 20 es difícil de explicar si fue escrita después de las epístolas pastorales. Por lo tanto, la fecha más probable para Lucas es algún tiempo antes de la composición del Libro de los Hechos, que fue probablemente escrito a principios de los 60.

Si Lucas concibió Lucas-Hechos como una obra de dos volúmenes (ver Hech. 1:1-3), parecería razonable concluir que Lucas escribió su Evangelio y el Libro de Hechos con pocos años de diferencia. Si Lucas utilizó a Marcos, así como otras fuentes escritas y orales, para escribir su Evangelio (ver Luc. 1:1-4), y Marcos está fechado a mediados de los 50, esto reduciría la ventana más probable para la composición del Evangelio de Lucas a mediados o finales de los 50.[15]

Procedencia

En su interior, el Evangelio no da ninguna indicación de su lugar de origen. De forma externa, las fuentes de la Iglesia primitiva[16] afirman que el Evangelio fue escrito desde Acaya (Grecia). Sin embargo, Fitzmyer dio en el blanco cuando afirmó que la procedencia del Evangelio de Lucas es «una conjetura de cualquiera».[17] Si es correcto que Lucas compiló sus fuentes mientras Pablo estaba en prisión en Cesarea y estaba con Pablo durante el primer encarcelamiento romano (como se indica en Col. 4:14), el Evangelio de Lucas podría haber sido escrito en cualquier lugar entre Cesarea y Roma.

Destinatario

El destinatario del Evangelio de Lucas es claramente Teófilo (Luc. 1:3). El prefacio de Lucas nos dice al menos tres cosas sobre Teófilo. Primero, era un hombre de alto rango, ya que Lucas se dirigió a él como «excelentísimo» (*kratistos*; Luc. 1:3), un término que es usado en otras partes del N.T. solo por el mismo autor en los Hechos con referencia a los oficiales del gobierno romano Félix y Festo (ver Hech. 23:26; 24:3; 26:25). En segundo

---

[14] L. T. Johnson, «*Book of Luke-Acts*» [«Libro de Lucas-Hechos»], *ABD* 4:404.

[15] Ver las discusiones en Bock, *Lucas*, 16–18; Carson y Moo, *Introduction to the New Testament* [Introducción al Nuevo Testamento], 208; I. H. Marshall, *The Gospel of Luke: A Commentary on the Greek Text* [El Evangelio de Lucas: Comentario sobre el texto griego], NIGTC (Grand Rapids: Eerdmans, 1978), 33–35; y Morris, *Lucas*, 22–26.

[16] El Prólogo antimarcionista de Lucas (supuestamente escrito contra Marción; ca. 160–180) y el Prólogo monárquico (breves introducciones prefijadas en muchos manuscritos latinos a los cuatro Evangelios, probablemente escritos en el siglo IV o V).

[17] Fitzmyer, *Luke* [Lucas], 57.

lugar, Teófilo había recibido instrucción previa sobre la fe cristiana («has sido instruido»; Luc. 1:4). Tercero, Lucas ofreció su Evangelio para darle a Teófilo más seguridad sobre esta instrucción («para que conozcas bien»; Luc. 1:4).

Lo más probable es que Teófilo fuera el mecenas literario de Lucas que apoyó la producción de los libros y los puso a disposición para que los viera y los copiara.[18] El propósito declarado (Luc. 1:4) implica que Teófilo estaba más que interesado y había recibido alguna instrucción cristiana previa; sin embargo, es imposible determinar su estatus espiritual preciso. Aunque Lucas dirigió específicamente su Evangelio a Teófilo y tiene un matiz gentil, es poco probable que limitara su audiencia a una sola persona. Lucas probablemente escribió su Evangelio para todos los que lo leyeran, gentiles y judíos.[19]

Propósito

Parece muy natural permitir que el propósito declarado por Lucas en su prefacio en correlación con la estructura del Evangelio dicte el propósito del libro. De hecho, el Evangelio de Lucas contiene una cláusula de propósito. En su prefacio Lucas declaró que escribió su tratado a Teófilo «para que conozcas bien la verdad de las cosas en las cuales has sido instruido» (Luc. 1:4). La palabra «instruido» indica que Teófilo, y quizás el público objetivo de Lucas, había sido instruido, pero no necesariamente convertido. La palabra *asphaleia* («bien») indica certeza absoluta, pero también conlleva el matiz de la estabilidad. Así, Lucas quería que Teófilo supiera que el mensaje sobre Jesús era fiable. Esto implicaría que tanto Teófilo como el público más numeroso de Lucas estaban a punto de leer un tratado que defendía la veracidad del cristianismo, evidenciada por la apelación a los testigos oculares (Luc. 1:2) y a la declaración de Jesús sobre los testigos de Su resurrección (Luc. 24:48). La investigación exhaustiva de Lucas sobre la vida y las enseñanzas de Jesús (Luc. 1:3; comp. Hech. 1:1) indica que Lucas pretendía principalmente escribir un Evangelio históricamente exacto y teológicamente significativo para instruir a los cristianos gentiles.

LITERATURA

Plan literario

En general, Lucas siguió un patrón geográfico en su presentación del ministerio de Jesús similar al de Marcos. Lucas comenzó su Evangelio con una narración del nacimiento y proporcionó una genealogía de Jesús. Sin embargo, a diferencia de Mateo, el Evangelio de Lucas refleja las perspectivas de María y Elizabeth sobre el nacimiento de Jesús, en lugar de la de José, y Lucas situó la genealogía de Jesús no al principio de su Evangelio, sino justo antes del comienzo del ministerio de Jesús (3:23-38). Al remontarse la genealogía de Jesús hasta Adán, el primer ser humano, se destaca el impacto universal de este Jesús.[20]

---

[18] En la historiografía antigua era habitual que el nombre del mecenas apareciera en el prefacio de una obra. Ver la referencia de Josefo en dos libros posteriores a un «excelentísimo» y «muy estimado» Epafrodito (*Contra Apión* 1.1; 2.1).

[19] Ver Blomberg, *Jesus and the Gospels* [Jesús y los Evangelios], 152.

[20] Para una comparación entre las genealogías de Mateo y Lucas, ver D. S. Huffman, «*Genealogy*» [«Genealogía»] en *Dictionary of Jesus and the Gospels* [Diccionario de Jesús y los Evangelios], 253–59.

Lucas, al igual que Mateo, proporcionó un relato de la tentación de Jesús por el diablo, aunque presenta un orden diferente al de Mateo (Luc. 4:1-13). El sermón inaugural de Jesús en la sinagoga de su ciudad natal de Nazaret (Luc. 4:16-27) es el sustituto funcional de Lucas para el Sermón del Monte de Mateo (Mat. 5-7). Lucas presentó a Jesús como el Siervo del Señor de Isaías que estaba dotado del Espíritu y ungido para predicar las buenas nuevas a los pobres (Luc. 4:18-19, citando a Isa. 61:1-2). El acercamiento de Jesús a los pobres, junto con otras figuras humildes y marginadas de la sociedad, se convierte en un tema importante en Lucas.

Lucas entonces trazó las etapas del ministerio inicial de Jesús en Galilea, incluyendo las principales enseñanzas y sanidades, similar al patrón visto en el Evangelio de Marcos. Algunas de estas sanidades, como la del hijo de una viuda en la ciudad de Naín (7:11-17), son exclusivas de Lucas. Lucas también documentó el llamado de Jesús a Sus discípulos y su apoyo por parte de varias mujeres devotas (8:1-3) que siguieron a Jesús hasta la cruz (23:49). Al igual que en Mateo y Marcos, la confesión de Pedro de Jesús como el Mesías es un momento decisivo (9:18-20) y va seguida de predicciones de la pasión de Jesús con importantes implicaciones para el discipulado (9:21-27).

Sin embargo, en el largo «relato del viaje» de Lucas (9:51-19:27) es donde realmente abrió nuevos caminos en su presentación de Jesús. Esta sección se introduce con una curiosa referencia a la ascensión de Jesús mucho antes de Su ascensión real (9:51) y registra con considerable detalle el acercamiento de Jesús a Jerusalén. Lucas también presenta en esta narrativa una gran cantidad de enseñanza única, incluyendo parábolas como la del buen samaritano (10:25-37) y la del hijo pródigo (15:11-32). Zaqueo es otro personaje único y querido del Evangelio de Lucas. Su interacción con Jesús impulsó la declaración programática de Jesús de que «… el Hijo del Hombre vino a buscar y a salvar lo que se había perdido» (19:10).

La narración de la pasión de Lucas también sigue el formato familiar de Marcos y Mateo. Sin embargo, la inclusión por parte de Lucas de la aparición de Jesús a dos discípulos en el camino de Emaús (uno de los cuales se llamaba Cleofas, la posible fuente de esta narración, 24:13-35) es un relato de la resurrección exclusivo de Lucas. El Evangelio de Lucas, similar al de Mateo, termina con una conclusión que contiene un relato de comisión (24:46-49). Las referencias a la llegada del Espíritu y el testimonio de los discípulos a todas las naciones, comenzando en Jerusalén, así como la ascensión de Jesús, preparan al lector para el segundo volumen de Lucas, el Libro de los Hechos.

BOSQUEJO
Prefacio: El propósito de Lucas (1:1-4).
I. INTRODUCCIÓN A JESÚS Y SU MISIÓN (1:5-4:13)
   a. Juan el Bautista y Jesús (1:5-2:52).
   b. Preliminares del ministerio de Jesús (3:1-4:13).
II. EL MINISTERIO DE JESÚS EN GALILEA (4:14-9:50)
   a. Primera parte del ministerio en Galilea (4:14-7:50).
   b. Segunda parte del ministerio en Galilea (8:1-39).
   c. Tercera parte del ministerio en Galilea y retirada (8:40-9:50).

III. EL VIAJE DE JESÚS A JERUSALÉN Y SU PASIÓN (9:51-24:53)
   a. El viaje a Jerusalén (9:51-19:27).
   b. Ministerio final en Jerusalén (19:28-22:38).
   c. La crucifixión, resurrección y ascensión de Jesús (22:39-24:51).
Epílogo: Los discípulos regresan a Jerusalén (24:52-53).

DISCUSIÓN UNIDAD POR UNIDAD

Prefacio: El propósito de Lucas (1:1-4)

En su elegante prefacio, Lucas puso el ministerio de Jesús en el ámbito del plan de salvación de Dios y declaró su razón y propósito para retomar su narrativa. Anunciaba la continuidad de lo que sucedió en y a través de Jesús con la forma en que Dios trató con Su pueblo en el pasado, la minuciosidad de su investigación, y su plan de escribir un relato ordenado para asegurar a Teófilo la veracidad del cristianismo.

I. Introducción a Jesús y Su misión (1:5-4:13)

a. Juan el Bautista y Jesús (1:5-2:52). Esta parte del Evangelio proporciona la base para Jesús y Su misión mesiánica. Lucas describió el nacimiento sobrenatural de Jesús a través de los pronunciamientos de varios mensajeros. El ángel Gabriel le dijo a Zacarías que su hijo Juan vendría en el poder de Elías «y hará que muchos de los hijos de Israel se conviertan al Señor Dios de ellos» (1:16). Gabriel también anunció a María que su hijo nacido de una virgen era el Hijo del Dios Altísimo (1:32). Zacarías profetizó que el Señor traería la salvación a Su pueblo y que Juan proclamaría el perdón de los pecados (1:77).

El nacimiento de Jesús es identificado como el del Salvador nacido en Belén por las huestes angelicales (2:11) y el del Mesías de los judíos y los gentiles por Simeón (2:30-32). La profetisa Ana declaró entonces la redención de Israel (2:36-38). Finalmente, Jesús a la edad de 12 años ya era plenamente consciente de Su verdadera identidad y vocación: tenía que estar en la casa de Su Padre, el templo, y ocuparse de los asuntos de Su Padre (2:49).

b. Preliminares del ministerio de Jesús (3:1-4:13). Los primeros pasos de la narrativa (el bautismo, la genealogía y el relato de la tentación) identifican a Jesús como Aquel que viene y salvará a Su pueblo de sus pecados. Lucas comenzó esta nueva sección avanzando rápidamente desde Jesús a la edad de 12 años hasta la presentación de Juan en el desierto. Aunque Lucas incluyó información sobre la enseñanza de Juan, su énfasis principal está en la declaración de Juan sobre Jesús. Después de esta transición en el Evangelio, el énfasis de Lucas cambió de Juan a Jesús. Por lo tanto, Lucas eligió colocar la genealogía de Jesús (3:23-38) al inicio del ministerio de Jesús en lugar de al principio de su libro como lo hizo Mateo (ver Mat. 1:1-17).

El último preliminar del ministerio de Jesús es Su tentación por el diablo (4:1-13), la cual sigue una secuencia diferente a la que presenta Mateo (4:1-11): (1) convertir las piedras en pan; (2) adorar a Satanás a cambio de todos los reinos del mundo; y (3) saltar desde el pináculo del templo para ser protegido por los ángeles. La mayoría asume que Mateo siguió el orden cronológico[21] y que Lucas invirtió las dos últimas tentaciones.[22]

II. El ministerio de Jesús en Galilea (4:14-9:50)

a. Primera parte del ministerio de Galilea (4:14-7:50). El ministerio de Jesús en Galilea comenzó con Su sermón inaugural en la sinagoga de Nazaret (4:14-30), donde Jesús se presentó como el Siervo del Señor de Isaías (ver Isa. 61:1-2) y anunció públicamente el inicio de Su misión a una congregación hostil e incrédula en Su ciudad natal. Entonces Jesús expulsó demonios y sanó a la suegra de Pedro y a muchos otros (4:31-41). Después de esto Lucas proporcionó un resumen de los resultados de la predicación de Jesús y una declaración de Su propósito (4:43), haciendo eco de la cita de Isaías en Lucas 4:18.

En esta primera etapa del ministerio galileo, Jesús también llama a Sus primeros discípulos: Simón Pedro y sus compañeros, los hijos de Zebedeo (5:1-11), y Leví, el cobrador de impuestos (5:27-32). Tras una controversia sobre la curación de un inválido por parte de Jesús en sábado (6:1-11), se produce la selección de los doce apóstoles de Jesús (6:12-16). Lucas también documentó una serie de instrucciones que Jesús dio a Sus discípulos que culminan en el Sermón del monte (6:17-49; comp. Mateo 5-7), en el que Jesús abogó por el rechazo de los placeres y bienes mundanos; en cambio, promovió el amor a los demás y seguirlo radicalmente.

A continuación, se produce otra serie de milagros importantes de sanidad: el sirviente del centurión recupera la salud (7:1-10) y el hijo de una viuda resucita de entre los muertos (7:11-17). En esta ocasión, Juan el Bautista expresó sus dudas, por lo que Jesús señaló el cumplimiento de la profecía mesiánica del A.T. en Su ministerio para tranquilizar al Bautista (7:18-35), que aparentemente estaba perturbado por la comprensión popular de Jesús como un mero profeta. La unidad concluye con la unción de Jesús por una mujer pecadora en la casa de Simón el fariseo (7:36-50).

b. Segunda parte del ministerio en Galilea (8:1-39). La segunda parte del ministerio galileo de Jesús comienza con una referencia a un grupo de mujeres fieles que se sacrificaron para ministrar a Jesús por sus propios medios (8:1-3).[23] A esto le sigue la parábola del sembrador, que resalta la correcta recepción de Jesús por parte de aquellos que «… con corazón bueno y recto retienen la palabra oída, y dan fruto con perseverancia» (8:15). Después de la breve parábola sobre la «luz [...] en el candelabro» (8:16-18), el tema de la respuesta adecuada a Jesús continúa mientras identifica a «los que oyen la palabra de Dios, y la hacen» como Su verdadera familia (8:21).

Después de esto, Lucas muestra a Jesús viajando a través de Galilea (8:22-39), así como resalta Su autoridad. En la «calma de la tormenta», Jesús sosegó un fuerte viento en el lago de Tiberíades (8:22-25). Su autoridad está implicada: «¿Quién es éste, que aun a los vientos

---

[21] Mateo empleó varios marcadores cronológicos en su versión de la narrativa de la tentación: «entonces» en vv. 5, 10 y «otra vez» en v. 8.

[22] Las tentaciones parecen ser un paralelo de Gén 3:6: (1) piedras a pan/«bueno por comida»; (2) reinos del mundo/«agradable a los ojos»; (3) pináculo del templo/«codiciable para alcanzar la sabiduría».

[23] So Bock, *Luke* [Lucas], 629.

y a las aguas manda, y le obedecen?» (8:25), y esto establece el curso para la narrativa que sigue. El encuentro de Jesús con el endemoniado gadareno deja claro que también tenía autoridad sobre los demonios (8:26-39).

c. Tercera parte del ministerio en Galilea y retirada (8:40-9:50). El relato de Lucas sobre la tercera parte del ministerio galileo de Jesús enfatiza aún más la autoridad de Jesús sobre la enfermedad y la muerte. La perícopa de la mujer con el problema de sangrado (8:43-48) interrumpe la resurrección de la hija de Jairo donde Jesús mostró Su autoridad sobre la muerte (8:40-42,49-56). Jesús concedió autoridad sobre los demonios y las enfermedades (pero no sobre la naturaleza o la muerte) a los doce (9:1-6), y Su misión es tan exitosa que incluso perturbó a Herodes Antipas (9:7-9).

Jesús se retiró entonces con Sus discípulos (9:10) antes de alimentar a los 5000 (9:10-17), lo que es seguido por varias unidades narrativas que abordan la naturaleza del discipulado. La confesión de Pedro de Jesús como el Mesías (9:18-27) marca una transición significativa en la predicación y el ministerio de Jesús. Hasta este punto Jesús había buscado revelarse a Sus discípulos, pero aquí se centró en prepararlos para Su inminente muerte en Jerusalén.

Tras la confesión de Pedro, Jesús explicó a Sus discípulos que debían negarse a sí mismos y «tomar la cruz cada día» mientras seguían a Jesús. De hecho, algunos verían el reino de Dios. Esto probablemente anticipó la transfiguración de Jesús (9:28-36) cuando Moisés y Elías aparecieron y hablaron con Jesús sobre Su próxima «partida» (9:31; *exodos* en griego). Por lo tanto, la muerte de Jesús proporcionaría la liberación del pueblo de Dios como el éxodo de Israel.

Cuando Jesús bajó del monte de la Transfiguración, sanó a un muchacho endemoniado al que Sus discípulos no pudieron ayudar. Jesús los reprendió por formar parte de una «generación incrédula y perversa» (9:41). Jesús también se enfrentó a un espíritu orgulloso en los discípulos mientras discutían sobre quién era el más grande (9:46-48). Jesús les reprendió por su actitud impía y les dijo que no impidieran que otros expulsaran demonios en Su nombre (9:49-50). Estos relatos muestran la respuesta de Jesús a un discipulado inadecuado.

III. El viaje de Jesús a Jerusalén y Su pasión (9:51-24:51)

a. El viaje a Jerusalén (9:51-19:27). La primera parte de la narración del viaje discute la naturaleza del discipulado. El hilo temático clave que atraviesa el 10:42 es que seguir a Jesús a menudo requiere una separación de lo familiar y cómodo y un compromiso con proclamar el reino de Dios. El viaje comenzó cuando Jesús y Sus discípulos pasaron por un pueblo samaritano que no lo recibió, Él reprendió a Sus seguidores que querían que destruyera el pueblo de forma sobrenatural (9:52-56).

Seguir a Jesús requiere que los aspirantes a discípulos estén dispuestos a dejar atrás su entorno familiar, su ocupación y sus seres queridos (9:57-62). Después de esto viene la misión de los 70 que Jesús envió después de darles instrucciones específicas (10:1-20). A la instrucción privada de Jesús a Sus discípulos le sigue una pregunta de un escriba, que Jesús responde en la parábola del Buen samaritano (10:25-37). Posteriormente, Jesús

El Evangelio según Lucas

visitó a María y Marta y elogió a María por haber tomado la decisión correcta al sentarse a Sus pies (10:38-42).

Jesús entonces enseñó en Judea mientras aún estaba en Su viaje a Jerusalén (11:1-13:21). La unidad comienza con la versión de Lucas de la oración modelo (11:1-4) y continúa con un estímulo para ser fiel en la oración (11:5-13). El hilo distintivo de 11:14 a 11:54 es el llamado a una respuesta adecuada a Jesús, dado en el contexto de varias controversias. Por ejemplo, respondió a la pregunta sobre la fuente de Su poder en la controversia de Beelzebú: es de Dios (11:14-26).

Después de elogiar a aquellos que «oyen la palabra de Dios, y la guardan» (11:27-28), Jesús reprendió a su generación por buscar señales, indicándoles «la señal de Jonás» (11:29-36). En lugar de exigir señales adicionales, la gente debería reconocer que el Hijo del Hombre, era «... más que Jonás en este lugar» (11:32). Jesús también pronunció inconformidades contra los fariseos y los expertos en la ley (11:37-54), castigando a los líderes judíos por su hipocresía y por llevar a la gente a la destrucción. El resultado fue que los fariseos comenzaron a tratar de atrapar a Jesús con Sus propias palabras (11:54).

Los eventos que Lucas seleccionó en la siguiente parte del viaje resaltan la necesidad de responder a Jesús con fe. En particular, Jesús identificó tres obstáculos para la recepción de Su mensaje: la hipocresía, la codicia y la pereza. Primero, advirtió contra la «levadura» de los fariseos, es decir, la hipocresía (12:1-12). En segundo lugar, aprovechó la oportunidad que le proporcionaba una petición de la multitud para resolver una disputa familiar para hablar en contra de la codicia (12:13-34), e instó a Sus seguidores a ocuparse de los asuntos del reino: «Porque donde está vuestro tesoro, allí estará también vuestro corazón» (12:34). Finalmente, ordenó estar atentos porque regresará en un momento inesperado (12:49-59). Esto es particularmente relevante porque Él vendrá a echar «fuego a la tierra»; el juicio está por venir (12:49). Por consiguiente, 13:1-9 se centra en la urgente necesidad de arrepentimiento a la luz de la paciencia de Dios.

La siguiente fase del viaje sostiene un largo hilo de enseñanza sobre la pregunta de quién puede entrar en el reino de Dios. Otra controversia sobre el sábado se produjo en una severa advertencia contra la hipocresía de los líderes religiosos (13:10-17). La sección se centra en el marcado cambio de expectativas que trajo el ministerio de Jesús. Contrariamente a las expectativas populares, solo unos pocos se salvarán. Es más, los pocos que se salvan no son los líderes religiosos, sino los que entran «por la puerta angosta» (13:24-30). Irónicamente, la propia Jerusalén es dueña de una casa desolada (13:35).

Mientras asistía a un banquete, Jesús compartió Su sabiduría con los invitados. Los fariseos son un obstáculo para la enseñanza de Jesús sobre la actitud adecuada de los que heredan el reino. Empezó señalando el orgullo de competir por los puestos más altos en el banquete y declaró que «... cualquiera que se enaltece, será humillado; y el que se humilla, será enaltecido» (14:11). Procedió a instruir a Sus oyentes a invitar a los que no pueden pagar para que su recompensa llegue en la resurrección.

Las enseñanzas de Jesús sobre el ministerio a los marginados generan controversia: «... Este a los pecadores recibe, y con ellos come» (15:2). La respuesta se da a través del famoso trío de parábolas sobre «cosas perdidas» (una oveja, una moneda y un hijo) que resalta la alegría de la gente por encontrar lo que se ha perdido. Esta serie de parábolas constituye una defensa de las prácticas de Jesús de fraternizar con los «pecadores» y una respuesta a la crítica sostenida de los fariseos encarnada en el hijo mayor de la parábola final.

El capítulo 16 vuelve al tema de la riqueza (el tema de la segunda advertencia en 12:13-34). El sorprendente héroe de la parábola de Jesús es el astuto administrador que transmite la lección de que la riqueza de uno debe usarse de manera que cuente para la eternidad (16:9). Los fariseos vuelven a ser el contraste cuando se burlan de Jesús porque eran «avaros» (16:14). La parábola de Lázaro y el rico señala la locura e idolatría de servir al dinero.

Se advirtió a los discípulos a que no hicieran pecar a los demás ni que mantuvieran una actitud de amargura o de orgullo (17:1-10). La última parte del viaje a Jerusalén se centró en varios aspectos del reino. En 17:11-19, diez leprosos son sanados, pero solo un samaritano de entre ellos está agradecido. Cuando los fariseos le preguntaron a Jesús sobre la llegada del reino de Dios, declaró que el reino es una realidad tanto presente como futura a la que muchos no prestan atención, al igual que los contemporáneos de Noé y Lot.

A continuación, Jesús exhortó a Sus oyentes a una oración fiel a través de la parábola del juez injusto y la viuda persistente (18:1-8). La parábola sigue estando relacionada con la venida del Hijo del Hombre, ya que Jesús preguntó: «... Pero cuando venga el Hijo del Hombre, ¿hallará fe en la tierra?» (18:8). La parábola del fariseo y el recaudador de impuestos (18:9-14) prohíbe la oración hipócrita, «... porque cualquiera que se enaltece, será humillado; y el que se humilla será enaltecido» (18:14). Los niños pequeños son el ejemplo principal de los que vienen al reino (18:15-17).

Lucas procedió a citar el ejemplo negativo del joven rico, que se alejó triste porque no podía desprenderse de su riqueza (18:18-23). Jesús entonces señaló que «... no hay nadie que haya dejado casa, o padres, o hermanos, o mujer, o hijos, por el reino de Dios, que no haya de recibir mucho más en este tiempo, y en el siglo venidero la vida eterna» (18:29-30).

La parte final del viaje muestra a Jesús trayendo la salvación a Jerusalén. Lucas 18:31-34 contiene otro anuncio de por qué Jesús iba a Jerusalén: para ser golpeado, asesinado y resucitado al tercer día, en cumplimiento del mensaje de los profetas y así cumplir con el plan de Dios. Este anuncio preparó el escenario para el último segmento del viaje. Jesús sanó primero a un mendigo ciego (18:35-43, el Bartimeo de Marcos) como el primer aspecto de la salvación enfatizado por Lucas, un humilde grito de misericordia.

El segundo aspecto lo destaca Zaqueo (19:1-10): el arrepentimiento evidenciado por las obras, en su caso la restauración de la ganancia defraudada y la entrega del resto a los pobres. La parábola de las minas se refería a la expectativa de algunos de que el reino viniera inmediatamente (19:11-27). La parábola demuestra no solo que habrá un retraso, sino que también subraya la necesidad de fidelidad mientras esperamos.

b. Ministerio final en Jerusalén (19:28-22:38). La entrada triunfal (19:28-44) marca el final de la sección del viaje y el comienzo del fin para Jesús en la consecución de la salvación. Jesús primero montó un burro y entró en Jerusalén en cumplimiento de la profecía (Zac. 9:9); arribó a la ciudad no para asumir la realeza, sino para anunciarla (19:38, citando el Sal. 118:26). Los fariseos se opusieron a esta demostración de la realeza, y Jesús los reprendió rápidamente (19:39-40). Al final, Jesús se lamentó por el inminente destino de Jerusalén (19:41-48). Plenamente consciente de lo que pronto le sucedería, Jesús se afligió por la gran devastación que se produciría en Jerusalén debido a su participación en la crucifixión y el rechazo de Jesús.

Las siguientes secciones muestran la oposición del liderazgo judío y las últimas consecuencias del rechazo de la nación al Mesías (19:45-48; cap. 20). Cuando Jesús llegó a Jerusalén, limpió el templo y lo convirtió en el centro de Su enseñanza. Sus enemigos no pudieron detenerlo porque la multitud estaba en «suspenso oyéndole» (19:48). Esto preparó el escenario para la controversia del templo (20:1-8), donde Jesús recordó a los líderes judíos que Juan les había hablado de Él.

Esta controversia, a su vez, llevó a la parábola de los labradores malvados (20:9-19). En esta parábola los arrendatarios de una viña maltratan a los sirvientes del propietario y matan a su heredero, lo que justamente los hace objeto de la ira del propietario. Los líderes reconocieron inmediatamente que la parábola estaba dirigida a ellos. Jesús apeló entonces al Salmo 118:22-23: «La piedra que desecharon los edificadores ha venido a ser cabeza del ángulo», y señaló de manera ominosa que esta piedra aplastará a los que se opongan a ella. La siguiente sección relata varios intentos de atrapar a Jesús, todos en vano (20:20-40). La unidad termina con otra denuncia del orgullo y la hipocresía de los escribas (20:41-47).

Con Su muerte ineludible, Jesús pronunció el discurso de los olivos en el que esbozó el escenario para el fin de los tiempos (21:1-36). Primero, anunció la inminente destrucción del templo. Los discípulos hicieron una doble pregunta: ¿cuándo serían estas cosas, y cuáles serían las señales de advertencia? Las respuestas de Jesús se referían a la destrucción del templo y Su regreso. Habrá falsos mesías, guerras y desastres naturales, pero primero los discípulos serán perseguidos. Jesús los animó a persistir (21:19).

Cuando Jerusalén esté rodeada por ejércitos, el fin estará cerca. Jerusalén será pisoteada hasta que se complete el tiempo de los gentiles, en referencia al tiempo que transcurre entre la destrucción de Jerusalén y el regreso de Jesús (21:20-24). El regreso de Jesús será precedido por aterradores desastres ambientales sobrenaturales que harán que el mundo se desmaye del miedo, y entonces el Hijo del Hombre aparecerá con poder y gran gloria. La llamada final de Jesús a velar (21:34-36) está precedida por la parábola de la higuera (21:29-33).

En el capítulo 22, Lucas comenzó a relatar los eventos que llevaron a la crucifixión. Su narración tiene esencialmente tres partes: preparación, confrontación y crucifixión. La primera es la preparación para el evento. Esto incluye tanto la traición como la última Pascua. Satanás entró en Judas para traicionar a Jesús (22:1-6). Jesús también preparó a los discípulos para Su crucifixión y Su ausencia al transformar la comida de la Pascua (22:7-38). Anunció la traición de Judas y aplastó el debate sobre quién sería el más grande. También dijo a los discípulos que se prepararan para Su partida, refiriéndose a la persecución que siguió y a la negación de Pedro.

c. La crucifixión, resurrección y ascensión de Jesús (22:39-24:51). El arresto y los juicios de Jesús marcan el comienzo de Su muerte. Jesús soportó la agonía en el Getsemaní

(22:39-46), y luego fue traicionado y arrestado. No permitió que Sus discípulos resistieran el arresto, y consideró apropiado que los jefes de los sacerdotes lo capturaran en la oscuridad porque la oscuridad es su dominio (22:53). Las negaciones de Pedro se registran cuando comienza la fase del juicio (22:55-62).

El juicio enfatizó la inocencia de Jesús y la culpabilidad de aquellos que lo condenaron. En el juicio ante el Sanedrín (22:63-71), el cargo contra Jesús fue la blasfemia por afirmar ser el Hijo de Dios. Sin embargo, como el Sanedrín carecía del poder de la pena capital, lo enviaron a Pilato (23:1-7). Pilato no encontró ninguna culpa en Jesús, declarándolo inocente tres veces. Tampoco Herodes (23:15), pero Pilato sucumbió a las demandas de la turba sedienta de sangre. De ahí que un triángulo de enemigos (Pilato, Herodes y los líderes judíos) se hayan unido para ejecutar este complot.

Tabla 6.1. Fases del juicio de Jesús

Juicio	Texto de la Escritura	Descripción
Juicio ante Anás	Juan 18:19-23	Anás interroga a Jesús sobre Su enseñanza; Jesús es golpeado en la cara y desafía a Sus acusadores por golpearlo ilegalmente; no hubo testigos.
Juicio ante Caifás	Mateo 26:57–68; Marcos 14:53–65; Juan 18:24–28	Cuando se le pregunta si es el Mesías, Jesús afirma ser el divino Hijo del Hombre; es condenado por blasfemia y enviado a Pilato.
Juicio ante Pilato	Lucas 23:1-6	Jesús acusado falsamente; afirma Su estatus mesiánico; enviado a Herodes.
Juicio ante Herodes	Lucas 23:7-11	Acusaciones falsas contra Jesús; Herodes no encuentra culpa; Jesús enviado a Pilato.
Juicio ante Pilato (continuación)	Mateo 27:1–25; Marcos 15:1–15; Lucas 23:12–25; Juan 18:29–19:6	No se presentaron cargos formales contra Jesús; no se presentaron testigos; Jesús sentenciado a crucifixión sin convicción de Pilato (Pilato declara tres veces que no encuentra falta en Jesús).

El resto del capítulo 23 registra los eventos que rodearon la crucifixión. Jesús fue crucificado y se burlaron de Él repetidamente (23:24-33). Se burlaron de Él los soldados que lo crucificaron, los ladrones que estaban a Su lado, los escribas y fariseos. Pero es evidente que algo más que una ejecución criminal estaba teniendo lugar cuando el sol se oscureció y el velo del templo se rasgó (23:44-46). Así cambió el estado de ánimo: un soldado declaró la justicia de Jesús, y la multitud salió golpeándose el pecho (23:47-48).

Las apariciones de la resurrección sirven para reforzar y explicar el significado de la cruz. Un ángel se apareció a las mujeres en la tumba (sorprendentemente) vacía y les recordó la afirmación de Jesús de que resucitaría (24:1-8). La respuesta de los apóstoles al informe no es laudatoria, pero Pedro sí examinó la tumba vacía. El evento más prominente es la aparición de Jesús a dos discípulos en el camino a Emaús (24:13-33). El hecho de que este era el plan de Dios se refuerza de manera significativa (esp. en 24:26). Jesús se apareció entonces a los once en Jerusalén y estableció que realmente había resucitado y no era un fantasma (24:34-49). Por segunda vez, Jesús interpretó las Escrituras a Sus discípulos. Finalmente, el cumplimiento del 9:51 ocurre en el 24:50-51: Jesús ascendió al cielo desde Betania, cerca de Jerusalén.

Epílogo: Los discípulos regresan a Jerusalén (24:52-53). Los dos últimos versículos forman un epílogo del libro. Los discípulos regresaron a Jerusalén con gozo. Cuando llegaron, fueron al templo, bendiciendo continuamente a Dios. Este final prepara al lector para el segundo tratado, el Libro de los Hechos, que continúa el énfasis del Evangelio en el plan de salvación de Dios en la historia y su cumplimiento en Jesús.

TEOLOGÍA

Temas teológicos

Salvación e historia de la salvación. Muchos de los principales temas de Lucas están relacionados con el cumplimiento de los propósitos de Dios en Jesús como la culminación de la historia de la salvación. Dios es el arquitecto de toda la historia humana, que es impulsada por Sus propósitos y voluntad. La concepción de Lucas sobre la historia de la salvación puede describirse en términos de «promesa y cumplimiento», con Juan el Bautista marcando el final del período de la promesa (16:16) y las siguientes etapas que denotan el cumplimiento de esa promesa (Jesús y la Iglesia).[24] El comienzo del Evangelio implica que, a través de Jesús, Dios estaba cumpliendo Su propósito de salvación previamente planeado (ver 1:1). No pasa mucho tiempo hasta que se le dice al lector que lo que Dios ha cumplido al enviar a Jesús es la provisión de un Salvador (1:31-33; ver 1:68-71).

De hecho, la salvación es uno de los temas más destacados de este Evangelio. La palabra «salvación» se usa cuatro veces en Lucas; no se usa en Mateo o Marcos y solo una vez en Juan. Las tres primeras referencias se encuentran en el canto de Zacarías, donde se describe el ministerio del Mesías venidero (1:69, 71, 77; la cuarta referencia es 19:9). Tanto Dios como Jesús son llamados «Salvador» (1:47; 2:11; de nuevo, la palabra no se usa en Mateo y Marcos y solo una vez en Juan). El verbo «salvar» se utiliza a menudo como sinónimo de conversión (ver 7:50; 8:12; 13:23; también es frecuente en Mateo y Marcos). En el 19:10, Jesús definió Su misión de la siguiente manera: «… El Hijo del Hombre vino a buscar y a salvar lo que se había perdido» (19:10). Como se muestra a continuación, la salvación proporcionada por Jesús abarca a todas las personas, y en particular a las de baja condición social.

---

[24] F. Thielman, *Theology of the New Testament: A Canonical and Synthetic Approach* [Teología del Nuevo Testamento: Abordaje canónico y sintético] (Grand Rapids: Zondervan, 2005), 117.

Tabla 6.2. Apariciones de Jesús después de la resurrección

Testigos/ Lugar	Fecha/ Momento	Mat.	Mar.	Luc.	Juan	Hech.	1 Cor.
Número de apariciones		2	0	4	4	2	4 [5]
Primer domingo							
1. Las mujeres/ tumba	Temprano en la mañana	28:8-10					
2. María Magdalena/ tumba	Temprano en la mañana				20:11-18		
3. Pedro/Jerusalén	Más tarde en la mañana			24:34			
4. Dos discípulos/ Camino a Emaús	Mediodía/ Tarde			24:13-32			
5. Diez discípulos/ Aposento alto	Anochecer			24:36-43	20:19-25		
Segundo domingo (una semana después)							
6. Once discípulos/ Aposento alto	Anochecer				20:26-29		15:5
Subsecuentes							
7. Siete discípulos/ Mar de Galilea	Amanecer				21:1-23		
8. Once discípulos/ Monte en Galilea	Algún tiempo después	28:16-20					
9. Más de 500	Algún tiempo después						15:6
10. Santiago	Algún tiempo después						15:7
11. Discípulos/ Monte de los Olivos	40 días después			24:44-49		1:3-8	
12. Pablo/Camino a Damasco	Algún tiempo después					9:3-6	[15:8]

La preocupación de Jesús por los humildes. Entre los evangelistas, es especialmente Lucas quien enfatizó la preocupación de Jesús por los humildes de la sociedad: los gentiles, los pobres, los recaudadores de impuestos y los «pecadores», los enfermos y los discapacitados, las mujeres y los niños. Esto forma parte de la comprensión que Lucas tiene de la salvación que trajo Jesús, una salvación que incluye a todas las personas, ya sean judíos o gentiles (2:32; 4:25-27; 7:9; 10:30-37; 17:16; comp. Gál 3:28).

El énfasis de Lucas en la universalidad de la salvación traída por Jesús se extiende de manera muy notable a los *pobres*.[25] Lucas es testigo de un «gran cambio» provocado por el ministerio de Jesús: los humildes serían exaltados y los orgullosos serían humillados (1:48-49; comp. 18:14). Jesús declaró en Su primer sermón que fue enviado a «dar buenas nuevas a los pobres», en cumplimiento de la profecía de Isaías sobre el Siervo del Señor (4:18; ver 7:22).

Así pues, Lucas insistió constantemente en que Jesús se oponía firmemente a la noción de que la riqueza y la posición indicaban la condición de una persona ante Dios. En cambio, Jesús aceptaba a cualquiera que se arrepintiera y se volviera a Él. De hecho, las posesiones, el estatus y el poder de una persona constituyen obstáculos importantes para la recepción del mensaje de Jesús (12:13-21; 16:19-31).

A lo largo de su Evangelio, Lucas también destacó la enseñanza de Jesús entre los parias de la sociedad: los odiados *recaudadores de impuestos* que eran despreciados como traidores debido a su servicio a las autoridades romanas, y los «*pecadores*» (por ejemplo, 5:30,32). Entre el pueblo, Jesús era conocido como «amigo [...] de pecadores» (7:34; ver 7:36-50). Jesús era tan amigo de los pecadores porque «... vino a buscar y a salvar lo que se había perdido» (19:10).

Otra parte de este «gran cambio» provocado por la venida de Jesús involucra a las *mujeres*. El Evangelio de Lucas menciona 13 mujeres que no aparecen en los otros Evangelios.[26] Muchas de estas mujeres se caracterizan por su inusual devoción a Jesús (7:36-50; 8:2-3; 10:38-42; 23:55-24:10). El considerable número de mujeres entre los seguidores de Jesús contrastaba con el ministerio masculino de otros rabinos judíos en los días de Jesús.

Tabla 6.3. Jesús y los humildes en el Evangelio de Lucas

Grupo de personas	Pasajes en el Evangelio de Lucas
Gentiles	2:10,32; 4:25–27; 7:9; 10:30–37; 14:23; 17:16
Pobres	1:46–55; 4:18; 6:20–23; 7:22; 14:13,21–24; 16:19–31; 21:1–4
Recaudadores de impuestos y «pecadores»	5:27–32; 7:28,30,34,36–50; 15:1–2; 19:7
Enfermos y discapacitados	4:31–41; 5:12–26; 6:6–11,17–19; 7:1–17; 8:26–9:2; 9:37–43; 17:11–19; 18:35–43
Mujeres	7:36–50; 8:1–3,48; 10:38–42; 13:10–17; 24:1–12
Niños	2:17,27,40; 9:46–48; 17:2; 18:15–17

PUNTOS DE APLICACIÓN

- La manera en la que Lucas defiende la fe, sabiendo que está corroborada por los hechos (1:1-4).

---

[25] Ver especialmente C. L. Blomberg, *Neither Poverty nor Riches: A Biblical Theology of Material Possessions* [Ni pobreza ni riqueza: Teología bíblica para las posesiones materiales], NSBT (Grand Rapids: Eerdmans, 1999), 111–46, 160–74.

[26] M. Strauss, *Four Portraits, One Jesus: An Introduction to Jesus and the Gospels* [Cuatro perspectivas, un Jesús: Introducción a Jesús y los Evangelios] (Grand Rapids: Zondervan, 2006), 339.

- Pon tu fe en Cristo, el Príncipe de Paz, no en la política (2:1, 13-14).
- Ayuda a los pobres y dales las buenas nuevas de Jesús (4:18; 6:20; 7:22).
- Hazte amigo de los no creyentes y de los marginados sociales como lo hizo Jesús (5:27-32).
- No discrimines, toma en cuenta que Jesús vino a salvar a todo tipo de personas (19:7).

PREGUNTAS DE ESTUDIO

1. ¿Qué evidencia interna apoya la autoría de Lucas?
2. ¿A quién está dedicado Lucas y Hechos? ¿Cuál es la probable identidad del receptor y en qué nos basamos?
3. ¿Cuál es la forma más natural, según los autores, de entender el propósito de Lucas?
4. ¿Qué es la «narrativa del viaje» de Lucas, y por qué los autores sugieren que «abre nuevos caminos»?
5. ¿Cuáles son las fases del juicio de Jesús?

PARA UN ESTUDIO MÁS PROFUNDO

Bartholomew, C. G., J. B. Green, y A.C. Thiselton, eds. *Reading Luke: Interpretation, Reflection, Formation.* Scripture and Hermeneutics 6. Grand Rapids: Zondervan, 2005.

Bock, D. L. *Luke.* 2 vols. Baker Exegetical Commentary on the New Testament. Grand Rapids: Baker, 1994.

_____. «Luke, Gospel of». Páginas 495–510 en *Dictionary of Jesus and the Gospels.* Editado por J. B. Green, S. McKnight, y I. H. Marshall. Downers Grove: InterVarsity, 1992.

Green, J. B. *The Gospel of Luke. New International Commentary on the New Testament.* Rev. ed. Grand Rapids: Eerdmans, 1997.

Liefeld, W. L., y D. W. Pao. «Luke» en *The Expositor's Bible Commentary,* ed. rev. Vol. 10. Grand Rapids: Zondervan, 2007.

Marshall, I. H. *Commentary on Luke. New International Greek Testament Commentary.* Grand Rapids: Eerdmans, 1978.

_____. *Luke: Historian and Theologian.* 2ª ed. Grand Rapids: Zondervan, 1988.

Morris, L. *The Gospel According to St. Luke: An Introduction and Commentary.* Tyndale New Testament Commentary. 2ª ed. Grand Rapids: Eerdmans, 1988.

Nolland, J. *Luke. Word Biblical Commentary.* 3 vols. Dallas: Word, 1990–93.

Strauss, M. *Four Portraits, One Jesus: An Introduction to Jesus and the Gospels.* Grand Rapids: Zondervan, 2006.

Capítulo 7
El Evangelio según Juan

CONOCIMIENTO ESENCIAL

Los estudiantes deben conocer los hechos clave del Evangelio de Juan. Con respecto a la historia, deben ser capaces de identificar el autor, la fecha, la procedencia, el destino y el propósito del Evangelio. Con respecto a la literatura, deben ser capaces de proporcionar un esquema básico del libro e identificar elementos centrales del contenido que se encuentran en la discusión de cada unidad. Con respecto a la teología, los estudiantes deben ser capaces de identificar los principales temas teológicos de Juan.

ASPECTOS CLAVE	
Autor:	Juan.
Fecha:	Mediados a últimos años de los 80 o inicios de los 90.
Procedencia:	Éfeso.
Destinatarios:	Efesios, y en última instancia a la audiencia universal.
Propósito:	Demostrar que Jesús es el Mesías para que la gente crea en Él y obtenga vida eterna (20:30-31)
Tema:	Señales elegidas que muestran que Jesús es el Mesías.
Versículos clave:	3:16.

CONTRIBUCIÓN AL CANON

- Jesús como el Verbo hecho carne (1:1,14).
- Jesús como el único Hijo del Padre (1:14,18; 3:16,18).
- Jesús como el Cordero de Dios que quitó el pecado del mundo (1:29,36).
- Jesús como Señor, glorificado y exaltado que dirige la misión de Sus seguidores a través del «otro Consolador», el Espíritu Santo (14:12-18)
- Jesús como el Mesías que realizó una serie de señales sorprendentes (20:30-31).

INTRODUCCIÓN

EL EVANGELIO DE Juan y el Libro de Romanos pueden ser considerados los dos aspectos más destacados de la teología del N.T. Juan se eleva como un águila sobre las representaciones de la vida de Cristo.[1] Probablemente fue escrito por el apóstol Juan en la culminación de su larga vida y ministerio. El Evangelio de Juan penetra más profundo en el misterio de la revelación de Dios en Su Hijo que los otros evangelios canónicos y, quizás, más profundo que cualquier otro libro bíblico. Desde su majestuoso prólogo hasta el epílogo, las palabras del evangelista son elegidas cuidadosamente para ser consideradas por cada lector de su magnífica obra.

A lo largo de la historia, el Evangelio de Juan ha ejercido una notable influencia acorde con la profundidad de su mensaje. La cristología de Juan, en particular las afirmaciones de la deidad de Jesús y Su naturaleza, humana y divina, al mismo tiempo, han conformado de manera decisiva a las formulaciones adoptadas por los primeros concilios y credos de la Iglesia.[2] Muchas grandes mentes de la Iglesia cristiana, desde los primeros padres de la Iglesia hasta los tiempos modernos, han escrito comentarios o monografías sobre el Evangelio de Juan. El Evangelio de Juan es un testimonio magistral y fiel de la vida, las palabras y los hechos de nuestro Señor Jesucristo.

HISTORIA

Autor

El Evangelio de Juan, como los sinópticos, es anónimo. Pero el autor dejó importantes pistas en su Evangelio, el cual, cuando se examina en conjunto con el testimonio de los padres de la Iglesia primitiva, apunta convincentemente a Juan, hijo de Zebedeo y apóstol de Jesucristo.

Evidencia interna. El autor se identificó como «el discípulo a quien amaba Jesús» (21:20,24), una figura prominente en la narrativa de Juan (13:23; 19:26; 20:2; 21:7,20). Aunque la identidad de este discípulo permanece encubierta, dejó suficientes pistas en la narración para identificarlo sin lugar a dudas. En Juan 1:14, el autor utilizó la primera persona, «y vimos su gloria», revelando que era un testigo ocular de los relatos contenidos en su Evangelio. La frase «y vimos su gloria» se refiere a las mismas personas en Juan 2:11, los discípulos de Jesús.[3] Por lo tanto, el escritor fue un apóstol, un testigo ocular y un discípulo de Jesús.

---

[1] A. J. Köstenberger, *John* [Juan] en *New Dictionary of Biblical Theology* [Nuevo diccionario de teología bíblica], ed. T. D. Alexander y B. S. Rosner (Downers Grove: InterVarsity, 2000), 280–85. Tomando como referencia las cuatro bestias en Ezequiel 1:10 y Apocalipsis 4:6-15, los Padres describieron a Juan como un águila.

[2] Ver J. N. Sanders, *The Fourth Gospel in the Early Church* [El cuarto evangelio en la Iglesia primitiva] (Cambridge: University Press, 1943); T. E. Pollard, *Johannine Christology and the Early Church* [Cristología de Juan en la Iglesia primitiva], SNTSMS 13 (Cambridge: University Press, 1970).

[3] La relación entre «vimos» y «Sus discípulos» es clara por la referencia paralela de «su gloria» en 1:14 y 2:11. Para una discusión sobre las referencias usadas en Juan 21:24 y 21:25, ver G. L. Borchert, *John 1–11* [Juan 1-11], NAC 25A (Nashville: B&H, 1996), 89–90.

El Evangelio según Juan

Un análisis de la frase «el discípulo a quien amaba Jesús» en el Evangelio ofrece más pistas sobre su identidad.[4] La expresión aparece por primera vez en Juan 13:23 en la Última Cena donde solo se reunieron los doce (Mat. 26:20; Mar. 14:17; Luc. 22:14), indicando que «el discípulo a quien amaba Jesús» debía ser uno de los doce. Como el autor nunca se refirió a sí mismo por su nombre, no puede ser ninguno de los discípulos nombrados en la Última Cena: Judas Iscariote (13:2,26-27), Pedro (13:6-9), Tomás (14:5), Felipe (14:8-9), o Judas el hijo de Jacobo (14:22).[5]

El escritor ofreció más pistas sobre su identidad en el último capítulo del Evangelio, donde mencionó al «discípulo a quien Jesús amaba» como uno de los otros siete apóstoles: «Estaban juntos Simón Pedro, Tomás llamado el Dídimo, Natanael el de Caná de Galilea, los hijos de Zebedeo, y otros dos de sus discípulos» (21:2; ver 21:7). Además de Pedro y Tomás, que ya han sido eliminados (ver arriba), también se elimina a Natanael como posible autor, ya que, como se ha señalado anteriormente, el autor no se refiere a sí mismo por su nombre en el Evangelio de Juan.

Por lo tanto, el autor debe ser uno de los «los hijos de Zebedeo» o uno de los «otros dos de sus discípulos». De los dos hijos de Zebedeo, Jacobo y Juan, Jacobo puede ser descartado ya que fue martirizado en el año 42 (ver Hech. 12:2). Las tres posibilidades restantes son Juan, el hijo de Zebedeo y los «otros dos de sus discípulos». Estos dos últimos podrían ser Mateo (Leví), Simón el Zelote, Jacobo el hijo de Alfeo, Bartolomé o Tadeo.[6] Mateo es un candidato poco probable porque ya se le atribuye un Evangelio. Simón el Zelote, Jacobo el hijo de Alfeo, Bartolomé y Tadeo son candidatos poco probables debido a su oscuridad y a la falta de apoyo históricos (ver «Evidencia externa» más adelante). Esto deja a Juan, el hijo de Zebedeo, como la opción más probable.

Evidencia externa. Durante la segunda mitad del siglo II, Ireneo (ca. 130-200) atribuyó el Evangelio de Juan al apóstol Juan: «Juan el discípulo del Señor, que se recostó sobre su pecho, publicó el Evangelio mientras residía en Éfeso en Asia» (*Contra las herejías* 3.1.2). Clemente de Alejandría (ca. 150-215) hizo lo mismo: «Juan, por último... escribió un Evangelio espiritual» (citado por Eusebio, *Historia eclesiástica* 6.14.7). A partir de este momento, la Iglesia atribuyó unánimemente la autoría al apóstol Juan durante casi 18 siglos sin desacuerdos.

Los Evangelios sinópticos y las cartas de Pablo también proporcionan datos que corroboran la autoría de Juan. El autor del Evangelio de Juan muestra constantemente que «el discípulo a quien amaba Jesús» era un compañero cercano de Pedro (13:23-24; 18:15-16; 20:2-9; 21:7,20-23), mientras que otros escritores del N.T. también resaltan el compañerismo cercano de los apóstoles Juan y Pedro (Luc. 22:8; Hech. 1:13; 3:1-4:23;

---

[4] El epíteto «el discípulo a quien amaba Jesús» se entiende como una referencia modesta de autoría.

[5] A. J. Köstenberger, *Encountering the Gospel of John: The Gospel in Historical, Literary, and Theological Perspective* [Encuentro con el Evangelio de Juan: perspectiva histórica, literaria y teológica del Evangelio] (Grand Rapids: Baker, 1999), 22.

[6] Para una lista de todos los apóstoles nombrados en los Evangelios y Hechos, ver R. Bauckham, *Jesus and the Eyewitnesses: The Gospels as Eyewitness Testimony* [Jesús y los testigos: los Evangelios y los testimonios de los testigos] (Grand Rapids: Eerdmans, 2006), 113.

8:14-25; Gál. 2:9). De forma aislada, esta conexión puede no ser concluyente. Sin embargo, junto a las evidencias internas y externas mencionadas anteriormente, confirma aún más la probabilidad de la autoría de Juan, ya que, como el «el discípulo a quien amaba Jesús», Juan fue probablemente el compañero más cercano de Pedro y, por lo tanto, el autor del cuarto Evangelio.

De modo que, un análisis de las evidencias internas y externas proporciona pruebas válidas para las siguientes tres conclusiones sobre la autoría del Evangelio de Juan:[7] 1) el autor es un apóstol y testigo ocular (1:14; ver 2:11; 19:35); 2) es uno de los doce (13:23; ver Mar. 14:17; Luc. 22:14); y 3) es Juan, el hijo de Zebedeo.

Fecha

La fecha del Evangelio de Juan depende de una compleja matriz de preguntas sobre el autor, sus destinatarios, su propósito, su situación al escribir y otros factores. En la búsqueda de la fecha más probable de composición, los años 65 y 135 sirven, respectivamente, como la primera y última fecha probable. La primera fecha está basada en la referencia de Juan sobre el martirio de Pedro (21:19), que ocurrió en el año 65 o 66, y por la representación que hace Juan de Jesús como sustituto del templo, cuya destrucción tuvo lugar en el año 70. La segunda fecha está determinada por el descubrimiento, en el siglo XX, del primer manuscrito del N.T. a la fecha (ca. 135), que contiene Juan 18:31-32,37-38.

Dentro de este período de tiempo, es muy probable que Juan escribiera su Evangelio a mediados de los años 80 o principios de los 90 basado en las siguientes pruebas.[8] En primer lugar, el lenguaje de Juan parece reflejar que había transcurrido suficiente tiempo después de la resurrección de Jesús como para que Juan articulara su teología en términos de la divinidad de Jesús. En segundo lugar, si la reconstrucción de la ocasión en que Juan escribió, la destrucción del templo es correcta, lo más probable es que el Evangelio se escribiera entre 10 y 20 años después del año 70, ya que tuvo que transcurrir cierto tiempo entre la destrucción del templo y su reconstrucción.[9] En tercer lugar, el Evangelio de Juan carece de referencia a los saduceos.[10] Puesto que ellos juegan un importante papel en los sinópticos (escritos antes de Juan) y puesto que fueron menos influyentes después de la destrucción del templo, su omisión en Juan tiene sentido si escribió su libro después de la destrucción del templo.

Cuarto, la aclaración de Juan de que el «mar de Galilea» es el de «Tiberias» (6:1; 21:1) sugiere una fecha de mediados de los años 80 y principios de los años 90. En el lenguaje popular, el «mar de Tiberias» pasó a ser el «mar de Galilea» probablemente en los años 80 o 90.[11] Quinto, si la confesión de Tomás a Jesús como «¡Señor mío, y Dios mío!» tiene

---

[7] Köstenberger, *John* [Juan], 280.

[8] Ver D. A. Croteau, *An Analysis of the Arguments for the Dating of the Fourth* Gospel [Análisis de los argumentos de la fecha del cuarto Evangelio], *Faith and Mission* [Fe y misión] 20/3 (2003): 47-80.

[9] Ver D. A. Carson, *Gospel According to John* [El Evangelio según Juan], PNTC (Grand Rapids: Eerdmans, 1991), 85.

[10] Adolf Schlatter, *Evangelist Johannes* [Juan evangelista], 2.ª ed. (Stuttgart: Calwer, 1948), 44, pero tenga en cuenta la precaución de Carson (*Gospel According to John* [El Evangelio según Juan], 84).

[11] Ver Köstenberger, *John* [Juan], 199.

por objeto evocar el culto al emperador bajo Domiciano (81-96), parece referir una fecha posterior al año 81.[12] Por lo tanto, una fecha de mediados de los años 80 o principios de los 90 es la que mejor se ajusta a todas las pruebas.

Procedencia

Los primeros testimonios patrísticos apoyan la idea de que Juan escribió su Evangelio en Éfeso. Eusebio declaró que después de que la Guerra Judía (66-73) dispersara a los primeros apóstoles, Juan fue a servir en Asia (*Historia eclesiástica* 3.1.1), situándolo en o cerca de Éfeso durante los años 80 y 90. Ireneo escribió que «Juan, el discípulo del Señor [...] publicó el evangelio mientras vivía en Éfeso en Asia» (*Contra las herejías* 3.1.2 [ca. 130-200]). En general, Eusebio e Ireneo proporcionan los datos más confiables, aunque menos concluyentes. Lo más probable es que Juan escribiera en Éfeso, en la provincia de Asia Menor.

Destinatarios

Si Ireneo y otros están en lo cierto al afirmar que Juan es el autor del Evangelio y que escribió en Éfeso (ver arriba), es razonable suponer que las personas que vivían en Éfeso y sus alrededores, principalmente judíos y gentiles en exilio, eran sus destinatarios, al menos en parte.[13] Sin embargo, el Evangelio de Juan fue probablemente escrito para «todos los cristianos» no solo para los lectores en una ubicación geográfica específica[14] porque al final, «el Evangelio de Juan es un Evangelio, anunciando la noticia universal de la salvación en Cristo».[15]

Situación

La destrucción del templo de Jerusalén en el año 70 d.C. fue un acontecimiento traumático que creó un vacío nacional y religioso en el judaísmo, y provocó que los judíos buscaran formas de continuar sus costumbres y su culto.[16] Al igual que el exilio babilónico (586 a.C.), la destrucción del templo trajo confusión a los judíos de finales del primer siglo, ya que su fe estaba enlazada al templo a través del sistema de sacrificios y el sacerdocio; por lo que requerirían una nueva orientación para las costumbres judías. Esto probablemente fue una de las principales causas por las que Juan escribió su Evangelio. Es probable que Juan viera una oportunidad para el evangelismo judío, animando a los creyentes a llegar a sus vecinos judíos y gentiles en el exilio.[17] Juan argumentó que el Mesías crucificado y resucitado reemplazaba

---

[12] *Ibid.*, 8.

[13] Ver Carson, *Gospel According to John* [Evangelio según Juan], 91.

[14] Richard Bauckham, *The Gospels for All Christians: Rethinking Gospel Audiences* [Los Evangelios para todos los cristianos: evaluando la audiencia del Evangelio] (Grand Rapids: Eerdmans, 1998), 9–48.

[15] Köstenberger, *Encountering the Gospel of John* [Encuentro con el Evangelio de Juan], 26.

[16] Ver A. J. Köstenberger, *The Destruction of the Second Temple and the Composition of the Fourth Gospel* [La destrucción del segundo templo y la redacción del cuarto Evangelio], *TrinJ* 26 NS (2005): 205–42; comentado en *Challenging Perspectives on the Gospel of John* [Desafiando las perspectivas del Evangelio de Juan], ed. J. Lierman, WUNT 2/219 (Tübingen: Mohr Siebeck, 2006), 69–108.

[17] Ver Bauckham, *Gospels for All Christians* [Evangelios para todos los cristianos].

providencialmente al templo (1:14; 2:18-22; 4:21-24) y cumplía con el simbolismo de las fiestas judías (5-12).

Además de la destrucción del templo, la misión de los primeros gentiles cristianos (Hech. 9:16; Rom 1:13) y el surgimiento del pensamiento gnóstico primitivo probablemente sirvieron como elementos que causaron la escritura del Evangelio de Juan. Ya que Juan escribió 50 años después de la formación de la Iglesia, cuando la misión gentil estaba en marcha, es lógico que esta misión afectara directamente a la escritura de Juan. El gnosticismo, que no llegó completamente hasta el siglo II, también proporcionó parte de los antecedentes. Aunque Juan no adoptó ni promovió las enseñanzas gnósticas, utilizó las categorías conceptuales de su audiencia, como buen misionero, para contextualizar su mensaje (ver Juan 1:1,14). Estos tres factores importantes, la destrucción del templo, la misión gentil y el pensamiento gnóstico, se combinaron como posibles causas del Evangelio de Juan.

Propósito

Hacia el final de su Evangelio, Juan declaró su propósito de la siguiente manera: «Pero éstas se han escrito para que creáis que Jesús es el Cristo, el Hijo de Dios, y para que creyendo, tengáis vida en su nombre» (20:31). Inicialmente, «para que creyendo» sugiere un propósito evangelístico; es decir, Juan quería llevar a sus lectores a la fe inicial en Jesús como Mesías. Al mismo tiempo, el Evangelio de Juan parece suponer una audiencia familiarizada con las Escrituras, ya que contiene instrucciones detalladas para los creyentes, especialmente en la segunda mitad del Evangelio. Además, hay pocos ejemplos de documentos evangelísticos del primer siglo. Así, parece que el propósito de Juan era tanto la evangelización de los incrédulos, como la edificación de los creyentes.[18] Según Juan 20:31, el propósito de Juan era mostrar la evidencia de que Jesús es el Mesías, el Hijo de Dios, para que la gente creyera en Él y, como resultado, tuviera vida en Su nombre (comp. 1:1-3,14,29,34,41). Entonces, este propósito, llama a los incrédulos a la fe en el nombre de Jesús, el Mesías.

LITERATURA

Plan literario

El Evangelio de Juan se divide en una introducción (1:1-18), una primera parte llamada «libro de señales» (1:19-12:50; que se enfoca en las «señales» mesiánicas de Jesús para los judíos), una segunda parte llamada «libro de la exaltación» (13:1-20:31; anticipando la exaltación de Jesús con el Padre después de Su crucifixión, sepultura y resurrección), y un epílogo (capítulo 21). Los capítulos 11 y 12 representan una transición del «libro de las señales» al «libro de la exaltación», en el que se presenta la «señal» culminante de Jesús, la resurrección de Lázaro, que, a su vez, representa la propia resurrección de Jesús.[19] Juan

---

[18] Ver Bauckham, *Gospels for All Christians* [Evangelios para todos los cristianos], 10.

[19] Carson, *Gospel According to John* [Evangelio según Juan], 106–7; Ridderbos (*Gospel of John* [Evangelio de Juan], viii) llamó Juan 11–12 «preludio a la narración de la pasión»; al igual que Keener (*Gospel of John* [Evangelio de Juan], XVII), que lo llamó «introducción a la pasión».

logró así su propósito de demostrar que Jesús es el Mesías, el Hijo de Dios (20:30-31; ver «Propósito» arriba) al enlazar varias secciones narrativas en una estructura general. La introducción del Evangelio de Juan sitúa toda la narración en el marco del Verbo eterno y preexistente hecho carne en Jesús (1:1-18).

El «libro de señales», como texto literario, consta de dos grandes ciclos que narran el ministerio de Jesús, el «ciclo de Caná» (2:1-4:54; ver 2:11; 4:54) y el «ciclo de las festividades» (5:1-10:42; ver 1:19-34; 10:40-41).[20] Además, la deserción de muchos seguidores de Jesús al final del capítulo 6 constituye una división entre los capítulos 5-6 y los capítulos 7–10. El «libro de señales» expone las pruebas del carácter mesiánico de Jesús en forma de siete señales (1:19-12:50; ver 12:37-40; comp. 20:30-31).[21] Juan también incluye siete dichos «Yo soy» de Jesús (ver cuadro a continuación) y llama a numerosos (¿siete?) testigos en apoyo de las afirmaciones de Jesús, entre ellos Moisés y las Escrituras, Juan el Bautista, el Padre, Jesús y Sus obras, el Espíritu, los discípulos y el propio evangelista. Ciertas cuestiones relativas a Jesús como Mesías, conducen a los lectores del Evangelio a la conclusión del autor, a saber, que Jesús es el Mesías (por ejemplo, 1:41; 4:25; 7:27,31,52; 10:24; 11:27; 12:34).

Tabla 7.1. Los «Yo soy» de Jesús en el Evangelio de Juan

Dicho	Referencia en el Evangelio de Juan
Yo soy el pan de vida.	6:35,48,51
Yo soy la luz del mundo.	8:12; 9:5
Yo soy la puerta.	10:7,9
Yo soy el buen pastor.	10:11,14
Yo soy la resurrección y la vida.	11:25
Yo soy el camino, y la verdad, y la vida.	14:6
Yo soy la vid verdadera.	15:1

El «libro de la exaltación» comprende el discurso de despedida (13-17), que puede ser subdividido en un preámbulo (13:1-30), el discurso de despedida propiamente dicho (13:31-16:33), la oración final de Jesús (17), y la pasión (18-20), que culmina en una declaración del propósito de Juan (20:30-31). El discurso de despedida (13-17) muestra cómo Jesús aseguró la continuación de Su tarea preparando Su nueva comunidad mesiánica para Su misión mientras son limpios, se preparan y oran. La limpieza se realiza mediante el lavado de pies y la partida de Judas (cap. 13); la preparación de los discípulos incluye instrucciones sobre la venida del Espíritu Santo (caps. 14-16); y la oración por los seguidores de Jesús ocurre en Su oración final (cap. 17).

---

[20] F. J. Moloney, *Gospel of John* [Evangelio de Juan] (Sacra Pagina; Collegeville: Liturgical Press, 1998), V-VI.
[21] A. J. Köstenberger, *The Seventh Johannine Sign: A Study in John's Christology* [La séptima señal de Juan: estudio de la cristología de Juan], *BBR* 5 (1995): 87–103.

La pasión en Juan (18-19) presenta la muerte de Jesús como una expiación por el pecado (ver 1:29,36; 6:48-58; 10:15,17-18), sin énfasis en la vergüenza y humillación, pero como un prefacio al regreso de Jesús al Padre (ver 13:1; 16:28). Las apariciones de la resurrección y la comisión de los discípulos constituyen el punto central del penúltimo capítulo de Juan (cap. 20), en el que se presenta a Jesús como el «Enviado» (ver 9:7), que ahora envía a los representantes de Su nueva comunidad mesiánica (20:21-23). La declaración del propósito en Juan 20:30-31 reitera los motivos principales del Evangelio: señales, creer, vida (eterna), y la identidad de Jesús como Mesías e Hijo de Dios.

El Epílogo retrata la relación entre Pedro y «el discípulo a quien amaba Jesús» en términos diferentes, pero igualmente legítimos en sus roles de servicio en la comunidad creyente. Esto cierra la presentación conjunta de Pedro y «el discípulo a quien amaba Jesús» en la segunda mitad del Evangelio de Juan, compara y contrasta sus respectivas vocaciones en el ministerio y ofrece un vistazo más a la identidad del autor del Evangelio. Así, el Evangelio de Juan revela un plan literario que refleja el mensaje teológico del evangelista.

BOSQUEJO

I. INTRODUCCIÓN: EL VERBO HECHO CARNE (1:1-18)
II. EL LIBRO DE SEÑALES: LAS SEÑALES DEL MESÍAS (1:19-12:50)
   a. El precursor y la venida del Mesías (1:19-51).
   b. El ciclo de Caná: Las primeras señales de Jesús y conversaciones representativas (2:1-4:54).
   c. El ciclo de las festividades: Señales adicionales en medio de la incredulidad (5-10).
   d. La última pascua: señal culminante, resurrección de Lázaro, y otros eventos (11-12).
III. EL LIBRO DE LA EXALTACIÓN: PREPARANDO LA NUEVA COMUNIDAD MESIÁNICA Y LA PASIÓN DE JESÚS (13-20)
   a. La purificación e instrucción de la comunidad del nuevo pacto, incluyendo la oración final de Jesús (13-17).
   b. La pasión (18-19).
   c. Resurrección y las apariciones de Jesús, comisión de los discípulos (20:1-29).
   d. Declaración final del propósito (20:30-31).
IV. EPÍLOGO: LOS ROLES COMPLEMENTARIOS DE PEDRO Y EL DISCÍPULO AMADO (21)

DISCUSIÓN UNIDAD POR UNIDAD

I. Introducción: el Verbo hecho carne (1:1-18)

El impactante prólogo de Juan establece el curso de todo su Evangelio, trazando un mapa para el lector que proyecta en un lenguaje elocuente el camino que recorrerá el Evangelio. Desde Juan 1:1, Juan hace una sorprendente afirmación: Jesús es Dios. Este Dios «... fue hecho carne, y habitó [literalmente, "levantó su tienda"] entre nosotros...» (1:14) como el «unigénito del Padre» (1:14,18). Más allá de Mateo y Lucas, que vincularon a Jesús con Abraham o Adán, Juan remontó los orígenes de Jesús a la creación (ver Gén. 1:1), anclándolo no solo en los acontecimientos históricos, sino también a la eternidad.

Juan anticipa la incredulidad y rechazo de Jesús como Mesías, tanto por los judíos como por el mundo (caps. 5-10, 18-19). Así, distingue entre los que reconocen al Verbo encarnado (1:12-13; creyentes) y los que no (1:10-11; incrédulos). Todos deben responder a Jesús basándose en el testimonio de Juan el Bautista (1:6-9,15) y la presentación de Jesús por el cuarto evangelista (ver 20:30-31).

II. El libro de las señales: las señales del Mesías (1:19-12:50)

Después de presentar a Jesús como el Verbo hecho carne en la introducción, Juan comenzó el «libro de las señales» (1:19-12:50), el primero de sus dos «libros». Este primer libro establece por medio de siete señales que Jesús es el Mesías enviado por Dios (2:1-11,13-22; 4:46-54; 5:1-15; 6:1-15; 9:1-41; 11:1-44).

a. El precursor y la venida del Mesías (1:19-51). Juan comenzó la narración exponiendo el testimonio de Juan el Bautista (1:19-36; ver 1:6-8,15). Al pueblo de Jerusalén, el Bautista dio testimonio sobre su propia identidad (1:19-28): no era el Mesías sino la «la voz de uno que clama en el desierto» profetizada por Isaías en el A.T. (1:23; ver Isa. 40:3; comp. Mat. 3:3; Mar. 1:3; Luc. 3:4). También dirigió a sus seguidores a Jesús, «… el Cordero de Dios, que quita el pecado del mundo» (1:29; ver 1:36) y dejó claro que el propósito de su ministerio de bautismo era que Cristo «fuese manifestado a Israel» (1:31). El resto del capítulo muestra a Jesús llamando a Sus primeros discípulos e identificándose con ellos como el nuevo Betel, el lugar donde Dios se reveló a Jacob, que más tarde fue llamado «Israel» (1:50-51; comp. Gén. 28:12).[22]

b. El ciclo de Caná: Las primeras señales de Jesús y conversaciones representativas (2-4). Después de esta introducción, comienza el ministerio de Jesús. Las señales y conversaciones de Jesús con los individuos se combinan en esta sección. La primera señal de Jesús en Caná convirtiendo el agua en vino, «… manifestó su gloria; y sus discípulos creyeron en él» (2:11). Otra señal, la limpieza del templo (2:13-22), anticipaba la resurrección de Jesús (2:19) y señalaba el reemplazo del templo por Jesús (2:20). Después de conversar con Nicodemo, el rabino judío (3:1-21), y una mujer samaritana (4:1-42), Jesús realizó otra señal en Caná, sanó al hijo de un funcionario (4:43-54), y con ello cerró el ciclo de Caná.

c. El ciclo de las festividades: Señales adicionales en medio de la incredulidad (5-10). En este ciclo, el ministerio público de Jesús continúa en medio de una creciente controversia debido a la incredulidad mostrada en Juan 1:10-11 y 2:24-25 y expuesta aún más por las señales mesiánicas de Jesús. Su cuarta señal, la sanación de un hombre cojo (5:1-15), tuvo lugar en una fiesta (posiblemente en los Tabernáculos) y se realizó en sábado, lo que resultó en la persecución de Jesús por parte de los judíos (5:16). En la controversia, Jesús se defendió de la acusación de blasfemia, llamando a Dios Padre, a Sus propias obras, a Juan el Bautista, a Moisés y a otros como Sus testigos (5:17-47).

---

[22] Ver discusión en Köstenberger, *John* [Juan], 84–87.

Tabla 7.2. El cumplimiento de Jesús de las festividades del Antiguo Testamento

Festividad	Escritura	Descripción/Cumplimiento
Pascua	Éx. 12:1-4; Lev. 23:4-5; Juan 1:29-36; 2:13; 6:4; 11:55; 12:1	También conocido como *Pésaj*; un cordero es sacrificado en conmemoración de la liberación de Israel de Egipto por parte de Dios. **Cumplimiento**: Jesús es el Cordero de Dios, cuya muerte hace que Dios pase por alto juzgar a los que son cubiertos por la sangre de Jesús.
Panes sin levadura	Éx. 12:15-20; Lev. 23:6-8	También conocido como *Hag Hamatzot*; Israel debe comer panes sin levadura durante siete días; en las Escrituras, la levadura a menudo representa el pecado. **Cumplimiento**: Jesús es el pan de vida que está libre de pecado (levadura).
Primicias	Lev. 23:9-14	También conocido como *Yom HaBikkurim*; Israel ofreció la primera gavilla madura de cebada al Señor; la gavilla se aparta en la Pascua y se ofrece el tercer día de la fiesta de la Pascua. **Cumplimiento**: Jesús se levantó el tercer día de la fiesta de la Pascua como «primicias de los que durmieron» (1 Cor. 15:20).
Día del pentecostés	Lev. 23:15-22; Hech. 2:1-40	También conocida como «fiesta de las semanas» o *Shavnot*; ocurre 50 días después del *Sabbath* de los Panes sin levadura; Israel ofrece nuevos granos de la cosecha de verano. **Cumplimiento**: El Espíritu Santo fue derramado sobre los discípulos 49 días después de la resurrección de Jesús (50 días después del sábado que la precedió).
Fiesta de las trompetas	Lev. 23:23-35; Núm. 29:1-11; Mat. 24:31; 1 Cor. 15:51-52; 1 Tes. 4:16-17	También llamado *Rosh HaShana*; trompeta tocada para llamar a la gente a un tiempo de introspección y arrepentimiento. **Cumplimiento**: Tradicionalmente asociado con el juicio y el Libro de la Vida, representa la segunda venida de Jesús como juez; la venida de Jesús será anunciada por un toque de trompeta.
Expiación	Lev. 23:26-32,44-46; Rom. 3:21-25; Heb. 9:11-28	También llamado *Yom Kippur*; el sumo sacerdote hace la expiación del pecado en el lugar sagrado donde descansaba el arca del pacto; día final de diez días de arrepentimiento de la Fiesta de las Trompetas; dos cabras (sacrificio de expiación y chivo expiatorio) representaron la expiación del pecado de Israel por otro año. **Cumplimiento**: Jesús como Sumo Sacerdote entró en el cielo (lugar santísimo) e hizo la expiación eterna del pecado con Su sangre.

Festividad	Escritura	Descripción/Cumplimiento
Fiesta de los tabernáculos	Lev. 23:34-43; Juan 1:14; 7:38-39; 8:12; 9:5	También llamado *Sucot*; los judíos vivían en tiendas de campaña durante una semana; recordatorio de la protección de Dios durante las andanzas por el desierto de Israel; el sacerdote vertía agua para simbolizar el mundo conociendo a Dios en la llegada del Mesías. **Cumplimiento**: Jesús hizo su morada entre nosotros; Jesús como fuente de agua viva que fluirá de los creyentes (discurso de Jesús en la Fiesta de los tabernáculos).

d. La última pascua: señal culminante, resurrección de Lázaro, y otros eventos (11-12). En esta sección, el evangelista narra la señal culminante de Jesús, la resurrección de Lázaro (11:1-44), así como la creciente oposición a Jesús por parte de las autoridades judías (11:45-57). La asombrosa demostración del carácter mesiánico de Jesús al resucitar a Lázaro añade exaltación a la afirmación de Jesús de ser el Hijo de Dios mesiánico (ver 12:36-41; 20:30-31). A la luz de la creciente presión que siguió a la última señal de Jesús en este Evangelio, Jesús decidió evitar el público y se retiró con Sus discípulos (11:54).

Después de las siete señales de Jesús y el complot contra Él en aumento, Juan narró la unción de Jesús por María en Betania (12:1-8), que anticipó Su muerte y sepultura; la entrada triunfal de Jesús en Jerusalén, que resaltó Su identidad mesiánica (12:12-19); y la llegada de algunos griegos, que significó el inicio de la era de los gentiles (12:20-36). Estos tres acontecimientos públicos precedieron a la acusación final de rechazo de los judíos (12:37-50). Esto hace que el lector pase del «libro de las señales» (1:19-12:50) al «libro de la exaltación» (caps. 13-20), y con esto Jesús cambió el enfoque de Su revelación a Israel a la preparación de Su nueva comunidad mesiánica.

Tabla 7.3. Señales de Jesús en el Evangelio de Juan

Señal	Referencia
1. Convierte el agua en vino	2:1–11
2. Purificación del templo	2:13–22
3. Sana al hijo de un noble	4:46–54
4. Sana al paralítico de Betesda	5:1–15
5. Alimentación de los 5000	6:1–15
6. Sana a un ciego de nacimiento	9:1–41
7. Resurrección de Lázaro	11:1–44

III. El libro de la exaltación: preparando la nueva comunidad mesiánica y la pasión de Jesús (13-20)

Al concluir el «libro de las señales», Juan anticipó la resurrección y ascensión de Jesús en el «libro de la exaltación» (caps. 13-20). Se centra directamente en la preparación de Jesús para la nueva comunidad mesiánica, a la que le sigue un relato de la pasión de Jesús, que incluye Su arresto, crucifixión y sepultura, así como las dos primeras apariciones después de Su resurrección. Una declaración del propósito concluye el relato (20:30-31).

a. La purificación y la instrucción de la nueva comunidad (13-17). Con la delimitación entre creyentes e incrédulos claramente trazada, Jesús dirigió Su atención a los doce (u once) para prepararlos para el tiempo posterior a Su partida. Comúnmente llamado «discurso de despedida» (caps. 13-17), esta sección describe la preparación de Jesús en tres etapas: (1) Jesús purificó a la comunidad (13:1-30); (2) ofreció una despedida alentadora y desafiante (13:31-16:33); y (3) pronunció una oración de despedida (cap. 17).

Primero, la nueva comunidad mesiánica fue purificada, literalmente, al lavar los pies de los discípulos (13:1-17) y espiritualmente, al remover a Judas, el traidor, de entre los discípulos (13:18-30). Con la comunidad purificada, y la inminente partida de Jesús, instruyó a los once para prepararlos para el momento en que Él ya no estaría físicamente presente (13:31-16:33). Juan presentó las instrucciones de despedida de Jesús a Sus seguidores con trasfondo de la despedida de Moisés en el Deuteronomio.[23]

Después de este anuncio, Jesús consoló a Sus discípulos diciéndoles que iba a preparar un lugar para ellos en la casa de Su Padre (14:2). Para poder seguirlo ahí, debían recordar que Jesús es el único camino al Padre (14:6). Jesús consoló aún más a Sus seguidores prometiendo enviar «otro Consolador» (14:16), «el Espíritu de verdad» (14:17). Una vez que Jesús fue exaltado, los discípulos debían permanecer conectados a la «vid verdadera» (15:1), ya que apartados de Él no podían hacer nada (15:5). Deben dar testimonio en un mundo que los odiará y los perseguirá (15:18-16:33), sabiendo que la victoria de Jesús ya está asegurada (16:33).

Mientras que la purificación de la comunidad sirvió como preámbulo al discurso de despedida de Jesús, Su oración de despedida (17:1-26) proporcionó un postludio. Jesús oró primero por sí mismo (17:1-5); luego por Sus discípulos (17:6-19); y finalmente por todos aquellos que iban a creer por la palabra de ellos (17:20-26). Esto proporcionó una conclusión adecuada al discurso de despedida y una introducción a los eventos de la narración de la pasión, que sucedieron de forma rápida.

b. La pasión (18-19). Después de orar, Jesús, sabiendo lo que estaba a punto de suceder (18:4), fue arrestado en la noche por un grupo de soldados ayudados por Judas, el traidor.

---

[23] Ver 6:14-15; y las «señales» de Jesús. Entre los posibles precursores al discurso de despedida de Jesús en el Evangelio de Juan se encuentran el discurso de despedida de Moisés (Deut. 31-33), otras despedidas similares del A.T. y del Segundo templo (ver Jubileos 22:1-30; 1 Macabeos 2:49-70), y las bendiciones patriarcales del lecho de muerte y las palabras finales. Ver Köstenberger, *John* [Juan], 396-97.

La ironía de Juan crece a medida que se desarrollan los acontecimientos de la pasión. Desde la perspectiva del mundo, el interrogatorio del sumo sacerdote a Jesús (18:19-24), las negaciones de Pedro (18:15-18,25-27) y la sentencia de Pilato (18:28-19:16) revelaron las desgracias de un pretendiente judío que buscaba engañar a sus seguidores afirmando ser el tan esperado Mesías. Sin embargo, desde la perspectiva de Juan, Jesús era el rey del otro mundo que había venido como testigo de la verdad; era el que un día serviría como Juez, pero que ahora iba a dar Su vida por los pecados del mundo; y era crucificado, sepultado, y era el Mesías resucitado, cuya resurrección constituyó el acto final de Cristo que continuaba evadiendo las garras del mundo.[24]

Como el cuarto evangelista dejó claro, todos estos eventos al final del ministerio de Jesús se desarrollan de acuerdo con el predeterminado y soberano plan de Dios (12:37-41; 13:1-3; 18:4). Esto es particularmente evidente a lo largo de la pasión.[25] En el juicio y la crucifixión, los judíos se unen al mundo en su incredulidad y rechazo del Mesías. La estructura cuidadosamente planeada de escenas exteriores e interiores del juicio de Jesús (18:28-19:16a)[26] tiene por objeto «exhibir el resultado paradójico de todo el proceso, cómo ellos [Pilato y los líderes judíos] se encontraron en una única alianza sin principios contra Jesús»,[27] lo que llevó a la crucifixión de Jesús (19:16b-42).

c. Resurrección y las apariciones de Jesús, comisión de los discípulos (20:1-29). La resurrección y las apariciones de Jesús concluyen la narración de la pasión antes de la conclusión del Evangelio. La tumba vacía ofreció el primer rayo de esperanza del retorno que Jesús prometió en el discurso de despedida (20:1-10). Este rayo de esperanza alcanzó su fruto inicial en el encuentro de Jesús con María Magdalena (20:11-18). Jesús se apareció después a los discípulos (20:19-23) y a Tomás (20:24-29).

Culminando el motivo del «envío» en este Evangelio, Jesús comisionó a Sus discípulos (20:21), soplando sobre ellos y, en un gesto simbólico, confiriéndoles el Espíritu Santo (20:22) y un mensaje de perdón (20:23).[28] La aparición de Jesús a Tomás concluyó con la confesión culminante de este último: «… ¡Señor mío, y Dios mío!» (20:28), que recuerda la identificación inicial de Jesús como Dios en el prólogo (1:1,18).

d. Declaración final del propósito (20:30-31). La declaración final del propósito en Juan 20:30-31 presenta todos los temas principales de la narrativa previa: (1) señales específicas; (2) la necesidad de creer que Jesús es el Mesías y el Hijo de Dios; y (3) la promesa de vida, tanto presente como eterna.[29]

---

[24] M. W. G. Stibbe, *John as Storyteller: Narrative Criticism and the Fourth Gospel* [Juan como contador de cuentos: crítica narrativa y el cuarto Evangelio,], SNTSMS 73 (Cambridge: University Press, 1992), 111–12.

[25] Ver especialmente el cumplimiento del A.T. en los textos de Juan 19:24,28,36–37; Köstenberger, *John* [Juan], en *Commentary on the New Testament Use of the Old Testament* [Comentario del uso del Nuevo Testamento en el Antiguo Testamento], 500–6.

[26] Externa (18:29–32); interna (18:33–38a); externa (18:38b-40); interna (19:1–3); externa (19:4–7); interna (19:8–11); y externa (19:12–15).

[27] Ridderbos, *Gospel According to John* [Evangelio según Juan], 587.

[28] Para un estudio profundo, ver A. J. Köstenberger, *The Missions of Jesus and the Disciples According to the Fourth Gospel* [La misión de Jesús y los discípulos según el cuarto Evangelio] (Grand Rapids: Eerdmans, 1998).

[29] Ver Köstenberger, *John* [Juan], 581–82.

IV. Epílogo: los roles complementarios de Pedro y el discípulo amado (21)

A primera vista parece que el Evangelio de Juan concluye con la declaración final del propósito en Juan 20:30-31; y que el epílogo fue probablemente añadido posteriormente por otro escritor. Sin embargo, lo más probable es que el epílogo sirva como el sujeta libros de cierre que corresponde al sujeta libros de apertura del prólogo. El epílogo resuelve la relación entre Pedro y el «el discípulo a quien amaba Jesús» explicando que no había competencia, y aclara la identidad de Juan como autor. Así que el epílogo probablemente fue escrito por Juan: su lenguaje y estilo son similares a los de los capítulos 1-20; no existe evidencia de que el Evangelio de Juan haya circulado alguna vez sin él. Por lo tanto, el epílogo parece ser parte del plan literario general de Juan.[30]

Tabla 7.4. Los siete dichos de Jesús en la cruz

Dichos de Jesús	Referencia
Padre, perdónalos, porque no saben lo que hacen.	Luc. 23:34
De cierto te digo que hoy estarás conmigo en el paraíso.	Luc. 23:43
Mujer, he ahí tu hijo [...] He ahí tu madre.	Juan 19:26–27
Elí, Elí, ¿lama sabactani? Esto es: Dios mío, Dios mío, ¿por qué me has desamparado?	Mat. 27:46; Mar. 15:34
Tengo sed.	Juan 19:28
Consumado es.	Juan 19:30
Padre, en tus manos encomiendo mi espíritu.	Luc. 23:46

a. La tercera aparición de Jesús (21:1-14). Después de aparecerse a los discípulos, Jesús se mostró por tercera vez, validando así Su resurrección.[31] Los discípulos regresaron al mar de Tiberias (mar de Galilea; ver 6:1,23) a pescar.[32] Cuando Jesús los llamó desde la orilla, no lo reconocieron (21:4). Sin embargo, después de que les indicara dónde echar la red, «el discípulo a quien amaba Jesús» reconoció al «Señor», lo que llevó a Pedro a sumergirse en el agua para nadar hasta la orilla.

b. Jesús y Pedro (21:15-19). Previamente, Pedro había negado conocer a Jesús tres veces (18:15-18,25-27). Ahora, Jesús afirmó y comisionó a Pedro ante los discípulos. A pesar de su fracaso, Pedro se convertiría en el líder de la Iglesia (ver Mat. 16:16-19; Hech. 1-12) y glorificaría a Dios sufriendo una muerte similar a la de su Señor (21:18-19).

---

[30] Ver *Ibid.*, 583–86.

[31] Ver «Esta era ya la tercera vez que Jesús se manifestaba a sus discípulos, después de haber resucitado de los muertos» (comp. 20:19–23,24–29). Nótese que esta numeración no incluye la aparición de Jesús a María Magdalena (20:11-18), lo que indica que el cuarto evangelista no la incluyó entre los discípulos de Jesús conocidos como los doce (u once).

[32] Ya que esta era la antigua profesión de Pedro (ver Mat. 4:18), el regreso de los discípulos a la pesca puede indicar incredulidad. Esto también se sugiere por el hecho de que no pescaron nada. Ver la discusión en Köstenberger, *John* [Juan], 588–89.

c. Jesús y el discípulo a quien amaba Jesús (21:20-25). El cuarto evangelista concluyó su Evangelio con un intercambio entre Jesús, Pedro y «el discípulo a quien amaba Jesús». Se propagó el rumor de que este discípulo no moriría antes del regreso de Jesús (21:23), y «el discípulo a quien amaba Jesús» fue identificado como el autor del Evangelio (21:24; ver 21:20; 13:23; comp. «Autor» arriba). Esto concluye de forma adecuada la relación de Pedro con «el discípulo a quien amaba Jesús» y el autor del Evangelio. La declaración final de Juan de que ni aun en el mundo cabrían los libros que se habrían de escribir si se escribieran todas las cosas que hizo Jesús (21:25) proporciona una conclusión adecuada a su Evangelio y a los cuatro Evangelios.

TEOLOGÍA

Temas teológicos[33]

Jesús como el Verbo, el Cordero de Dios y el Mesías, el Hijo de Dios. El Evangelio de Juan hace una contribución indispensable al canon del N.T., ya que retrata a Jesús como el Verbo que estaba en el principio con Dios y que era Dios (1:1) que se hizo carne (1:14), «el Cordero de Dios» para quitar el pecado del mundo (1:29,36). Así, Juan presentó a Jesús como divino (1:1; 8:58; 12:41; 17:5; 20:28) y humano (4:6-7; 11:33,35; 19:28).[34]

Al principio, el relato de Juan se basa en el entendimiento del A.T., de que Dios envía Su Palabra (ver 1:1: *logos*) para cumplir Su propósito (ver Isa. 55:10-11).[35] Jesús se presenta como el Verbo, enviado desde el cielo para cumplir una misión y, una vez cumplida la misión, regresar al lugar de donde vino (1:1,14; 13:1-3; 16:28; ver Isa. 55:11). Por lo tanto, a lo largo de su Evangelio, Juan aporta pruebas de que Jesús es el Hijo de Dios, el Mesías (20:30-31) enviado por el Padre.

Jesús también es el «Cordero de Dios» (1:29,36) que quita el pecado del mundo. Juan hizo eco de la teología del A.T.: así como el cordero de la Pascua proporcionaba expiación para el pecado del pueblo, también lo hace Jesús (ver 8:24,34). La naturaleza sacrificial y sustitutiva de la muerte de Jesús también se manifiesta en las referencias a Jesús como «el pan de vida» dado por la vida del mundo (6:31-59) y como el «buen pastor» que da Su vida por Sus ovejas (10:11-17). Por lo tanto, una parte vital de la misión de Jesús es quitar el pecado por medio de Su sacrificio.

Las señales. El significado de las señales en el Evangelio de Juan difícilmente es exagerado. La realización de determinadas señales mesiánicas por Jesús domina la primera mitad del Evangelio de Juan (caps. 1-12), llegando al primer momento culminante, el rechazo judío de Jesús como Mesías (12:36b-41). Las señales mesiánicas de Jesús culminan con la resurrección de Lázaro, anticipando Su propia resurrección. En general, la selección de

---

[33] Para un estudio profundo de la teología de Juan, ver A. J. Köstenberger, *A Theology of John's Gospel and Letters: The Word, the Christ, the Son of God* [Teología del Evangelio y las cartas de Juan: la Palabra, Cristo, el Hijo de Dios], BTNT (Grand Rapids: Zondervan, 2009).

[34] Ver A. J. Köstenberger y S. R. Swain, *Father, Son and Spirit: The Trinity and John's Gospel* [Padre, Hijo y Espíritu: la Trinidad y el Evangelio de Juan], NSBT (Leicester, UK: InterVarsity, 2008), que argumentaba que la cristología de Juan no minimiza ni sacrifica sus puntos de vista monoteístas judíos.

[35] Köstenberger, *John* [Juan], 39.

Juan de los actos particulares de Jesús como señales parece proceder según el criterio de despliegues sorprendentes o asombrosos del poder de Jesús. En cada caso esto queda claro por las referencias específicas proporcionadas por el evangelista, que a menudo implican a un número (grande) de personas (2:6,19-20; 4:52-53; 5:38; 6:13; 9:1; 11:39).

Todas estas características subrayan la sorprendente naturaleza de las manifestaciones de la identidad mesiánica de Jesús, que hizo aún más inexcusable la incredulidad judía. El significado de las señales en el Evangelio de Juan se destaca aún más por las referencias estratégicas a las señales de Jesús al final de la primera mitad del Evangelio de Juan (12:36-40) y en la declaración del propósito (20:30-31). Esto muestra que, para Juan, las señales eran tanto un motivo cristológico clave, como un componente estructural de su Evangelio. En Juan, las señales sirven como evidencia de Su identidad y como ayuda para llevar a los incrédulos en la fe, porque el resultado deseado de la misión de Jesús es que la gente crea en Él como el Mesías.

PUNTOS DE APLICACIÓN

- Creer que Jesús es el Verbo eterno a través del cual Dios creó todas las cosas (1:1).
- Comprender que la vida eterna comienza aquí y ahora (10:10).
- Confía en tu fe; Jesús se probó a sí mismo con muchas señales (12:37; 20:30-31).
- Sean obedientes y fieles; Jesús los envió como el Padre lo envió a Él (20:21-22).
- Creer o no creer, esa es la cuestión (20:30-31).

PREGUNTAS DE ESTUDIO

1. ¿Quién es «el discípulo a quien amaba Jesús»?
2. ¿Cuáles son las dos divisiones principales que la estructura del Evangelio de Juan?
3. ¿Cómo sirve Juan 1:1-18 como mapa del Evangelio?
4. ¿Cuál es el principal propósito de las señales incluidas en la primera mitad del Evangelio de Juan?
5. ¿Cuál es el propósito principal de las declaraciones de Jesús: «Yo soy»?
6. ¿Cuáles son las implicaciones de que Jesús sea el Hijo enviado de Dios?

PARA UN ESTUDIO MÁS PROFUNDO

Barrett, C. K. *The Gospel According to St. John*. 2.ª ed. Philadelphia: Westminster, 1978.
Beasley-Murray, G. R. *John*. Word Biblical Commentary 36. 2.ª ed. Waco: Word, 1998 [1987].
Blomberg, C. L. *The Historical Reliability of John's Gospel*. Downers Grove: InterVarsity, 2002.
Carson, D. A. *The Gospel According to John*. Pillar New Testament Commentary. Grand Rapids: Eerdmans, 1991.
Keener, C. S. *The Gospel of John: A Commentary*. 2 vols. Peabody: Hendrickson, 2003.
Köstenberger, A. J. *Encountering John: The Gospel in Its Historical, Literary, and Theological Perspective*. Encountering Biblical Studies. Grand Rapids: Baker, 1999.
_____. *John*. Baker Exegetical Commentary on the New Testament. Grand Rapids: Baker, 2004.
_____. «John». Páginas 1–216 en *Zondervan Illustrated Bible Backgrounds Commentary*, vol. 2. Editado por C. E. Arnold. Grand Rapids: Zondervan, 2001.
_____. *A Theology of John's Gospel and Letters: The Word, the Christ, the Son of God*. Biblical Theology of the New Testament. Grand Rapids: Zondervan, 2009.

Köstenberger, A. J., and S. R. Swain. *Father, Son and Spirit: The Trinity and John's Gospel.* New Studies in Biblical Theology 24. Downers Grove: InterVarsity, 2008.
Lincoln, A. T. *Truth on Trial: The Lawsuit Motif in the Fourth Gospel.* Peabody: Hendrickson, 2000.
Morris, L. *The Gospel According to John.* New International Commentary on the New Testament. Rev. ed. Grand Rapids: Eerdmans, 1995.
_____. *Jesus Is the Christ.* Grand Rapids: Eerdmans, 1989.
Pryor, J. W. *John: Evangelist of the Covenant People: The Narrative and Themes of the Fourth Gospel.* Downers Grove: InterVarsity, 1992.
Ridderbos, H. N. *The Gospel of John: A Theological Commentary.* Grand Rapids: Eerdmans, 1997.

Tercera Parte

LA IGLESIA PRIMITIVA Y PABLO

EN ESTA PARTE de la obra, el Libro de los Hechos (cap. 8) constituye el marco básico para la discusión de la vida y el ministerio de Pablo (cap. 9); y los capítulos siguientes tratan las cartas de Pablo en secuencia cronológica en su probable orden de escritura (capítulos 10-15): Gálatas; 1 y 2 Tesalonicenses; 1 y 2 Corintios; Romanos; las epístolas de la prisión (Filipenses, Efesios, Colosenses y Filemón); y las epístolas pastorales (1 y 2 Timoteo; Tito).

Organizar el material de esta manera nos permite tener una idea del desarrollo de la Iglesia primitiva y del cristianismo del primer siglo a lo largo de la carrera misionera de Pablo. Dado que Pablo escribió 13 de los 27 libros del N.T., y que sus cartas sondean las principales implicaciones de la misión de Jesús y la obra de salvación para los creyentes del N.T., la tercera parte forma el corazón de esta introducción al N.T. Está complementada y completada por la discusión de las Epístolas generales y el Libro de Apocalipsis en la cuarta parte (caps. 16-20).

Capítulo 8
El Libro de los Hechos

CONOCIMIENTO ESENCIAL

Los estudiantes deben conocer los eventos clave del Libro de los Hechos. Con respecto a la historia, deben ser capaces de identificar el autor, la fecha, la procedencia, el destinatario y el propósito del libro. Con respecto a la literatura, deben ser capaces de proporcionar un esquema básico del libro e identificar los elementos centrales del contenido que se encuentran en la discusión unidad por unidad. Con respecto a la teología, los estudiantes deben ser capaces de identificar los principales temas teológicos en el Libro de los Hechos.

ASPECTOS CLAVE	
Autor:	Lucas.
Fecha:	Principios de los 60.
Procedencia:	Roma.
Destinatario:	Teófilo.
Propósito:	Una defensa de la fe cristiana que muestra la expansión de la Iglesia primitiva de una secta judía a un movimiento mundial.
Tema:	Historia de la salvación: el nacimiento y la misión de la Iglesia primitiva.
Versículo clave:	1:8.

CONTRIBUCIÓN AL CANON

- Volumen 2 de Lucas-Hechos: lo que Jesús continuó haciendo a través del Espíritu Santo (1:1).
- Relato de la expansión del cristianismo desde Jerusalén hasta Roma (1:8) y de la vida y prácticas de la Iglesia primitiva (ver 2:42).
- La entrega del Espíritu en el Pentecostés y el nacimiento de la Iglesia del N.T. (cap. 2).

El Libro de los Hechos

- Ministerio de Pedro, Juan, Santiago (medio hermano de Jesús) y otros (caps. 1-12).
- Inclusión de los gentiles por decreto del concilio de Jerusalén (cap. 15).
- Ministerio de Pablo «al judío primero y también a los gentiles» en los lugares a los que Pablo dirigió las cartas incluidas en el canon (caps. 13-28; ver especialmente 28:23-28).

INTRODUCCIÓN

CUANDO OSCAR WILDE estudiaba los clásicos en Oxford, tuvo que hacer un examen oral para comprobar su conocimiento del griego. Los examinadores lo miraron, percibieron que era «un joven decadente y "difícil"», y le asignaron el texto más difícil de traducir del N.T. griego: el relato del naufragio de Pablo en Hechos 27 con su extenso uso del lenguaje náutico. «Eso es todo, Sr. Wilde», dijeron los examinadores cuando Oscar, un brillante estudiante de griego, proporcionó una traducción sin esfuerzo. «Oh, por favor —exclamó Wilde— permítanme continuar, estoy deseando saber cómo termina la historia».[1]

Esta anécdota ilustra dos facetas del Libro de los Hechos. Para empezar, es el relato de una gran aventura que nos lleva de Palestina al centro del mundo gentil: Roma. A lo largo del camino, incluye la emocionante historia de encuentros con personas y gobiernos hostiles, aventuras de navegación y naufragios, incluso dramas en la corte. Sin duda alguna, el Libro de los Hechos es una fascinante aventura. Pero la anécdota no solo subraya la emocionante historia que es el Libro de los Hechos, sino que también nos deja (como a Wilde) con el deseo de saber cómo terminó la historia después del final del libro, ya que Pablo permaneció detenido en Roma esperando el juicio.

HISTORIA

Autor

En un capítulo anterior, identificamos a Lucas, el amado médico, como el autor tanto del Evangelio como del Libro de los Hechos. Para recapitular, Lucas era un hombre bien educado, con amplio conocimiento del A.T. (especialmente en la LXX). Conocía la geografía de Palestina y el mundo mediterráneo. No era un discípulo original (ver Luc. 1:2), sino un compañero de viaje de Pablo (de ahí el uso del pronombre plural en primera persona en los pasajes del «nosotros» a partir de Hech. 16:8-17; ver tabla 8.1) y reveló un gran respeto por Pablo en sus escritos. Así que, aunque Lucas no fue testigo ocular de los acontecimientos registrados en su Evangelio, fue testigo de una parte significativa de los acontecimientos narrados en la segunda mitad del Libro de los Hechos. La estrecha asociación de Lucas con el apóstol Pablo aseguró que se cumpliera el criterio canónico de la apostolicidad.

---

[1] A. N. Wilson, *Paul: The Mind of the Apostle* [Pablo: La mente del apostol] (Nueva York: W. W. Norton, 1997), 21–22. Irónicamente, por supuesto, Wilde no habría descubierto cómo termina la historia incluso si hubiera leído el final del Libro de los Hechos, ya que la historia tiene un final abierto.

Tabla 8.1. Los pasajes de «nosotros» en Hechos

Pasaje en Hechos	Viaje y lugares	Evento
16:8-17	Troas a Filipos	Ministerio en Filipos
20:5-15	Filipos a Troas a Mileto	En camino a Jerusalén
21:1-18	Mileto a Jerusalén vía Cesarea	En camino a Jerusalén
27:1-28:16	Cesarea a Roma	Hasta llegar a Roma

Fecha

Al igual que su autoría, la fecha del Libro de los Hechos se estableció en el capítulo del Evangelio de Lucas. Una fecha temprana sigue siendo la mejor opción para el Libro de los Hechos. El final abrupto; la presentación neutral, incluso amistosa, del Imperio romano; la falta de mención de las cartas paulinas; y la falta de mención de la guerra judía y sus eventos, todo apunta a una fecha temprana para Hechos.[2] El final de Hechos se explica mejor como Lucas registrando todo lo que ha sucedido hasta este punto en la misión de Pablo. Aunque no es universalmente aceptado, una fecha temprana es la más plausible a la luz de la evidencia disponible.

Si Pablo (1) fue liberado de su primer encarcelamiento romano en el que se encontraba al final del Libro de los Hechos; (2) emprendió varios años más de viajes misioneros y de ministerio como sugieren las cartas pastorales; (3) su martirio fue precedido por un segundo encarcelamiento romano, significativamente más duro, como parece indicar 2 Timoteo; y (4) como indica la tradición, fue martirizado en ca. 65/66 durante la persecución de Nerón (54-68), después del gran incendio de Roma (64), 60 es la fecha más razonable para la conclusión del Libro de los Hechos y una fecha de composición poco después.

Procedencia

Considerando la fecha del año 60, la única opción para la procedencia del libro es la ciudad de Roma. Si Lucas se había puesto al día con Pablo de manera que el apóstol estaba esperando ser juzgado en Roma en el momento de escribirlo, y si el «nosotros» es una implicación personal, entonces Lucas estaba con Pablo cuando escribió el libro. Este fue el punto de vista de Ireneo (ca. 130-200), Eusebio (ca. 260-340), y Jerónimo (ca. 345-420).[3] Como Ireneo, Jerónimo y Eusebio, podemos deducir del final que Lucas estaba con Pablo en Roma en el momento de escribir este libro sin poner ningún peso indebido en esta deducción. (También, en un momento posterior, se dice que Lucas es el único que queda con Pablo en Roma; ver 2 Tim. 4:11).

---

[2] Para conocer una forma ligeramente diferente para llegar a la misma conclusión, ver A. J. Matill Jr., «*The Date and Purpose of Luke-Acts: Rackham Reconsidered*» [«La fecha y el propósito de Lucas-Hechos»], *CBQ* 40 (1978): 335–50.

[3] Ireneo, *Against Heresies* [Contra las herejías], 3.1.1; 3.14.1; Eusebio, *Hist. Ecl.* 2.22.6; y Jerónimo, *De Viris Illustribus* 7.

Destinatario

Teófilo, como el Epafrodito de Josefo, no es nombrado en el resto de la narración. Como se discutió en el capítulo 6 del Evangelio de Lucas, poco se sabe de él, aparte de que pudo haber sido un funcionario romano (ver «excelentísimo» en Luc. 1:3; comp. Hech. 23:26; 24:3; 26:25 con referencia a Félix y Festo) y que había recibido información previa con respecto a la fe cristiana (Luc. 1:4). Lo más probable es que fuera el mecenas literario de Lucas.

Lucas también tenía una audiencia más allá de Teófilo. Para discernir esta audiencia, es conveniente notar el tipo de información que Lucas esperaba o no esperaba que su audiencia supiera. Por un lado, no esperaba que sus lectores conocieran los detalles básicos de la topografía de Judea (ver Hech. 1:12), o el idioma local, el arameo (ver 1:12, 19; 4:36; 9:36; 13:8). Al mismo tiempo, no explicó las instituciones judías como el Pentecostés (2:1; 20:16), el «camino de un día de reposo» (1:12), la inmundicia (10:14) y la «Pascua» (12:4), lo que sugiere que Lucas esperaba que su audiencia estuviera familiarizada con este tipo de información.[4] Hechos es un libro que resonaría bien con los hablantes no arameos familiarizados con el A.T. griego (LXX). Esto habría incluido a los cristianos gentiles, y no habría descartado a los judíos de la diáspora o a los cristianos judíos que vivían fuera de Palestina. Más allá de esto, cualquier persona interesada en la naturaleza y el fenomenal surgimiento del cristianismo en las primeras décadas de la Iglesia habría encontrado el Libro de los Hechos valioso e informativo.

Propósito

Al considerar el propósito de los Hechos, hay que recordar que la obra es una secuela del Evangelio de Lucas. Esto no significa necesariamente que el propósito de los Hechos sea idéntico al del Evangelio de Lucas; significa que el primero debe relacionarse adecuadamente con el segundo (ver esp. Hech. 1:1). Si el prefacio de Lucas se aplica también a Hechos (y dada la brevedad del prefacio de Hechos, este es probablemente el caso), entonces Lucas se propuso escribir un relato ordenado y proporcionar seguridad y una disculpa o defensa de la fe cristiana. ¿Pero qué tipo de defensa proporcionó Lucas?

La primera y mejor indicación es la estructura literaria de los Hechos, que gira en torno a mostrar la temprana expansión de la Iglesia de una secta local a un movimiento mundial autorizado por Dios. Cada expansión se produce por la guía del Espíritu Santo en lugar de la propia iniciativa de los discípulos. En este énfasis teológico, el libro manifiesta el mismo enfoque sobre el plan de Dios (incluyendo la promesa y el cumplimiento) que es prominente en el Evangelio de Lucas. Esto también responde a la pregunta de por qué se necesitaba una secuela del Evangelio de Lucas en primer lugar. El Evangelio es sobre «todas las cosas que Jesús comenzó a hacer y a enseñar» (Hech. 1:1), y Hechos narra la continuación de lo que comenzó en el Evangelio. La historia de Jesús no está completa hasta que el evangelio se ha trasladado de la capital judía «hasta lo último de la tierra», todo el camino hasta Roma (Hech. 1:8).

---

[4] Hemer, *Book of Acts in the Setting of Hellenistic History* [El Libro de los Hechos en la historia helénica], 107.

Así, el Libro de los Hechos *sale* de Jerusalén y Palestina. En la segunda mitad del libro, Pablo regresa continuamente a Jerusalén solo para adentrarse cada vez más en el mundo gentil. Se desarrolla un patrón de rechazo judío al Mesías seguido de la inclusión de los gentiles: la apologética por la inclusión de los gentiles en la primera parte del libro, que culminó en el concilio de Jerusalén (Hech. 15:1-29), el patrón consistente de Pablo de predicar en la sinagoga local de cada ciudad antes de pasar a los gentiles, y los repetidos regresos de Pablo a Jerusalén. En Hechos 28:25-27, Pablo habló a los líderes judíos y algunos creyeron en el Mesías. Sin embargo, para aquellos que no lo hacían, Pablo citó Isaías 6:9-10:

> Bien habló el Espíritu Santo por medio del profeta Isaías a nuestros padres, diciendo:
> Ve a este pueblo, y diles: De oído oiréis, y no entenderéis; y viendo veréis, y no percibiréis; porque el corazón de este pueblo se ha engrosado, y con los oídos oyeron pesadamente, y sus ojos han cerrado, para que no vean con los ojos, y oigan con los oídos, y entiendan de corazón, y se conviertan, y yo los sane.

Habiendo explicado así el rechazo del evangelio por parte de los judíos, Pablo concluyó la siguiente implicación: «Sabed, pues, que a los gentiles es enviada esta salvación de Dios; y ellos oirán» (28:28). Con esto, el Libro de los Hechos se cierra. Con esta estructura, el propósito de Lucas era escribir una narración histórica precisa diseñada para edificar a sus lectores cristianos y ayudarles a evangelizar a los no creyentes, incluyendo a los judíos de la diáspora y a los que no hablaban arameo familiarizados con el A.T.

LITERATURA

Género

La pregunta sobre el género de los Hechos es más que una simple cuestión de curiosidad. La respuesta a esta pregunta ayuda a identificar las expectativas que debemos tener al adentrarnos al libro. Ciertos géneros de literatura no tienen o tienen pocas expectativas de confiabilidad o veracidad histórica (por ejemplo, un cuento de hadas o una novela). Por lo tanto, es importante saber si el Libro de los Hechos fue escrito como una colección de leyendas o como una narrativa histórica seria. Así, la identificación del género de los Hechos es una ayuda importante para comprender el propósito de Lucas.

Al igual que los Evangelios, el género literario de los Hechos es difícil de determinar con certeza. Los Evangelios han sido identificados por algunos como una forma especializada de biografía, con las palabras y hechos de Jesús en el centro. Si es así, a primera vista, el segundo volumen de Lucas no parece encajar en esta descripción, ya que presenta los hechos de más de una persona: Pedro, Esteban, Felipe, Pablo, y el enfoque cambia de persona a persona. Esteban solo es importante en Hechos 6 y 7, Felipe en Hechos 8. Después de Hechos 15, Pedro abandona la escena por completo; y luego el personaje principal es Pablo, mientras el evangelio se mueve a través del mundo conocido. Parece que las personalidades involucradas sirven a un propósito diferente a la crónica de sus vidas. Como tal, hay un, y solo un, agente divino principal que subyace en toda la trama del Libro de los Hechos: el Espíritu Santo. Por esta razón, en lugar de identificar el libro como la presentación de los «Hechos de los Apóstoles», puede ser más exacto decir que en su corazón están los «Hechos del Espíritu Santo».

De hecho, esta unidad de lo que Jesús comenzó a hacer durante Su ministerio terrenal, y lo que comenzó a hacer en el poder del Espíritu Santo después de Su ascensión, parece ser precisamente lo que Lucas implica en el versículo inicial de los Hechos: «En el primer tratado, oh Teófilo, hablé acerca de todas las cosas que Jesús comenzó a hacer y a enseñar, hasta el día en que fue recibido arriba, después de haber dado mandamientos por el Espíritu Santo a los apóstoles que había escogido» (Hech. 1:1-2). Esto puede constituir el punto común entre el Evangelio de Lucas y los Hechos y marcar ambos libros como una unidad literaria.

El género de los Hechos es también similar a la historiografía del Antiguo Testamento, donde la historia es historiografía antigua con un enfoque teológico. Blomberg la llamó «historia teológica»,[5] que parece ser una forma satisfactoria de captar la naturaleza del libro. Si es así, el lector debe esperar que el libro exponga una narrativa histórica que se esfuerce no solo por la exactitud en su representación de los acontecimientos, sino también por centrarse en Dios en su enfoque de la historia. En Hechos, Dios está generando la historia de la salvación.

Plan literario

El plano básico de los Hechos se da en Hechos 1:8: «Pero recibiréis poder, cuando haya venido sobre vosotros el Espíritu Santo, y me seréis testigos en Jerusalén, en toda Judea, en Samaria, y hasta lo último de la tierra». El resto del libro muestra el cumplimiento del mandato de Jesús y el desarrollo del plan de Dios desde la Iglesia en Jerusalén y Judea (1:1-6:7) hasta Samaria (6:8-9:31) y hasta los confines de la tierra (9:32-28:31).[6] Lucas se esmeró en mostrar que la expansión del cristianismo estaba bajo la dirección de Dios, incluyendo a los gentiles, mientras que al mismo tiempo continuaba la salvación «a los judíos primero».

En el corazón del libro está el concilio de Jerusalén (cap. 15), donde la Iglesia reguló la inclusión de los gentiles en el rápido crecimiento del movimiento cristiano. El ministerio de Pablo se presenta a través de tres viajes misioneros (uno antes y dos después del concilio de Jerusalén). Similar al Evangelio de Lucas, donde la extensa «narrativa de viaje de Lucas» muestra a Jesús en Su camino a Jerusalén, la acción se ralentiza durante el último

---

[5] C. L. Blomberg, *From Pentecost to Patmos: An Introduction to Acts Through Revelation* [De Pentecostés a Patmos: Introducción de Hechos hasta Apocalipsis] (Nashville: B&H, 2006), 17.

[6] Los comentaristas esbozan el libro de maneras ligeramente diferentes. Ver, por ejemplo, F. F. Bruce, *The Book of Acts* [El Libro de los Hechos], NICNT, ed. rev. (Grand Rapids: Eerdmans, 1988), vii-xiv; y D. L. Bock, *Acts* [Hechos], BECNT (Grand Rapids: Baker, 2007), vii-viii. Para otros esquemas ver I. H. Marshall, *The Acts of the Apostles* [Los Hechos de los apóstoles], TNTC (Grand Rapids: Eerdmans, 1980), 51-54; J. R. W. Stott, *The Spirit, the Church, and the World: The Message of Acts* [El Espíritu, la Iglesia y el mundo: El Mensaje de los Hechos] (Downers Grove: InterVarsity, 1990), 3-4; y W. J. Larkin Jr., *Acts* [Hechos], IVPNTC (Downers Grove: InterVarsity, 1995), 34-36.

cuarto del Libro de los Hechos, mientras Pablo se dirigía al juicio en Roma. A diferencia del Evangelio de Lucas, donde Jesús es arrestado, juzgado y crucificado, y al tercer día resucita de entre los muertos, Hechos termina con una nota no concluyente, con Pablo todavía esperando el juicio en Roma.[7]

BOSQUEJO

I. FUNDAMENTOS DE LA IGLESIA Y SU MISIÓN (1:1-2:47).
   a. Prefacio (1:1-5).
   b. Jerusalén: esperando al Espíritu (1:6-26).
   c. Pentecostés: nacimiento de la Iglesia (2:1-47).

II. LA IGLESIA EN JERUSALÉN (3:1-6:7).
   a. Un milagro y sus consecuencias (3:1-4:31).
   b. Problemas dentro y fuera (4:32-6:7).

III. HORIZONTES MÁS AMPLIOS PARA LA IGLESIA: ESTEBAN, SAMARIA Y SAULO (6:8-9:31).
   a. Sufrimiento: uno de los siervos es arrestado y martirizado (6:8-7:60).
   b. Palestina y Siria: Felipe, Saulo y Pedro (8:1-9:30).
   c. Resumen: Judea, Galilea y Samaria (9:31).

IV. PEDRO Y EL PRIMER GENTIL CONVERTIDO (9:32-12:24).
   a. La prueba de la conversión gentil (9:32-11:18).
   b. La conversión gentil en Antioquía y el regreso de Pablo (11:19-26).
   c. Acontecimientos en Jerusalén (11:27-12:24).

V. PABLO SE VUELVE HACIA LOS GENTILES (12:25-16:5).
   a. Primer viaje misionero (12:25-14:28).
   b. Concilio de Jerusalén (15:1-35).
   c. Comienza el segundo viaje misionero (15:36-16:5).

VI. MAYOR ALCANCE EN EL MUNDO GENTIL (16:6-19:20).
   a. Segundo viaje misionero (16:6-18:22).
   b. Tercer viaje misionero (18:23-19:20).

VII. HACIA ROMA (19:21-28:31).
   a. De Éfeso a Jerusalén (19:21-21:16).
   b. La última visita de Pablo a Jerusalén y su traslado a Cesarea (21:17-23:35).
   c. Las defensas de Pablo ante Félix, Festo y Agripa (24:1-26:32).
   d. El viaje de Pablo a Roma (27:1-28:31).

DISCUSIÓN UNIDAD POR UNIDAD

I. Fundamentos de la Iglesia y su misión (1:1-2:41).

a. Prefacio (1:1-5). El Libro de los Hechos comienza refiriéndose al «primer tratado», el Evangelio de Lucas, que narró lo que Jesús comenzó a hacer y enseñar. Implícitamente, Hechos, la segunda parte de Lucas, establece la continuación del plan de Dios al registrar lo que Jesús continuó haciendo y enseñando a través del Espíritu Santo y la Iglesia apostólica.

---

[7] Algunos de los títulos del siguiente bosquejo se han tomado prestados del útil libro de H. A. Kent Jr., *Jerusalem to Rome: Studies in Acts* [Jerusalén a Roma: Estudios sobre los Hechos] (Grand Rapids: Baker, 1972), 7.

El Jesús resucitado recordó a los discípulos el Espíritu Santo prometido y les ordenó que esperaran Su inminente llegada a Jerusalén.

b. Jerusalén: esperando al Espíritu (1:6-26). Los discípulos preguntaron a Jesús cuándo establecería Su reino, pero Jesús solo les dijo que serían Sus testigos con poder del Espíritu. Siguió un período de espera y oración mientras los primeros creyentes se preparaban para la venida del Espíritu (1:6-14). Hechos 1:15-26 muestra el reemplazo de Judas. Después de establecer las reglas básicas, Matías fue seleccionado por sorteo.

c. Pentecostés: nacimiento de la Iglesia (2:1-47). Cuando llegó el día de Pentecostés, los discípulos reunidos experimentaron la venida del Espíritu Santo (2:1-13), que tuvo lugar en cumplimiento de la promesa de Jesús (ver 1:8). Debido a que estaban presentes judíos devotos de todas las naciones, todo Israel estaba representado. Estos adoradores escucharon la Palabra de Dios en sus propios idiomas y fueron testigos del poder del Espíritu, una señal del fin de los tiempos. De esta manera la venida del Espíritu en el Pentecostés resalta las implicaciones mundiales del evangelio, revirtiendo la confusión de idiomas que se produjo en el incidente de la torre de Babel (Gén. 11:1-9).

Pedro explicó el significado de los eventos que habían ocurrido (2:14-40). En esencia, la lógica del discurso de Pedro es la siguiente: (1) el Espíritu había sido ahora derramado; (2) Jesús predijo que esto ocurriría una vez que hubiera sido exaltado con Dios después de Su ascensión (Luc. 24:49; ver Hech. 1:8-9); (3) de ahí que la venida del Espíritu demostrara que Jesús había sido ahora exaltado: «Así que, exaltado por la diestra de Dios, y habiendo recibido del Padre la promesa del Espíritu Santo, ha derramado esto que vosotros veis y oís» (2:33).

Pedro citó la profecía de Joel 2:28-32 para explicar que esta era la venida prometida del Espíritu Santo (2:14-21). De la última línea de la profecía de Joel: «Y todo aquel que invocare el nombre de Jehová será salvo», pasa a la apelación evangelística de Pedro (2:22-36). Concluyó con un llamado al arrepentimiento (2:37-40), lo que resultó en 3000 convertidos. La cita de Joel 2:28-32 puede compararse con la de Isaías 61:1-2 en Lucas 4:18-19 en el sentido de que prepara el escenario para el resto del libro al narrar la venida del Espíritu a todos aquellos que invocaron el nombre del Señor.

Lucas concluyó su relato de estos eventos preliminares con la primera de varias citas que marcan las transiciones (2:41-47). La Iglesia se dedicó a la enseñanza de los apóstoles (la norma de la ortodoxia doctrinal anterior a la formación del N.T.), a la comunión, al partimiento del pan (es decir, a la celebración de la Cena del Señor) y a las oraciones (notar el plural en el griego original, que puede sugerir oraciones fijas). Muchas señales milagrosas y maravillas fueron realizadas por los apóstoles. Los creyentes tenían todo en común, adoraban a Dios con alegría y crecían continuamente en número.

II. La Iglesia en Jerusalén (3:1-6:7).

a. Un milagro y sus consecuencias (3:1-4:31). Dios realizó un notable milagro a través de Pedro quien, junto con Juan, se dirigía al templo a la hora de la oración (3:1-10). Cuando se le acercó un hombre cojo pidiendo dinero, Pedro lo sanó, y su regocijo atrajo a una gran multitud. En el discurso que dio Pedro en el templo (3:13-26) acusó a la gente de dar muerte a Jesús, pero reconoció que lo habían hecho por ignorancia. Pedro le dijo a la multitud que experimentarían «tiempos de refrigerio» si se arrepentían y seguían a Jesús.

En esto, Pedro y Juan fueron capturados por los líderes judíos (4:1-4). Esto le dio a Pedro la oportunidad de extender un mensaje similar al Sanedrín, aunque sin un llamamiento al arrepentimiento. Posteriormente, Pedro y Juan fueron liberados con órdenes de dejar de hablar de Jesús (4:5-22). A su regreso a la comunidad de creyentes, el lugar fue sacudido y los creyentes fueron todos llenos del Espíritu Santo para hablar «…con denuedo la palabra de Dios» (4:31).

b. Problemas dentro y fuera (4:32-6:7). Esta sección de los Hechos muestra la naturaleza de la nueva comunidad y los extremos a los que Dios estaba dispuesto a llegar para proteger Su pureza. Bernabé, mencionado por primera vez aquí, vendió una propiedad y donó las ganancias a la Iglesia (4:32-37). Esto impulsó a una pareja de la Iglesia, Ananías y Safira, a hacer lo mismo, pero a quedarse con una parte para ellos. Por sí mismo, esto era inobjetable, pero mentir sobre ello para aumentar su estatus era una afrenta a Dios. La pareja fue juzgada severamente: primero Ananías y luego su esposa fueron muertos en el acto (5:1-11). Como resultado, un gran temor se apoderó de la Iglesia.

Impávidos, los apóstoles predicaron continuamente en el templo, sanando audazmente en el nombre de Jesús (5:12-16). Una vez más los apóstoles fueron arrestados, pero liberados por un ángel que les dijo que siguieran adelante para que pudieran anunciar «…al pueblo todas las palabras de esta vida» (5:20). Cuando fueron arrestados de nuevo y se les prohibió predicar sobre Jesús, los apóstoles respondieron: «…Es necesario obedecer a Dios antes que a los hombres» (5:29). El consejo de Gamaliel a sus compañeros del Sanedrín era que esperaran y vieran. Si este movimiento no procedía de Dios, fracasaría, como otros movimientos lo habían hecho en el pasado. Después de ser azotados, los apóstoles volvieron gozosos a predicar la Palabra, en directa desobediencia al Sanedrín (5:40), pero en obediencia a Dios.

La sección concluye con un retorno a la vida comunitaria de la joven Iglesia. Una crisis potencial fue evitada por la selección por parte de la Iglesia de siete hombres calificados y llenos del Espíritu para satisfacer las necesidades de un grupo de viudas griegas (6:1-7). Esteban, el personaje principal del capítulo 7, es presentado como un hombre lleno de fe y del Espíritu Santo. Lucas resumió el estado de la Iglesia al destacar el testimonio efectivo dado en Jerusalén. En particular, Lucas señaló que incluso un gran número de sacerdotes se acercaron a la fe (6:7).

III. Horizontes más amplios para la Iglesia: Esteban, Samaria y Saulo (6:8-9:31).

a. Sufrimiento: uno de los siervos es arrestado y martirizado (6:8-7:60). Esteban, presentado en la sección anterior, fue falsamente acusado de hablar contra «Moisés y contra Dios» ante el Sanedrín por los «de la sinagoga llamada de los libertos» (6:8-15). La defensa de Esteban (cap. 7) muestra cómo, a lo largo de la historia de Israel, la nación se opuso al plan de Dios y persiguió a los suyos. En cierto sentido, esta unidad sirve para completar la última sección en su énfasis en la responsabilidad judía. El martirio y la visión de Esteban condujeron a los eventos que se narran en los siguientes capítulos.

b. Palestina y Siria: Felipe, Saulo y Pedro (8:1-9:31). La muerte de Esteban desencadenó un período de gran persecución para la Iglesia. Saulo, quien había desempeñado un papel importante en la lapidación de Esteban, estaba haciendo estragos en la Iglesia (8:1-3). Los creyentes, a excepción de los apóstoles, fueron dispersados por las regiones circundantes, lo que dio lugar a la extensión del evangelio más allá de Judea hasta Samaria, en cumplimiento del mandato de Jesús (ver 1:8).

Felipe, uno de los siete (6:5), hizo señales en Samaria y predicó a los samaritanos sobre Cristo (8:4-8). Sin embargo, los samaritanos no recibieron el Espíritu al ser salvos hasta que Pedro y Juan, representando a los apóstoles, vinieron e impusieron las manos sobre los creyentes samaritanos. Esto sirvió para autentificar la obra de Dios entre ellos. En el proceso, Simón el hechicero, que buscaba comprar el poder del Espíritu Santo por dinero, fue reprendido (8:9-25).

Posteriormente, Felipe, de nuevo bajo la dirección del Espíritu Santo, se encontró con un oficial de la corte de Candace, la reina de Etiopía, y lo llevó a Cristo (8:26-38). Aunque era gentil de nacimiento, probablemente era un prosélito (¿temeroso de Dios?). El Espíritu Santo transportó milagrosamente a Felipe a Azoto, donde evangelizó las regiones costeras hasta Cesarea (8:39-40). El evangelio se movió entonces a través de las regiones de Judea y Samaria.

El último capítulo de esta sección registra la conversión de Saulo, en preparación para la misión gentil (9:1-31). En el camino a Damasco para perseguir a los cristianos, Saulo se encontró con el Cristo resucitado y se convirtió. Esto marca una ocasión trascendental en la misión de la Iglesia primitiva. El mayor oponente del cristianismo se convirtió en el mayor protagonista de la misión de la Iglesia, y llevaría el evangelio hasta «los confines de la tierra».

A Ananías, un discípulo encargado de ministrar a Saulo, Jesús le describió a Saulo como su «instrumento escogido […] para llevar mi nombre en presencia de los gentiles, y de reyes, y de los hijos de Israel» (9:15). Aunque al principio se mostró escéptico, Saulo predicó el evangelio con fuerza en Damasco. Más tarde, la iglesia de Jerusalén lo recibió por la intercesión de Bernabé. Saulo predicó con valentía en el nombre de Jesús hasta que un intento de asesinato obligó a los hermanos a llevarlo a Tarso vía Cesarea.

Lucas concluyó esta sección con un resumen que incluye una referencia a la Iglesia disfrutando de un período de paz y aumento en número de creyentes. Así, Lucas hizo una crónica del plan de Dios como se expresa en 1:8, llevando el evangelio a través de Jerusalén, Judea y Samaria. Su siguiente paso fue proporcionar una clara demostración de que los gentiles pueden ser salvados sin convertirse al judaísmo primero, y este es el tema de las dos siguientes secciones principales.

IV. Pedro y el primer gentil convertido (9:32-12:24).

a. La prueba de la conversión gentil (9:32-11:18). Pedro aparentemente tenía un ministerio itinerante en Palestina. La curación de Eneas, el paralítico en Lida, llevó a la resurrección de Dorcas en Jope (9:32-43). También estableció el relato del encuentro con el centurión romano Cornelio (cap. 10). Mientras estaba en Jope, Pedro recibió una visión que le hizo ver que no debía considerar a nadie «inmundo» (10:9-29). Mientras tanto, Cornelio recibió una visión para llamar a Pedro en Jope. Cuando Cornelio creyó, Pedro se convenció de que Dios había aceptado a un gentil en la Iglesia (10:24-48). Pedro, a su vez, convenció a los escépticos entre los cristianos judíos de que la conversión de Cornelio era genuina (11:1-18).

b. La conversión gentil en Antioquía y el regreso de Pablo (11:19-26). Aquellos que se dispersaron debido a la persecución de Esteban llegaron a la Antioquía siria, predicando solo a los judíos. Pero los hombres de Chipre y Cirene predicaron a los gentiles (el término «griegos» significa «hablantes del griego», que se refiere a los gentiles). El Señor estaba con ellos, y un gran número se convirtió. Bernabé fue enviado a investigar, observó la autenticidad de la conversión, y buscó a Saulo en Tarso, enseñando diariamente durante un año. Además, los creyentes fueron llamados «cristianos» por primera vez en Antioquía.

c. Acontecimientos en Jerusalén (11:27-12:24). Los acontecimientos en Jerusalén se encuentran entre las referencias a la misión de apoyo de Saulo y Bernabé en respuesta a una hambruna (11:27-30; 12:25), lo que indica no solo la solidaridad de los nuevos creyentes gentiles con la iglesia de Jerusalén, sino también que Dios seguía moviéndose entre los judíos.

La liberación milagrosa de Pedro aparentemente enfureció tanto a Herodes Agripa I que cuando no pudo encontrar a Pedro, ejecutó a los guardias y se fue de la ciudad. Habiendo hecho una oración y después de recibir la adoración de los hombres como un dios, Herodes «expiró comido de gusanos» (12:1-23).

Otra declaración resumida de Lucas concluye la sección, señalando que la Palabra de Dios continuó extendiéndose. Bernabé y Saulo volvieron a Antioquía de su misión en Jerusalén, acompañados por Juan Marcos, que más tarde iría con ellos en la primera parte de su primer viaje misionero y, más tarde, escribiría el segundo Evangelio.

V. Pablo se vuelve a los gentiles (13:1-16:5).

a. Primer viaje misionero (13:1-14:28). La introducción del evangelio en el mundo gentil comenzó con un llamado específico del Espíritu Santo a través de los profetas de Antioquía para que apartaran a Bernabé y Saulo para la empresa misionera. Irónicamente, lo que Saulo, antes de su conversión, trató de evitar persiguiendo a los cristianos en Damasco (también en Siria), ahora lo consiguió activamente: la difusión del evangelio en Siria y más allá. Una vez comisionados, comenzaron su viaje en la casa de Bernabé en la isla de Chipre (13:4; ver 4:26). Pablo cegó al mago Elimas porque «les resistía [..] procurando apartar de la fe al procónsul» (13:8). Pero el procónsul Sergio Paulo se convirtió.

Pablo y Bernabé viajaron entonces por Antioquía de Pisidia, y 13:16-41 detalla el sermón de Pablo en la sinagoga local. Los judíos y prosélitos le rogaron a Pablo que volviera a predicar el siguiente sábado, y las multitudes que siguieron provocaron celos y burlas de los miembros de la sinagoga. Entonces Pablo se dirigió a los gentiles, y el evangelio se extendió por toda la zona. Pero los judíos instigaron una persecución contra Pablo y Bernabé, expulsándolos de la región. Esto, entonces, forma el patrón a lo largo del primer viaje: sinagoga, recepción, rechazo, persecución.

Los resultados en Iconio fueron similares a los de Antioquía de Pisidia (14:1-7). Pablo predicó en la sinagoga y luego sufrió persecución. En Listra, Bernabé y Pablo fueron recibidos con una cálida recepción que casi se convirtió en idolatría después de sanar un hombre cojo de nacimiento. Pero los judíos de Iconio y Antioquía convencieron a la multitud para apedrear a Pablo, y lo dieron por muerto. Pablo entonces evangelizó en Derbe (14:8-20) e hizo un viaje de regreso a través de Derbe, Iconio y Listra, estableciendo ancianos en cada iglesia, en su camino a Antioquía en Siria (14:21-28).

b. El concilio de Jerusalén (15:1-35). El concilio de Jerusalén es un evento fundamental para la misión gentil. La cuestión de los gentiles conversos se resuelve en esta reunión especial de los apóstoles y ancianos en Jerusalén. La cuestión era si los gentiles tenían que convertirse en prosélitos judíos antes de poder convertirse en cristianos (ver 15:1,5). La cuestión se resolvió con los testimonios de Pedro, Pablo y Bernabé, y finalmente Santiago resolvió el asunto citando Amós 9:11. Al final de la reunión, se envió una carta (ver 15:23-29) que animaba a los gentiles a abstenerse de cosas particularmente repulsivas para los judíos (15:20,29).

c. Comienza el segundo viaje misionero (15:36-16:5). Tradicionalmente, 15:36 ha sido visto como el comienzo del segundo viaje misionero de Pablo. Este viaje se presenta en términos de alentar a la iglesia en Antioquía de Siria y a las nuevas iglesias plantadas durante el primer viaje. La carta mencionada en la sección anterior fue llevada a las iglesias del sur de Galacia. Silas reemplazó a Bernabé después de que Bernabé y Pablo no estuvieran de acuerdo en llevar a Juan Marcos con ellos. Pablo dijo que no por la deserción de Marcos al principio del primer viaje misionero. Pero Bernabé quería darle otra oportunidad a su sobrino, así que se separaron. Mientras estaba en Listra, Timoteo fue altamente recomendado por las iglesias y se unió a Pablo y Silas. La sección concluye con un resumen que señala el crecimiento y el estímulo de las iglesias.

VI. Mayor alcance en el mundo gentil (16:6-19:20).

a. Segundo viaje misionero (16:6-18:22). Como todo nuevo movimiento genuino del evangelio en nuevas tierras o grupos de personas, Dios es quien instigó la irresistible difusión del evangelio en la misión de la Iglesia primitiva. El plan de Pablo era continuar a través de Asia Menor, pero el Espíritu le impidió hacerlo. Cuando soñó con un macedonio que le pedía ayuda, procedió a ir allí, «... dando por cierto que Dios nos llamaba para que les anunciásemos el evangelio» (16:10).

La primera parada de Pablo después de cruzar el Helesponto fue Filipos, donde se produce la primera sección de «nosotros» (comenzando en 16:10). El patrón de Pablo, consistente con el plan histórico de salvación de Dios, era comenzar con los residentes judíos de una ciudad o región determinada y luego dirigirse a los gentiles. La primera convertida al evangelio cristiano en Europa fue Lidia, una comerciante que vendía una costosa tela púrpura.

El enfrentamiento con una joven poseída por un demonio llevó a un doloroso pero fructífero encuentro con los magistrados de la ciudad. Pablo y sus compañeros fueron encarcelados, pero encontraron este incidente como una plataforma para el evangelio. El carcelero se convirtió, y los magistrados ofrecieron liberar a Pablo; pero él, apelando a su ciudadanía romana, no permitió que los magistrados lo golpearan a él y a sus compañeros en público y luego los liberaran en secreto. Pablo exigió y recibió una disculpa pública, pero él y sus compañeros fueron instados a dejar la ciudad.

En Tesalónica, Pablo se mantuvo consistente en seguir el patrón «al judío primeramente, y también al griego» (ver 17:2: «como acostumbraba»). Predicando en la sinagoga durante al menos tres sábados, Pablo mostró a la gente, a partir de las Escrituras, «que era necesario que el Cristo padeciese, y resucitase de los muertos» y que el Cristo era Jesús (17:3). Cuando los gentiles vinieron a Cristo en gran número, los judíos se pusieron celosos y contrataron sinvergüenzas para perseguir a los creyentes. Cuando esto fue de conocimiento de los magistrados, multaron al anfitrión de Pablo mientras él y el equipo misionero partían hacia Berea. Después de un rápido éxito, los judíos de Tesalónica los siguieron a Berea y provocaron más violencia hasta que Pablo fue forzado a ir a Atenas.

Atenas, un importante centro intelectual, proporcionó a Pablo un gran desafío en su predicación misionera. Encontró la ciudad llena de ídolos y razonó con los filósofos epicúreos y estoicos, que consideraban al apóstol un «palabrero» (literalmente, un «recolector de semillas», es decir, uno que recoge las sobras; 17:18). Algunos pensaban que Pablo hablaba de «nuevos dioses» porque proclamaba a Jesús y la resurrección (17:18). Pablo comenzó su discurso refiriéndose a un altar que había observado y que llevaba la inscripción «AL DIOS NO CONOCIDO» (17:23). A partir de esto, Pablo declaró la buena noticia de Jesús y Su resurrección de entre los muertos. Algunos ridiculizaron a Pablo, pero unos pocos creyeron, entre ellos Dionisio el Areopagita y una mujer llamada Dámaris (17:34). En general, Pablo tuvo una respuesta menos positiva que en otras ocasiones en su predicación misionera.

La siguiente parada fue Corinto, donde Pablo se reunió con Aquila y Priscila, judíos cristianos recientemente expulsados de Roma. Una vez más Pablo argumentó en las sinagogas. Cuando la gente de allí se resistió firmemente, Pablo se volvió hacia los gentiles. Crispo, el líder de la sinagoga, se convirtió junto con muchos Corintios. Pablo permaneció en Corinto durante 18 meses. Al final, el conflicto con los judíos terminó con Pablo ante el procónsul romano Galión, quien decidió que no tenía jurisdicción en los asuntos religiosos judíos. Pablo entonces partió hacia Siria vía Éfeso.

b. Tercer viaje misionero (18:23-19:20). Aunque de aquí en adelante Pablo viajó a Jerusalén y Antioquía, el enfoque está en Éfeso. Cuando Pablo dejó Corinto, fue brevemente a Éfeso. Después de predicar en la sinagoga, se le pidió a Pablo que se quedara más tiempo, pero no quiso, diciendo: «… otra vez volveré a vosotros, si Dios quiere…» (18:21). Su regreso ocurrió dos versículos más tarde. Mientras tanto, viajó a Cesarea, Jerusalén, Antioquía y volvió, visitando algunas de las iglesias del primer viaje, y luego regresó a

El Libro de los Hechos

Éfeso. Allí Pablo se encontró con un movimiento residual de Juan el Bautista (18:24-19:7), se dedicó a algún trabajo misionero inicial (19:8-10), y realizó actos extraordinarios de ministerio (19:11-20).

VII. Hacia Roma (19:21-28:31).

a. De Éfeso a Jerusalén (19:21-21:16). Pablo planeó ir a Roma después de visitar Macedonia, Acaya y Jerusalén, y este itinerario domina la sección final del libro. La visión posterior de Pablo (ver 23:11) refuerza este plan, y Roma es el objetivo en el horizonte a lo largo de esta última sección del libro. Sin embargo, antes de que Pablo partiera de Éfeso, hubo un fuerte levantamiento pagano. Una vez más, los cristianos, llevados ante la multitud, se mostraron inocentes de los cargos que se les imputaban. Pablo viajó a través de Macedonia y Grecia y se dirigió a Mileto. Allí se reunió con los ancianos de Éfeso y les dio instrucciones de despedida. La última unidad de esta sección (21:1-16) marca el comienzo del último viaje de Pablo antes de su arresto, y en cada parada se le advirtió de las dificultades que le esperaban en Jerusalén.

b. La última visita de Pablo a Jerusalén y su traslado a Cesarea (21:17-23:35). Al llegar a Jerusalén, Pablo fue invitado a pagar un voto judío para aliviar la sospecha entre los creyentes judíos. Pero una acusación de los judíos de Asia Menor de que Pablo había traído a un gentil al templo creó un disturbio. Pablo fue capturado por los soldados romanos que se encontraban en la fortaleza de Antonia. (Irónicamente, la falsa acusación de que Pablo había traído un gentil al templo hizo que los gentiles entraran al templo a rescatar a Pablo).

c. Las defensas de Pablo ante Félix, Festo y Agripa (24:1-26:32). Después de que se le permitiera dar su defensa ante la multitud, Pablo, durante un período de al menos dos años, fue llevado ante Félix (24:1-27), Porcio Festo (25:1-12) y Agripa (25:13-27). La apelación de Pablo a César hizo necesario el viaje a Roma, aunque Pablo fue declarado inocente de los cargos en cada interrogatorio (26:1-32).

d. El viaje de Pablo a Roma (27:1-28:31). El viaje por mar comprende casi dos tercios de los dos capítulos finales del libro. Así como Dios había sido el mayor impulso detrás de la expansión misionera de la Iglesia, también fue la fuerza que impulsó el viaje a Roma. Aunque Pablo no tenía el control de sus movimientos, tampoco lo tenían los romanos. La providencia de Dios se acentúa claramente a través de esta última sección del libro. Finalmente, Pablo llegó a Roma y demostró que Dios era poderoso durante todo el viaje.

Cuando Pablo llegó a Roma, siguió el patrón establecido a lo largo de su ministerio y se reunió primero con los judíos, con un éxito moderado. Con respecto a los que rechazaron el mensaje, Pablo citó Isaías 6:9-10 para mostrar que el rechazo de los judíos no era inesperado. Después de esto, los gentiles fueron invitados a confiar en Cristo. Así Lucas concluyó el libro con Pablo bajo arresto domiciliario en Roma, pero predicando sin obstáculos a todos los que quisieran escuchar, tanto judíos como gentiles.

TEOLOGÍA

Temas teológicos

El Espíritu Santo. Hechos enfatiza que, así como Dios es soberano en el avance del evangelio, el Espíritu Santo es el agente de la vida y el crecimiento de la Iglesia. Lucas describió su evangelio como el registro de «… todas las cosas que Jesús comenzó a hacer y a enseñar» (Hech. 1:1), lo que implica que el Libro de los Hechos es sobre la actividad continua de Cristo. Esta actividad se realizaba a través del Espíritu Santo.[8] Por lo tanto, a los discípulos se les ordenó que esperaran la promesa del Espíritu (1:4,8). Su venida en el Pentecostés señaló el comienzo del avance de la Iglesia (2:1-4,33), y Su recepción es una prueba de la salvación (2:4; 8:16; 10:46; comp. 19:6).

El Espíritu Santo fue el que dirigió y dio poder soberano a la misión cristiana. Jesús dio órdenes a través del Espíritu Santo (1:2). La cita de Pedro de Joel 2:28 (2:16-21) conecta al Pentecostés con el cumplimiento de las Escrituras y es programática para todo el libro. Felipe fue ordenado por el Espíritu Santo (8:29,39), así como Pedro fue instruido, para recibir a los gentiles (10:19-20). Bernabé y Saulo fueron apartados y dirigidos por el Espíritu Santo (13:2,4), quien más tarde inició la partida de Pablo a la península griega (16:6-10; comp. 20:22-23,28; 21:4). Sin duda, es difícil exagerar el papel del Espíritu después de la Pascua en la historia de la salvación.[9]

La resurrección y ascensión de Jesús. La coyuntura clave en la historia de la salvación es la muerte, la resurrección y la exaltación de Jesús. En la proclamación del evangelio, este conjunto de acontecimientos significativos es el punto de inflexión de la historia y la culminación del plan de Dios desde hace mucho tiempo. Este plan fue ordenado por Dios (4:23), predicho por los profetas (26:22), cumplido en Cristo (13:28-39) y proclamado por testigos fieles (4:33). La resurrección de Jesús es la prueba de las afirmaciones de Jesús (ver 3:15; 5:20; 25:19). Es también la garantía de una resurrección personal para la humanidad elegida (ver 24:15; 26:23).

La enseñanza de Lucas sobre la resurrección de Cristo implica no solo una restauración de los muertos, sino una exaltación sin precedentes, ya que Jesús fue elevado a la diestra de Dios. Las referencias estratégicas a la ascensión en Lucas-Hechos al final del Evangelio y al principio de los Hechos demuestran su importancia en la teología de Lucas (ver también 13:33-34). Jesús reina como el Mesías de Dios desde el trono celestial. Por esta razón, la resurrección de Jesús es también el punto de partida para la restauración de Israel (es la «esperanza de Israel» (28:20), una restauración que comienza con la fe en el Mesías y reconstituye el pueblo de Dios reuniendo en un solo cuerpo tanto a los judíos creyentes como a los gentiles (4:10-12).[10]

---

[8] Algunas veces en los Hechos, el Señor Jesús mismo aparece y se comunica (1:4-8; 7:56; 9:1-18; y 23:11), aunque estas ocasiones difícilmente pueden ser separadas del ministerio del Espíritu Santo.

[9] Aunque Lucas entendió que el Espíritu estaba involucrado en la escritura del A.T. (por ejemplo, algunos pasajes del A.T. se identifican como que han venido a través del Espíritu Santo: 1:16; 4:25-26; 28:25), la recepción del Espíritu es claramente un evento del tiempo final.

[10] Ver Thielman, *Theology of the New Testament: A Canonical and Synthetic Approach* [Teología del Nuevo Testamento: Abordaje canónico y sintético] (Grand Rapids: Zondervan, 2005), 123–24.

PUNTOS DE APLICACIÓN

- Sigue la guía del Espíritu Santo (1:5; cap. 2; 13:3-4).
- Sé parte del movimiento que extiende el evangelio hasta los confines de la tierra (1:8).
- Considera que la misión de la Iglesia se alimenta del poder de la resurrección de Cristo (2:32).
- No edifiques ninguna barrera innecesaria para que la gente llegue a la fe (caps. 10 y 15).
- Al leer e interpretar los Hechos, considera que es una narración histórica y no todo lo escrito en el libro es necesariamente normativo para la Iglesia de hoy.

PREGUNTAS DE ESTUDIO

1. ¿Quién escribió Hechos? ¿El autor era un apóstol? ¿Qué asegura que el criterio de la apostolicidad se cumplió?
2. ¿Quién era Teófilo, cómo sabemos quién era, y cuál era su probable papel con respecto a Lucas/Hechos?
3. ¿Por qué es importante la pregunta sobre el género para el estudio de los Hechos?
4. ¿Cuál es el «plano» básico de Hechos, y por qué?
5. ¿Cuál fue el principal tema discutido en el concilio de Jerusalén?
6. ¿Qué papel juega el Espíritu Santo en los Hechos?

PARA UN ESTUDIO MÁS PROFUNDO

Barnett, P. *The Birth of Christianity: The First Twenty Years*. Vol. 1: *After Jesus*. Grand Rapids: Eerdmans, 2005.

Bauckham, R., ed. *The Book of Acts in Its First Century Setting*. Vol. 4: *Palestinian Setting*. Grand Rapids: Eerdmans, 1995.

Blomberg, C. L. *From Pentecost to Patmos: An Introduction to Acts through Revelation*. Nashville: B&H, 2006.

Bock, D. L. *Acts*. Baker Exegetical Commentary on the New Testament. Grand Rapids: Baker, 2007.

Bruce, F. F. *The Book of Acts*. Rev. ed. New International Commentary on the New Testament. Grand Rapids: Eerdmans, 1988.

Gill, D. W. J., y C. Gempf, eds. *The Book of Acts in Its First Century Setting*. Vol. 2: *Greco-Roman Setting*. Grand Rapids: Eerdmans, 1994.

Köstenberger, A. J., y P. T. O'Brien. *Salvation to the Ends of the Earth*. New Studies in Biblical Theology 11. Downers Grove: InterVarsity, 2001.

Larkin, W. J. *Acts*. IVP New Testament Commentary. Downers Grove: InterVarsity, 1995.

Levinskaya, I. *The Book of Acts in Its First Century Setting*. Vol. 5: *Diaspora Setting*. Grand Rapids: Eerdmans, 1996.

Longenecker, R. N. «Acts» en *The Expositor's Bible Commentary*. Rev. ed. Vol. 10. Grand Rapids: Zondervan, 2007.

Marshall, I. H. *The Acts of the Apostles*. Tyndale New Testament Commentary. Grand Rapids: Eerdmans, 1980.

Marshall, I. H., and D. Peterson, eds. *Witness to the Gospel: The Theology of Acts*. Grand Rapids: Eerdmans, 1998.

Polhill, J. *Acts*. New American Commentary 26. Nashville: B&H, 1992.

Rapske, B. *The Book of Acts in Its First Century Setting*. Vol. 3: *The Book of Acts and Paul in Roman Custody*. Grand Rapids: Eerdmans, 2004.
Schlatter, A. *The Theology of the Apostles: The Development of New Testament Theology*. Translated by A. J. Köstenberger. Grand Rapids: Baker, 1999.
Schnabel, E. J. *Early Christian Mission*. 2 vols. Downers Grove: InterVarsity, 2004.
Stott, J. R. W. *The Spirit, the Church, and the World: The Message of Acts*. Downers Grove: InterVarsity, 1990.

Capítulo 9
Introducción a Pablo y sus cartas

CONOCIMIENTO ESENCIAL

Los estudiantes deben ser capaces de enumerar varias citas de Pablo y alusiones a las enseñanzas de Jesús. Deben estar preparados para describir la conversión de Pablo y su evangelio. Deben conocer las principales fechas asociadas con la vida del apóstol, incluyendo su conversión, viajes misioneros, encarcelamientos y muerte.

INTRODUCCIÓN

NO SE PUEDE dominar el contenido del N.T. e ignorar al apóstol Pablo. Después de encontrarse con el Jesús resucitado en el camino a Damasco, Saulo de Tarso se convirtió en el destacado misionero, teólogo y escritor de la Iglesia primitiva.[1] Fue una figura central tanto en el N.T. como en la historia del cristianismo. Escribió trece cartas que abarcan casi un cuarto del N.T. Aproximadamente 16 capítulos del Libro de los Hechos (13-28) se centran en su labor misionera, describiéndolo como el misionero más efectivo de toda la historia. Por consiguiente, Pablo fue el autor o sujeto de casi un tercio del N.T. y el intérprete más influyente de las enseñanzas de Cristo y de la importancia de Su vida, muerte y resurrección. Este capítulo presenta a este importante hombre y su mensaje.

LA RELACIÓN DE PABLO CON JESÚS

Introducción

La mayoría de los lectores del N.T. asumen automáticamente que Jesús fue el fundador del cristianismo y que Pablo fue un fiel seguidor de Jesús que propagó Sus enseñanzas por todo el mundo. Aunque algunos han cuestionado este punto de vista,[2] afirmando que

---

[1] Ver Eckhard J. Schnabel, *Paul the Missionary: Realities, Strategies, and Methods* [Pablo el misionero: Realidades, estrategias y métodos] (Downers Grove: InterVarsity, 2008).

[2] Comenzando en 1845 (edición alemana original) con F. C. Baur, *Paul, the Apostle of Jesus Christ* [Pablo, el apóstol de Jesucristo], trad. A. Menzies, 2 vols. (London: Williams & Norgate, 1875), y continuado por W. Wrede's Paul (London: Green, 1907) y R. Bultmann, *«Jesus and Paul»* [«Jesús y Pablo»] en *Existence and Faith* [Existencia y fe] (London: Hodder & Stoughton, 1936).

Pablo, no Jesús, fue el fundador del cristianismo,[3] el punto de vista tradicional sigue siendo la mejor lectura de la evidencia. De hecho, hay pruebas significativas de la dependencia de Pablo de las enseñanzas de Jesús.

Las alusiones a las enseñanzas de Jesús en las cartas de Pablo son una pieza fundamental de esta evidencia y, como tal, más extensa y frecuente de lo que muchos eruditos han reconocido. Es probable que se produzcan alusiones cuando: 1) Pablo utilizó un indicador de tradición explícito como «el Señor ordenó» o «palabra del Señor»; 2) la presunta alusión contiene ecos lingüísticos o temáticos de los Evangelios; o 3) aparece una serie de varias posibles alusiones en un contexto particular.

Una investigación de D. Wenham concluyó que «hay una enorme evidencia del conocimiento paulino sobre las tradiciones de Jesús».[4] Wenham categorizó las alusiones de Pablo a los dichos de Jesús como altamente probables, probables o plausibles. El siguiente cuadro resume algunos de los hallazgos más importantes de Wenham.

Tabla 9.1. Probables alusiones a Jesús en las cartas de Pablo

Dichos o hechos de Jesús	Alusiones por Pablo
Última Cena (Mat. 26:26–30; Mar. 14:22–26; Luc. 22:14–23)	1 Cor. 11:23–26
Relato de la resurrección (Luc. 24:36–49; Juan 20:19–29; 21:1–14)	1 Cor. 15:3–5,35–57; Fil. 3:21
Divorcio (Mar. 10:1–12; Mat. 19:1–12)	1 Cor. 7:10–11
Apoyo a predicadores (Mat. 10:10; Luc. 10:7)	1 Cor. 9:14; 1 Tim. 5:18
Enseñanza escatológica (Mat. 24; Mar. 13; Luc. 21	2 Tes. 2:1-12
Parábolas escatológicas: Ladrón en la noche (Mat. 24:43–44) El siervo vigilante (Luc. 12:36–38) Siervos (Mat. 24:45–51; Luc. 12:42–48) Vírgenes sabias y necias (Mat. 25:1–13)	1 Tes. 4:1–5:11
Fe que mueve montañas (Mat. 17:20)	1 Cor. 13:2
No vengarse (Mat. 5:38–42; Luc. 6:29–30)	Rom. 12:14
El amor y la ley (Mat. 22:37–40)	Rom. 13:8–10; Gál. 5:14
Nada impuro (Mat. 15:10–20; Mar. 7:17–23)	Rom. 14:14
Abba (Mar. 14:36)	Rom. 8:15; Gál. 4:6

---

[3] Esto se desarrolla orgánicamente a partir de la búsqueda del Jesús histórico (ver el capítulo 3 arriba). Si hay una discontinuidad entre el «Jesús de la historia» y el «Cristo de la fe», surge naturalmente la pregunta: «¿De dónde sacó Pablo su religión?».

[4] David Wenham, *Paul: Follower of Jesus or Founder of Christianity?* [Pablo: ¿Seguidor de Jesús o fundador del cristianismo?] (Grand Rapids: Eerdmans, 1995), 381.

Continuidad y desarrollo

Aunque Pablo continúa las enseñanzas de Jesús, varios factores importantes en la misión de Pablo le exigieron desarrollar y modificar el mensaje de Jesús. (1) La pasión, la resurrección y la glorificación de Jesús exigían un énfasis en el Cristo exaltado. (2) La muerte y la exaltación del Mesías y el derramamiento del Espíritu introdujeron una nueva era escatológica y promulgaron una nueva alianza entre Dios y Su pueblo. (3) Las diferencias entre la audiencia judía de Jesús y la audiencia gentil de Pablo requirieron que Pablo usara diferentes modismos y formas de pensamiento para relacionarse con su propio contexto cultural.[5] Sin embargo, J. M. G. Barclay concluyó que «hay suficiente evidencia para mostrar que, ya sea conscientemente o no, Pablo desarrolló las ideas centrales de la enseñanza de Jesús y el significado central de Su vida y muerte de una manera que verdaderamente representaba su significado dinámico y más completo».[6]

Aunque no se deben subestimar las contribuciones de Pablo a la fe cristiana, se debe reconocer a Pablo como un fiel seguidor de Jesucristo y no como el fundador de una forma de cristianismo que se desvió drásticamente de las enseñanzas de Jesús. Las enseñanzas de Pablo se originaron en su reflexión sobre la vida y las enseñanzas de Jesús, su estudio del A.T. y su consideración del significado de su experiencia en el camino de Damasco.[7] Aunque los principales motivos de su teología tienen su raíz en el mensaje del propio Jesús, Pablo fue necesariamente un innovador que analizó detenidamente las Escrituras hebreas al abordar los desafíos singulares planteados por las iglesias en las que influyó.

El hecho de que la misión de Pablo se dirigiera principalmente a las congregaciones gentiles mientras que el ministerio de Jesús se centraba principalmente en los judíos palestinos, significaba que Pablo a menudo tenía que mirar más allá de Jesús hasta el A.T. para presentar las implicaciones de la muerte, sepultura y resurrección de Jesús a su audiencia. Sin embargo, las diferencias entre las enseñanzas de Jesús y las cartas de Pablo son como la diferencia entre la semilla y la planta madura, los cimientos y la estructura construida sobre ella. En las cartas de Pablo a las iglesias se escucha no solo la voz del Espíritu que inspiró las Escrituras del A.T., sino también la voz de Jesús, el Salvador y Señor de Pablo.

---

[5] Ver J. M. G. Barclay, «*Jesus and Paul*» [«Jesús y Pablo»] en *Dictionary of Paul and His Letters* [Diccionario de Pablo y sus cartas], ed. G. F. Hawthorne, R. P. Martin, y D. G. Reid (Downers Grove: InterVarsity, 1993), 502; A. J. Köstenberger, «Review of David Wenham, *Paul: Follower of Jesus or Founder of Christianity?*» [«Revisión de David Wenham, Pablo: ¿Seguidor de Jesús o fundador del cristianismo?»] *TrinJ* NS 16 (1995): 259–62.

[6] Barclay, *«Jesus and Paul»* [«Jesús y Pablo»], 502.

[7] Para la importancia de la experiencia de Pablo en el camino a Damasco y su influencia en su teología, ver S. Kim, *The Origin of Paul's Gospel* [El origen del evangelio de Pablo] (Grand Rapids: Eerdmans: 1982). Para la importancia del Antiguo Testamento para Pablo y sus métodos de exégesis, ver E. E. Ellis, *Paul's Use of the Old Testament* [El uso de Pablo del Antiguo Testamento] (Grand Rapids: Baker, 1981).

LA VIDA DE PABLO

Introducción

Saulo de Tarso se convirtió en el apóstol Pablo, el destacado misionero, teólogo y escritor de la Iglesia primitiva.[8] Fue el autor o sujeto de casi un tercio del N.T. y el más importante intérprete de las enseñanzas de Cristo y del significado de Su vida, muerte y resurrección. Esta sección ofrece una breve biografía de Pablo y describe el evangelio que proclamó. Su proclamación del evangelio demostró su continuidad y obediencia a Jesucristo.

Vida temprana y entrenamiento (1-33).

Nacimiento y antecedentes familiares. Pablo nació en una familia judía en Tarso de Cilicia (Hech. 22:3), probablemente a principios de la primera década del siglo I. Según una tradición registrada por Jerónimo (ca. 345-420), la familia de Pablo se había trasladado a Tarso desde Giscala en Galilea.[9] La familia de Pablo era de la tribu de Benjamín (Fil. 3:5). Sus padres le pusieron el nombre de Saulo en honor del miembro más prominente de la tribu en la historia judía, el rey Saúl. Pablo provenía de una familia de fabricantes de tiendas o de curtidores y, según la costumbre judía, su padre le enseñó este oficio.[10] Al parecer, el negocio prosperó y la familia de Pablo se hizo moderadamente rica. Pablo era ciudadano de la ciudad de Tarso, «una ciudad no insignificante» (Hech. 21:39). Según un antiguo escritor, el requisito monetario para la ciudadanía tarsiana era de 500 dracmas, un año y medio de salario (Dio Crisóstomo, *Oraciones* 34.1-23).

Ciudadanía romana. Más importante aún, Pablo nació como ciudadano romano. Muchos intérpretes especulan que el padre o el abuelo de Pablo fue honrado con la ciudadanía por algún servicio especial prestado a un procónsul militar.[11] Sin embargo, la tradición cristiana primitiva (preservada por Jerónimo; ver también Focio, siglo IX) afirma que los padres de Pablo fueron llevados como prisioneros de guerra de Giscala a Tarso, esclavizados a un ciudadano romano, después liberados y se les concedió la ciudadanía.[12] Independientemente de la forma en que los padres de Pablo recibieron su ciudadanía, en los Hechos se

---

[8] Sobre Pablo como misionero, ver especialmente A. J. Köstenberger y P. T. O'Brien, *Salvation to the Ends of the Earth: A Biblical Theology of Mission* [Salvación a los confines de la tierra: Teología bíblica de las misiones], NSBT 11 (Downers Grove: InterVarsity, 2001), cap. 7, comp. E. J. Schnabel, *Early Christian Mission, vol. 2: Paul and the Early Church* [Misión de la Iglesia primitiva, vol. 2: Pablo y la Iglesia primitiva] (Downers Grove: InterVarsity, 2004), 923–1485; y R. L. Plummer, *Paul's Understanding of the Church's Mission* [La comprensión de Pablo sobre la misión de la Iglesia], Paternoster Biblical Monographs (Milton Keynes, UK: Paternoster, 2006).

[9] Jerónimo, *Commentary on the Epistle to the Philippians* [Comentario sobre la epístola a los Filipenses], en v. 23; *De Viris Illustribus* 5.

[10] Ver Hechos 18:3. Aunque las cartas de Pablo hacen muchas referencias a su trabajo en un oficio para poder mantenerse a sí mismo (1 Cor. 4:12; 9:1-18; 2 Cor. 6:5; 11:23,27; 1 Tes. 2:9; 2 Tes. 3:8), solo Hechos menciona el oficio específico. Pablo probablemente fabricaba tiendas de campaña con cuero. Tal vez era experto en la fabricación y reparación de una amplia gama de artículos de cuero y tejidos. Ver R. F. Hock, *The Social Context of Paul's Mission* [El contexto social de la misión de Pablo] (Filadelfia: Fortress, 1980), 20-21.

[11] Por ejemplo, F. F. Bruce, *Paul: Apostle of the Heart Set Free* [Pablo: Apóstol del corazón liberado] (Grand Rapids: Eerdmans, 1977), 37.

[12] Jerónimo, *Commentary on the Epistle to the Philippians* [Comentario a la epístola de los Filipenses], en v. 23; *De viris illustribus* 5; Photius, *Quaest. Amphil*, 116.

afirma tres veces que Pablo poseía la ciudadanía romana, y este privilegio fue acompañado de importantes derechos que le beneficiarían en su labor misionera. El ciudadano romano tenía derecho a apelar después de un juicio, exención del servicio imperial, derecho a elegir entre un juicio local o romano y protección contra formas degradantes de castigo como la flagelación y la crucifixión. Pablo pudo haber llevado una tabla de cera que funcionaba como certificado de nacimiento o de ciudadanía para probar su ciudadanía romana. Sin embargo, la mayoría de las personas que reclamaban la ciudadanía eran de confianza, ya que la pena por hacerse pasar por ciudadano romano era la muerte.

Nombre de Pablo. Los antiguos romanos eran designados formalmente por un *praenomen* (nombre), *nomen* (apellido), *praenomen* del padre, tribu romana, y *cognomen* (nombre extra como el segundo nombre moderno) en documentos oficiales. Los ciudadanos romanos tenían que registrarse en el gobierno usando la *tria nomina* que consistía en el *praenomen*, *nomen* gentil y *cognomen*. El N.T. se refiere al apóstol solo informalmente como «Pablo» o «Saulo». Pablo era el *cognomen* del apóstol; Saulo era su nombre hebreo. El nombre «Pablo» era común en el mundo romano (Hech. 13:7) y significaba «pequeño» en latín. Las tradiciones posteriores probablemente dedujeron que Pablo era bajo de estatura por el significado de su nombre en latín, pero no se puede determinar la estatura de Pablo por el nombre, ya que el nombre se le dio en su nacimiento.[13]

Entrenamiento rabínico. El entrenamiento rabínico en Hechos 22:3 muestra que Pablo fue «criado» en Jerusalén «a los pies de Gamaliel», el miembro del Sanedrín mencionado en Hechos 5:33-39 y, de acuerdo con las primeras tradiciones, el fundador de su propia escuela rabínica. Aunque el verbo «criado» (*anatrephō*) puede referirse a ser criado desde la infancia (Hech. 7:21), en este contexto probablemente no significa nada más que Pablo recibió su formación rabínica bajo Gamaliel después de mudarse a Jerusalén, probablemente en algún momento de su adolescencia.[14] Pablo usó este hecho para probar que no era uno de los judíos de la diáspora, los que estaban más influenciados por la cultura gentil que por las costumbres judías. En Jerusalén, Pablo fue educado en la religión judía de acuerdo con las tradiciones de sus antepasados (Hech. 22:3). Un siglo y medio después de Pablo, el rabino Judá ben Tema enseñó: «A los 5 años [uno es apto] para la Escritura, a los 10 para la Mishná, a los 13 [para el cumplimiento de] los mandamientos, a los 15 para el Talmud, a los 18 para la cámara nupcial, a los 20 para seguir una vocación, a los 30 para la autoridad» (*m. Avot* 5:21). Las palabras de Judá son probablemente una descripción exacta del régimen de entrenamiento que Pablo experimentó. Este régimen llevó a Pablo a convertirse en un intérprete de la ley aún más radical que Gamaliel (ver Gál. 5:3; Hech. 5:34-39). Como suele ocurrir, los estudiantes se vuelven más radicales que sus maestros.

Pablo se destacó rápidamente como un estudiante rabínico judío. Pablo dijo: «Y en el judaísmo aventajaba a muchos de mis contemporáneos en mi nación, siendo mucho más celoso de las tradiciones de mis padres» (Gál. 1:14). Pablo se describió a sí mismo como

---

[13] Para una discusión detallada sobre el nombre de Pablo, ver C. Hemer, «*The Name of Paul*» [«El nombre de Pablo»] *TynB* 36 (1985): 179–83.

[14] Ver J. McRay, *Paul: His Life and Teaching* [Pablo: Su vida inicial y sus enseñanzas] (Grand Rapids: Baker, 2003), 44.

«circuncidado al octavo día, del linaje de Israel, de la tribu de Benjamín, hebreo de hebreos; en cuanto a la ley, fariseo; en cuanto a celo, perseguidor de la iglesia; en cuanto a la justicia que es en la ley, irreprensible» (Fil. 3:5-6). También se identificó con la secta de los fariseos, a la que describió como «la más rigurosa secta de nuestra religión» (Hech. 26:5). El padre de Pablo también había sido un fariseo (Hech. 23:6).

Persecución de los cristianos. Como fariseo ejemplar, Pablo pudo haber actuado como misionero judío, ganando a los gentiles como prosélitos de la fe judía. Pudo haber sido como los fariseos que Jesús describió: «... recorréis mar y tierra para hacer un prosélito...» (Mat. 23:15). Las palabras de Pablo, «si aún predico la circuncisión», pueden aludir a su pasado como misionero judío (Gál. 5:11). Pablo, más que su mentor Gamaliel (Hech. 5:34-39), reconoció la seria amenaza que el cristianismo representaba para la religión judía. Pablo tenía probablemente 30 años cuando, con la autorización del sumo sacerdote, comenzó a encarcelar a los cristianos, primero en las sinagogas de Jerusalén y más tarde en zonas más remotas como Damasco.

No se puede subestimar la agresividad y la crueldad de Pablo al perseguir a la Iglesia que fue inspirada por su celo equivocado. Cuando Pablo describió sus esfuerzos por perseguir a la Iglesia usó el lenguaje de la guerra y dejó claro que su intención era destruirla (Gál. 1:13). Lucas describió la destrucción de la Iglesia por parte de Pablo utilizando el verbo griego *lumainomai*, un verbo utilizado en la Septuaginta (A.T. griego) para hablar de un animal salvaje como un león, un oso o un leopardo que desgarra la carne cruda.[15] El celo de Pablo en la persecución de la Iglesia era como la furia salvaje de un depredador hambriento frenético por el sabor de la sangre.

Tal vez la descripción más clara de las actividades de Pablo como perseguidor de la Iglesia se encuentra en Hechos 26:9-11: «Yo ciertamente había creído mi deber hacer muchas cosas contra el nombre de Jesús de Nazaret; lo cual también hice en Jerusalén. Yo encerré en cárceles a muchos de los santos, habiendo recibido poderes de los principales sacerdotes; y cuando los mataron, yo di mi voto. Y muchas veces, castigándolos en todas las sinagogas, los forcé a blasfemar; y enfurecido sobremanera contra ellos, los perseguí hasta en las ciudades extranjeras». La declaración «yo di mi voto» es probablemente una metáfora que implica que Pablo consintió en la ejecución de los cristianos, o sugiere que era miembro de un comité nombrado por el Sanedrín e investido de esta autoridad.[16]

El rechazo inicial y categórico de Pablo a Jesucristo como el Mesías puede haber estado motivado en gran medida por la vergonzosa muerte de Cristo. Pablo sabía que la muerte por crucifixión era indicativa de una maldición divina (Deut. 21:23). Era inconcebible para él que el Mesías pudiera morir bajo la maldición de Dios. Pero cuando Pablo escribió su primera carta, había llegado a reconocer esta maldición como el motivo de la expiación sustitutiva (Gál. 3:10-14). Jesús había sufrido la maldición que los pecadores merecían. En 1 Corintios, Pablo explicó que la idea de un Mesías crucificado era un problema para los judíos (ver 1:23). Es probable que Pablo hablara desde su propia experiencia pasada.

---

[15] Ver Isaías 65:25; Sir. 28:23; y la traducción de Teodoto de Daniel 6:23.
[16] J. B. Polhill, *Acts* [Hechos], *NAC* 26 (Nashville: B&H, 1992), 501.

La conversión de Pablo (34)

Mientras Saulo iba camino a Damasco para arrestar y encarcelar a los cristianos, el Cristo resucitado y glorificado se le apareció con un resplandor cegador. Las palabras de Cristo, «dura cosa te es dar coces contra el aguijón» (Hech. 26:14), indican que Dios ya había comenzado a incitar a Saulo a seguir a Jesús como Mesías. Como un buey que patea contra una picana afilada en la mano del ganadero, Pablo había estado resistiendo a la guía divina, lo que le causó su propio daño y dolor. Al aparecer Cristo, Saulo se rindió inmediatamente a Su autoridad y fue a la ciudad a esperar nuevas órdenes de su Maestro. Allí fue sanado de su ceguera, recibió el Espíritu Santo y aceptó el bautismo del creyente. Sin duda Ananías compartió con Saulo el mensaje que el Señor le había dado en una visión: «... instrumento escogido me es éste, para llevar mi nombre en presencia de los gentiles, y de reyes, y de los hijos de Israel» (Hech. 9:15). Después de esto, Saulo pasó unos días con los discípulos en Damasco.

Los viajes misioneros de Pablo (34-58)

Primeros viajes (34-47). Poco después de su conversión, Pablo viajó a Arabia, donde comenzó la evangelización de los árabes nabateos (Gál. 1:17; 2 Cor. 11:32-33) y probablemente experimentó su primera oposición al evangelio por parte de las autoridades políticas. Luego regresó a Damasco, donde comenzó a ir a las sinagogas a predicar el mensaje que le habían revelado en el camino de Damasco: Jesús es el Hijo de Dios y el Mesías prometido. El gobernador de Damasco tenía las puertas de la ciudad vigiladas para poder arrestar a Pablo, y tuvo que escapar por una ventana en la pared siendo bajado en una cesta.

Pablo viajó entonces a Jerusalén, donde pasó quince días visitando a Pedro y Santiago, el hermano del Señor, y sin duda los oyó describir la vida y las enseñanzas de Jesús, aunque el evangelio de Pablo ya estaba claramente definido incluso antes de esta visita. Los líderes de la Iglesia sospecharon inicialmente de Pablo, pero Bernabé intervino en su favor (Hech. 9:26-30; Gál. 1:18). Después de quince días en Jerusalén, Pablo regresó a Tarso, evangelizando Siria y Cilicia durante varios años. Mientras estaba en Siria, Bernabé se puso en contacto con Pablo y lo invitó a participar en la labor de la Iglesia de Antioquía, donde un gran número de gentiles estaban respondiendo al evangelio. La Iglesia de Antioquía recaudó dinero para llevar a los cristianos que sufrieron en Judea durante un período de hambruna. Bernabé y Pablo fueron elegidos por la Iglesia para llevar el regalo a Jerusalén (Hech. 11:27-30). Esta fue probablemente la ocasión de la exposición descrita por Pablo en Gálatas 2:1-10. Algunos lo equiparan con el concilio de Jerusalén, pero esto es poco probable. Si la carta a los Gálatas fue escrita después de un fallo oficial en el concilio de Jerusalén, Pablo podría haber mostrado la carta de los apóstoles para desacreditar a los judaizantes. Además, el encuentro descrito en Gálatas 2:1-10 parece haber sido una reunión privada más que un asunto público. Los pilares de la Iglesia de Jerusalén, Pedro, Juan y Santiago, el hermano de Jesús, aprobaron el evangelio sin ley predicado por Pablo y su enfoque en el evangelismo gentil.

Primer viaje misionero (47-48). Pablo y Bernabé pronto comenzaron su primer viaje misionero, viajando a través de Chipre y Anatolia probablemente durante los años 47-48. El equipo misionero llevó el evangelio a las ciudades de Antioquía de Pisidia, Iconio, Listra y Derbe. Estas ciudades estaban localizadas en la provincia romana de Galacia, y la carta a los Gálatas está probablemente dirigida a estas iglesias del sur de Galacia. *Gálatas* fue escrita probablemente desde Antioquía poco después de este viaje.

Concilio de Jerusalén (49). Cuando Pablo regresó a Antioquía del primer viaje misionero, se vio inmediatamente envuelto en una controversia sobre los requisitos para la salvación de los gentiles. Pedro e incluso Bernabé vacilaban sobre el tema de las relaciones judío-gentiles. Aún peor, algunos falsos maestros de la Iglesia de Jerusalén se habían infiltrado en las congregaciones de Antioquía y enseñaban: «… Si no os circuncidáis conforme al rito de Moisés, no podéis ser salvos» (Hech. 15:1). La Iglesia designó a Pablo y Bernabé para ir a Jerusalén y resolver el asunto. Se convocó un concilio en el año 49 que incluía al equipo misionero, a los que insistían en la circuncisión como requisito para la salvación, y a los apóstoles. El apóstol Pedro y Santiago, el hermano de Jesús, hablaron en defensa del evangelio sin ley de Pablo, y se envió una carta a las iglesias gentiles confirmando el punto de vista cristiano oficial. Pablo regresó a Antioquía.

Segundo Viaje Misionero (49-51). El segundo viaje misionero llevó a Pablo a través de Anatolia, Macedonia y Acaya en los años 49-51. Pablo y Bernabé se separaron en este punto en un desacuerdo sobre el papel del sobrino de Bernabé, Juan Marcos, en el segundo viaje misionero. Marcos había abandonado el equipo en el primer viaje (Hech. 15:38). Pablo llevó a Silas en este viaje y estableció iglesias en Filipos, Tesalónica y Berea. Pablo también pasó 18 meses en Corinto, fortaleciendo una iglesia incipiente allí. Cuatro de las cartas de Pablo están dirigidas a iglesias conocidas de este segundo viaje. La mayoría de los eruditos creen que las cartas de *1 y 2 Tesalonicenses* fueron escritas durante este viaje.

Tercer viaje misionero (51-54). El tercer viaje misionero de Pablo se centró en la ciudad de Éfeso, donde Pablo pasó la mayor parte de los tres años (51-54). Hacia el final de este viaje, Pablo trabajó duro para recoger otra ofrenda de alivio para los cristianos de Jerusalén. Pablo escribió *1 y 2 Corintios* y *Romanos* durante este viaje.

Años finales (55-65/66). Pablo llevó la ofrenda de alivio a Jerusalén. Mientras estaba en el templo realizando un ritual para demostrar su identidad judía a algunos de los cristianos de Jerusalén, los oponentes judíos incitaron un motín y Pablo fue arrestado (55). Pablo fue enviado a Cesarea para ser juzgado ante el procurador Félix. Después de dos años de dilación por parte de quienes lo detuvieron, Pablo finalmente apeló al emperador romano para ser juzgado. Después de llegar a Roma, Pablo pasó dos años bajo arresto domiciliario esperando su juicio. Pablo escribió *Efesios, Filipenses, Colosenses* y *Filemón* durante este primer encarcelamiento romano (ca. 58-60).[17]

El registro de los Hechos termina en este punto, por lo que la información sobre el resultado del juicio es incompleta. La tradición de la Iglesia primitiva sugiere que Pablo fue absuelto (ca. 60) o exiliado y que posiblemente cumplió el sueño expresado en

---

[17] Se desconoce el orden preciso en que se escribieron estas cuatro Epístolas.

Romanos 15:23-29 de llevar el evangelio a España (60-66).[18] Pablo escribió *1 Timoteo* y *Tito* durante el período entre su absolución y un segundo encarcelamiento romano, y escribió *2 Timoteo* durante el segundo encarcelamiento romano. Según la tradición de la Iglesia, Pablo fue arrestado de nuevo y sometido a una prisión más dura. Fue condenado por el emperador Nerón y decapitado con la espada en el tercer hito de la Vía Ostiense, en un lugar llamado *Aquae Salviae*, y yace enterrado en el sitio cubierto por la Basílica de San Pablo Extramuros. Su ejecución probablemente ocurrió en el 66 o 67.

La apariencia de Pablo

No existe ningún registro bíblico de la apariencia de Pablo o de su condición física. Debió ser un individuo cordial para soportar los abusos y las pruebas que sufrió como apóstol (2 Cor. 11:23-29). Evidentemente fue víctima de una grave enfermedad ocular (Gál. 4:12-16). Esto puede explicar su firma característicamente grande que adjuntó a las cartas que probablemente fueron escritas por un secretario (Gál. 6:11). La primera descripción de la apariencia de Pablo es presentada en un libro del N.T. apócrifo, que dice que Pablo era «un hombre de baja estatura, calvo, de piernas torcidas, en buen estado de salud, con las cejas juntas y la nariz algo encorvada, lleno de simpatía; a veces parecía un hombre, en ocasiones tenía cara de ángel».[19] El escritor atribuye la descripción de Pablo a Tito, y puede tener alguna base histórica. Aunque suene poco favorecedor para los modernos, varios de los rasgos físicos mencionados se consideraban rasgos del romano ideal.

Tabla 9.2. Cronología de la vida de Pablo y sus cartas

Evento	Fecha aproximada	Referencia de la Escritura
Nacimiento de Pablo	ca. 1 d. C.	
Crucifixión, resurrección y ascensión de Jesús; Pentecostés	Primavera 33	Hechos 1-2
Conversión de Pablo	34	Hechos 9:1-19
Primer viaje misionero	47-48	Hechos 13-14
Autoría de Gálatas	48	
Concilio de Jerusalén	49	Hechos 15
Segundo viaje misionero Antioquía a Corinto Cartas a los tesalonicenses desde Corinto Aparición ante Gayo	49-51	Hechos 16-18 Hechos 18:11 Hechos 18:12

---

[18] Para un análisis completo de la posible obra misionera de Pablo en España, ver Schnabel, *Early Christian Mission* [Las primeras misiones cristianas], 1271–83.

[19] *Acts of Paul* [Hechos de Pablo] 3:3 en E. Hennecke y W. Schneemelcher, *Writings Relating to the Apostles, Apocalypses and Related Subjects*, vol. 2 of *New Testament Apocrypha* [Escritos relacionados a los apóstoles, apocalipsis y temas afines], trad. y ed. R. M. Wilson (Filadelfia: Westminster, 1964), 354.

Evento	Fecha aproximada	Referencia de la Escritura
Tercer viaje misionero Estancia en Éfeso Corintios A 1 Corintios Corintios C 2 Corintios Estancia en Corinto Romanos	51-54	Hechos 19-21 Hechos 20:31 1 Corintios 5:9,11 Hechos 19:10 2 Corintios 2:4; 7:8 Hechos 20:1-2 2 Corintios 13:1-2 Romanos 16:1-2,23
Jerusalén Arresto	55	Hechos 21-23 Hechos 21:27-40
Encarcelamiento en Cesarea	55-57	Hechos 24-27
Viaje a Roma Naufragio Invierno en Malta	57-58	Hechos 27 Hechos 27:27-40
Primer encarcelamiento romano Epístolas desde la prisión: Efesios, Filipenses, Colosenses, Filemón	58-60	Hechos 28
Pablo liberado	60	
Cuarto viaje misionero Tito 1 Timoteo	60-66	
Gran incendio en Roma	64	
Arresto y segundo encarcelamiento romano 2 Timoteo	66	
Muerte de Pablo	66 o 67	

El evangelio de Pablo

El evangelio de Pablo acusó a toda la humanidad del crimen de rechazar a Dios y Su autoridad legítima.[20] Al sufrir las consecuencias del pecado de Adán, la humanidad se sumió en las profundidades de la depravación, de modo que fue totalmente incapaz de cumplir las justas exigencias de Dios (Rom. 1:18-32; 3:9-20; 9:12-19) y solo merecía la ira de Dios (Rom. 1:18; 2:5-16). El pecador estaba alejado de Dios y en enemistad con Él (Rom. 5:10; Col. 1:21). Por consiguiente, la única esperanza del pecador era el evangelio que encarnaba el poder de Dios para salvar a los que tenían fe en Cristo (Rom. 1:16).

El enfoque del evangelio de Pablo era Jesucristo (Rom. 1:3-4). Pablo afirmó la humanidad de Jesús y Su deidad. Cristo era un descendiente físico del linaje de David (Rom. 1:3),

---

[20] Ver la discusión de «*The Gospel Paul Preached*» [«El evangelio que Pablo predicó»] en Köstenberger y O'Brien, *Salvation to the Ends of the Earth* [La salvación hasta los confines de la tierra], 173–84.

vino en la semejanza del hombre pecador (Rom. 8:3), asumiendo la forma de un humilde y obediente siervo (Fil. 2:7-8). Sin embargo, era la forma visible del Dios invisible (Col. 1:15), toda la plenitud de la deidad viviendo en Él en forma corporal (Col. 2:9). Jesús era la naturaleza misma de Dios (Fil. 2:6) y poseía el título de «Señor» (título griego para el Dios del A.T.), el nombre por encima de todos los nombres (Fil. 2:9-11). Pablo creía que, en virtud de Su impecabilidad, Jesús estaba calificado para ser el sacrificio que hacía que los pecadores estuvieran reconciliados con Dios (2 Cor. 5:21). En Su muerte en la cruz, Jesús se había convertido en la maldición del pecado (Gál. 3:10-14), y el justo había muerto por los injustos (Rom. 5:6-8).

La salvación es un regalo gratuito concedido a los creyentes y basado únicamente en la gracia de Dios. La salvación no depende del mérito, actividad o esfuerzo humano, sino solo del amor inmerecido de Dios (Rom. 6:23; Ef. 2:8-10). Los que confían en Jesús para su salvación, lo confiesan como Señor y creen que Dios lo resucitó de la muerte (Rom. 10:9) serán salvados de la ira de Dios, se harán justos a los ojos de Dios (Rom. 5:9), serán adoptados como hijos de Dios (Rom 8:15-17; Ef. 1:5) y serán transformados por el poder del Espíritu (Gál. 5:22-24). En la venida de Cristo los creyentes serán resucitados (1 Cor. 15:12-57), participarán plenamente del carácter justo del Hijo (Fil. 3:20-21) y vivirán para siempre con su Señor (1 Tes. 4:17).

Por su unión con Cristo a través de la fe, los creyentes participan espiritualmente en la muerte, la resurrección y la ascensión de Cristo (Rom. 6:1-7:6; Ef. 2:4-5; Col. 3:1-4). En consecuencia, el creyente ha sido liberado del poder del pecado, la muerte y la ley. Es una nueva, aunque imperfecta, creación que continuamente está siendo hecha más parecida a Cristo (2 Cor. 5:17; Col. 3:9-10). Aunque el creyente ya no está bajo la autoridad de la ley escrita, el Espíritu Santo funciona como una nueva ley interna que lo lleva natural y espontáneamente a cumplir las justas exigencias de la ley (Rom. 8:1-4). Como resultado, el evangelio sin ley no fomenta el comportamiento injusto en los creyentes. Tal comportamiento es contrario a su nueva identidad en Cristo.

La unión de los creyentes con Cristo los lleva a la unión con otros creyentes en el cuerpo de Cristo, la Iglesia. Los creyentes ejercen sus dones espirituales para ayudarse mutuamente a madurar, a servir a Cristo y a glorificarlo, el propósito supremo de la Iglesia (Ef. 3:21; 4:11-13). Cristo ahora gobierna sobre la Iglesia como su Cabeza, su más alta autoridad (Ef. 1:22). Cuando Cristo vuelva, Su reinado sobre el mundo será consumado, y todo lo que existe será puesto bajo Su autoridad absoluta (Ef. 1:10; Fil. 4:20). Resucitará a los muertos, a los incrédulos para el juicio y el castigo, a los creyentes para la glorificación y la recompensa (2 Tes. 1:5-10).

PREGUNTAS DE ESTUDIO

1. ¿Cuántas cartas de Pablo se incluyen en el N.T.?
2. ¿Qué clase de evidencia presentó Wenham para apoyar su afirmación de que Pablo era un seguidor de Jesús?
3. ¿Qué estatus legal le permitió a Pablo apelar al emperador romano?

4. ¿De dónde era Pablo?
5. ¿Quién fue el maestro de Pablo?
6. ¿Qué significa el nombre de Pablo?
7. Cuando Pablo se convirtió, ¿cuál fue el principio central de su sistema de creencias que tuvo que cambiar?
8. ¿Cuál era el enfoque del evangelio de Pablo?

PARA UN ESTUDIO MÁS PROFUNDO

Barnett, P. *Paul: Missionary of Jesus.* After Jesus, vol. 2. Grand Rapids: Eerdmans, 2008.
Barrett, C. K. *Paul: An Introduction to His Thought.* Louisville: Westminster John Knox, 1994.
Bruce, F. F. *Paul: Apostle of the Heart Set Free.* Grand Rapids: Eerdmans, 1977.
Hawthorne, G. F., R. P. Martin, y D. G. Reid, eds. *Dictionary of Paul and His Letters.* Downers Grove: InterVarsity, 1993.
Kim, S. Y. The Origin of Paul's Gospel. Grand Rapids: Eerdmans, 1982.
Köstenberger, A. J., y P. T. O'Brien. Salvation to the Ends of the Earth: A Biblical Theology of Mission. NSBT 11. Downers Grove: InterVarsity, 2001.
Longenecker, R. N. *The Ministry and Message of Paul.* Grand Rapids: Zondervan, 1971.
Polhill, J. B. *Paul and His Letters.* Nashville: B&H, 1999.
Ridderbos, H. *Paul: An Outline of His Theology.* Traducido por J. R. De Witt. Grand Rapids: Eerdmans, 1975.
Riesner, R. *Paul's Early Period: Chronology, Mission Strategy, Theology.* Grand Rapids: Eerdmans, 1998.
Schnabel, E. *Early Christian Mission.* 2 vols. Downers Grove: InterVarsity, 2004.
_____. *Paul the Missionary: Realities, Strategies, and Methods.* Downers Grove: InterVarsity, 2008.
Schreiner, T. R. *Paul: Apostle of God's Glory in Christ: A Pauline Theology.* Downers Grove: InterVarsity, 2001.
Thielman, F. *Paul and the Law: A Contextual Approach.* Downers Grove: InterVarsity, 1994.
Wenham, D. *Paul: Follower of Jesus or Founder of Christianity?* Grand Rapids: Eerdmans, 1995.

Capítulo 10
Carta de Pablo a los Gálatas

CONOCIMIENTO ESENCIAL

Los estudiantes deben conocer los hechos clave de Gálatas. Con respecto a la historia, los estudiantes deben ser capaces de identificar el autor, la fecha, la procedencia, el destino y el propósito. Con respecto a la literatura, deben ser capaces de proporcionar un esquema básico del libro e identificar elementos centrales del contenido que se encuentran en la discusión de cada unidad. Con respecto a la teología, los estudiantes deben ser capaces de identificar los principales temas teológicos de Gálatas.

ASPECTOS CLAVE	
Autor:	Pablo.
Fecha:	48 o 49.
Procedencia:	Posiblemente Antioquía, Jerusalén, o el camino entre ambas ciudades.
Destinatarios:	Iglesias del sur de Galacia visitadas por Pablo durante su primer viaje misionero.
Situación:	Falsas enseñanzas (herejía judía).
Propósito:	Defender el único y verdadero evangelio.
Tema:	Judíos y gentiles son salvados a través de la fe en Jesucristo, no por obras de la ley
Versículos clave:	3:10–14.

CONTRIBUCIÓN AL CANON

- Los gentiles son incluidos en la Iglesia en las mismas condiciones que los judíos (3:28); la circuncisión no es necesaria, contrario al «falso evangelio» de los judaizantes (1:6-9; 6:15).

- El enfrentamiento de Pablo con Pedro sobre la inclusión de los gentiles, probablemente antes del concilio de Jerusalén (2:11-14; ver Hech. 15).
- Justificación por fe, no por las obras de la ley (ver 2:16; 3:24); demostración en la Escritura de que Abraham también fue justificado por fe, no por obras (3:1-4:7, esp. 3:6 citando Gén. 15:6).
- Defensa de la libertad cristiana de las exigencias de la ley (5:1-15).
- Enseñanza sobre la vida en el Espíritu y el fruto del Espíritu (5:16-26).

INTRODUCCIÓN

LA CARTA A los Gálatas es probablemente la primera carta de Pablo que se incluye en el N.T., y ya que esta introducción sigue un enfoque cronológico con respecto a las cartas de Pablo, Gálatas es el lugar para empezar. Aunque la carta es relativamente corta, ha ejercido una enorme influencia en el cristianismo. Los primeros padres de la Iglesia escribieron más comentarios sobre Gálatas que sobre cualquier otro libro del N.T.[1] La carta fue una de las favoritas del reformador protestante Martín Lutero, la describió tan querida para él como su propia y preciosa esposa, y la llamó «mi propia epístola, a la que he prometido mi trofeo [es decir, prometido mi veracidad]; mi Katie von Bora».[2] G. Duncan describió la carta como la «carta magna del cristianismo evangélico».[3]

Gálatas hace numerosas y significativas contribuciones a la teología y la ética del N.T. La contribución más importante de la carta es su exposición de la doctrina de la justificación. Esta breve carta ataca todas las nociones, antiguas y modernas, de que la vida eterna depende de las acciones personales, la participación en rituales o la conformidad con las normas sociales. En cambio, la carta libera al creyente de la esclavitud de la ley y expone una justicia superior que es impulsada y potenciada por el Espíritu.[4] La carta también aborda la obra transformadora del Espíritu en el creyente y la naturaleza de la expiación sustitutiva de Cristo, y también expresa una temprana pero alta cristología.

HISTORIA

Autor

La carta a los Gálatas es considerada por la mayoría como una auténtica carta del apóstol Pablo, excepto por los críticos más radicales. La aceptación de la autoría de Pablo está tan extendida que no es necesario discutir más el tema. La Iglesia primitiva aceptó unánimemente la autoría de la carta de Pablo. Las alusiones a Gálatas aparecen en las obras de Clemente de Roma (ca. 96), Ignacio (ca. 35-110), Policarpo (ca. 69-155) y

---

[1] C. B. Cousar, *Galatians* [Gálatas], Interpretación (Atlanta: John Knox, 1982), 1.

[2] G. W. Hansen, *Galatians, Letter to the* [Carta a los gálatas] en *Dictionary of Paul and His Letters* [Diccionario de Pablo y sus cartas], ed. G. F. Hawthorne, R. P. Martin, and D. G. Reid (Downers Grove: InterVarsity, 1993), 323.

[3] G. Duncan, *The Epistle of Paul to the Galatians* [La epístola de Pablo a los gálatas] (London: Hodder & Stoughton, 1934), xvii.

[4] La descripción de L. Morris de Gálatas es apta cuando llamó a la carta «Carta de Pablo de la libertad cristiana» (el subtítulo de *Galatians: Paul's Charter of Christian Freedom* [Gálatas: La carta de Pablo de la libertad cristiana] [Downers Grove: InterVarsity, 1996]).

Justino Mártir (ca. 100-165). Gálatas fue incluido en las listas canónicas antiguas y en las versiones antiguas. Fue citado directamente y fue explícitamente atribuido a Pablo por Ireneo (ca. 130-200), Clemente de Alejandría (ca. 150-215), Orígenes (ca. 185-254) y Tertuliano (ca. 160-225).[5] El autor se identificó como Pablo en Gálatas 1:1 y apeló a su firma personal en Gálatas 6:11 confirmando la autenticidad de la carta. La autoría de la epístola de Pablo puede aceptarse con confianza. Como señaló R. Longenecker: «Si Gálatas no es de Pablo, ninguna carta del N.T. es de él, porque ninguna tiene mejor afirmación».[6]

Procedencia

La procedencia del libro de Gálatas está relacionada a la identidad de los destinatarios y la fecha de autoría. La mayoría de las introducciones y comentarios del N.T. no hacen referencia alguna a la procedencia. Sin embargo, si se acepta la teoría del sur de Galacia (ver más adelante) y se acepta una fecha de autoría entre el primer viaje misionero y el concilio de Jerusalén, Pablo probablemente escribió la carta desde Antioquía, Jerusalén o algún lugar entre estas dos ciudades.[7]

Destinatarios

Aunque la autoría de Pablo del libro de Gálatas es ampliamente aceptada, los eruditos difieren en sus opiniones con respecto a quienes se dirigió la carta. Es claro que la carta estaba dirigida a los gálatas (1:2; 3:1), pero la identificación precisa de los gálatas es difícil. El término *Galacia* podía usarse en el primer siglo en un sentido étnico o provincial. Es un tema complicado, pero su estudio vale la pena. La localización precisa de las iglesias gálatas a las que se refiere la carta es crucial para determinar su fecha.

En el sentido étnico, el término *Galacia* podía utilizarse para describir la zona habitada por los galos o celtas que invadieron el norte de Asia central menor, desde Europa central en el año 278 a.C. y que eran del mismo origen étnico que los celtas de Francia y Gran Bretaña. Si Pablo dirigía su discurso a esas regiones, escribía a las iglesias del norte de Galacia, posiblemente en ciudades como Ancyra, Pessinus y Tavium. La teoría de que Pablo dirigió su carta a las iglesias de estas ciudades del norte se conoce como la teoría de Galacia del norte.

La teoría de Galacia del norte era la opinión de los primeros padres de la Iglesia, cronistas medievales y reformadores protestantes. Mientras que la evidencia de los primeros padres de la Iglesia es impresionante, pueden haber impuesto su propia geografía contemporánea al discurso de Pablo. En el año 74, Vespasiano separó la mayor parte de Pisidia de la provincia de Galacia. En el año 137, la porción liconiana de la provincia fue transferida a Cilicia, y ca. 297 las porciones restantes del sur fueron transferidas a una nueva provincia de Pisidia. Cuando los primeros padres de la Iglesia leyeron la palabra *Galacia,* los límites

---

[5] J. B. Lightfoot, *St. Paul's Epistle to the Galatians* [Epístola de San Pablo a los gálatas], 10.ª ed. (London: Macmillan, 1921), 57–62. Cf. E. De Witt Burton, *A Critical and Exegetical Commentary on the Epistle to the Galatians* [Comentario crítico y exegético de la epístola a los Gálatas], ICC (Edinburgh: T&T Clark, 1921), lxviii-lxix.

[6] R. N. Longenecker, *Galatians* [Gálatas], WBC 41 (Dallas: Word, 1990), lviii.

[7] A. Cole, *The Epistle of St. Paul to the Galatians* [Epístola de San Pablo a los gálatas] (Grand Rapids: Eerdmans, 1965), 23.

geográficos habían cambiado, y las prominentes ciudades gálatas que Pablo visitó durante su primer viaje misionero ya no se consideraban como Galacia.[8] Esto sería muy parecido a interpretar que Luisiana, en la compra de Luisiana, se refería solo a la pequeña área en el estado actual, en lugar de las vastas tierras de Luisiana en 1803.

Sin embargo, si el discurso de Pablo se refiere a la provincia romana de Galacia, podría estar escribiendo a las iglesias del sur de Galacia. En el año 64 a.C., Pompeyo recompensó a los gálatas por su apoyo en su batalla contra Mitrados V, convirtiéndolos en un reino cliente. Durante las siguientes décadas, el reino se extendió hacia el sur y el este. En el año 25 a.C., Augusto reorganizó el área en una provincia romana. En tiempos de Pablo, la provincia se extendía desde el Ponto en el Mar Negro hasta Panfilia en el Mediterráneo. La provincia romana incluía ciudades como Antioquía de Pisidia, Iconio, Listra y Derbe. Pablo visitó estas ciudades durante su primer viaje misionero. La teoría de que Pablo dirigió la carta a las iglesias de estas ciudades se llama la teoría de Galacia del Sur.

Los eruditos refieren la siguiente evidencia para apoyar esta teoría. Primero, Pablo conocía a los lectores de Gálatas personalmente (Gál. 1:8; 4:11-15,19). Hechos contiene abundante información sobre el trabajo de Pablo entre las iglesias del sur de Galacia y, sin embargo, no existe información (a menos que Hech.16:6 y 18:23 sean excepciones) sobre su trabajo en el norte de Galacia. La falta de referencias del ministerio de Pablo en el norte de Galacia en Hechos parece significativo. En segundo lugar, la ruta descrita en Hechos 16:6 y 18:23 parece ser una ruta del sur de Galacia. Tercero, «Galacia» era la única palabra que hacía referencia a la región de Antioquía, Listra, Iconio y Derbe. Antioquía estaba en la región de Pisidia; Listra e Iconio estaban en Licaonia. Además, Pablo solía utilizar los nombres imperiales romanos para referirse a las provincias.[9]

Cuarto, en 1 Corintios 16:1 Pablo se refirió a las iglesias gálatas como contribuyentes a la ofrenda para Jerusalén. Hechos 20:4 menciona a un bereano, dos tesalonicenses, dos gálatas del sur y dos asiáticos que parecen representar a las iglesias que presentan la ofrenda. Esto sugiere que las iglesias gálatas que Pablo mencionó en 1 Corintios eran iglesias del sur de Galacia. Si Pablo usó el término *Galacia* consistentemente, la carta a los gálatas fue dirigida a los gálatas del sur.

Quinto, Bernabé es mencionado tres veces en Gálatas (2:1,9,13). Bernabé solo acompañó a Pablo en el primer viaje misionero por las ciudades del sur de Galacia. No acompañó a Pablo en el segundo o tercer viaje, por lo que es muy probable que no visitara el norte de Galacia, aunque esto no es concluyente.

Para concluir, ambas teorías tienen puntos fuertes y débiles. Ninguna de ellas puede ser probada o refutada de manera concluyente. Las pruebas favorecen la teoría del sur de Galacia. Quizás, lo más importante es que no hay evidencia bíblica de que Pablo haya visitado alguna vez las ciudades del norte de Galacia, mientras que Hechos registra a Pablo plantando iglesias en el sur de Galacia. También, como se ha discutido, la referencia a

---

[8] Hansen, *Galatians*, [Gálatas] 323.
[9] F. F. Bruce, *The Epistle to the Galatians* [Epístola a los gálatas], NIGTC (Grand Rapids: Eerdmans, 1982), 15.

las iglesias de gálatas en 1 Corintios 16:1 y la repetida mención de Bernabé en el libro de Gálatas (2:1,9,13) parecen favorecer como destinatario el sur de Galacia.

Fecha

La fecha en la que se escribió el Libro de Gálatas depende en gran medida de tres factores: (1) los destinatarios; (2) la relación de las dos visitas de Pablo a Jerusalén mencionadas en Gálatas (1:18; 2:1-10) con las cuatro visitas a Jerusalén mencionadas en los Hechos (Hech. 9:26-30; 11:30; 15:1-30; 21:15-17); y (3) el número de visitas a las iglesias gálatas hechas antes de que la carta fuera escrita, como está implícito en Gálatas 4:13. La determinación de los destinatarios implica una gran diferencia en la fecha. Los que defienden la teoría del sur de Galacia refieren una fecha temprana para la carta: poco después del primer viaje misionero de Pablo, o justo antes o poco después del concilio en Jerusalén. Los que aceptan la teoría de Galacia del norte refieren una fecha posterior, durante el tercer viaje misionero de Pablo.

Aunque existe debate, la evidencia favorece la visita durante el fin de la hambruna descrita en Hechos 11:30, no en el concilio de Jerusalén de Hechos 15, con la visita relatada nuevamente en Gálatas 2:1-10. Aunque existen similitudes entre Hechos 15:1-20 y Gálatas 2:1-10, una detallada evaluación de los datos sugiere que la visita de Gálatas 2:1-10 tiene más en común con la visita del fin de la hambruna en Hechos 11:30. Por lo tanto, Gálatas probablemente fue escrito cerca de los años 48 o 49.

Tabla 10.1. Eventos que ocurrieron durante la escritura de Gálatas

Evento	Fecha probable	Pasaje del N.T.
1. Visita a Jerusalén durante el fin de la hambruna	47	Hechos 11:30 = Gálatas 2:1–10
2. Primer viaje misionero	47–48	Hechos 13:4–14:28
3. Pablo escribe Gálatas	48/49	Gálatas
4. Concilio en Jerusalén	49	Hechos 15:1–20

Situación y propósito

Asumiendo la teoría de Galacia del sur, Hechos 13-14, combinado con referencias en Gálatas, traza el trabajo de Pablo al iniciar las iglesias del sur de Galacia. El trabajo evangelístico inicial de Pablo entre los gálatas se complicó por una enfermedad que dañó su visión (Gál. 4:13-16). Sin embargo, los gálatas dieron a Pablo una cálida bienvenida, reconocieron el origen divino de su mensaje y lo recibieron como si fuera un ángel o incluso el propio Cristo. Muchos creyeron en el evangelio de Pablo, demostrando así su designación divina para la vida eterna (Hech. 13:48; 14:4,21). El amor de los gálatas por Pablo era tan grande que habrían sacrificado sus propios ojos para restaurar la visión de Pablo si hubiera sido posible.

Pablo predicó claramente el evangelio de la gracia desde el inicio de su ministerio en Galacia. De acuerdo con Hechos 13:38-39, Pablo ofreció, a los judíos y a los gentiles que adoraban a Dios en la sinagoga de Antioquía de Pisidia, perdón de pecados a través de Jesús: «... que por medio de él se os anuncia perdón de pecados, y que de todo aquello de que por la ley de Moisés no pudisteis ser justificados, en él es justificado todo aquel que cree». El trabajo de Pablo encontró una fuerte oposición de los judíos del área. Su oposición fue inicialmente motivada por celos ocasionados por el éxito y la popularidad de Pablo entre el pueblo (Hech.13:45). Pero la rivalidad personal fue rápidamente reemplazada por disputas religiosas. La declaración en Hechos 14:3 de que el Señor «daba testimonio a la palabra de su gracia» a través de señales milagrosas y maravillas implica que la oposición judía había enfocado su campaña contra las enseñanzas de Pablo sobre la gracia. Por lo tanto, el tema de la salvación por gracia, contra la ley de Moisés, se introdujo al ministerio de Galacia de Pablo y fue el punto crucial que dividió a los discípulos cristianos de los judíos de Galacia.

Poco después de que Pablo dejó el área, falsos maestros se infiltraron en la iglesia predicando un evangelio diferente, un evangelio que insistía en guardar la ley de Moisés, en particular la circuncisión, y no la fe en el evangelio, donde la gracia solamente era esencial para la salvación. Los falsos maestros eran probablemente judíos que se consideraban cristianos, pero Pablo insistió en que la imposición de la ley como requisito para la salvación era incompatible con el cristianismo genuino (Gál. 1:6-9). Los eruditos suelen etiquetar a estos falsos maestros como «judaizantes» ya que buscaban imponer el judaísmo a los nuevos cristianos. Los judaizantes proclamaban un mensaje similar al de Hechos 15:1: «... Si no os circuncidáis conforme al rito de Moisés, no podéis ser salvos». Los judaizantes pueden no haber insistido en que los gálatas cumplieran toda la ley. La circuncisión era su principal objetivo. Pero Pablo advirtió que, al requerir la circuncisión para la salvación, toda la ley del A.T. se volvía obligatoria (Gál. 5:3). Por lo tanto, Pablo a menudo defendía el evangelio contra la necesidad de observar la ley en general (Gál. 1:16,21; 2:2,5,10; etc.).

La predicación de Pablo del evangelio de la gracia había sido tan clara, que la insistencia en la circuncisión y el cumplimiento de la ley no podía hacerse sin rechazar al mismo tiempo el apostolado de Pablo. Esto condujo a la acusación de los judaizantes de que el apostolado de Pablo era de alguna manera inferior a los otros apóstoles. Estos oponentes tergiversaban las Escrituras, y afirmaban que sus doctrinas estaban imbuidas de verdadera autoridad, la autoridad de los apóstoles originales en la iglesia de Jerusalén. Los miembros de la iglesia de Galacia desertaron del verdadero evangelio y comenzaron a rechazar al apóstol Pablo, sus enseñanzas y su autoridad.

Pablo, entonces, escribió a los gálatas para defender el evangelio de la justificación por la fe contra el falso evangelio de los judaizantes. En el proceso, tuvo que defender su autoridad apostólica contra el ataque de los judaizantes. Finalmente, ya que algunos lectores podrían interpretar la defensa de Pablo del evangelio de la gracia como la justificación de un comportamiento inmoral o poco ético, él escribió para defender la congruencia de la vida guiada por el Espíritu con las demandas justas de la ley.

LITERATURA

Plan literario

Aunque algunos estudiosos han sugerido que el Libro de Gálatas es una carta apasionada compuesta al calor de la controversia y por lo tanto carente de una estructura clara y planificada, investigaciones recientes sugieren que la carta fue compuesta con mucho más cuidado.[10] Al igual que la mayoría de las cartas de la época, Gálatas cuenta con una introducción (1:1-9), un cuerpo (1:10-6:10) y una conclusión (6:11-18). Los comentaristas antiguos generalmente ven el cuerpo de la carta dividido en tres secciones principales: una sección histórica (1:10-2:21), una teológica (3:1-5:1) y una ética (5:2-6:10).[11] La sección histórica valida el origen divino del evangelio de Pablo, su encuentro con Cristo en el camino a Damasco. La sección teológica defiende el evangelio de la justificación por la fe, aparte de las obras de la ley. La sección ética describe el estilo de vida provocado por el Espíritu en quienes son justificados por la fe. El siguiente esquema presenta una adaptación de la estructura de Gálatas propuesta por R. Longenecker, que describe Gálatas como una carta de reprimenda y petición, similar a otras cartas de este tipo que se encuentran en el primer siglo.[12]

BOSQUEJO

I. APERTURA (1:1-5)
II. REPRIMENDA: EL EVANGELIO DE PABLO Y EL «OTRO EVANGELIO» (1:6-4:11)
   a. Sección histórica (1:6-2:21).
   b. Sección teológica (3:1-4:11).
III. LLAMAMIENTO: ELEGIR LA LIBERTAD DE VIDA EN EL ESPÍRITU (4:12-6:10)
   a. Hijos de la mujer libre (4:12-31).
   b. Viviendo una vida de libertad (5:1-6:10).
IV. CONCLUSIÓN (6:11-18)

DISCUSIÓN UNIDAD POR UNIDAD

I. Apertura (1:1-5)

La necesidad de las iglesias de Galacia era tan urgente, que Pablo no esperó hasta el cuerpo de su carta para comenzar a abordar su confusión. Incluso, mientras identificaba al remitente y destinatarios de la carta y saludaba a sus lectores, tocó los temas clave que abordaría más tarde de manera más completa. Primero, Pablo defendió su genuino apostolado. Un «apóstol» es aquel que es comisionado para una tarea por otro, y al que se le ha confiado la autoridad para llevarla a cabo. Pablo subrayó que su comisión para el servicio

---

[10] H. D. Betz, *Galatians* [Gálatas], Hermeneia (Philadelphia: Fortress, 1979), 312, señaló que el uso de Pablo de un secretario personal o un escritor de cartas profesional implica un cuidadoso proceso de composición: «Es evidente que el empleo de un amanuense (secretario) descarta una escritura al azar de la carta, y sugiere la existencia de un borrador de Pablo y la copia por un amanuense, o una secuencia de borrador, composición y copia».

[11] E.g., Lightfoot, *Galatians* [Gálatas], 5–6; Cole, *Galatians* [Gálatas], 27.

[12] Longenecker, *Galatians* [Gálatas], c-cix. El manual *On Style* [Sobre estilo] de Demetrio describe 21 tipos diferentes de cartas escritas en el primer siglo.

no provenía de personas, ni su comisión se comunicaba a través de un hombre actuando en nombre de Dios. Pablo fue comisionado para el ministerio por Jesucristo y el Padre.

Al contrastar a Jesús con los humanos, y colocar a Jesucristo junto al Padre como la fuente de su comisión, Pablo afirmó la deidad de Cristo, así como su propia comisión divina. La mención de Pablo de la resurrección debería haber llevado a los lectores a recordar que la comisión del apóstol vino de Jesús glorificado y resucitado, de modo que su propio apostolado no era de ninguna manera inferior al de los doce. Pablo también se refirió a sus colaboradores que lo acompañaron en sus viajes para demostrar que su evangelio no era una idiosincrasia afirmada solo por él, sino que también fue adoptada por otros devotos.

Pablo identificó a Jesucristo, de quien provienen la gracia y la paz, apelando a Su muerte sacrificial. Cristo se entregó a sí mismo por nuestros pecados, llevando la maldición que nuestros pecados merecían en nuestro lugar para que pudiéramos escapar de esa maldición (ver 3:13). Los opositores de Pablo podían haber argumentado que el perdón basado solo en la expiación sustitutiva de Cristo fomenta un comportamiento imprudente e inmoral. Pablo anticipó la objeción incluso antes de que se planteara e insistió en que la muerte sacrificial de Jesús tenía por objeto no solo conceder el perdón al creyente, sino también rescatarlo de las influencias corruptas de una época depravada.

Esto cumplió la voluntad de Dios para el creyente. El creyente es rescatado de la presente era malvada cuando reconoce que pertenece a la era venidera y comienza a vivir consiente de esto. La era venidera es la era de la resurrección en la que el creyente será liberado completamente de su corrupción, y es la era en la que Cristo someterá todas las cosas. El breve resumen de Pablo del evangelio lo impulsó a irrumpir en la doxología, y con razón. El evangelio, con su mensaje sobre el perdón y la transformación, muestra la gloria eterna de Dios y exhorta a Sus criaturas a alabarlo como ninguna otra cosa.

II. Reprimenda: el evangelio de Pablo y el «otro evangelio» (1:6-4:11)

Pablo reprendió a los gálatas por abandonar el único y verdadero evangelio al aceptar la afirmación de los judaizantes de que la circuncisión es necesaria para la salvación.

a. Sección histórica (1:6-2:21). Debido a que los judaizantes rechazaron el evangelio que Pablo predicaba, Pablo demostró que su evangelio era de origen divino, no humano. Jesucristo mismo le reveló este evangelio a Pablo. El evangelio de Pablo claramente no se derivaba de su origen judío. Su lealtad a la tradición judía solo lo impulsó a buscar la destrucción de la iglesia y la fe. De la misma manera, el evangelio de Pablo no se derivaba de los otros apóstoles o de los líderes de la iglesia de Jerusalén (1:11-12). De hecho, no consultó con estos prominentes creyentes cristianos hasta años después de su conversión.

Cuando finalmente consultó con los apóstoles y los líderes de la iglesia de Jerusalén, éstos aprobaron de todo corazón el evangelio de Pablo y lo animaron a continuar su ministerio entre los gentiles. Además, Pablo descubrió que algunos de estos prominentes líderes de la iglesia no se comportaban de manera congruente con el evangelio que todos ellos proclamaban. Pablo se había visto obligado a desafiar a los líderes de la iglesia por esta hipocresía (2:11-14). El desafío de Pablo demostró que su autoridad apostólica no era, de ninguna manera, inferior a la de ellos.

Pablo les recordó a estos judíos cristianos que incluso ellos se salvaron por la fe en Jesucristo, no por la obediencia a la ley. Si incluso los judíos no fueron salvados por la ley, seguramente la ley no era el medio de salvación de los gentiles. Por su unión con Cristo, los creyentes han participado en la muerte de Jesús. Han muerto a la ley, y la ley ya no ejerce autoridad sobre ellos. Pero Cristo habita en los creyentes, lo que les permite vivir con justicia. La gratitud del creyente por el gran amor y el enorme sacrificio de Cristo motiva la vida justa del creyente.

b. Sección teológica (3:1-4:11). Pablo continuó atacando el falso evangelio de los judaizantes con una serie de argumentos teológicos. Primero, la propia experiencia religiosa de los gálatas confirmaba la centralidad de la fe, en lugar de la ley (3:1-5). El Espíritu Santo fue conferido a los creyentes cuando creyeron en el evangelio. Su presencia en ellos fue probada por medio de milagros. Esto implicaba que la fe, no la ley, era la base real de la salvación. En segundo lugar, la descripción de la ley de Abraham demostró que la fe era el medio por el cual una persona era declarada justa por Dios (3:6-9). Aunque Abraham era conocido como el padre de los judíos, el A.T. predijo que la gente de todas las naciones compartiría la bendición de la justificación por la fe.

En tercer lugar, la salvación por las obras de la ley requiere una obediencia completa y absoluta. Una persona que no cumple con toda la ley todo el tiempo es, en realidad, condenado por la ley. En Su muerte sustitutiva, Jesús llevó esta maldición de los pecadores para liberarlos de la maldición de la ley. Cuarto, el pacto de Dios con Abraham, que se basaba en la fe, precedió la entrega de la ley por 430 años (3:15-16). El pacto basado en la fe aún tiene prioridad.

Quinto, la ley no fue dada para proveer la salvación, sino para llevar a los pecadores a Cristo (3:19-26). La ley trajo el conocimiento del pecado, y condenó a toda la humanidad por ese pecado; por lo tanto, la ley estaba destinada a impulsar a los pecadores a mirar a Cristo para buscar salvación. Sexto, los creyentes gentiles no son ciudadanos de segunda clase en la familia de Dios (3:27-4:7). Cristo abolió las distinciones espirituales entre los creyentes. Dios ha adoptado a los creyentes, tanto judíos como gentiles, como Sus hijos, y tienen el mismo estatus ante Dios. Séptimo, la observación del calendario ritual judío como medio de salvación no fue más que un retroceso al paganismo del que los gálatas habían sido liberados (4:8-11).

III. Llamamiento: elegir la libertad de vida en el Espíritu (4:12-6:10)

Después de explicar las faltas de la herejía judía, Pablo apeló a los gálatas para que volvieran al verdadero evangelio (4:12-20). Comenzó su llamamiento recordando a los gálatas la relación íntima que había compartido con ellos, advirtiéndoles que los judaizantes no se preocupaban por ellos como él. De hecho, el ministerio de los judaizantes a los gálatas tenía otros motivos egoístas.

El apóstol usó una metáfora sobre Sara y Agar para enseñar que los verdaderos hijos de Abraham eran libres, no esclavos de la ley, y que siempre habían sido perseguidos por los falsos hijos de Abraham que vivían en esclavitud (4:21-31). Exhortó a los gálatas a expulsar a los judaizantes de sus congregaciones, advirtiendo que la circuncisión no podía separarse de las demás exigencias de la ley. Si la circuncisión se requería para la salvación, la ley completa era obligatoria.

El apóstol truncó las sospechas de que la fe sin ley conducía a una vida inmoral, apelando a tres fuentes de justicia para el creyente: el Espíritu, la fe y la influencia de la Iglesia (5:15-26). La justicia que la ley exigía es producida por el Espíritu a través de la fe. La fe, que trabaja a través del amor, es lo que agrada a Dios y cumple la ley. La vida, que el Espíritu produce, se caracteriza por amor, gozo, paz, paciencia, benignidad, bondad, fe, mansedumbre y templanza. Este estilo de vida es totalmente congruente con las exigencias morales de la ley. Además, si un creyente vivía en pecado, sus compañeros creyentes en la iglesia tienen la responsabilidad de restaurar al creyente a una vida recta.

IV. Conclusión (6:11-18)

Pablo concluyó la carta con su característica firma. Sus observaciones finales recordaron de nuevo a los gálatas los motivos egoístas de los judaizantes, la incapacidad de las personas para cumplir la ley, y la necesidad de experimentar la nueva creación (la transformación a través del Espíritu) con el fin de pertenecer al verdadero Israel. Finalmente, Pablo señaló las cicatrices que había recibido en su ministerio por Cristo como marcas que prueban su identidad como verdadero sirvo de Cristo.

TEOLOGÍA

Temas teológicos

Justificación por la fe y la expiación sustitutiva. Pablo recalcó que una persona es justificada por la fe, no por las obras de la ley. Desde la Reforma Protestante, textos como Gálatas 2:15-16 y 3:6-14 se han interpretado como la enseñanza de que, debido a la muerte sacrificial de Jesús, los pecadores son declarados justos por el Juez celestial a través de la fe en Cristo y no por actos personales de obediencia. Gálatas enseña que los creyentes son declarados justos por Dios, tanto ahora como en el juicio escatológico, basado en el sacrificio de Cristo y en respuesta a su fe en Jesús y no a través de la obediencia a la ley del A.T.

Gálatas 3:10-14 es una de las declaraciones más claras del N.T. sobre la naturaleza sustitutiva de la muerte de Jesús. Aquellos que confían en las obras de la ley para salvación están bajo maldición divina. Para ser considerado justo a través de la fidelidad a la ley, una persona tiene que cumplir toda la ley todo el tiempo. Interpretado a la luz de Deuteronomio 27:26, el hecho de que Jesús muriera por crucifixión muestra que Él llevó la maldición de los pecadores que creen en su lugar. Así, Jesús concedió el perdón a los pecadores sufriendo la pena por sus pecados para que pudieran escapar de la ira de Dios.

La transformación del creyente. Los oponentes judíos de Pablo en Galacia probablemente argumentaron que la ley era necesaria para detener la conducta pecaminosa de los creyentes. Sostenían que como los creyentes se salvan solo por fe, sus estilos de vida no le importan a Dios. Pablo contrarrestó ambos errores en Gálatas al destacar el dramático cambio que se produce en la vida del creyente. Pablo recordó a los creyentes que Dios les había dado Su Espíritu cuando pusieron su fe en Cristo (3:2). El Espíritu había manifestado

Su presencia entre ellos a través de milagros asombrosos (3:5). El Espíritu era la fuente de la justicia personal a la que aspiran los verdaderos creyentes (5:5).

El Espíritu lleva al creyente a vivir una vida caracterizada por el fruto del Espíritu, que satisface, e incluso excede, las exigencias morales de la ley (5:22). El hecho de que el amor sea la expresión primaria del Espíritu es significativo porque el amor es la esencia de la ley (5:13-15; ver Lev. 19:18). Esta transformación por el Espíritu es tan dramática y radical que Pablo la describe como «una nueva creación» (6:15), haciendo eco de las promesas del nuevo pacto de Ezequiel 11:19-20; 36:26-27. La nueva creación, efectuada por el Espíritu en el creyente, sirve de norma, de regla, según la cual el creyente vive (Gál. 6:16).[13] Por consiguiente, el evangelio que Pablo predicó no era una licencia para el comportamiento pecaminoso, sino el impulso para una vida justa.

PUNTOS DE APLICACIÓN

- Que nadie te disuada del evangelio de la gracia de Dios en Jesucristo (1:6-9).
- Ten cuidado de no caer en el legalismo en tu fe cristiana (3:2).
- Recuerda que, así como la salvación es por gracia a través de la fe, también lo es el crecimiento en Cristo (3:3).
- El evangelio tiene profundas raíces en el A.T.; la gente siempre fue salvada por gracia a través de la fe (3:6).
- Agradece a Dios por el asombroso privilegio de ser Su hijo a través de la fe en Cristo (3:26).

PREGUNTAS DE ESTUDIO

1. ¿Qué indicios hay de que el libro de Gálatas ha ejercido una enorme influencia en el cristianismo?
2. ¿Cuáles son los dos posibles destinatarios de Gálatas?
3. ¿Gálatas fue escrito probablemente antes o después del concilio de Jerusalén?
4. ¿Cuál fue el propósito principal de Pablo al escribir Gálatas?
5. ¿Quiénes eran los judaizantes y cuál era su mensaje?
6. ¿Por qué Pablo reprendió a los gálatas?
7. ¿Qué enseñó Pablo en Gálatas sobre la justificación por la fe?

PARA UN ESTUDIO MÁS PROFUNDO

Bruce, F. F. *The Epistle to the Galatians. New International Greek Testament Commentary*. Grand Rapids: Eerdmans, 1982.

Dunn, J. D. G. *The Epistle to the Galatians. Black's New Testament Commentary*. Peabody: Hendrickson, 1993.

Fung, R. Y. K. *The Epistle to the Galatians. New International Commentary on the New Testament*. Grand Rapids: Eerdmans, 1988.

George, T. *Galatians. New American Commentary*. Nashville: B&H, 1994.

---

[13] Martyn, *Galatians* [Gálatas], 567. Ver también A. J. Köstenberger, *The Identity of the Israel of God in Galatians 6:16* [La identidad del Israel de Dios en Gálatas 6:16], *Faith and Mission* [Fe y misión] 19/1 (2001): 3–24.

Hansen, G. W. *Galatians, Letter to the*. Páginas 323–34 en *Dictionary of Paul and His Letters*. Editado por G. F. Hawthorne, R. P. Martin, y D. G. Reid. Downers Grove: InterVarsity, 1993.

Longenecker, B. W. *The Triumph of Abraham's God: The Transformation of Identity in Galatians*. Edinburgh: T&T Clark, 1998.

Longenecker, R. N. *Galatians. Word Biblical Commentary 41*. Dallas: Word, 1990.

Morris, L. *Galatians: Paul's Charter of Christian Freedom*. Downers Grove: InterVarsity, 1996.

Silva, M. *Interpreting Galatians: Explorations in Exegetical Method*. 2.ª ed. Grand Rapids: Baker, 2001.

Thielman, F. *From Plight to Solution: A Jewish Framework for Understanding Paul's View of the Law in Galatians and Romans. Novum Testamentum Supplement 61*. Leiden: Brill, 1989.

Witherington, B., III. *Grace in Galatia: A Commentary on Paul's Letter to the Galatians*. Grand Rapids: Eerdmans, 1998.

Capítulo 11
Correspondencia de Pablo con los Tesalonicenses: 1-2 Tesalonicenses

CONOCIMIENTO ESENCIAL

Los estudiantes deben conocer los hechos clave de 1 y 2 Tesalonicenses. Con respecto a la historia, deben ser capaces de identificar el autor, la fecha, la procedencia, el destinatario y el propósito de cada libro. Con respecto a la literatura, deben ser capaces de proporcionar un esquema básico de cada libro e identificar los elementos centrales del contenido que se encuentran en la discusión unidad por unidad. Con respecto a la teología, los estudiantes deben ser capaces de identificar los principales temas teológicos en 1 y 2 Tesalonicenses.

	ASPECTOS CLAVE
Autor:	Pablo.
Fecha:	50.
Procedencia:	Corinto.
Destinatario:	Iglesia de Tesalónica en Macedonia.
Situación:	Persecución de los tesalonicenses y confusión sobre el fin de los tiempos.
Propósito:	Alentar a los creyentes perseguidos, defender la integridad de Pablo y aclarar la enseñanza escatológica de Pablo.
Tema:	Los creyentes perseguidos deben ser animados por la anticipación del regreso de Jesús.
Versículo clave:	1 Tes. 4:13–18.

CONTRIBUCIÓN AL CANON

- Enseñanza sobre los eventos inmediatamente anteriores a la segunda venida de Cristo, incluyendo el rapto (1 Tes. 4:13-18).
- Enseñanza sobre el «hombre de pecado», el anticristo (2 Tes. 2:3-4), y «quien al presente lo detiene», cuya identidad está en disputa (2 Tes. 2:7).
- La elección y el llamado de los creyentes por Dios (1 Tes. 1:4; 2 Tes. 2:13-15).
- La importancia de una ética de trabajo cristiana (1 Tes. 5:12-14; 2 Tes. 3:6-13).
- Enseñanza sobre cómo vivir expectante a la luz del regreso de Cristo (por ejemplo, 1 Tes. 5:1-22).

INTRODUCCIÓN

LAS CARTAS A LOS TESALONICENSES están probablemente entre las más descuidadas de las cartas de Pablo. Esto se debe en parte a la modesta discusión en las cartas sobre la salvación comparada con obras como Romanos y Gálatas. También se debe en parte a su brevedad y a las preguntas sobre la autoría de 2 Tesalonicenses. Pero estas cartas son significativas para proporcionar una visión de los métodos misioneros y el mensaje del gran apóstol. Son invaluables por las ideas que ofrecen sobre el regreso de Jesucristo, la resurrección de los creyentes, el castigo eterno de los malvados y los eventos inmediatamente anteriores al regreso de Jesús. También ofrecen instrucciones útiles sobre la santificación, la elección y la ética del trabajo cristiano.

Las cartas de Pablo a los tesalonicenses están también entre las primeras cartas escritas por Pablo. Aquellos que afirman la teoría de que la carta a los gálatas se escribió desde Galacia del norte, típicamente consideran que las cartas a los tesalonicenses son las primeras muestras de la literatura paulina. La mayoría de los que sostienen la teoría de Galacia del sur colocan a 1 y 2 Tesalonicenses después de Gálatas. Dado que las cartas de Pablo son tratadas aquí en un orden cronológico probable, y dado que la teoría de Galacia del sur se ha establecido como más plausible que la de Galacia del norte, las cartas de Pablo a los tesalonicenses se discuten después de Gálatas. En cualquier caso, las cartas ofrecen información importante sobre las verdades fundamentales de la teología del apóstol.

HISTORIA

Autor

Los estudiosos modernos del N.T. generalmente reconocen 1 Tesalonicenses como una auténtica carta de Pablo. La autoría paulina de las cartas que se le atribuyen en el N.T. es de importancia considerable, ya que estas cartas vinculan la correspondencia a los tesalonicenses con Pablo, quien fue llamado y comisionado por el mismo Cristo resucitado. Al menos desde los tiempos de Ireneo (ca. 130-200), la Iglesia primitiva aceptó unánimemente la carta como paulina y canónica. Ireneo citó 1 Tesalonicenses 5:23 e identificó esa cita como las palabras del «apóstol» en «su primera Epístola a los Tesalonicenses» (*Contra las herejías* 6.5.1). Clemente de Alejandría (ca. 150-215; *Pedagogus* 5) y

Tertuliano (ca. 160-225; *Contra Marción* 5.15) también reconocieron que la carta era de composición propia de Pablo.[1]

A diferencia de la primera carta, la mayoría de los eruditos modernos dudan, si no rechazan totalmente, la autoría paulina de 2 Tesalonicenses.[2] Sin embargo, la carta afirma haber sido escrita por Pablo (2 Tes. 1:1), describe las cartas falsamente atribuidas al apóstol como un engaño (2 Tes. 2:2-3), y confirma la propia autoría de Pablo con un autógrafo distintivo (2 Tes. 3:17). La carta no puede ser aceptada como escrita por una persona íntegra que escribe en nombre de Pablo para expresar lo que él creía que era la doctrina paulina, como algunos eruditos han afirmado. O bien la carta es un documento genuino escrito por el apóstol Pablo, o es una falsificación escrita por alguien que intencionalmente engañó a sus lectores. Como R. Jewett señaló: «La improbabilidad de una falsificación es extremadamente alta».[3] Tanto la evidencia externa como la interna afirman la autoría de la carta de Pablo. Los que estudian la carta con mayor detalle suelen afirmar la autenticidad de esta.[4] Los lectores modernos pueden estar seguros de que la Iglesia primitiva estuvo en lo correcto al atribuir esta carta a Pablo.

Fecha

La primera carta a los tesalonicenses fue escrita por Pablo durante su segundo viaje misionero, poco después de que huyera de Tesalónica en medio de una severa persecución (Hech. 17:5-10). Si Pablo escribió la carta desde Corinto, probablemente lo hizo en el año 50. Los 18 meses de Pablo en Corinto pueden ser fechados a la luz de la inscripción de Galión que indica que sirvió como procónsul desde el 1 de julio del 51 al 1 de julio del 52. Pablo probablemente apareció ante Galión poco después de asumir el poder, porque los oponentes de Pablo muy probablemente habrían llevado sus acusaciones a un nuevo procónsul con la esperanza de que pudiera ser influenciado para sentenciar a su favor. Por lo tanto, la aparición de Pablo ante Galión probablemente ocurrió a finales del verano o principios del otoño del año 51, hacia el final de los 18 meses de Pablo en Corinto.[5]

Timoteo permaneció en Berea mientras Pablo era escoltado a Atenas (Hech. 17:13-14). Pablo aparentemente usó estas escoltas, que regresaron a Berea cuando Pablo estaba entrando en Atenas, para entregar sus instrucciones a Timoteo para que regresara a Tesalónica. El viaje de Atenas a Berea probablemente llevó a los mensajeros varias semanas. Hay que considerar varias semanas para el viaje de Timoteo de Berea a Tesalónica y su estancia en

---

[1] Ver D. Guthrie, *New Testament Introduction* [Introducción al Nuevo Testamento], 2ª ed. (Downers Grove: InterVarsity, 1990), 589.

[2] La duda moderna sobre la autoría de Pablo de 2 Tesalonicenses comenzó con J. E. C. Schmidt en 1801; ver G. Milligan, *St. Paul's Epistles to the Thessalonians* [Epístolas de San Pablo a los Tesalonicenses] (London: Macmillan, 1908), lxxviii.

[3] R. Jewett, *The Thessalonian Correspondence: Pauline Rhetoric and Millenarian Piety* [La correspondencia tesalonicense: Retórica paulina y piedad milenaria] (Philadelphia: Fortress, 1986), 18.

[4] Best, *A Commentary on the First and Second Epistles to the Thessalonians* [Comentario sobre 1 y 2 Tesalonicenses] (London: A. and C. Black, 1977), 52.

[5] Ambas ideas están sustentadas por C. J. Hemer, *The Book of Acts in the Setting of Hellenistic History* [El Libro de los Hechos en el período helenístico] (Tübingen: Mohr Siebeck, 1989), 119.

esta última ciudad. Su viaje de Tesalónica para regresar con Pablo a Corinto probablemente tomó aproximadamente un mes. Es probable que haya transcurrido un período de dos meses y medio a tres meses entre el momento de la entrada de Pablo en Atenas y el regreso de Timoteo a Pablo.

Pablo probablemente escribió 1 Tesalonicenses poco después de la llegada de Timoteo a Corinto. Esto sugiere que Pablo escribió 1 Tesalonicenses varios meses después de llegar personalmente a Corinto. Por lo tanto, podría haber escrito la carta en cualquier momento entre la primavera y el verano del 50. Si Pablo compareció ante Galión más tarde en su etapa de procónsul, una fecha de composición hasta un año después es posible. Una fecha dentro de este rango o unos meses más tarde es también compatible con la teoría, sostenida por unos pocos eruditos, de que Pablo escribió 2 Tesalonicenses antes que 1 Tesalonicenses.

La segunda carta a los Tesalonicenses fue probablemente escrita varios meses después de la carta anterior, tal vez en el invierno del 50. Los intérpretes que aceptan la prioridad de 2 Tesalonicenses generalmente sugieren que Timoteo sirvió de mensajero para la carta y que lo acompañó en su viaje de Atenas a Tesalónica, en cuyo caso la carta fue escrita mientras Pablo estaba en Atenas a principios de la primavera del año 50.

Procedencia

La evidencia interna de la carta y el relato del segundo viaje misionero de Pablo en los Hechos sugieren que Corinto es el lugar probable donde se escribieron estas cartas. En 1 Tesalonicenses 3:1-10 se explica que Pablo decidió quedarse solo en Atenas y enviar a Timoteo a Tesalónica para animar a la iglesia y averiguar cómo le iba a la iglesia en ausencia de Pablo. Una comparación de 1 Tesalonicenses 3 y Hechos 17 sugiere que, aunque Pablo estaba en Atenas, envió instrucciones a través de sus escoltas a Timoteo en Berea. Timoteo debía viajar a Tesalónica y luego reencontrarse con Pablo en Atenas. Pero para cuando Timoteo regresó de Tesalónica, Pablo ya se había trasladado a Corinto (Hech. 17:14-16; 18:5), donde Timoteo finalmente se reunió con Pablo con su informe de la situación en Tesalónica, lo que impulsó a Pablo a escribir 1 Tesalonicenses. Ya que 1 Tesalonicenses nombra a Timoteo como coautor de la carta, esta probablemente fue escrita desde Corinto.

La gran mayoría de los eruditos contemporáneos que afirman la autoría de Pablo argumentan que 2 Tesalonicenses fue escrita desde Corinto varios meses después de la primera carta. En 2 Tesalonicenses 1:1 se identifica a Pablo, Timoteo y Silas como coautores. Según el testimonio de los Hechos, estos tres hombres viajaron juntos solo durante el segundo viaje misionero. En 2 Corintios 1:9 se confirma que Pablo y Timoteo residían juntos en Corinto, y Silas es probablemente también uno de los «hermanos que vinieron de Macedonia» mencionados en 2 Corintios 11:7-11. Es probable que Pablo no estuviera en Atenas lo suficiente como para haber escrito 1 Tesalonicenses allí. Es aún menos probable que haya escrito su segunda carta en Atenas. Entonces, 2 Tesalonicenses fue probablemente escrito unos pocos meses después de la primera carta, y los 18 meses de Pablo en Corinto permiten más que suficiente tiempo para que la carta haya sido escrita allí.

Destinatarios

Tanto 1 y 2 Tesalonicenses se dirigieron a los creyentes de la iglesia recién plantada en Tesalónica. Esta ciudad, la moderna Tesalónica o Salónica, estaba estratégicamente ubicada en la cabecera del Golfo de Terme, en el mejor puerto natural del Mar Egeo y se convirtió en la principal ciudad portuaria de Macedonia. También se encontraba en la *Vía Egnatia*, la principal vía romana entre Asia Menor y Dirraquio, un puerto en la costa del mar Adriático desde el que se podía navegar a través del Adriático hasta el puerto de Brindisi y luego seguir la *Vía Apia* directamente a Roma. Tesalónica era, por lo tanto, la ciudad más grande e importante de Macedonia en la época del apóstol Pablo.[6]

Tesalónica era una ciudad cosmopolita habitada tanto por griegos como por romanos, y una importante población judía vivía allí (Hech. 17). La mayoría de los lectores de Pablo habían sido idólatras paganos antes de su conversión al cristianismo (1 Tes. 1:9). Es posible que adoraran a varios de los diversos dioses de Tesalónica, incluyendo a Dionisio, Sarapis, Cabiros y César.[7] La congregación de Tesalónica era mixta e incluía nuevos creyentes de origen judío y pagano.

Situación

Hechos 17:1-10 registra la fundación de la iglesia en Tesalónica. Después de que Pablo fue expulsado de Filipos, continuó hacia el oeste por la *Vía Egnatia* hasta Tesalónica. Allí, durante tres sábados consecutivos, habló en la sinagoga judía y trató de convencer a los judíos de que Jesús es el Mesías y «... que era necesario que el Cristo padeciese, y resucitase de los muertos...» (Hech. 17:3). Algunos de los oyentes recibieron el evangelio no por la persuasión de los argumentos de Pablo, sino por la propia actividad misteriosa de Dios entre los tesalonicenses. Pablo no dudaba de que Dios los había elegido porque su evangelio «... no llegó a vosotros en palabras solamente, sino también en poder, en el Espíritu Santo y en plena certidumbre...» (1 Tes. 1:5).

Aunque el ministerio de Pablo en la sinagoga solo duró unas pocas semanas, la evidencia de las cartas a los tesalonicenses sugiere que pudo haber continuado su ministerio en su taller (1 Tes. 2:9). Pablo mencionó haber recibido apoyo financiero de los filipenses al menos dos veces durante su estancia en Tesalónica (Fil. 4:16), lo que implica una estancia más larga en la ciudad de lo que podría sugerir una lectura superficial de Hechos 17. Mientras Pablo estaba en Tesalónica, estalló la persecución contra el equipo misionero y los nuevos creyentes. Hechos 17:5 sugiere que los judíos incitaron la persecución pero que toda la ciudad fue rápidamente atrapada por sentimientos anticristianos. Los judíos despertaron la ira de «algunos ociosos, hombres malos» que formaron una multitud y «alborotaron la ciudad». Sus quejas contra los cristianos fueron llevadas a los magistrados de la ciudad e invocaron los decretos del César. Los magistrados consideraron el asunto lo

---

[6] C. Wanamaker, *Commentary on 1 and 2 Thessalonians* [Comentario sobre 1 y 2 Tesalonicenses], NIGTC (Grand Rapids: Eerdmans, 1990), 3.

[7] Ver especialmente C. Edson, «Cults of Thessalonica» [«Cultos de Tesalónica»], *HTR* 41 (1948): 153–204; y K. P. Donfried, «The Cults of Thessalonica and the Thessalonian Correspondence» [«Los cultos de Tesalónica y la correspondencia con los tesalonicenses»], *NTS* 31 (1985): 336–56.

suficientemente serio como para exigirles que tomaran una fianza de seguridad de algunos de los nuevos creyentes.

Reconociendo que la presencia de Pablo solo seguiría alentando la animosidad contra los cristianos de la ciudad, los tesalonicenses instaron a Pablo y a Silas a salir hacia Berea. Pablo más tarde partió hacia Atenas donde predicó su famoso sermón en el Areópago. Mientras Pablo estaba en Atenas, envió a Timoteo de vuelta a Tesalónica para inspeccionar el estado de la iglesia allí. Timoteo se reunió con Pablo de nuevo en Corinto. Le dio a Pablo un informe sobre la iglesia y puede que incluso le entregara una carta de los tesalonicenses a Pablo. La frase «pero acerca» (*peri de*) puede implicar que Pablo estaba respondiendo a las preguntas planteadas por los Tesalonicenses en su correspondencia con él.[8]

Pablo escribió 1 Tesalonicenses en respuesta al informe de Timoteo y, posiblemente, a la correspondencia de los Tesalonicenses que Timoteo entregó. Esto llevó a Pablo a tratar los temas que abordaremos en el «propósito» a continuación. La segunda carta a los tesalonicenses trata algunos de los mismos problemas, aunque amplía su tratamiento del fin de los tiempos y aborda más a fondo el problema de los ociosos en la iglesia.

Propósito

Tanto 1 y 2 Tesalonicenses son cartas pastorales escritas para atender las necesidades específicas de la iglesia de Tesalónica. La primera carta a los tesalonicenses fue escrita para (1) animar a la iglesia durante un tiempo de persecución; (2) defender la pureza de los motivos de Pablo detrás de su misión a los tesalonicenses; (3) instar a la iglesia a vivir vidas santas caracterizadas por la pureza sexual; (4) definir una ética de trabajo cristiana; (5) corregir la confusión sobre el retorno de Cristo; y (6) motivar a la iglesia a respetar a sus líderes.

La segunda carta a los tesalonicenses fue escrita para tratar temas de la iglesia sobre los cuales Pablo parece haber aprendido a través de un informe oral (2 Tes. 3:11). Escribió la carta para (1) animar a una iglesia perseguida con la promesa de una vindicación final; (2) corregir puntos de vista confusos sobre el fin de los tiempos causados por tergiversaciones de la enseñanza de Pablo; y (3) dar a la iglesia direcciones más extensas para tratar con los «ociosos».

LITERATURA

Plan literario

Los escritores de cartas modernos usan ciertas convenciones literarias como el saludo «estimado» o el cierre «sinceramente». El formato de una carta moderna depende en cierta medida de su propósito. Una carta personal típicamente asume un formato y una carta de negocios otro. De manera similar, los discursos y cartas antiguas usaban convenciones y formatos particulares: Aristóteles describió tres géneros principales de retórica.

---

[8] Comparar 1 Tes. 4:9; 5:1 con 1 Cor. 7:1, 25; 8:1.

El entendimiento de estos puede ayudar al intérprete a entender mejor la comunicación antigua y por lo tanto la función de estas cartas.[9]

La primera carta a los tesalonicenses se clasifica mejor como retórica epidética (elogio o culpa), un género en el que un autor refuerza y celebra los valores o ideas compartidas con su audiencia. Esta retórica puede ser positiva o negativa. Por un lado, podría utilizar el elogio para persuadir a la audiencia a continuar con el comportamiento actual. Por otro lado, podría usar la culpa para disuadir a la audiencia de continuar con el comportamiento actual. La mayoría de los estudiosos clasifican 1 Tesalonicenses como epidética porque la alabanza y la acción de gracias de Pablo por los tesalonicenses son tan dominantes a lo largo de la carta.[10]

La segunda carta a los tesalonicenses se describe mejor como retórica deliberativa. Este género trata de persuadir a la gente a seguir un curso de acción particular en el futuro, por lo que 2 Tesalonicenses se clasifica como deliberativo porque Pablo trató de persuadir a los tesalonicenses a adoptar una comprensión diferente del Día del Señor y abandonar su ocio.[11]

BOSQUEJO
1 Tesalonicenses
I. INTRODUCCIÓN (1:1).
II. EXPRESIONES DE AGRADECIMIENTO Y AMOR POR LOS TESALONICENSES (1:2-3:13).
   a. Primera oración de acción de gracias por los tesalonicenses (1:2-10).
   b. La relación de Pablo con los tesalonicenses durante su visita, demostrando la pureza de sus motivos en el ministerio en Tesalónica (2:1-12).
   c. Segunda oración de acción de gracias por los tesalonicenses (2:13-16).
   d. La relación de Pablo con los tesalonicenses después de su partida (2:17-3:10).
   e. Tercera oración de acción de gracias introduciendo los tres temas principales de la siguiente sección: santidad personal, amor cristiano y la segunda venida (3:11-13).
III. EXHORTACIONES E INSTRUCCIONES (4:1-5:22).
   a. Introducción a las exhortaciones (4:1-2).
   b. Exhortación a la santidad personal y a la pureza sexual (4:3-8).
   c. Exhortación al amor cristiano y a la vida responsable (4:9-12).
   d. Instrucciones sobre la segunda venida (4:13-18).
   e. Exhortaciones relacionadas con la segunda venida (5:1-11).
   f. Exhortaciones generales (5:12-22).
IV. CONCLUSIÓN (5:23-28).

---

[9] Para una buena introducción al formato básico de las cartas de Pablo, véase P. T. O'Brien, «*Letters, Letter Forms*» [«Cartas, formato de la carta»] en *Dictionary of Paul and His Letters* [Diccionario de Pablo y sus cartas], 550–53.

[10] Jewett, *Thessalonian Correspondence* [Correspondencia tesalonicense], 71–72; G. Lyons, *Pauline Autobiography: Toward a New Understanding* [Autobiografía paulina: Hacia un nuevo entendimiento], SBLDS 73 (Atlanta: Scholars Press, 1985), 219–21; Wanamaker, *Thessalonians* [Tesalonicenses], 47.

[11] F. W. Hughes, *Early Christian Rhetoric and 2 Thessalonians* [Retórica cristiana primitiva y 2 Tesalonicenses], JSNTSup 30 (Sheffield: JSOT, 1989), 55; Jewett, *Thessalonian Correspondence*, 82; G. A. Kennedy, *New Testament Interpretation Through Rhetorical Criticism* [Interpretación del Nuevo Testamento a través de la crítica retórica] (Chapel Hill: University of North Carolina, 1984), 144; Wanamaker, *Thessalonians*, 48.

2 Tesalonicenses
  I. INTRODUCCIÓN (1:1-12).
  II. DECLARACIÓN DE TESIS: EL DÍA DEL SEÑOR NO HA OCURRIDO Y LOS VERDADEROS CREYENTES NO DEBEN TEMERLO (2:1-2).
  III. PRUEBAS QUE APOYAN LA TESIS DE PABLO (2:3-17).
   a. Primera prueba: El día del Señor no ha ocurrido (2:3-12).
   b. Segunda prueba: Los cristianos pueden tener esperanza y confianza mientras anticipan el fin de los tiempos (2:13-17).
  IV. EXHORTACIONES (3:1-15).
   a. Exhortación a la oración (3:1-5).
   b. Exhortaciones relacionadas con el ocio (3:6-15).
  V. CONCLUSIÓN (3:16-18)

DISCUSIÓN UNIDAD POR UNIDAD

1 TESALONICENSES

I. Introducción (1:1)

II. Expresiones de agradecimiento y amor por los Tesalonicenses (1:2-3:13)

En su primera gran sección, Pablo aseguró a los tesalonicenses su amor por ellos y la pureza de sus motivos de su misión en Tesalónica. Aparentemente lo hizo en respuesta a las afirmaciones de sus oponentes de que su misión estaba impulsada por motivos egoístas y que había abandonado la iglesia cuando más lo necesitaba. Las críticas eran, por supuesto, falsas. Lucas indicó claramente que Pablo huyó de Tesalónica a petición de la iglesia (Hech. 17:10). La nueva iglesia evidentemente pensó que la partida de Pablo desactivaría los crecientes sentimientos anticristianos en la ciudad. Pero ahora que Pablo se había ido, sus oponentes probablemente argumentaron que Pablo había incitado la ira de la ciudad y luego convenientemente desapareció a la primera señal de problemas.

   a. Primera oración de acción de gracias por los Tesalonicenses (1:2-10). La primera carta de Pablo a los tesalonicenses contiene varias oraciones de acción de gracias que demuestran el amor de Pablo por la congregación. En esta primera oración, Pablo agradece a Dios por las evidencias de Su amable elección de los creyentes (1:2-4). Su elección y su auténtica conversión se evidenciaron en los milagros que acompañaron el mensaje de Pablo y que confirmaron la veracidad de su evangelio y la actividad del Espíritu Santo para persuadirlos a recibir la verdad (1:5-7). Los tesalonicenses habían abandonado sus ídolos para servir a Dios y eran un ejemplo para otros creyentes en su servicio cristiano, su celo evangelizador y su fidelidad ante la persecución (1:8-10). La oración introduce los temas principales de la carta, recordando a los tesalonicenses: (1) los efectos del ministerio de Pablo que confirmaron la aprobación de Dios a Pablo; (2) la perseverancia de los tesalonicenses frente a la persecución; y (3) la ansiosa anticipación de los creyentes al regreso de Cristo.

   b. La relación de Pablo con los tesalonicenses durante su visita (2:1-12). Pablo respondió al ataque de sus oponentes contra sus motivos recordando a los tesalonicenses las características de su ministerio (2:1-4). Pablo había predicado corriendo un gran riesgo, con integridad y sinceridad y sin recibir ningún apoyo financiero de los nuevos creyentes (2:5-9). Pablo apeló tanto a los tesalonicenses y a Dios como testigos de su devoción e irreprochabilidad (2:10-12).

c. Segunda oración de acción de gracias por los tesalonicenses (2:13-16). La segunda oración de acción de gracias de Pablo confirmó el origen divino del evangelio de Pablo. Les recordaba a los tesalonicenses que no estaban solos en sus sufrimientos por Cristo. Animó a los tesalonicenses a perseverar con la seguridad de que Dios juzgaría a sus perseguidores.

d. La relación de Pablo con los tesalonicenses después de su partida (2:17-3:10). El amor de Pablo por la iglesia de Tesalónica se había manifestado en sus esfuerzos por regresar a Tesalónica (2:17-20) y en el envío de Timoteo para fortalecer y animar a la iglesia mientras permanecía en Atenas (3:1-5; comp. Hech. 17). Pablo expresa su gratitud por el informe positivo de Timoteo sobre la fe y el amor de los tesalonicenses y les asegura sus sinceras y constantes oraciones por ellos (3:6-10).

e. Tercera oración de acción de gracias (3:11-13). La tercera oración de acción de gracias y petición de Pablo por la iglesia introdujo los tres temas principales de la siguiente sección principal. La oración «… el Señor os haga crecer y abundar en amor unos para con otros y para con todos…» (v. 12) anticipa la discusión del amor fraternal en 4:9-12. La petición «… que sean afirmados vuestros corazones, irreprensibles en santidad delante de Dios nuestro Padre…» (v. 13) anticipa la discusión de la santidad personal en 4:1-8. La referencia a la «… venida de nuestro Señor Jesucristo con todos sus santos» (v. 13) introduce la discusión escatológica en 4:13-5:11 e insinúa que los creyentes fallecidos acompañarán a Cristo en el momento de Su regreso.

III. Exhortaciones e instrucciones (4:1-5:22)

Esta sección está impregnada de numerosos mandamientos a la iglesia junto con argumentos de apoyo.

a. Introducción a las exhortaciones (4:1-2). Pablo exhortó a la iglesia a seguir un estilo de vida moral y ético que fuera agradable a Dios. Les recordó a los tesalonicenses que los mandatos que transmitió en última instancia procedían del propio Cristo.

b. Exhortación a la santidad personal y a la pureza sexual (4:3-8). Pablo exhortó a la iglesia a abstenerse de la inmoralidad sexual (4:3). Llegó a definir la pureza sexual como la esencia de la voluntad de Dios para el creyente y una meta del proceso de santificación. La inmoralidad sexual era un comportamiento pagano e inapropiado para los seguidores de Jesús. Después de insistir en que su enseñanza moral venía de Cristo (4:2), Pablo ahora insiste en que venía de Dios a través del Espíritu Santo (4:8). Por consiguiente, un estilo de vida de inmoralidad desafiaba las órdenes de Dios e invitaba a Su santa venganza.

c. Exhortación al amor cristiano y a la vida responsable (4:9-12). Los tesalonicenses natural y espontáneamente expresaron el amor entre sí como un subproducto de la obra transformadora del Espíritu en ellos (4:9). Pablo les exhortó a hacerlo aún más (4:10). El amor por los demás exigía que se viviera responsablemente y se trabajara para ganarse la vida en lugar de depender de la generosidad de otros creyentes (4:11). Esta insistencia estaba dirigida a los ociosos que se mencionaron de nuevo en el 5:14 y se trataría con más detalle en la segunda carta de Pablo. Él advirtió que si no se vivía con compasión y responsabilidad se frustraría el testimonio de la iglesia hacia «los de afuera» (4:12).

d. Instrucciones sobre de la segunda venida (4:13-18). Pablo preparó a su audiencia para las exhortaciones relacionadas con la segunda venida, primero aclarando cierta confusión sobre los eventos que acompañarán el regreso de Cristo. La iglesia estaba aparentemente preocupada por el destino de los creyentes que murieron antes de la segunda venida, y temía que los creyentes muertos no pudieran disfrutar de los dramáticos y excitantes eventos relacionados con el regreso de Jesús (4:13). Pablo animó a la iglesia asegurándoles que los creyentes que habían muerto resucitarían cuando Jesús descendiera para consumar su reinado sobre la tierra (4:14-16). Aquellos que estuvieran vivos al regreso de Cristo serían «arrebatados» junto con ellos en las nubes para encontrarse con el Señor en el aire (el «rapto») y así estar para siempre con el Señor (4:17).

e. Exhortaciones relacionadas con la segunda venida (5:1-11). Pablo exhortó a los tesalonicenses a estar alerta y vigilantes porque el regreso de Jesús sería repentino (5:1-8). Confortó a la iglesia con la seguridad de que el pueblo de Dios escaparía de la ira de Dios por la muerte sacrificial de Jesús. Así podían anticipar el regreso de Jesús con alegría en lugar de con temor (5:9-11).

f. Exhortaciones generales (5:12-22). Pablo exhortó a la iglesia a apoyar y respetar a los líderes espirituales, a mostrar amor y perdón a los demás, así como a ser fieles en la oración (5:12-18). También ordenó a la iglesia que valorara el don de la profecía por el que Dios revelaba Su verdad a través de personas dotadas en la iglesia, pero que pusiera a prueba las declaraciones proféticas y aceptara solo los que fueran buenas, es decir, los que fueran coherentes con la verdad que Cristo reveló a través de Pablo (5:19-22).

IV. Conclusión (5:23-28)

La oración final de Pablo resume las dos mayores preocupaciones de la carta, centrándose en la pureza del pueblo de Dios en anticipación de la segunda venida. La carta termina con la nota de confianza de que la congregación será encontrada inocente en el momento del regreso de Jesús por la fidelidad de Dios a aquellos a los que llamó. Dios llamó a Su pueblo a la santificación (ver 4:7), y la llevaría a cabo (5:24).

2 TESALONICENSES

I. Introducción (1:1-12).

Siguiendo su acostumbrado saludo (1:1-2), Pablo trató de animar a los tesalonicenses a permanecer fieles mientras soportaban la persecución (1:3-4). En retribución divina, Dios atormentaría a los que atormentaban a Su pueblo y daría descanso a los que sufrían (1:5-7a). Este juicio ocurriría en conjunción con la segunda venida, cuando los pecadores se enfrentarían a la misma gloriosa presencia divina que mataría al anticristo (1:7b-10; comp. 2:8). Mientras Pablo anticipaba ese gran evento, oró para que los creyentes se caracterizaran por la bondad y así traer la gloria a Cristo (1:11-12).

II. Declaración de la tesis: El día del Señor no ha ocurrido y los verdaderos creyentes no deben temerlo (2:1-2)

Pablo anunció dos temas que dominan el segundo capítulo de su carta: El regreso de Cristo y la reunión de los creyentes. De alguna manera, ya sea por un espíritu, una palabra hablada o una carta que parecía ser de Pablo y sus asociados, los tesalonicenses habían comenzado a sospechar que el día del Señor ya había ocurrido o que ya estaba ocurriendo.

III. Pruebas que apoyan la tesis de Pablo (2:3-17)

Pablo escribió para insistir en que el día del Señor aún no había tenido lugar y para describir los eventos que deben suceder antes del regreso de Cristo.

a. Primera prueba: El día del Señor no ha ocurrido (2:3-12). El día del Señor, que abarca eventos escatológicos tan importantes como la segunda venida, la resurrección de los muertos y el juicio final, sería precedido por una amplia apostasía inspirada por el «hombre de pecado» (es decir, el anticristo; 2:3). Esta figura se entronizaría en el lugar de Dios en el templo de Jerusalén y engañaría a los infieles con asombrosos milagros falsos (2:4,9-12). En última instancia, el hombre de pecado sería destruido por Cristo a Su regreso. Alguna persona y poder estaban restringiendo el pecado, y el hombre de pecado no aparecería hasta que se quitara esta restricción (2:5-8).

b. Segunda prueba: Los cristianos pueden tener esperanza y confianza mientras anticipan el fin de los tiempos (2:13-17). Pablo reconoció que su advertencia sobre el gran engaño que acompañaría la venida del hombre de pecado podría haber asustado a sus lectores. Pablo animó a los creyentes a mantenerse firmes recordándoles que Dios los había elegido para la salvación y que los había llamado para la glorificación final (2:13-15). Esta elección de gracia y este poderoso llamado les aseguraba que Dios los fortalecería y protegería hasta que Su plan para ellos se cumpliera (2:16-17). Pablo repitió esta seguridad en 3:3-5.

IV. Exhortaciones (3:1-15)

Pablo concluyó su carta abordando algunos de los problemas prácticos de la iglesia de Tesalónica.

a. Exhortación a la oración (3:1-5). En primer lugar, Pablo exhortó a la iglesia a orar por la difusión y la recepción positiva del evangelio. Pablo estaba convencido de que la eficacia de su ministerio dependía del ejercicio del poder de la gracia de Dios y no de sus propias habilidades o destrezas. Pablo también pidió a la iglesia que orara por la protección del equipo misionero.

b. Exhortaciones relacionadas con el ocio (3:6-15). En segundo lugar, Pablo instruyó a la iglesia sobre cómo manejar a los ociosos. Estos individuos vivían de manera irresponsable al negarse a trabajar y depender de la generosidad de otros miembros de la iglesia para su supervivencia (3:6). Este estilo de vida podría estar vinculado de alguna manera a la escatología confusa de la iglesia o representar un tema aparte. Pablo apeló tanto a la tradición cristiana como a su propio ejemplo para argumentar que los creyentes deben trabajar para ganarse la vida (3:7-13). Los miembros de la iglesia deben desvincularse de los ociosos y dejar de apoyarlos económicamente con la esperanza de que se arrepientan y comiencen a vivir de manera responsable (3:14-15).

V. Conclusión (3:16-18)

Pablo oró para que la iglesia experimentara tanto la paz como la gracia del Señor Jesús. También explicó cómo autentificó sus cartas para que la iglesia pudiera distinguir las cartas escritas por el apóstol de las que se le atribuyen fraudulentamente.

TEOLOGÍA

Temas teológicos

La segunda venida. Ambas cartas a los Tesalonicenses fueron escritas para responder a preguntas o falsas suposiciones sobre el fin de los tiempos y así proporcionar la enseñanza más explícita de Pablo sobre la segunda venida. La enseñanza de Pablo en 1 Tesalonicenses 4:13-18 se derivó de una revelación del Señor, ya sea las enseñanzas escatológicas de Jesús durante Su ministerio terrenal (ver Mat. 24-25; Mar. 13) o la revelación de los profetas cristianos de la Iglesia primitiva.[12]

En la segunda venida, el Señor Jesús descenderá del cielo. La voz del Hijo de Dios (Juan 5:25) resucitará a los muertos. La voz del arcángel y el sonido de la trompeta (Mat. 24:29-31; 1 Cor. 15:52) sirven de señales a los ángeles para reunir al pueblo de Dios, tanto a los muertos como a los vivos, para la transformación final. Los creyentes recién resucitados y los creyentes que no han experimentado la muerte serán arrebatados juntos en las nubes para recibir al Señor en el aire.

La palabra «recibir» (*apantesis*) se usaba a menudo para hablar de un grupo que salía al encuentro de un dignatario que se acercaba y luego se daba la vuelta y lo acompañaba a su ciudad o a su casa (Mat. 25:6; Hech. 28:15). El acercamiento del dignatario se llamaba a veces *parousia*, la palabra utilizada aquí para describir la venida de Cristo.[13] La estrecha conexión del pasaje con las descripciones de Jesús de la segunda venida (ver especialmente Mat. 24:30-31) y el probable sentido de las palabras *apantesis* y *parousia* en 1 Tesalonicenses 4:13-18 favorecen un rapto post tribulacional.

En 1 Tesalonicenses 5:1-11 se describe la segunda venida como perteneciente al día del Señor predicho por los profetas del A.T. (por ejemplo, Amós 5:18-20; Abd. 15; Sof. 1:2-18). Pablo insistió en que el día del Señor vendría repentinamente, tomando por sorpresa a los incrédulos, aunque no al pueblo de Dios. En 2 Tesalonicenses 1:3-12 se destacan los horrores experimentados por los incrédulos al regreso de Jesús. Los creyentes escaparán de esta espantosa efusión de ira divina, pero deben prepararse para el regreso de Jesús cultivando el carácter cristiano.

---

[12] Por ejemplo, G. K. Beale, *1–2 Thessalonians* [1-2 Tesalonicenses] (Downers Grove: InterVarsity, 2003), 136–38; Wanamaker, *Thessalonians* [Tesalonicenses], 170–71; y I. H. Marshall, *1 and 2 Thessalonians* [1 y 2 Tesalonicenses], NCBC (London: Marshall, Morgan, and Scott, 1983), 125–27.

[13] Varios comentaristas sostienen que la interacción del sustantivo «venida», que podría hablar de la aproximación del rey, y el sustantivo «recibir» implica que los creyentes se encuentran con Cristo en los cielos y luego lo escoltan de regreso a la tierra en procesión real. Por ejemplo, F. F. Bruce, *1 y 2 Thessalonians* [1 y 2 Tesalonicenses], WBC 45 (Waco: Word, 1982), 102–3.

Ética de trabajo cristiana. Debido al singular desafío que supone la presencia de los «ociosos» (1 Tes. 5:14) que vivían «desordenadamente» (2 Tes. 3:6-15), Pablo subrayó la importancia de una ética de trabajo cristiana en estas cartas. Los «ociosos» aparentemente se negaban a trabajar y se aprovechaban de la generosidad de otros miembros de la iglesia, todo por su escatología confundida. Tal vez, como algunos entusiastas del fin de los tiempos hoy en día, dejaron sus trabajos y se subieron a sus tejados para sentarse y esperar el regreso de Cristo. Cualesquiera que sean las motivaciones de su comportamiento, Pablo insistió en que tal comportamiento era contrario a las enseñanzas cristianas y al propio ejemplo del apóstol (ver 1 Tes. 1:9-12).

Pablo enumeró varias consecuencias perjudiciales del comportamiento de los ociosos: usaban su tiempo libre para interferir en el trabajo de los demás (2 Tes. 3:11); imponían una carga financiera indebida a los hermanos y hermanas generosos; y su comportamiento generaba la falta de respeto de los incrédulos o «los de afuera» (1 Tes. 4:10-12). Por lo tanto, Pablo insistió en que la iglesia no debe apoyar a los ociosos e incluso exhortó a la iglesia a iniciar un proceso de disciplina eclesiástica compasiva con el fin de animar a los ociosos a cambiar su comportamiento. Conformada por una correcta comprensión del día del Señor, la enseñanza de Pablo demuestra la importancia de que los creyentes trabajen duro para proveerse a sí mismos y a sus familias, llevándolos a convertirse en un testimonio positivo para los incrédulos.

PUNTOS DE APLICACIÓN

- Trabaja duro en lugar de ser una carga para los demás (1 Tes. 4:11-12; 2 Tes. 3:10).
- No te quedes desinformado sobre los eventos del fin de los tiempos, como el rapto o la llegada del anticristo, sino prepárate para el regreso de Cristo (1 Tes. 4:13-16; 2 Tes. 2:3-12).
- Ora constantemente (1 Tes. 5:17).
- Da gracias en todo (1 Tes. 5:18).
- No apagues el Espíritu (1 Tes. 5:19).

PREGUNTAS DE ESTUDIO

1. ¿Por qué se descuidan a menudo las cartas a los Tesalonicenses? ¿Por qué son importantes?
2. ¿Cuándo se escribió probablemente 1 Tesalonicenses? ¿Cuánto tiempo después de 1 Tesalonicenses se escribió 2 Tesalonicenses?
3. ¿Cuáles son algunas de las razones principales por las que Pablo escribió las cartas a los tesalonicenses?
4. ¿Cuál fue la causa de la ética de trabajo deficiente de los tesalonicenses?
5. ¿Cuál es la posición con respecto al rapto que encuentra más apoyo en 1 Tesalonicenses y por qué?
6. ¿Cuál es la contribución más significativa de las cartas a los tesalonicenses al canon del N.T.?

PARA UN ESTUDIO MÁS PROFUNDO
Beale, G. K. *1–2 Thessalonians*. IVP New Testament Commentary. Downers Grove: InterVarsity, 2003.
Bruce, F. F. *1 and 2 Thessalonians*. Word Biblical Commentary 45. Waco: Word, 1982.
Green, G. *The Letters to the Thessalonians*. Pillar New Testament Commentary. Grand Rapids: Eerdmans, 2002.
Holmes, M. W. *1 and 2 Thessalonians*. NIV Application Commentary. Grand Rapids: Zondervan, 1998.
Jewett, R. *The Thessalonian Correspondence: Pauline Rhetoric and Millenarian Piety*. Foundations and Facets: New Testament. Philadelphia: Fortress, 1986.
Marshall, I. H. *I and II Thessalonians*. New Century Bible. Grand Rapids: Eerdmans, 1983.
Martin, D. M. *1, 2 Thessalonians*. New American Commentary 33. Nashville: B&H, 1995.
Morris, L. *The First and Second Epistles to the Thessalonians*. Rev. ed. New International Commentary on the New Testament. Grand Rapids: Eerdmans, 1991.
Wanamaker, C. A. *Commentary on 1 and 2 Thessalonians*. New International Greek Testament Commentary. Grand Rapids: Eerdmans, 1990.
Weima, J. A. D. y S. E. Porter. *An Annotated Bibliography of 1 and 2 Thessalonians*. Leiden: Brill, 1998.

Capítulo 12
Correspondencia de Pablo con los Corintios: 1 y 2 Corintios

CONOCIMIENTO ESENCIAL

Los estudiantes deben conocer los hechos clave de 1 y 2 Corintios. Con respecto a la historia, deben ser capaces de identificar el autor, la fecha, la procedencia, los destinatarios y el propósito de cada libro. Con respecto a la literatura, deben ser capaces de proporcionar un esquema básico de cada libro e identificar los elementos básicos de su contenido que se encuentran en la discusión unidad por unidad. Con respecto a la teología, los estudiantes deben ser capaces de identificar los principales temas teológicos en 1 y 2 Corintios.

ASPECTOS CLAVE	
1 Corintios	
Autor:	Pablo.
Fecha:	53 o 54.
Procedencia:	Éfeso.
Destinatario:	Iglesia de Corinto.
Situación:	Reportes orales y carta escrita por los corintios.
Propósito:	Abordar cuestiones prácticas como los cismas en la iglesia, los juicios en los tribunales locales, el ejercicio de la disciplina eclesiástica, las cuestiones relacionadas con la idolatría, el matrimonio cristiano, las ordenanzas, los dones espirituales y cuestiones teológicas como la naturaleza de la salvación y la doctrina de la resurrección.
Versículos clave:	13:1-3.

ASPECTOS CLAVE	
\multicolumn{2}{c|}{*2 Corintios*}	
Autor:	Pablo.
Fecha:	54 o 55.
Procedencia:	Macedonia, quizás Filipos.
Destinatario:	Iglesias en Corinto y en la provincia de Acaya.
Situación:	El informe de Tito sobre la condición de la iglesia seguido de información adicional sobre la intrusión de falsos apóstoles.
Propósito:	Defender la autoridad apostólica de Pablo, explicar la naturaleza del nuevo pacto, fomentar la ofrenda de alivio y desafiar las afirmaciones de los falsos apóstoles.
Versículos clave:	5:16-21.

CONTRIBUCIÓN AL CANON

- Trata con la división y la inmadurez espiritual en la Iglesia (1 Cor. 1-4).
- Disciplina de la Iglesia (1 Cor. 5; 2 Cor. 2:5-11).
- Las ventajas de la soltería y el matrimonio (1 Cor. 7).
- Principios para establecer el N.T. (1 Cor. 9; 16:1-4; 2 Cor. 9).
- Los dones espirituales y la supremacía del amor (1 Cor. 12-14).
- La resurrección de Cristo y los creyentes y la naturaleza del cuerpo de la resurrección (1 Cor. 15).
- La gracia redentora del sufrimiento y la revelación del poder de Dios en la debilidad humana (2 Cor. 1:3-11; 4:7-18; 12:1-10).
- La defensa de Pablo de su ministerio apostólico (2 Cor., especialmente caps. 10-13).

INTRODUCCIÓN

LAS CARTAS DE Pablo a la iglesia de Corinto son de los libros del N.T. más ricos en teología y más útiles en la práctica. Probablemente sean las siguientes en la secuencia cronológica después de Gálatas y Tesalonicenses. En su correspondencia con los corintios, Pablo abordó numerosos problemas en una iglesia plagada de ellos. La respuesta de Pablo a estos problemas fue aplicar su teología reflexiva a asuntos muy prácticos y demostrar que la teología no era estática. Era dinámica y marcaba una diferencia práctica en la vida diaria. Las cartas a los corintios muestran la notable integración de la fe y la práctica de Pablo.

La primera carta a los corintios contiene la discusión más extensa de Pablo sobre temas como la unidad cristiana, la moralidad cristiana, las ordenanzas de la Iglesia, los dones espirituales y la resurrección de los creyentes. Desafía el fomentar la división en la Iglesia, guía a los líderes de la Iglesia en el ejercicio de la disciplina eclesiástica, y explica las formas de llevar a cabo la adoración decentemente y en orden. También aborda cuestiones de importancia en la sociedad contemporánea como la distinción permanente entre los géneros y los límites de la libertad personal.

La contribución de 2 Corintios al N.T. es también considerable. La carta es invaluable para guiar a los intérpretes a entender la teología del nuevo pacto. La carta también ayuda a los estudiantes de la Biblia a construir una teología del sufrimiento como ningún otro libro del N.T. Igual de importante, las cartas a los corintios, especialmente 2 Corintios, ayudan a desarrollar una teología del ministerio que enfatiza la compasión, el sacrificio, la humildad y la dependencia de Dios. En una era en la que los líderes espirituales se están convirtiendo en celebridades y la humildad es vista como un rasgo indeseable, 2 Corintios puede ser más importante que nunca.[1]

HISTORIA

Autor

1 Corintios. La autoría de Pablo de 1 Corintios es tan ampliamente aceptada que algunos comentarios prominentes sobre la carta ni siquiera abordan el tema de la autoría.[2] Clemente de Roma citó 1 Corintios y atribuyó la cita a «la epístola del bendito apóstol Pablo» alrededor del año 96. Lo hizo, notablemente, en una carta también dirigida a la iglesia de Corinto.[3] También hay frecuentes ecos de 1 Corintios en las cartas de Ignacio que fueron compuestas antes del 110.[4]

2 Corintios. La autoría de Pablo de 2 Corintios no ha sido seriamente cuestionada. El testimonio externo de 2 Corintios no es tan fuerte como el de 1 Corintios. Ecos de 2 Corintios pueden aparecer en las cartas de Ignacio (antes del 110) y en la *Epístola de Bernabé* (ca. 135).[5] Pero los posibles paralelismos no son lo suficientemente cercanos para demostrar la dependencia de 2 Corintios.[6] La carta de Policarpo a los filipenses casi con seguridad contiene una paráfrasis de 2 Corintios 5:10, y otras declaraciones en la carta implican la familiaridad de Policarpo con 2 Corintios.[7] Policarpo escribió esta carta en algún momento cerca de la muerte de Ignacio, que suele fecharse durante el reinado de

---

[1] R. V. G. Tasker, *The Second Epistle to the Corinthians: Introduction and Commentary* [La Segunda Epístola a los Corintios: Introducción y comentario], TNTC (Grand Rapids: Eerdmans, 1958), 12–13.

[2] Por ejemplo, G. D. Fee, *The First Epistle to the Corinthians* [La Primera Epístola a los Corintios], NICNT (Grand Rapids: Eerdmans, 1987); D. E. Garland, *1 Corinthians* [1 Corintios], BECNT (Grand Rapids: Baker, 2003); y C. K. Barrett, *The First Epistle to the Corinthians* [La Primera Epístola a los Corintios], HNTC (Peabody: Hendrickson, 1968), 11.

[3] 1 Clemente 47:1-3 hace referencia a la discusión de las facciones en 1 Corintios 1:10–17 y en el capítulo 3; 1 Clemente 49 contiene un himno sobre el amor basado en 1 Corintios 13.

[4] *A los Efesios* 16:1; 18:1; *A los Romanos* 4:3; 5:1; 9:2; y *A los Filadelfianos* 3:3.

[5] Ver Ignacio, *A los Efesios* 15:3 (2 Cor. 6:16); *A los Tralianos* 9:2 (2 Cor. 4:14); *A los Filadelfianos* 6:3 (2 Cor. 1:12; 2:5; 11:9–10; 12:16); *A Bernabé* 4:11–13 (2 Cor. 5:10); 6:11–12 (2 Cor. 5:17).

[6] V. P. Furnish, *II Corinthians* [2 Corintios], AB (Garden City: Doubleday, 1984), 29–30.

[7] Policarpo (Fil. 4:1) pudo haber citado 2 Corintios 6:7 («armas de justicia») y Filipenses 2:2, y él probablemente hace referencia a 2 Corintios 4:14. M. J. Harris, (*Second Epistle to the Corinthians* [Segunda Epístola a los Corintios], NIGTC [Grand Rapids: Eerdmans, 2005], 3) observa «tres o cuatro claras alusiones» a 2 Corintios en las cartas de Policarpo.

Trajano (98-117).[8] Según Tertuliano (ca. 160-225; *Contra Marción* 5.11-12), Marción también incluyó a 2 Corintios en su canon en el mismo período de tiempo. A finales del siglo II, 2 Corintios fue incluido en el Canon Muratoriano (más tarde en el siglo II) y fue ampliamente citado y atribuido a Pablo. El débil testimonio externo de 2 Corintios no es suficiente para levantar sospechas sobre su autenticidad. La carta es tan completamente paulina en forma, estilo y contenido que la autoría de Pablo de 2 Corintios es prácticamente indiscutible.

En 1 Corintios 1:1, Pablo mencionó también a Sóstenes como remitente. Algunos han deducido, por el uso de la primera persona del pronombre plural «nosotros» en la carta, que Sóstenes tuvo un papel más importante en la composición de la carta. Sóstenes no se menciona en ninguna otra parte de las cartas de Pablo. Pero es posible que el Sóstenes de 1 Corintios sea el mismo Sóstenes mencionado en Hechos 18:17, el gobernante de la sinagoga que fue golpeado por los espectadores después de que los judíos acusaran a Pablo ante Galión en Corinto. Si es así, Sóstenes era un seguidor de Cristo en el momento en que se escribió 1 Corintios y apoyó y alentó el ministerio del apóstol que una vez persiguió.

En 2 Corintios 1:1, Pablo incluyó a Timoteo en la lista de colaboradores. En contraste con Sóstenes, se sabe mucho sobre Timoteo y su relación con Pablo. Pablo conoció a Timoteo en su segundo viaje misionero (Hech. 16:1), y los dos se hicieron amigos de por vida. Dos de las cartas de Pablo, 1 y 2 Timoteo, están dirigidas personalmente a él. Además, Timoteo fue nombrado coautor de más cartas de Pablo que cualquier otro individuo. Además de 2 Corintios, fue el coautor de otras cinco cartas de Pablo: Filipenses, Colosenses, 1 y 2 Tesalonicenses y Filemón.

Fecha y procedencia

La historia de Pablo con los corintios es compleja, pero es posible reconstruir el curso del trato del apóstol con esta difícil congregación a partir de la evidencia disponible en los Hechos y en 1 y 2 Corintios con un alto grado de plausibilidad. Como muestra la siguiente lista, Pablo hizo al menos tres visitas a Corinto y escribió al menos cuatro cartas, de las cuales solo dos se han conservado en el canon cristiano. La secuencia de estas visitas y cartas se presenta de la siguiente manera.

Tabla 12.1. Visitas y cartas de Pablo a la iglesia de Corinto

1.	Primera visita: Pablo plantó la iglesia en Corinto en 50-52 (Hech. 18).
2.	Pablo señaló: «Os he escrito por carta» (1 Cor. 5:9, 11; «Corintios A»).
3.	Pablo escribió 1 Corintios desde Éfeso en 53/54 (1 Cor. 16:8; «Corintios B»).
4.	Pablo escribió una carta «con tribulación y angustia» (2 Cor. 2:4; 7:8; «Corintios C»).
5.	Segunda visita: la visita «con tristeza» (2 Cor. 2:1; ver 12:14; 13:1-2).
6.	Pablo escribió 2 Corintios de Macedonia en 54/55 (2 Cor. 7:5; 8:1; 9:2; «Corintios D»).
7.	Tercera visita (Hech. 20:2).

---

[8] Ver la discusión en M. W. Holmes, *The Apostolic Fathers: Greek Texts and English Translations* [Los padres apostólicos: Textos griegos y traducciones al inglés], 3ª ed. (Grand Rapids: Baker, 2007), 170, 276.

1 Corintios. Según 1 Corintios 16:8, Pablo escribió 1 Corintios durante su tercer viaje misionero, cuando ya estaba en su estancia de dos años y medio en Éfeso. Basado en la inscripción de Delfos, la aparición de Pablo ante Galión en Corinto en el segundo viaje misionero puede ser fechada a finales del 51. Pablo regresó a Antioquía y más tarde viajó a través de Galacia y Acaya a Éfeso, donde permaneció durante dos años y medio o tres. Pablo probablemente escribió 1 Corintios poco antes de Pentecostés, ya sea a finales de 53 o principios de 54.[9]

2 Corintios. Pablo escribió 2 Corintios desde Macedonia (2 Cor. 7:5; 8:1; 9:2). La suscripción en varios manuscritos antiguos de la carta afirma de forma más específica que Pablo escribió la carta desde Filipos. Esta es una procedencia plausible, pero permanece incierta a menos que haya más evidencia disponible. En 2 Corintios 9:2 se implica que los corintios se habían estado preparando para la ofrenda de alivio de Jerusalén «desde el año pasado». Esto parece requerir una fecha de composición a finales de 54 o quizás principios de 55. La carta fue entregada en Corinto por Tito y otros dos representantes de la iglesia que más tarde acompañaron a Pablo a Jerusalén con la ofrenda de alivio.[10]

Destinatarios

Pablo dirigió las cartas «a la iglesia de Dios que está en Corinto, a los santificados en Cristo Jesús» (1 Cor. 1:2) y «a la iglesia de Dios que está en Corinto...» (2 Cor. 1:1). Aunque la iglesia de Corinto era la principal destinataria de las cartas, Pablo quería que las cartas fueran leídas por muchas congregaciones, en particular las de Acaya. La primera a los corintios se dirigía a «... todos los que en cualquier lugar invocan el nombre de nuestro Señor Jesucristo, Señor de ellos y nuestro» (1:2). De manera similar, 2 Corintios se dirigió a «... todos los santos que están en toda Acaya» (1:1).

Pablo plantó las iglesias de la provincia de Acaya en ciudades como Atenas y Corinto durante su segundo viaje misionero (Hech. 17:16-18:17). Volvió a visitar la zona durante su tercer viaje misionero (Hech. 20:1-6). Regresó nuevamente después de ser liberado de su primer encarcelamiento romano (2 Tim. 4:20).

En los días de Pablo, la población de Corinto probablemente era de unos 200 000 habitantes, aunque algunos estudiosos y escritores antiguos sugieren que era mucho más grande.[11] Dado que incluso las estimaciones conservadoras hacen que Corinto sea ocho veces más grande que Atenas, la enorme población de Corinto probablemente explica por

---

[9] Para perspectivas similares sobre la fecha de 1 Corintios, ver Barrett, *First Epistle to the Corinthians* [Primera Epístola a los Corintios], 5; Fee, *First Epistle to the Corinthians* [Primera Epístola a los Corintios], 4–5; y B. Witherington, *Conflict and Community in Corinth: A Socio-Rhetorical Commentary on 1 and 2 Corinthians* [Conflicto y comunión en Corinto: Comentario socio-retórico sobre 1 y 2 Corintios] (Grand Rapids: Eerdmans, 1995), 73.

[10] Muchos comentaristas fechan 2 Corintios un año después, en el año 56; ver la discusión en Harris, *Second Epistle to the Corinthians* [Segunda epístola a los Corintios], 67. Aquellos que aceptan esta fecha posterior típicamente asumen una fecha posterior de lo que creemos posible para 1 Corintios. Esta fecha posterior para 2 Corintios también entra en conflicto con la evidencia numismática de que Félix sucedió a Festo en el año 56.

[11] W. J. Larkin Jr., *Acts* [Hechos], IVPNTC 5 (Downers Grove: InterVarsity, 1995), 262. Algunos eruditos estiman que la población era significativamente más grande. Ver W. McRae, *Archaeology and the New Testament* [Arqueología y el Nuevo Testamento] (Grand Rapids: Baker, 1991), 312.

qué Pablo dejó Atenas para ir a Corinto después de solo un breve ministerio allí durante el segundo viaje misionero. También puede explicar por qué Pablo se sintió obligado a servir en Corinto durante 18 meses. La importancia política de Corinto también superaba la de otras ciudades de la región. Desde el 27 a.C., Corinto había sido el centro administrativo de la provincia de Acaya.[12]

La prosperidad de Corinto se debió en parte a su ubicación estratégica. La ciudad estaba situada en el istmo que conectaba el Peloponeso, la península del sur de Grecia, con la Grecia continental. Este istmo fue también el lugar de la antigua Istmia, el sitio de los famosos juegos ístmicos. Estos juegos se celebraban cada dos años, tanto los años anteriores como los posteriores a las Olimpiadas, y atraían a atletas de todo el mundo antiguo para competir en concursos. Varios escritores antiguos señalan que los juegos fueron un importante impulso para la economía de Corinto y permitieron que la ciudad prosperara cuando otras ciudades griegas como Atenas iban decayendo.[13] La Primera Carta a los Corintios es rica en imágenes atléticas (ver esp. 1 Cor. 9:24-27), y Pablo puede haber usado estas imágenes, en parte, debido a la prominencia de los juegos ístmicos en la historia de Corinto.

Corinto era conocida por su inmoralidad. Debido a los numerosos vicios que caracterizaban a la ciudad, un antiguo proverbio griego decía: «un viaje a Corinto no es para cualquier hombre» (Estrabón, *Geografía* 8.6.2). Aristófanes (450-385 a.C.) demostró la inmoralidad de la antigua Corinto cuando acuñó el término «corintiar» para describir el acto de fornicación. Platón usó el término «muchacha corintia» como un eufemismo para una prostituta.[14] Estrabón, que escribió solo unas décadas antes de la visita de Pablo, afirmó que mil prostitutas servían como esclavas para el templo de Afrodita en Corinto (Estrabón, *Geografía* 8.6.20). Los corintios y los numerosos visitantes de la ciudad adoraban a la diosa del amor realizando actos inmorales con las prostitutas.

Corinto también era conocida por otros vicios. Una figura común en las obras de teatro de la antigua Grecia era un borracho que solía llevar un sombrero corintio.[15] Por lo tanto, no es sorprendente que Pablo tuviera que combatir en sus cartas la inmoralidad atroz incluyendo el incesto, la prostitución y la embriaguez entre los corintios.

Aunque no tan religioso como Atenas, el paisaje de Corinto también tenía varios templos y santuarios. Sobre la ciudad, en el Acrocorinto, se alzaba el templo de Afrodita, la diosa del amor, la lujuria y la belleza. Cerca del Foro de Corinto había un templo de Apolo o Atenea, uno de los templos más antiguos de Grecia. Justo dentro de la muralla norte de la ciudad se encontraba un santuario de Asclepio, el dios de la sanidad. Se cree que una enorme estructura en el extremo occidental del foro era un templo dedicado al

---

[12] D. Bock, *Acts* [Hechos], BECNT (Grand Rapids: Baker, 2007), 577.

[13] Strabo, *Geography* [Geografía] 8.4; Plutarch, *Quaestiones conviviales* 5.3.1–3; 8.4.1; Pausanias, *Description of Greece* [Descripción de Grecia] 2.2.

[14] J. Murphy-O'Connor, *St Paul's Corinth: Texts and Archaeology* [El Corinto de San Pablo: Textos y arqueología] (Wilmington, DE: Glazier, 1983), 56.

[15] C. E. Fant y M. G. Reddish, *A Guide to Biblical Sites in Greece and Turkey* [Una guía a los sitios bíblicos en Grecia y Turquía] (Oxford: University Press, 2003), 54.

culto del emperador.[16] Estos y otros centros de religión pagana también figuran de manera prominente en las cartas de Corinto, como en la discusión de Pablo sobre si los creyentes corintios debían continuar participando en las fiestas paganas en los templos de la ciudad (1 Cor. 8:1-13; 10:1-22; 2 Cor. 6:14-7:1) y si debían comer la carne sobrante de las fiestas que se vendía en los mercados de Corinto (1 Cor. 10:25-11:1).

Aunque los creyentes gentiles constituían la gran mayoría de los miembros, la iglesia de Corinto era una congregación mixta con creyentes judíos y gentiles. La ciudad de Corinto tenía al menos una sinagoga, y los judíos que se reunían allí fueron el foco del ministerio inicial de Pablo en la ciudad (Hech. 18:4). Aunque Pablo abandonó su ministerio en la sinagoga debido a la oposición de los judíos, el alcance de Pablo fue efectivo en medio de los judíos y de hombres temerosos de Dios en la sinagoga. Incluso Crispo, el líder de la sinagoga, recibió el evangelio y fue bautizado junto con toda su familia (Hech. 18:8). Después de su conversión, fue reemplazado por Sóstenes como líder de la sinagoga (Hech. 18:17). Es posible que Sóstenes haya seguido a Crispo en su nueva fe, ya que este Sóstenes puede ser el «hermano» del mismo nombre que Pablo identificó como colaborador de 1 Corintios (1:1).

La iglesia también tenía miembros de diferentes estratos sociales y económicos. Algunos eran esclavos (1 Cor. 7:21-23), mientras que muchos otros eran muy prósperos (1 Cor. 4:6-8). La discusión de Pablo sobre la ofrenda para los santos implica que la iglesia de Corinto tenía pocas preocupaciones económicas comparadas con las luchas financieras de los creyentes de Macedonia (2 Cor. 8:1-7, 13-15). Erasto, uno de los miembros de la iglesia de Corinto, era el tesorero de la ciudad (Rom. 16:23). Este parece ser el funcionario de la ciudad que fue honrado en una inscripción frente al antiguo teatro corintio por pavimentar una de las calles de la ciudad.[17] Erasto era probablemente uno de los varios miembros de alto rango, ricos e influyentes de la iglesia. La prosperidad material de la iglesia eventualmente crearía problemas para Pablo. Algunos miembros de la iglesia cuestionaron la espiritualidad de Pablo debido a su pobreza (1 Cor. 4:10-13).[18]

La inmoralidad desenfrenada, la prominencia de la religión pagana, la diversidad económica, social y racial de la ciudad de Corinto ayudan a explicar muchos de los desafíos que Pablo enfrentó en Corinto. Estos factores proporcionan ideas útiles que guían la interpretación de las cartas a los corintios.

Situación

Pablo tuvo una larga y algo complicada relación con la iglesia de Corinto. Estableció la iglesia de Corinto durante su segundo viaje misionero. Después de viajar de Atenas a Corinto, Pablo conoció a Aquila y Priscila y trabajó como su socio en la fabricación de tiendas. Predicó cada sábado en la sinagoga hasta que algunos judíos blasfemaron a Jesús.

---

[16] McRae, *Archeology and the New Testament* [La arqueología y el Nuevo Testamento], 322–24.
[17] *Ibid.*, 331–33.
[18] Para un excelente resumen de la historia de Corinto y su trasfondo religioso y cultural, ver Garland, *1 Corinthians, 1-14* [1 Corintios 1-14]. Para un tratamiento casi exhaustivo de Corinto, ver Murphy-O'Connor, *St Paul's Corinth: Texts and Archeology* [El Corinto de San Pablo: Textos y arqueología].

Pablo continuó su trabajo misionero al lado de la sinagoga en la casa de Justo, un gentil que frecuentaba la sinagoga y recibía el evangelio de Pablo. Crispo, el líder de la sinagoga, junto con toda su familia y muchos otros corintios, creyeron en el mensaje que Pablo predicó y recibieron el bautismo cristiano. Algunos de los oponentes judíos de Pablo acusaron a Pablo ante Galión, el procónsul de Acaya. Descartó el caso de Pablo como irrelevante para la ley romana y alejó a los acusadores. Después de pasar un total de 18 meses en Corinto, Pablo navegó a Siria. Tras una breve estancia en Éfeso, viajó a Antioquía a través de Cesarea y Jerusalén para informar a la iglesia de allí (ver Hech. 18:1-22).

Pablo entonces viajó a través de Galacia y Frigia hasta que finalmente llegó a Éfeso, donde permaneció aproximadamente dos años y medio (ver Hech. 18:23-20:1). Es probable que algún tiempo antes de su estancia en Éfeso, Pablo recibiera noticias de problemas en la iglesia de Corinto. Evidentemente la iglesia se enfrentaba a problemas de inmoralidad sexual dentro de la feligresía. En respuesta, Pablo escribió una carta instando a los corintios a evitar asociarse con personas sexualmente inmorales que decían ser cristianos. Esta carta, que se menciona en 1 Corintios 5:9, es generalmente referida por los eruditos como «Corintios A» ya que no ha sido preservada ni en nuestro N.T. ni en ningún manuscrito actualmente conocido. Según 1 Corintios 5:10-13, algunos de los miembros de la iglesia malinterpretaron la carta y asumieron que Pablo estaba exigiendo que los creyentes se retiraran de la sociedad pagana y se aislaran de toda interacción con gente inmoral.

Mientras tanto, Apolos, un discípulo de Aquila y Priscila, estaba predicando en Corinto con gran eficacia, y algunos de los cristianos de Corinto comenzaron a seguirlo. Pronto los miembros de la iglesia comenzaron a comparar a Apolos con Pablo. Algunos sentían que Apolos era superior a Pablo, y otros que era inferior al apóstol. Pronto la iglesia se dividió en cuatro facciones principales: un grupo de Pablo, un grupo de Apolos, un grupo de Cefas (Pedro) y un grupo de Cristo. Surgieron otros problemas. Un miembro de la iglesia comenzó a vivir en una relación incestuosa con su madrastra. Algunos miembros de la iglesia desarrollaron ideas confusas sobre el matrimonio, las relaciones sexuales y los roles de género. También practicaban una forma de la Cena del Señor que era más parecida a las celebraciones en los templos paganos que a la ordenanza ordenada por Cristo. Los miembros de la iglesia llevaban a otros miembros de la iglesia a los tribunales para resolver disputas. La iglesia se obsesionó con los dones espirituales más espectaculares y descuidó la compasión cristiana. Además, la iglesia había empezado a dudar de la doctrina de la resurrección corporal. También, algunos miembros de la iglesia habían desafiado la autoridad apostólica de Pablo.

Pablo recibió información sobre la condición de la iglesia de al menos dos fuentes. En primer lugar, un grupo de personas identificadas como «los de Cloé» (1 Cor. 1:11) informaron a Pablo sobre las divisiones en la iglesia que la estaban destrozando. En segundo lugar, Estéfanas, Fortunato y Acaico (1 Cor. 16:15-18), tres delegados oficiales de la iglesia, entregaron una carta de la iglesia a Pablo que planteaba una serie de cuestiones doctrinales y prácticas. Sin duda los tres delegados complementaron la carta con sus propios informes verbales sobre la condición de la iglesia para que Pablo tuviera una comprensión clara de la situación de la iglesia. Pablo escribió una segunda carta a la iglesia que respondía a las preguntas planteadas y también a otros temas que Pablo conocía a través de los informes verbales. Esta carta es ahora conocida como 1 Corintios y es identificada por los eruditos como «Corintios B».[19]

Según 1 Cor 16:5-11, cuando Pablo escribió Corintios B, tenía la intención de permanecer en Éfeso hasta Pentecostés y luego viajar a través de Macedonia a Corinto donde podría pasar todo el invierno. Pablo enviaría entonces a los representantes de la iglesia elegidos por los corintios a Jerusalén con la ofrenda de alivio. Mientras tanto, Pablo envió a Timoteo a los corintios (1 Cor. 16:10-11). Cuando Timoteo llegó a Corinto, estaba inquieto por la gravedad de sus problemas. De alguna manera le informó a Pablo de la situación, y Pablo decidió visitar a los Corintios lo antes posible. Corintios B contenía una advertencia de que si sus problemas no se corregían pronto, Pablo podría verse obligado a ir a ellos «con vara [de disciplina]» (1 Cor. 4:21).

Cuando Pablo se enteró de la reacción de la iglesia a Corintios B, decidió que el tiempo para tal acción disciplinaria claramente había llegado. Pablo más tarde llamó a esta confrontación personal con la iglesia como una visita «con tristeza» (2 Cor. 2:1). La visita fue dolorosa no solo para los corintios, sino también para Pablo. Regresó a Éfeso dudando de que su visita hubiera proporcionado algún remedio real a sus problemas y con «… mucha tribulación y angustia del corazón…» (2 Cor. 2:2-4).

Que Pablo abandonara su plan de pasar el invierno en Corinto llevó a algunos de sus oponentes en la iglesia a acusarle de vacilación. Pablo defendió su cambio de planes y explicó sus razones en 2 Corintios 1:15-24. Pablo sintió que podía manejar la situación mejor por carta que por otra confrontación cara a cara con sus oponentes en la iglesia. Su carta manchada de lágrimas (2 Cor. 2:4) está ahora perdida. Generalmente es identificada por los eruditos como «Corintios C». En ausencia de la carta, los eruditos pueden reconfigurar su contenido solo por unas pocas vagas referencias a la carta de 2 Corintios. Como mínimo, la carta pedía que la iglesia probara su carácter obediente disciplinando a uno de los oponentes que había difamado personalmente a Pablo (2 Cor. 2:3-9; 7:8-12). Tito entregó la carta y trabajó para alentar la contribución de la iglesia a la ofrenda de alivio que las iglesias gentiles estaban recolectando para la iglesia en Jerusalén.

Mientras tanto, la «puerta grande y eficaz» en Éfeso (1 Cor. 16:9) empezó a cerrarse para Pablo. Comenzó a sufrir una aflicción tan grande que estaba completamente abrumado e incluso desesperado. La gran aflicción podía referirse a la revuelta de Demetrio (Hech. 19:23-20:1) o podía indicar que la dispersión de la turba en el teatro de Éfeso no terminó con la persecución anticristiana en Éfeso, sino que fue solo el preludio de una persecución aún más intensa. Debido a esta gran aflicción, Pablo se vio obligado a huir de Éfeso. Viajó a Troas, donde esperaba predicar el evangelio y reunirse con Tito, quien le informaría sobre la situación en Corinto. El ministerio de Pablo en Troas tuvo

---

[19] D. A. Carson y D. J. Moo, *An Introduction to the New Testament* [Introducción al Nuevo Testamento], 2ª ed. (Grand Rapids: Zondervan, 2005), 420-25. Algunos usan un esquema diferente tomado de las propias descripciones de Pablo. La carta 1 es la «carta anterior»; la carta 2 es 1 Corintios; la carta 3 es la «carta con tristeza»; y la carta 4 es 2 Corintios. Ver D. Guthrie, *An Introduction to the New Testament* [Introducción al Nuevo Testamento], rev. ed. (Downers Grove: InterVarsity, 1990), 437.

resultados alentadores (2 Cor. 2:12). Sin embargo, no encontró a Tito en ninguna parte (2 Cor. 2:13). Pablo decidió dejar Troas y viajar por toda Macedonia. A su paso por las ciudades de Macedonia, proclamó el evangelio, animó a los nuevos creyentes y organizó la recolecta de la ofrenda de alivio para los creyentes de Jerusalén (2 Cor. 8:1-4; 9:2). Estas iglesias sufrían una intensa persecución, que Pablo describió como «grande prueba de tribulación» (2 Cor. 8:2). Esta severa persecución tuvo un impacto económico en los creyentes y dejó a muchos de ellos en «profunda pobreza». Pero los creyentes macedonios dieron con entusiasmo, generosamente, incluso «aun más allá de sus fuerzas», para ayudar a los creyentes de Jerusalén.

A Pablo le preocupaba no poder encontrar a Tito. Cuando Tito finalmente se reunió con Pablo en Macedonia, dio un informe tan alentador sobre la respuesta de los corintios a Corintios C que Pablo estaba extasiado. Pablo había temido que su carta fuera demasiado dura y que acabara con todas las esperanzas de restaurar su relación con los corintios. Al final tuvo el efecto deseado: producir una pena piadosa en los corintios que los moviera a arrepentirse (2 Cor. 7:10). Pablo se apresuró a escribir una última carta a los Corintios que expresara su gozo por el cambio en sus corazones. Esta carta ha sido tradicionalmente identificada como 2 Corintios, y los estudiosos se refieren a ella como «Corintios D».

Desafortunadamente, durante una pausa en su dictado de Corintios D, Pablo de alguna manera recibió nueva información inquietante sobre la situación en Corinto. Cuando dictó los tres capítulos finales de Corintios D (o posiblemente tomó la pluma él mismo), su escritura exhibe un cambio notable en el tono que sugiere que los temores de Pablo por los Corintios habían regresado. Las preocupaciones de Pablo se relacionaban principalmente con la influencia que un grupo de falsos apóstoles tenía sobre la congregación. Estos «grandes apóstoles» (2 Cor. 12:11) se jactaban de que sus credenciales apostólicas excedían las de Pablo y que él era indigno de ejercer el liderazgo sobre la congregación. Aparentemente predicaban «otro Jesús» y «otro evangelio» al proclamado por Pablo (2 Cor. 11:1-4).

Las cartas de Pablo y la historia en los Hechos no indican si los corintios respondieron a la corrección de Pablo con arrepentimiento. Primera de Clemente, escrito por Clemente de Roma a los Corintios (ca. 96), implica que la carta fue efectiva y que la iglesia de Corinto se convirtió en una congregación modelo durante casi medio siglo. Curiosamente, cuando los problemas estallaron de nuevo en la iglesia a finales del primer siglo, las cuestiones que amenazaban a la iglesia eran muy similares a las que Pablo había abordado: el rechazo de la autoridad espiritual legítima para ser manipulados por unos pocos líderes testarudos y arrogantes y la falta de la unidad que debe caracterizar al cuerpo de Cristo.[20]

Propósito

1 Corintios. Pablo escribió 1 Corintios para responder a los informes que había recibido de los de Cloé (1 Cor. 1:11), y para responder a las preguntas planteadas por los corintios en una carta que le escribieron (1 Cor. 7:1). El informe abordaba principalmente

---

[20] Ver 1 Clemente, también conocido como la «Carta de los Romanos a los Corintios». El texto griego con una traducción actualizada al inglés y una introducción útil está disponible en Holmes, *Apostolic Fathers* [Los padres apostólicos], 44–131.

la desunión de la iglesia de Corinto. La iglesia se había dividido en varias fracciones, cada una de las cuales celebraba a un líder cristiano en particular. Pablo escribió 1 Corintios para instar a la iglesia a buscar la unidad y a seguir a Cristo en lugar de idolatrar a un líder humano como Pablo, Apolos o Cefas (1 Cor. 1:12; ver 1:10-4:21). Pablo reconoció que la glorificación de los líderes humanos indicaba que los corintios no entendían la naturaleza de la gracia divina y que tenían una visión errónea de la naturaleza del liderazgo humano. La gracia de Dios utiliza a personas poco probables para grandes propósitos con el fin de mostrar Su poder y sabiduría. Esto promueve la gloria de Dios y disminuye el orgullo humano.

Pablo también había oído de varias fuentes que un miembro de la iglesia de Corinto vivía en una relación incestuosa con su madrastra. Pablo exhortó a la iglesia a arrepentirse de su aceptación de tal inmoralidad. Ordenó a la iglesia que ejerciera disciplina con la esperanza de animar al miembro inmoral de la iglesia a arrepentirse y de prevenir la propagación de la inmoralidad en toda la congregación (1 Cor. 5:1-13). Pablo también escribió para aclarar la doctrina de la libertad cristiana y para demostrar que la libertad en Cristo no era una licencia para el comportamiento inmoral (1 Cor. 6:12-20).

Pablo también sabía que los creyentes llevaban a sus compañeros a la corte para resolver disputas. Pablo reconoció que esto era un mal testimonio para los incrédulos en los sistemas judiciales locales y que era más probable que la justicia se encontrara en las decisiones tomadas por los creyentes que por los incrédulos. Así pues, Pablo insta a los corintios a resolver sus disputas a través de mediadores que fueran compañeros creyentes.

Varios temas fueron planteados por la carta de los corintios a Pablo, y su respuesta a estas preocupaciones comienza en el capítulo 7 y se extiende por lo menos hasta el capítulo 14 y posiblemente hasta el capítulo 15. Estas preocupaciones incluyen preguntas sobre las relaciones matrimoniales cristianas (cap. 7), la participación en fiestas paganas en varios templos de Corinto y el consumo de alimentos sacrificados a los ídolos (caps. 8-10), la vestimenta adecuada, el decoro durante el culto y la Cena del Señor (cap. 11), así como el ejercicio de los dones espirituales (caps. 12-14).

Algunos de los corintios habían rechazado la doctrina de la resurrección corporal de los creyentes. Este rechazo tuvo un impacto significativo en sus puntos de vista morales y teológicos. Pablo escribió para defender la doctrina de la resurrección y para mostrar la naturaleza crucial de esta doctrina para el evangelio cristiano (cap. 15).

Finalmente, Pablo dio a la iglesia instrucciones prácticas para la recolección de la ofrenda de alivio para los creyentes en Jerusalén e informó a los corintios de sus planes provisionales de viaje (capítulo 16).

2 Corintios. Aunque 2 Corintios constituye una sola carta en lugar de una combinación de varias cartas paulinas diferentes, una carta de esta longitud fue probablemente compuesta en un período de varios días o semanas. Las necesidades de las iglesias a las que Pablo viajó, las exigencias de su ocupación como fabricante de tiendas, y la limitada disponibilidad de secretarios con las habilidades necesarias para producir tal carta probablemente requirió que Pablo dictara varias porciones en diferentes momentos y posiblemente en diferentes lugares. Este capítulo sugiere que cuando Pablo dictaba los capítulos 1-9 se sintió muy animado por el informe positivo sobre los corintios que recibió de Tito. Pero, después de dictar los primeros nueve capítulos, puede que recibiera más noticias de Corinto que lo alarmaron de nuevo e impulsaron a escribir los capítulos finales de la carta con un tono diferente.[21] Algunos sugieren que no había un secretario disponible para los últimos tres capítulos y que Pablo en realidad escribió los capítulos 10-13 con su propia mano.[22]

Pablo escribió los capítulos 1-9 con cuatro propósitos principales. Primero, el cambio de planes de viaje de Pablo lo hizo vulnerable a la acusación de sus oponentes de ser inconsistente e indigno de la confianza de los corintios. Pablo escribió para defender su fiabilidad y para explicar las razones de su cambio de planes. Segundo, Pablo escribió para animar a los corintios a restaurar a un miembro de la iglesia que había sido disciplinado por la congregación por sus viciosos ataques al apóstol. Tercero, Pablo escribió para aclarar la naturaleza de su ministerio apostólico y sus calificaciones para ese ministerio. Bajo la influencia de los nuevos líderes que se jactaban de que sus cualidades apostólicas eran superiores a las de Pablo, sus credenciales habían sido escrutadas y rechazadas por un creciente número de creyentes corintios. Pablo trató de demostrar que sus cualidades para el liderazgo espiritual excedían las de sus oponentes en todos los sentidos. Esta defensa del apostolado de Pablo es la motivación principal de la primera sección de la carta, y Pablo parece confiar en que los corintios se convencerían de su defensa. Cuarto, Pablo escribió para animar a los corintios a cumplir su promesa de contribuir generosamente a la ofrenda de alivio para los creyentes de Jerusalén.

En los capítulos 10-13, la defensa de Pablo de su autoridad apostólica se hace mucho más intensa. Pablo ya no confiaba en que los corintios reconocieran a los falsos apóstoles por lo que eran o que reafirmaran su propia autoridad apostólica. Por lo que escribió estos capítulos para instar a los corintios a rechazar a los falsos apóstoles y su mensaje y a recibir de nuevo el evangelio que Pablo había predicado. Pablo también escribió para anunciar sus planes de hacer una tercera visita a Corinto. Finalmente, escribió para instar a los corintios a examinar su fe para determinar si era auténtica.

LITERATURA

Plan literario

El plan literario de 1 Corintios es en cierto modo mucho más simple que el de otras cartas paulinas. Después de su introducción y su acostumbrada oración de agradecimiento, Pablo abordó sistemáticamente los temas de preocupación de los informes transmitidos a

---

[21] Ver D. A. Carson, D. J. Moo, y L. Morris, *An Introduction to the New Testament* [Introducción al Nuevo Testamento] (Grand Rapids: Zondervan, 1992), 271–72; T. D. Lea, *The New Testament: Its Background and Message* [El Nuevo Testamento: Su trasfondo y mensaje] (Nashville: B&H, 1996), 426–27; Guthrie, *New Testament Introduction* [Introducción al Nuevo Testamento], 456–57 (influenciado por W. Ramsey); y Harris, *Second Epistle to the Corinthians* [Segunda Epístola a los Corintios], 50–51. F. F. Bruce (*1 and 2 Corinthians* [1 y 2 Corintios][London: Oliphants, 1971], 170) incluso sugiere que los capítulos 10-13 eran una carta aparte que fue enviada poco después de los capítulos 1-9. Como alternativa, R. Gundry, *A Survey of the New Testament* [Un estudio al Nuevo Testamento], 3.ª ed. (Grand Rapids: Zondervan, 1994), 371, propone que los capítulos 1-9 estaban dirigidos a la mayoría que se arrepintió y los capítulos 10-13 a la minoría rebelde, pero pocos adoptaron esta perspectiva.

[22] L. L. Belleville, *2 Corinthians* [2 Corintios], (Downers Grove: InterVarsity, 1996), 33.

Pablo por los de Cloé y los representantes de la iglesia de Corinto. Pablo entonces se refirió a las preguntas que se le hicieron en una carta enviada por los corintios. Las respuestas a las preguntas de la carta comienzan en 1 Corintios 7:1 como se indica en la introducción «en cuanto a las cosas de que me escribisteis». Los nuevos temas seleccionados de la carta a los corintios son introducidos usando la construcción «en cuanto...», que aparece en 1 Corintios 7:1,25,37; 8:1; 12:1; y 16:1,12. Pablo concluyó su carta con su acostumbrado saludo y bendición.

Los esfuerzos para entender el plan literario de 2 Corintios se complican por las muchas teorías de interpolación que consideran a 2 Corintios como un compuesto de varias cartas diferentes en lugar de un solo documento literario. Varios estudiosos han intentado clasificaciones retóricas de 2 Corintios y han tratado de entender la estructura de la carta basada en análisis retóricos. Otros han intentado analizar la estructura quiástica de la carta. Ningún análisis ha ganado el favor de un gran número de estudiosos. La mayoría de los comentaristas prefieren analizar la estructura de la carta basándose solo en el contenido. Tal procedimiento divide la carta en tres secciones principales que consisten en los capítulos 1-7, 8-9 y 10-13.

BOSQUEJO

1 Corintios
  I. INTRODUCCIÓN (1:1-9)
     a. Saludo (1:1-3).
     b. Oración de acción de gracias (1:4-9).
  II. RESPUESTA A LOS INFORMES ORALES (1:10-6:20)
     a. Una perspectiva adecuada sobre los ministros y el ministerio cristiano (1:10-4:20).
     b. La inmoralidad en la Iglesia (5:1-13).
     c. Disputas entre creyentes (6:1-11).
     d. Limitaciones de la libertad en Cristo (6:12-20).
  III. RESPUESTAS A UNA CARTA DE LOS CORINTIOS (7:1-16:4)
     a. Asuntos relacionados con el sexo y el matrimonio (7:1-40).
     b. Asuntos relacionados con las fiestas de los ídolos (8:1-11:1).
     c. Asuntos relacionados con la adoración cristiana (11:2-34).
     d. Asuntos relacionados con los dones espirituales (12:1-14:40).
     e. Asuntos relacionados con la resurrección (15:1-58).
     f. Asuntos relacionados con la ofrenda de alivio (16:1-4).
  IV. CONCLUSIÓN (16:5-24)
     a. Los planes de viaje de Pablo (16:5-12).
     b. Exhortaciones finales (16:13-18).
     c. Cierre (16:19-24).

2 Corintios
  I. INTRODUCCIÓN (1:1-11)
     a. Saludo (1:1-2).
     b. Oración de acción de gracias (1:3-7).
     c. Explicación del agradecimiento de Pablo (1:8-11).

II. LA RELACIÓN DE PABLO CON LOS CORINTIOS (1:12-2:11)
   a. La conducta irreprochable de Pablo (1:12-14).
   b. El cambio de planes de Pablo (1:15-22).
   c. La razón del cambio de planes (1:23-2:4).
   d. El perdón al pecador arrepentido (2:5-11).
III. PABLO DEFIENDE SU MINISTERIO (2:12-7:16)
   a. El ministerio de Pablo en Troas y Macedonia (2:12-17).
   b. Cartas de recomendación de Pablo (3:1-3).
   c. La capacidad de Pablo (3:4-6).
   d. Ministerio del nuevo pacto (3:7-18).
   e. La verdad revelada (4:1-6).
   f. Tesoro en vasos de barro (4:7-18).
   g. La resurrección venidera (5:1-10).
   h. El ministerio de la reconciliación (5:11-6:2).
   i. Listado de los sufrimientos de Pablo (6:3-13).
   j. Llamado a separarse de los oponentes de Pablo (6:14-7:1).
   k. La defensa final de Pablo (7:2-16).
IV. LA OFRENDA PARA LOS CREYENTES EN JERUSALÉN (8:1-9:15)
   a. Ejemplo de las iglesias de Macedonia (8:1-7).
   b. Ejemplos del sacrificio de Cristo y el Antiguo Testamento (8:8-15).
   c. Administración de la ofrenda (8:16-24).
   d. La importancia de tener la ofrenda lista (9:1-5).
   e. Principios que motivan la donación generosa (9:6-15).
V. PABLO DEFIENDE NUEVAMENTE SU APOSTOLADO (10:1-13:4)
   a. El tono de la apelación de Pablo (10:1-11).
   b. Aprobación divina del ministerio de Pablo (10:12-18).
   c. Peligro de los falsos apóstoles (11:1-15).
   d. Los sufrimientos de Pablo (11:16-33).
   e. Las visiones y revelaciones de Pablo (12:1-10).
   f. Los milagros de Pablo (12:11-13).
   g. La defensa final de Pablo (12:14-13:4).
VI. EXHORTACIONES FINALES (13:5-12)
VII. CIERRE (13:13)

DISCUSIÓN UNIDAD POR UNIDAD

1 CORINTIOS

I. Introducción (1:1-9)

a. Saludo (1:1-3). Pablo comenzó su carta, como era costumbre, identificando al autor y a los destinatarios. Su autodescripción, «llamado a ser apóstol de Jesucristo por la voluntad de Dios», confirmaba el apostolado de Pablo a una iglesia que aparentemente empezaba a cuestionar la autoridad apostólica de Pablo y que en última instancia negaría su autoridad apostólica. El discurso subraya la importancia de Jesucristo para la Iglesia. Jesucristo es tanto el agente de la santificación de la Iglesia como el objeto de su confesión.

b. Oración de acción de gracias (1:4-9). Pablo da gracias a Dios por los numerosos dones espirituales de los que goza la iglesia de Corinto. La oración buscaba un cambio significativo en la visión de los corintios sobre estos dones. En lugar de ser un objeto de orgullo personal y un incentivo para la jactancia, los dones debían ser reconocidos como impartidos a los creyentes por la gracia de Dios y, por lo tanto, incentivos para darle gracias y alabarlo solo a Él.

La «gracia y la paz» de Pablo es su saludo típico.[23] Sin embargo, puede tener un significado ligeramente diferente en esta iglesia que había despreciado la gracia divina por su jactancia en los logros humanos y había cambiado la paz por un intenso conflicto.

Pablo también expresó su confianza en que el Dios misericordioso que llamó a los corintios a la comunión con Su Hijo se aseguraría de que pasaran el escrutinio del juicio final. Su referencia al «día de nuestro Señor Jesucristo» toma prestada la conocida frase «día del Señor/Yahvé» del A.T. y la aplica a la segunda venida de Jesús. La aplicación de esta frase que describe la venida de Yahvé en el juicio al regreso de Jesús implica fuertemente la deidad de Jesús y confirma que el título «Señor», utilizado frecuentemente para referirse a Jesús en 1 Corintios (seis veces solo en la introducción: ver 1:2,3,7,8,9,10), funciona como un título de deidad más que como mera autoridad.

II. Respuesta a los informes orales (1:10-4:20)

a. Una perspectiva adecuada sobre los ministros y el ministerio cristiano (1:10-4:20). Pablo indicó que había recibido informes de los de Cloé de que la iglesia se había dividido en cuatro facciones principales (1:10-17). Tres de estas facciones idolatraban erróneamente a los individuos y les daban una posición peligrosamente cercana a la del propio Jesús. Esto era terriblemente erróneo ya que el papel de Jesús en la iglesia era único. Solo Él había sufrido la crucifixión por ellos, y solo Él era el Mesías en cuyo nombre los creyentes eran bautizados. Además, la celebración de los corintios de las habilidades y destrezas humanas vaciaba la cruz de su efecto en formas que Pablo pronto describió.

Al convertir a los siervos cristianos en celebridades basadas en sus habilidades intelectuales, los corintios habían mostrado una completa falta de comprensión de la economía de Dios (1:18-25). Dios usa gente débil, necia y vil, y un mensaje aparentemente tonto y escandaloso, para salvar a los pecadores. Esto muestra la supremacía del poder y la sabiduría de Dios y reduce la sabiduría y el poder humanos a una mera necedad y debilidad. La composición de la iglesia de Corinto confirmó la descripción de Pablo de la economía divina. La comprensión de los caminos de Dios eliminó la jactancia humana e impulsó a los pecadores a alabar solo a Dios (1:26-31).

El ministerio de Pablo a los corintios ilustró los principios que Pablo acababa de explicar (2:1-5). Pablo no buscaba impresionar a la gente con habilidades retóricas o con su persona. En su lugar, un hombre débil que temblaba ante Dios predicó un simple mensaje sobre la provisión de perdón de Dios a través de la muerte sacrificial de Jesús. Los corintios habían

---

[23] Ver Rom. 1:5; 2 Cor. 1:2; Gál. 1:3; Ef. 1:2; Fil. 1:2; Col. 1:2; 1 Tes. 1:1; 2 Tes. 1:2; Tito 1:4; Fil. 1:3.

recibido este mensaje no porque la sabiduría de Pablo estaba en exhibición, sino porque el poder de Dios estaba en acción.

La sabiduría mundana que los corintios apreciaban no era la verdadera sabiduría en absoluto (2:6-16). Los responsables de la crucifixión de Jesús se proclamaron a sí mismos como sabios, pero ni siquiera reconocieron quién era Jesús. La verdadera sabiduría se concedía solo a través de la obra reveladora del Espíritu de Dios. El ministerio de Pablo fue una expresión de este trabajo revelador. Sin embargo, solo aquellos que estaban habitados e influenciados por el Espíritu de Dios podían entender los asuntos espirituales.

Pablo se vio obligado a explicar solo las verdades más elementales de la fe cristiana a los corintios porque carecían de la madurez espiritual para entender verdades más difíciles (3:1-9). Su desunión confirmó su inmadurez. Si hubieran sido maduros, habrían entendido que los siervos cristianos que celebraban eran solo instrumentos en las manos de Dios y que solo Dios debía ser glorificado por la cosecha producida a través de sus ministerios.

Dios le dio a Pablo los recursos necesarios para poner los cimientos de la iglesia de Corinto, y otra persona estaba construyendo sobre esos cimientos (3:10-17). Aquellos que estaban involucrados en los ministerios de la iglesia necesitaban asegurarse de que Jesucristo siguiera siendo el punto focal de esos ministerios. Los que servían tenían que ser conscientes de que su servicio sería evaluado por Dios y que las contribuciones indignas al ministerio serían destruidas. La Iglesia es el santo templo de Dios, y Dios castigará justamente a aquellos que profanan ese templo.

La verdadera sabiduría vino solo a través de aceptar el mensaje que el mundo consideraba una necedad (3:18-23). Pero Dios consideraba la sabiduría del mundo como una necedad. La evaluación de Dios de la sabiduría mundana que incitaba a la jactancia y suscitaba la disensión debería silenciar por fin toda jactancia humana.

El propio ministerio de Pablo ejemplificaba los principios que acababa de explicar (4:1-20). Deseaba que los demás lo vieran como un sirviente y un administrador, no como una celebridad. Su único objetivo era ser fiel al Maestro que servía. Le importaba poco si los demás lo aprobaban, pero era de suma importancia que complaciera a Dios. Por consiguiente, no quedaba espacio para el orgullo personal y la arrogancia basada en los dones o en los resultados de su ministerio. Con un sarcasmo mordaz, Pablo contrastaba la experiencia de los apóstoles con la arrogante autoevaluación de los corintios. Presentó la humildad, el autosacrificio y la obediencia de los apóstoles como un modelo a seguir por todos los creyentes.

El sarcasmo de Pablo no tenía la intención de avergonzar a los corintios. Los amaba como un padre ama a sus hijos. De hecho, eran sus hijos espirituales desde que les había predicado el evangelio por primera vez. Ahora debían buscar imitarlo como un niño pequeño imita a su padre. Timoteo, que pronto visitaría a los corintios, también era el hijo espiritual de Pablo que ejemplificaba el amor y la fidelidad al Señor. Él les recordaría a los corintios el ejemplo de Pablo. El apóstol eventualmente vendría a Corinto y estaba preparado para usar la vara de la disciplina en los miembros arrogantes y divisivos de la familia como un padre debe hacer en ocasiones.

b. La inmoralidad en la Iglesia (5:1-13). Pablo había escuchado reportes de que un miembro de la iglesia en Corinto estaba cometiendo incesto con su madrastra. Este pecado era tan deplorable que ni siquiera los paganos lo toleraban. Sin embargo, la iglesia celebró este pecado en un confuso intento de hacer alarde de su libertad en Cristo. Pablo llamó a la iglesia a arrepentirse y a expulsar a esta persona. Esta expulsión tenía dos propósitos principales. Primero, esperaba que llevara al arrepentimiento y la restauración del pecador. Segundo, protegería a la iglesia de una influencia inmoral que podría corromper a toda la congregación.

Aunque era poco práctico e innecesario que los creyentes intentaran disociarse de los incrédulos que vivían en pecado, debían romper la comunión con los llamados creyentes que vivían inmoralmente. Así como el Israel del A.T. expulsó a ciertos individuos de la congregación por pecados particularmente atroces (5:13 cita a Deut. 17:7), la Iglesia cristiana debe expulsar a aquellos que se caracterizan por la maldad.

c. Disputas entre creyentes (6:1-11). Pablo regañó a los creyentes en Corinto por intentar resolver las disputas entre ellos en los tribunales civiles. Los hermanos creyentes estaban mucho mejor calificados para tomar decisiones justas y equitativas en las disputas que los incrédulos. Además, al llevar las disputas cristianas a los tribunales civiles se hacía alarde de la desunión cristiana ante los incrédulos de una manera que perjudicaba el testimonio cristiano. En tales casos todos perdían. Los creyentes deben preferir ser agraviados o defraudados a triunfar sobre sus compañeros en la corte. Pero Pablo advirtió a aquellos que agraviaron y defraudaron a sus hermanos y hermanas que tales acciones eran completamente inconsistentes con el cristianismo genuino. Aquellos que practicaban pecados particularmente atroces no heredarían el reino de Dios. Aunque los corintios habían practicado una vez esos pecados, habían sido transformados dramáticamente por Cristo y rescatados de estos malvados estilos de vida.

d. Limitaciones de la libertad en Cristo (6:12-20). La tolerancia de los corintios del incesto y el fraude entre los miembros de la iglesia indicaba que tenían una visión pervertida de la libertad cristiana. Pablo insistió en que la libertad en Cristo no era absoluta. Los cristianos no deberían involucrarse en ningún comportamiento que no fuera beneficioso para otros o que tuviera el potencial de dominar sus vidas. Deberían reconocer que sus cuerpos fueron creados para glorificar a Dios. La intención de Dios de resucitar sus cuerpos demostró que el cuerpo, y lo que uno hace con él, es importante para Él. Los creyentes también deben reconocer que su conexión con Cristo lo involucra necesariamente en todas sus actividades. El cuerpo del creyente era ahora el templo de Dios y debe ser considerado como santo. Por último, todas las nociones de libertad cristiana deben ser templadas por la consideración de que los creyentes son esclavos del Señor Jesús que han sido comprados con el precio redentor de Su sangre.

III. Respuestas a una carta de los corintios (7:1-16:4)

a. Asuntos relacionados con el sexo y el matrimonio (7:1-40). Tal vez debido a una visión confusa del fin de los tiempos, algunos creyentes corintios buscaban practicar la abstinencia dentro del matrimonio (7:1-7). Pablo criticó esta práctica tanto por razones teológicas como prácticas. En primer lugar, el cuerpo de una persona casada pertenece a su cónyuge. Retener el cuerpo defrauda al cónyuge de lo que le pertenece por derecho. Segundo, tal abstinencia es un asunto arriesgado porque hace al cónyuge más vulnerable a la tentación sexual.

Los creyentes que no tenían ninguna compulsión sexual para el matrimonio debían permanecer solteros (7:8). Los creyentes no deben divorciarse de los cónyuges incrédulos por motivos religiosos como si un creyente estuviera corrompido por la relación (7:10-16). Si el incrédulo decide dejar al creyente, este debe permitirle hacerlo. Pero un creyente casado con un incrédulo debe tratar de preservar el matrimonio con la esperanza de tener una influencia espiritual positiva en el cónyuge incrédulo.

El consejo general de Pablo era que los creyentes permanecieran en la situación en la que vivían en el momento de su conversión, especialmente en lo que respecta a la esclavitud y la circuncisión (7:17-24). Debido a la proximidad del regreso de Jesús y a la angustia que los creyentes experimentarían al acercarse ese momento, los creyentes solteros deberían permanecer solteros. Esto permitiría a los creyentes centrar sus preocupaciones en las cosas del Señor y evitaría que se distrajeran de su devoción a Él. Sin embargo, cuando dos creyentes solteros se apasionaban el uno por el otro y luchaban por controlarse, el matrimonio era la mejor opción.

El matrimonio es un pacto de por vida, lo que significa que las viudas ya no están atadas a sus cónyuges fallecidos. Las viudas pueden ser más felices si permanecen solteras, pero son libres de casarse con otro creyente si así lo desean (7:25-40).

b. Asuntos relacionados con las fiestas de los ídolos (8:1-11:1). Muchos de los creyentes corintios habían adorado anteriormente en los templos de los ídolos. Algunos de estos creyentes ahora habían jurado no asociarse con la idolatría pagana. Se negaban a participar en las fiestas de ídolos o incluso a comer carne formalmente sacrificada a los ídolos que luego se vendía en los mercados de Corinto. Otros evitaban las fiestas de ídolos, pero se sentían libres de comprar y disfrutar de la comida que se había dedicado al ídolo. Otros se sentían libres de participar incluso en los banquetes basados en su convicción de que los dioses de los ídolos no existían de todos modos.

Pablo confirmó la premisa teológica de aquellos que se sentían libres de asistir a las fiestas de los ídolos, pero desafió la conclusión que sacaban de esa premisa. Pablo estuvo de acuerdo en que solo hay un Dios verdadero, citando el Shemá de Deuteronomio 6:4: «... Jehová nuestro Dios, Jehová uno es». Sorprendentemente, interpretó esta confesión como una expresión de una alta cristología en la que el Padre es el único Dios verdadero y Jesús es el único Señor verdadero que creó todo lo que existe. Esta interpretación cristológica del Shemá es una de las afirmaciones más claras y sorprendentes de la deidad de Jesús en las cartas de Pablo.

Sin embargo, el rechazo cristiano al politeísmo y a la existencia de dioses ídolos no condujo necesariamente a la aprobación incondicional de comer comida antiguamente sacrificada a los ídolos. Los creyentes debían ser conscientes de que otros podrían seguir su ejemplo de comer alimentos sacrificados a los ídolos solo para sufrir una conciencia atormentada. Debían ser sensibles a la forma en que otros creyentes percibían sus acciones y el impacto potencial de que otros siguieran su ejemplo (8:1-13).

Aunque algunos creyentes pueden resentir esta limitación de su libertad cristiana, el propio Pablo sacrificó voluntariamente algunas de sus libertades como apóstol también. Renunció a su derecho a recibir apoyo financiero de las iglesias a las que servía a pesar de que los ejemplos seculares, la ley del A.T. y las enseñanzas de Jesús confirmaron su derecho a ese apoyo. Pablo también sacrificó otras libertades para poder relacionarse mejor con las personas a las que intentaba llegar. A Pablo le preocupaba que algunos corintios vieran la libertad cristiana como anulación de todas las restricciones en su comportamiento. Él usó varios ejemplos atléticos que les eran familiares por los cercanos juegos ístmicos para recordarles que el autocontrol y la restricción personal son necesidades prácticas en todas las áreas de la vida (9:1-27).

Pablo sospechaba que la visión corintia de la libertad cristiana estaba relacionada con su teología sacramental. Los corintios aparentemente creían que la recepción del bautismo y la participación en la Cena del Señor garantizaban la salvación. Aquellos que recibían esas ordenanzas eran libres de vivir de la manera que quisieran sin temor al juicio divino. Pablo atacó esta teología sacramental argumentando que los israelitas habían participado en eventos análogos al bautismo y a una comida espiritual. Sin embargo, a excepción de dos personas, todos los israelitas murieron en el desierto vagando como resultado del juicio divino. Además, cayeron bajo el juicio divino porque habían cometido los mismos pecados en los que los corintios estaban involucrados ahora: idolatría, inmoralidad sexual y rechazo de la autoridad de los líderes designados por Dios. El ejemplo de los israelitas funcionó como una advertencia a los corintios. No debían asumir que las ordenanzas garantizan la salvación y debían cuidarse de no caer en la tentación (10:1-13).

Aunque los dioses de los ídolos no existían en realidad, los que participaban en las fiestas de los ídolos se convirtieron en socios de los demonios (10:14-22). Esto era inconsistente con el compromiso cristiano de los corintios y solo podía provocar los celos del Señor, como advertía el segundo mandamiento (Ex. 20:4). Debido a que los creyentes solo deben hacer lo que es útil, edificante y beneficioso para otros creyentes, debían limitar su libertad de comer carne sacrificada a los ídolos por el bien de aquellos con conciencias más débiles. En la privacidad de sus propios hogares, eran libres de comer la carne. Sin embargo, en lugares públicos donde había personas que se podían molestar por el consumo de carne sacrificada a los ídolos, los creyentes debían abstenerse de comerla. La principal preocupación del creyente es glorificar a Dios en lugar de ejercer su propia libertad. Por lo tanto, debe evitar ofender innecesariamente a otros con sus acciones. Esto concordaba con los ejemplos de Pablo y Cristo que vivieron para el beneficio de los demás en lugar de su propio placer (10:23-11:1).

c. Asuntos relacionados con la adoración cristiana (11:2-34). El primer asunto relevante fue las distracciones de género en la adoración (11:2-16). Algunos creyentes de la iglesia de Corinto aparentemente practicaban la inversión de roles de género. Esta práctica probablemente era el resultado de su escatología confusa, la influencia de sus antecedentes paganos y los malentendidos de la propia enseñanza de Pablo. Las mujeres de la iglesia comenzaron a vestirse de manera masculina, y algunos hombres posiblemente se vistieron de manera femenina. En respuesta, Pablo argumentó que la desunión entre hombres y mujeres había sido ordenada por Dios. Estas distinciones deberían reflejarse en la manera de vestir y en el peinado de los creyentes, con las mujeres sujetas a los hombres.

El segundo asunto era el comportamiento durante la Cena del Señor (11:17-34). Pablo también expresó su preocupación por los abusos de la sagrada ordenanza de la Cena del Señor (11:17-22). Durante la Cena, la iglesia se dividió en grupos. Algunos miembros se excedían en la comida y el vino, mientras que otros, en particular los miembros más pobres de la congregación, permanecían hambrientos y sedientos. Al hacerlo, profanaron la Cena que debía ser una celebración del nuevo pacto, un recuerdo del sacrificio de Jesús y una anticipación de Su regreso. Pablo exhortó a los corintios a examinarse a sí mismos para asegurarse de que participaban de la Cena de una manera digna (11:27-34). Deberían reflexionar con gratitud sobre el cuerpo y la sangre del Señor que habían sido sacrificados por ellos en su participación de la Cena del Señor. Pablo advirtió que la enfermedad o incluso la muerte podría resultar (y de hecho ya había resultado) del sacrilegio de los corintios con respecto a la Cena del Señor.

d. Asuntos relacionados a los dones espirituales (12:1–14:40). Los corintios evidentemente tenían nociones muy confusas sobre la naturaleza, importancia y práctica apropiada de los dones espirituales. Aparentemente, algunos en la congregación que pensaban que estaban ejerciendo el don de la profecía en realidad habían maldecido a Jesús en la adoración colectiva (12:1-3). Pablo vio la necesidad de corregir los confusos puntos de vista de los corintios. Explicó que el mismo Espíritu había otorgado diferentes dones a diferentes personas para el beneficio de la iglesia (12:4-11). El hecho de que los diferentes dones vinieran todos de la misma fuente implicaba que todos los dones eran igualmente «espirituales» y que ningún don carecía de importancia. Pablo confirmó esto al comparar la diversidad de dones con las diferentes habilidades de los miembros del cuerpo humano (12:12-31). Todos los dones, como todas las habilidades físicas, eran necesarios e importantes. Ningún individuo tendría todos los dones. Sin embargo, debería ejercer cualquier don que Dios le concediera sin comparar su don con el de otra persona.

Pablo exhortó a los corintios a cultivar el atributo del amor, que es más importante que la práctica de cualquier don espiritual (13:1-13). El amor es más importante que los dones de la palabra humana o celestial, la fe milagrosa, la generosidad liberal, o incluso la fidelidad que motivó a una persona a convertirse en mártir. La prosa de Pablo se elevó hasta la poesía cuando describió bellamente este amor paciente, amable, humilde, perdonador y virtuoso. Este tipo de amor superaba todos los dones espirituales, incluso los dones de lenguas, profecía y fe, porque solo el don del amor perduraría después del regreso de Jesús y continuaría ejerciéndose durante toda la eternidad.

Pablo animó a los corintios a aspirar al don de la profecía y demostró que la profecía era superior al don de lenguas en muchos sentidos (14:1-6). La evidencia sugiere que los corintios habían confundido el verdadero don de lenguas dado en el Pentecostés con las expresiones extáticas comunes en las religiones paganas de Corinto (14:6-12). El don de lenguas descrito aquí parece diferente del don descrito en Hechos 2, ya que las lenguas habladas no eran inteligibles para los demás o, al parecer, ni siquiera para el propio orador sin un don añadido de la interpretación. Debido a que las expresiones no comunicaban ningún mensaje al oyente, eran como chillidos de una flauta que carecía de una melodía clara o como si la trompeta diera un sonido incierto que no comunicaban ningún mensaje significativo a las tropas de batalla (14:8-10). Mientras que el despliegue de idiomas de Hechos 2 transformó a los extranjeros que no podían comunicarse entre sí en amigos y hermanos que hablaban el mismo idioma, este don de lenguas convirtió a los coterráneos que hablaban el mismo idioma en extranjeros que no podían comunicarse.

Pablo también expresó su preocupación por el hecho de que el punto de vista corintio sobre el don de las lenguas implicaba expresiones que eran comprensibles para el propio hablante (14:13-19). Exhortó a los corintios a que ejercieran el don solo cuando la expresión fuera comprensible para el orador y cuando alguien pudiera interpretar el mensaje de manera clara para los demás presentes. Pablo prefería cinco palabras entendidas por el orador que instruía a los demás a diez mil palabras que nadie entendía. Pablo citó Isaías 28:11-12 para argumentar que las expresiones incomprensibles eran en realidad una señal del juicio divino sobre los incrédulos (14:21). Además, la práctica corintia de hablar en lenguas podría dar la impresión a los visitantes de la iglesia de que los creyentes estaban locos. Sin embargo, la profecía revelaba los pecados secretos del incrédulo, lo ponía de rodillas en señal de arrepentimiento y le mostraba la presencia de Dios (14:20-25).

Finalmente, Pablo ofreció instrucciones sobre cómo mantener el orden en la adoración colectiva (14:26-33a). Los servicios de adoración deben ser ordenados. Los que profetizaban debían mantener la compostura y el autocontrol en lugar de intentar trabajar en un frenesí como los profetas paganos en los templos de los ídolos. La congregación debe evaluar a los profetas y silenciar a aquellos que se apartaron de la verdad.

Pablo también silenció a las mujeres de la iglesia cuyo discurso en el marco del culto colectivo de alguna manera socavaba la autoridad de sus maridos y los avergonzaba públicamente (14:33b-36). Posiblemente, algunas esposas cuestionaban o desafiaban la legitimidad de las profecías de sus maridos o de otros líderes de la iglesia, tomando así un papel que Pablo reconocía como inconsistente con el papel de sumisión de la esposa. La pauta general de Pablo para la conducción del culto público era que todas las cosas debían hacerse «decentemente y con orden» (14:37-40).

e. Asuntos relacionados con la resurrección (15:1-58). Bajo la influencia del dualismo que impregnaba gran parte del antiguo mundo pagano, algunos corintios negaron la doctrina de la resurrección corporal de las personas (15:1-2,9-11). Esta negación fue probablemente acompañada por una visión escatológica que decía que los creyentes experimentaban una resurrección espiritual en el momento en que creían o eran bautizados. Pero en la opinión de los corintios, los creyentes no debían esperar una futura resurrección corporal.

En respuesta a las dudas sobre la posibilidad de la resurrección corporal, Pablo afirmó que el evangelio que recibió daba testimonio de la muerte, sepultura y resurrección de Cristo «según las Escrituras», es decir, en cumplimiento de la profecía del A.T. (15:3-4). También citó numerosas apariciones del Jesús resucitado a diversas audiencias (incluyendo «más de quinientos hermanos a la vez», v. 6), entre estas muchos que todavía vivían en el momento de escribir esta carta (15:5-8), y por último, pero no menos importante, al propio Pablo en el camino a Damasco.[24]

Pablo escribió extensamente para defender la doctrina de la resurrección corporal. Demostró que la resurrección corporal de Jesús era intrínseca al evangelio (15:12-19). La negación de la resurrección corporal requería la negación de la resurrección de Jesús, y sin un Jesús resucitado toda la fe cristiana se derrumbaría. Además, la resurrección de Jesús fue el preludio de la resurrección de los creyentes, que ocurriría en la segunda venida cuando Jesús venciera a la muerte de una vez por todas (15:20-28). La disposición de Pablo a arriesgar su propia vida cada hora para proclamar el evangelio demuestra la profundidad de su propia creencia en una resurrección corporal venidera.

Pablo aclaró que el cuerpo que Jesús resucitó de la muerte se transformaría dramáticamente y sería significativamente diferente del cuerpo actual del creyente (15:35-49). El cuerpo de la resurrección sería incorruptible, glorioso, poderoso y perfectamente adaptado para una vida controlada por el Espíritu en la que la antigua batalla entre la carne y el Espíritu cesará por fin. A través de la dramática transformación que Cristo trajo a través de la resurrección, los creyentes tendrían una completa y final victoria sobre el pecado y la muerte (15:50-58). La doctrina de la resurrección sirve como un recordatorio a los creyentes de que su trabajo para el Señor no es en vano, sino que será recompensado en la eternidad.

f. Asuntos relacionados con la ofrenda de alivio (16:1-4). Pablo dio a los corintios instrucciones prácticas sobre la recolección de la ofrenda de alivio para los creyentes en Jerusalén. Estas instrucciones aseguraban que la ofrenda de Corinto estaría lista cuando Pablo llegara y que sería manejada con integridad.

IV. Conclusión (16:5-24)

a. Planes de viaje de Pablo (16:5-12). Pablo anunció sus intenciones de permanecer en Éfeso hasta el Pentecostés y luego viajar a Corinto a través de Macedonia. También exhortó a los corintios a tratar a Timoteo con respeto, ya que llegaría a Corinto antes que Pablo.

b. Exhortaciones finales (16:13-18). Pablo concluyó la carta instando a los corintios a mantenerse firmes en su fe y a hacer todas las cosas con el amor que describió en el capítulo 13. Exhortó a los corintios a reconocer la autoridad de sus líderes espirituales.

c. Cierre (16:19-24). Pablo envió saludos de los que estaban con él y pronunció una bendición sobre la iglesia.

2 CORINTIOS

I. Introducción (1:1-11)

a. Saludo (1:1-2). Además de las características típicas de los saludos de Pablo, él identificó a Timoteo como coautor de esta carta. También dirigió la carta no solo a los creyentes de Corinto, sino a los dispersos por toda la provincia de Acaya.

---

[24] Para una defensa de este pasaje histórico, ver K. R. MacGregor, «1 Corinthians 15:3b-6a, 7 and the Bodily Resurrection of Jesus» [«1 Corintios 15:3b-6ª, 7 y la resurrección corporal de Jesús»], *JETS* 49 (2006): 225–34.

b. Oración de acción de gracias (1:3-7). Los oponentes de Pablo en Corinto probablemente argumentaron que las grandes dificultades que Pablo experimentó en su ministerio demostraban que no disfrutaba de la bendición de Dios en su ministerio. Pero Pablo veía sus sufrimientos como algo esencial para su ministerio y como una autentificación de su llamado divino. Pablo agradeció a Dios por consolarlo en sus aflicciones para que pudiera usar sus experiencias dolorosas para llevar consuelo a otros. Pablo veía su sufrimiento como una continuación del padecimiento soportado por Cristo. Pablo también anticipaba compartir el consuelo de Cristo a través de la resurrección.

c. Explicación de la acción de gracias de Pablo (1:8-11). Pablo relató el sufrimiento y el roce con la muerte que había experimentado en Asia, lo que fortaleció su confianza en la resurrección venidera. Pablo sabía que el Dios que lo había liberado de la muerte al perdonarle la vida en Asia, finalmente lo liberaría de la muerte al resucitarlo. Pablo exhortó a los corintios a dar gracias a Dios por perdonarle la vida.

II. La relación de Pablo con los corintios (1:12-2:11)

a. La conducta irreprochable de Pablo (1:12-14). A pesar de los ataques al ministerio de Pablo por sus opositores, la conciencia de Pablo estaba limpia. Se había comportado con la sinceridad y pureza que venía de Dios en su ministerio hacia los corintios. Les escribió clara y llanamente porque no tenía nada que esconder de ellos. Tampoco tenía nada que esconder de Dios. Así que esperaba confiado el día en que Cristo evaluaría su ministerio con los corintios.

b. El cambio de planes de Pablo (1:15-22). Los oponentes de Pablo en Corinto evidentemente argumentaban que no se podía confiar en Pablo ya que no había seguido con los planes de viaje que había anunciado anteriormente. Pablo argumentó que los corintios debían distinguir el evangelio que él predicaba de sus planes de viaje. Sus planes de viaje estaban sujetos a cambios, pero su evangelio era consistente e invariable. Pablo no había vacilado en lo más mínimo con respecto a su mensaje.

c. La razón del cambio de planes (1:23-2:4). Pablo no había cambiado sus planes de viaje por un simple capricho. Se contuvo de visitar a los corintios para evitar lastimarlos y ser lastimado por ellos. Había decidido que podía abordar mejor los problemas de Corinto con una carta en lugar de con otra visita personal.

d. Perdón al pecador arrepentido (2:5-11). Pablo demostró que su cambio de planes había producido el resultado deseado. En respuesta a su carta llena de lágrimas, los corintios habían disciplinado al miembro de la iglesia que llevó a la congregación a rechazar la autoridad apostólica de Pablo. Ese miembro de la iglesia se había arrepentido, y Pablo exhortó a la iglesia a perdonarlo y restaurarlo en una muestra de amor cristiano.

III. Pablo defiende su ministerio (2:12-7:16)

a. El ministerio de Pablo en Troas y Macedonia (2:12-17). La guía de Dios en el cambio de sus planes de viaje se confirmó aún más por los frutos de su ministerio en Troas donde Dios abrió una puerta para un ministerio efectivo. Pero la preocupación de Pablo por encontrar a Tito y escuchar su informe sobre la situación en Corinto lo impulsó rápidamente a viajar a Macedonia.

Pablo usó la analogía del triunfo romano en el que un general victorioso marchaba con su enemigo conquistado por las calles de la capital y finalmente le daba muerte para describir la obra de Dios en su propia vida. Dios había conquistado a su enemigo, Saulo de Tarso, en el camino a Damasco. Pablo era ahora prisionero de Dios encadenado, llevado a donde Dios quería. Así como la derrota del enemigo conquistado trajo al general victorioso una gran gloria, la derrota y sumisión de Pablo glorificó a Dios.

El ministerio de Pablo era como la ofrenda de incienso del A.T. (ver Ex. 29:18). Sin importar si el ministerio de Pablo era un olor atractivo o repulsivo para los demás, era una fragancia agradable para Dios. El ministerio de Pablo era agradable a Dios porque estaba impulsado por motivos sinceros, facultado por Dios, y realizado en anticipación del juicio divino. A través del ministerio de Pablo, el mundo tuvo la oportunidad de conocer a Dios.

b. Cartas de recomendación de Pablo (3:1-3). Los opositores de Pablo evidentemente apelaron a las cartas de recomendación de impresionantes líderes de la iglesia, tal vez líderes de la iglesia en Jerusalén, por su autoridad. Criticaron la falta de cartas de este tipo por parte de Pablo. Él replicó que los propios creyentes de Corinto funcionaban como sus cartas de recomendación que confirmaban la legitimidad de su apostolado. El contraste de Pablo entre las cartas escritas con tinta en tablas de piedra (ver Ex. 24:12; 31:18; 32:15; 34:1; Deut. 9:10) y las escritas por el Espíritu en las tablas del corazón humano (ver Ezeq. 11:19; 36:26-27) recuerda las descripciones del A.T. sobre el antiguo pacto y del nuevo pacto respectivamente y allana el camino para la descripción de Pablo de su papel como ministro del nuevo pacto.

c. La capacidad de Pablo (3:4-6). Dios hizo a Pablo competente para servir como ministro del nuevo pacto. Aunque el antiguo pacto, la ley, solo podía producir la muerte porque exigía una justicia de los pecadores que no podían alcanzar, el nuevo pacto otorga el Espíritu Santo a los creyentes, y este Espíritu les imparte vida.

d. Ministerio del nuevo pacto (3:7-18). Aunque el antiguo pacto era glorioso, la gloria del nuevo pacto sobrepasa en gran medida la del antiguo. El antiguo pacto solo produjo la condenación de los pecadores, ya que era incapaz de hacerlos justos. Pero el nuevo pacto realmente hace justos a los pecadores. Además, el antiguo pacto era solo temporal; el nuevo pacto es eterno.

Después de que Moisés recibiera el antiguo pacto, se cubrió el rostro para evitar que los israelitas vieran el reflejo de la gloria de Dios, la cual temían. Eso demostró que el antiguo pacto solo condenaba a los pecadores y los sentenciaba a muerte. Moisés también se cubrió el rostro porque no quería que los israelitas vieran los últimos destellos de gloria que se desvanecían de su rostro. La gloria que se desvanecía mostraba la naturaleza temporal del antiguo pacto.

Aunque los hijos de Israel tenían un velo sobre sus corazones que les impedía comprender los escritos de Moisés, el velo se quitó para aquellos que se volvieron al Señor. Aquellos que se volvieron al Señor y recibieron las promesas del nuevo pacto serían transformados por el Espíritu para que la imagen de Dios sea restaurada en ellos con una gloria cada vez mayor.

e. La verdad revelada (4:1-6). Debido al glorioso ministerio confiado a Pablo, no tenía razón para adoptar las técnicas solapadas de sus oponentes. Su apostolado legítimo fue confirmado por su «manifestación de la verdad». Si su evangelio parecía estar tras un velo, era solo porque Satanás había cegado las mentes de los incrédulos. La gloria de Dios brillaba desde el rostro de Jesús en los corazones de los creyentes.

f. Tesoro en vasos de barro (4:7-18). El gran tesoro del mensaje sobre Jesucristo se encontraba en un apóstol sufriente, un vaso de barro débil, frágil y vulnerable. Al usar un vaso tan débil como Pablo para llevar las gloriosas buenas nuevas, Dios puso en evidencia Su gran poder. Aunque el ministerio del evangelio exponía constantemente al apóstol a la amenaza de la muerte, él siguió adelante, asegurando que Dios resucitaría su cuerpo y que sus sufrimientos eran solo el preludio de un «más excelente y eterno peso de gloria».

g. La resurrección venidera (5:1-10). Pablo sabía que cuando su cuerpo fuera destruido, se le daría un nuevo cuerpo de resurrección. El Espíritu que moraba en él era un pago inicial que garantizaba esa transformación y glorificación final. El objetivo de Pablo era complacer a Dios en todas las cosas porque sabía que las obras de todas las personas serán juzgadas un día por Dios.

h. El ministerio de la reconciliación (5:11-6:2). Impulsado por la anticipación de este juicio y por el amor cristiano, Pablo trató de persuadir a otros de que Jesús murió por ellos y que ellos murieron junto con Él para que fueran liberados de su antigua forma de vida egoísta con el propósito de vivir por el crucificado y resucitado Jesús.

Pablo había abandonado su visión precristiana de Jesús, que lo veía como un mero humano que había sufrido. Ahora consideraba a Cristo como el que inició la nueva creación. Cristo transformó radicalmente a los creyentes y fue el único a través del cual Dios reconcilió consigo mismo a los que estaban alejados de Él por el pecado.[25]

Jesús llevó la culpa de los pecados de los creyentes y soportó el castigo por esos pecados para que los creyentes pudieran ser considerados justos por Dios. Pablo, en nombre de Cristo, rogó a los pecadores a reconciliarse con Dios e insistió en que el día de la salvación había llegado al fin.

i. Listado de los sufrimientos de Pablo (6:3-13). Aunque los oponentes de Pablo probablemente argumentaban que un verdadero apóstol estaría divinamente protegido del sufrimiento, Pablo argumentaba que sus sufrimientos realmente confirmaban la legitimidad de su apostolado. Enumeró los sufrimientos y sacrificios que había soportado en el cumplimiento de su llamado divino.

---

[25] Traducciones como la NVI traducen 2 Corintios 5:20 de la siguiente manera: «En nombre de Cristo *les* rogamos que se reconcilien con Dios». Pero no hay equivalente para la palabra traducida «les» en el original griego. Tampoco tendría sentido que Pablo implorara a los corintios que se reconciliaran con Dios ya que, a pesar de todos sus defectos, Pablo se dirigía a los corintios en general como creyentes (ver 2 Cor. 1:1). Por eso es preferible entender 2 Cor. 5:20 como descripción del mensaje de reconciliación de Pablo en su predicación evangelística en general: Ver A.J. Köstenberger, *Correcting the Common Mistranslation of 2 Corinthians 5:20* [Corrección de la mala traducción de 2 Corintios 5:20], *BT* 48 (1997): 328–31, seguido de J. Piper, *The Future of Justification: A Response to N. T. Wright* [El futuro de la justificación: Una respuesta a N. T. Wright] (Wheaton: Crossway, 2007), 178n32.

j. Llamado a separarse de los oponentes de Pablo (6:14-7:1). Pablo se refirió a la relación de los creyentes con los incrédulos. Los incrédulos en este contexto son los oponentes de Pablo que han rechazado su apostolado y su evangelio. Pablo exhortó a los corintios a separarse de estas personas inicuas, malvadas e impuras para que se limpiaran de toda impureza en la carne y en el espíritu y fueran el santuario puro del Dios vivo.

k. La defensa final de Pablo (7:2-16). Pablo afirmó de nuevo su inocencia frente a los ridículos cargos que sus oponentes le imputaban. Exhortó a los corintios a recibirlo con sus propios corazones. Pablo expresa su gozo por el informe de Tito sobre el arrepentimiento de los corintios y la renovación de su afecto por su persona. Pablo exclamó con gozo que toda su confianza en los corintios había sido restaurada.

IV. La ofrenda para los creyentes en Jerusalén (8:1-9:15)

a. Ejemplo de las iglesias de Macedonia (8:1-7). Pablo dirigió su atención de sus opositores en la iglesia de Corinto a la recolección de una ofrenda de alivio para los creyentes en Palestina, tema que abordó brevemente en 1 Corintios 16. Pablo apeló al ejemplo de las ofrendas de las iglesias pobres de Macedonia para motivar a los corintios a dar con mayor sacrificio.

b. Ejemplos del sacrificio de Cristo y del Antiguo Testamento (8:8-15). La gratitud por el sacrificio de Jesús debe motivar a los corintios a dar con sacrificio y gozo. Pablo no quería que los corintios ofrendaran a los creyentes de Jerusalén imponiéndoles dificultades. Pero sí creía que debía haber una igualdad general entre los creyentes, como lo ilustra la recolección del maná en el A.T.

c. Administración de la ofrenda (8:16-24). Algunos de los oponentes de Pablo aparentemente argumentaron que Pablo tenía la intención de hacer un mal uso de la ofrenda de alivio que los corintios estaban recolectando. Pablo asegura a los corintios que los fondos serían usados para el propósito designado. Tanto Tito, como un representante designado por las iglesias, supervisarían la recolección y distribución de la ofrenda, «evitando que nadie nos censure en cuanto a esta ofrenda abundante que administramos».

d. Importancia de tener lista la ofrenda (9:1-5). Pablo ya había informado a los macedonios que los corintios habían empezado a recoger la ofrenda. Esto hizo que fuera especialmente importante tener la ofrenda lista cuando los representantes de la iglesia llegaran para que los corintios no parecieran reacios a dar.

e. Principios que motivan las ofrendas generosas (9:6-15). Los corintios debían dar generosamente porque Dios les recompensaría en proporción a su generosidad. Debían dar con gozo porque Dios ama al dador alegre. Dios proveería sus necesidades para que pudieran dar generosamente. Su generosidad no solo expresaría su gratitud a Dios, sino que también incitaría a los cristianos de Jerusalén a glorificar a Dios y a orar más fervientemente por los creyentes gentiles.

V. Pablo defiende nuevamente su apostolado (10:1-13:4)

a. El tono de la apelación de Pablo (10:1-11). Pablo concluyó su anterior defensa de su apostolado expresando una confianza total en que los corintios se separarían de sus oponentes y afirmarían su autoridad y su evangelio. Pero mientras Pablo terminaba el capítulo 9, evidentemente recibió nuevas noticias de problemas en Corinto que lo impulsaron a volver a tratar el tema de su apostolado con un tono mucho más severo.

Los oponentes de Pablo argumentaban que era débil porque estaba dispuesto a hablar con severidad solo a través de sus cartas escritas a distancia. Evidentemente usaron esta inconsistencia para argumentar que Pablo andaba «según la carne». Pablo replicó que buscaba relacionarse con los corintios con la gentileza y la gracia de Cristo, pero advirtió que podía adoptar una postura mucho más severa si era necesario.

b. Aprobación divina del ministerio de Pablo (10:12-18). A diferencia de sus oponentes que buscaban elogiarse a sí mismos con comparaciones competitivas, Pablo apeló solo a la aprobación divina de su ministerio. Dios le había asignado a Pablo un ministerio que se extendía hasta Corinto y que finalmente se extendería mucho más allá de él. La apelación de Pablo a la eficacia de su ministerio para confirmar su autoridad apostólica no constituía una autoalabanza. Pablo solo buscaba glorificar a Dios y ser aprobado por Él.

c. Peligro de los falsos apóstoles (11:1-15). A Pablo le preocupaba que los falsos apóstoles apartaran a los corintios de su devoción a Cristo como un hombre inmoral podría tratar de apartar a una novia de su prometido. Al igual que Satanás había engañado a Eva, los falsos apóstoles engañaron a los corintios predicando otro Jesús, un espíritu diferente y un evangelio diferente.

Los falsos apóstoles afirmaban ser «grandes apóstoles» que excedían a Pablo en capacidad de hablar, conocimiento y estatus. Su superioridad se demostró en que se sentían dignos de exigir el apoyo financiero de los corintios, mientras que Pablo no lo hizo. Pablo argumentó que había renunciado a su derecho de recibir apoyo financiero para evitar ser una carga para los corintios y como una muestra de su amor por ellos. Pablo advierte a los corintios que los falsos apóstoles son siervos de Satanás disfrazados de siervos de la justicia.

d. Los sufrimientos de Pablo (11:16-33). Los oponentes de Pablo argumentaban que ellos tenían antecedentes religiosos más impresionantes que Pablo. También argumentaban que su propia protección contra el sufrimiento demostraba que la bendición de Dios estaba sobre ellos y, a la inversa, que el sufrimiento que Pablo soportaba era una muestra de que no gozaba del favor divino. Pablo refutó que sus antecedentes religiosos eran en realidad más impresionantes que los de sus oponentes. Además, su sufrimiento por Cristo y por la Iglesia autentificaba su ministerio apostólico.

e. Las visiones y revelaciones de Pablo (12:1-10). Los oponentes de Pablo también sostenían que tenían dones espirituales de los que Pablo carecía. En particular, ellos habían experimentado visiones y revelaciones que Pablo no tenía. Pablo objetó que él tenía experiencias espirituales que no solía publicar. En una ocasión fue llevado al paraíso y escuchó una revelación que ni siquiera se atrevió a repetir. Sin embargo, Dios humilló a Pablo dándole un aguijón en la carne que le impidió exaltarse a sí mismo. Este aguijón (cuya identidad se debate) dejó a Pablo débil y le obligó a vivir en dependencia del gran poder de Dios.

f. Milagros de Pablo (12:11-13). Pablo también recordó a los corintios que ellos habían sido testigos personalmente de sus señales, maravillas y milagros durante su estancia en

Corinto. Estas eran «las señales de apóstol» que confirmaban la legitimidad del apostolado de Pablo.

g. La defensa final de Pablo (12:14-13:4). Pablo insistió en que ni él ni los asociados a él se habían aprovechado de los corintios en ninguna manera. Aunque parecía estar defendiéndose, su verdadera preocupación era edificar a la iglesia. Esto requería que confrontara al pecado y a la falsa enseñanza que buscaba justificarlo. Pablo advirtió a los corintios que su tercera visita podría servir como un tercer testimonio contra ellos. Advirtió a los corintios que él confrontaría severamente su pecado sin indulgencia, como una muestra del poder de Cristo.

VI. Exhortaciones finales (13:5-12)

Pablo exhortó a los Corintios a examinarse a sí mismos para determinar si realmente poseían una auténtica fe cristiana. Pablo oró para que los corintios crecieran hacia la madurez espiritual y les ordenó que buscaran la unidad cristiana.

VII. Cierre (13:13)

Las últimas palabras de Pablo en su correspondencia canónica con los corintios son una bendición, encomendando a estos creyentes a la gracia de Cristo, al amor de Dios y a la comunión del Espíritu Santo (una fórmula trinitaria). Esto expresa la esperanza y confianza del apóstol de que solo el Dios trino podía hacer un trabajo espiritual en esta congregación.

TEOLOGÍA

Temas teológicos

La naturaleza del cuerpo resucitado. La discusión más detallada de la resurrección en las cartas de Pablo y en todo el N.T. se encuentra en 1 Corintios 15. Pablo probablemente escribió este capítulo para combatir las ideas erróneas sobre la enseñanza cristiana de la resurrección que fueron influenciadas por la filosofía griega. Aparentemente, algunos en Corinto negaban la resurrección corporal y enseñaban que la experiencia de los creyentes de la resurrección espiritual en la conversión era la única resurrección que experimentarían (comp. 2 Tim. 2:16-19).

Algunos aparentemente creían que esta resurrección espiritual los hacía como los ángeles. Por lo tanto, intentaron vivir una existencia sin sexo (1 Cor. 7:1-5), se esforzaron por abolir las diferencias entre los géneros (1 Cor. 11:2-6) y se aventuraron a hablar en lenguas angélicas (1 Cor. 13:1). Pablo se dio cuenta de que gran parte de la teología confusa y muchas de las prácticas no bíblicas de los corintios estaban relacionadas con su negación de la resurrección corporal. El argumento de Pablo era el siguiente.

Primero, Pablo argumentó que la resurrección de Jesús había sido profetizada en el A.T. y proclamada por testigos oculares del ministerio de Jesús. Negar la posibilidad de la resurrección corporal implicaba la negación de la resurrección de Jesús y el rechazo de la fiabilidad de la profecía del A.T. y el testimonio apostólico. Tal negación reducía tanto a los apóstoles como a las Escrituras a la condición de falsos testigos.

En segundo lugar, Pablo argumentaba que la fe cristiana no valía nada sin la resurrección de Jesús. La participación en la resurrección de Jesús efectivamente termina con la vieja vida del pecador y comienza una vida nueva y diferente. En consecuencia, sin la resurrección de Jesús, los creyentes están todavía en sus pecados.

En tercer lugar, Pablo argumentaba que la resurrección de Jesús era el preludio (las primicias) de la resurrección de todos los creyentes. La resurrección del pueblo de Cristo debía ocurrir «luego [...] en su venida» (1 Cor. 15:23). También sostuvo que las prácticas corintias como el bautismo vicario por aquellos que han muerto (aunque equivocadas) y su propia voluntad de arriesgarse al martirio implicaban la veracidad de la doctrina de la resurrección corporal.

Después de defender la doctrina de la resurrección corporal, Pablo dedicó la segunda mitad de su discusión a un tratamiento de la naturaleza del cuerpo de la resurrección. Su punto principal era que de alguna manera el cuerpo de la resurrección tendrá continuidad con el cuerpo que está enterrado, pero también será dramáticamente diferente. Ilustró esto señalando una semilla, que es a la vez continua y radicalmente diferente de una planta viva.

La confusión sobre la doctrina de la resurrección impactó la ética de los Corintios tanto como sus puntos de vista sobre el fin de los tiempos. Aparentemente argumentaban que como Dios iba a destruir el cuerpo al final, no importaba qué o cuánto comieran o en qué tipo de actividades sexuales se involucraran los creyentes y con quién. Sin embargo, como Pablo sostenía, la resurrección dejó claro que el cuerpo tiene un significado duradero para Dios. Por lo tanto, importa lo que los creyentes hacen con sus cuerpos.[26]

El nuevo pacto contra el antiguo pacto. En 2 Corintios 3 se encuentra la discusión más explícita del nuevo pacto en las cartas de Pablo. El nuevo pacto fue prometido por Dios a través de los profetas en pasajes como Jeremías 31:31-34 y Ezequiel 36:24-30. Los ecos de estos textos del A.T. en 2 Corintios muestran que estas promesas del A.T. fueron fundamentales para la teología de Pablo en estas cartas.

Pablo contrastó el antiguo y el nuevo pacto para resaltar la supremacía del nuevo pacto. El antiguo pacto resultaba en muerte y condenación porque los pecadores eran incapaces de cumplir sus demandas y por lo tanto estaban destinados a ser declarados culpables por Dios y castigados; el nuevo pacto resultaba en vida y justicia. Finalmente, mientras que el antiguo pacto era temporal, el nuevo era eterno. Así, la gloria del nuevo pacto eclipsó completamente la del antiguo.

Pablo ilustró el hecho de que el antiguo pacto resultaba en muerte y condenación recordando a sus lectores que después de que Moisés recibió el antiguo pacto, tuvo que cubrirse el rostro con un velo para evitar que los israelitas fueran destruidos por el mero reflejo de la gloria divina (Ex. 34:29-35), aunque esa gloria, como el pacto que representaba, ya estaba en proceso de ser abolida.[27]

---

[26] Para un abordaje incisivo de este pasaje sobre el trasfondo de las perspectivas sexuales de los paganos, véase P. Jones, «*Paul Confronts Paganism in the Church: A Case Study of First Corinthians 15:45*» [«Pablo confronta el paganismo en la iglesia: Caso de estudio de 1 Corintios»], *JETS* 49 (2006): 713-37.

[27] Esta interpretación entra en conflicto con la sugerida por muchas traducciones. Para una defensa exhaustiva de esta interpretación, ver S. J. Hafemann, *2 Corinthians* [2 Corintios], NAC (Nashville: B&H, 1999), 147-49; P. Hughes, *The*

El velo que ocultaba la abolición del antiguo pacto todavía estaba sobre los ojos de muchos de los judíos contemporáneos de Pablo cuando leyeron los libros de Moisés. Pero Cristo quitó el velo. Cuando un pecador se volvía al Señor y quedaba bajo el poder del nuevo pacto, el velo que ocultaba la desaparición del antiguo pacto era destruido. Entonces el creyente tenía el privilegio de ver y reflejar la gloria del Señor.

PUNTOS DE APLICACIÓN

- Trabaja por la unidad de la Iglesia y enfrenta la división (1 Cor. 1-4).
- Identifica y ejercita tus dones espirituales en beneficio de los demás (1 Cor. 12, 14).
- Sé un hombre o una mujer de amor, reconociendo que el amor es la mayor virtud cristiana (1 Cor. 13).
- Asegúrate de entender la enseñanza bíblica sobre la resurrección corporal de los creyentes (1 Cor. 15).
- No desacredites la autoridad dada por Dios a los líderes de la Iglesia (2 Cor. 10-13).

PREGUNTAS DE ESTUDIO

1. ¿Por qué las Cartas a los corintios son especialmente prácticas para la Iglesia moderna?
2. ¿Cuántas cartas escribió Pablo a la iglesia de Corinto? ¿Cómo se les llama en este capítulo? ¿Cómo coinciden las cartas con las visitas de Pablo? Haz una lista de las cartas y las visitas en orden cronológico.
3. ¿De dónde recibió Pablo información sobre la condición de la iglesia?
4. ¿Cuál es el doble propósito de 1 Corintios, y cuál es el propósito principal de 2 Corintios?
5. ¿Cuál es el plan literario básico de 1 Corintios?
6. ¿Cuál será la naturaleza del cuerpo de la resurrección de los creyentes?
7. ¿Cuál es la relación entre el nuevo y el antiguo pacto de 2 Corintios?

PARA UN ESTUDIO MÁS PROFUNDO

1 Corintios
Barrett, C. K. *A Commentary on the First Epistle to the Corinthians*. Harper New Testament Commentary. Nueva York: Harper, 1968.
Blomberg, C. *1 Corinthians*. NIV Application Commentary. Grand Rapids: Zondervan, 1994.
Fee, G. D. *The First Epistle to the Corinthians*. New International Commentary on the New Testament. Grand Rapids: Eerdmans, 1987.
Garland, D. E. *1 Corinthians*. Baker Exegetical Commentary on the New Testament. Grand Rapids: Baker, 2003.
Morris, L. *The First Epistle of Paul to the Corinthians: An Introduction and Commentary*. 2.ª ed. Tyndale New Testament Commentary. Grand Rapids: Eerdmans, 1985.

Second Epistle to the Corinthians [Segunda Epístola a los Corintios], NICNT (Grand Rapids: Eerdmans, 1962), 108. Para la interpretación sugerida por las traducciones, véase Belleville, *2 Corinthians* [2 Corintios], 99.

Thiselton, A. C. *The First Epistle to the Corinthians: A Commentary on the Greek Text.* New International Greek Testament Commentary. Grand Rapids: Eerdmans, 2000.

2 Corintios

Barnett, P. *The Second Epistle to the Corinthians.* New International Commentary on the New Testament. Grand Rapids: Eerdmans, 1997.

Garland, D. E. *2 Corinthians.* New American Commentary. Nashville: B&H, 1999.

Hafemann, S. J. *2 Corinthians.* NIV Application Commentary. Grand Rapids: Zondervan, 2000.

Harris, M. J. «2 Corinthians». Páginas 415–545 en *The Expositor's Bible Commentary.* Rev. ed. Vol. 11: *Romans-Galatians.* Grand Rapids: Zondervan, 2008.

_____. *The Second Epistle to the Corinthians.* New International Greek Testament Commentary. Grand Rapids: Eerdmans, 2005.

Kruse, C. *2 Corinthians.* Tyndale New Testament Commentary. Grand Rapids: Eerdmans, 1987.

Capítulo 13
Carta de Pablo a los Romanos

CONOCIMIENTO ESENCIAL

Los estudiantes deben conocer los hechos clave de la carta de Pablo a los romanos. Con respecto a la historia, deben ser capaces de identificar el autor, la fecha, la procedencia, el destino y el propósito. Con respecto a la literatura, deben ser capaces de proporcionar un esquema básico del libro e identificar elementos centrales del contenido que se encuentran en la discusión de cada unidad. Con respecto a la teología, los estudiantes deben ser capaces de identificar los principales temas teológicos en el libro de Romanos.

ASPECTOS CLAVE	
Autor:	Pablo.
Fecha:	Mediados a finales de los años 50.
Procedencia:	Grecia, probablemente Corinto.
Destinatarios:	Varias congregaciones en Roma.
Situación:	Preparación del viaje de Pablo de Roma a España.
Propósito:	Promover la unión entre judíos y gentiles en la Iglesia al establecer el evangelio de Pablo.
Tema:	El evangelio declara que Dios perdona judíos y gentiles que creen en Jesús por la muerte y sacrificio de Jesús.
Versículos clave:	1:16–17; 3:21–26.

CONTRIBUCIÓN AL CANON

- El evangelio prometido a través de los profetas y predicado por Pablo (1:1-4,16-17; ver Hab. 2:4).
- Justificación por la fe, aparte de las obras de la ley (1:17; 3:21-5:2; ver esp. 4:3,9,22-23, citando Gén. 15:6)

Carta de Pablo a los Romanos

- Fomento de la unidad entre judíos y gentiles basada en la universalidad del pecado (1:18-3:20; 3:23); el don gratuito de la salvación por medio de Jesucristo (6:23); y el perfecto plan de salvación de Dios (caps. 9-11).
- La imposibilidad de cumplir la ley, y la nueva vida en el Espíritu (caps. 6-8).
- El plan histórico de salvación de Dios para los judíos y los gentiles, pasados, presentes y futuros (caps. 9-11).

INTRODUCCIÓN

PABLO ESCRIBIÓ LA carta a los romanos después de sus cartas a los gálatas, tesalonicenses y corintios. Romanos es el producto del pensamiento teológico maduro de Pablo y una presentación completa de su evangelio. De hecho, el libro de Romanos puede ser la carta más importante jamás escrita en la historia de la humanidad. Innumerables multitudes en tiempos modernos han confesado su fe en Jesús como el Salvador resucitado después de haber sido guiados a través de una serie de textos conocidos como «el camino romano» tomados de esta carta (3:23; 5:8; 6:23; 10:9). Aunque algunas verdades en esta carta todavía desconciertan a los eruditos, sus afirmaciones básicas son lo suficientemente claras para guiar a niños y adultos a la fe en Cristo. Por lo tanto, no es de sorprender que esta carta sea uno de los libros favoritos del N.T. para muchos.

Algunos de los teólogos y líderes cristianos más influyentes en la historia de la Iglesia se convirtieron al cristianismo mientras estudiaban este libro. En el verano del año 386, Aurelio Agustín, profesor de retórica en Milán, estaba llorando en el jardín de su amigo Alipio mientras luchaba con la decisión de adoptar la fe cristiana, cuando escuchó a un niño en una casa cercana cantando *«¡Tolle, lege! ¡Tolle, lege!»* («¡Toma y lee! ¡Toma y lee!»). Se apresuró a una banca donde había un rollo de la carta a los romanos, lo recogió, comenzó a leer las palabras de Romanos 13:13-14, e inmediatamente decidió seguir a Cristo.

También Martín Lutero, monje agustino y profesor de teología bíblica en la Universidad de Wittenberg, mientras leía Romanos, descubrió que la «justicia de Dios» no era la justicia que lo motivaba a castigar a los malvados, sino «aquella por la que el justo vive por un don de Dios, es decir, por la fe». Lutero «sintió que había nacido de nuevo y había entrado en el paraíso mismo por puertas abiertas. Allí se me mostró una cara totalmente distinta de toda la Escritura».[1] El dramático descubrimiento de Lutero cambiaría para siempre el curso de la historia al desencadenar la Reforma Protestante. El libro merece un estudio detallado, tanto de los creyentes, como de los no creyentes. Todos los que estudien el libro deben estar preparados para ser cambiados por él.

HISTORIA

Autor

La carta a los romanos afirma haber sido escrita por Pablo. Históricamente, el estudio del N.T. ha estado tan seguro de la autoría de Pablo del libro, que ha servido como un

---

[1] M. Luther, *Luther's Works* [Obras de Lutero], ed. J. Pelikan y H. Lehman (Philadelphia: Fortress, 1958–86), 34:336–37.

importante estándar para evaluar la autoría de Pablo en otras cartas. Charles Hodge, un comentarista de mediados del siglo XIX, estudió la evidencia interna y externa de la autoría de Pablo y concluyó: «No hay [...] ningún libro en la Biblia, ni ningún libro antiguo en el mundo, cuya autenticidad es más cierta que la de esta epístola».[2]

A finales del siglo XIX, la autoría de Pablo de Romanos fue disputada por algunos, pero los argumentos fueron considerados poco convincentes por la mayoría de los estudiosos. Hace medio siglo, C. H. Dodd declaró: «La autenticidad de la epístola de Romanos es un asunto cerrado».[3] La cuestión de la autoría se cerró porque la evidencia interna, en particular el lenguaje, el estilo y la teología del libro, era convincente. Además, todas las fuentes antiguas que mencionan al autor de Romanos lo identifican como el apóstol Pablo. Entre ellas figuran el *Apostolicon* de Marción citado por Tertuliano (ca. 160-225), el Canon Muratoriano (finales del siglo II), los cánones del concilio de Laodicea (363-364), así como los escritos de Atanasio (ca. 296-373) y de Amfiloco (ca. 340-395).[4] Aunque el tema de la autoría de Pablo ha sido resuelto, hay un tema relacionado que merece ser discutido.

Algunos estudiosos han sugerido que es necesario redefinir el papel de Pablo como autor. Romanos 16:22 muestra que Pablo usó a Tercio como amanuense o secretario personal para escribir la carta a los romanos. O. Roller mostró que un autor que usaba un amanuense podía abordar su tarea de varias formas diferentes. A veces los autores dictaban su trabajo al amanuense, que escribía el material literalmente a mano o en taquigrafía, en preparación de una edición final a mano. En otras ocasiones, un autor resumía sus ideas al amanuense, y éste asumía la responsabilidad de la redacción y la forma en que las ideas se expresaban por escrito. Pablo pudo haber utilizado los servicios de Tercio de esta última manera.

Diferentes evidencias sugieren que Pablo dictó la carta a Tercio. El lenguaje y el estilo de Romanos es similar al de las otras cartas de Pablo. Si Tercio fue responsable de la redacción de Romanos, solo se podría explicar el alto grado de similitud entre las cartas de Pablo afirmando que Tercio fue también responsable de la redacción de las otras cartas de Pablo. Pero no hay pruebas de que Tercio sirviera como amanuense de Pablo en otras cartas además de Romanos. El grado de similitud entre Romanos y las cartas de Pablo se explica mejor asumiendo que Pablo dictó la carta a los romanos.

Fecha

Romanos 15 contiene detalles importantes sobre los planes de viaje de Pablo que son útiles para fechar la composición de la carta. Romanos 15:25 indica que Pablo estaba a punto de comenzar, o acababa de comenzar, su viaje a Jerusalén para entregar la ofrenda para los pobres creyentes ahí. Romanos 15:19,23 muestra que Pablo había completado su

---

[2] C. Hodge, *Commentary on the Epistle to the Romans* [Comentario sobre la Epístola a los Romanos] (Grand Rapids: Eerdmans, 1976), 9.

[3] C. H. Dodd, *The Epistle of Paul to the Romans* [Epístola de Pablo a los Romanos] (London: Fontana Books, 1959; repr. of 1932 edition), 9.

[4] J. Fitzmyer, *Romans* [Romanos], AB (Garden City: Doubleday, 1993), 40.

trabajo en las regiones entre Jerusalén e Ilírico. Pablo había decidido llevar el evangelio a España (Rom. 15:24,28) y pasaría por Roma en su viaje de Jerusalén a Europa occidental. Pablo ya había completado la recolección de la ofrenda en Macedonia y Acaya (Rom. 15:26).

Estos detalles se unen fácilmente a los de Hechos 20. Hechos 19:21 registra que Pablo decidió pasar por Macedonia y Acaya en su camino a Jerusalén desde Éfeso. Pablo viajó a través de Macedonia a Grecia, donde permaneció durante tres meses (Hech. 20:1-3). Probablemente se quedó en Corinto durante la mayor parte de este período, tiempo en el que escribió la carta a los romanos. Mientras estaba en Corinto, Pablo descubrió un complot que había de sus oponentes judíos que lo llevó a cambiar sus planes de viaje. En lugar de navegar desde el puerto de Cencrea, cerca de Corinto, a Siria como había planeado originalmente, invirtió el curso y viajó de vuelta a través de Macedonia, navegó a Troas, Mileto, Cos, Patara, y luego a Tiro, Ptolemaida y Cesarea para viajar por tierra a Jerusalén.

El tercer viaje misionero de Pablo probablemente se extendió desde alrededor del año 51 hasta el invierno de los años 54-55. Los factores clave para fechar este viaje son las fechas de la estancia de Pablo en Corinto durante el segundo viaje misionero, que se establecen en la inscripción de Delfos, y la fecha probable del arresto de Pablo en Jerusalén, que se puede calcular basándose en la declaración del tribuno romano en Hechos 21:38 y la ascensión de Festo. Pablo probablemente escribió la carta a los romanos en el invierno de los años 54-55.[5]

Un factor puede complicar esta fecha. En el momento en que Pablo escribió esta carta, Aquila y Priscila habían vuelto a vivir en Roma, y una iglesia se reunía en su casa. Probablemente habían estado en Roma el tiempo suficiente para familiarizarse con la situación de las iglesias ahí, y para mantener correspondencia con Pablo sobre esa situación. Si a los judíos no se les permitió regresar a Roma hasta después de la muerte de Claudio en el año 54, esta fecha para la composición de Romanos puede ser demasiado pronto para dar tiempo a la pareja de enterarse de la muerte de Claudio, mudarse a Roma, informarse sobre la situación de las iglesias y comunicarse con Pablo. Pero es probable que la prohibición de los judíos en Roma comenzara a relajarse al final del reinado de Claudio. Si es así, estos factores no necesariamente excluyen esta fecha.[6] Después de considerar todas estas cosas, lo más sabio es aceptar una estimación general de que Romanos fue escrito a mediados o finales de los años 50.

---

[5] Esta fecha es apoyada por J. Finegan, *Handbook of Biblical Chronology: Principles of Time-Reckoning in the Ancient World and Problems of Chronology in the Bible* [Manual de cronología bíblica: Principios del reconocimiento de tiempo en el mundo antiguo y problemas de la cronología en la Biblia], rev. ed. (Peabody: Hendrickson, 1998), 396–97, §687; L. Morris, *The Epistle to the Romans* [Epístola a los Romanos] (Grand Rapids: Eerdmans, 1988), 6–7; y C. K. Barrett, *A Commentary on the Epistle to the Romans* [Comentario sobre la Epístola a los Romanos], Harper's NT Commentaries (New York: Harper & Row, 1957), 5. Las discusiones más recientes fechan la carta un año o dos después de la fecha propuesta aquí.

[6] S. Mason sugiere que la expulsión de los judíos de Roma no era exhaustiva en primer lugar. Ver Mason, *"For I am not ashamed of the Gospel" (Rom. 1:16): The Gospel and the First Readers of Romans»* [«"Porque no me avergüenzo del evangelio" (Rom. 1:16): El evangelio y los primeros lectores romanos»] en *The Gospel in Paul* [El evangelio en Pablo], ed. L. A. Jarvis y P. Richardson (Sheffield: Sheffield Academic Press, 1994), 254–87.

Procedencia

Los estudiosos han sugerido una variedad de ciudades como el probable lugar en el que se escribió la carta a los romanos. Estas incluyen Corinto, Atenas, Éfeso, Filipo, Tesalónica o la provincia de Macedonia.[7] Dos puntos de vista sobre la procedencia de la carta fueron afirmados en la Iglesia primitiva. Algunas versiones del prólogo marcionita conservadas en algunos manuscritos de la Vulgata asignan la carta a Atenas. Pero dos registros de la carta en antiguos manuscritos griegos afirmaban que Pablo escribió Romanos desde Corinto. Un antiguo escriba que corrigió el Códice Vaticano añadió una suscripción que dice: «Fue escrita a los romanos desde Corinto». Otro escriba que corrigió el Códice Claromontano agregó una suscripción idéntica a ese manuscrito. Varios manuscritos posteriores mencionan también una procedencia de Corinto.

Las mismas pistas que sugieren que Pablo escribió a los romanos al final de su tercer viaje misionero en ruta a Jerusalén, también apuntan a Grecia como el lugar donde se escribió la carta. Los tres meses que Pablo pasó en Grecia (Hech. 20:3), durante los cuales permaneció en la casa de Gayo (Rom. 16:23), probablemente ofrecieron oportunidad para la cuidadosa y prolongada reflexión para llevar a cabo un proyecto tan extenso, así como el acceso diario a un amanuense que ayudara a escribir la obra. Aunque en Hechos no se menciona específicamente el lugar donde Pablo permaneció durante los tres meses en Grecia, varias consideraciones apuntan a Corinto como el lugar más probable de redacción para Romanos.

Primero, el N.T. menciona cuatro hombres con el nombre de Gayo: (1) uno de Derbe (Hech. 20:4); (2) uno de Macedonia que estaba con Pablo en Éfeso (Hech. 19:29); (3) uno de Corinto, que fue una de las pocas personas que Pablo bautizó ahí (1 Cor. 1:14); y (4) el destinatario de 3 Juan, quien no es conocido por estar asociado con Pablo (3 Jn. 1). El Gayo de Romanos 16 es probablemente Gayo de Corinto.

Segundo, Pablo envió saludos de Erasto, el tesorero o administrador de la ciudad, que es probablemente la persona con el mismo nombre mencionada en Hechos 19:22 y 2 Timoteo 4:20. Pablo probablemente mencionó a Erasto aquí porque era un miembro prominente de la iglesia de Corinto debido a su autoridad en el gobierno local. Una inscripción en latín que data de mediados del siglo I d.C., y que permanece en su ubicación original en la plaza cerca del teatro corintio, hace referencia a un Erasto que pavimentó la plaza: «Erasto, a cambio de su edilicio, puso el pavimento a su costa». Este Erasto, que sirvió como *aedilis coloniae* («tesorero de la ciudad») de Corinto, es generalmente reconocido como la misma persona mencionada en Romanos 16:23.[8]

Tercero, Romanos 16:1-2 sirve como una carta de recomendación para Febe a la iglesia de Roma. Según registros de Romanos en algunos manuscritos griegos, Febe también sirvió como mensajera de la carta. Pablo mencionó que Febe era «diaconisa [*diakonos*] de

---

[7] Fitzmyer, *Romans* [Romanos], 85.

[8] J. Murphy-O'Connor, *Saint Paul's Corinth* [El Corinto de San Pablo] (Collegeville: Liturgical Press, 2002), 37; J. H. Kent, *Ancient Corinth: A Guide to the Excavations* [El antiguo Corinto: Una guía de las excavaciones] (Athens: American School of Classical Studies at Athens, 1954), 74; V. P. Furnish, «*Corinth in Paul's Time: What Can Archaeology Tell Us?*» [«Corinto en los tiempos de Pablo: ¿Qué nos enseña la arqueología?»] BAR 14/3 (1988): 14–27.

la iglesia en Cencrea». Cencrea era una ciudad portuaria que se encontraba a solo unos kilómetros de la antigua Corinto.

La cuestión de la procedencia de la carta está estrechamente relacionada con la cuestión de la integridad de la carta. Si el capítulo 16 no era parte de la carta original, tal y como la compuso Pablo, no existen pruebas suficientes para determinar la procedencia. Pero hay pruebas sólidas que apoyan la integridad de la carta. Por lo tanto, la mayoría de los estudiosos de hoy en día afirman la legitimidad de utilizar las pistas del capítulo 16 para señalar la ciudad desde la cual se escribió la carta a los romanos. Febe, Erasto y Gayo estaban con Pablo cuando escribió esta carta. Ellos están asociados con Corinto o una ciudad cercana. Así que Corinto es la procedencia más probable de la carta. Esta evidencia fue suficiente para que J.D.G. Dunn afirmara que: «apenas hay disputa» hoy en día sobre la procedencia de la carta de Corinto.[9]

Destinatarios

Como el título de la carta lo indica, esta fue dirigida a los cristianos que vivían en Roma, la capital del Imperio romano. La referencia de la carta en Romanos 1:7, «a todos los que estáis en Roma, amados de Dios, llamados a ser santos…», y en Romanos 1:15, «… que estáis en Roma», identifica claramente a los destinatarios como creyentes en Roma. Roma era la capital del gran Imperio romano. Rivalizaba con Alejandría en Egipto, Corinto en Grecia y Antioquía en Siria como la ciudad más importante del mundo mediterráneo durante la vida de Pablo. Durante el primer siglo, la ciudad de Roma tenía una población de aproximadamente un millón de personas en todos los rincones del imperio y de tierras más allá de sus fronteras.[10] La población incluía entre 40 000 y 50 000 judíos.

La mezcla de culturas en la ciudad permitía que la ciudad fuera hogar de una gran variedad de religiones. El culto al panteón romano tradicional y el culto imperial prosperaron en la ciudad. Pero muchos romanos dieron a las religiones extranjeras como el mitraísmo, el judaísmo y el cristianismo una cálida bienvenida. Cuando el cristianismo llegó a Roma por primera vez, la adoración a Júpiter, Juno y Minerva en el gran templo del Capitolio dominaba la ciudad.[11]

Al igual que Corinto, y otras grandes metrópolis del mundo mediterráneo, Roma era conocida por su decadencia e inmoralidad. Tácito describió a Roma durante el reinado de Nerón como «la ciudad donde todas las prácticas degradadas y vergonzosas se reúnen de todas partes y se ponen de moda» (*Anales* 15.44). Cuando Pablo escribió Romanos, el emperador Nerón aún no había comenzado su guerra de terror contra los cristianos de la

---

[9] Comentaristas que afirman la procedencia de Corinto incluyen T. R. Schreiner, *Romans* [Romanos], BECNT (Grand Rapids: Baker, 1998), 4; D. J. Moo, *The Epistle to the Romans* [La Epístola a los Romanos], NICNT (Grand Rapids: Eerdmans, 1996), 2–3; J. D. G. Dunn, *Romans* [Romanos], WBC 38A-B, 2 vols. (Dallas: Word, 1988), 1:xliv; Fitzmyer, *Romans* [Romanos], 85–87.

[10] M. Reasoner, *Rome and Roman Christianity* [Roma y el cristianismo romano] en *Dictionary of Paul and His Letters* [Diccionario de Pablo y sus cartas], ed. G. F. Hawthorne, R. P. Martin, y D. G. Reid (Downers Grove: InterVarsity, 1993), 850–55, esp. 851.

[11] *Ibid.*, 851.

ciudad. Sin embargo, incluso a principios de su reinado, el emperador era conocido por «practicar todo tipo de obscenidades». Suetonio (*Nerón* 28-29) describió con detalle los pecados de Nerón con amantes y prostitutas, así como sus perversiones. Este era el noble líder de Roma, y su conducta era sin duda un reflejo, aunque quizás exagerado, de la cultura inmoral en la que vivía.

Sorprendentemente, el cristianismo comenzó a prosperar en Roma muy pronto. Se desconocen los orígenes de la iglesia en Roma. Está claro que Pablo no fundó la iglesia. Tal vez la iglesia comenzó cuando los peregrinos judíos de Roma viajaron a Jerusalén para una de las principales fiestas y escucharon el evangelio de los discípulos de Jesús (posiblemente en el Pentecostés; Hech. 2:10). Tal vez comenzó cuando los cristianos de otras ciudades migraron a Roma. Claramente los cristianos estaban presentes en Roma a finales de los años 40. Suetonio afirmó que Claudio expulsó a los judíos de Roma en el año 49 por los disturbios que surgieron por instigación de «Cresto». Aparentemente, los judíos y los judíos-cristianos debatían si Jesús era el Cristo, y estos debates condujeron a un serio conflicto que trastornó la capital (ver Hech. 18:1-2).

A diferencia de las cartas de Pablo a Tesalónica y Corinto, la carta a los romanos está dirigida, en general, a todos los creyentes de la ciudad de Roma, y no a una sola congregación. Pablo era consciente de que existían múltiples congregaciones cristianas en la ciudad. Más tarde mencionó una iglesia que se reunía en la casa de Aquila y Priscila (Rom. 16:5), un grupo de cristianos asociados con Asíncrito, Flegonte, Hermes, Patrobas y Hermas (Rom. 16:14), y otro grupo de cristianos asociados con Filólogo, Julia, Nereo y su hermana (Rom. 16:15). Los cristianos de los hogares de Aristóbulo y Narciso también pueden haberse reunido como grupo para el culto en estos hogares. Si es así, Pablo mencionó cinco congregaciones de creyentes en Roma. Es probable que otras congregaciones desconocidas para Pablo también existieran en Roma.[12]

Los eruditos debaten si las iglesias de Roma eran predominantemente judías o gentiles. A favor de los gentiles, está la discusión de Pablo sobre su testimonio entre los gentiles en Romanos 1:5-6,15 que incluye claramente a los destinatarios en ese grupo. Pablo se dirigió directamente a los gentiles usando la segunda persona en Romanos 11:13,31 en una reprimenda al orgullo gentil por su elección por Dios. La discusión de Pablo sobre los fuertes y los débiles en Romanos 14:1-15:13 se dirige principalmente a los creyentes fuertes, casi con toda seguridad gentiles, que tenían un sentido más fuerte de libertad en Cristo que algunos de sus hermanos de origen judío.

Por otra parte, Pablo abordó en la carta muchas cuestiones que habrían sido de interés principalmente para los cristianos judíos, como el papel de la ley en la salvación y el lugar de Israel en el plan de redención de Dios. Además, la reprimenda de Pablo al orgullo judío y a la hipócrita justicia propia en Romanos 2 utiliza frecuentemente la segunda persona, e implica que Pablo se dirigía directamente a las personas de origen judío. Pablo asoció estrechamente a sus lectores con la ley de Moisés en textos como Romanos 6:14; 7:1,4. También se refirió a Abraham como «nuestro padre según la carne» (Rom. 4:1) de

---

[12] Ver espcialmente Dunn, *Romans* [Romanos], 1:lii.

una manera que implica que sus lectores originales incluían a los descendientes físicos de Abraham. Estas características demuestran que el cristianismo en Roma era de composición mixta, con creyentes de origen judío y gentil.

La discusión de la situación de la carta a los romanos en la siguiente sección, sugiere que las iglesias romanas eran predominantemente gentiles durante los cinco años previos a la carta. Sin embargo, un repentino flujo de creyentes judíos en la comunidad cristiana hizo que estallara un conflicto que amenazaba la unidad del pueblo de Dios en Roma. Las circunstancias históricas sugieren que la iglesia era de composición mixta, predominantemente gentil, pero con un número creciente de creyentes judíos.[13]

Situación

Pablo escribió Romanos poco antes de su último viaje registrado a Jerusalén (Rom. 15:25-29). Pablo quería viajar a Jerusalén para entregar el dinero que había sido recolectado por las iglesias gentiles de Macedonia y Acaya para ayudar a satisfacer las necesidades de los cristianos pobres de Jerusalén (15:26). La ofrenda de alivio estaba parcialmente motivada por el deseo de promover buenas relaciones entre las iglesias cristianas judías y cristianas gentiles. Esta preocupación está relacionada con algunos de los temas que Pablo trató en Romanos 9-11 y 14-15.

Pablo planeaba viajar desde Jerusalén, pasando por Roma, a España, debido a su anhelo de «predicar el evangelio donde Cristo no sea conocido» (Rom. 15:20, NVI). Esta información concuerda con la descripción de Lucas de los viajes de Pablo al final del tercer viaje misionero (Hech. 19:21; 20:16). Hechos 20:3 muestra que Pablo pasó tres meses en Grecia durante su viaje de Macedonia y Acaya a Jerusalén. Pablo escribió Romanos en ese tiempo, y sirvió como una introducción formal de Pablo y su evangelio a la iglesia en Roma, en preparación para su eventual visita a la iglesia.

Se pueden obtener pistas adicionales sobre la situación de la carta a partir de fuentes extra bíblicas. Varias fuentes documentan la expulsión de los judíos de Roma por Claudio alrededor del año 49. Después de que los cristianos judíos dejaron Roma, el liderazgo de las iglesias romanas recayó enteramente en los creyentes gentiles. Es probable que algunos judíos comenzaran a regresar a Roma durante los últimos años del reinado de Claudio. Regresaron para encontrar que las mismas iglesias que antes dominaban, ahora estaban controladas y lideradas por cristianos gentiles. Es probable que sintieran que los líderes cristianos gentiles no apreciaban ni eran sensibles a su herencia judía. Los cristianos gentiles resentían la presión de sus hermanos judíos para que adoptaran las costumbres judías, restringiendo su libertad en Cristo. Estos factores del contexto histórico ayudan a explicar por qué gran parte de la carta a los Romanos aborda cuestiones de importancia para la relación entre los cristianos judíos y los gentiles.[14]

---

[13] Este es el punto de vista de la mayoría de los comentaristas contemporáneos (e.g., Moo, *Romans*, 12–13).

[14] Ver también Schreiner, *Romans* [Romanos], 13–14; Moo, *Romans* [Romanos], 4–5; Dunn, *Romans* [Romanos], 1:liii-liv.

Propósito

Algunos intérpretes han considerado Romanos como un tratado teológico, o un compendio de la doctrina cristiana. El primer comentario sobre el propósito de Romanos aparece en el Canon Muratoriano, que probablemente data de finales del siglo II: «y luego a los romanos [Pablo] escribió extensamente, explicando el orden (o plan) de las Escrituras, y también que Cristo es su principio (o tema principal)».[15] Aunque el autor del fragmento consideraba que 1 Corintios y Gálatas eran documentos ocasionales que trataban problemas específicos de una congregación concreta (cismas heréticos y la circuncisión, respectivamente), pensaba que Romanos era un resumen de la doctrina bíblica cristocéntrica. La visión de Romanos como un compendio de la doctrina cristiana fue abordada más tarde por Philipp Melanchthon en *Loci Communes* (1521) y su comentario sobre Romanos (1532). Desde entonces, Romanos ha sido considerado como un resumen de la teología cristiana.

Aunque Romanos es una carta intensamente teológica, la mayoría de los eruditos de hoy en día la consideran, no como un tratado general, sino como un documento ocasional, es decir, una carta escrita para abordar las necesidades particulares de un grupo específico de iglesias. Señalan que la carta no expone algunos aspectos importantes de la teología de Pablo, como la doctrina de la Cena del Señor (1 Cor. 11:17-24), la segunda venida (1 Tes. 4:13-5:11), o la doctrina de la Iglesia, que se explica con mucho más detalle en Efesios y 1 Corintios. Este silencio es difícil de explicar si la carta fue escrita para ser un tratado teológico general.

Además, Pablo también prestó atención en esta carta a asuntos como la ira de Dios (Rom. 1:18-32) y el rechazo de los judíos a Jesús (Rom. 9-11), temas que no discutió ampliamente en sus otras cartas. Varios aspectos de la carta, como la discusión sobre la forma en que los creyentes deben relacionarse con el gobierno (Rom. 13:1-7) y la discusión sobre los débiles y los fuertes (Rom. 14:1-15:6), parecen reflejar las luchas específicas que enfrentan estas congregaciones en particular. Por lo tanto, Romanos no debe ser visto como un libro de texto de teología sistemática escrito para completos extraños.

Un análisis de la totalidad de la carta, demuestra que Pablo tenía varias razones para escribir este libro. Primero, Pablo quería recordar a los creyentes romanos algunas de las verdades fundamentales del evangelio, en cumplimiento de su deber de proclamar el evangelio a los gentiles (Rom. 15:14-16). Pablo era consciente de las muchas maneras que su mensaje podía ser malinterpretado o mal aplicado. Escribió para aclarar aspectos importantes de su mensaje a quienes habían oído hablar de él y de su evangelio, de forma indirecta. Además, Romanos 16:17-20 muestra que Pablo estaba preocupado por los falsos maestros que se infiltraban en la iglesia romana. Ante este peligro, era necesario articular cuidadosamente lo esencial del evangelio de Pablo.

En segundo lugar, Pablo quería abordar varios problemas que enfrentaba la iglesia romana. En particular, quería llamar a las iglesias a la unidad. Era consciente de que

---

[15] Traducción de B. Metzger, *The Canon of the New Testament* [El canon del Nuevo Testamento] (Oxford: Clarendon, 1987), 305–7.

algunas diferencias de perspectiva entre judíos y gentiles cristianos habían producido división en las congregaciones de Roma. Estas diferencias surgieron de argumentos sobre las obligaciones de las leyes dietéticas del A.T. y la participación de las festividades judías. Tal vez en el centro del debate estaba la cuestión más importante: ¿la inclusión de los gentiles entre el pueblo de Dios significaba que Dios había abandonado Sus promesas a Israel (ver esp. Rom. 9-11)? Al tratar esta pregunta, la carta de Pablo enfatizó la igualdad entre los creyentes judíos y gentiles. Insistió que tanto los judíos como los gentiles estaban condenados como pecadores (Rom. 2:9; 3:9,23) y que tanto los judíos como los gentiles eran salvados por gracia a través de la fe, aparte de las obras de la ley (Rom. 3:22,28-30).[16] Explicó los diferentes roles de judíos y gentiles durante las diferentes fases del plan de redención de Dios (Rom. 9-11). También abordó directamente cuestiones como los alimentos y el cumplimiento del calendario, que aparentemente eran las fuentes inmediatas de tensión entre los creyentes judíos y gentiles (Rom. 14:1-15:13).

En tercer lugar, Pablo quería presentarse formalmente a las iglesias romanas y solicitar su apoyo para su misión en España. Pablo había proclamado plenamente el evangelio en la mitad oriental del Imperio romano, «… desde Jerusalén, y por los alrededores hasta Ilírico…» (Rom. 15:19). Ahora estaba planeando llevar el evangelio a España en el lejano oeste del imperio. Después de que Pablo dejara Jerusalén, viajaría a España a través de Roma. Pablo esperaba recibir una ofrenda de la iglesia romana para ayudarlo en sus esfuerzos misioneros en España (Rom. 15:24).

La mayoría de los eruditos afirman estos tres propósitos de la carta. Los múltiples propósitos del libro están claramente relacionados. Afirmar uno y negar otro conduce a una pobre visión de la carta. La intención de Pablo de llevar su evangelio a iglesias sobre las que sabía muy poco resultó en una carta más general y directamente aplicable a la Iglesia cristiana en general y a lo largo de todos los tiempos. El carácter general del mensaje de Romanos lo hace directamente aplicable y particularmente útil para los creyentes modernos.

LITERATURA

Plan literario

Los estudiosos recientes han hecho numerosos intentos por clasificar el género del libro de Romanos. Varias características objetivas de la carta ayudan a los intérpretes a entender su estructura, y la mayoría de los estudiosos están de acuerdo en sus principales divisiones. La carta comienza con un precepto epistolar (1:1-7), que resume el evangelio de Pablo, seguido de un agradecimiento (1:8-9). Luego está el prólogo, que contiene los comentarios preliminares (1:10-15) seguido de la declaración que resume el mensaje de la carta (1:16-17). Esta declaración comienza la sección doctrinal de la carta (1:16-11:36), seguida de una sección de exhortación o ética (12:1-15:13). Pablo incluyó un resumen de sus planes de viaje y algunas peticiones de oración (15:14-33), seguido de una carta de

---

[16] Schreiner (*Romans*, 19) [Romanos, 19] escribió: «La posición mayoritaria es ahora que Pablo escribió para resolver la división entre judíos y gentiles», y cita numerosos eruditos como representantes de este punto de vista.

recomendación para Febe y saludos a varios grupos e individuos en Roma (16:1-23). La carta concluye con una doxología (16:25-27).

El principal debate sobre la estructura de Romanos es sobre las divisiones de la sección doctrinal. Los eruditos están de acuerdo en que las principales divisiones son los capítulos 1-8 y 9-16. También están de acuerdo en que 1:16-4:25 y 6:1-8:39 constituyen las unidades principales de la primera división, pero hay un desacuerdo en cuanto al capítulo 5. La evidencia de 5:1-8:39 como sección principal de la carta se basa tanto en los capítulos como en importantes marcadores estructurales. Después de un párrafo introductorio (5:1-11), la sección aborda tres libertades importantes para los creyentes: libertad del pecado y de la muerte (5:12-21), libertad del pecado y uno mismo (cap. 6) y libertad de la ley (cap. 7). La discusión de estas áreas de libertad fluye naturalmente en una discusión de la vida en el Espíritu. Además, la división en los capítulos 5-8 están marcadas por una conclusión que aparece al final de los capítulos. 5, 6, 7 y 8 con una ligera variación: «mediante Jesucristo, Señor nuestro» (5:21; 7:25) y «en Cristo Jesús Señor nuestro» (6:23; 8:39).[17]

BOSQUEJO

I. INTRODUCCIÓN (1:1-15)
   a. Jesucristo es el centro del evangelio, y Pablo está capacitado para proclamarlo (1:1-7).
   b. Pablo agradece a Dios por los cristianos romanos y expresa su amor por ellos (1:8-15).
II. TEMA: EL EVANGELIO REVELA EL PODER DE DIOS PARA SALVACIÓN Y SU JUSTICIA (1:16-17)
III. LA JUSTICIA DEL HOMBRE: EL PECADO UNIVERSAL Y LA JUSTIFICACIÓN POR LA FE EN CRISTO (1:18-4:25)
   a. La necesidad de justificación del hombre (1:18-3:20).
   b. El don de la justificación de Dios (3:21-4:25).
IV. LOS BENEFICIOS CONFERIDOS POR EL EVANGELIO (5:1-8:39)
   a. El creyente tiene paz, justicia y gozo (5:1-11).
   b. El creyente escapa a las consecuencias de la transgresión de Adán, el reino del pecado en la muerte (5:12-21).
   c. El creyente es liberado de la esclavitud del pecado (6:1-23).
   d. El creyente se libera de la esclavitud a la ley (7:1-25).
   e. El creyente vive una vida justa a través del poder del Espíritu (8:1-17).
   f. El creyente disfrutará finalmente de una completa victoria sobre la corrupción (8:18-39).
V. LA JUSTICIA DE DIOS Y EL RECHAZO DE ISRAEL AL EVANGELIO (9:1-11:36)
   a. Israel ha rechazado a Cristo (9:1-5).
   b. El rechazo temporal de Israel a Cristo es consistente con el plan eterno de Dios (9:6-29).
   c. El rechazo temporal de Israel a Cristo se debe a su obstinada búsqueda de justicia (9:30-10:21).
   d. Dios ha escogido un remanente de los judíos para la salvación mientras endurece al resto (11:1-10).

---

[17] Ver estudio más completo de la estructura en Fitzmyer, *Romans* [Romanos], 96–98; C. E. B. Cranfield, *A Critical and Exegetical Commentary on the Epistle to the Romans* [Comentario crítico y exegético de la Epístola a los Romanos], ICC, 2 vols. (Edinburgh: T&T Clark, 1975–79), 1:252–54.

e. Dios salvará finalmente a la nación de Israel (11:11-32).
  f. El plan de Dios es misterioso y sabio (11:33-36).
VI. LAS IMPLICACIONES PRÁCTICAS DEL EVANGELIO (12:1-15:13)
  a. Los cristianos deben responder a la misericordia de Dios viviendo vidas transformadas (12:1-2).
  b. La transformación de la vida impactará las relaciones en la Iglesia (12:3-21).
  c. La vida transformada afectará las relaciones con las autoridades políticas (13:1-7).
  d. La vida transformada es apremiante por la cercanía del regreso de Cristo (13:8-14).
  e. La vida transformada conducirá a la aceptación mutua de cristianos fuertes y débiles (14:1-15:13).
VII. CONCLUSIÓN (15:14-16:27)
  a. Los planes de viaje de Pablo: visitar Roma en su camino a España (15:14-33).
  b. Elogio a Febe y saludos a los cristianos romanos (16:1-16).
  c. Advertencia final (16:17-18).
  d. Elogio final y saludos (16:19-24).
  e. Bendición final (16:25-27).

DISCUSIÓN UNIDAD POR UNIDAD

I. Introducción (1:1-15)

a. Jesucristo es el centro del evangelio, y Pablo está capacitado para proclamarlo (1:1-7). La introducción de la carta incluye un breve resumen del evangelio que destaca su fundamento en el A.T. y su enfoque en Cristo. Pablo sostuvo desde el principio que el evangelio que predicaba no era su mensaje sino el de Dios («el evangelio de Dios», 1:1) y que Dios había prometido este evangelio «antes por sus profetas en las santas Escrituras» (1:2). El pasaje profético específico que Pablo citó al final del prefacio de Romanos fue Habacuc 2:4, que afirmaba «Mas el justo por la fe vivirá» (1:17).

En esencia, Pablo dedicó una parte importante de su carta a la exposición de este crucial pasaje, mostrando más tarde que la misma enseñanza ni siquiera era original de los profetas del A.T. como Habacuc, sino que ya se encontraba en la ley, concretamente en Génesis 15:6, que afirmaba que Abraham era justo sobre la base de su fe en Dios. Por lo tanto, lo que está en riesgo no es otra cosa que la congruencia en la forma en que Dios salva a la gente y la veracidad de Sus promesas. Entendido correctamente, solo había un camino de salvación, la fe en Dios aparte de las obras, y este plan de salvación había llegado a su culminación con la muerte de Jesús en la cruz, como la expresión culminante de la fidelidad de Dios en el cumplimiento del pacto.

Como Pablo señaló al principio, el linaje davídico de Cristo confirmó Su derecho a gobernar como Rey y Mesías. En virtud de Su resurrección, Jesús fue también «Hijo de Dios con poder» (1:4). Dado que la siguiente aparición de «poder» en Romanos se refiere al poder salvador de Dios (1:16), el título significaba que Jesús poseía el poder de salvar a causa de Su resurrección (ver 4:25; 1 Cor. 15:14,17,20). Finalmente, Jesús fue llamado «Señor», título que claramente denotaba deidad (ver 10:9,13; Joel 2:32). Así, la introducción del evangelio se centró en la identidad, el poder y la autoridad de Jesús como Mesías,

Rey, Salvador, Señor y Dios. Además, Pablo aludió brevemente su experiencia en el camino a Damasco y su llamada apostólica. Explicó que Cristo lo nombró apóstol para producir la obediencia entre los gentiles al mandato del evangelio de creer en las buenas nuevas. Este ministerio fue motivado por el celo por el nombre de Jesús, un deseo de ver a Cristo glorificado entre todos los pueblos de la tierra.

b. Pablo agradece a Dios por los cristianos romanos y expresa su amor por ellos (1:8-15). Pablo explicó que el hecho de no haber visitado las iglesias de Roma no implicaba que no se preocupara por ellas. Oró por ellas incesantemente y agradeció a Dios por su fe, que fue aclamada en todo el mundo cristiano (1:8-10). Anhelaba predicar el evangelio en Roma debido a un profundo sentido de obligación de proclamar a Cristo a todo tipo de personas.

II. Tema: El evangelio revela el poder de Dios para salvación y Su justicia (1:16-17)

Romanos 1:16-17 expresa el tema de la carta. Pablo no se avergonzó de proclamar el evangelio porque el evangelio es el poder salvador de Dios, que logra la salvación de todos los que creen, judíos o gentiles. El evangelio revela la justicia de Dios al declarar que los pecadores son justos a pesar de sus delitos, basado en la muerte sacrificial de Jesús, una verdad que se desarrolla plenamente en 3:21-26 (ver más adelante). Pablo recordó a sus lectores que la salvación por la fe no era un mensaje nuevo, sino que de hecho constituía el mensaje central de los profetas del A.T. (1:17, citando Hab. 2:4, que también se cita en Gál. 3:11; comp. Rom 1:1-2). Tanto para los creyentes del A.T. como del N.T. la justicia que resultaba en la vida siempre había sido imputada sobre la base de la fe de un individuo.

III. La justicia del hombre: El pecado universal y la justificación por la fe en Cristo (1:18-4:25)

a. La necesidad de justificación del hombre (1:18-3:20). Comenzando en Romanos 1:18, Pablo explicó que todos los individuos necesitan ser justificados, ya que todos son pecadores, justamente condenados por Dios. Pablo se dirigió primero al pecado de los gentiles, luego al de los judíos y, por último, al de la humanidad en general. Especialmente si el conflicto entre judíos y gentiles era una de las principales preocupaciones pastorales que impulsaron a Pablo a tomar su pluma, este énfasis en el pecado de la humanidad fue diseñado para nivelar el campo de juego al principio de la carta de Pablo. Tanto judíos como gentiles, deben reconocerse a sí mismos, ante todo, como pecadores salvados por la gracia. Ni el privilegio étnico, ni la mayoría numérica, son una base adecuada para la arrogancia. Por lo tanto, judíos y gentiles deben encontrar unidad en su justificación común por la fe en la muerte sustitutiva de Jesús en la cruz, que es una expresión del amor y la fidelidad de Dios que cumple Su pacto.

Según Pablo, los gentiles merecían la ira de Dios porque sus pecados no se cometían en la ignorancia, sino que implicaban la supresión de las verdades sobre Dios que eran evidentes para todos (1:18). El principal pecado del hombre es no dar a Dios la gloria que merece. Dios expresa Su ira dejando a la humanidad ante el poder corruptor del pecado

Carta de Pablo a los Romanos

para que el comportamiento pecaminoso del hombre se vuelva progresivamente más atroz y repulsivo. Los gentiles experimentan un rechazo espiritual y moral que los lleva a la idolatría, la perversión sexual y la decadencia moral (1:26-27). Eligen vivir en rebelión contra Dios a pesar de su claro entendimiento de que el pecado resulta en la muerte.

Aunque los judíos pueden haber sentido que su superioridad moral sobre los gentiles les beneficiaría en el juicio, Pablo les advirtió que condenar a otros no impedía a Dios notar su propia culpa (2:1). La bondad de Dios hacia Israel no implicaba que los judíos fueran justos, de modo que no tuvieran necesidad de arrepentirse. Al contrario, la bondad de Dios para con Israel era una llamada al arrepentimiento (2:4). Dios juzgará a cada persona con justicia y le dará el castigo, o la recompensa, que sus actos merecen. Juzgará a judíos y gentiles de manera justa y equitativa porque el juicio de Dios no se basaba en el favoritismo. La ignorancia de la ley escrita no exime a una persona del juicio, ya que Dios inscribe los requisitos de la ley en el corazón de cada persona.

Por eso, tanto judíos, como gentiles, merecen la ira de Dios (2:5). Aunque los judíos predican y enseñan la ley, no obedecen la ley, y así deshonran a Dios y blasfeman Su nombre. La circuncisión, de la misma manera, no ofrece ninguna protección contra el juicio divino, y queda sin sentido por la transgresión de la ley (2:25). Por el contrario, un gentil incircunciso que guarda la ley de Dios debe ser considerado como un judío circuncidado y miembro del pueblo del pacto (2:27). El verdadero judío al que Dios alabará en el juicio es aquel que ha sido transformado internamente (2:28-29).

Los judíos tienen ciertas ventajas sobre los gentiles. Dios eligió concederles las Escrituras del A.T., y ha permanecido fiel a Sus promesas a Israel (3:1-4). Aun así, la justicia de Dios no está comprometida por Su castigo a los pecados de los judíos, sino que se vería disminuida si no castigara sus pecados. Aunque el pecado de la humanidad acentúa la gloriosa justicia, fidelidad y veracidad de Dios, no excusa el pecado ni lo alienta (3:7-8).

De hecho, la descripción de los judíos en el A.T. muestra su pecado y que los judíos no son mejores que los gentiles (3:9). La ley que posee Israel no es un medio de salvación. Más bien, demuestra el pecado del hombre, de modo que está desesperado por salvarse a sí mismo por su propia justicia. Todos los pueblos, tanto judíos como gentiles, son condenados justamente como pecadores por Dios (3:19-20). La gracia puede venir solo cuando la gente ve su necesidad desesperada de ella; los que son espiritualmente pobres heredarán el reino de los cielos (Mat. 5:3).

b. El don de la justificación de Dios (3:21-4:25). Habiendo establecido el pecado universal tanto de judíos como de gentiles (la difícil situación de la humanidad), Pablo procedió a declarar la solución: la justificación por la fe en Jesucristo. En esta sección se explica con más detalle los comentarios de Pablo en la introducción. Tanto la ley (esp. Gén. 15:6; ver adelante) como los profetas (esp. Hab. 2:4; ver arriba) atestiguan que Dios declara justos a los pecadores si creen en Jesucristo (1:1-2,16-17), y lo hizo para los que no cumplieron la ley. En un sorprendente pronunciamiento, Pablo declaró: «Pero ahora, aparte de la ley, se ha manifestado la justicia de Dios, testificada por la ley y por los profetas; la justicia de Dios por medio de la fe en Jesucristo, para todos los que creen en él. Porque no hay diferencia, por cuanto todos pecaron, y están destituidos de la gloria de Dios» (3:21-23).

La frase «aparte de la ley» introduce una impresionante disyunción entre el punto de referencia anterior del pueblo de Dios, la ley, y Su nuevo acto de gracia al salvar a la gente por medio del sacrificio expiatorio de Jesucristo. La declaración de justicia de Dios excluye cualquier orgullo humano y pone a judíos y gentiles en la misma condición (3:22). La muerte sacrificial de Jesús mostró la justicia de Dios al declarar que los pecadores son justos solamente por la fe (3:25). Si Dios simplemente pasara por alto los pecados de Sus criaturas, no sería justo. Sin embargo, con la muerte de Jesús por los pecadores, la justicia de Dios se expresó al castigar el pecado (ver 2 Cor. 5:21) y Dios pudo perdonar y justificar a los pecadores sin comprometer Su propia santidad.

Al mismo tiempo, la proclamación del Evangelio de que la justicia viene por la fe en Cristo y no por el cumplimiento de la ley, no exenta totalmente de la ley, aunque sí puso su función en la perspectiva adecuada (ver esp. 10:4 abajo). Por el contrario, afirmó lo que la ley había dicho sobre la salvación desde el principio (3:31). La ley establece claramente que Abraham, el padre de los judíos, fue declarado justo ante los ojos de Dios por medio de la fe (Rom. 4:3, citando Gén. 15:6; comp. Gál. 3:6). Esta justicia no era una posición que Abraham alcanzó por sus buenas obras, sino un regalo que recibió. El Salmo 32:1-2 también describe esta justicia imputada. Por lo tanto, las Escrituras del A.T. sostenían el evangelio predicado por Pablo.

Esta justicia fue imputada a Abraham antes de que fuera circuncidado (4:10). Por lo tanto, Dios atribuyó esta justicia a una persona basada solo en la fe, aparte de la circuncisión. Esta justicia también fue dada a Abraham antes de que se diera la ley de Moisés, lo que demuestra aún más que Dios concedió esta justicia sobre la base de la fe, y no del cumplimiento de la ley (4:13-15). Las promesas a la descendencia de Abraham (que incluían recibir una posición justa y la vida en el mundo venidero) se concedieron a los creyentes, tanto judíos como gentiles, en cumplimiento de la promesa de que Abraham sería el padre de muchas naciones (4:18).

La fe de Abraham era paralela a la fe cristiana. Abraham creía que Dios podía traer vida de la muerte, un hijo prometido de personas ancianas que eran tan buenas como muertas (4:19; ver Heb. 11:12). Los cristianos también creen que Dios resucitó a Jesús de entre los muertos, exhibiendo así la fe de Abraham y recibiendo la promesa de la justicia imputada. Además, como señala Hebreos, Abraham también ejerció su fe en el Dios que resucita a los muertos cuando estuvo dispuesto a ofrecer a Isaac, el hijo prometido, en el altar en lugar de retenerlo porque pensaba «… que Dios es poderoso para levantar aun de entre los muertos…» (Heb. 11:19).

IV. Los beneficios conferidos por el evangelio (5:1-8:39)

a. El creyente tiene paz, justicia y gozo (5:1-11). En Romanos 5:1 Pablo comenzó a describir los beneficios conferidos al creyente a través del evangelio. Esta descripción ocupó su atención durante cuatro capítulos. Para empezar, debido a la justificación, los creyentes están en paz con Dios y anticipan con gozo su transformación completa y final (5:1-5). Mientras que los pecadores estaban en una condición espiritual miserable, débiles, incapaces de salvarse a sí mismos, impíos y pecadores, Cristo murió por ellos (5:6). A través

Carta de Pablo a los Romanos

de la muerte sacrificial y sustitutiva de Jesús, los creyentes, que antes eran enemigos de Dios, han sido reconciliados con Él. Aquellos condenados a sufrir Su ira eterna han sido rescatados de la condenación, y aquellos que fueron juzgados como pecadores han sido declarados justos (5:9-11).

b. El creyente escapa a las consecuencias de la transgresión de Adán, el reino del pecado en la muerte (5:12-21). El impacto de la desobediencia de Adán en la raza humana ofrece un paralelismo negativo con el impacto de la obediencia de Cristo en los creyentes (5:12). Debido al pecado de Adán, todas las personas mueren. Incluso aquellos que vivieron antes de la entrega de la ley y que no tenían un mandamiento explícito que desafiar, murieron (5:13). Claramente, un solo acto, de una persona, puede tener un impacto universal y eterno. Sin embargo, la obediencia de Jesucristo tuvo el poder de cancelar las consecuencias de la desobediencia de Adán. Si la desobediencia de un hombre podía causar la muerte de muchos otros, la obediencia de Cristo podía igualmente conceder la justicia y la vida a muchos (5:15). Así como los efectos de la desobediencia de Adán fueron universales, los efectos de la obediencia de Cristo también fueron universales en el sentido de que Cristo concedió la justicia y la vida a los que creen, judíos o gentiles. La ley no introdujo la muerte en el mundo. Ofreció a los descendientes de Adán mandamientos explícitos que desafiar, como lo había hecho Adán (5:20). Esto hizo que el pecado fuera más desenfrenado y atroz. Este pecado penetrante e intenso magnifica la abundancia y la grandeza de la gracia de Dios (5:21).

c. El creyente es liberado de la esclavitud del pecado (6:1-23). No se debe concluir de esto, como algunos de los oponentes de Pablo lo acusaron de enseñar, que el pecado sirve un propósito positivo y debe continuar (6:1-2). La unión del creyente con Cristo en Su muerte, sepultura y resurrección es inconsistente con un estilo de vida pecaminoso. La persona que el creyente había sido ha muerto con Cristo (6:3). Ahora, el creyente ha sido liberado del dominio del pecado. Eventualmente, la unión del creyente con Cristo resultará en su resurrección y completa liberación del pecado. En el presente, los creyentes deben vivir a la luz del hecho de que el dominio del pecado ha terminado. Deben ofrecerse a Dios como instrumentos de justicia (6:11-14). La salvación por gracia no otorga licencia para el pecado. El creyente tiene un nuevo maestro espiritual, la justicia, por lo que debe vivir como un esclavo de la justicia (6:18). La esclavitud al pecado no otorga ningún beneficio al pecador; lo condena a morir. La esclavitud a la justicia produce santidad y resulta en la vida eterna.

d. El creyente se libera de la esclavitud de la ley (7:1-25). El creyente ha sido liberado de la ley. La muerte anula un pacto matrimonial de modo que ya no es legalmente vinculante (7:1). Después de que un cónyuge ha muerto, el cónyuge sobreviviente es liberado de la ley del matrimonio y es libre de casarse con otra persona. De manera similar, la muerte anula el poder de la ley (7:4). Por su unión con Cristo en Su muerte, el creyente fue absuelto de la ley y liberado para dedicarse a Dios. La liberación de la ley, la unión con Dios en Cristo y el poder del Espíritu permitieron al creyente vivir una vida recta, algo que la ley no podía lograr.

La ley en realidad agravó y despertó el pecado en los incrédulos, pero esto no significaba que la ley fuera mala (7:7). La ley era santa, justa y buena, pero la naturaleza pecaminosa usaba la ley como un arma para destruir al pecador. Pablo ilustró esta verdad presentando el ejemplo de una persona que se esfuerza por obedecer la ley perfectamente. Demostró que la ley aún cumplía una función positiva al demostrar la corrupción total de la persona y su esclavitud al pecado. Al mismo tiempo, la ley era impotente para salvar a la persona de su esclavitud al pecado (7:13). Cualquiera que trate de cumplir con las demandas de la ley, sin el Espíritu Santo, se encuentra en un frustrante ejercicio inútil. Tal persona está atrapada en una constante estira y afloja entre la parte que se deleita en la ley de Dios y la parte que está dominada por el pecado (7:14-25). Solo la crucifixión con Cristo y la resurrección con Él pueden resolver esta lucha desesperada.

e. El creyente vive una vida justa a través del poder del Espíritu (8:1-17). Sin embargo, el creyente disfruta de la presente victoria sobre el pecado. El Espíritu realiza, para el creyente, lo que la ley no puede hacer. El Espíritu permite esta nueva vida en Cristo, y sustituye así a la antigua ley como punto de referencia en la vida del creyente (8:2; ver 10:4). El Espíritu libera al creyente de su esclavitud al pecado y lo lleva a cumplir de forma natural y espontánea las justas exigencias de la ley (8:9). El Espíritu ejerce el mismo poder que usó para resucitar a Jesús de la muerte para producir nueva vida en el creyente. Los que viven por el Espíritu de Dios son hijos de Dios y, por lo tanto, herederos que compartirán la gloria de Dios (8:17).

f. El creyente disfrutará finalmente de una completa victoria sobre la corrupción (8:18-39). Toda la creación espera ansiosamente la glorificación del pueblo de Dios (8:18). Los creyentes anhelan que se complete su adopción a través de la redención del cuerpo, cuando su transformación sea completa y su lucha contra el pecado llegue a su fin. En el presente, Dios trabaja a través de cada circunstancia para lograr el bien espiritual de los creyentes (8:28). El propósito eterno de Dios no será frustrado, y Él hará infaliblemente que aquellos a quienes amó desde la eternidad se vuelvan como Su Hijo (8:29-30). La salvación del creyente a través de su justificación en el juicio final y en su glorificación, son absolutamente seguras, porque Dios se asegurará de que todas estas cosas ocurran para los que ama.

V. La justicia de Dios y el rechazo de Israel al evangelio (9:1-11:36)

a. Israel ha rechazado a Cristo (9:1-5). Romanos 1-8 se ocupa principalmente de la justificación del hombre, a través de la fe en Cristo por Su muerte expiatoria. Los capítulos 9-11 pasan a un tema más importante (anticipado en los caps. 1-8), la justificación de Dios. Con esto se quiere decir lo que los eruditos llaman «teodicea», la demostración de que, contrario a lo que algunos podrían alegar, Dios fue justo y recto en todo lo que hizo. En este caso, la supuesta congruencia en los propósitos de Dios era el hecho de que la mayoría de los judíos no habían creído en Jesús como Mesías. Por lo tanto, muchos judíos acusaron a Dios de haber incumplido Sus promesas del pacto.

No es así, Pablo respondió. A pesar de lo que podría parecer un cambio en el modo de operar de Dios, las promesas de Dios a Israel continúan firmes. Al mismo tiempo, Dios incluye ahora a los gentiles en la promesa de Abraham, de que, en él «… serán benditas […] todas las familias de la tierra» (Gén. 12:3). Por lo tanto: «No que la palabra de Dios haya fallado…» (9:6). En esto, el mismo Pablo, conocido como el apóstol de los gentiles, estaba profundamente destrozado en su interior, ya que amaba mucho a sus compañeros israelitas. De hecho, dice que podría desear que él mismo fuera «separado de Cristo» en beneficio de sus compañeros judíos (9:3).

b. El rechazo temporal de Israel a Cristo es consistente con el plan eterno de Dios (9:6-29). Aunque el rechazo de Israel a Cristo parezca contradecir la infalibilidad de las promesas de Dios y sacudir las esperanzas del creyente, las promesas de Dios a Israel no han fallado (9:6). El resto de los capítulos 9-11 se dedican a demostrar la veracidad de la afirmación de Pablo. Para empezar, no todos los descendientes físicos de Abraham son verdaderos israelitas. Las promesas de Dios se aplican solo a aquellos que Él ha elegido. Su elección, a su vez, se basa, no en el carácter o el comportamiento humano, sino en el misterioso propósito de Dios (9:14-18).

Por esta razón, no se debe acusar a Dios de injusticia (9:19-21). Esto sería invertir indebidamente los papeles de criatura y Creador (ver el libro de Job). Dios es libre de mostrar Su misericordia a quien quiera porque, en Su total soberanía, el Creador tiene completa autoridad sobre Sus criaturas. Tampoco es apropiado desafiar el carácter de Dios si se glorifica a sí mismo expresando Su ira contra algunas personas mientras muestra Su misericordia a otras. Dios habría sido justo si no hubiera salvado a nadie. Ciertamente es justo si por pura gracia eligió salvar a muchos sin salvar a todos.

c. El rechazo temporal de Israel a Cristo se debe a su obstinada búsqueda de justicia (9:30-10:21). Israel era totalmente responsable de su condición espiritual. Los gentiles obtuvieron la verdadera justicia por la fe, mientras que Israel buscó la justicia, pero no la alcanzó porque intentó establecer su propia justicia a través de la obediencia de la ley en lugar de la fe en Cristo (9:30-32). Por tanto, a pesar de todos sus esfuerzos, Israel no encontró la verdadera justicia porque la ley se cumplió solo por la fe en Cristo. Como demuestra el A.T., la salvación viene solo a través de la confesión de la fe en Jesucristo (9:33, citando Isa. 8:14; 28:16).

En realidad, Israel no dejó de confesar la fe en Cristo porque desconocía a Cristo (10:1-4). Todo Israel escuchó el mensaje sobre Cristo, pero la mayoría rechazó el mensaje en una obstinada desobediencia. Sin embargo, Cristo es «el fin de la ley». En el contexto, esto significa que Cristo termina, para el creyente, el intento de alcanzar la justicia a través del cumplimiento de la ley. A diferencia de Israel, el creyente deja de intentar establecer su propia justicia (8:3). El creyente renuncia a la vana esperanza de recibir vida haciendo las cosas escritas en la ley (8:5). Como «el fin de la ley», Cristo es el objetivo final al que el A.T. proféticamente señalaba. Él es también el fin de la ley, en que Él, en Su propia persona, cumplió la ley. Como resultado, la ley está encarnada en Cristo, y los creyentes pueden mirar al que ha cumplido la ley mientras viven sus vidas cristianas a través del Espíritu.

Pablo citó otros textos del A.T. para demostrar que la salvación de los judíos y los gentiles provenía claramente del mensaje del A.T. Esta salvación, a su vez, se basaba en la confesión de que «Jesús es el Señor» y en la fe de que Dios lo resucitó de entre los muertos (10:9). Esta era la esencia de la fe y cumplía la premisa de que «… todo aquel que invocare el nombre del Señor, será salvo» (10:13, citando a Joel 2:32), tanto judíos como gentiles. Además, si la fe en Cristo es necesaria para la salvación, entonces debe haber mensajeros que anuncien a la gente la buena noticia de la salvación en Cristo (10:14-21; ver Isa. 52:7; 53:1).

d. Dios ha escogido un remanente de los judíos para la salvación mientras endurece al resto (11:1-10). Hasta ahora la «justificación de Dios» de Pablo se ha dedicado en gran medida a demostrar que Dios tenía razón al condenar a los judíos por tratar de establecer una justicia propia en lugar de someterse al camino de la salvación que Dios había establecido (10:3). Esto abrió la puerta para la salvación de un gran número de gentiles que no tenían tal ambición y que anteriormente habían estado alejados (10:20, citando Isa. 65:1), probablemente provocando el celo de Israel (10:19, citando Deut. 32:21). Sin embargo, como Pablo procedió a mostrar en el capítulo 11, Dios no ha rechazado a Israel por completo. Dios ha elegido una porción de Israel por Su gracia para salvación. Este remanente obtendrá la justicia que Israel había buscado.

e. Dios salvará finalmente a la nación de Israel (11:11-32). Dios usó el rechazo de Israel del evangelio para Su propósito de gracia, para traer la salvación a los gentiles (11:11-12). Ahora, Dios usa la recepción del evangelio por parte de los gentiles para dar envidia a los judíos y mover a algunos de ellos a la fe en Cristo. Al mismo tiempo, los gentiles no deben ser arrogantes con los judíos (11:17-21). Su salvación descansa en las promesas de Dios a Israel y se basa en la fe. Dios está listo para aceptar al resto de Israel cuando se arrepientan de su incredulidad.

Los gentiles, advirtió Pablo, no deben asumir que tienen un estatus privilegiado ante Dios. En el tiempo señalado, Dios cambiará Su enfoque a Israel de nuevo. Grandes masas de judíos se salvarán. Esto era necesario porque los dones y el llamado de Dios son irrevocables. De ahí que el argumento de Pablo haya cerrado el círculo, y haya establecido que la Palabra de Dios es verdadera (9:6). Los justos propósitos históricos de salvación de Dios, tanto para judíos como para gentiles, demostraron ser coherentes y consistentes, aunque en última instancia más allá de la comprensión humana.

f. El plan de Dios es misterioso y sabio (11:33-36). Por lo tanto, de manera apropiada, Pablo concluyó su demostración de la justicia de Dios en los capítulos 9-11 con una doxología, afirmando el misterio y la sabiduría de los caminos de Dios. Como explicó el apóstol, Dios mostró maravillosamente Su misteriosa sabiduría al utilizar a gentiles y judíos para exhortarse mutuamente a creer en Cristo. Esta comprensión debería llevar a todos los creyentes a alabar la profundidad de la sabiduría de Dios y reconocer que Dios es glorioso en todo lo que hace, tanto si comprenden plenamente todos Sus propósitos o no.

VI. Las implicaciones prácticas del evangelio (12:1-15:13)

a. Los cristianos deben responder a la misericordia de Dios viviendo vidas transformadas (12:1-2). Con base en los argumentos de Pablo («Así que» 12:1), llamó a los creyentes a responder a la misericordia de Dios dedicando sus vidas completamente a Él, con mentes renovadas que conocen la voluntad de Dios. Deben hacerlo, no trayendo sacrificios como lo hacía el pueblo en los tiempos del A.T., sino presentándose a sí mismos, sus propios cuerpos «… en sacrificio vivo, santo, agradable a Dios…». Este será su «culto racional», y así es como podrán discernir «… la buena voluntad de Dios, agradable y perfecta» (12:2).

b. La transformación de la vida impactará las relaciones en la Iglesia (12:3-21). El entendimiento renovado se caracteriza por la humildad. Reconoce la interdependencia de los diferentes miembros de la iglesia y no establece una jerarquía eclesiástica basada en los dones espirituales (12:3-8). El entendimiento renovado también se caracteriza por el amor. Este amor se expresa a través del perdón, la simpatía, la armonía, la humildad y la bondad (12:9-21).

c. La vida transformada afectará las relaciones con las autoridades políticas (13:1-7). Otra implicación importante del evangelio que Pablo predicó, es que todos los creyentes deben someterse a las autoridades gobernantes. La autoridad gubernamental ha sido designada por Dios, preserva el orden y detiene la anarquía. Por esta razón, los creyentes deben pagar sus impuestos y mostrar respeto por los líderes políticos. Estas palabras adquieren un significado especial dado que fueron escritas durante el mandato del emperador Nerón (54-68), cuyo reinado sería responsable del martirio de numerosos cristianos, incluyendo el mismo Pablo.

d. La vida transformada es apremiante por la cercanía del regreso de Cristo (13:8-14). Los creyentes deben cumplir la ley expresando amor por los demás. Expresar el amor por los demás y vivir con rectitud es especialmente importante ya que el regreso de Cristo se aproxima rápidamente.

e. La vida transformada conducirá a la aceptación mutua de cristianos fuertes y débiles (14:1-15:13). Los creyentes deben aceptarse unos a otros en amor, incluso cuando no estén de acuerdo en cuestiones como la dieta y el cumplimiento de las festividades (14:1-8). Deben seguir su propia conciencia en este sentido, teniendo cuidado de no permitir que su comportamiento perturbe a otros creyentes que tienen convicciones diferentes. Es más, deben asegurarse de no animar a otros creyentes a hacer algo que no creen que sea correcto. Está mal comer, beber o hacer algo que perturbe la conciencia de otros.

Los cristianos judíos y gentiles, los débiles y los fuertes, deben vivir en unidad y tratar de edificarse mutuamente (14:19). Deben aprender a glorificar a Dios con un solo corazón y una sola voz. El mismo Jesús vino al mundo como siervo de los judíos, cumpliendo las promesas a los judíos y, sin embargo, incluyendo a los gentiles en el plan de Dios, para que pudieran glorificar a Dios como se profetizó en las Escrituras del A.T.

VII. Conclusión (15:14-16:27)

La conclusión de la carta de Pablo a los Romanos es más larga que las de sus otras cartas, pero es apropiada por la longitud de la carta y el hecho de que Pablo no había plantado la iglesia en Roma, ni la había visitado. Es especialmente notable el gran número de individuos saludados por Pablo en Romanos 16:1-16.

a. Los planes de viaje de Pablo: visitar Roma en su camino a España (15:14-33). Por fin, Pablo escribió sobre uno de los principales propósitos de esta carta: su plan de visitar Roma en su camino a España (15:24). En lugar de hacer de Roma el destino final de su inminente visita, Pablo pretendía que Roma fuera simplemente una parada en su camino hacia las lejanas fronteras occidentales de su misión europea. En esto Pablo sirve como modelo de un misionero de frontera, su objetivo es «… predicar el evangelio, no donde Cristo ya hubiese sido nombrado, para no edificar sobre fundamento ajeno» (15:20). Pablo también pidió oración para ser rescatado de los incrédulos en Judá y para una entrega exitosa de la ofrenda gentil para la iglesia de Jerusalén (15:30-32). Pero como el Libro de Hechos deja claro, Pablo fue arrestado en Jerusalén y finalmente llegó a Roma, aunque no de la manera que había previsto originalmente (Hech. 21-28).

b. Elogio a Febe y saludos a los cristianos romanos (16:1-16). Al final de la carta, Pablo primero elogió a la probable portadora de la carta, Febe, una sierva o diaconisa (*diakonos*) de la iglesia de Cencrea, y benefactora o patrona de muchos, incluyendo a Pablo (16:1-2).[18] También saludó a sus confiables compañeros de trabajo, Priscila y Aquila (que aparentemente habían regresado a Roma), incluyendo la iglesia que se reunía en su casa (16:3-5; ver Hech. 18:2). A esto le sigue una larga lista de saludos a varios individuos e iglesias que se reunían en casas, incluyendo un número sorprendentemente grande de mujeres.[19]

c. Advertencia final (16:17-18). Se emite una advertencia final contra aquellos que causan divisiones. Se implora a los creyentes que eviten a estos individuos y que no se dejen engañar por sus palabras suaves o halagadoras.

d. Elogio final y saludos (16:19-24). Se elogia a los creyentes en Roma por su obediencia y se les exhorta a ser sabios sobre lo que es bueno, e inocentes sobre lo que es malo. Dios pronto aplastará a Satanás bajo Sus pies. Timoteo y otros enviaron saludos, así como Tercio (amanuense de Pablo), Gayo (anfitrión de Pablo) y Erasto (el tesorero de la ciudad), entre otros.

e. Bendición final (16:25-27). Una gloriosa bendición concluye la carta. Incluye la referencia final de Pablo a su evangelio y a la revelación de Dios del «misterio» que se anticipó en las Escrituras proféticas, según «se ha dado a conocer a todas las gentes para que obedezcan a la fe» por medio de Pablo y sus asociados para la gloria de Dios en Cristo.

TEOLOGÍA

Temas teológicos

El evangelio. La carta del evangelio de Pablo a los romanos hace una enorme contribución al canon del N.T. Esta carta contiene la presentación más extensa del evangelio

---

[18] Ver la discusión de Febe en A. J. Köstenberger, *Women in the Pauline Mission* [Las mujeres en la misión paulina] en *The Gospel to the Nations: Perspectives on Paul's Mission* [El evangelio a las naciones: Perspectivas de la misión de Pablo], ed. P. Bolt y M. Thompson (Downers Grove: InterVarsity, 2000), 228-29. Cf. Moo, *Romans* [Romanos], 912-16; y Schreiner, *Romans* [Romanos], 786-88, los cuales, aunque también complementarios en su visión de los roles de género, se inclinaban por identificar a Febe como diácono. Entre las traducciones, el HCSB tiene «siervo» en el texto, con una nota al pie que dice: «Otros interpretan este término en un sentido técnico: diácono, o diaconisa, o ministro». De manera similar, tanto el NASB como la NIV tienen «siervo» en el texto y una nota al pie de página: «O diaconisa»; la situación se invierte en la NIV2010 que identifica a Febe como «diácono» (nota al pie de página: «O siervo»).

[19] Ver Köstenberger, *Women in the Pauline Mission* [Las mujeres en la misión paulina], 221–47.

de Pablo. Romanos 1:18-3:20 es el abordaje más completo de Pablo sobre el pecado universal de la humanidad. El retrato de Pablo del pecador es una representación gráfica de la rebelión de la criatura contra el Creador, una representación que desenmascara su profunda depravación. Rara vez se ve la horrible alma con una claridad tan impactante como en estos versículos.

Además, Romanos 3:21-4:20 contiene la exposición más profunda de Pablo sobre la doctrina de la justificación. Pablo discutió esta doctrina extensamente en Gálatas. Romanos añade detalles específicos a la discusión de la justificación que Gálatas no incluía, como el punto de que Abraham fue justificado antes de ser circuncidado; que la fe de Abraham es muy parecida a la fe cristiana en el Dios que resucitó a Jesús y que justifica a los pecadores; y que las tres secciones principales del A.T. afirman la justificación por la fe.

Romanos 5:1-8:39 contiene la discusión más profunda de Pablo sobre el nuevo estado espiritual del creyente, particularmente su liberación de la muerte, el pecado, la ley y la corrupción. En Romanos 12:1-15:13, Pablo describe con vívidos detalles las implicaciones prácticas de este nuevo estado espiritual. Aunque a Romanos se le suele asociar con la doctrina de la justificación solo por la fe, no hay que pasar por alto que Pablo considera que la justificación conduce inevitablemente a la santificación en la que el Espíritu impulsa y capacita al creyente para cumplir las justas exigencias de Dios en cumplimiento de las promesas del nuevo pacto (8:1-4).

Finalmente, Romanos contiene lo que es, por mucho, el abordaje más completo de Pablo sobre la relación de Dios con Israel. Romanos 9-11 discute con gran detalle la elección de Israel, la fidelidad de Dios a Su pacto, el rechazo de Israel a la gracia de Dios, el propósito positivo de este rechazo en la historia de la redención y la futura salvación de Israel. Estos capítulos expresan el amor del «apóstol de los gentiles» por el pueblo de Israel de manera más poderosa y apasionada que cualquier otro texto que haya escrito.

La «justicia de Dios». Uno de los principales temas de Romanos es la insistencia en que los individuos son justos ante Dios solo por la fe y no por las obras de la ley. Este tema es tan prominente que muchos intérpretes desde la Reforma Protestante han visto la justificación por la fe como el foco principal de la carta. Aunque muchos insisten ahora en que la justificación no puede ser señalada como el tema central de todo el libro, la mayoría aún reconoce que es al menos el enfoque de Romanos 1:1-4:25 donde Pablo explica que los creyentes son declarados justos por la muerte sacrificial de Jesús, y que este es el único medio de salvación, ya que todos han fracasado en vivir según la ley.

Pablo resaltó que la doctrina de la justificación por la fe no era una novedad de su propia invención. La justificación de Dios de los creyentes había sido claramente atestiguada en el A.T. «… testificada por la ley y por los profetas; la justicia de Dios por medio de la fe en Jesucristo…» (3:21-22). Este tema también es prominente en la declaración de la carta. Romanos 1:17 confirma que la justicia de Dios se reveló «por fe y para fe», citando Habacuc 2:4 e introduciendo la cita con las palabras «como está escrito».

En el capítulo 4 Pablo añadió a esta cita de los profetas una confirmación del Pentateuco (4:3) a la que se refirió no menos de tres veces en este capítulo, y una cita de los poéticos (Sal. 32:1-2). Pablo parece haber usado el método rabínico para probar un argumento, demostrando que las tres porciones principales del A.T., la ley, los profetas y los poéticos, afirman una verdad particular (ver también 1:2).[20]

Al final de su discusión sobre la justificación, Pablo describió a Jesús como el que «fue entregado por nuestras transgresiones» (Rom. 4:25), descripción que hace referencia a Isaías 53:12 (LXX). La idea es que Jesús fue entregado al juez para sufrir la pena por las transgresiones del creyente. Es sobre esta base que el juez puede pronunciar el veredicto de que el pecador es «no culpable». La justicia divina ha sido plenamente satisfecha a través del sufrimiento sustitutivo del Hijo de Dios.

La fe requerida para la justificación en Romanos es una fe en la que los pecadores creen en la identidad de Jesús como el Mesías, el Salvador cuya muerte sacrificial asegura la absolución del creyente y el Dios eterno y todopoderoso. Esta fe reconoce tanto que Jesús murió en sacrificio como que resucitó de entre los muertos. Solo esta fe centrada en Cristo es suficiente para la absolución por gracia del pecador.

PUNTOS DE APLICACIÓN

- Admite que eres un pecador ante los ojos de un Dios santo (3:23).
- Cree que Dios te salvó en Cristo, aparte de todo lo que hiciste (5:8).
- Confiesa que Jesús es el Señor y cree en Él con tu corazón (10:9-10).
- Da la buena noticia a otros que aún no la han oído (10:14-17).
- Ejercita tus dones espirituales (12:3-8).

PREGUNTAS DE ESTUDIO

1. ¿Por qué la autoría de Pablo de Romanos es tan cierta entre los estudiosos?
2. ¿Por qué los planes de viaje de Pablo son tan importantes para fechar el libro de Romanos?
3. ¿Por qué Pablo escribió Romanos?
4. ¿En qué divisiones importantes de Romanos están de acuerdo la mayoría de los estudiosos?
5. Cuando Pablo dice en Romanos 3:23 que «por cuanto todos pecaron, y están destituidos de la gloria de Dios» ¿a quién tiene en mente cuando se refiere a «todos»?
6. ¿Cómo son vistos los individuos como justos por Dios en Romanos?

PARA UN ESTUDIO MÁS PROFUNDO

Bruce, F. F. *The Letter of Paul to the Romans: An Introduction and Commentary.* Tyndale New Testament Commentaries. Rev. ed. Grand Rapids: Eerdmans, 1985.

Harrison, E. F., y D. A. Hagner. *Romans.* Páginas 19–237 en *The Expositor's Bible Commentary.* Rev. ed. Vol. 11: Romans—Galatians. Grand Rapids: Zondervan, 2008.

Moo, D. J. *Encountering the Book of Romans: A Theological Survey. Encountering Biblical Studies.* Grand Rapids: Baker, 2002.

_____. *The Epistle to the Romans. The New International Commentary on the New Testament.* Grand Rapids: Eerdmans, 1996.

---

[20] E. E. Ellis, *Paul's Use of the Old Testament* (Grand Rapids: Baker, 1981), 46.

Morris, L. *The Epistle to the Romans*. Grand Rapids: Eerdmans, 1988.
Schlatter, A. *Romans: The Righteousness of God*. Translated by S. Schatzmann. Peabody: Hendrickson, 1995.
Schreiner, T. R. *Romans. Baker Exegetical Commentary on the New Testament*. Grand Rapids: Baker, 1998.
Wright, N. T. *The Letter to the Romans*. Pages 393–770 en *The New Interpreter's Bible*. Vol. 10. Nashville: Abingdon, 2002.

Capítulo 14
Epístolas de la prisión: Filipenses, Efesios, Colosenses y Filemón

CONOCIMIENTO ESENCIAL

Los estudiantes deben conocer los hechos clave de Filipenses, Efesios, Colosenses y Filemón. Con respecto a la historia, deben ser capaces de identificar el autor, la fecha, la procedencia, el destino y el propósito. Con respecto a la literatura, deben ser capaces de proporcionar un esquema básico de cada libro e identificar elementos centrales del contenido que se encuentran en la discusión de cada unidad. Con respecto a la teología, los estudiantes deben ser capaces de identificar los principales temas teológicos en Filipenses, Efesios, Colosenses y Filemón.

INTRODUCCIÓN

COMO EL LIBRO de Hechos deja claro, Pablo estableció varias congregaciones locales en los principales centros urbanos durante al menos tres viajes misioneros. Hacia el final de su distinguido ministerio apostólico, y después de escribir Gálatas, 1 y 2 Tesalonicenses, 1 y 2 Corintios y Romanos, Pablo continuó su correspondencia con varias iglesias e individuos durante su primer encarcelamiento en Roma (58–60). Las cartas de Pablo a los Filipenses, Efesios, Colosenses y Filemón (comúnmente llamadas epístolas de la prisión) datan de este período.

Lo más probable es que Filipenses fue escrita antes que las otras cartas. En Filemón 22, Pablo esperaba ser liberado pronto de prisión, mientras que en Filipenses 1:21-25 dedujo lo que esperaba basado en principios espirituales, pero no tenía idea del momento de su liberación.

Las cartas de Efesios, Colosenses y Filemón estaban relacionadas con el regreso de Onésimo y se escribieron más o menos al mismo tiempo y en circunstancias similares. Sin embargo, se desconoce la secuencia precisa en la que se escribieron estas cartas. Debido a que Efesios y Colosenses están conectados a través de Tíquico (Ef. 6:21; Col. 4:7), y

Colosenses y Filemón a través de Onésimo (Col. 4:9; Filem. 1:10) y Epafras (Col. 1:7; 4:12; Filem. 1:23), y debido a que Efesios, Colosenses y Filemón es el orden en el que las cartas se incluyen en el canon del N.T., discutiremos estas cartas en ese mismo orden.

CONTRIBUCIÓN AL CANON[1]

- La centralidad del evangelio de Cristo y la comunión en el evangelio (Fil. 1:5; 4:15).
- La humillación de Cristo (*kenōsis*) y Su exaltación (Fil. 2:5-12).
- La supremacía de Cristo, la obra de reconciliación cósmica y la guerra espiritual (Ef. 1:10,20-23; 6:10-18; Col. 1:15-20).
- El sometimiento de todas las cosas al señorío de Cristo y las implicaciones de la victoria de Cristo para los creyentes (Ef. 1:10; 4:1-6:9; Col. 3:1-4:1).
- La unidad de la Iglesia como el Cuerpo de Cristo incluyendo judíos y gentiles (Ef. 2:11-22; 3:1-13; 4:1-6; Col. 1:24-2:3; 3:12-17)
- El gozo cristiano y acción de gracias (Fil. 1:12-20; 4:4; Col. 1:9-12; 2:6-7; 3:17; 4:2).
- La transformación cristiana de las estructuras socioeconómicas como la esclavitud (Filem.).
- Relaciones sociales (Ef. 5:22-6:9; Col. 3:18-4:1).

FILIPENSES

ASPECTOS CLAVE	
Autor:	Pablo.
Fecha:	Alrededor del año 59 (probablemente antes de Efesios, Colosenses y Filemón).
Procedencia:	Prisión romana.
Destinatarios:	La iglesia en Filipos.
Situación:	Acción de gracias por la comunión de los filipenses en el evangelio y advertencias contra la división y las falsas enseñanzas como obstáculos para la propagación del evangelio.
Propósito:	Promover la unidad centrada en el evangelio por el bien de la prosperidad del evangelio.
Tema:	La comunión en el evangelio y el caminar digno del evangelio.
Versículos clave:	1:27–30

INTRODUCCIÓN

PARA MUCHOS, FILIPENSES se mantiene como una de las cartas favoritas de Pablo debido a su inspirador mensaje de gozo en medio de pruebas (por ejemplo, el encarcelamiento). Algunos estudiantes pueden reconocer Filipenses de forma

---

[1] Las secciones de Contribución al canon, Preguntas de estudio y Para un estudio más profundo abarcan las cuatro epístolas de la prisión.

poco sistemática por las numerosas frases o expresiones memorables que se encuentran en la carta. Las frases familiares incluyen: «Porque para mí el vivir es Cristo, y el morir es ganancia» (1:21); «para que en el nombre de Jesús se doble toda rodilla [...] y toda lengua confiese que Jesucristo es el Señor...» (2:10-11); «Todo lo puedo en Cristo que me fortalece» (4:13); y «Regocijaos en el Señor siempre. Otra vez digo: ¡Regocijaos!» (4:4). Sin embargo, este estudio «por partes» no hace justicia ni a la profundidad de la carta ni al propósito general de Pablo al escribirla. Uno debe ver cómo las piezas encajan en un todo coherente para apreciar verdaderamente el profundo mensaje de la carta.

HISTORIA

Autor

La mayoría de los eruditos aceptan que Filipenses es una carta escrita por Pablo. La aceptación académica de la autoría de Pablo está tan extendida que no es necesaria una discusión extensa. Las razones para aceptar la autenticidad son las siguientes: (1) la carta inicia identificando al autor como Pablo; (2) la Iglesia primitiva aceptó a Pablo como el autor sin disentir; y (3) la carta es intensamente personal, sugiriendo que el autor era bien conocido por la iglesia en Filipos. Los padres de la Iglesia primitiva Policarpo (ca. 69-155), Ireneo (ca. 130-200), Clemente de Alejandría (ca. 150-215) y Tertuliano (ca. 160-225) aceptaron unánimemente la autoría de Pablo.

Fecha

La fecha de Filipenses depende del lugar de redacción. Fechas tan tempranas como el año 50 o tan tardías como el año 63 son posibles. Si Pablo escribió la carta durante su primer encarcelamiento en Roma, probablemente lo hizo a finales de los años 50 (principios de los 60 en el cálculo convencional). Si escribió la carta durante su encarcelamiento en Cesarea, la carta debería estar fechada en los años 55-57 (58-60 en el cálculo convencional). Si escribió desde Éfeso, Pablo escribió entre los años 51 y 54 (54 y 57 en el cálculo convencional). Aunque la cuestión es compleja, la evidencia de una procedencia romana es muy convincente. Filipenses parece haber sido escrito un poco antes que las otras epístolas de la prisión. Pablo parece haber escrito Colosenses, Filemón y Efesios más o menos al mismo tiempo. Filemón insinúa que la liberación de Pablo de prisión era inminente (Filem. 1:21). Sin embargo, cuando Pablo escribió Filipenses, parecía menos seguro del resultado de su juicio, y contemplaba la posibilidad de ser martirizado (Fil. 1:21-26). Por otra parte, el amplio alcance de Pablo (Fil. 1:12-14) y el conocimiento generalizado de sus circunstancias, sugieren que había estado encarcelado en Roma durante al menos varios meses en el momento en que escribió Filipenses. Estos factores sugieren que la composición de Filipenses debería datarse alrededor del punto medio del encarcelamiento en Roma o alrededor del año 59.

Procedencia

La procedencia es uno de los temas más controvertidos de Filipenses. Pablo se identificó claramente como prisionero (1:7,13,17), pero no declaró explícitamente la ubicación de este encarcelamiento. Probablemente, los filipenses sabían dónde Pablo estaba encarcelado y, por lo tanto, no necesitaban que se los dijera. Tres respuestas diferentes son dignas de consideración: (1) Roma;[2] (2) Cesarea; y (3) Éfeso.[3]

El punto de vista tradicional sitúa el encarcelamiento de Pablo en Roma. Esta hipótesis explicaría (1) la mención del pretorio (1:13) y la casa de César (4:22); (2) las leves restricciones en su actividad durante su encarcelamiento (ver Hech. 28:16,30-31); (3) las referencias a una iglesia aparentemente bien establecida (1:14); (4) pruebas externas como la suscripción añadida por el primer corrector del *Codex Vaticanus* y los comentarios del prólogo marcionita;[4] y (5) la naturaleza de «vida o muerte» del encarcelamiento (Pablo podría haber apelado a César bajo cualquier otro encarcelamiento).

Hasta hace poco, la hipótesis romana tenía una aceptación casi universal. Pero los eruditos comenzaron a notar dos debilidades principales en la hipótesis tradicional relacionadas con la geografía y los planes de viaje de Pablo. En primer lugar, la distancia entre Filipos y Roma (unas 1200 millas [1900 km]) hace que el número de viajes que sugiere Filipenses (quizás hasta siete) sea problemático.[5] En segundo lugar, la carta a los Romanos menciona la intención de Pablo de viajar a España (Rom. 15:24,28), mientras que Filipenses afirma que Pablo planeaba visitar Filipos después de su liberación (Fil. 2:24).

A pesar de estas debilidades, la hipótesis de la procedencia romana de las epístolas de la prisión es convincente porque depende de un encarcelamiento conocido, goza de más pruebas externas que otros lugares como Éfeso o Cesarea, y tiene una larga tradición.[6] Afortunadamente, la cuestión de la procedencia no altera drásticamente la interpretación del mensaje de la carta.

---

[2] M. Bockmuehl, *The Epistle to the Philippians* [Epístola a los Filipenses], BNTC 11 (Peabody: Hendrickson, 1998), 25–32; G. D. Fee, *Paul's Letter to the Philippians* [Carta de Pablo a los Filipenses], NICNT (Grand Rapids: Eerdmans, 1995), 34–37; M. Silva, *Philippians* [Filipenses], 2.ª ed., BECNT (Grand Rapids: Baker, 2005), 5–7; P. T. O'Brien, *Philippians* [Filipenses], NIGTC (Grand Rapids: Eerdmans, 1991), 19–26.

[3] F. Thielman, *Ephesus and the Literary Setting of Philippians* [Éfeso y el escenario literario de Filipos], en *New Testament Greek and Exegesis, Essays in Honor of Gerald F. Hawthorne* [Griego y exégesis del Nuevo Testamento, ensayos en honor a Gerald F. Hawthorne], ed. A. M. Donaldson y T. B. Sailors (Grand Rapids: Eerdmans, 2003), 205–23; id., *Theology of the New Testament* [Teología del Nuevo Testamento] (Grand Rapids: Zondervan, 2005), 307. D. A. Carson y D. J. Moo (*An Introduction to the New Testament* [Introducción al Nuevo Testamento], 2.ª ed. [Grand Rapids: Zondervan, 2005], 506) dijo cautelosamente que «hay un poco más que decir sobre Éfeso que de Roma, pero no podemos decir más que esto (y muchos sostendrían que no tenemos derecho a decir ni siquiera esto)».

[4] «Los filipenses son macedonios. Estos, habiendo recibido la palabra de verdad, permanecieron firmes en la fe. El apóstol los encomienda cuando les escribió desde la prisión de Roma».

[5] O'Brien (*Philippians* [Filipenses], 25) calculó correctamente que son posibles tan solo tres viajes entre Roma y Filipos antes de que Pablo escribiera la carta, dependiendo de dónde estaba Epafrodito cuando enfermó. Si Pablo escribió Filipenses hacia el final de sus dos años de prisión en Roma, hay tiempo más que suficiente para los viajes requeridos. Los tres viajes de ida a Filipos de Epafrodito, Timoteo y Pablo, respectivamente, no suponen un problema real para una procedencia romana. La preocupación debe centrarse en el número de viajes entre el comienzo del encarcelamiento de Pablo y la redacción de la carta.

[6] F. F. Bruce, *Philippians* [Filipenses], NIBC (Peabody: Hendrickson, 1989), 11–16.

Destinatarios

Filipenses 1:1 indica que Pablo dirigió la carta a los creyentes en Cristo Jesús «que están en Filipos». La naturaleza de esta declaración ha creado un consenso entre los eruditos del N.T. de que Filipos es el destino de la carta. La narración de Hechos revela que Filipos representa la primera iglesia que Pablo plantó en Europa (Hech. 16:6-40) en su segundo viaje misionero en ca. 49-51.[7]

La ciudad de Filipos era mejor conocida en el mundo antiguo como el lugar de la batalla en la que Antonio y Octavio salieron victoriosos sobre Bruto y Casio (quienes ayudaron a asesinar a Julio César) en el año 42 a.C. Octavio derrotó más tarde a Antonio (31 a.C.) y reconstruyó Filipos y le dio la *ius italicum* («ley de Italia»), que era el privilegio más alto que una colonia podía obtener. La ciudad era un lugar de interés histórico mucho antes de estos acontecimientos.[8] Fue fundada por Felipe II de Macedonia, que le dio su nombre. Estaba situada en una región fértil a ocho millas (cerca de 13 km) del mar de Macedonia y gozaba de abundantes manantiales y oro (*Geografía* de Estrabón, 7.331). Filipos pasó a formar parte del Imperio romano en el año 168 a.C. y prosperó gracias a su ubicación estratégica a lo largo de la Vía Egnatia, la principal ruta terrestre entre Roma y el este.

Situación

El texto de Filipenses sugiere varias posibles razones para escribir la carta. Es importante señalar que Pablo abordó tanto problemas pastorales como preocupaciones personales. Dos grandes problemas pastorales aparecen en Filipenses. Primero, Pablo aparentemente había escuchado un informe de división entre los filipenses, que incluía un conflicto específico entre dos mujeres de la iglesia, Evodia y Síntique. Pablo las exhortó a estar unidas para vivir juntas en armonía en el Señor (4:2). En segundo lugar, Pablo hizo una seria advertencia contra los falsos maestros y sus enseñanzas.[9]

Pablo también incluyó numerosas preocupaciones personales. Para empezar, el apóstol trató de proporcionar a los filipenses una actualización con respecto a sus propias circunstancias y el avance del evangelio, ya que los consideraba socios del evangelio (1:5) que trabajaban orando por él (1:19). Además, las pruebas sugieren otras tres preocupaciones personales: (1) una recomendación a Timoteo para que los filipenses le dieran la bienvenida a su llegada (2:19-23); (2) un anuncio del deseo de Pablo de visitar la iglesia en el futuro (2:24); y (3) un informe sobre Epafrodito y su enfermedad (2:25-30).

---

[7] En Hechos 16:14 se registra que Lidia fue la primera convertida. Ella y su familia respondieron al evangelio y fueron bautizados (Hech. 16:15). Su casa también funcionaba como lugar de reunión de la iglesia. El relato de Hechos también menciona la conversión del carcelero filipense y su familia (16:30-33). G. F. Hawthorne (*Philippians* [Filipenses], WBC 43 [Waco: Word, 1983], xxxv) señaló que los nombres en Filipenses (Epafrodito, Evodia, Sintique y Clemente) revelan que la iglesia estaba compuesta en su mayoría por gentiles.

[8] L. M. McDonald, *Philippi* [Filipos], en *Dictionary of New Testament Background* [Diccionario de antecedentes del Nuevo Testamento], ed. C. A. Evans y S. E. Porter (Downers Grove: InterVarsity, 2000), 787–89.

[9] Existe debate sobre si los falsos maestros estaban presentes en Filipos o si Pablo estaba advirtiendo a la iglesia sobre una posible amenaza.

Propósito

El propósito principal de Pablo en Filipenses está conectado con el tema principal de la carta: la comunión en el evangelio y el caminar digno del evangelio. «Comunión» o «compañerismo» es la interpretación habitual aquí de la palabra griega *koinōnia*. La comunión de los filipenses con el evangelio debe entenderse en un sentido activo, no pasivo.[10] D. A. Carson captó bien este sentido cuando escribió: «La comunión cristiana es, pues, una conformidad abnegada con el evangelio. Puede que haya matices de calidez e intimidad, pero el fundamento es esta visión compartida de lo que es de importancia trascendental, una visión que exige nuestro compromiso».[11] Esta asociación implicaba, aunque no se limitaba, al apoyo financiero de los filipenses a la obra misionera de Pablo (4:15-16).

«Solamente que os comportéis como es digno del evangelio de Cristo…» (1:27) es la abreviación de vivir de una manera acorde con la grandeza del evangelio. Este «comportamiento digno» implica tanto la unidad cristiana como la voluntad de sufrir por el crecimiento del evangelio. Esta unidad necesaria no era «paz a cualquier precio», sino una unidad inspirada por una fe compartida en el mensaje del evangelio. Pablo llamó a los creyentes a permanecer juntos como uno en una batalla por la fe en el evangelio. Esta postura implicaba resistir las falsas enseñanzas que comprometían el mensaje del evangelio, el valiente sufrimiento de la persecución por causa del evangelio, y no dejarse intimidar por la proclamación del evangelio.

LITERATURA

Plan literario

Algunos estudiosos han identificado a los filipenses como una «carta de amistad».[12] Otros han comparado el libro con el género de las «cartas familiares».[13] Muchos, entre los que destaca J. T. Reed, han analizado Filipenses a nivel de discurso y han llegado a la conclusión de que la carta es una composición unificada y coherente de principio a fin.[14]

---

[10] Ver especialmente el excelente debate de O'Brien (*Philippians* [Filipenses], 61-63), que destacó la «múltiple actividad» de los filipenses en su comunión con el evangelio. Dijo que probablemente incluía: 1) la proclamación del Evangelio a los extranjeros (1:27-28); 2) el sufrimiento por el evangelio con Pablo (1:30; 4:14-15); 3) la oración de intercesión (1:19); y 4) su cooperación con Pablo en el evangelio (1:5) demostrada por su ayuda financiera en el pasado (4:15-16) y el presente (4:10).

[11] D. A. Carson, *Basics for Believers: An Exposition of Philippians* [Bases para los creyentes: exposición de Filipenses] (Grand Rapids: Baker, 1996), 16.

[12] Ver Fee, *Philippians* [Filipenses], 2–7; B. Witherington III, *Friendship and Finances in Philippi* [Amistad y finanzas en Filipos] (Valley Forge: Trinity Press International, 1994); S. K. Stowers, *Friends and Enemies in the Politics of Heaven: Reading Theology in Philippians* [Amigos y enemigos en las políticas del cielo: leyendo sobre teología en Filipenses], en *Pauline Theology: Thessalonians, Philippians, Galatians, Philemon* [Teología paulina: Tesalonicenses, Filipenses, Gálatas, Filemón], vol. 1, ed. J. M. Bassler (Minneapolis: Fortress, 1991), 105–21, esp. 107–14.

[13] L. Alexander, *Hellenistic Letter-Forms and the Structure of Philippians* [Formas de cartas helenísticas y estructura de Filipenses], JSNT 37 (1989): 87–101.

[14] J. T. Reed, *A Discourse Analysis of Philippians: Method and Rhetoric in the Debate over Literary Integrity* [Análisis del discurso de Filipenses: método y retórica en el debate sobre la integridad literaria], JSNTSup 136 (Sheffield: Sheffield Academic Press, 1997).

La unidad y coherencia interna de la carta de Pablo a los Filipenses se demuestra aún más en el esquema y el análisis unidad por unidad que se presenta a continuación.

BOSQUEJO
I. INTRODUCCIÓN: SALUDOS A LOS FILIPENSES (1:1-2)
II. CUERPO: LA COMUNIÓN DE LOS FILIPENSES CON PABLO EN EL EVANGELIO (1:3-4:20)
   a. Apertura: acción de gracias y oración por los filipenses (1:3-11).
   b. Cuerpo formal: exhortación a la unidad por el evangelio (1:12-4:9).
   c. Cierre: acción de gracias por las dádivas actuales y previas de los filipenses (4:10-20).
III. CONCLUSIÓN: SALUDOS FINALES (4:21-23)

DISCUSIÓN UNIDAD POR UNIDAD

I. Introducción: saludos a los filipenses (1:1-2)

Siguiendo las convenciones epistolares estándar, Pablo se identificó a sí mismo como el remitente y a Timoteo como un corremitente de la carta.[15] Se refirió a los destinatarios de la carta en Filipos y mencionó específicamente a los ancianos y diáconos de la iglesia de Filipos (1:1). En el saludo, Pablo, como de costumbre, cambió el saludo estándar (*chairein*) por el teológico deseo de gracia (*charis*, 1:2).

II. Cuerpo: la comunión de los filipenses con Pablo en el evangelio (1:3-4:20)

El cuerpo de la carta se centra en el tema de la comunión evangélica. Pablo enfatizó la urgente necesidad de unidad por la causa del evangelio. Esta unidad no solo surge como un resultado natural del evangelio, sino que sigue siendo necesaria para el crecimiento continuo del evangelio. Pablo exhortó a los filipenses a unirse contra aquellas cosas que amenazaban el crecimiento del evangelio.

a. Apertura: acción de gracias y oración por los filipenses (1:3-11). La acción de gracias de Pablo se centra en la participación y comunión de los filipenses en el evangelio. El apóstol se regocijó de que esta comunión, que se extendió desde el pasado hasta el presente (1:5), continuaría hasta el fin, porque podía confiar en que aquel que comenzó la obra, la completaría (1:6). Comentó lo apropiado de estos sentimientos a la luz de su firme convicción de que los filipenses eran compañeros de la gracia divina junto con él, en su trabajo de defensa y confirmación del evangelio (1:7). Pablo también llamó a Dios como testigo de la sinceridad de su afecto por los filipenses (1:8). Concluyó esta sección con una oración por el continuo crecimiento de los filipenses en el evangelio (1:9-11).

---

[15] Algunos estudiosos minimizan la importancia de la mención de Pablo a Timoteo. Hechos retrata a Timoteo en un importante papel del ministerio en toda Macedonia. Silva (*Philippians* [Filipenses], 39) probablemente tenga razón al afirmar que existen razones para creer que «los filipenses tenían un fuerte apego a Timoteo». Carson y Moo (*Introduction to the New Testament* [Introducción al Nuevo Testamento], 507) tomaron un rumbo muy diferente al decir que el posterior elogio de Pablo a Timoteo (2:19-24) implica que «los filipenses no lo conocían bien».

b. Cuerpo formal: exhortación a la unidad por el evangelio (1:12-4:9). Pablo proporcionó a los filipenses cuatro biografías en Filipenses 1:12-2:30. Las vidas de Pablo (1:12-26), Jesús (2:5-11), Timoteo (2:19-24) y Epafrodito (2:25-30) sirven de ejemplo a los filipenses al demostrar humildad poniendo las necesidades de los demás en primer lugar, incluso ante una muerte probable (1:20-24; 2:27,30) o segura (2:8). El testimonio de estas vidas proporcionó modelos para que los filipenses los imitaran mientras buscaban el crecimiento del evangelio en medio de sus dificultades. Sirvieron para fortalecer a los filipenses para que ellos también pudieran soportar el sufrimiento (1:29), que enfrentaban a manos de sus oponentes (1:28). Pablo incluso se refirió a estas dificultades como un regalo de la gracia de Dios (1:29).

El llamado a imitar continúa en Filipenses 3:17 y 4:9, pero en 3:1-4:9 este llamado difiere y se enfoca en dos importantes amenazas contra el evangelio: (1) falsos maestros, y (2) división entre los filipenses. La urgencia de Pablo en esta sección se lee como un llamado a movilizarse en la lucha por el evangelio.

La amenaza de los falsos maestros era mucho más grave que la de los evangelistas mencionados previamente por Pablo (1:15-17). Los evangelistas predicaban el mensaje correcto, con los motivos equivocados. Predicaban porque envidiaban a Pablo y deseaban aumentar su sufrimiento. Si tenían diferencias doctrinales con Pablo, estas eran relativamente mínimas, de modo que Pablo todavía podía regocijarse de que proclamaran el evangelio. Esta unidad deja claro que los falsos maestros no entendieron el mensaje. Ya que Pablo tuvo que enfrentar las importantes desviaciones al verdadero evangelio que contenía este mensaje.[16]

Pablo reprendió su celo por un falso evangelio que aparentemente consideraba la circuncisión y las leyes sobre los alimentos del A.T. como requisitos para la salvación. Con ironía, Pablo demostró que su acusación a los gentiles era, de hecho, una autoacusación. Los judíos llamaban a los no judíos «inmundos», en parte porque comían una dieta prohibida, como los perros que se alimentaban de carroña y basura. Pablo llamó a los falsos maestros «perros» para mostrar que no pertenecían al verdadero pueblo de Dios.

En un juego de palabras, Pablo describió la circuncisión de los falsos maestros como una mutilación, que se refería a los cortes paganos del cuerpo como las heridas autoinfligidas de los profetas de Baal (1 Rey. 18:28) que estaban prohibidas en la ley del A.T. (Lev. 19:28; 21:5; Deut. 14:1; Isa. 15:2; Os. 7:14). El punto de Pablo era que la dependencia de los falsos maestros de la circuncisión para la salvación demostraba que no entendían la gracia de Dios, y que de hecho eran más paganos que el pueblo elegido de Dios. Los cristianos son la verdadera circuncisión, que adoran a Dios en el Espíritu y abandonan la confianza en la carne (3:1-3). De hecho, Pablo recordó a los filipenses que, si alguien tenía razones para confiar en la carne, era él (3:4-6).

Sin embargo, después de su conversión a Cristo, vino a relegar esas cosas (3:7), y de hecho todas las cosas (3:8), considerándolas basura en comparación con el valor supremo de ganar y conocer a Cristo (3:8) y ser hallado justo en Él por la fe (3:9). La

---

[16] Ver Silva, *Philippians* [Filipenses], 64–65; Fee, *Philippians* [Filipenses], 122–23; y Bockmuehl, *Philippians* [Filipenses], 77–78.

pasión de Pablo era ahora conocer a Cristo en el poder de Su resurrección y la comunión de Sus sufrimientos (3:10), para que pudiera seguir a Cristo en la experiencia de la resurrección (3:11).

Pablo recordó a los filipenses que él no había alcanzado la meta de la resurrección ni era perfecto (3:12). Se olvidó intencionadamente de las cualidades de las que una vez dependió para la salvación y siguió adelante en busca del premio supremo (3:12-14). Esta perspectiva representaba la madurez de pensamiento de los cristianos (3:15), que Dios revelaría incluso a aquellos que estuvieran en desacuerdo (3:16). El apóstol se presentó a sí mismo y a aquellos que tomaron la misma perspectiva como ejemplos a imitar en contraste con el comportamiento de los oponentes que eran enemigos de la cruz (3:17-19). El apóstol describió un fuerte contraste entre su enfoque en «lo terrenal» (3:19) y la «ciudadanía» en el cielo de los creyentes (3:20). Pablo mostró que estos puntos centrales llevarían a resultados contrastantes: destrucción para los oponentes (3:19) y cuerpos glorificados para los creyentes (3:20-21). Los creyentes esperan ansiosamente a Jesús el Salvador (3:20) que los transformará por Su poder (3:21).

La segunda amenaza al evangelio es la división. Filipenses 4 comienza con la petición de mantenerse firmes en el Señor (4:1). Pablo continuó su petición exhortando a dos mujeres prominentes de la iglesia a «que sean de un mismo sentir en el Señor» (4:2). La división obviamente amenazaba la «comunión» en el evangelio, por lo que Pablo pidió a los filipenses que ayudaran a estas mujeres que luchaban por el evangelio al lado de Pablo como Clemente y el resto de los colaboradores de Pablo (4:3). El regocijo en el Señor (4:4), la oración (4:6), y la paz de Dios, que sobrepasa todo entendimiento (4:7) representan la cura para la división. Pablo concluyó exhortando a los filipenses a concentrarse en cosas excelentes (4:8) y a imitar la enseñanza y el estilo de vida de Pablo (4:9).

c. Cierre: acción de gracias por las dádivas actuales y previas de los filipenses (4:10-20). Pablo se regocijó con la acción de gracias por las ofrendas actuales (4:10,14,18) de los filipenses y las anteriores (4:15-16). No se regocijó tanto por la ofrenda en sí, sino por lo que esta representaba: la comunión de los filipenses con Pablo en el evangelio. El apóstol testificó que la fortaleza en Cristo le permitía (4:13) contentarse en cualquier circunstancia (4:11), ya fuera en la pobreza o en la abundancia (4:12). Recordó a los filipenses que sus regalos a Pablo eran en realidad sacrificios de alabanza a Dios (4:18), quien supliría todas sus necesidades de acuerdo con Sus riquezas en gloria en Cristo Jesús (4:19). Por lo tanto, Pablo terminó con una adecuada doxología en la que dio a Dios toda la gloria (4:20).

III. Conclusión: saludos finales (4:21-23)

Pablo exhortó a los filipenses a saludar a todos los creyentes en Cristo Jesús. También les recordó que todos los santos enviaban sus saludos, incluyendo los hermanos que estaban con Pablo. Entre los de la categoría de «todos los santos» Pablo destacó especialmente «los de la casa de César» (4:22). Pablo siguió estos saludos con la bendición de la gracia: «La gracia de nuestro Señor Jesucristo sea con todos vosotros. Amén» (4:23).

TEOLOGÍA

Temas teológicos

Unidad cristiana. Pablo repetidamente enfatizó la relación especial que tenía con la iglesia filipense (1:5-6; 4:15). Sin embargo, no todo estaba bien en la iglesia. No solo había amenazas externas como los falsos maestros (3:2), también había división interna que la acechaba. Este problema fue personificado por Evodia y Síntique (4:2), que habían sido compañeras de trabajo de Pablo, pero que ahora necesitaban un mediador para resolver sus diferencias (4:3; comp. 1:27).

Anteriormente en la carta, Pablo exhortó a los filipenses a no hacer nada «... por contienda o por vanagloria; antes bien con humildad, estimando cada uno a los demás como superiores a él mismo; no mirando cada uno por lo suyo propio, sino cada cual también por lo de los otros» (2:3-4). A continuación, hace una descripción conmovedora y poética de Jesucristo, quien renunció a Sus privilegios para satisfacer la necesidad de salvación de la humanidad, como ejemplo supremo de humildad (2:5-11).

Por consiguiente, exhorta a los creyentes a trabajar en su salvación con temor y temblor, porque es Dios quien actúa en ellos (2:12-13). La preocupación de Pablo era la unidad de los creyentes, para que la proclamación del evangelio no se viera obstaculizada. La división interna sigue siendo una herramienta importante de Satanás, que impide un ministerio cristiano efectivo. El evangelio seguirá avanzando y Dios será glorificado, si tan solo las personas de la iglesia dejan de lado sus diferencias y son «de un mismo sentir en el Señor» (4:2).

Gozo en Cristo en el contexto del sufrimiento cristiano. Pablo usó las palabras «gozo» o «regocijo» 16 veces en esta breve carta. De esta forma, Filipenses da testimonio de la profunda realidad del gozo en la vida de un seguidor de Cristo. Uno no debe considerar el deleite en Cristo como una versión cristiana de la «cereza en el pastel», sino como un resultado esencial de la unión con Cristo en el evangelio. El gozo es un flujo abundante e inevitable de la percepción progresiva del «supremo llamamiento» de conocer a Cristo Jesús como Señor a través de la fe en el evangelio de Cristo.[17]

Este gozo se expresa a menudo en medio del sufrimiento (ver Hech. 16:16-25).[18] Las circunstancias difíciles de Pablo habían servido para el crecimiento del evangelio (1:12-13), y tanto Pablo como Epafrodito enfrentaron la posibilidad de muerte en su ministerio (1:20-21; 2:27). En la lucha de los filipenses por la fe, también se enfrentarían al sufrimiento (1:27-28). Cristo sufrió en la cruz (2:8), y Pablo consideró su propio sufrimiento como comunión en los sufrimientos de Cristo (3:11). Pablo podía soportar el sufrimiento, el hambre y la pobreza, a través de la fuerza que Cristo proveyó (4:12-13).

---

[17] F. Thielman, *Theology of the New Testament: A Canonical and Synthetic Approach* [Teología del Nuevo Testamento: enfoque canónico y sinóptico] (Grand Rapids: Zondervan, 2005), 321.

[18] P. Oakes, *Philippians: From People to Letter* [Filipenses: de la gente a la carta], SNTSMS 110 (Cambridge: University Press, 2001), 59–96. Oakes dijo que los filipenses sufrieron económica y físicamente por su negativa a unirse a rituales religiosos paganos.

EFESIOS

ASPECTOS CLAVE	
Autor:	Pablo.
Fecha:	Alrededor del año 60.
Procedencia:	Prisión romana.
Destinatarios:	Carta circular o Éfeso.
Situación:	No identificada claramente.
Propósito:	Declarar y promover la reconciliación y unidad en Cristo.
Tema:	El fin de todo en Cristo.
Versículos clave:	1:3–14, especialmente 1:9–10.

INTRODUCCIÓN

EFESIOS ES UN resumen magistral de la enseñanza de Pablo y fue la carta de Pablo favorita de Calvino.[19] R. Brown afirmó que solo Romanos ejerció más influencia en el pensamiento cristiano a lo largo de la historia de la Iglesia.[20] La carta continúa animando a los cristianos de hoy con la obra reconciliadora de Cristo, y motivando a los creyentes a mantener la unidad de la Iglesia que Cristo compró y que el Espíritu produjo.

Efesios hace numerosas y significativas contribuciones al canon. Primero, Pablo presenta el tema de someter todas las cosas al señorío de Cristo de forma más clara y desarrollada en Efesios. Pablo explicó este realineamiento cósmico de la sumisión a la autoridad de Dios mediante la obra reconciliadora de Cristo en dos esferas: los cielos y la tierra.

En segundo lugar, tal vez solo Colosenses se compara con el énfasis de Efesios en los asombrosos aspectos de la victoria de Cristo, que los creyentes ya disfrutan en Él. Cristo es exaltado sobre todos los poderes de modo que serán estrado de Sus pies. Una Iglesia unida, compuesta por judíos y gentiles comparte esa victoria mientras la Iglesia se sienta y reina con Cristo.

Tercero, Efesios contiene quizás la discusión y la visión más desarrollada sobre la Iglesia. Esta misma Iglesia que comparte la victoria de Cristo sirve como mensajero del gran plan de Dios «de reunir todas las cosas en Cristo» (1:10). Por tanto, la Iglesia unida da testimonio al universo en la nueva creación de Dios, cuando pondrá todas las fuerzas hostiles bajo los pies de Su Hijo.

Cuarto, Efesios también contiene la discusión más detallada de la guerra espiritual en el N.T. (6:10-18; ver 2 Cor. 10:3-6). La Iglesia juega un papel crucial en estos

---

[19] Para un excelente estudio de los elogios atribuidos a Efesios (incluida la referencia a Calvino), ver H. W. Hoehner, *Ephesians: An Exegetical Commentary* [Efesios: comentario exegético] (Grand Rapids: Baker, 2003), 1-2.

[20] R. E. Brown, *An Introduction to the New Testament* [Introducción al Nuevo Testamento] (New York: Doubleday, 1997), 620. Para una extensa mirada a la influencia ejercida por Efesios, ver R. Schnackenburg, *Ephesians: A Commentary* [Comentario sobre Efesios] (Edinburgh: T&T Clark, 1996), 311–42.

tiempos, ya que todas las cosas son sometidas a la autoridad de Cristo. Los dos reinos chocan en guerra cuando las potencias celestiales hostiles pelean contra las fuerzas redimidas de la humanidad en la tierra. Los creyentes marchan, unidos en la armadura de Dios.

HISTORIA

Autor

Es común hablar de tres niveles dentro del *corpus* de Pablo: (1) cartas indiscutibles (Romanos, 1 y 2 Corintios, Gálatas, Filipenses, 1 Tesalonicenses, Filemón); (2) cartas deutero-paulinas (Efesios, Colosenses, 2 Tesalonicenses); y (3) cartas seudónimas (1 y 2 Timoteo, Tito). Muchos estudiosos modernos rechazan que Efesios sea una auténtica carta de Pablo, citan preocupaciones sobre la teología de la carta, el vocabulario, el estilo literario, la relación con Colosenses y la esencia impersonal.

Sin embargo, cuando se toman en cuenta todos los argumentos, la autoría de Pablo de Efesios es firme. La autoría de Pablo de Efesios está basada en dos tempranas e influyentes demandas de autenticidad: (1) la afirmación de la carta, y (2) el testimonio de la Iglesia primitiva.[21] El caso contra la autenticidad está plagado de cuestiones relacionadas con la práctica y la validez del seudónimo.[22] El peso de las pruebas favorece contundentemente la autoría de Pablo.

Fecha

La fecha de Efesios depende de cuestiones complejas relativas a la autoría y la procedencia. Si la carta fue escrita durante el encarcelamiento romano de Pablo, entonces data del año 58 al 60 (60-62 en el cálculo convencional).[23] Dado que Efesios, Colosenses y Filemón parecen haber sido escritos aproximadamente al mismo tiempo, y que Filemón pertenece a la fase final del encarcelamiento de Pablo, una fecha alrededor del año 60 es razonable. Si se coloca a Efesios antes en el ministerio de Pablo, entonces data de principios o mediados de los años 50. La mayoría de los que ven la carta como no-paulina o pospaulina la fechan entre los años 70 y 90.[24]

---

[21] C. L. Mitton (*Ephesians* [Efesios], NCB [London: Oliphants, 1976], 15-16) escribió: «Las pruebas externas están totalmente del lado de los que mantienen la autoría paulina. Entre los primeros escritores de la Iglesia cristiana no hay el más mínimo indicio que lo cuestione». Clemente de Roma (ca. 95) parece ser el primer padre de la Iglesia en aludir a Efesios (1 Clem. 46:6). Parece que Ignacio (murió ca. 110), Ireneo (ca. 180), Policarpo (ca. 155), Clemente de Alejandría (ca. 200), y Tertuliano (ca. 225) conocían Efesios y confirmaron su autenticidad. Efesios también se puede encontrar en el canon de Marción y en el canon Muratoriano. Ver el excelente estudio de Hoehner sobre Efesios en la iglesia primitiva (*Ephesians* [Efesios], 2-6).

[22] Ver la excelente discusión sobre el seudónimo y la pseudepigrafía en Carson y Moo, *Introduction to the New Testament* [Introducción al Nuevo Testamento], 337–53.

[23] P. T. O'Brien (*The Epistle to the Ephesians* [La Epístola a los Efesios], PNTC [Grand Rapids: Eerdmans, 1999], 57) optó por 61–62.

[24] Carson y Moo (*Introduction to the New Testament* [Introducción al Nuevo Testamento], 487) observaron que la última fecha posible parece ser aproximadamente el año 90 porque parece que Clemente de Roma se refirió a Efesios en su carta, que suele estar fechada en el año 96.

Procedencia

La procedencia de Efesios está relacionada con cuestiones como la autoría, la identidad de los destinatarios y la fecha. Muchos sostienen que Efesios fue escrito desde el mismo lugar que Colosenses y Filemón, y posiblemente Filipenses.

Destinatarios

El hecho de que algunos manuscritos importantes no incluyan «en Éfeso» (1:1) plantea problemas para identificar un destinatario.[25] Prominentes críticos textuales como B. Metzger dudan de la integridad de la frase «en Éfeso».[26] Por esta razón, algunos estudiosos han teorizado que Efesios era una carta circular.[27] El tono impersonal en todo el libro de Efesios es sorprendente a la luz de la considerable cantidad de tiempo que Pablo pasó en Éfeso (Hech. 19:8,10; 20:31). Además, algunos textos parecen implicar que el autor ni siquiera conocía a los lectores (Ef. 3:2; 4:21).

Sin embargo, hay que señalar que la hipótesis de la carta circular no está exenta de problemas, ya que incluso los manuscritos que no contienen la frase «en Éfeso» tienen «Éfeso» en el título.[28] Incluso aquellos que apoyan la hipótesis de la carta circular admiten que la omisión de «en Éfeso» crea una construcción gramatical extraña: «a los santos y fieles en Cristo Jesús». Este debate parece algo inconsecuente, porque algunos estudiosos que piensan que «en Éfeso» es parte del texto original siguen creyendo que la carta circuló también en las iglesias de Asia Menor.[29]

Situación

Las cartas de Pablo no son expresiones de teología teórica. Son cartas pastorales que se dirigen a circunstancias congregacionales específicas. Pero Efesios parece romper este molde y, por lo tanto, es difícil detectar una situación clara para la carta.[30] La mayoría concuerda que los gentiles son la audiencia principal, pero el consenso rápidamente comienza a desmoronarse después de esa observación. En contraste con el tono y el contenido de Colosenses, Efesios no se lee como respuesta a una falsa enseñanza. Algunos han cuestionado la búsqueda de una situación al punto de dudar si Efesios es una carta en absoluto. Estos estudiosos prefieren describirla como una homilía o un discurso.[31]

Si se asume la teoría de la carta circular, Efesios representa un cuidadoso resumen y exposición del pensamiento de Pablo. Si la carta fue dirigida a los efesios, las preguntas

---

[25] «En Éfeso» es omitido por los principales textos antiguos y los padres de la Iglesia. Otras tradiciones textuales apoyan la inclusión de «En Éfeso».

[26] B. M. Metzger, *A Textual Commentary on the Greek New Testament* [Comentario textual sobre el Nuevo Testamento griego], 2.ª ed. (Stuttgart: United Bible Societies, 1994), 532.

[27] Ibid., F. F. Bruce, *The Epistle to the Colossians, to Philemon, and to the Ephesians* [La Epístola a los Colosenses, a Filemón y a los Efesios], NICNT (Grand Rapids: Eerdmans, 1984), 250; O'Brien, *Ephesians* [Efesios], 5, 86–87.

[28] Hoehner, *Ephesians* [Efesios], 147.

[29] Ibid., 79.

[30] Así también Carson y Moo, *Introduction to the New Testament* [Introducción al Nuevo Testamento], 490.

[31] E. Best, *A Critical and Exegetical Commentary on Ephesians* [Comentario crítico y exegético sobre Efesios], ICC (Edinburgh: T&T Clark, 1998), 61–63.

sobre la situación de la carta se convierten en conjeturas educadas extraídas del contenido de Efesios. Entre los que argumentan la autenticidad de la autoría de Pablo, la mayoría enfatiza que no hay una crisis específica a la vista. Pablo tuvo tiempo de escribir una exposición positiva de su teología mientras estaba bajo arresto domiciliario en Roma.[32] Otros identifican necesidades específicas que habrían tenido los cristianos de Asia Menor.

F. Thielman sostuvo que los cristianos que posiblemente enfrentaban sufrimientos en Asia Menor habrían necesitado un recordatorio alentador de todo lo que Dios había hecho por ellos en Cristo, y un desafío para vivir de una manera coherente con los propósitos de Dios para la Iglesia al someter todas las cosas a Cristo.[33] C. E. Arnold afirmó que los cristianos en Asia Menor habrían necesitado una base positiva en el evangelio de Pablo porque eran conversos de un pasado pagano lleno de magia, astrología y religiones misteriosas. Su pasado pagano también requería orientación moral para vivir una vida coherente con la autoridad de Cristo.[34]

Propósito

A pesar de las variadas propuestas para el contexto de la carta, la mayoría de los estudiosos están de acuerdo en los temas principales de Efesios. Efesios hace hincapié en la reconciliación cósmica en Cristo y subraya la necesidad de: 1) unidad en la Iglesia, 2) una ética cristiana distintiva y 3) vigilancia en la guerra espiritual.[35] Como ya se ha señalado, diversos exégetas hacen hincapié en estos aspectos y tratan de establecer contacto con posibles necesidades concretas.

El intento de determinar un propósito específico puede generar diversas propuestas, pero la mayoría reconocería, como señalaron Carson y Moo, que Efesios es «una importante declaración del Evangelio que puede haber sido muy necesaria en más de una situación del primer siglo».[36] La naturaleza general de Efesios la hace particularmente adecuada para ser aplicada por los creyentes de hoy en día.

LITERATURA

Plan literario

Las obras recientes han establecido una variedad de propuestas sobre el plan literario de Efesios. Aunque algunos de estos estudios son perspicaces y exhortan la meditación, muchos permanecen, con razón, sin ser persuadidos por estos análisis debido al peligro presente de presionar las cartas de Pablo en modelos preconcebidos.

---

[32] J. A. Robinson, *St. Paul's Epistle to the Ephesians* [Epístola de San Pablo a los Efesios], 2.ª ed. (London: Macmillan, 1907), 10–11.

[33] Thielman, *Theology of the New Testament* [Teología del Nuevo Tstamento], 394.

[34] C. E. Arnold, *Ephesians, Letter to the* [Carta a los efesios], en *Dictionary of Paul and His Letters* [Diccionario de Pablo y sus cartas], ed. G. F. Hawthorne, R. P. Martin, y D. G. Reid (Downers Grove: InterVarsity, 1993), 246.

[35] O'Brien, *Ephesians* [Efesios], 58–65.

[36] Carson y Moo, *Introduction to the New Testament* [Introducción al Nuevo Testamento], 491.

BOSQUEJO
I. APERTURA (1:1-2)
II. CUERPO: SENTADO CON CRISTO, ANDANDO CON CRISTO, FIRMES POR CRISTO (1:3-6:20)
   a. Bendiciones espirituales compartidas en unión con Cristo y unidad en Cristo (1:3-3:21).
   b. Andando con Cristo y firmes por Cristo (4:1-6:20).
III. CIERRE (6:21-24)

DISCUSIÓN UNIDAD POR UNIDAD

I. Apertura (1:1-2)

Efesios comienza con los tres elementos habituales que introducen una epístola: (1) autor, (2) destinatario y (3) saludo.

II. Cuerpo: sentado con Cristo, andando con Cristo, firmes por Cristo (1:3-6:20)

El cuerpo de la carta se subdivide en una sección indicativa que transmite verdades teológicas generales sobre los destinatarios de la carta (1:15-3:21), y una sección imperativa (4:1-6:20) que emite una serie de órdenes y exhortaciones basadas en estas realidades. Los términos clave parecen ser «sentarse», «andar» y «estar firmes». La primera mitad de la carta establece el fundamento al definir la identidad de los creyentes en Cristo. Basado en su estatus espiritual, en la segunda mitad los exhorta a alcanzar la unidad y la madurez en el Espíritu que ya comparten en Cristo. De esta manera, como dice el versículo clave de la carta (1:10), Cristo, la pieza central de los propósitos históricos de salvación de Dios, será restaurado a Su legítimo lugar de soberanía y dominio en todas las cosas, en la Iglesia y el cosmos.

a. Bendiciones espirituales compartidas en unión con Cristo y unidad en Cristo (1:3-3:21). En esta sección, Pablo (1) presentó las bendiciones espirituales que los creyentes tienen al estar sentados con Cristo en los reinos celestiales (1:3-14); (2) oró por sus lectores (1:15-23); (3) describió la conversión como un cambio de la muerte espiritual a la vida espiritual (2:1-10); (4) describió la unidad de la Iglesia centrada en el evangelio (2:11-22); (5) destacó su propio papel en esta unidad como ministro de los gentiles, a quienes se les ha confiado el misterio del evangelio (3:1-13); y (6) terminó con una oración final y una doxología (3:14-21).

El extenso elogio de la carta (1:3-14) es una frase en el texto griego, y en ella Pablo explica las bendiciones espirituales que poseen los creyentes en Cristo (1:3). Estas bendiciones se centran en el trabajo de la Trinidad en la salvación de los creyentes y provocan la alabanza de la gloria de Dios. Dios Padre planea la salvación (1:4-5) para Su gloria (1:6). Dios Hijo procura la salvación (1:7-12) para alabanza de la gloria de Dios (1:12). Dios Espíritu sella la salvación (1:13) y sirve como un adelanto de la herencia del creyente para la alabanza de la gloria de Dios (1:14).

Pablo siguió el elogio con una oración de apertura para sus lectores (1:15-23) y concluyó la sección con una oración de cierre (3:14-21). La oración de apertura pide que Dios dé a los creyentes un espíritu de sabiduría y revelación, y que abra sus corazones para que puedan entender plenamente su esperanza en las gloriosas riquezas de Su herencia y Su inmensurable poder en los creyentes. Pablo comparó este poder con el poder que resucitó a Cristo de entre los muertos y lo sentó a la derecha de Dios por encima de todo principado y autoridad (1:20-23).

Las siguientes tres secciones retratan la unidad que Dios ha creado a través del evangelio desde tres ángulos diferentes: (1) el ángulo celestial, en el que Dios da vida a los muertos espirituales y los resucita para que se sienten espiritualmente con Cristo en los reinos celestiales (2:1-10); (2) el ángulo centrado en la cruz, que representa la cruz de Cristo derribando viejas barreras para crear la Iglesia como un hombre, y una morada, nuevos y únicos (2:11-22); y (3) el ángulo del ministerio apostólico de Pablo, que destaca su papel en traer a la luz el misterio de la igualdad espiritual entre gentiles y judíos en el cuerpo de Cristo (3:1-13). La oración final y la doxología de Pablo vuelven a resaltar la unidad, al orar para que los creyentes puedan comprender el amor de Cristo «con todos los santos» (3:18) al regocijarse en el Dios que es glorificado «en la iglesia» (3:21).

Efesios 2:1-10 y 2:11-22 utilizan el esquema «en otro tiempo» y «ahora», que muestra la condición de los lectores antes y después de su conversión a Cristo. Efesios 2:1-10 habla de la separación espiritual entre Dios y los hombres en términos soteriológicos, mientras que 2:11-22 retrata esta separación en el contexto de la historia de la salvación.

Efesios 2:1-10 pasa de la muerte espiritual y la condición de los incrédulos como «hijos de ira» a la vida espiritual y la salvación. Esta última experiencia «de pobreza a riquezas» descansa en la asombrosa gracia de Dios, aparte de cualquier obra humana (2:4-5). Pablo vinculó su descripción de la experiencia de Cristo (1:20-23) con la experiencia del creyente en Cristo (2:6). La unión de los creyentes con Cristo significa que, así como Él fue levantado y sentado a la derecha de Dios (1:20), así los creyentes son resucitados con Cristo, levantados con Él y sentados con Él en los lugares celestiales (2:6). El gozo de esta experiencia presente solo puede ser superada cuando Dios mostrará «en los siglos venideros las abundantes riquezas de su gracia en su bondad» a los creyentes en Cristo (2:7). Pablo también resaltó la naturaleza inmerecida de la salvación como un regalo de la gracia de Dios, que se recibe por fe (2:8). Esta salvación excluye la arrogancia humana, porque se basa en la obra de Dios y no en las obras del hombre (2:8-9). Aunque la salvación no resulta de las buenas obras, las buenas obras fluyen de la salvación (2:10).

En Efesios 2:11-12 Pablo describió la difícil situación del pasado de sus lectores. Los llamó a recordar su condición anterior como gentiles. Específicamente, Pablo declaró que antes estaban separados de (1) Cristo, (2) la ciudadanía en Israel, (3) los pactos de promesa, (4) la esperanza, y (5) Dios. Pero Cristo ha establecido la paz y la unidad entre judíos y gentiles al abolir el muro divisorio a través de la cruz (2:14-15), y al crear en Sí mismo un hombre nuevo, la Iglesia (2:15), que es un edificio unido o un santuario para la morada de Dios en el Espíritu (2:21-22).

Pablo destacó su ministerio apostólico a los gentiles como el «misterio» del evangelio (3:1-13). El «misterio» de Dios, antes oculto y ahora revelado a los apóstoles y profetas, es la igualdad espiritual de gentiles y judíos en el cuerpo de Cristo a través del evangelio (3:5-6). Dios dio poder a Pablo para llevar a cabo Su plan (3:8-9), de modo que, a través de la Iglesia, la sabiduría de Dios se revelará «a los principados y potestades en los lugares celestiales» (3:10; ver 1:21).

La oración final de Pablo (3:14-21) pide a Dios que dé poder a los creyentes para que sean «… capaces de comprender con todos los santos cuál sea la anchura, la longitud, la profundidad y la altura, y de conocer el amor de Cristo, que excede a todo conocimiento, para que seáis llenos de toda la plenitud de Dios» (3:18-19). Pablo cierra con una doxología a Dios como quien trabaja con poder, más allá de todo lo que podríamos pedir o imaginar (3:20-21).

b. Andando con Cristo y firmes por Cristo (4:1-6:20). La sección indicativa (caps. 1-3) proporciona la base («pues»; 4:1) para la sección imperativa. Las dos palabras clave de esta sección parecen ser «andar» (4:1,17 [dos veces]; 5:2,8,15) y «estar firmes» (6:11,13,14). La estructura propuesta por Hoehner para la sección «andar» es pedagógicamente útil. Pablo llamó a la Iglesia a andar en (1) unidad (4:1-16), (2) santidad (4:17-32), (3) amor (5:1-6), (4) luz (5:7-14), y (5) sabiduría (5:15-6:9).[37] Efesios 6:10-20 constituye un llamado a los creyentes a estar firmes en una guerra espiritual contra las fuerzas oscuras del mal accediendo al poder de Dios mediante la armadura de Dios (6:10-17) y la oración (6:18-20).

Efesios 4:1-16 destaca la diversidad de la unidad (4:1-13) en la Iglesia para la madurez (4:13), la estabilidad (4:14) y el crecimiento (4:15-16) del cuerpo de Cristo. Efesios 4:1-6 describe específicamente *qué* están llamados a hacer los cristianos (caminar dignamente como cristianos); *cómo* deben hacerlo (con humildad, mansedumbre, paciencia y amor, manteniendo la unidad del Espíritu); y *por qué* (por la «unidad» de la fe). Efesios 4:7-13 añade la observación de que «unidad» no implica «igualdad». Los creyentes no están llamados a ser cristianos «molde», porque Cristo en Su gracia otorga una variedad de dones como botín de Su victoria (4:7-10) por el bien de la Iglesia (4:11-12), para que el cuerpo sea edificado y alcance unidad, madurez y plenitud de la fe (4:12-13).[38]

Esta unidad y madurez protegerán al cuerpo no solo de las falsas enseñanzas (4:14) sino también de la vida falsa (4:17-19). Los cristianos no deben andar en las tinieblas como los gentiles (4:17-19; 5:6-7), sino que deben «… andad como hijos de luz» (5:8-10) y permanecer separados de las obras oscuras y exponerlas trayéndolas a la luz (5:11-14). Caminan en luz (5:6-14) y en sabiduría (5:15-17).

---

[37] Ver el bosquejo en Hoehner, *Ephesians* [Efesios], 66–68.
[38] Los eruditos han luchado con el aparente cambio de verbo («Tomaste dones») en el Salmo 68:18 (LXX 67:19; MT 68:19) a «dio dones» en Efesios 4:8. Para un estudio extenso de los enfoques de este texto, ver W. Hall Harris III, *The Descent of Christ: Ephesians 4:7-11* [El descenso de Cristo: Efesios 4:7-11] y *Traditional Hebrew Imagery* [Imagen tradicional hebrea], AGJU 32 (Leiden: Brill, 1996), 64-122.

Pablo ordenó a los cristianos ser continuamente llenos del Espíritu,[39] que contrasta con la embriaguez (5:18). Una serie de participios dependientes[40] sigue el mandato de ser llenos del Espíritu para que el lector vea que «sed llenos» por el Espíritu tiene efectos como la alabanza de todo corazón (v. 19), la acción de gracias (v. 20) y la sumisión (v. 21). Pablo desarrolló los detalles de esta sumisión en la forma de un código doméstico, que delinea las diversas funciones y responsabilidades de los miembros del hogar (5:22-6:9).[41]

Como resultado de «sed llenos del Espíritu», las esposas deben someterse a sus maridos (5:22), los hijos deben obedecer a sus padres (6:1), y los esclavos deben obedecer a sus amos (6:5). Pablo también resaltó lo que el comportamiento por el Espíritu implica para aquellos en posiciones de autoridad: los maridos son llamados a amar a sus esposas como Cristo ama a Su novia, la Iglesia (5:28); los padres no deben provocar a sus hijos a la ira, sino criarlos en la disciplina y amonestación del Señor (6:4); y los amos deben tratar a aquellos bajo su autoridad de manera justa y no amenazarlos (6:9).

El último llamado es para que los creyentes se mantengan firmes por Cristo (6:10-20). El texto consta de tres partes: (1) los versículos 10-13 ofrecen una advertencia introductoria para que los creyentes sean fuertes en el Señor y se pongan toda la armadura de Dios ante las fuerzas hostiles que se despliegan contra ellos; (2) los versículos 14-17 amplían («pues») y refuerzan la advertencia introductoria y especifican con más detalle las piezas que constituyen «toda la armadura»; y (3) los versículos 18-20 exhortan a los creyentes a acceder al poder de Dios en la oración por todos los creyentes (6:18), incluido Pablo (6:19-20). Las palabras «estar firmes» aparecen tres veces (6:11,13,14) como un llamado a mantenerse firme en el poder de Dios (es decir, la armadura completa de Dios) contra el diablo y los poderes espirituales de la maldad.

Efesios 6:10-20 sirve como un punto culminante para la carta. Por lo tanto, el lector encuentra repeticiones de muchos temas previos de forma más enfática. La lista de piezas de la armadura que los creyentes usan en la guerra espiritual (6:14-17) ya era prominente en Efesios: la verdad (1:13; 4:15,21,24-25; 5:9); la justicia (4:24; 5:9); la paz (1:2; 2:14-18; 4:3); el evangelio (1:13; 3:6); la Palabra de Dios (1:13; 5:26); la salvación (1:13; 2:5,8; 5:23); y la fe (1:1,13,15,19; 2:8; 3:12,17; 4:5,13). Los vínculos léxicos y conceptuales entre Efesios 1:3-14 y 6:10-20 también son pronunciados, especialmente el grupo de términos teológicos clave entre Efesios 1:13 y 6:14-17. Es importante señalar que, como en el caso

---

[39] Pablo quería ver la solución distintivamente cristiana de «ser lleno del Espíritu». Ver especialmente a D. B. Wallace, *Greek Grammar Beyond the Basics* [Gramática griega más allá de lo básico] (Grand Rapids: Zondervan, 1996), 375; O'Brien, *Ephesians* [Efesios], 391-92; y Hoehner, *Ephesians* [Efesios], 702-4. Para un estudio de varias propuestas, ver A. J. Köstenberger, *What Does It Mean to Be Filled with the Spirit? A Biblical Investigation* [¿Qué significa ser llenos del Espíritu?: Una investigación bíblica], JETS 40 (1997): 231-35.

[40] Los cinco participios transmiten el resultado. Así también A. T. Lincoln, *Ephesians* [Efesios], WBC 42 (Dallas: Word, 1990), 345; Wallace, *Greek Grammar Beyond the Basics* [Gramática griega más allá de lo básico], 639. La gramática de Pablo muestra la relación de causa y efecto entre «sed llenos del Espíritu» (5:18) y las características piadosas que siguen (5:19-21). No se trata de realidades independientes que los creyentes están llamados a cumplir por su propia voluntad, sino que dependen de la obra del Espíritu (ver el fruto del Espíritu en Gálatas 5:22-23).

[41] Ver T. G. Gombis, *A Radically New Humanity: The Function of the Haustafel in Ephesians* [Una humanidad radicalmente nueva: La función del *Haustafel* en Efesios], JETS 48 (2005): 317–30.

del mandamiento de ser «llenos del Espíritu» (5:18), el pasaje sobre la «guerra espiritual» tiene importantes dimensiones tanto colectivas como individuales. Tanto los creyentes individuales y la Iglesia *como uno solo* deben estar espiritualmente equipados para participar en la guerra espiritual.[42]

III. Cierre (6:21-24)

Pablo concluyó la carta con algunas breves referencias sobre sus planes de viaje y un cierre común. Declaró que enviaba a Tíquico para informar a los lectores sobre los asuntos personales de Pablo (6:21-22) y para animarlos (6:22). Pablo cerró la carta con un deseo de paz y amor de Dios Padre y del Señor Jesucristo (6:23) y con la bendición de la gracia (6:24).

TEOLOGÍA

Temas teológicos

La soberanía de Cristo. «… reunir todas las cosas en Cristo…» (*anakephalaioō*, 1:10), es el tema central de toda la carta. Dios progresivamente lleva a cabo este realineamiento de la autoridad y la sumisión en dos esferas: los cielos (1:3,10,20; 2:6; 3:10; 6:12) y la tierra (1:10; 3:15; 4:9; 6:3).[43] Cada reino tiene su propio representante: los poderes en los cielos y la Iglesia en la tierra.[44] Por lo tanto, el sometimiento de Dios de todas las cosas a Cristo se convierte en una realidad a través de la soberanía de Cristo sobre los poderes malignos y su derrota (1:19-22) y su reunión de judíos y gentiles en un solo cuerpo (2:11-22).

Aunque el tema es el someter todas las cosas a la soberanía de *Cristo*, Pablo destacó la labor unificada de los tres miembros de la Trinidad para cumplir este objetivo. Este centro teológico se expresa a través de cuatro temas: soteriología, eclesiología, ética y guerra espiritual. Las referencias a la obra unida de la Trinidad surgen en ocho pasajes: 1:4-14; 1:17; 2:18; 2:22; 3:4-5; 3:14-17; 4:4-6; 5:18-20.[45] Los dos primeros pasajes (1:4-14,17) se relacionan con la soteriología; los siguientes cinco pasajes (2:18,22; 3:4-5,14-17; 4:4-6) con la eclesiología; y el último (5:18-20) con la ética.

La Iglesia. Efesios enfatiza la naturaleza de la Iglesia. Después de la soteriología, siguen las discusiones de eclesiología, porque el trabajo trinitario de salvación tiene importantes implicaciones para la Iglesia. Esta dinámica se encuentra en Efesios 2:18: «porque por medio de él [Cristo] los unos y los otros tenemos entrada por un mismo Espíritu al Padre» (ver también 2:22; 3:4-5,14-19). Cristo ha derribado la pared divisoria mediante la cruz y ha creado la Iglesia como un nuevo hombre (2:13-22).

Esta obra redentora de Cristo reconcilia al pueblo de Dios con el Padre (2:16). Los creyentes son «conciudadanos de los santos, y miembros de la familia de Dios» (2:19).

---

[42] Ver D. R. Reinhard, *Ephesians 6:10–18: A Call to Personal Piety or Another Way of Describing Union with Christ?* [Efesios 6:10-18: ¿Un llamado a la piedad personal u otra forma de describir la unión con Cristo?] JETS 48 (2005): 521–32.

[43] Ver O'Brien, *Ephesians* [Efesios], 58; Thielman, *Theology of the New Testament* [Teología del Nuevo Testamento], 394.

[44] Ver el excelente estudio de C. C. Caragounis, *The Ephesian Mysterion: Meaning and Content* [El misterio de Efesios: significado y contenido] (Lund: Gleerup, 1977), 144–46.

[45] Hoehner (*Ephesians* [Efesios], 106–7) dijo que «Efesios es conocida como la carta de la Trinidad».

Pablo también llamó a los creyentes a mantener, no a crear, la unidad, porque el Espíritu produce unidad (4:3). La unidad en la Iglesia es una prioridad por la unidad de la Trinidad y otras dimensiones de la unidad (4:4-6). Si la unidad del cuerpo se basa en la unidad de la divinidad, entonces dividir la Iglesia es tan inconcebible y atroz como dividir la Trinidad.

La enseñanza de Pablo sobre los dones espirituales también aborda el tema de la eclesiología (comp. 1 Cor. 12-14; Rom. 12:4-8). Pablo enfatizó que los dones espirituales están conectados a la obra de Cristo como botín de Su victoria. Cristo otorgó estos dones a los creyentes por el bien del crecimiento del cuerpo en conjunto, no solo del individuo. La edificación del cuerpo de Cristo es esencial para lograr la unidad en la fe (4:13).

COLOSENSES

ASPECTOS CLAVE	
Autor:	Pablo.
Fecha:	Alrededor del año 60.
Procedencia:	Prisión romana.
Destinatarios:	Colosas.
Situación:	Falsas enseñanzas.
Propósito:	Combatir las falsas enseñanzas con la supremacía y suficiencia de Cristo.
Tema:	Cristo está completo en todos los sentidos y por lo tanto los creyentes están completos en Cristo.
Versículos clave:	2:6-10.

INTRODUCCIÓN

LA CARTA DE Pablo a los colosenses es quizás la carta más centrada en Cristo del N.T. Colosenses presenta una importante corrección a las falsas enseñanzas del Valle de Lico, que minimizaban la importancia de la persona y la obra de Cristo. Pablo puso firmemente el énfasis de nuevo en la centralidad de Cristo en todas las cosas. La carta argumenta clara y apasionadamente la soberanía de Cristo, la suficiencia de Su trabajo para el creyente y la aplicación de la autoridad de Cristo a cada aspecto de la vida cristiana. Colosenses sirve, así, como un recordatorio riguroso de los serios problemas que surgen cuando se aparta la atención de Cristo y es desplazado del centro de la vida cristiana.

La carta también muestra que la gratitud a Cristo por Su salvación sirve como una importante motivación para la vida cristiana. Aunque los colosenses legalistas pueden haber perseguido la rectitud por un sentido de obligación y temor, Pablo resaltó que el creyente vive su vida de manera digna de su vocación, motivado por una gozosa acción de gracias al Padre que lo adoptó, lo rescató del dominio de Satanás, lo libró del castigo y perdonó sus pecados.[46] Tal vez Colosenses, más que cualquier otra carta de Pablo, presenta la vida cristiana como una explosión incontenible de gozo, alabanza y acción de gracias, en el que todo lo que el creyente dice y hace es una expresión de adoración en agradecimiento a un Señor todopoderoso que ha proporcionado una salvación que resulta suficiente.

HISTORIA

Autor

Esta discusión tiene muchas similitudes con el debate sobre la autoría de Efesios, por lo que no es necesario volver a revisar la misma información. La carta comienza con la afirmación de que Pablo fue el autor (1:1) y contiene dos expresiones más de identificación personal en Colosenses 1:23 («yo Pablo») y 4:18 («La salutación de mi propia mano, de Pablo…»). La carta también se refiere a Timoteo, Epafras, Juan Marcos y Bernabé, quienes fueron compañeros de Pablo como se documenta en el Libro de Hechos. El cierre de la carta hace muchas referencias personales que no se esperarían en un seudoescrito. La autoría de Pablo también fue afirmada por el testimonio de la Iglesia primitiva.

Sin embargo, una vez más, y a pesar de las fuertes pruebas de autenticidad, la autoría de la carta es muy debatida. A pesar de estos desafíos, la autoría de Pablo se basa principalmente en cuatro pilares: 1) la propia reivindicación de la autenticidad de la carta; 2) la tradición ininterrumpida a lo largo de la historia de la iglesia; 3) las estrechas conexiones entre Colosenses y Filemón, carta que casi todos aceptan como auténtica;[47] y 4) las cuestiones relativas a la práctica y la aceptación del seudónimo.

Fecha

Es difícil determinar la fecha de Colosenses con precisión, sobre todo porque depende de la autoría y la procedencia de la carta. Si fue escrita por Pablo desde Cesarea o Efeso, entonces la carta tiene una fecha en algún momento de los años 50. Si fue escrita por Pablo desde Roma, entonces se debe situar la composición de la carta alrededor de los años 58-60 según la cronología de Pablo sugerida en este texto.[48] Si uno rechaza la autenticidad de Colosenses, entonces el libro debe ser fechado alrededor de los años 70-100. Sin embargo, esta fecha tardía es problemática debido al terremoto que presuntamente destruyó Colosas alrededor de los años 60-61.

Procedencia

Muchas dificultades rodean la procedencia de la carta. El debate sobre la procedencia de la carta comenzó claramente en la antigüedad. A pesar de que las suscripciones en muchos

---

[46] Cada capítulo de Colosenses menciona acción de gracias: la acción de gracias es la motivación para la vida que agrada a Dios (1:9-12); la declaración de la carta enfatiza que caminar en Cristo Jesús es impulsado por una desbordante acción de gracias (2:6-7); la acción de gracias cristiana motiva todo lo que el creyente dice y hace (3:17); Pablo exhortó a los Colosenses a asegurarse de que sus oraciones, como la suya (1:3-8), estuvieran llenas de acción de gracias (4:2).

[47] J. D. G. Dunn (*The Epistles to the Colossians and to Philemon* [Las Epístolas a los Colosenses y Filemón], NIGTC [Grand Rapids: Eerdmans, 1996], 37–38) enlista algunas de las similitudes entre Colosenses y Filemón.

[48] Muchos estudiosos fechan el primer encarcelamiento romano a principios de los años 60.

manuscritos, incluyendo a Alejandrino (siglo V) y el primer corrector del Vaticano, asignan la carta a Roma, y ninguna suscripción sugiere otra procedencia, el Prólogo Marcionita (ca. 160-180) afirma que la carta fue escrita desde Éfeso.

La presencia de Lucas, Aristarco, Timoteo y otros colaboradores de Pablo en el momento de la escritura son pistas importantes para la procedencia de Colosenses.[49] La presencia de Lucas parece apoyar una hipótesis romana porque Hechos sitúa a Lucas con Pablo en Roma, mientras que el ministerio de Pablo en Éfeso no es uno de los pasajes que refiere «nosotros» en Hechos. Hechos 27:2 también indica que Aristarco acompañó a Pablo a Italia y muy probablemente todo el camino a Roma. Aunque en Hechos no se menciona la presencia de Timoteo en Roma, el relato del libro termina sin identificar por nombre a las personas que visitaron a Pablo en Roma durante su arresto domiciliario. A la luz de la estrecha relación que comparten Pablo y Timoteo, uno esperaría que Timoteo visitara a Pablo en algún momento durante los dos años que pasó en la prisión romana. Aunque se pueden dar buenos argumentos a favor de Éfeso, las pruebas favorecen una procedencia romana.

Destinatarios

Los destinatarios no están en duda. J.D.G. Dunn podría decir que «no hay disputa sobre dónde y a quién se dirigió la carta: "a los santos y fieles hermanos en Cristo que están en Colosas"».[50] J. B. Lightfoot proporcionó una gran cantidad de información sobre Colosas.[51] La ciudad era una población mixta de frigios, romanos involucrados en asuntos políticos y judíos de la diáspora. Aunque nadie sabe cuándo se estableció la ciudad, Herodoto llamó a Colosas una «gran ciudad de Frigia» ya en el año 480 a.C. La grandeza de la ciudad se debía a su ubicación en el valle de Lico (actual Turquía) en la principal carretera este-oeste de Éfeso hacia el este.[52] El exuberante valle de Lico proporcionaba abundante alimento para el pastoreo de ovejas, y la lana de las ovejas sustentaba la industria de la confección.

Dos pueblos vecinos, Laodicea y Hierápolis, eclipsaron a Colosas en importancia en la época de Pablo. Los romanos hicieron de Laodicea el convento (capital en un distrito de 25 pueblos) y cambiaron el sistema de carreteras de modo que Laodicea se situó en el cruce entre otras cuatro carreteras y la autopista Este-Oeste. Mientras Laodicea prosperaba como centro comercial, Hierápolis creció como lugar de lujo y placer por sus baños minerales. Unos 20 años antes que Pablo, Estrabón testificó la disminución de la importancia de Colosas cuando la describió como una «ciudad pequeña». Como

---

[49] Dunn (*Epistles to the Colossians and Philemon* [Epístolas a los Colosenses y Filemón], 41) y P. T. O'Brien (*Colossians* [Colosenses], *Philemon* [Filemón], WBC 44 [Dallas: Word, 1982], xlix-liv) favorecieron la hipótesis romana para Colosenses.

[50] Dunn, *Epistles to the Colossians and Philemon* [Epístolas a los colosenses y Filemón], 20.

[51] J. B. Lightfoot, *St. Paul's Epistle to the Colossians and to Philemon* [Epístola de San Pablo a los colosenses y Filemón], 9.ª ed. (London: Macmillan, 1890), 1–72; cf. L. M. McDonald, *Colossae* [Colosas], en *Dictionary of New Testament Background* [Diccionario del Nuevo Testamento], 225–26.

[52] Los viajeros usaban la ruta principal de Antioquía a Tarso, a través de las puertas de Cilicia a Derbe, Listra, Iconio, y luego a Colosas y sus pueblos vecinos, Laodicea y Hierápolis. Luego se viajaría unos 160 kilómetros hasta Éfeso y entre 1600 y 2000 kilómetros terrestres hasta Roma.

se mencionó anteriormente, la desaparición de las tres ciudades fue ocasionada por un poderoso terremoto en alrededor de los años 60-61 (aunque Laodicea fue reconstruida; ver Apoc. 3:14-22).

Situación

La situación de la carta es el tema introductorio más complejo. Pablo se refirió a una falsa enseñanza que algunos han llamado la «herejía colosense». Se debate la identidad de los maestros y sus enseñanzas. Los eruditos han notado algunas de las marcas distintivas de la enseñanza a través de un estudio de Colosenses. A nivel formal, se identifica como una «filosofía» que tiene un apoyo de larga ascendencia en las «tradiciones de los hombres» (2:8). Es más difícil detectar ciertos temas de esta filosofía en Colosenses, pero destacan algunas frases: «toda la plenitud» (2:9); «afectando humildad y culto a los ángeles» (2:18); «entremetiéndose en lo que no ha visto» (2:18); «No manejes, ni gustes, ni aun toques» (2:21); y «en culto voluntario, en humildad y en duro trato del cuerpo» (2:23). También parece haber un énfasis en la circuncisión, las leyes de alimentos, los sábados y las regulaciones de pureza (2:11,13,16,20-21).

Los eruditos han estudiado estas vertientes y han intentado localizar un grupo o movimiento en el primer siglo que coincida con todos los criterios. Sin embargo, los oponentes de Pablo eran notoriamente difíciles de identificar con precisión. En el trabajo más actualizado sobre el tema, I. K. Smith estudió cuatro propuestas principales: (1) judaísmo y gnosticismo esenios, (2) helenismo, (3) paganismo y (4) judaísmo.[53] La propia propuesta de Smith ubica la filosofía dentro de la corriente del judaísmo apocalíptico. Tal vez todo lo que se puede concluir en este punto es que Pablo se enfrentó a alguna forma de legalismo y misticismo judío.

Propósito

Si bien, como se ha mencionado, la identidad precisa de los autores de la herejía colosense es difícil de precisar, se puede ver fácilmente que Colosenses sirve como una corrección centrada en Cristo para los errores de los colosenses, cualquiera que sea la naturaleza exacta de su enseñanza. La mayoría reconocería que Pablo hizo al menos tres puntos principales en Colosenses: (1) toda la plenitud habita en el Cristo preeminente (1:15-20); (2) los creyentes están completos en Cristo (2:10); y por lo tanto (3) deben buscar conocer más de Cristo en Su plenitud, buscando las cosas de arriba donde Él habita, no las de la tierra (3:1-2). Las preguntas de fondo pueden ayudar a aclarar la reprimenda de Pablo. Por ejemplo, si Pablo respondía a las ascensiones místicas en Colosenses, la ironía es que «su deseo de presenciar el culto que prestan los ángeles no es una búsqueda celestial, sino mundana, ya que se centra en reglamentos que están destinados a perecer».[54] También es carnal en el sentido de que estas ascensiones y las

---

[53] I. K. Smith, *Heavenly Perspective: A Study of Paul's Response to a Jewish Mystical Movement at Colossae* [Perspectiva celestial: estudio de la respuesta de Pablo a un movimiento místico judío en Colosas], LSNTS 326 (Edinburgh: T&T Clark, 2007), 19.

[54] *Ibid.*, 207.

visiones asociadas a ellas no ofrecen ayuda para superar la carne, porque conducen al elitismo y las divisiones espirituales.

LITERATURA

Plan literario

Colosenses se clasifica mejor como una carta escrita con el propósito de exhortar y animar. En lo que respecta a la estructura literaria general, parece dividir el texto a lo largo de líneas epistolares que se ajustan a la tendencia común de Pablo de comenzar con una sección doctrinal y terminar con una sección parenética (exhortación).

BOSQUEJO

I. INTRODUCCIÓN (1:1-8)
   a. Apertura (1:1-2).
   b. Acción de gracias (1:3-8).
II. CUERPO: LA SOBERANÍA Y LA SUFICIENCIA TOTAL DE CRISTO (1:9-4:6)
   a. La centralidad de Cristo y la herejía colosense (1:9-2:23).
   b. La nueva vida de los creyentes en Cristo (3:1-4:6).
III. CIERRE (4:7-18)
   a. Elogio a Tíquico y Onésimo (4:7-9).
   b. Saludos de los compañeros de trabajo de Pablo (4:10-14).
   c. Instrucciones finales (4:15-17).
   d. Saludos finales y bendición (4:18).

DISCUSIÓN UNIDAD POR UNIDAD

I. Introducción (1:1-8)

La introducción de la carta de Pablo a los Colosenses consiste en una declaración de apertura (1:1-2) y una sección de agradecimiento (1:3-8).

a. Apertura (1:1-2). Pablo inició la carta con la habitual identificación del autor, los destinatarios y el saludo de gracia.

b. Acción de gracias (1:3-8). Pablo dio gracias a Dios por la fe, el amor y la esperanza de los colosenses (1:4-5), que había escuchado de Epafras, quien aparentemente había fundado la iglesia colosense (1:7). Pablo también se regocijó en la predicación del evangelio entre los colosenses (1:5-6) y más allá de ellos al mundo entero (1:6).

II. Cuerpo: la soberanía y la suficiencia total de Cristo (1:9-4:6)

a. La centralidad de Cristo y la herejía colosense (1:9-2:23). Pablo comenzó el cuerpo de la carta con una oración para que Dios llenara a los colosenses con el conocimiento de la voluntad de Dios (1:9) y que el desbordamiento de este conocimiento resultara en una forma de vida digna, es decir, un estilo de vida moral y ético que fuera agradable al Señor. Tal estilo de vida se caracteriza por dar el fruto de las buenas obras, continuar creciendo en el conocimiento de Dios, ser fortalecido por Su poder para perseverancia y dar gracias con gozo al Padre (1:10-12). Dios es digno de acción de gracias porque permitió a los cristianos participar en la herencia celestial, los rescató del dominio de las tinieblas y los trasladó al reino de Su amado Hijo (1:12-13), en el que tienen el perdón de pecados (1:14).

Pablo resaltó la supremacía de Cristo en Colosenses 1:15-20. La estructura del pasaje es debatida, pero la mayoría de los estudiosos reconocen dos puntos centrales: (1) Cristo como cabeza sobre la creación (1:15-17) y (2) Cristo como cabeza sobre la Iglesia (1:18-20). Esta asombrosa supremacía de Jesús se ve no solo en Su soberanía sobre la creación y la Iglesia, sino también en Su igualdad con Dios: es la imagen del Dios invisible (1:15), y toda la plenitud de la deidad habita en Él (1:19; 2:9). Debido a que Jesús está por encima de todo, tiene el primer lugar en todo (1:18), y así Dios efectúa la reconciliación cósmica de todas las cosas consigo mismo por medio de Cristo (1:20).

Pablo pasó de la reconciliación radical de todas las cosas en Cristo a la reconciliación específica de los creyentes con Dios por medio de Cristo (1:21-23). Los lectores de Pablo antes estaban enajenados y eran hostiles a Dios, pero ahora, Dios los había reconciliado por medio de Su cuerpo de carne a través de la muerte, para que los creyentes pudieran permanecer santos e intachables ante Dios (1:21-22). Esta gloriosa obra de salvación es una realidad solo en aquellos que perseveran hasta el final en la fe y la esperanza del evangelio que escucharon y que Pablo proclamó como ministro (1:23).

Pablo amplió su propia y única contribución como ministro del misterio de la reconciliación (1:24-2:5). Destacó su papel único como sufriente (1:24) y administrador (1:25) del misterio antes oculto, pero ahora manifiesto (1:26) de la buena nueva de Dios para los gentiles: «que es Cristo en vosotros, la esperanza de gloria» (1:27). Pablo proclamó a Cristo a todos, para que todos pudieran ser presentados completos en Cristo (1:28), una tarea que Dios le dio poder a Pablo para realizar (1:29).

El apóstol también informó a sus lectores sobre su lucha a favor de ellos, para que ellos, y otros (2:1), tuvieran plena seguridad en el conocimiento del misterio de Dios, a saber, Cristo (2:2), en quien estaban todos los tesoros de la sabiduría y el conocimiento (2:3). Este recordatorio sirvió como una salvaguarda contra las falsas enseñanzas (2:4), y Pablo se regocijó al ver su firmeza en la fe (2:5).

Colosenses 2:6-23 afirma esta enseñanza al exponer sus implicaciones para los lectores. Los versículos 6-7 muestran que deben caminar en Cristo, a quien han recibido y en quien se han arraigado y establecido. El versículo 8 advierte directamente contra el cautiverio de la filosofía errónea y el engaño vano. La respuesta de Pablo repetía su argumento previo: toda la plenitud de la deidad habita corporalmente en Cristo (2:9; ver 1:19). Pablo aplicó este punto al creyente en Colosenses 2:10: por lo tanto, los que están en Cristo «estáis completos en él». En otras palabras, si toda la plenitud habita en Cristo, y el creyente está en Cristo, entonces el creyente está completo en Cristo y no necesita ningún suplemento. Así como en el reino matemático no se puede sumar nada al infinito, en el reino espiritual no se puede sumar nada a Cristo, quien es infinito.

Pablo se centró en el cambio espiritual que la cruz de Cristo había efectuado para los creyentes en su unión con Él en Su crucifixión, sepultura y resurrección (2:11-12). Dios les concedió nueva vida incluso cuando estaban muertos en transgresiones (2:13), que perdonó y borró clavando la deuda del pecador en la cruz (2:14). La cruz de Cristo también significó la derrota de las fuerzas malignas contra los creyentes (2:15). La soberanía de la persona y obra de Cristo socavó severamente a los falsos maestros y su mensaje. Por lo tanto, no necesitaban complementar su fe cristiana con la ley ceremonial (2:16-17), la autohumillación, el culto a los ángeles, las visiones (2:18-19), o los preceptos hechos por el hombre (2:20-23).

b. La nueva vida de los creyentes en Cristo (3:1-4:6). Pablo afirmó el fundamento indicativo sobre la persona y la obra de Cristo añadiendo el imperativo de poner cada área de la vida bajo esa soberanía. El alcance cósmico de la soberanía de Cristo debe aplicarse ahora al creyente individual poniendo la mira en las cosas de arriba (3:1-4), y dando muerte a las cosas terrenales (3:5-8). Los creyentes deben dar muerte a sus viejas obras porque se han despojado del viejo hombre y se han revestido del nuevo (3:9-11). Es más, porque han experimentado la gracia perdonadora de Cristo, pueden ahora expresar esta misma gracia a los demás (3:12-17). Pablo también exhortó a sus lectores a poner el hogar cristiano bajo el reino de la soberanía de Cristo (3:18-4:1). Concluyó la sección imperativa centrándose en la oración (4:2-4) y la interacción con los extranjeros (4:5-6).

III. Cierre (4:7-18)

Pablo concluyó la carta de cuatro formas.

a. Elogio a Tíquico y Onésimo (4:7-9). Primero, Pablo informó a los colosenses que Tíquico y Onésimo (el esclavo fugitivo convertido que aparece en Filemón), quienes estaban encargados de llevar la carta de vuelta a la iglesia de Colosas, les informarían sobre su situación actual.

b. Saludos de los compañeros de trabajo de Pablo (4:10-14). En segundo lugar, Pablo mandó algunos saludos personales de sus compañeros de trabajo, incluyendo a Aristarco, Marcos, Jesús Justo, Epafras, Lucas y Demas. Notablemente, dos de los cuatro evangelistas están con Pablo en este momento de su ministerio, visitándolo en la prisión.

c. Instrucciones finales (4:15-17). Tercero, Pablo dio instrucciones finales con respecto a la iglesia de Laodicea, una iglesia que se reunía en la casa de una mujer llamada Ninfa, y un cierto Arquipo (ver Filem. 1:2).

d. Saludos finales y bendición (4:18). Cuarto, Pablo saludó a los colosenses, firma la carta con su propia mano y ofrece una bendición de gracia final.

TEOLOGÍA

Temas teológicos

La supremacía de Cristo. La premisa teológica primordial que sustenta la carta de Pablo a los colosenses es la supremacía de Cristo. La preeminencia de Cristo se presenta especialmente en Colosenses 1:15-20, que contiene una de las representaciones más exaltadas de Cristo en todo el N.T.

Pablo describió por primera vez a Jesús como la «imagen del Dios invisible» (1:15), es decir, como una manifestación visible o una expresión tangible de los atributos de Dios (comp. 2 Cor. 4:4). Pablo también llamó a Jesús el «primogénito de toda creación» (1:15) y más tarde afirmó que «él es antes [en el tiempo] de todas las cosas» (1:17). Dado que Jesús existió antes de la creación, tiene autoridad sobre todas las cosas.[55]

Pablo también explicó por qué Cristo es supremo sobre toda la creación. En primer lugar, Jesús es el agente de la creación. Es aquel por quien el Padre hizo todo lo que existe. No solo creó el universo material, el mundo visible, sino que también creó el mundo espiritual, incluyendo seres angelicales de todo tipo, cuatro de los cuales son tronos, dominios, principados y potestades (1:16).

Pablo añadió que Jesús es el propósito de la creación: «... todo fue creado por medio de él y para él» (1:16). Cada cosa creada existe para el deleite de Cristo y para Su gloria. Jesús no solo es el propósito de la creación, sino que también es el sustento de todo el universo: «... y todas las cosas en él subsisten» (1:17).

La preeminencia de Cristo en todas las cosas se extiende a Su soberanía sobre la nueva creación de Dios. Jesús es la cabeza de la Iglesia en virtud de Su resurrección de entre los muertos (1:18). La cualidad de Jesús como «primogénito de entre los muertos» sirve para identificarlo como el principio de la Iglesia, el fundador de una nueva humanidad. La resurrección de Jesús es la clave para la transformación de los pecadores rebeldes en el pueblo santo de Dios y la promesa de la redención final.

Conducta cristiana adecuada. Las explicaciones indicativas en Colosenses 1-2 de quién es Cristo y lo que ha hecho, conducen a la proclamación imperativa en los capítulos 3-4 sobre quiénes son los creyentes y qué deben hacer.[56] Pablo estableció el alcance de la soberanía de Cristo y el alcance de la salvación del creyente en Él (caps. 1-2); aplicó estos dos puntos de tres amplias maneras (caps. 3-4).

En primer lugar, el alcance de la obra de Cristo y la unión espiritual de los creyentes con Él significa que pueden seguir buscando las cosas de arriba, donde Cristo habita (3:1-2). Aunque los creyentes están completos en Cristo, la vida cristiana no es estática. Los creyentes deben tener la pasión de seguir a Cristo, y esa búsqueda requiere apartar la mirada de las cosas terrenales y dar muerte a las pasiones y cosas terrenales que pertenecen a la antigua forma de vida (3:5).

En segundo lugar, la unión con Cristo significa que el creyente es una nueva criatura y actúa en consecuencia. El creyente se ha «despojado del viejo hombre con sus hechos» (3:9) y se ha «revestido del nuevo» (3:10). Pablo declaró anteriormente que Cristo es la imagen de Dios (1:15) y el Creador (1:16), y ahora, en unión con Cristo, el creyente es hecho de nuevo según la imagen del Creador (3:10). Así, el creyente se transforma para parecerse cada vez más a Cristo.

---

[55] En otro lugar Pablo usó el argumento de la prioridad en el tiempo para demostrar la autoridad del hombre sobre la mujer (ver 1 Cor. 11:8–9).

[56] E. Lohse, *Colossians and Philemon* [Colosenses y Filemón], Hermeneia, ed. W. R. Poehlmann y R. J. Karris (Philadelphia: Fortress, 1971), 178.

En tercer lugar, el alcance cósmico de la soberanía de Cristo tiene implicaciones asombrosas para Su dominio sobre cada aspecto de la vida del creyente, lo que se enfatiza especialmente en el código doméstico en 3:18-4:1.[57] La soberanía de Cristo se extiende a la santidad personal, la vida familiar, la vida de trabajo y todo lo que está en medio («Y todo lo que hacéis, sea de palabra o de hecho...», 3:17).

FILEMÓN

ASPECTOS CLAVE	
Autor:	Pablo.
Fecha:	Alrededor del año 60.
Procedencia:	Prisión romana.
Destinatarios:	Filemón.
Situación:	El esclavo de Filemón escapa, conoce a Pablo, se vuelve creyente, y es enviado de vuelta a su amo.
Propósito:	Animar a Filemón a aceptar a Onésimo como un hermano y enviarlo de vuelta a Pablo y posiblemente concederle su libertad.
Tema:	El amor y la reconciliación en el cuerpo de Cristo.
Versículos clave:	17-20.

INTRODUCCIÓN

AUNQUE FILEMÓN ESTÁ separado en el canon del N.T. del libro de Colosenses, comparte con él su probable destino y presunta fecha de escritura durante el primer encarcelamiento romano de Pablo con Filipenses, Efesios y Colosenses. Por esta razón es apropiado agrupar Filemón con las otras epístolas de la prisión (Filipenses, Efesios y Colosenses) y discutir la carta bajo la presente rúbrica.

Filemón tiene la característica de ser la carta más corta de Pablo, con 335 palabras en el texto griego.[58] Carson y Moo también caracterizaron a Filemón como la carta «más personal» de Pablo.[59] El tema de la esclavitud es probablemente el primer pensamiento que viene a la mente cuando el cristiano piensa en Filemón; pero la carta de Pablo no es un documento de posición sobre la esclavitud. Más bien, hace una contribución mucho más multifacética al canon de lo que una lectura superficial de la carta podría sugerir.

---

[57] Ver el análisis de A. R. Bevere (*Sharing in the Inheritance: Identity and the Moral Life in Colossians* [Compartiendo la herencia: la identidad y la vida moral en Colosenses], JSNTSup 226 [London: Sheffield Academic Press, 2003], 225–54, esp. 240), que argumentaba que el código doméstico es una pieza integral de la carta entera a la luz de la soberanía de Cristo.

[58] A. G. Patzia, *Philemon, Letter to* [Carta a Filemón], en *Dictionary of Paul and His Letters* [Diccionario de Pablo y sus cartas], 703.

[59] Carson y Moo, *Introduction to the New Testament* [Introducción al Nuevo Testamento], 589.

Aunque Filemón es la carta más corta de Pablo, hace una contribución significativa a la teología del N.T. Toma efectivamente el concepto de Colosenses de la reconciliación cósmica a través de la cruz de Cristo y lo traduce en un escenario específico de reconciliación entre dos individuos. El mensaje del evangelio no se sostiene por sí solo; tiene un importante mensaje sobre cómo tratar los asuntos de la vida real. En un sentido muy real, las relaciones en el cuerpo de Cristo son relaciones evangélicas, y las cuestiones sociales como la esclavitud son cuestiones evangélicas.

HISTORIA

Autor

Filemón es casi universalmente reconocido como una auténtica carta del apóstol Pablo. El único caso sostenido contra la autoría de Pablo fue hecho por la Escuela de Tubinga en el siglo XIX. Como se ha mencionado anteriormente, F. C. Baur afirmó la autenticidad de solo cuatro cartas atribuidas a Pablo: Romanos, 1 y 2 Corintios y Gálatas, a las que llamó categóricamente las *Hauptbriefe* («epístolas mayores» en alemán).[60] Sus argumentos contra la autenticidad son ahora rechazados por prácticamente todos los estudiosos de Pablo.[61]

Fecha

La fecha de Filemón depende en gran medida de la fecha asignada a Colosenses. La evidencia de la estrecha relación entre las dos cartas es la siguiente: (1) Colosenses se refiere a Onésimo (Col. 4:9); (2) ambas cartas tienen a Timoteo como mensajero (Filem. 1:1; Col. 1:1); (3) ambas cartas se refieren a Epafras (Filem. 1:23; Col. 1:7) y a Arquipo (Filem. 1:2; Col. 4:17); y (4) ambas cartas incluyen a Marcos, Aristarco, Demas y Lucas entre los compañeros de Pablo (Col. 4:10,14; Filem. 1:24). Asumiendo la procedencia romana de Colosenses, la carta debe ser fechada alrededor del año 60.

Destinatarios

Pablo dirigió la carta a Filemón, a quien llamó «amado Filemón, colaborador nuestro» (v. 1). Prácticamente todos aceptan este destinatario. John Knox sugirió que Filemón era el destinatario inicial de la carta, mientras que Arquipo era el destinatario final, pero esta opinión ha generado poca aceptación.[62]

Filemón era el amo de un esclavo llamado Onésimo. La carta proporciona una serie de posibles detalles biográficos sobre Filemón. En primer lugar, Pablo presentó a Filemón en términos brillantes como un compañero de trabajo apreciado (v. 1) y un modelo de amor y fe hacia Jesús (v. 5). El amor y la fe de Filemón también había rebosado hacia todos los creyentes (v. 5), a los que había confortado a menudo (v. 7). Segundo, el apóstol Pablo probablemente jugó un papel significativo en la conversión de Filemón (v. 19) porque

---

[60] F. C. Baur, *Paul: His Life and Works* [Pablo: Su vida y obras] (London: Williams and Norgate, 1875), 1:246.
[61] E.g., O'Brien, *Colossians, Philemon* [Colosenses, Filemón], xli-liv.
[62] J. Knox, *Philemon Among the Letters of Paul* [Filemón entre las cartas de Pablo], 2.ª ed. (New York: Abingdon, 1959).

Pablo comentó a Filemón que «aun tú mismo te me debes también».[63] Tercero, Filemón probablemente era rico ya que hospedó a la iglesia (v. 2) en Colosas (ver Col. 4:9) y pudo proveer un cuarto de huéspedes para Pablo (v. 22).[64]

Procedencia

Las cuestiones sobre la procedencia de Filemón dependen de la procedencia de Colosenses. Pablo estaba en prisión cuando escribió ambas cartas. Además de las otras similitudes esbozadas anteriormente, Colosenses indica que Onésimo era residente de Colosas (Col. 4:9). Así, se puede inferir con seguridad que Filemón residía en el mismo lugar que su esclavo. Muchos eruditos concluyen que estas similitudes entre las dos cartas sugieren que fueron escritas en el mismo momento y lugar, y que fueron enviadas juntas a Colosas. El tiempo y el lugar, sin embargo, siguen siendo fuertemente disputados.

Las tres propuestas principales sobre la procedencia de Filemón son Roma, Éfeso y Cesarea, siendo Roma y Éfeso las más debatidas. A favor de Roma, las pruebas externas que datan de los siglos IV y V «atribuyen uniformemente» la procedencia de Filemón a Roma.[65] Otros estudiosos creen que dos factores en Filemón favorecen un encarcelamiento en Éfeso: (1) es más probable que Onésimo huyera a Éfeso como la metrópoli más cercana, no la lejana ciudad de Roma; y (2) la petición de Pablo a Filemón de una habitación en un futuro cercano (Filem. 1:22) se ajusta fácilmente a la menor distancia entre Éfeso y Colosas.[66]

Aquellos que apoyan un encarcelamiento romano apuntan dos respuestas. Primero, la proximidad de Éfeso a Colosas corta en ambos sentidos. Puede ser que Onésimo buscara el anonimato en la capital del Imperio romano porque un lugar como Éfeso estaba demasiado cerca para sentirse cómodo. Segundo, la petición de Pablo de alojamiento no excluye un encarcelamiento romano porque aún podría hacer el viaje en unas cinco semanas. Carson y Moo argumentaron que la referencia a una llegada inminente podría haber sido una forma de presionar más a Filemón y obtener una decisión favorable de él.[67]

Situación

La hipótesis tradicional sobre la situación de la carta puede esbozarse de la siguiente manera. Filemón tenía un esclavo fugitivo llamado Onésimo, que pudo haber añadido a su crimen de deserción, el robo a su amo (v. 18). Después de su fuga, Onésimo se

---

[63] Desde los primeros tiempos (por ejemplo, Theodoret), se ha dicho que Apia era la esposa de Filemón, ya que su nombre aparece junto al suyo (v. 2). Ver O'Brien, *Colossians, Philemon* [Colosenses, Filemón], 273 («probablemente correcto»). Algunos teorizaron además que Arquipo era el hijo de Filemón y de Apia, aunque esto es imposible de verificar (*ibid.*: «probablemente»).

[64] Dunn, *Colossians and Philemon* [Colosenses y Filemón], 300–1.

[65] *Ibid.*, 308; cf. Metzger, *Textual Commentary* [Comentario textual], 589–90.

[66] D. A. DeSilva, *An Introduction to the New Testament: Contexts, Methods & Ministry Formation* [Introducción al Nuevo Testamento: contexto, métodos y formación del ministerio] (Downers Grove: InterVarsity, 2004), 668.

[67] Carson y Moo, *Introduction to the New Testament* [Introducción al Nuevo Testamento], 592. Dunn (*Colossians and Philemon* [Colosenses y Filemón], 308) también afirmaron que uno debe observar la nota de incertidumbre en el v. 22 y sostuvieron que Pablo puede haber dicho simplemente: «Tengan una habitación lista para mí; nunca se sabe cuándo podría aparecer».

encontró con Pablo en prisión (o arresto domiciliario). El apóstol se hizo amigo de Onésimo y finalmente lo guio a Cristo. Aunque Pablo deseaba mantener a Onésimo con él, sabía que debía enviar al esclavo de vuelta a Filemón. Pero lo hizo con la esperanza expresa de que Filemón devolviera a Onésimo otra vez para proporcionarle más ayuda, tal vez con la esperanza adicional de que Filemón concediera la libertad a su esclavo, que ahora era un compañero de esclavitud de Cristo con Filemón y, por tanto, un hermano en Cristo.[68]

Esta representación ha sido criticada recientemente por la remota posibilidad de que Onésimo se haya encontrado con el amigo íntimo de Filemón, Pablo. Carson y Moo captan bien esta actitud al decir que «tal coincidencia parece más acorde con una novela de Dickens que con una historia sobria».[69] Sin embargo, como Carson y Moo señalaron, la visión tradicional permite otras posibilidades. Tal vez, por ejemplo, Onésimo huyó a Roma y posteriormente tuvo dudas sobre su fuga, por lo que buscó a Pablo para refugiarse o mediar.[70] En cualquier caso, cuestiones como estas no afectan la comprensión y apreciación del mensaje general del libro.

LITERATURA

Plan literario

Las investigaciones recientes sobre Filemón se centran en el estudio de la carta como un instrumento retórico destinado a «mostrar amor o amistad y exhortar afecto o buena voluntad, con el fin de disponer favorablemente al oyente en cuanto a los méritos de su caso».[71] Otros han argumentado en términos epistolares que Filemón es una carta de mediación o intercesión.[72]

La decisión más difícil para la estructura de la carta es dónde termina el cuerpo y comienza el cierre. Muchos piensan que el cuerpo se extiende desde los versículos 8 al 22 y que los saludos finales comienzan en el versículo 23.[73] Aunque la certeza es casi imposible, tal vez sea preferible leer el versículo 20 como el final del cuerpo de la carta, con los versículos 21-25 formando el cierre.

BOSQUEJO
I. APERTURA (1-7)
   a. Saludo (1-3).
   b. Acción de gracias y oración (4-7).

---

[68] J. G. Nordling, *Onesimus Fugitivus: A Defense of the Runaway Slave Hypothesis in Philemon* [Onésimo fugitivo: defensa de la hipótesis del esclavo fugitivo en Filemón], JSNT 41 (1999): 97–119.

[69] Carson y Moo, *Introduction to the New Testament* [Introducción al Nuevo Testamento], 590.

[70] *Ibid.*, 592.

[71] F. F. Church, *Rhetorical Structure and Design in Paul's Letter to Philemon* [Estructura y diseño retórico en la carta de Pablo a Filemón], HTR 71 (1978): 19–20.

[72] S. K. Stowers, *Letter Writing in Greco-Roman Antiquity* [Redacción de cartas en la antigüedad grecorromana] (Philadelphia: Westminster, 1986), 153–65.

[73] Patzia, *Philemon* [Filemón], 703.

II. CUERPO: TRES APELACIONES POR ONÉSIMO (8-20)
   a. Apelación inicial: él es útil tanto para ti como para mí (8-11).
   b. Segunda apelación: acéptenlo como un hermano en Cristo (12-16).
   c. Tercera apelación: conforta mi corazón enviando a Onésimo de vuelta (17-20).
III. CIERRE (21-25)

DISCUSIÓN UNIDAD POR UNIDAD

I. Apertura (1-7)

a. Saludo (1-3). La carta inicia con la habitual identificación de los remitentes (Pablo y Timoteo; v. 1) y los destinatarios (Filemón, Apia, Arquipo y la iglesia de la casa; v. 2) así como el saludo de gracia (v. 3).

b. Acción de gracias y oración (4-7). Pablo dio gracias a Dios (v. 4) por el informe del amor y la fe de Filemón (v. 5). También oró para que la participación de Filemón en la fe fuera efectiva a través del conocimiento (v. 6). El acto de Filemón de confortar los corazones de los creyentes trajo gozo y ánimo a Pablo (v. 7).

II. Cuerpo: tres apelaciones por Onésimo (8-20)

a. Apelación inicial: él es útil tanto para ti como para mí (8-11). Pablo emitió amorosamente una serie de súplicas paternales a Filemón en nombre de Onésimo como hijo de Pablo (v. 10). Pablo apeló a Filemón como hombre anciano y encarcelado, no como apóstol autoritario (vv. 8-9). La apelación inicial se centró en la utilidad actual de Onésimo tanto para Filemón como para Pablo, que contrasta con la anterior inutilidad de Onésimo para Filemón (v. 11). La expresión implica un juego de palabras que involucra el nombre de Onésimo, que significa «provechoso» o «útil». Anteriormente había sido «inútil» (*achrēston*), pero ahora se había convertido en «útil» (*euchrēston*) tanto para Filemón como para Pablo.[74]

b. Segunda apelación: acéptenlo como un hermano en Cristo (12-16). La segunda apelación (vv. 12-16) solicitaba a Filemón que aceptara a Onésimo como un hermano amado, no como un esclavo (vv. 15-16). Pablo envió a Onésimo de vuelta para este propósito, aunque Pablo hubiera preferido que Onésimo se quedara con él, porque podría tomar el lugar de Filemón en el ministerio de Pablo en prisión (v. 13). Pablo no actuó de acuerdo a su deseo porque quería el consentimiento libre y sincero de Filemón para esta buena acción (v. 14).

c. Tercera apelación: conforta mi corazón enviando a Onésimo de vuelta (17-20). La tercera apelación (vv. 17-20) pedía de nuevo la aceptación de Onésimo (v. 17) por la comunión entre Pablo y Filemón. El apóstol asumió un papel paternal en el sentido de que todo lo que Onésimo debía a Filemón podía ser cobrado a Pablo, aunque Filemón ya debía todo a Pablo (vv. 18-19). Pablo expresó su confianza en que Filemón confortaría su corazón (v. 20), de la misma manera que Filemón había confortado previamente los corazones de los creyentes (v. 7).

---

[74] Ver O'Brien (*Colossians, Philemon* [Colosenses, Filemón], 291–92), que observó que hay muchas instancias extrabíblicas del juego de palabras que implican «inútil» y «útil».

III. Cierre (21-25)

Pablo concluyó la carta con la expectativa confiada de que Filemón superaría sus expectativas de apelación (v. 21), lo que muchos toman como una referencia a la concesión de la libertad a Onésimo. También exhortó a Filemón a preparar un lugar para él a la luz de su esperanza de que las propias oraciones de Filemón por la liberación de Pablo fueran respondidas (v. 22). Pablo también envió saludos a Filemón de parte de otros (vv. 23-24), seguidos de la bendición de gracia (v. 25).

TEOLOGÍA

Temas teológicos

Amor mutuo y hermandad en el cuerpo de Cristo. Pablo no solo pidió la aceptación fraternal de Filemón en el evangelio a Onésimo; también modeló el amor fraternal al pedirlo. El anciano apóstol podía ordenar a Filemón y fácilmente forzar su obediencia, pero Pablo optó por un acercamiento paternal en la forma de una serie de tiernas apelaciones. Pablo también destacó la mutualidad de las relaciones cristianas. Filemón había confortado a los creyentes en el pasado (v. 7), y ahora tenía la oportunidad de confortar el corazón de otro compañero creyente (Pablo) aceptando a Onésimo como un compañero cristiano (v. 20). Pablo asumió voluntariamente todas las posibles deudas de Onésimo con Filemón (v. 18), pero también le pidió a Filemón que recordara su propia deuda con Pablo (v. 19). El espíritu familiar de la carta se deriva del hecho de que el autor veía a Onésimo no solo como su hijo (v. 10) sino también como una parte de sí mismo, «como a mí mismo» (v. 12).

Un enfoque cristiano de la esclavitud y otras cuestiones sociales. Aunque Pablo no abordó directamente cuestiones sociales como la esclavitud en Filemón, sugirió que el evangelio tenía importantes implicaciones en cuestiones como la esclavitud. Pablo pidió a Filemón que aceptara a Onésimo como un hermano en Cristo. La igualdad ante Dios a través del evangelio desafía el fundamento de la esclavitud como la propiedad de un humano por otro.[75]

Este enfoque está estrechamente unido a las enseñanzas de Pablo en Colosenses. Colosenses 4:1 exhorta a los amos cristianos a pagar a sus esclavos lo que es correcto y justo, y a tratar a sus esclavos como ellos quisieran ser tratados por su amo, Jesucristo. Si los amos hicieran caso a las palabras de Pablo, la institución de la esclavitud dentro de la Iglesia se habría transformado de una relación amo-esclavo a una relación patrón-empleado o, mejor aún, a una relación hermano-hermano.

Las relaciones a nivel social (amos y esclavos) se ven muy diferentes a la luz de la redefinición de las relaciones a nivel espiritual (hermanos y esclavos de Cristo). La convención social de la esclavitud solo puede marchitarse y morir cuando el evangelio desarraiga el concepto que la fundamenta y establece su crecimiento. Carson y Moo lo dijeron bien: «Que haya tardado tanto en suceder es un triste capítulo en la ceguera cristiana a las implicaciones del evangelio».[76]

---

[75] Para excelentes estudios de la esclavitud en el antiguo cercano Oriente, el A.T y el mundo grecorromano, ver las entradas de M. A. Dandamayev y S. S. Bartchy en ABD 6:56-73.

[76] Carson y Moo, *Introduction to the New Testament* [Introducción al Nuevo Testamento], 594.

Epístolas de la prisión: Filipenses, Efesios, Colosenses y Filemón

PUNTOS DE APLICACIÓN

- Guardar diligentemente la unidad del Espíritu en el vínculo de la paz (Ef. 4:3).
- Maridos, amad a vuestras mujeres; esposas, someteos a vuestros maridos; hijos, obedeced a vuestros padres (Ef. 5:21-6:4).
- Vestíos de toda la armadura de Dios y manteneos firmes en vuestra fe (Ef. 6:10-18).
- Sé humilde y considera no solo tus propios intereses sino también los de los demás (Fil. 2:3-4).
- Regocíjense siempre en el Señor (Fil. 4:4).
- No se afanen, encomienden todo al Señor en oración (Fil. 4:6-7).
- Aprendan el secreto de estar contentos en todas las circunstancias (Fil. 4:11-12).
- Dense cuenta de que Cristo es todo lo que necesitan y denle el primer lugar en todo (Col. 1:18; 2:9).
- Sean llenos del Espíritu, en la Iglesia, en el hogar y en el trabajo (Ef. 5:18-6:9).
- Reciban la verdad del evangelio de que la fe trasciende todas las barreras sociales o económicas (Filem.).

PREGUNTAS DE ESTUDIO

1. ¿Cuál es la fecha probable, procedencia, destinatario, situación y propósito de cada una de las cuatro epístolas de la prisión?
2. ¿Cuál es el tema teológico central en Efesios?
3. ¿Cuál es la situación y el propósito de Efesios?
4. ¿Qué es la «herejía colosense» y cómo se relaciona con la situación de los colosenses?
5. ¿Cuáles son los tres puntos principales que Pablo hizo en Colosenses?
6. ¿Por qué se incluye a Filemón en las discusiones de Efesios, Filipenses y Colosenses cuando está canónicamente separado de ellos?

PARA UN ESTUDIO MÁS PROFUNDO

Arnold, C. E. «*Ephesians, Letter to the*», Páginas 238–49 en *Dictionary of Paul and His Letters*. Editado por G. F. Hawthorne, R. P. Martin, y D. G. Reid. Downers Grove: InterVarsity, 1993.

Bockmuehl, M. *The Epistle to the Philippians. Black's New Testament Commentaries* 11. Peabody: Hendrickson, 1998. Paperback ed. New York: Continuum, 2006.

Bruce, F. F. *The Epistles to the Colossians, to Philemon, and to the Ephesians. New International Commentary on the New Testament*. Grand Rapids: Eerdmans, 1984.

_____. *Philippians. New International Bible Commentary*. Peabody: Hendrickson, 1989.

Carson, D. A. *Basics for Believers: An Exposition of Philippians*. Grand Rapids: Baker, 1996.

Fee, G. D. *Paul's Letter to the Philippians. New International Commentary on the New Testament*. Grand Rapids: Eerdmans, 1995.

Garland, D. E. *Colossians and Philemon. NIV Application Commentary*. Grand Rapids: Zondervan, 1998.

Klein, W. W. «*Ephesians*». Páginas 19–173 en *The Expositor's Bible Commentary*. Rev. ed. Vol. 12: Ephesians-Philemon. Grand Rapids: Zondervan, 2005.

Melick, R. R. *Philippians, Colossians, Philemon. New American Commentary*. Nashville: Broadman, 1991.

Moo, D. J. *The Letters to the Colossians and to Philemon. Pillar New Testament Commentary*. Grand Rapids: Eerdmans, 2008.

O'Brien, P. T. *Colossians, Philemon. Word Biblical Commentary* 44. Dallas: Word, 1982.
_____. *The Epistle to the Ephesians. The Pillar New Testament Commentary.* Grand Rapids: Eerdmans, 1999.
_____. *Philippians. New International Greek Testament Commentary.* Grand Rapids: Eerdmans, 1991.
Silva, M. Philippians. 2.ª ed. *Baker Exegetical Commentary on the New Testament.* Grand Rapids: Baker, 2005.
Thielman, F. S. *Philippians. NIV Application Commentary.* Grand Rapids: Zondervan, 1995.
_____. *Ephesians. Baker Exegetical Commentary on the New Testament.* Grand Rapids: Baker, 2010.
Wright, N. T. *The Epistles of Paul to the Colossians and to Philemon. Tyndale New Testament Commentary.* Grand Rapids: Eerdmans, 1986.

Capítulo 15
Epístolas pastorales: 1 y 2 Timoteo, Tito

CONOCIMIENTO ESENCIAL

Los estudiantes deben conocer los hechos clave de 1 y 2 Timoteo y Tito. Con respecto a la historia, deben ser capaces de identificar el autor, la fecha, la procedencia, el destino y el propósito. Con respecto a la literatura, deben ser capaces de proporcionar un esquema básico e identificar elementos centrales del contenido que se encuentran en la discusión de cada unidad. Con respecto a la teología, los estudiantes deben ser capaces de identificar los principales temas teológicos en las epístolas pastorales.

ASPECTOS CLAVE	
Autor:	Pablo.
Fecha:	Principios o mediados de los años 60.
Procedencia:	Macedonia (1 Timoteo); Roma (2 Timoteo); desconocido (Tito).
Destinatarios:	Éfeso (1 y 2 Timoteo); Creta (Tito).
Situación:	Instrucciones para los delegados apostólicos sobre cómo tratar con varios asuntos en la Iglesia.
Propósito:	Instruir y capacitar a Timoteo y Tito en su papel como apóstoles delegados.
Tema:	Estableciendo la Iglesia para el período postapostólico.
Versículos clave:	2 Tim 4:1–2.

CONTRIBUCIÓN AL CANON

- Dios nuestro Salvador y la salvación en Cristo (1 Tim. 2:3-4; 4:10; 2 Tim. 1:10; Tito 1:3-4).

- Requisitos para los líderes de la Iglesia (1 Tim. 3:1-12; Tito 1:6-9) y el papel de la mujer en la Iglesia (1 Tim. 2:9-15).
- Preservación de la sana doctrina y refutación de los falsos maestros (1 Tim. 4:16).
- La importancia de perseguir la piedad, el autocontrol y las virtudes cristianas (1 Tim. 4:11-16; 6:6; 2 Tim. 2:22).
- Dichos confiables (ver cuadro 15.1 más adelante en el capítulo).

INTRODUCCIÓN

LAS EPÍSTOLAS PASTORALES, 1 y 2 Timoteo y Tito, hacen una contribución única e indispensable a los escritos del N.T.[1] Como complemento del Libro de Hechos, proporcionan instrucciones vitales sobre los requisitos de los líderes de la Iglesia y otros asuntos importantes para gobernarla y administrarla. Lo más probable es que fueran las últimas cartas que Pablo escribió durante su larga carrera misionera al final de su ministerio apostólico. En el Canon Muratoriano (más tarde en el siglo II) se reconoció el carácter especial de las epístolas pastorales, y se designó que tenían que ver con «la regulación de la disciplina eclesiástica».[2] La designación «epístolas pastorales» se remonta a D. N. Berdot, quien llamó a Tito una «epístola pastoral» en 1703, y a P. Antón de Halle, quien en 1726 dio una serie de conferencias sobre 1 y 2 Timoteo y Tito tituladas «las epístolas pastorales».[3]

Timoteo y Tito son a menudo vistos como pastores paradigmáticos (mayores) de congregaciones locales. Sin embargo, cabe señalar que, técnicamente, el papel de Timoteo y Tito no era en realidad el de un pastor permanente y residente de una iglesia. Más bien, eran delegados apostólicos de Pablo, asignados temporalmente a sus lugares de residencia para tratar problemas particulares que habían surgido y necesitaban una atención especial.[4] Por esta razón las cartas pastorales no son simples cartas que dan consejos a los ministros más jóvenes o manuales de orden eclesiástico. Estas cartas son las instrucciones de Pablo a sus delegados particulares, establecidas hacia el cierre de la era apostólica, en un momento en que el anciano apóstol habría sentido una gran responsabilidad de asegurar la transición ordenada del período apostólico al postapostólico. Como tal, contienen instrucciones apostólicas relevantes y autorizadas para el gobierno de la Iglesia en cualquier momento y lugar.

Como se analiza más adelante, parece que 1 Timoteo y Tito fueron escritos después de que Pablo fuera liberado de su primer encarcelamiento romano (ver el capítulo 14 sobre las epístolas de la prisión), pero antes de un segundo encarcelamiento romano,

---

[1] Partes de este capítulo se basan en A. J. Köstenberger, *1–2 Timothy, Titus* [1-2 Timoteo, Tito], en *Expositor's Bible Commentary, vol. 12: Ephesians—Philemon* [Comentario de la Biblia del Expositor, vol. 12: Efesios-Filemón], rev. ed. (Grand Rapids: Zondervan, 2005), 487–625.

[2] L. T. Johnson, *Letters to Paul's Delegates: 1 Timothy, 2 Timothy, Titus, The New Testament in Context* [Cartas a los delegados de Pablo: 1 Timoteo, 2 Timoteo, Tito, el Nuevo Testamento en contexto] (Valley Forge: Trinity Press International, 1996), 3; G. W. Knight, *Commentary on the Pastoral Epistles* [Comentario sobre las epístolas pastorales], NIGTC (Grand Rapids: Eerdmans, 1992), 3.

[3] D. Guthrie, *The Pastoral Epistles* [Epístolas pastorales], TNTC, 2.ª ed. (Grand Rapids: Eerdmans, 1990), 11.

[4] Ver G. D. Fee, *1 and 2 Timothy, Titus* [1 y 2 Timoteo, Tito], NIBCNT 13 (Peabody: Hendrickson, 1988), 21.

Epístolas pastorales: 1 y 2 Timoteo, Tito

considerablemente más severo, durante el cual Pablo escribió 2 Timoteo y que resultó ser su última carta incluida en el canon. Entre 1 Timoteo y Tito no se sabe cuál fue escrito primero.[5] En el canon, el orden es «1 Timoteo - 2 Timoteo - Tito», aunque el orden cronológico probablemente fue «1 Timoteo - Tito - 2 Timoteo» o «Tito - 1 Timoteo - 2 Timoteo».[6] Para nuestros propósitos, seguiremos el orden canónico, tratando 2 Timoteo antes de Tito y en conjunto con 1 Timoteo, ya que 1 y 2 Timoteo están dirigidos al mismo individuo y a la misma iglesia, y por lo tanto ambas cartas implican un conjunto similar de cuestiones introductorias que es mejor discutir en conjunto.[7]

HISTORIA

Autor

Evidencia externa. La autenticidad de las cartas de Pablo a Timoteo y Tito no fue cuestionada hasta el siglo XIX.[8] Probablemente, las cartas de Pablo a Timoteo eran conocidas por Policarpo (ca. 117), quien pudo haber citado 1 Timoteo 6:7,10 (*Fil.* 4.1).[9] Las primeras declaraciones inequívocas se encuentran en Atenágoras (*Súplica* 37.1; ca. 180) y Teófilo (*A Autólicus* 3.14; más tarde en el segundo siglo), quienes citan 1 Timoteo 2:1-2 y aluden otros pasajes de las epístolas pastorales. Ireneo (ca. 130-200), en varios pasajes de su obra, *Contra las herejías* (ver 1. pref.; 1.23.4; 2.14.7; 3.1.1), citó cada una de las cartas e identificó su autor como el apóstol Pablo. Clemente de Alejandría (ca. 150-215; *Stromateis* 2.11) observó que algunos gnósticos que se percibían a sí mismos como el blanco de la denuncia de 1 Timoteo 6:20-21 rechazaron las cartas de Pablo a Timoteo. El Canon Muratoriano (¿más tarde en el siglo II?) incluyó las tres cartas en los textos de Pablo.

La evaluación general de Marshall de la evidencia patrística con respecto a las epístolas pastorales es notable, especialmente porque no se aferró a la autoría de Pablo: «Se puede concluir que las epístolas pastorales eran conocidas por los escritores cristianos desde

---

[5] Ver W. D. Mounce, *The Pastoral Epistles* [Epístolas pastorales], WBC 46 (Waco: Word, 2000), lxi. Añadió: «No es posible determinar si Pablo escribió primero 1 Timoteo o Tito. Todo lo que puedo decir es que la similitud de lenguaje entre 1 Timoteo y Tito sugiere que fueron escritos aproximadamente al mismo tiempo» (p. lxii).

[6] Mounce (*Pastoral Epistles* [Epístolas pastorales], lxii) señaló que el Canon Muratoriano (más tarde en el siglo II) contiene el orden Tito, 1 Timoteo, 2 Timoteo, probablemente para colocar 2 Timoteo como la última carta de Pablo. También señaló que J. D. Quinn (*The Letter to Titus* [La carta a Tito], AB 35 [Garden City: Doubleday, 1990]) trató de defender la prioridad de Tito, refiriendo también a W. G. Doty (*The Classification of Epistolary Literature* [La clasificación de la literatura epistolar], CBQ 31 [1969]: 192-98). Contra I. H. Marshall (*Pastoral Epistles* [Epístolas pastorales], ICC [Edimburgo: T&T Clark, 1999], 92), quien planteó la hipótesis de que 2 Timoteo fue escrito primero y 1 Timoteo y Tito fueron escritos por alguien que no era Pablo después de su muerte. De manera similar, Johnson (*Letters to Paul's Delegates* [Cartas a los delegados de Pablo]) trató primero 2 Timoteo y luego 1 Timoteo y Tito.

[7] Las secciones sobre el autor, la fecha, la procedencia y la situación de las tres epístolas pastorales se integran en un análisis bajo un solo encabezado debido a la relación que guardan las preguntas abordadas por estos temas introductorios.

[8] Para estudios breves, ver R. F. Collins, *Letters That Paul Did Not Write* [Cartas que no escribió Pablo] (Wilmington: Michael Glazier, 1988), 89–90. Collins fue nombrado el primero en desafiar la autenticidad de las epístolas pastorales, seguido de Schmidt (1804), Schleiermacher (1807), Eichhorn (1912), Baur (1835), y Holtzmann (1885); cf. E. E. Ellis, *Pastoral Letters* [Cartas pastorales], en *Dictionary of Paul and His Letters* [Diccionario de Pablo y sus cartas], ed. G. F. Hawthorne, R. P. Martin, y D. G. Reid (Downers Grove: InterVarsity, 1993), 659.

[9] Ver discusión en Marshall, *Pastoral Epistles* [Epístolas pastorales], 3–8 (incluyendo las tablas en las pp. 4–5).

principios del siglo II y que no hay evidencia de rechazo por ningún escritor, excepto por Marción».[10] En consecuencia, las epístolas pastorales se convirtieron en parte del canon establecido del N.T. de la Iglesia, y la autoría de Pablo no fue cuestionada por más de mil años.

Seudónimo y evidencia interna. Solo hasta el siglo XIX un número cada vez mayor de comentaristas comenzó a alegar que las epístolas pastorales constituían un ejemplo de escritura seudónima, en la que un seguidor atribuía su propia obra a su maestro para perpetuar la enseñanza y la influencia de esa persona.[11] Al principio esta opinión puede parecer sorprendente, ya que las tres epístolas pastorales comienzan con la atribución inequívoca de «Pablo, apóstol de Jesucristo» o una frase similar (1 Tim. 1:1; 2 Tim. 1:1; Tito 1:1). Parece difícil comprender cómo alguien que no sea el apóstol Pablo pudo haber escrito esas cartas que falsamente atribuyó al apóstol, siendo estas cartas aceptadas en el canon del N.T. como paulinas. Y todo esto supuestamente tuvo lugar sin ninguna intención de engañar o sin ningún error por parte de la Iglesia.

De hecho, como se verá, la autoría de Pablo de las epístolas pastorales es, por mucho, la mejor conclusión basada en las pruebas disponibles y en varios problemas importantes vinculados a cualquier posición de seudónimo o anonimato.[12] La pregunta es principalmente histórica. ¿Está atestiguada la escritura de cartas con seudónimo en el primer siglo? En caso afirmativo, ¿era una práctica tan ética e inobjetable y carente de intenciones engañosas como se suele alegar?[13] ¿Podrían las cartas con seudónimo haber sido aceptables para la Iglesia primitiva? Si es así, ¿es el seudónimo más probable que la autenticidad en el caso de las epístolas pastorales?[14]

Las diferencias de estilo y vocabulario entre las epístolas pastorales y las otras cartas de Pablo han llamado la atención frecuentemente.[15] En las epístolas pastorales figuran palabras que no se utilizan en ninguna otra parte por Pablo, como «piedad» (*eusebeia*), «autocontrol»

---

[10] *Ibid.*, 8. Cf. G. W. Knight III, *Commentary on the Pastoral Epistles* [Comentario sobre las epístolas pastorales], NIGTC (Grand Rapids: Eerdmans, 1992), 14. Señaló que, a partir de finales del siglo II, las epístolas pastorales fueron consideradas sin duda alguna como paulinas y fueron atestiguadas con la misma fuerza que la mayoría de las demás cartas de Pablo.

[11] Ver el estudio y la adjudicación en T. L. Wilder, *Pseudonymity and the New Testament* [Seudónimo y el Nuevo Testamento], en *Interpreting the New Testament: Essays on Methods and Issues* [Interpretación del Nuevo Testamento: ensayos sobre métodos y temas], ed. D. A. Black y D. S. Dockery (Nashville: B&H, 2001), 296-335; id., *Pseudonymity, the New Testament, and Deception: An Inquiry into Intention and Reception* [El seudónimo, el Nuevo Testamento y el engaño: Una investigación sobre la intención y la recepción] (Lanham: University Press of America, 2004). Cf. D. A. Carson, *Pseudonymity and Pseudepigraphy* [El seudónimo y la pseudepigrafía], en *Dictionary of New Testament Background* [Diccionario de antecedentes del Nuevo Testamento], ed., Londres, 2003. C. A. Evans y S. E. Porter (Downers Grove: InterVarsity, 2000), 856-64.

[12] La etiqueta «anonimato» o «alepigrafía» (la opinión de que las epístolas pastorales se escribieron «bajo otro nombre» sin intención de engañar) fue introducida por Marshall, *Pastoral Epistles* [Epístolas pastorales], 83-84.

[13] Para un argumento contundente contra este argumento, ver E. E. Ellis, *Pseudonymity and Canonicity of New Testament Documents* [El seudónimo y la canonicidad de los documentos del Nuevo Testamento], en *Worship, Theology and Ministry in the Early Church* [La adoración, la teología y el ministerio en la Iglesia primitiva], ed. M. J. Wilkins y T. Page, JSNTSup 87 (Sheffield: JSOT, 1992), 212–24; cf. Wilder, *Pseudonymity*.

[14] Para un debate a fondo de estas cuestiones, ver especialmente D. Guthrie, *New Testament Introduction* [Introducción al Nuevo Testamento], 2.ª ed. (Downers Grove: InterVarsity, 1990), 607–49, 1011–28.

[15] Ver Mounce, *Pastoral Epistles* [Epístolas pastorales], xcix-cxviii; y Marshall, *Pastoral Epistles* [Epístolas pastorales], 60–61. Otras objeciones comunes a la autoría de Pablo de las epístolas pastorales son la dificultad de conciliar los movimientos

Epístolas pastorales: 1 y 2 Timoteo, Tito

(*sōphrōn*), o *epiphaneia* en lugar de *parousia* para referirse al regreso de Cristo (pero ver 2 Tes. 2:8), mientras se omite la terminología característica de Pablo: «libertad» (*eleutheria*), «carne» (*sarx*, especialmente utilizado frente a Espíritu), «cruz» (*stauros*), «justicia de Dios» (*dikaiosynē theou*).[16] Sin embargo, las conclusiones sobre la autoría basadas en diferencias estilísticas son muy precarias porque el tamaño de la muestra es demasiado pequeño para llegar a conclusiones definitivas basadas únicamente en estadísticas de palabras.[17] Además, hay diferencia entre las cartas públicas enviadas a las congregaciones (las 10 cartas de Pablo) y la correspondencia personal como las epístolas pastorales.[18] Además, Pablo sintió que se acercaba al final de su vida y que había una necesidad urgente de asegurar la preservación de la sana doctrina para el período postapostólico, lo que explica el énfasis de las epístolas pastorales en los requisitos para el liderazgo, la organización de la Iglesia y la transmisión fiel de la tradición apostólica.

Aún más, aunque el seudónimo no era raro en los escritos apocalípticos, los evangelios o incluso los Hechos, las cartas con seudónimo son extremadamente raras.[19] De las dos fuentes judías existentes, la *Epístola de Jeremías* y la *Carta de Aristeas* son realmente nombres falsos, ya que ninguna de ellas puede clasificarse como carta.[20] En la era apostólica, lejos de la aceptación de las cartas con seudónimo, existía en realidad una considerable preocupación de que las cartas pudieran ser falsificadas (2 Tes. 2:2: «ni por carta como si fuera nuestra»). Así, Pablo se refirió a la marca distintiva en todas sus cartas (1 Cor. 16:21; Gál. 6:11; Col. 4:18; 2 Tes. 3:17; Filem. 1:19). En el siglo II, Tertuliano (ca. 160-225) informó que un presbítero asiático fue destituido de su cargo por haber falsificado una carta en nombre de Pablo (*El Bautismo* 17). Tanto *3 Corintios* como la *Epístola a los Laodicenses* son intentos transparentes de llenar un vacío percibido en la revelación canónica (ver 1 Cor. 5:9; 2 Cor. 2:4; 7:8; Col. 4:16).[21] Hacia finales del siglo II, Serapión, el obispo de Antioquía (murió en 211), distinguió claramente

---

de Pablo mencionados en las epístolas pastorales con los registrados en Hechos y las supuestas estructuras eclesiásticas tardías reflejadas en las epístolas pastorales (ver análisis más adelante).

[16] Comp. la lista en Marshall, *Pastoral Epistles* [Epístolas pastorales], 104–6; y la discusión en Mounce, *Pastoral Epistles* [Epístolas pastorales], lxxxviii-xcvii (incluyendo la tabla en p. xc).

[17] Para un estudio incisivo, ver B. M. Metzger, *A Reconsideration of Certain Arguments Against the Pauline Authorship of the Pastoral Epistles* [Una reconsideración de ciertos argumentos contra la autoría paulina de las epístolas pastorales], ExpTim 70 (1958): 91–94 (ver especialmente las cuatro preguntas en p. 93).

[18] Ver especialmente M. Prior, *Paul the Letter-Writer and the Second Letter to Timothy* [Pablo el escritor de cartas y la segunda carta a Timoteo], JSNTSup 23 (Sheffield: JSOT, 1989), y P. H. Towner, *1–2 Timothy and Titus* [1-2 Timoteo y Tito], IVPNTC (Downers Grove: InterVarsity, 1994), 34–35.

[19] R. Bauckham (*Pseudo-Apostolic Letters* [Cartas pseudoapostólicas], JBL 107 [1988]: 487) observó la rareza de las cartas apostólicas apócrifas o pseudoepigráficas en relación con otros géneros e infirió que la razón de ello «bien puede haber sido la dificultad de usar una carta pseudoepigráfica para realizar las mismas funciones que una carta auténtica». Concluyó que «entre las cartas estudiadas no hay ningún ejemplo realmente bueno de una carta pseudoepigráfica que alcance relevancia didáctica por su contenido».

[20] Bauckham (*ibid.*, 478) lo consideraba «mal clasificado» y un «tratado dedicado». También discutió varias cartas didácticas (1 Enoc 92-105; Epístola de Jeremías; Baruc; 2 Baruc 78-87).

[21] Bauckham (*ibid.*, 485) llamó a Laodicenses «un intento notablemente incompetente de llenar el vacío […] nada más que un mosaico de frases paulinas y de otras cartas, principalmente filipinas». La carta 3 Corintios es parte de Hechos de Pablo de finales del siglo II.

entre los escritos apostólicos y los que «llevan falsamente sus nombres» (pseudoepígrafe; citado en Eusebio, *Hist. Eccl.* 6.12.3). Considerando esta evidencia parece dudoso que la Iglesia primitiva hubiera estado dispuesta a aceptar cartas con seudónimos en el canon cristiano.[22]

Otra cuestión importante es el número significativo de características históricas que figuran en las epístolas pastorales. Si bien es posible que un imitador de Pablo fabricara estas piezas de información para dar mayor verosimilitud a su carta, parece mucho más creíble ver estas referencias como auténticas en la vida y el ministerio de Pablo. Por esta razón, Carson y Moo seguramente aciertan al decir que «las epístolas pastorales se parecen mucho más a las cartas aceptadas de Pablo que a los conocidos documentos seudónimos que circulaban en la Iglesia primitiva».[23] Esto, por supuesto, no obvia en modo alguno la posibilidad de que Pablo haya empleado un amanuense, como lo hizo con frecuencia en otras cartas.[24]

Destinatarios

1 y 2 Timoteo. Pablo escribió en 1 Timoteo 1:3: «Como te rogué que te quedases en Éfeso, cuando fui a Macedonia…». Esto indica que Timoteo había sido puesto a cargo de la iglesia en esta importante ciudad. Éfeso estaba situada en la costa Oeste de Asia Menor (moderna Turquía).[25] Josefo llama a Éfeso «la principal ciudad de Asia» (*Ant.* 14.224). Al igual que Corinto, la ubicación de la ciudad a lo largo de una importante ruta comercial la convirtió en un importante prospecto para la plantación de una iglesia que pudiera servir de cabecera de playa para otras congregaciones del Imperio romano. La ciudad era famosa por su culto, y el templo dedicado a la diosa griega Artemisa (ver Hech. 19:28-41). Como centro de culto pagano, Éfeso presentaba un desafío considerable para la misión cristiana. La iglesia de Éfeso comenzó durante los tres años que Pablo pasó en la ciudad (Hech. 19:8; ver 20:31) y probablemente consistía en varias iglesias en casas (ver 1 Cor. 16:19). Éfeso también contaba con una importante población judía. No hay ninguna indicación en 2 Timoteo de ninguna diferencia de ubicación con respecto al ministerio de Timoteo, y hay muchas razones para suponer que Timoteo, y la iglesia de Éfeso, son también el destino de la segunda carta de Pablo a Timoteo.

---

[22] Ver especialmente J. Duff, *A Reconsideration of Pseudepigraphy in Early Christianity* [Reconsideración de la seudoescritura en el cristianismo temprano] (Tesis de doctorado, Universidad de Oxford, 1998), que llegó a la conclusión de que el valor de un texto estaba estrechamente vinculado a su verdadera autoría, que el seudónimo se consideraba en general una práctica engañosa y que los textos que se consideraban seudónimos eran marginados.

[23] D. A. Carson y D. J. Moo, *An Introduction to the New Testament* [Introducción al Nuevo Testamento], 2.ª ed. (Grand Rapids: Zondervan, 2005), 563. Similar, D. Guthrie, *The Development of the Idea of Canonical Pseudepigrapha in New Testament Criticism* [El desarrollo de la idea de la seudoepigrafía canónica en la crítica del Nuevo Testamento], Vox Evangelica 1 (1962): 43–59.

[24] Ver R. N. Longenecker, *Ancient Amanuenses and the Pauline Epistles* [Los antiguos amanuenses y las epístolas paulinas], en *New Dimensions in New Testament Study* [Nuevas dimensiones en el estudio del Nuevo Testamento], ed. R. N. Longenecker y M. C. Tenney (Grand Rapids: Zondervan, 1974), 281–97; E. R. Richards, *The Secretary in the Letters of Paul* [El secretario en las cartas de Pablo], WUNT 2/42 (Tübingen: Mohr-Siebeck, 1991); y Ellis, *Pastoral Letters* [Cartas pastorales], 663–64.

[25] Ver C. E. Arnold, *Ephesus* [Éfeso], en *Dictionary of Paul and His Letters* [Diccionario de Pablo y sus cartas], 249–53.

Timoteo ocupaba un lugar especial en el corazón y la misión de Pablo (1 Cor. 4:17; Fil. 2:20,22; 1 Tim. 1:2; 2 Tim. 1:2). Pablo lo conoció por primera vez en Listra, que en ese momento formaba parte de la provincia romana de Galacia (actual Turquía). Es posible, pero no seguro, que sus caminos se cruzaran durante la visita previa de Pablo a Listra (Hech. 14:8-20; ver 2 Tim. 3:10-11). Timoteo nació de un matrimonio formado por un padre gentil y una madre judía. Era un «creyente» (Hech. 16:1-2), al que se le habían enseñado las Escrituras desde su juventud (2 Tim. 1:5; 3:15). Recomendado por su iglesia local, Timoteo se unió a Pablo en su segundo viaje misionero y compartió la evangelización de Macedonia y Acaya (Hech. 16:2; 17:14-15; 18:5). Estuvo asociado con Pablo durante gran parte de su extenso ministerio en Éfeso (Hech. 19:22), viajó con él desde Éfeso a Macedonia, a Corinto, de vuelta a Macedonia y a Asia menor (Hech. 20:1-6), y estuvo con Pablo durante su primer encarcelamiento romano (Fil. 1:1; Col. 1:1; Filem. 1:1).

Timoteo también sirvió como emisario de Pablo en al menos tres ocasiones antes de su actual asignación en Éfeso: a Tesalónica (ca. 50), Corinto (ca. 53-54), y Filipos (ca. 60-62). Pablo lo llamó frecuentemente «colaborador» (Rom. 16:21; 1 Cor. 16:10; Fil. 2:22; 1 Tes. 3:2) y se refirió a él como coautor de seis de sus cartas apostólicas (2 Corintios, Filipenses, Colosenses, 1 y 2 Tesalonicenses, Filemón, ver esp. Fil. 2:19-22; comp. 1 Cor. 16:10). El autor de Hebreos mencionó la liberación de Timoteo de un encarcelamiento desconocido (Heb.13:23). Debido a su herencia mixta, judía y gentil (Hech. 16:1), Timoteo era una opción ideal para ministrar en un ambiente judío helenístico y para tratar con una herejía judía protognóstica. En el momento en que se escribió 1 Timoteo, Timoteo era todavía bastante joven (1 Tim. 4:12); aunque había conocido a Pablo hace más de diez años (Hech. 16:1; ca. 49 d.C.), si no es que antes. Por lo tanto, Timoteo estaba probablemente al final de sus treinta años cuando recibió 1 y 2 Timoteo.

Tito. Como indica la carta de Pablo, Tito se había quedado en Creta, una isla del Mediterráneo por la que Pablo había pasado previamente en su viaje por mar a Roma (Tito 1:5; ver Hech. 27:7-13). Pablo indicó que los habitantes de Creta eran conocidos por su deshonestidad, inmoralidad y pereza (Tito 1:12). La declaración de Pablo de haber dejado a Tito en Creta parece implicar que Pablo había estado ahí con él, probablemente después de los acontecimientos en Hechos. Tito había sido dirigido por Pablo para enderezar los asuntos pendientes y nombrar ancianos en cada ciudad (el patrón de Pablo ver Hech. 14:21-23). Comparado con la tarea de Timoteo, la de Tito puede haber sido un poco más fácil ya que Creta no era Éfeso, aunque había sido conocida por sus numerosas ciudades desde Homero (*Ilíada* 2.649). Timoteo se encontró en una situación en la que ya había ancianos (algunos de los cuales al menos parecen haber necesitado una reprimenda, 1 Tim. 5:19-20), en cambio, a Tito se le encargó el nuevo nombramiento de ancianos en cada ciudad. Por lo tanto, es posible que Pablo y Tito plantaran estas iglesias después del primer encarcelamiento romano de Pablo, sin que quedara tiempo para establecer el liderazgo antes de que Pablo decidiera irse. Sin embargo, Tito, como Timoteo, se enfrentó al desafío de los falsos maestros, «mayormente los de la circuncisión» (Tito 1:10).

Aunque Tito no era tan cercano a Pablo como lo era Timoteo, era un asociado de confianza. Cuando Pablo fue a discutir su evangelio con los líderes de la iglesia de Jerusalén, llevó a Tito con él (Gál. 2:1-3). Tito, un gentil, no fue obligado a circuncidarse tras su conversión al cristianismo, lo que sirvió para ilustrar la naturaleza del evangelio de Pablo (Gál. 2:3-5). Aunque no se menciona en Hechos, Tito aparece repetidamente en las cartas de Pablo como miembro de su círculo.[26] Su encargo, por Pablo, lo situó en la isla de Creta «para que corrigieses lo deficiente» (Tito 1:5). La cultura cretense era conocida por su decadencia moral, por lo que la tarea de Tito no fue fácil. Como en 1 Timoteo, la carta de Pablo a Tito es para animar a su delegado a completar la tarea que le fue encomendada en Creta por su mentor apostólico. Más tarde, Tito se reuniría con Pablo en Nicópolis (Tito 3:12), y después de estar con Pablo por lo que probablemente fue la última vez, Tito partió hacia Dalmacia (2 Tim. 4:10).

Fecha y procedencia

Puede suponerse que Pablo fue liberado de su primer encarcelamiento romano (Hech. 28) y que participó en un segundo ministerio en Egeo, que proporciona el marco adecuado para 1 y 2 Timoteo y Tito.[27] Si es así, Pablo probablemente escribió su primera carta a Timoteo algún tiempo después del año 60 (la fecha más probable de la liberación de Pablo de su primer encarcelamiento romano), pero antes del 66, la fecha probable del segundo encarcelamiento romano de Pablo, que fue seguido por su martirio bajo Nerón, quien murió en el año 68 d.C. La lectura más natural de 1 Timoteo 1:3 es que Pablo escribió desde Macedonia. Timoteo, que en ese momento estaba en Éfeso, necesitaba consejo sobre cómo tratar con los falsos maestros de la iglesia en Éfeso. Con este fin, Pablo entretejió instrucciones personales con las de la vida comunitaria, de modo que Timoteo recibió apoyo apostólico público mientras se reconocía que también tenía ciertas normas que cumplir.[28] Pablo probablemente escribió 2 Timoteo desde Roma en el año 66. Es probable que Tito se escribiera entre 1 y 2 Timoteo (o posiblemente antes de 1 Timoteo) desde un lugar desconocido.

A menudo se declara que la estructura de la Iglesia en las epístolas pastorales refleja la Iglesia de principios del segundo siglo en lugar del primero. Este patrón puede verse más claramente en Ignacio de Antioquía (ca. 35-110), quien abogó por un episcopado monárquico y una jerarquía eclesiástica de tres niveles (ver *Ef.* 2.2; *Magn.* 3.1; *Trall.* 2.2; 3.1).[29] Pero esto es marcadamente diferente de las epístolas pastorales, donde los términos «obispo» (*episkopos*) y «anciano» (*presbyteros*) se refieren a un mismo oficio (Tito 1:5,7; ver

---

[26] 2 Cor. 2:12–13; 7:5–6,13–14; 8:6,16,23; 12:18; Gál. 2:1–5; 2 Tim. 4:10; Tito 1:4.

[27] Para una reconstrucción tentativa de la cronología del ministerio de Pablo, ver Ellis, *Pastoral Letters* [Cartas pastorales], 661–62; comp. Köstenberger, *1–2 Timothy, Titus* [1-2 Timoteo, Tito], 596–98.

[28] Así Johnson (*Letters to Paul's Delegates* [Cartas a los delegados de Pablo], 106-7, 168), llamó a esto la carta *mandata principis* («mandamientos del gobernante») y citó varios paralelos antiguos.

[29] Ver Mounce (*Pastoral Epistles* [Epístolas pastorales], lxxxvi-lxxxviii, 186–92), quien citó a Policarpo, Clemente, Clemente de Alejandría e Ireneo como referencia a una estructura de dos niveles, utilizando *episkopos* y *presbuteros* indistintamente.

Hech. 20:17,28).[30] Pablo y Bernabé nombraron ancianos en las iglesias que habían establecido antes del año 50 (Hech. 14:23; ver 11:30; 15:2; 20:28-31; 21:18; comp. Fil. 1:1), por lo que no es de sorprender la instrucción de Pablo a Tito «para que [...] establecieses ancianos en cada ciudad» (Tito 1:5). De hecho, el énfasis en los requisitos de los obispos y diáconos en las epístolas pastorales apoyan una fecha del primer siglo, porque un escritor del segundo siglo habría esperado que sus lectores ya estuvieran familiarizados con este tipo de información.[31]

Situación

La principal preocupación de Pablo no era describir la herejía en cuestión, sino refutarla.[32] Además, aunque sin duda hay similitudes entre las herejías refutadas en las epístolas pastorales, no hay que suponer que los adversarios son precisamente los mismos en cada caso.[33] La enseñanza parece haber surgido desde el interior de las iglesias, no desde el exterior (1 Tim. 1:3; 6:2; 2 Tim. 2:14; 4:2; Tito 1:13; 3:10; comp. 1 Tim. 1:20; 2 Tim. 2:17-18), lo que era coherente con la predicción de Pablo (Hech. 20:28-31). Algunos incluso sugieren que los herejes eran ancianos en la iglesia, pero esto es incierto.[34] Puede haber una conexión con los problemas de Corinto (ver 1 Cor. 15:12,34) y especialmente en el Valle de Lico (comp. 1 Tim. 4:3 con Col. 2:8,16-23).

En términos materiales, la herejía involucra un interés en los mitos y genealogías (1 Tim. 1:4; 4:7; 2 Tim. 4:4; Tito 1:14; 3:9) y una preocupación por la ley (1 Tim. 1:7; Tito 1:10,14; 3:9; ver Col. 2:16-17), lo que sugiere que los falsos maestros eran judíos (helenísticos).[35] Al menos en Éfeso se encuentran elementos ascéticos como la prohibición de casarse o de comer ciertos alimentos (1 Tim. 4:1-5; ver Tito 1:15; Col. 2:18-23) y la enseñanza de que la resurrección ya había ocurrido (2 Tim. 2:17-18; ver 1 Cor .15:12; 1 Tim. 1:19-20),[36] lo que puede apuntar a un dualismo de estilo griego que valoraba la espiritualidad por encima del orden natural. Como ocurre con muchas formas de falsa

---

[30] F. M. Young (*On Episkopos and Presbyteros* [Sobre Episkopos y Presbiterios], JTS 45 [1994]: 142–48) aventuró la hipótesis «ciertamente tentadora» de que los orígenes del *episkopos* y el *presbutero* son distintos. Pero la interpretación de Young de las epístolas pastorales a la luz de Ignacio (murió ca. 110) y no al revés, parece precaria, si no falsa desde el punto de vista metodológico.

[31] Ver A. J. Köstenberger, *Church Government* [Gobierno de la Iglesia], en *Encyclopedia of Christian Civilization* [Enciclopedia de la civilización cristiana], ed. G. T. Kurian (Oxford: Blackwell, 2011), 543–51.

[32] Dos artículos importantes sobre el tema son O. Skarsaune, *Heresy and the Pastoral Epistles* [Herejía y las epístolas pastorales], Them 20/1 (1994): 9-14; y R. J. Karris, *The Background and Significance of the Polemic of the Pastoral Epistles* [Los antecedentes y el significado de la polémica de las epístolas pastorales], JBL 92 (1973): 549-64.

[33] Towner, *1–2 Timothy and Titus* [1-2 Timoteo y Tito], 22; Mounce, *Pastoral Epistles* [Epístolas pastorales], lxi.

[34] Fee, *1 and 2 Timothy, Titus* [1 y 2 Timoteo, Tito], 7–9.

[35] Ignacio (murió ca. 110), en su epístola a los magnesios, también advirtió a sus lectores que no se dejaran «desviar por doctrinas extrañas o por viejas fábulas inútiles» (ver *To Polycarp* [A Policarpo] 3.1; *To the Smyrnaeans* [A los Esmirnaos] 6.2), vinculando estas enseñanzas con el judaísmo (*To the Magnesians* [A los Magnesios] 8.1; ver 9.1; 10.3; *To the Philadelphians* [A los Filadelfos] 6.1), lo que implicaba la correcta interpretación de las Escrituras del A.T. (*To the Philadelphians* [A los Filadelfos] 8.2). Ver S. Westerholm, *The Law and the «Just Man»* [La Ley y el «Hombre Justo»] (1 Tim. 1,3-11), ST 36 (1982): 82.

[36] Ver P. H. Towner, *Gnosis and Realized Eschatology in Ephesus (of the Pastoral Epistles) and the Corinthian Enthusiasm* [La gnosis y la escatología realizada en Éfeso (de las epístolas pastorales) y el entusiasmo corintio], JSNT 31 (1987): 95–124.

enseñanza, los herejes mostraron una tendencia a la acritud y la especulación (1 Tim. 1:4,6; 6:4,20; 2 Tim. 2:14,16,23; Tito 1:10; 3:9), al engaño (1 Tim. 4:1-3; 2 Tim. 3:6-9,13; Tito 1:10-13; ver Col. 2:8), la inmoralidad (1 Tim. 1:19-20; 2 Tim. 2:22; 3:3-4; Tito 1:15) y la codicia (1 Tim. 6:5; 2 Tim. 3:2,4; Tito 1:11; contraste 1 Tim. 3:3).

La práctica de la prohibición del matrimonio se manifestó tanto en el judaísmo (especialmente entre los esenios; ver Filón, *Apología* 380) como en el gnosticismo posterior (Ireneo, *Contra las herejías* 1.24.2). Incluso el propio Pablo a veces proclamaba las ventajas del celibato (1 Cor. 7:1-7).[37] Sea cual sea la naturaleza exacta de la falsa enseñanza, a lo que Pablo aparentemente se oponía aquí era a una apelación de la ley mosaica en apoyo de las prácticas ascéticas, que en el fondo estaban motivadas por el pensamiento gnóstico.[38] Pablo denunció los intercambios de la herejía en un lenguaje fuerte como «vana palabrería» (1 Tim. 1:6), «fábulas profanas y de viejas» (1 Tim. 4:7), «profanas pláticas sobre cosas vanas» (1 Tim. 6:20), «cuestiones necias e insensatas» (2 Tim. 2:23), y nuevamente «cuestiones necias» (Tito 3:9). Esto habría creado un estereotipo en la mente de los creyentes que les advirtió que no se asociaran con estos falsos maestros.[39] Hasta cierto punto, Pablo puede haber considerado la herejía más irrelevante que falsa («fábulas», «pláticas sobre cosas vanas»), indicando que «la principal reserva de estos maestros eran tópicos vacíos que Pablo ni siquiera consideraba que valiera la pena refutar».[40]

Propósito

1 Timoteo. Pablo declaró la situación de 1 Timoteo de la siguiente manera: «Como te rogué que te quedases en Efeso, cuando fui a Macedonia, para que mandases a algunos que no enseñen diferente doctrina» (1 Tim. 1:3-4; ver vv. 18-20). La pregunta es si esta situación constituyó el propósito de 1 Timoteo en su totalidad, o si Pablo tenía otros propósitos, además de instruir a Timoteo en cómo tratar con los falsos maestros. A diferencia de los que hacen hincapié en la naturaleza *ad hoc* (lat. «para esto», es decir, dirigida a una circunstancia determinada únicamente) de las epístolas pastorales, es probable que el propósito de Pablo fuera más amplio que solo tratar con los falsos maestros.[41]

Específicamente, 1 Timoteo 1; 4-6 se enfoca en el desafío de los falsos maestros, mientras que los capítulos 2-3 más constructivamente en asuntos de organización general. Esto es sugerido, primero, por la frase «Exhorto ante todo» (1 Tim. 2:1) que introduce 2:1-3:16,

---

[37] Towner, *1–2 Timothy and Titus* [1-2 Timoteo, Tito], 25.

[38] Así Westerholm, *The Law and the «Just Man»* [La Ley y el «Hombre Justo»], 82.

[39] Sobre la polémica empleada por Pablo, ver esp. Karris, *Polemic of the Pastoral Epistles* [Polémica de las epístolas pastorales], 548-64.

[40] T. D. Lea y H. P. Griffin, Jr., *1, 2 Timothy, Titus* [1 y 2 Timoteo, Tito], NAC 34 (Nashville: B&H, 1992), 28-29, citando a Guthrie.

[41] Ver Fee, *Reflections on Church Order* [Reflexiones sobre el orden de la Iglesia], 141-51; id., *1 and 2 Timothy, Titus* [1 y 2 Timoteo, Tito], 5-14 y a lo largo. Fee (*Reflections* [Reflexiones], 142-43) afirmó que «todo 1 Timoteo... está dominado por esta singular preocupación» de refutar a los falsos maestros y que «los capítulos 2-3 se entienden mejor como instrucción frente al comportamiento y actitudes de los falsos maestros». Ver la crítica a Fee en Köstenberger (*1-2 Timothy, Titus* [1-2 Timoteo, Tito], 514), quien señaló que Fee disminuyó indebidamente los marcadores estructurales en 2:1 y 3:15-16 que diferencian los capítulos 2 y 3 de los capítulos 1 y 4-6, respectivamente. Comp. la interacción posterior bajo el título *Reflections* [Reflexiones] (*ibid.*, 520).

que sugiere el comienzo de una nueva sección;[42] y, segundo, las palabras finales de la misma sección en 3:15: «para que si tardo, *sepas cómo debes conducirte en la casa de Dios, que es la iglesia del Dios viviente, columna y baluarte de la verdad*» (énfasis añadido). Esta solemne afirmación y el siguiente himno en 1 Timoteo 3:16 indican que Pablo concibió 1 Timoteo no solo como algo ocasional (es decir, limitado a esta situación específica) sino como algo aplicable a la Iglesia en general.

En tercer lugar, de acuerdo con el género de la «epístola pastoral», el oficio de apóstol de Pablo (1 Tim. 1:1; 2 Tim. 1:1; Tito 1:1) significaría que sus cartas trascienden el ámbito de cualquier congregación local. Como Pablo también escribió, la Iglesia son los «... miembros de la familia de Dios, edificados sobre el fundamento de los apóstoles y profetas, siendo la principal piedra del ángulo Jesucristo mismo» (Ef. 2:19-20). Por lo tanto, las epístolas pastorales son documentos del fundamento de la Iglesia, no solo instrucciones *ad hoc* que tratan situaciones locales que no tienen implicaciones duraderas para la Iglesia en general.

En 1 Timoteo 4:1, Pablo volvió al asunto de los falsos maestros. Es más, aunque el apóstol se refirió a las circunstancias locales que requerían una solución, como los principios para el cuidado de las viudas en necesidad (1 Tim. 5:3-16) o los ancianos en pecado (1 Tim. 5:17-25), las verdades y los principios que Pablo enunciaba como apóstol son verdaderos y, por lo tanto, vinculantes, no solo para Timoteo y la iglesia de Éfeso al momento de escribir estas cartas, sino también para toda Iglesia, «... la iglesia del Dios viviente, columna y baluarte de la verdad» (1 Tim. 3:15).[43] Por lo tanto, los propósitos de Pablo al escribir 1 Timoteo eran, instruir a Timoteo sobre cómo tratar con los falsos maestros, y también proporcionar directrices sobre una variedad de asuntos de importancia perenne para la Iglesia.[44]

2 Timoteo. La carta más personal de Pablo es claramente 2 Timoteo. Con Pablo de nuevo en prisión (2 Tim. 1:8) y cerca del final de su vida (2 Tim. 4:6-8), este libro contiene su último encargo a Timoteo: «que prediques la palabra» del evangelio cristiano (2 Tim. 4:1-2), mientras pasaba la antorcha a su principal discípulo. En términos de la historia de la salvación, este libro marca la transición del período apostólico al subapostólico, durante el cual a los creyentes se les encomendó construir sobre los cimientos de los apóstoles y guardar el «buen depósito» hecho por ellos (2 Tim 1:12,14). Pero el apóstol tocó en esta carta muchos temas de importancia perenne que no se limitan a la situación original a la que fueron dirigidos.[45]

---

[42] Ver Köstenberger (*1-2 Timothy, Titus* [1-2 Timoteo, Tito], 510), quien señaló que el verbo *parakaleō* («exhorto») que se encuentra en 1 Timoteo 2:1 es utilizado regularmente por Pablo en la transición a la «porción de negocios» de las cartas (1 Cor. 1:19; 2 Cor. 2:8; 6:1; Ef. 4:1; 1 Tes. 4:1; Filem. 1:10).

[43] Ver A. J. Köstenberger, *Women in the Church: A Response to Kevin Giles* [Las mujeres en la Iglesia: Una respuesta a Kevin Giles], EvQ 73 (2001): 205–24.

[44] Esto plantea la cuestión de la consistencia hermenéutica. Si un intérprete relativizara las instrucciones de Pablo con respecto a las mujeres en el liderazgo de la Iglesia en 1 Timoteo 2:11-15, para ser consistentes necesitaría ver las instrucciones de Pablo sobre los requisitos para los líderes de la Iglesia en 1 Timoteo 3:1-12 como relativas y no vinculantes para la Iglesia también. Ver Mounce, *Pastoral Epistles* [Epístolas Pastorales], 185.

[45] Por ejemplo, la afirmación en 2 Timoteo 1:9-10; la «palabra fiel» en 2:11-13; y el «sello» en 2 Timoteo 2:19. Sobre la «palabra fiel» en las epístolas pastorales, ver la discusión en Temas teológicos más adelante.

Tito. La carta de Pablo a Tito fue probablemente escrita en la misma época que 1 Timoteo, y por razones similares. En el caso de Tito, la situación se establece en Tito 1:5 de la siguiente manera: «Por esta causa te dejé en Creta, para que corrigieses lo deficiente, y establecieses ancianos en cada ciudad, así como yo te mandé». A esto le sigue una serie de requisitos para los ancianos en Tito 1:6-9. Aunque inicialmente se escribió para proporcionar orientación a Tito, este pasaje apenas se limita a la situación original, pero sigue teniendo relevancia para la Iglesia de hoy en día, ya que asegura que sus líderes cumplan los requisitos bíblicos. Más allá de este propósito inmediato, Pablo proporcionó una variedad de otras instrucciones para Tito en la supervisión de la vida de la Iglesia. Articuló una serie de importantes y permanentes verdades doctrinales cristianas, como la salvación no por las obras, la regeneración de los creyentes por el Espíritu Santo, la justificación por la gracia, etc. (ver Tito 3:4-7).

LITERATURA

Género

Las epístolas pastorales se ajustan al formato estándar de las cartas antiguas, incluyendo un saludo inicial, un cuerpo, con características como acción de gracias y contenido principal, y un saludo final. Además, las epístolas pastorales se identifican a menudo como ejemplos de la carta parenética (exhortación), que contenía una serie de exhortaciones a sus destinatarios. Dado que 2 Timoteo fue la última carta de Pablo, escrita desde un segundo y mucho más severo encarcelamiento romano, con el martirio de Pablo aparentemente inminente, adquiere el carácter de un último testamento (similar a 2 Ped.).[46]

Sin embargo, las epístolas pastorales son mucho más que una simple carta escrita por un individuo a otro con el propósito de transmitir exhortación e información. Como observó T. D. Gordon: «Las epístolas pastorales son los únicos escritos del Nuevo Testamento que se escriben expresamente con el propósito de dar instrucciones para ordenar las iglesias al final de la era apostólica».[47] Continuó:

> El mismo apóstol que había establecido iglesias y proveyó para su continua supervisión, pureza doctrinal y adoración, ahora da instrucciones a sus compañeros de trabajo sobre la organización de las iglesias en las siguientes generaciones. Las normas y principios que él mismo había observado en el ordenamiento de sus iglesias, Pablo las hace explícitas a sus colegas para que ellos también puedan ordenar sus iglesias correctamente.[48]

Por lo tanto, el género de las epístolas pastorales está vinculado a la vida histórica del ministerio de Pablo, tal como se establece en Hechos y las cartas de Pablo.

---

[46] Ver la discusión en Marshall, *Pastoral Epistles* [Epístolas pastorales], 12–13.

[47] T. D. Gordon, *A Certain Kind of Letter: The Genre of 1 Timothy* [Un cierto tipo de carta: El género de 1 Timoteo], en *Women in the Church: A Fresh Analysis of 1 Timothy 2:9–15* [Las mujeres en la Iglesia: Un nuevo análisis de 1 Timoteo 2:9-15], ed. A. J. Köstenberger, T. R. Schreiner, y H. S. Baldwin (Grand Rapids: Baker, 1995), 59.

[48] *Ibid.* Gordon proporcionó una lista específica de esas instrucciones en las páginas 59–60.

Epístolas pastorales: 1 y 2 Timoteo, Tito

Hermenéuticamente, la importante implicación de esta comprensión del género de las epístolas pastorales es que «estas cartas contienen normas que están especialmente relacionadas con las cuestiones de la vida en la Iglesia, la "casa de Dios"» (ver 1 Tim. 3:14-15).[49] Como señaló Gordon: «Las instrucciones de estas cartas, lejos de tener una importancia principalmente local, son significativas siempre que hay preocupación por el orden adecuado de la casa de Dios. De hecho, como instrucciones dadas a los ministros posapostólicos, las instrucciones contenidas en las epístolas pastorales son particularmente pertinentes para otras iglesias posapostólicas».[50]

Plan literario

1 Timoteo. La primera carta de Pablo a Timoteo se refiere inmediatamente al tema que ocupa: la necesidad de que Timoteo «… mandases a algunos que no enseñen diferente doctrina» en la iglesia de Éfeso (1:3-4). La acostumbrada acción de gracias de Pablo sigue a sus comentarios iniciales con respecto a estos falsos maestros, lo cual es de hecho una acción de gracias a Dios por la propia conversión de Pablo ya que él mismo en un momento dado persiguió a la Iglesia de Dios (1:12-17). Al final del primer capítulo, Pablo mencionó a dos de estos falsos maestros por su nombre: Himeneo y Alejandro (1:20).

Después de esto, Pablo pasó («Exhorto ante todo» 2:1) a una sección donde estableció instrucciones para la Iglesia, de acuerdo con su propósito: «Esto te escribo, aunque tengo la esperanza de ir pronto a verte, para que si tardo, sepas cómo debes conducirte en la casa de Dios, que es la iglesia del Dios viviente, columna y baluarte de la verdad». (3:14-15). Esto deja claro que 2:1-3:16 constituye una sección aparte del capítulo 1 por un lado, y los capítulos 4-6 por el otro, ambos dominados por la preocupación de Pablo por los falsos maestros. Aunque no está ausente en los capítulos. 2-3, estos capítulos están enfocados en las instrucciones más positivas de Pablo a Timoteo sobre cómo gobernar la Iglesia. Esto incluye instrucciones sobre la oración (2:1-8), el papel de las mujeres en la congregación (2:9-15), y los requisitos para el liderazgo de la Iglesia, tanto de los obispos (3:1-7) como de los diáconos (3:8-13). La sección concluye con una presentación del «misterio de la piedad», posiblemente basada en una pieza de la liturgia (3:16).

El capítulo 4 comienza con la dramática frase: «Pero el Espíritu dice claramente» (4:1), situando el trabajo de los falsos maestros en el contexto del final de los tiempos, durante el cual las cosas irían de mal en peor. En este contexto, Timoteo debía diferenciarse, prestando mucha atención tanto a su vida personal como a su doctrina, y preservarse con ello a sí mismo y a sus oyentes (4:11-16). Pablo entrega instrucciones adicionales con respecto al cuidado de las viudas (5:3-16); el trato con los ancianos, incluyendo a los que habían pecado (5:17-25); la conducta adecuada de los esclavos cristianos (6:1-2); y los ricos (6:3-10,17-19). Timoteo, por otro lado, debe guardar lo que se le ha confiado, como lo deja claro el último encargo de Pablo (6:11-16,20-21).

---

[49] *Ibid.*, 60.
[50] *Ibid.*

2 Timoteo. La segunda carta de Pablo a Timoteo comienza con el acostumbrado saludo y acción de gracias (1:1-7), seguido de una exhortación a Timoteo para que no se avergüence de Pablo, que ahora está en prisión (1:8-12). Después de contrastar varios compañeros de trabajo, Pablo instruyó a Timoteo sobre la naturaleza del ministerio cristiano mediante tres metáforas: el soldado, el atleta y el labrador. Cada uno tiene importantes lecciones que enseñar sobre la correcta disposición del siervo del Señor (2:1-7). Pablo usó tres metáforas adicionales para el ministerio cristiano: el obrero, varios utensilios y el siervo (2:14-26). Otros cargos, noticias recientes y un saludo final completan la carta (caps. 3-4).

Tito. Similar a 1 Timoteo, Pablo fue directo al punto al recordarle a Tito por qué Pablo lo dejó en Creta: «... para que corrigieses lo deficiente, y estableciese ancianos en cada ciudad, así como yo te mandé» (1:5). También como en 1 Timoteo, Tito recibió varias instrucciones sobre cómo corregir a los enemigos del evangelio mientras él mismo se mantenía al margen de la lucha. Los cristianos deben adornar «la doctrina de Dios nuestro Salvador» (2:10) y dedicarse a «toda buena obra» (3:1). De acuerdo con la naturaleza personal de la carta, Pablo concluyó con algunas instrucciones finales y un saludo de clausura (3:12-15).

BOSQUEJO

1 Timoteo
 I. APERTURA (1:1-2)
 II. ENCARGO PERSONAL (1:3-20)
 III. ASUNTOS DE LA CONGREGACIÓN (2:1-3:16)
 IV. OTROS ENCARGOS (4:1-6:2a)
 V. EXHORTACIÓN FINAL Y CIERRE (6:2b-21)

2 Timoteo
 I. APERTURA (1:1-2)
 II. ACCIÓN DE GRACIAS Y EXHORTACIÓN PERSONAL (1:3-18)
 III. METÁFORAS DEL MINISTERIO, EL EVANGELIO DE PABLO, Y UNA PALABRA FIEL (2:1-26)
 IV. OTROS ENCARGOS (3:1-4:8)
 V. NOTICIAS RECIENTES (4:9-18)
 VI. SALUDOS FINALES (4:19-22)

DISCUSIÓN UNIDAD POR UNIDAD

1 TIMOTEO

I. Apertura (1:1-2)

La apertura epistolar acostumbrada nombra a Pablo como el autor y a Timoteo, su «verdadero hijo en la fe», como el destinatario. «Misericordia» se añade al tradicional saludo de «gracia y paz».

II. Encargo personal (1:3-20)

Al principio, Pablo declaró la situación al escribir, el desafío de los falsos maestros (1:3-11). El testimonio de Pablo muestra que solo la gracia de Dios separó a Pablo de los falsos maestros (1:12-17). La sección inicial concluye con una exhortación a Timoteo y una identificación por nombre de dos falsos maestros, Himeneo y Alejandro (1:18-20).

III. Asuntos de la congregación (2:1-3:16)

Con la transición, «Exhorto ante todo», Pablo se dirigió a algunos de los principales temas en cuestión. Abordó varios temas relacionados con la oración congregacional (2:1-8) antes de pasar al liderazgo en la Iglesia. Las mujeres deben vestirse con modestia y no deben enseñar o ejercer autoridad sobre los hombres (2:8-15). Los hombres candidatos a obispos deben cumplir ciertos requisitos (3:1-7), así como los candidatos a diácono, hombre o mujer (3:8-13). La sección termina con una declaración del propósito de la carta de Pablo y una confesión final (3:14-16).

IV. Otros encargos (4:1-6:2a)

Volviendo al desafío de los falsos maestros, Pablo situó este fenómeno en el contexto de la apostasía de los últimos días (4:1-5). Instruyó a Timoteo sobre cómo ser un buen siervo de Jesucristo (4:6-16) y abordó varios asuntos adicionales de la congregación, como los relacionados con los hombres mayores y jóvenes, así como con las mujeres mayores y jóvenes (5:1-2); ministrar a las viudas que están en verdadera necesidad (5:3-16); nombrar o disciplinar a los ancianos (5:17-25); y dio instrucciones a los esclavos (6:1-2a).

V. Exhortación final y cierre (6:2b-21)

La primera parte de la exhortación final de Pablo trata la acusación final de los falsos maestros (6:2b-10). A esto le sigue una comisión final para Timoteo a los ojos de Dios para cumplir su ministerio de acuerdo con su «buena profesión» hecha en presencia de muchos testigos (¿su servicio de ordenación?) y a la luz de la esperanza del regreso de Cristo. A una doxología (6:15-16) le sigue una exhortación a los ricos (6:17-19) y una última exhortación a Timoteo para que se oponga a lo que falsamente se llama «ciencia» (quizás un gnosticismo incipiente; 6:20-21).

2 TIMOTEO

I. Apertura (1:1-2)

La apertura de 2 Timoteo se parece mucho a la de 1 Timoteo. Una vez más, Pablo se identificó como el escritor, llamó a Timoteo su «amado hijo» y lo saludó con «gracia, misericordia y paz».

II. Acción de gracias y exhortación personal (1:3-18)

Una acción de gracias inicial (1:3-7) y un llamado general al sufrimiento y la fidelidad (1:8-14) reemplazan el llamado más urgente que se encuentra al principio de la primera carta de Pablo a Timoteo. Pablo cerró la introducción con un contraste entre los que no tienen fe y los fieles compañeros de trabajo (1:15-18).

III. Metáforas del ministerio, el evangelio de Pablo, y una palabra fiel (2:1-26)

En su exhortación a su «hijo» Timoteo, Pablo se basó en tres metáforas que ilustran la naturaleza del ministerio cristiano: soldado, atleta y labrador (2:1-7). Cada una de ellas transmite una característica clave que Pablo quería que Timoteo cultivara. En el centro de esta sección hay una minidoxología cuidadosamente organizada (una de las «palabras fieles» que aparecen en las epístolas pastorales), que se centra en la obra de salvación de Cristo y sus implicaciones para los obreros de Dios (2:8-13). La sección cierra con tres roles adicionales del ministerio: obrero, instrumento y siervo (2:14-26).

IV. Otros encargos (3:1-4:8)

Como en 1 Timoteo, a mitad de la carta Pablo se refirió a la apostasía de los últimos días en los falsos maestros (3:1-9). Animó a Timoteo a mantenerse firme (3:10-17) y a predicar la Palabra (4:1-8). El encargo de predicar la Palabra marca la solemne y culminante exhortación final de las dos cartas de Pablo a Timoteo, que dice: «delante de Dios y del Señor Jesucristo, que juzgará a los vivos y a los muertos en su manifestación y en su reino».

V. Noticias recientes (4:9-18)

La carta concluye con algunas noticias recientes de la ocupada vida del apóstol, incluso mientras estaba en prisión y coordinaba la misión de la Iglesia primitiva (4:9-18), y con los saludos finales (4:19-22). Pablo exhortó a Timoteo a venir a él rápidamente y, si era posible, antes del invierno. Solo Lucas estaba con Pablo, y el apóstol quería que Timoteo trajera también a Marcos, una vez que fuera relevado por Tíquico, quien se quedaría en Éfeso y tomaría el lugar de Timoteo después de entregarle la presente carta.

VI. Saludos finales (4:19-22)

Se envían saludos finales a Priscila y Aquila, y a la casa de Onesíforo.

BOSQUEJO

Tito
I. APERTURA (1:1-4)
II. SITUACIÓN PARA ESCRIBIR (1:5-16)
III. INSTRUCCIONES PARA ENSEÑAR A DIFERENTES GRUPOS (2:1-15)
IV. INSTRUCCIONES GENERALES FINALES SOBRE CÓMO HACER EL BIEN (3:1-11)
V. COMENTARIOS FINALES (3:12-15)

DISCUSIÓN UNIDAD POR UNIDAD

Tito

I. Apertura (1:1-4)

El saludo de Pablo a Tito, el tercer saludo de apertura más largo de cualquiera de sus cartas, se parece considerablemente al saludo de 1 Timoteo. Además, Pablo proporcionó una extensa declaración sobre el propósito de su apostolado.

II. Situación para escribir (1:5-16)

La situación se describe en términos de la necesidad de nombrar ancianos calificados (1:5-9), que se sitúa en el contexto de la oposición cretense de Tito (1:10-16). La lista de requisitos para los líderes de la Iglesia en Tito 1:6-9 es aproximadamente equivalente a la de 1 Timoteo 3:1-7, aunque no hay una lista equivalente de requisitos para los diáconos (1 Tim. 3:8-12).

III. Instrucciones para enseñar a diferentes grupos (2:1-15)

De manera similar a sus instrucciones a Timoteo (1 Tim. 5:1-2), Pablo resumió cómo Tito debía tratar a los hombres mayores (2:1-2), a las mujeres mayores y jóvenes (2:3-5) y a los hombres más jóvenes (2:6-8); y proporcionó instrucciones para los esclavos en la Iglesia (2:9-10). Pablo procedió a identificar dos incentivos principales cuando Tito cumpliera su ministerio: la gracia de Dios y el regreso de Cristo, «la manifestación gloriosa de nuestro gran Dios y Salvador Jesucristo», que Pablo llama «la esperanza bienaventurada» (2:11-14). La sección concluye con una afirmación de la autoridad de Tito (2:15).

IV. Instrucciones generales finales sobre cómo hacer el bien (3:1-11)

Las instrucciones generales de cierre se centran en estar «dispuestos a toda buena obra». Esto implica comentarios sobre mantener de la paz (3:1-2) y observaciones sobre la salvación en Cristo y la renovación por el Espíritu, además de una advertencia final (3:3-11). Al principio, Pablo describió el estado de los no cristianos mediante siete características, así como deja claro que solo por la gracia de Dios él, Tito y otros creyentes son diferentes.

V. Comentarios finales (3:12-15)

Los habituales comentarios finales concluyen la carta (3:12-15).

TEOLOGÍA

Temas teológicos

Requisitos de los líderes de la Iglesia. Una parte considerable de las epístolas pastorales se dedica a las instrucciones sobre los requisitos de los líderes de la Iglesia.[51] La amenaza de los falsos maestros proporcionó el trasfondo para las estipulaciones de Pablo en esta área. Dado que los líderes de la Iglesia están encargados de la supervisión doctrinal de las congregaciones locales, es absolutamente esencial que sean elegidos cuidadosamente, en conformidad con normas de carácter e integridad claramente articuladas.

---

[51] Para materiales útiles sobre el tema, ver especialmente P. A. Newton, *Elders in Congregational Life: Rediscovering the Biblical Model for Church Leadership* [Ancianos en la vida congregacional: Redescubriendo el modelo bíblico para el liderazgo de la Iglesia] (Grand Rapids: Kregel, 2005); B. L. Merkle, *The Elder and Overseer: One Office in the Early Church, Studies in Biblical Literature 57* [El anciano y el obispo: Una oficina en la Iglesia primitiva, estudios de literatura bíblica 57] (Nueva York: Peter Lang, 2003); id., *40 Questions About Elders and Deacons* [40 Preguntas sobre ancianos y diáconos] (Grand Rapids: Kregel, 2008); Köstenberger, *Church Government* [Gobierno de la Iglesia]; id., *1 Timothy* [1 Timoteo], 521-30. Para una presentación de los diferentes puntos de vista, ver S. B. Cowan, ed. gen., *Who Runs the Church? 4 Views on Church Government* [¿Quién dirige la Iglesia? 4 puntos de vista sobre el gobierno de la Iglesia] (Grand Rapids: Zondervan, 2004); y C. O. Brand y R. S. Norman, eds., *Perspectives on Church Government: Five Views of Church Polity* [Perspectivas del gobierno de la Iglesia: Cinco puntos de vista de la política de la Iglesia] (Nashville: B&H, 2004).

Estos líderes, llamados «obispos» o «ancianos», deben cumplir con los siguientes requisitos (1 Tim. 3:1-7).[52] Un «anciano» debía ser irreprensible, esposo fiel,[53] sobrio, prudente, decoroso, hospedador, apto para enseñar, no dado al vino, no pendenciero, no codicioso de ganancias deshonestas, sino amable, apacible, no avaro; que gobierne bien su casa, que tenga a sus hijos en sujeción con toda honestidad, no nuevos conversos, y tener una buena reputación con los que están fuera de la iglesia (comp. Tito 1:6-9).[54]

El segundo oficio regulado en las epístolas pastorales es el de diácono. Los requisitos para los diáconos incluyen: ser honestos, sin doblez, no dados a mucho vino, no codiciosos de ganancias deshonestas; que guarden el misterio de la fe con limpia conciencia, maridos de una sola mujer, y que gobiernen bien sus hijos y sus casas (1 Tim. 3:8-10,12).[55] Los diáconos deben ser sometidos a prueba primero (v. 10); el buen servicio trae consigo una buena reputación y grandes recompensas eternas (v. 13).

Además de proporcionar requisitos para los líderes de la Iglesia, 1 Timoteo y las demás epístolas pastorales proporcionan información sobre muchas áreas de la vida congregacional, como el papel de la mujer (1 Tim. 2:9-15),[56] el cuidado de las viudas (1 Tim. 5:1-16), el trato con los ancianos pecadores (1 Tim. 5:17-25) o la exhortación a los miembros ricos de la iglesia (1 Tim. 6:2-10,17-19). En definitiva, las epístolas pastorales son un tesoro para la formación de los líderes de la Iglesia para el ministerio.

La preservación de los creyentes. Las epístolas pastorales muestran una preocupación constante por la preservación de los creyentes de Satanás o de las fuerzas demoníacas.[57] En 1 Timoteo 1:20 Pablo dijo que entregó dos falsos maestros a Satanás para que no blasfemaran. Mencionó que Eva fue engañada en la caída, y dio instrucciones a las mujeres sobre cómo escapar de un destino similar (1 Tim. 2:14-15; comp. 5:14-15). Advirtió contra el nombramiento de nuevos conversos en posiciones de liderazgo de la Iglesia, para que no se vuelvan engreídos y caigan en condenación por el diablo (1 Tim. 3:6). Esto también requiere que los candidatos a cargos eclesiásticos estén por encima de cualquier reproche y tengan buena reputación entre los que están fuera de la Iglesia (1 Tim. 3:7).

---

[52] Ver el cuadro comparativo en Köstenberger, *1–2 Timothy, Titus* [1-2 Timoteo, Tito], 523-24.

[53] Ver A. J. Köstenberger (con D. W. Jones), *God, Marriage and Family: Rebuilding the Biblical Foundation* [Dios, Matrimonio y Familia: Reconstruyendo los fundamentos bíblicos], 2ª edición. (Wheaton: Crossway, 2010), 239-44 (ver, en particular, el cuadro que enumera las diferentes opiniones en la página 243).

[54] Se proporciona una lista separada de requisitos para los diáconos y las mujeres (ya sean mujeres diaconisas o esposas de diáconos; 1 Tim. 3:8-13; ver Hech. 6:1-6; Rom. 16:1-2). Para una discusión de estas calificaciones, ver Köstenberger, *1–2 Timothy, Titus* [1-2 Timoteo, Tito], 522-30, 606-8.

[55] La referencia a las mujeres en 1 Timoteo 3:11 puede denotar mujeres diaconisas o esposas de diáconos. Ver la discusión y la literatura citada en Köstenberger, *1–2 Timothy, Titus* [1-2 Timoteo, Tito], 529-30. Entre las traducciones, HCSB tiene «esposas»; NASB «mujeres» (nota al pie «es decir, o esposas de diáconos o diaconisas»); NIV «sus esposas» (nota al pie «o diaconisas»); y NIV2010: «las mujeres» (nota a pie de página: «Probablemente las esposas de los diáconos o las mujeres que son diaconisas»).

[56] Ver A. J. Köstenberger y T. R. Schreiner, editores, *Women in the Church: An Analysis and Application of 1 Timothy 2:9-15* [Las mujeres en la Iglesia: Un análisis y aplicación de 1 Timoteo 2:9-15], 2ª edición. (Grand Rapids: Baker, 2005).

[57] Ver A. J. Köstenberger, *Ascertaining Women's God-Ordained Roles: An Interpretation of 1 Timothy 2:15* [Determinando los roles de las mujeres ordenados por Dios: Una interpretación de 1 Timoteo 2:15], BBR 7 (1997): 107–44, especialmente 130–33.

Pablo también denunció a los que enseñaban a otros a abstenerse de casarse o de ciertos alimentos debido a una falsa dicotomía entre las cosas materiales y espirituales descritas como «doctrinas de demonios» (1 Tim. 4:1-3). Otra área que los creyentes deben evitar espiritualmente es el deseo de enriquecerse (1 Tim 6:9-10; ver 2 Tim 2:26). Pablo advirtió a Timoteo que se guardara de «los argumentos de la falsamente llamada ciencia» (1 Tim. 6:20). Esto aparentemente se relaciona con una forma temprana de gnosticismo, que enseñaba un dualismo entre la materia y el espíritu, menospreciando todas las cosas creadas (ver 1 Tim.2:14-15; 4:1-3).

Pablo explicó que los falsos maestros han sido atrapados por el diablo y mantenidos cautivos para hacer su voluntad (2 Tim. 2:26). En contraste con estos herejes, Timoteo fue exhortado repetidamente a guardar lo que se le había confiado (1 Tim. 6:12; 2 Tim. 1:12,14; 4:7,15,18) para que pudiera escapar de las garras de los equivocados y perseguir la virtud cristiana (1 Tim. 6:11; 2 Tim. 2:22). Como delegado apostólico de Pablo, debe ser consciente de sí mismo y de su enseñanza, y perseverar en estas cosas, ya que al hacerlo «salvaría» tanto a sí mismo como a sus oyentes (1 Tim. 4:16). En cambio, los falsos maestros se han alejado de la fe (1 Tim. 1:6,19; 5:13,15; 6:9,10,21).

Tabla 15.1. La «palabra fiel» en las epístolas pastorales

	Palabra fiel
1 Timoteo 1:15	Palabra fiel y digna de ser recibida por todos: que Cristo Jesús vino al mundo para salvar a los pecadores, de los cuales yo soy el primero.
1 Timoteo 3:1	Palabra fiel: Si alguno anhela obispado, buena obra desea.
1 Timoteo 4:8-9	porque el ejercicio corporal para poco es provechoso, pero la piedad para todo aprovecha, pues tiene promesa de esta vida presente, y de la venidera. Palabra fiel es esta, y digna de ser recibida por todos.
2 Timoteo 2:11-13	Palabra fiel es esta: Si somos muertos con él, también viviremos con él; Si sufrimos, también reinaremos con él; Si le negáremos, él también nos negará. Si fuéremos infieles, él permanece fiel; El no puede negarse a sí mismo.
Tito 3:4-8	Pero cuando se manifestó la bondad de Dios nuestro Salvador, y su amor para con los hombres, nos salvó, no por obras de justicia que nosotros hubiéramos hecho, sino por su misericordia, por el lavamiento de la regeneración y por la renovación en el Espíritu Santo, el cual derramó en nosotros abundantemente por Jesucristo nuestro Salvador, para que justificados por su gracia, viniésemos a ser herederos conforme a la esperanza de la vida eterna. Palabra fiel es esta, y en estas cosas quiero que insistas con firmeza, para que los que creen en Dios procuren ocuparse en buenas obras. Estas cosas son buenas y útiles a los hombres.

PUNTOS DE APLICACIÓN

- Que los creyentes maduros sean mentores de aquellos que son jóvenes en la fe (1 Tim. 2:2; Tito 2:1-8).

- Adoptar el diseño de Dios para los roles de hombres y mujeres en la Iglesia (1 Tim. 2:8-3:13).
- Asegúrate de que todos los líderes de la Iglesia estén calificados bíblicamente (1 Tim. 3:1-12; Tito 1:6-9).
- Cultiva la piedad (1 Tim. 4:7; Tito 1:1; 2:3).
- Predicar la Palabra, sea o no popular hacerlo (2 Tim. 4:1).

PREGUNTAS DE ESTUDIO

1. ¿Es apropiado llamar a 1 y 2 Timoteo y Tito «epístolas pastorales»?
2. ¿Qué epístola pastoral fue escrita desde la prisión?
3. ¿Cuál es el género de las epístolas pastorales, y qué implicaciones tiene?
4. ¿Cuántos oficios eclesiásticos se prescriben en las epístolas pastorales?
5. ¿Cuál es la mejor descripción de los oficios de Timoteo y Tito?
6. ¿Cuáles son las calificaciones de los líderes de la Iglesia (1 Tim. 3:1-7; Tito 1:6-9)?

PARA UN ESTUDIO MÁS PROFUNDO

Baugh, S. M. «*1, 2 Timothy, Titus*». Páginas 444–511 en vol. 3 de *Zondervan Illustrated Bible Background Commentary*. Editado por C. E. Arnold. Grand Rapids: Zondervan, 2001.

Carson, D. A. «*Pseudonymity and Pseudepigraphy*». Páginas 856–64 en *Dictionary of New Testament Background*. Editado por C. A. Evans y S. E. Porter. Downers Grove: InterVarsity, 2000.

Ellis, E. E. «*Pastoral Letters*». Páginas 658–66 en *Dictionary of Paul and His Letters*. Editado por G. F. Hawthorne y R. P. Martin. Downers Grove: InterVarsity, 1993.

Gorday, J. *The Pastoral Epistles. Ancient Christian Commentary on Scripture*. Downers Grove: InterVarsity, 2000.

Guthrie, D. *The Pastoral Epistles. Tyndale New Testament Commentaries*. 2.ª ed. Grand Rapids: Eerdmans, 1990.

Hughes, R. K., y B. Chapell. *1 and 2 Timothy and Titus*. Wheaton: Crossway, 2000.

Johnson, L. T. *The First and Second Letters to Timothy: A New Translation with Introduction and Commentary*. Anchor Bible 35A. New York: Doubleday, 2001.

_____. *Letters to Paul's Delegates: 1 Timothy, 2 Timothy, Titus*. Valley Forge: Trinity International, 1996.

Kelly, J. N. D. *A Commentary on the Pastoral Epistles. Black's New Testament Commentaries*. London: A&C Black, 1963.

Knight, G. W. *The Pastoral Epistles. New International Greek Testament Commentary*. Grand Rapids: Eerdmans, 1992.

Köstenberger, A. J. «*1–2 Timothy, Titus*». Pages 487–625 en *Expositor's Bible Commentary*. Rev. ed. Vol. 12: Ephesians-Philemon. Grand Rapids: Zondervan, 2005.

Köstenberger, A. J., y T. R. Schreiner, eds. *Women in the Church: An Analysis and Application of 1 Timothy 2:9–15*. 2.ª ed. Grand Rapids: Baker, 2005.

Köstenberger, A. J., y T. L. Wilder, eds. *Entrusted with the Gospel: Paul's Theology in the Pastoral Epistles*. Nashville: B & H Academic, 2010.

Laniak, Timothy S. Shepherds *After My Own Heart: Pastoral Traditions and Leadership in the Bible. New Studies in Biblical Theology 20*. Downers Grove: InterVarsity, 2006.

Lea, T. D., y H. P. Griffin, Jr. 1, 2 *Timothy, Titus. New American Commentary 34*. Nashville: B&H, 1992.

Merkle, B. L. *40 Questions About Elders and Deacons*. Grand Rapids: Kregel, 2008.

Mounce, W. D. *The Pastoral Epistles. Word Biblical Commentary 46*. Waco: Word, 2000.

Newton, P. A. *Elders in Congregational Life: Rediscovering the Biblical Model for Church Leadership*. Grand Rapids: Kregel, 2005.

Quinn, J. D. *The Letter to Titus*. Anchor Bible 35. Garden City: Doubleday, 1990.

Quinn, J. D., y W. C. Wacker. *The First and Second Letters to Timothy. Eerdmans Critical Commentary*. Grand Rapids/Cambridge: Eerdmans, 2000.

Towner, P. H. *1–2 Timothy and Titus. IVP New Testament Commentary*. Downers Grove: InterVarsity, 1994.

———. *The Letters to Timothy and Titus. New International Commentary on the New Testament*. Grand Rapids: Eerdmans, 2006.

Wilder, T. L. «*Pseudonymity and the New Testament*». Páginas 296–335 en *Interpreting the New Testament: Essays on Methods and Issues*. Editado por D. A. Black y D. S. Dockery. Nashville: B&H, 2001.

Cuarta Parte

LAS EPÍSTOLAS GENERALES Y APOCALIPSIS

ESTA INTRODUCCIÓN AL N.T. ha proporcionado abordajes de los cuatro Evangelios, el Libro de los Hechos y las trece cartas de Pablo. Quedan nueve libros adicionales por discutir: ocho cartas convencionalmente agrupadas bajo la rúbrica de epístolas generales y el libro de Apocalipsis. Aunque a menudo no se consideran tan centrales para el canon del N.T. como la correspondencia paulina, estas cartas constituyen una contribución indispensable al canon bíblico y su estudio no debe descuidarse de ninguna manera. Con un pequeño cambio, el abordaje de estos libros sigue el orden canónico. El capítulo 16 considera el libro de Hebreos; el capítulo 17, el libro de Santiago; el capítulo 18, 1 y 2 Pedro y Judas; el capítulo 19, 1, 2 y 3 Juan; y el capítulo 20, el libro de Apocalipsis.

Cada uno de estos documentos plantea un conjunto único de preguntas que se discuten como corresponde. En el caso de Hebreos, una dificultad se refiere a la identidad desconocida del autor. Santiago es un escrito único que representa el cristianismo judío primitivo en el N.T. La relación entre 2 Pedro y Judas, y la autoría de 2 Pedro también plantea interesantes cuestiones que se consideran. Tanto Santiago, como 1 Juan, son claramente difíciles de describir, por lo que este problema también recibe atención. La relación entre las cartas de Juan, el Evangelio y el Apocalipsis de Juan también es tratada. El volumen concluye con un análisis de las cuestiones históricas, literarias y teológicas que plantea el libro de Apocalipsis.

Capítulo 16
Carta a los Hebreos

CONOCIMIENTO ESENCIAL

Los estudiantes deben conocer los hechos clave del libro de Hebreos. Con respecto a la historia, deben ser capaces de identificar el autor, la fecha, la procedencia, el destino y el propósito del libro. Con respecto a la literatura, deben ser capaces de proporcionar un esquema básico del libro e identificar los elementos centrales del contenido que se encuentran en la discusión unidad por unidad. Con respecto a la teología, los estudiantes deben ser capaces de identificar los principales temas teológicos del libro de Hebreos.

	ASPECTOS CLAVE
Autor:	Desconocido.
Fecha:	ca. 65.
Procedencia:	Desconocida.
Destinatario:	Congregación(es) judeocristiana en Roma.
Situación:	Persecución cristiana que provocó que algunos regresaran al judaísmo.
Propósito:	Advertir a las personas de estas congregaciones judeocristianas que no regresen al judaísmo para evitar ser perseguidos como cristianos.
Tema:	La supremacía de Cristo sobre las figuras predecesoras del A.T. y otros intermediarios.
Versículos clave:	12:1-2.

CONTRIBUCIÓN AL CANON

- La revelación definitiva y la redención traída por Cristo (1:1-4; 7:27; 8:26).
- La perseverancia cristiana y los pasajes de advertencia (por ejemplo, 2:1-4).

- El eterno sumo sacerdocio de Cristo (4:14-5:10; 7:1-28).
- La superioridad del nuevo pacto sobre el antiguo (8:1-9:25).
- El ejemplo de fe de los creyentes del A.T. (capítulo 11).

INTRODUCCIÓN

HEBREOS ES UN libro de profundos contrastes e ironía. Escrito en el estilo más clásico del griego en el N.T., refleja la hermenéutica claramente judía. El libro ha sido tradicionalmente conocido como «la carta de Pablo a los Hebreos», pero como se verá, los eruditos discuten casi cada palabra de esta descripción. El autor llama al documento una breve «palabra de exhortación» (13:22), pero en realidad es una de las cartas más largas del N.T. Mientras que Hebreos ha sido reconocida como una de las más grandes obras de teología en el N.T., luchó por la plena aceptación canónica más tiempo que cualquier otro libro del N.T.

De hecho, el estudiante de Hebreos se encuentra con una serie bastante desalentadora de incógnitas, que han desafiado constantemente la resolución a lo largo de los siglos.[1] Además, el estudio de Hebreos es agotador porque su comprensión requiere una considerable familiaridad con la enseñanza del A.T.[2] Sin embargo, cualquiera que se sumerja en el libro y su mensaje será ricamente recompensado. Con su énfasis en el inigualable y eterno sumo sacerdocio de Jesucristo y el carácter único de Su sacrificio sustitutivo, Hebreos hace una contribución vital e indispensable al canon cristiano.[3]

HISTORIA

Autor

Se ha sugerido que el autor de Hebreos es «uno de los tres grandes teólogos del Nuevo Testamento».[4] Desafortunadamente, la autoría de la carta es la primera en la lista de incógnitas sobre este libro. El debate más familiar para los cristianos evangélicos es si Pablo fue su autor, pero es poco probable que lo fuera (ver más adelante). Pocos eruditos de hoy en día creen que Pablo haya escrito Hebreos.[5] Dos factores importantes, en particular,

---

[1] L. D. Hurst (*The Epistle to the Hebrews: Its Background of Thought* [La Epístola a los Hebreos: Su trasfondo], SNTSMS 65 [New York: Cambridge Univ. Press, 1990], 1) incluso describió el libro como «algo similar a una broma hacia una iglesia obsesionada con encontrar su origen». D. A. Black («The Problem of the Literary Structure of Hebrews» [«El problema de la estructura literaria de Hebreos»], *Grace Theological Journal* 7 [1986]: 164) señaló que el libro se ha convertido frecuentemente en una colección de textos probatorios y versículos para memorizar.

[2] La preparación para leer Hebreos requiere, entre otras cosas, leer sobre el tiempo que los israelitas vagaron por el desierto (esp. Núm. 13–14) y el sistema de sacrificios del A.T. (por ejemplo, Ex. 25-30, 35-40). L. T. Johnson, *Hebrews: A Commentary* [Hebreos: Un comentario], NTL (Louisville: Westminster John Knox, 2006), 1.

[3] El libro de Hebreos tiene enormes implicaciones soteriológicas y misionológicas en un mundo pluralista que busca ser inclusivo, mientras que la Escritura enseña que la salvación se encuentra solo en Jesús y Su sacrificio una vez y para siempre. Ver C. W. Morgan y R. A. Peterson, ed., *Faith Comes by Hearing: A Response to Inclusivism* [La fe viene por el oír: Una respuesta al inclusivismo] (Downers Grove: InterVarsity, 2008).

[4] B. Lindars, *The Theology of the Letter to the Hebrews, New Testament Theology* [La teología de la Epístola a los Hebreos, teología del Nuevo Testamento] (Cambridge: University Press, 1991), 25. Lindars no especifica a los otros dos teólogos; uno resume que uno de ellos es Pablo.

[5] Ver D. A. Black, «Who Wrote Hebrews? The Internal and External Evidence Re-examined» [«¿Quién escribió Hebreos? Evidencia interna y externa reexaminada»], *Faith and Mission* 18 (Spring 2002): 57–69.

apoyan el consenso casi unánime en referencia a esto. En primer lugar, el lenguaje del libro es diferente al de Pablo en sus cartas. Estas diferencias se extienden más allá de su vocabulario y estilo también a las imágenes y motivos teológicos del libro, como el alto sacerdocio de Cristo. En segundo lugar, y quizás lo más perjudicial, es que el escritor dice que escuchó el evangelio de aquellos que lo recibieron de Cristo (ver 2:3), algo que Pablo negó vehementemente en otra parte (Gál. 1:11-16; ver 1 Cor. 15:8).

En lugar de la autoría paulina, se ha propuesto un largo desfile de candidatos como posibles escritores de Hebreos. Estos incluyen a Clemente de Roma, Bernabé, Apolos, Lucas, Silas, Priscila, Felipe, e incluso María la madre de Jesús.[6] Cada uno de ellos, excluyendo a Lucas, tiene el mismo problema: no tenemos documentos conocidos de estos autores para compararlos con Hebreos. Por lo tanto, dadas las circunstancias, es mejor admitir que la autoría de Hebreos es desconocida.[7]

La buena noticia es que ningún punto de la exégesis depende de conocer la identidad del responsable de la carta. El documento en sí es formalmente anónimo, es decir, el autor no se nombra a sí mismo. Al mismo tiempo, es evidente que el libro probablemente nunca tuvo la intención de ser una carta anónima para sus primeros lectores. El autor esperaba plenamente que los destinatarios de su carta supieran quién era, dada la naturaleza de las referencias personales a sus lectores (ver 13:19-23). Puede que haya sido parte de su congregación en algún momento del pasado, y esperaba verlos de nuevo en el futuro.

La dificultad no es solo que el libro sea anónimo, sino que la Iglesia primitiva luchó por identificar al autor cuando no tuvo esa lucha con otras obras formalmente anónimas en el N.T. (por ejemplo, los Evangelios y Hechos).[8] El libro aparece por primera vez en el canon entre los manuscritos de las cartas de Pablo, generalmente entre 2 Tesalonicenses

---

[6] Clemente (como copista de Pablo) es apoyado por Eusebio, *Hist. Ecl.* 3,38; Bernabé por el padre de la iglesia Tertuliano y más recientemente por E. Riggenbach, *Der Brief an die Hebräer: Kommentar zum Neuen Testament* [Epístola a los Hebreos: Comentario al Nuevo Testamento], ed. T. Zahn (Wuppertal: R. Brockhaus, 1987 [1922]). Apolos fue propuesto por M. Lutero, primero en su *Comentario sobre Génesis* en 1545 (*Obras de Lutero 8*: 178); ya en 1522, Lutero calificó esta opinión con «algunos dicen». Lucas es favorecido por D. L. Allen, *Lukan Authorship of Hebrews* [Lucas como autor de Hebreos], NAC Studies in Bible & Theology (Nashville: B&H Academic, 2010). Silas fue sugerido por T. Hewitt, *The Epistle to the Hebrews* [La Epístola a los Hebros] (Grand Rapids: Eerdmans, 1960), 26–32. Priscila es la elección de A. von Harnack, «Probabilia über die Addresse und den Verfasser des Hebräerbriefes», ZNW 1 (1900): 16–41; y R. Hoppins, «The Epistle to the Hebrews Is Priscilla's Letter» [«La Epístola a los Hebreos es la carta de Priscila», en *A Feminist Companion to the Catholic Epistles and Hebrews* [Compañía femenina a las epístolas católicas y Hebreos], ed. A.-J. Levine con M. M. Robbins, *Feminist Companion to the New Testament and Early Christian Writings 8* [Compañía femenina del Nuevo Testamento y los primeros escritos cristianos 8] (Londres: T&T Clark, 2004), 147–70. Felipe es sugerido por J. Moffatt, *The Epistle to the Hebrews* [Epístola a los Hebreos], ICC (Edimburgo: T&T Clark, 1924), xx; comp. W. Ramsay, *Luke the Physician and Other Studies in the History of Religion* [Lucas el médico y otros estudios en la historia de la religión] (Nueva York: Hodder & Stoughton, 1908), 301–8. D. A. Hagner (*Encountering the Book of Hebrews: An Exposition* [Encuentro con el libro de Hebreos: Una exposición], EBS [Grand Rapids: Baker, 2002], 22) mencionó la sugerencia tanto de Felipe como de María, la madre de Jesús.

[7] Esto pensaba Orígenes: «Solo Dios sabe quién escribió la Epístola» (citado en Eusebio, *Hist. Ecl.* 6.25.14).

[8] La parte oriental de la iglesia (representada por Alejandría) afirmó la autoría paulina de Hebreos, al tiempo que reconoció la dificultad de esta posición. El mejor ejemplo es la carta festiva de Atanasio (367) que se refiere a 14 cartas de Pablo (incluida Hebreos). La parte occidental de la iglesia rechazó la autoría paulina. Esto está representado por luminarias como Ireneo e Hipólito (según Focio), de quienes se dice que lo rechazaron, así como su ausencia en el Canon Muratoriano que es cuidadoso al mencionar 13 cartas de Pablo.

y 1 Timoteo.[9] Este fenómeno se explica mejor por la tradición de que Pablo era la fuente de la carta. Si es así, es posible que Pablo no fuera el autor del documento, sino que lo incluyera en una colección de sus cartas sobre la base de que fue escrito por uno de sus asociados cercanos, aunque esto debe permanecer necesariamente en el ámbito de conjetura.

Si el libro se incluye en el corpus paulino sin que Pablo sea el autor, ¿qué relación tiene con el apóstol? La mención de Timoteo en 13:23 recuerda a un miembro prominente del círculo paulino, aunque el encarcelamiento mencionado allí no está atestiguado en ninguna otra parte del N.T. Además, las conexiones temáticas son vastas.[10] L. D. Hurst esbozó los posibles puntos de contacto entre Pablo y el autor de Hebreos de la siguiente manera.[11] (1) Hebreos no refleja un préstamo literario de Pablo hacia alguno de sus seguidores. Al mismo tiempo, se detectan ciertas similitudes temáticas. (2) Si estas ideas fueran originalmente paulinas, el autor podría haber sido en algún momento un discípulo de Pablo. (3) Es probable que exista influencia personal de Pablo más que una dependencia literaria directa. En una línea similar, el padre de la Iglesia, Orígenes (ca. 185-254), escribió: «Si yo aventurara mi propia opinión, diría que los pensamientos son del apóstol, pero el estilo y la construcción reflejan a alguien que recordó las enseñanzas del apóstol y las interpretó» (citado en Eusebio, *Hist. Ecl.* 6.25).

Además, aunque la identidad del autor sigue siendo esquiva, es posible deducir de la propia carta alguna información relativa al escritor. En primer lugar, el autor era un hombre. El participio masculino «contando» (*diegeomai*) en 11:32 descarta a Priscila, María y cualquier otra mujer. Segundo, el autor era obviamente un escritor talentoso y elocuente, mostrando un impresionante dominio de la retórica antigua. Esto apunta a la tercera característica, que es que el autor era bien educado. Cuarto, es muy probable que sea judío, mostrando relaciones familiares con sus lectores. Mientras que su retórica era griega, su hermenéutica era consistente con los principios de interpretación de los primeros judíos y cristianos. En quinto lugar, el escritor estaba familiarizado con el A.T. griego (la LXX).[12] Por último, como se ha mencionado anteriormente, el autor era un creyente de segunda generación (ver 2:3). Esto es todo lo que se puede decir con confianza sobre el autor.

Fecha

El segundo elemento de incertidumbre con respecto a Hebreos es la fecha en que se escribió. Los eruditos han propuesto una gama estrecha de posibilidades, que van desde mediados de la década de los 60, justo unos años antes de la destrucción del templo de

---

[9] La colección más antigua de las Cartas de Pablo (𝔓46; ca. 200) sitúa a Hebros inmediatamente después de Romanos.

[10] Hurst (*Hebrews* [Hebreos], 108) encontró al menos 25 puntos de conexión teológica.

[11] *Ibid.*, 124.

[12] G. Guthrie (*Hebrews* [Hebreos], NIVAC [Grand Rapids: Zondervan, 1998], 19) señaló que hay 35 citas directas, 34 alusiones claras, 19 resúmenes de materiales del A.T. y 13 veces el autor mencionó un nombre o tema del A.T., a menudo sin referencia a un contexto específico. Para conocer la dificultad de evaluar un número estricto, consulta W. L. Lane (*Hebrews 1–8* [Hebreos 1-8], WBC 47A [Dallas: Word, 1991], cxvi), quien localizó 31 citas y 4 citas implícitas, 37 alusiones, 19 resúmenes y 13 referencias de nombres o temas que se presentan sin una referencia. La forma exacta de la LXX empleada por el autor también es tema de debate académico.

Jerusalén en el año 70, hasta alrededor del año 90.[13] El autor afirma que él y sus lectores eran cristianos de segunda generación (2:3). También indicó que había transcurrido algún tiempo después de la conversión de sus lectores (5:12) y después de que hubieran sido perseguidos por su fe en el pasado (10:32; 12:4), exhortándolos a recordar a sus líderes y a seguir su ejemplo, considerando «el resultado de su conducta» (13:7).

A partir de estas observaciones se puede asumir con seguridad que una fecha anterior al año 45 es poco probable.[14] La última fecha posible es a finales del primer siglo, ya que Clemente de Roma (ca. 96) fue claramente influenciado por la carta (indiscutiblemente *1 Clem.* 36:1-6, esp. 2-5). Si a esto se añade el hecho de que la carta debe haber sido escrita mientras Timoteo vivía (13:23) y durante la vida de un cristiano de segunda generación (2:3), coloca el límite superior de la carta alrededor de la época de Clemente.[15] Por lo tanto, la carta debe haber sido escrita entre los años 45 y 95.

Pero es posible reducir aún más el rango. Es muy probable que la carta se escribiera antes de la Guerra Judía, incluyendo la destrucción del templo judío en el año 70, ya que el escritor habla del ministerio sacerdotal en tiempo presente (9:6-10).[16] Pero es más probable que las referencias sean al templo. Si el templo ya hubiera sido destruido y los sacrificios y el sacerdocio hubieran dejado de existir, es virtualmente inconcebible que el autor no hubiera hecho referencia a estos acontecimientos.[17] Las referencias en tiempo presente al templo y la falta de referencias a su destrucción apuntan a una fecha anterior a la destrucción de Jerusalén en el año 70 d.C.

Como se verá más adelante, lo más probable es que Hebreos se escribiera a un grupo de iglesias en Roma. Si es así, la experiencia de los creyentes mencionada en el libro es totalmente congruente con el período de tiempo posterior al edicto de Claudio (ca. 49) y la persecución de los cristianos bajo Nerón (64-66). Dado que estos creyentes parecen estar sufriendo persecución en el momento en que se escribió el libro, lo más probable es que la fecha de composición se sitúe hacia el final de este período de tiempo, aunque no al final, ya que el autor señaló que los receptores no habían derramado sangre todavía (12:4). Por lo tanto, en conjunto, una fecha a mediados de los años 60 parece más probable.

Procedencia

Se desconoce la procedencia de Hebreos. La única prueba interna posible es 13:24, que señala: «Los de Italia os saludan». Pero como se argumenta más adelante, lo más probable

---

[13] L. Gaston, *No Stone on Another: Studies in the Significance of the Fall of Jerusalem in the Synoptic Gospels* [Piedra sobre piedra: Estudios sobre la importancia de la caída de Jerusalén en los Evangelios sinópticos], NovTSup 23 (Leiden: Brill, 1970), 467; y T. Zahn, *Introduction to the New Testament* [Introducción al Nuevo Testamento], trad. J. M. Trout *et al.* (Nueva York: Scribner's, 1909), 315–23. Zahn basó sus argumentos en la interpretación de Hebreos 3:7–4:11, «Donde me tentaron vuestros padres; me probaron, y vieron mis obras cuarenta años», como los años 30–70.

[14] Johnson, *Hebrews* [Hebreos], 39.

[15] Ver D. A. Carson y D. J. Moo, *An Introduction to the New Testament* [Introducción al Nuevo Testamento], 2.ª ed. (Grand Rapids: Zondervan, 2005), 605.

[16] Ver Brown, *Introduction to the New Testament* [Introducción al Nuevo Testamento], 696; G. A. Barton, «The Date of the Epistle to the Hebrews» [«La fecha de la Epístola a los Hebreos»], JBL 57 (1938): 199–200.

[17] B. Lindars, «Hebrews and the Second Temple» [«Hebreos y el segundo templo»] en *Templum Amicitiae: Essays on the Second Temple Presented to Ernst Bammel* [Templum Amicitiae: Ensayos sobre el segundo templo presentados por Ernest Bammel], ed. W. Horbury (Sheffield: JSOT, 1991), 416.

es que esto indique un *destino* romano, dejando abierta la cuestión de la procedencia de la carta. Si es así, quizás la única conclusión segura es que dondequiera que se haya escrito la carta, no fue escrita en Roma ya que este era su probable destino. Especialmente porque la identidad del autor es desconocida, es aún más difícil establecer dónde estaba el autor desconocido en el momento en que escribió Hebreos. Por esta razón, citando a Orígenes, «La procedencia de los Hebreos, solo Dios la conoce».[18]

Destinatarios

La tercera incógnita es a quién estaba destinada la carta. La cuestión del destino de la carta abarca varios factores. Uno es la composición étnica de la congregación o congregaciones a las que se dirige. Otro es la ubicación geográfica de los destinatarios. Otro es cualquier otra característica de los destinatarios originales o su situación en el momento de escribir la carta. La primera pregunta es sobre la composición étnica de los receptores. A primera vista, esta cuestión parece estar resuelta por la designación de la carta como «a los hebreos». Sin embargo, aunque este título sugiere que los receptores eran judíos cristianos, no todos los estudiosos están de acuerdo en que el libro fue escrito para un público judío. Algunos sostienen que eran gentiles, y ven el título como vago y confuso (algo añadido después de que se perdiera el conocimiento de los destinatarios). Sin embargo, aunque algunos factores son congruentes con un público gentil, ninguno anula la impresión acumulativa de que los lectores originales eran cristianos hebreos.

El primer gran argumento a favor de una audiencia judía cristiana está ligado al título del libro. Este título, que es el único que existe, probablemente data de la inclusión del libro en el corpus paulino. Si es así, es cronológicamente tan cercano a la época de Pablo que cualquier apelación a que los destinatarios sean olvidados se vuelve insostenible. Por lo tanto, el título «A los Hebreos» debe ser tomado en serio, y apunta inequívocamente a los lectores judíos. La cuestión de si estos judíos vivían en Palestina o en la diáspora no se aborda en el título. Algunos han tratado de identificar a los destinatarios con los pactadores de Qumrán[19] o los sacerdotes judíos de Jerusalén (como los convertidos en Hechos 6:7),[20] pero estas opiniones no han generado un gran número de seguidores. El hecho de que los lectores no hayan escuchado a Jesús personalmente (2:3), el uso exclusivo de la LXX por parte del autor y la presencia de rasgos lingüísticos característicos de la sinagoga helenística apuntan a lectores de fuera de Palestina.

El segundo argumento importante para un público judío-cristiano está relacionado con el uso generalizado del A.T. en el libro. El autor presupone que sus lectores estaban familiarizados con la enseñanza del A.T., incluyendo el ritual levítico, el sacerdocio y el patrón del tabernáculo. Achtemeier, Green y Thompson afirmaron correctamente que «es

---

[18] Por supuesto, es cierto que presumiblemente los primeros destinatarios de Hebreos sabían quién era el autor, pero el punto de la observación de Orígenes (que todavía aplica hoy) es que este conocimiento del autor se perdió pronto en las generaciones posteriores.

[19] Ver P. E. Hughes, *A Commentary on the Epistle to the Hebrews* [Comentario sobre la Epístola a los Hebreos] (Grand Rapids: Eerdmans, 1977), 10–15.

[20] C. Spicq, *L'Épître aux Hébreux* [La Epístola a los Hebreos] (París: J. Gabalda, 1952), 1:226–31.

difícil no ver que Hebreos es dirigido a los cristianos judíos, a quienes las exhortaciones y argumentos de la exposición de tantos pasajes del A.T., especialmente los que se refieren a los israelitas errantes que buscan la tierra prometida, tendrían un atractivo particularmente fuerte».[21]

La siguiente pregunta sobre el destino de la carta se refiere a la ubicación geográfica de la audiencia. La única pista posible relacionada a ello se encuentra en el 13:24, que señala: «Los de Italia os saludan». Este pasaje establece evidentemente una conexión entre los lectores e Italia. Pero ¿la referencia a la ubicación de los lectores o del escritor? En otras palabras, ¿indica la referencia que los italianos expatriados están enviando saludos a sus hogares o que el escritor estaba en Italia en el momento de escribir este artículo?

Guthrie aboga por lo primero (un destino romano) basándose en el siguiente conjunto de argumentos: (1) «de Italia» se usa en Hechos 18:2 para Aquila y Priscila, que eran expatriados italianos; (2) la referencia a los pastores como «pastores» (*hegoumenoi*) en Hebreos (13:7,17,24) tiene un paralelo fuera del N.T. solo en *1 Clemente* (ca. 95) y el *Pastor de Hermas* (¿principios del siglo II?), ambos de origen romano; (3) *1 Clemente* (escrito en Roma) hizo un uso extensivo de Hebreos, por lo que la primera evidencia de la existencia del libro proviene de Roma.[22] Sobre la base de este tipo de evidencia, un destino romano para Hebreos es de hecho plausible, incluso probable.

Además de esto, hay algunas otras características de la audiencia que se pueden inferir de la carta. De hecho, el autor de la carta se refirió al hecho de que los destinatarios, así como el autor, son cristianos de segunda generación (2:3), es decir, el autor consideró que los apóstoles pertenecían a la generación espiritual precedente. Aunque habían sido creyentes durante algún tiempo, habían retrocedido en su crecimiento en Cristo (5:11-6:3), y algunos habían dejado de asistir a la reunión semanal (10:25). En general, sin embargo, el autor confiaba en la salvación de sus lectores por su labor de amor (6:10), que incluía el apoyo a los hermanos cristianos necesitados (10:34). Estos creyentes no solo estaban bajo presión doctrinal, sino que también parecen haber estado bien familiarizados con la persecución. Habían soportado «gran combate de padecimientos» en su conversión (10:32), se les habían confiscado sus propiedades y habían soportado este maltrato con alegría (10:34). Además, estaban actualmente bajo presión (12:3-13), aunque todavía tenían que sufrir hasta el martirio (12:4), pero se esperaba un sufrimiento más severo en el futuro (13:12-14).

Todas estas pruebas encajan bien con que la audiencia original hayan sido cristianos hebreos en Roma a mediados de los 60. Si la discusión anterior es exacta, la fecha más probable sería poco antes de que la persecución de Nerón en la última mitad de los 60 alcanzara su clímax. La comunidad, que había existido por algún tiempo, había soportado anteriormente la persecución. Sus propiedades habían sido confiscadas, y habían soportado la vergüenza desde fuera de su grupo (12:4; 13:13). Todo esto coincide con la situación de Roma desde el momento posterior al edicto de Claudio en el año 49 (en el

---

[21] P. J. Achtemeier, J. B. Green y M. M. Thompson, *The New Testament: Its Literature and Theology* [El Nuevo Testamento: Su literatura y teología] (Grand Rapids: Eerdmans, 2001), 471.

[22] Guthrie, *Hebrews* [Hebreos], 20–21.

que ocurrió la confiscación de la propiedad cuando los judíos fueron expulsados temporalmente de Roma),[23] hasta la última mitad del reinado de Nerón (54-68). Los pasajes de advertencia y las repetidas exhortaciones a resistir, así como el esfuerzo del autor por evitar el regreso al judaísmo, indican que esto fue una seria tentación para sus lectores. Además, en el momento de la persecución de Nerón (ca. 65-68), el Estado reconoció la distinción entre el judaísmo, una religión tolerada (lat. *religio licita*) con ciertas indulgencias, y el cristianismo, que estaba prohibido. Un cristiano judío tentado a escapar de la persecución puede haber encontrado atractivo refugiarse bajo el paraguas protector del judaísmo.[24]

Propósito y situación

La situación y el propósito de la carta están estrechamente relacionados con las suposiciones que se hacen sobre los destinatarios. Como se ha argumentado, lo más probable es que Hebreos se escribiera a una congregación de cristianos judíos a los que se les exhortó a avanzar hacia la madurez (ver 5:11-6:8) ante la inminente persecución. Tanto si la carta se escribió a una o varias congregaciones cristianas judías de Roma, hay dos cosas que parecen seguras: en primer lugar, los destinatarios se enfrentaban a una presión continua, ya fuera social o física; y, en segundo lugar, regresar al judaísmo era considerado, al menos por algunos, como una solución atractiva para aliviar la presión. Esta es la tentación a la que se refirió el autor.

El autor describió su escrito como una «palabra de exhortación» (13:22), una frase que se encuentra en otra parte del N.T. solo en Hechos 13:15, donde se refiere a una homilía de la sinagoga (sermón). Esto hace probable que el género de Hebreos sea el de una serie escrita de mensajes orales. Lane argumentó que esto significa que el autor identificó su obra como «una apelación apasionada y personal».[25] A medida que el libro se desarrolla, esta apelación se convierte en una serie de argumentos diseñados para animar a los lectores a avanzar hacia la madurez, aferrándose a su confesión cristiana (ver 6:1; 10:23).

La base de esta serie de apelaciones es la total superioridad del Hijo sobre todas las figuras intermediarias anteriores que hablaron por Dios, ya sean humanas o angélicas. Además, la reciente revelación del Hijo de Dios, el Señor Jesucristo, introdujo el nuevo pacto que había sido anunciado por los profetas del A.T. (ver 8:8-13, citando a Jer. 31:31-34), de modo que ahora el antiguo pacto mosaico se había vuelto obsoleto.

La esencia del llamamiento se puede encontrar en las tres exhortaciones de 10:19-25. La primera es «acerquémonos con corazón sincero, en plena certidumbre de fe, purificados los corazones de mala conciencia, y lavados los cuerpos con agua pura» (v. 22). El autor invitó a sus lectores a acercarse a Dios con confianza, partiendo del supuesto de que eran

---

[23] Suetonio (Claudius, 25.4) declaró que «[Claudio] desterró de Roma a todos los judíos, quienes continuamente provocaban disturbios en nombre de uno llamado Cristo», lo que sugiere que un disturbio sobre Cristo había surgido en las sinagogas y causado alboroto en las calles de Roma.

[24] El mismo escenario también se daría si el autor estuviera escribiendo a una iglesia de habla griega en Palestina. Estos conversos ciertamente existieron en Palestina (ver Hechos 6-7), y un retiro al judaísmo les habría proporcionado un escape de la persecución y la vergüenza.

[25] W. Lane, «Hebrews» [«Hebreos»] en *Dictionary of the Later New Testament and Its Developments* [Diccionario del Nuevo Testamento tardío y su desarrollo], ed. R. P. Martin y P. H. Davids (Downers Grove: InterVarsity, 1997), 453.

creyentes. Su principal preocupación era la conversión real de sus oyentes y su orientación hacia Dios. El segundo mandato está en el versículo 23: «Mantengamos firme, sin fluctuar, la profesión de nuestra esperanza, porque fiel es el que prometió». Así, la preocupación posterior a la salvación era una auténtica confesión de fe en Jesucristo. La tercera exhortación además ordena a los creyentes que expresen esa fe unos a otros: «Y considerémonos unos a otros para estimularnos al amor y a las buenas obras» (10:24).

Esta tríada de apelaciones culmina en 12:1-2, donde los creyentes son animados a correr «con paciencia la carrera que tenemos por delante». Por lo tanto, el propósito de Hebreos no es simplemente mantener la confesión de los creyentes frente a la persecución, sino también que pasen a la plena madurez en Cristo, manteniéndose firmes en su confesión.

LITERATURA

Género

El género de Hebreos ha sido objeto de un considerable debate. Hebreos inicia y procede como una obra de retórica, pero cierra como una carta.[26] El propio autor describió su escrito como una «palabra de exhortación» (13:22, comp. Hech. 13:15). Independientemente de que se pueda identificar o no un tipo específico de sermón, la descripción «homilía» o «sermón» ciertamente parece encajar bien en el libro. En primer lugar, el autor se refirió a sí mismo en primera persona (tanto en singular como en plural, afirmando su autoridad e identificándose con sus oyentes). En segundo lugar, consideró su actividad como un acto de hablar, no de escribir. Al hacer esta autoreferencia, utilizó genéricamente verbos de hablar en lugar de palabras escritas.[27] También prefirió «oír» a «leer» en referencia a su audiencia. De este modo creaba una sensación de presencia personal con su audiencia.[28] En tercer lugar, alternaba la exposición con la exhortación, lo que «permite al orador hacer hincapié inmediatamente en los puntos importantes sin perder la atención de los oyentes».[29] En cuarto lugar, el autor introducía un tema solo para explicarlo más adelante en su obra. Así, el sacerdocio de Jesús se introduce en el 4:14, pero no se desarrolla hasta el 7:1-9:28, y su conexión con Melquisedec se menciona en el 5:10, pero no se aborda en detalle hasta el 7:1.

Por estas razones podemos concluir que Hebreos fue con toda probabilidad entregado primero como una serie de mensajes orales y posteriormente compilado y editado para su publicación como una carta, que incluía un final epistolar. Además, de acuerdo con la antigua noción de que la forma escrita de la carta servía como sustituto de la presencia del autor, la carta tenía por objetivo incitar a la audiencia a adoptar persuasivamente el argumento del autor de que volver al judaísmo sería un grave error

---

[26] En este sentido, solo 1 Juan es similar en su comienzo. Santiago es exactamente lo contrario, inicia como una carta, pero termina de manera diferente.

[27] Por ejemplo, 2:5; 5:11; 6:9; 8:1; 9:5; 11:32. La única excepción es 13:22, donde el autor usó el verbo traducido «he escrito» (*epesteila*), aunque incluso esto no es una excepción real, ya que 13:22 es parte del marco epistolar proporcionado para el cuerpo del documento.

[28] Lane, *Hebrews* [Hebreos], lxxiv.

[29] Johnson, *Hebrews* [Hebreos], 10.

con consecuencias espirituales desastrosas. Lo más probable es que la carta se hubiera leído en voz alta a la congregación, por lo que el escritor utilizó varios dispositivos que mejoraron la memorización del material, como la aliteración, la repetición y los argumentos de menor a mayor. De hecho, la identificación de la carta como originada en una homilía o sermón llama la atención sobre una gran cantidad de dispositivos y asuntos retóricos en el libro.

Plan literario

Pasando ahora al segundo elemento de importancia literaria, la estructura del libro, Hebreos ha demostrado ser difícil de esbozar. Los eruditos han sugerido muchas divisiones diferentes del texto, algunas basadas en la exégesis tradicional,[30] otras basadas en los más recientes métodos literarios. A pesar del prolongado interés, no hay consenso en el horizonte. La intrincada estructura que dificulta el esbozo del libro se debe a diversos factores, entre ellos el estilo retórico y los principios hermenéuticos empleados por el escritor, pero sobre todo se debe a que el autor de Hebreos empleó algunas de las transiciones más suaves de todo el N.T.[31]

BOSQUEJO

I. JESÚS EL APÓSTOL DE NUESTRA CONFESIÓN (1:1-4:16)
   a. Jesús como heredero del universo (1:1-2:18).
   b. Entrar a Su reposo (3:1-4:16).
II. JESÚS NUESTRO SUMO SACERDOTE (4:11-10:25)
   a. Avanzar hacia la madurez (4:11-5:14).
   b. La madurez permite la esperanza (6:1-7:3).
   c. Acercarse a Dios (7:4-10:25).
III. JESÚS EL QUE CORRIÓ LA CARRERA ANTES QUE NOSOTROS (10:19-13:16)
   a. Correr la carrera (10:19-11:40).
   b. La carrera que tenemos por delante (12:1-29).
   c. Ve con Jesús fuera del campamento (13:1-16).
IV. CONCLUSIÓN (13:17-25)

DISCUSIÓN UNIDAD POR UNIDAD

I. Jesús el apóstol de nuestra confesión (1:1-4:16)

Hebreos comienza de una manera bastante abrupta. Algunos han identificado 1:1-4 como la introducción al libro. Si es así, la mención de los ángeles tanto en 1:4 como en 1:5 es un ejemplo de cómo el autor hace una elegante transición de una sección a otra.

a. Jesús como el heredero del universo (1:1-2:18). Sin una prescripción formal, el libro abre como una presentación retórica en lugar de una carta (1:1-4). Inmediatamente, el autor planteó un agudo contraste entre los profetas que hablaron en la antigüedad y el Hijo a través del cual Dios habla en el presente. Esta sección pasa sin problemas a la primera gran sección del libro.

---

[30] Ver F. F. Bruce, *The Epistle to the Hebrews* [La Epístola a los Hebreos] (Grand Rapids: Eerdmans, 1984).
[31] Lane, *Hebrews* [Hebreos], xc.

Hebreos 1:4 introduce la idea de que «Hijo» es mejor nombre que el de los ángeles, y los versículos 5-18 citan siete citas del A.T. para probar este punto (1:5-14). Están organizadas en forma de un par de tres citas con una cita final, un dispositivo retórico rabínico común llamado «cordón de perlas».[32]

Las citas son las siguientes. (1) En 1:5-6 el autor contrastó la posición del Hijo y de los ángeles: Él es el Hijo, y los ángeles lo adoran (citando Deut. 32:43; 2 Sam. 7:14; Sal. 2:7; LXX). (2) En 1:7-12 el autor contrastó la obra del Hijo y de los ángeles: los ángeles son Sus siervos, pero Él es el soberano del universo (citando Sal. 104:4; 45:6; 102:25-27). (3) En 1:13-14 el autor concluyó la serie de citas con una cita de Salmos 110:1, recalcando que el Hijo es el gobernante, mientras que los ángeles son «espíritus ministradores».

El primero de varios pasajes de advertencia sigue a la exposición (2:1-4). El argumento sigue una pauta de menor a mayor.[33] Si se impuso un castigo justo por las violaciones de la ley del A.T. (mediado por los ángeles), ¿cuánto más sería el caso de los que rechazaron al Hijo, que era manifiestamente mayor que los ángeles, lo que apunta nuevamente a 1:1-4. Por lo tanto, los lectores deben prestar mucha atención a lo que Dios dice hoy en día a través del Hijo.

El autor citó entonces dos razones por las que los destinatarios deben prestar atención a su mensaje: (1) para no «alejarse» (un peligro constante para los creyentes; nótese que esto no implica necesariamente apostasía); y (2) para no caer bajo la disciplina del Señor.

Citando Salmos 8:4-6, el autor continuó demostrando su tesis de que Jesús es superior a los ángeles (2:5-9). «El mundo venidero» no estará bajo el dominio de los ángeles, sino sujeto a uno que se ha hecho humano, el Señor Jesucristo. A través de la cita del A.T. el autor recordó que la intención original de Dios era que los seres humanos sometieran la tierra (Gén. 1:28), pero que esta intención no se había cumplido. La humanidad no había sometido completamente la tierra. Sin embargo, el propósito de Dios se cumpliría en Jesús (la primera vez que se destaca la humanidad de Jesús), que había sido «coronado de gloria y de honra, a causa del padecimiento de la muerte» (2:9).

El autor señaló que era apropiado que Dios perfeccionara la fuente o el autor (*archēgos*) de la salvación de la humanidad a través del sufrimiento (como ser humano), porque tanto Cristo como los creyentes están unidos en su relación con el Padre como hijos de Dios (v. 11). Cristo incluso llama a los creyentes Sus hermanos (los vv. 12-13 establecen el fundamento del A.T. para esta identificación). La intención suprema es que, puesto que los seres humanos y Cristo comparten «carne y sangre», en Su muerte en la cruz Cristo pudo romper el poder de quien mantenía a los seres humanos en esclavitud por miedo a la muerte, es decir, el diablo (vv. 14-15). En 2:16-18 el autor explicó que Jesús tenía que ser verdaderamente humano para poder servir como un efectivo sumo sacerdote para el pueblo de Dios.

b. Entrar a Su reposo (3:1-4:16). El argumento avanza fluidamente a la siguiente sección (3:1-2; observa la conjunción «por tanto»), donde se contrasta a Jesús, el mensajero

---

[32] Hebreo, *haraz*. Ver Lane, *Hebrews* [Hebreos], cxxii.
[33] Hebreo, *qal wahomer. Ibid.*, cxx.

superior o «apóstol» (*apostolos*) con Moisés, que era un siervo en la casa de Dios. Al final de la sección anterior, el autor introdujo el hecho de que Jesús se convirtió en un ser humano para servir como un efectivo sumo sacerdote para el pueblo de Dios. La totalidad de la presente sección funciona como preparación para el desarrollo de este tema más adelante en la carta.

El desplazamiento desde los ángeles hacia Moisés se entiende mejor contra la noción común en el judaísmo antiguo de que Moisés se consideraba superior a los ángeles (3:1-6). El autor, sin embargo, señaló a sus lectores hacia Jesús para que lo consideraran. La base del llamamiento del autor es que Jesús es digno de una gloria mayor que la de Moisés (3:3-4) y que fue fiel como un hijo sobre su casa, en lugar de haber sido fiel solo como un sirviente (una alusión a Núm. 12:7). La esencia de «considerar a Jesús» se desarrolla en 3:6b. Los lectores deben aferrarse a su confesión pública de Jesús para poder acceder a Él sin obstáculos y alcanzar el objeto de su esperanza. Esto nos lleva directamente a la siguiente sección, que representa un llamado a la resistencia y desafía a los lectores a ser fieles como lo fue Jesús.

Hebreos 3:7-19 comienza con una cita del Salmo 95:7-11 que se usaba semanalmente en la sinagoga. Cada semana se les recordaba a los adoradores las trágicas consecuencias de la rebelión en Números 13-14. El mandato en los versículos 12-13 es «mirad» y «exhortaos los unos a los otros cada día», para que los lectores no sean endurecidos «por el engaño del pecado» (v. 13). El ejemplo de Números se refiere a un grupo de personas (los israelitas) que estaban a punto de recibir las bendiciones de Dios pero que no lo hicieron porque no confiaban en Él. El autor advirtió a sus lectores que resistieran hasta el final y confiaran en Dios.

La siguiente sección (4:1-13) se compone de dos párrafos. El primero describe Su reposo y anima a los destinatarios de la carta a entrar en él. La unidad va seguida de un segundo pasaje de advertencia sobre la necesidad de prestar atención a la Palabra de Dios. El autor pasó de una discusión sobre los que no entraron en el reposo a una discusión sobre la continua validez del reposo en Dios. Citó Génesis 2:2 como fundamento del día de reposo (que habría sido la segunda cita bíblica dada en las sinagogas cada sábado) para explicar que Dios había invitado a los israelitas a Su reposo, pero que habían fracasado por la incredulidad y la desobediencia. Dado que Dios, más tarde, a través de David, emitió otra oferta de reposo (Sal. 95:7-11), seguramente este «reposo» no era meramente el descanso de la conquista de Canaán, sino un verdadero descanso de parte de Dios que sería permanente para el pueblo de Dios (ver 4:8). El estímulo, entonces, era asegurarse de que los lectores habían entrado en este reposo, es decir, un descanso de sus propias labores, la salvación por gracia. La exhortación final es «… entrar en aquel reposo, para que ninguno caiga en semejante ejemplo de desobediencia» (4:11).

De acuerdo con el patrón común, la exhortación es seguida por una advertencia para no alejarse (4:11-16). El pueblo de Dios debe prestar atención a su voz cuando les llame «hoy» (ver el Salmo 95). El autor comparó la Palabra de Dios con una espada de doble filo que atraviesa todas las excusas humanas, exponiendo las partes más íntimas del corazón, pintando un cuadro del oyente de la Palabra estando desnudo para que sus pensamientos queden al descubierto. La gente está indefensa ante Dios cuando desobedece Su Palabra. Hebreos 4:11-16 forma lo que Westfall llamó un «clímax del discurso», concluyendo la primera sección de la carta con tres exhortaciones inseparables: «Procuremos» (4:11); «retengamos nuestra profesión» (4:14); y «acerquémonos, pues, confiadamente al trono de la gracia» (4:16).[34]

Típico de las transiciones del autor, el movimiento entre las secciones principales es perfecto. La advertencia de no alejarse (4:11-16) es tanto la conclusión de la presente sección como la introducción de la siguiente. En términos teatrales, el autor prefirió un desvanecimiento a un corte abrupto.

II. Jesús nuestro sumo sacerdote (4:11-10:25)

Antes del 4:13 el autor se refería a Jesús como «sumo sacerdote» (2:17; 3:1), pero ahora se presenta una defensa sostenida del significado e implicaciones de Su sacerdocio. Así como la sección anterior fue una exposición de Salmo 95:7-11, esta sección es una exposición de Salmo 110:4, que no se cita en ningún otro libro del N.T.: «Juró Jehová, y no se arrepentirá: tú eres sacerdote para siempre según el orden de Melquisedec».

a. Avanzar hacia la madurez (4:11-5:14). Hebreos 4:14-16 llega a una conclusión basada en la humanidad de Cristo (mencionada en el capítulo 2). Los lectores deben «retener» su «profesión» porque tienen un sumo sacerdote que está familiarizado con su condición pecaminosa sin haber sucumbido a ella. Por esta razón son capaces de ir ante el trono de Dios para recibir misericordia y encontrar gracia para ser ayudados.

Habiendo declarado el sumo sacerdocio de Cristo, el autor describe la perfección de este sumo sacerdote a través de Su vida terrenal y Sus sufrimientos (5:1-10). Comienza señalando la intención de Dios para el sumo sacerdote levítico, que fue designado para servir a Dios ofreciendo ofrendas y sacrificios por los pecados en nombre de su pueblo. La intención de Dios era que un ser humano sirviera en este papel ya que estaría familiarizado con la debilidad de la gente, y el propio sumo sacerdote está incluido en la ofrenda por el pecado. Finalmente, no era autodesignado, sino designado por Dios.

Del mismo modo, Cristo fue designado por Dios, pero no a semejanza de Aarón, sino de acuerdo con la orden de Melquisedec (5:5-6). Los versículos 7-8 probablemente se refieren a la oración de Jesús en Getsemaní donde su última petición fue que se hiciera la voluntad de Dios. Así «por lo que padeció aprendió la obediencia» (5:8).[35] Desde el 5:11 hasta el 6:12 el autor tomó un descanso temporal de su explicación del alto sacerdocio de Cristo. La razón de esto es que sus oyentes se habían vuelto lentos para entender. La razón por la que no podían entender las enseñanzas del autor sobre Melquisedec no era que la naturaleza de su sacerdocio fuera imposible de comprender, sino que habían dejado

---

[34] C. L. Westfall, *A Discourse Analysis of the Letter to the Hebrews: The Relationship Between Form and Meaning* [Un análisis del discurso de la carta a los hebreos: La relación entre forma y significado], LNTS (New York: T&T Clark, 2005), 142.

[35] Aprender la obediencia y alcanzar la perfección no implica ninguna imperfección por parte de Jesús, sino que la referencia implica que Jesús había completado Su curso para ser instalado como sumo sacerdote. El término *teleioō* («perfeccionar») se usó en la LXX para describir la instalación de un sacerdote (por ejemplo, Ex. 29:9, 33).

de prestar atención a la enseñanza de la Palabra de Dios y necesitaban volver a los temas básicos de la fe cristiana.

b. La madurez permite la esperanza (6:1-7:3). Los «rudimentos de la doctrina de Cristo» se explican en 6:1-2 (otro pasaje de transición). En lugar de languidecer en estas cosas elementales, el autor quería que sus lectores siguieran adelante hacia la madurez. La exhortación (la única en toda esta unidad) está en la pasividad (muy probablemente, una «pasividad divina» con Dios como agente de la acción), transmitiendo el sentido «dejémonos llevar [por Dios]» a la plena madurez. Esto era importante porque era imposible renovar el arrepentimiento de los que estaban «crucificando de nuevo para sí mismos al Hijo de Dios» (6:4-12).

Si se tiene en cuenta que el autor imaginaba a sus oyentes en una situación similar a la de Israel en el desierto, entonces la descripción de los que caen, «los que una vez fueron iluminados» (v. 4), «gustaron del don celestial» (v. 4), «partícipes del Espíritu Santo» (v. 4) y «gustaron de la buena palabra de Dios» (v. 5), no se refiere necesariamente a los creyentes. Así como Israel en el desierto vio la columna de fuego, comió el maná, presenció la manifestación del poder de Dios en los poderosos milagros de Moisés y recibió las promesas divinas de liberación de sus enemigos, los lectores habían visto manifestaciones de la realidad, la presencia y el poder de Dios a su alrededor en la congregación de la que formaban parte, al menos de forma nominal (6:4-6). Sin embargo, como sigue siendo cierto hoy en día, la asociación externa con una congregación determinada no garantiza la salvación; lo que se requiere es un corazón que confíe en Dios y en la provisión que hizo en Cristo.

El autor contrastó a sus oyentes como siguiendo los pasos de Josué y Caleb, o los de la generación desobediente de israelitas que perecieron en el desierto. Los que se alejaron repudiaron a Cristo de manera similar a los que lo rechazaron en Jerusalén, por lo que «[crucificarlo] de nuevo» (6:6) no tiene un significado expiatorio, sino que hace hincapié en el rechazo de Cristo y abiertamente le lanza calumnias. Así, la ilustración de 6:7-8 describe a los creyentes como aquellos que producen fruto y a los incrédulos como aquellos que producen espinas, reforzando la afirmación anterior de que los verdaderos creyentes perseveran hasta el final (ver 3:14). Sin embargo, el autor tenía confianza en la salvación de la mayoría de sus lectores (6:9-10).

El creyente tiene la seguridad de una fe duradera porque el juramento hecho a Abraham tiene aplicación también para los creyentes de hoy (6:13-7:3). Mediante dos realidades inamovibles, el juramento de Dios y Su Palabra, Dios estableció el pacto con Abraham de que su semilla sería innumerable. Este pacto implica la perseverancia del creyente. Los creyentes tienen así el estímulo para aprovechar esta esperanza inamovible asegurada para ellos porque Jesús entró en el santuario interno por ellos como un sumo sacerdote eterno como Melquisedec.

Hebreos 7:1-3 establece quién era Melquisedec y cómo Cristo se parecía a él en ciertos aspectos. Melquisedec era el sacerdote del Dios Altísimo que recibió los diezmos de Abraham. El nombre Melquisedec significa «rey de la justicia», y era el «rey de Salem» (es decir, rey de la ciudad de Salem, que significa «paz»). El autor también explotó con habilidad el silencio del Antiguo Testamento y señaló que Melquisedec «ni tiene principio de días, ni fin de vida» porque la narración del Génesis en la que se le presenta no menciona ni su nacimiento ni su muerte.

c. Acercarse a Dios (7:4-10:25). En la prominente sección central de la carta, el autor desarrolló (1) los argumentos para el alto sacerdocio de Cristo (7:4-28); (2) el logro del sacerdocio de Jesús (8:1-10:18); y (3) la respuesta apropiada al sacerdocio de Jesús (10:19-25).

Hebreos 7:4-10 establece la grandeza del sacerdocio de Melquisedec sobre los hijos de Aarón, por tres razones. Primero, los hijos de Aarón reunían los diezmos de sus hermanos, pero Melquisedec bendijo a Abraham, el poseedor de la promesa de Dios, demostrando que era superior a Abraham. Segundo, los hijos de Aarón murieron, pero no se menciona la muerte de Melquisedec; por lo tanto, en cierto sentido, aún vive. Tercero, el propio Leví, mientras aún estaba en los lomos de Abraham, pagó diezmos a Melquisedec antes del nacimiento de Leví.

Habiendo establecido la superioridad de Melquisedec, el autor pasó al cambio del sacerdocio (implicando que el antiguo pacto trata con Aarón, y el nuevo con Melquisedec) y su superioridad (7:11-19). Comienza haciendo la pregunta: si la perfección vino a través de la ley, ¿por qué había necesidad de otro sacerdote que no fuera de la orden de Aarón? La respuesta es que también debe haber un cambio de ley. Jesús se convirtió en sumo sacerdote no por un mandato de la ley y de la descendencia física (después de todo, Él era de Judá), sino basado en el poder de una vida indestructible (un sacerdote para siempre como Melquisedec).[36]

Las palabras «no fue hecho sin juramento» (v. 20) (*a litotes*) enfatizan dos puntos importantes (7:20-25): (1) el sacerdocio de Jesús fue confirmado por el juramento de Dios; y (2) el sacerdocio por Aarón no poseía tal juramento. Debido a que el sacerdocio de Jesús fue establecido por Dios como un juramento permanente, nunca será quitado. Esto no podría decirse del antiguo orden levítico. El énfasis en la duración de los dos grupos de sacerdotes continúa a lo largo de esta sección. A los levitas se les impidió ser sacerdotes permanentes a través de sus propias muertes, pero no a Jesús. El gran beneficio, por supuesto, es que debido a que Jesús vive para siempre, es capaz de salvar para siempre a aquellos que vienen a Él a causa de Su sacerdocio. Jesús está calificado para ser el sumo sacerdote de los creyentes en todos los sentidos. Él es «… santo, inocente, sin mancha, apartado de los pecadores, y hecho más sublime que los cielos» (7:26); ofrece un mejor sacrificio y sirve por un mejor y eterno término.

Hebreos 8:1-6, la principal afirmación del capítulo, se apoya en 8:7-13. En la primera unidad, el autor destacó el punto principal: Jesús es un sumo sacerdote superior, que sirve en un tabernáculo superior (es decir, celestial). Los sacerdotes levíticos solo servían en una débil copia del tabernáculo celestial. El resultado se establece en 8:6: «Pero ahora tanto mejor ministerio es el suyo, cuanto es mediador de un mejor pacto, establecido

---

[36] Melquisedec deja la escena en el 7:17, habiendo cumplido el propósito de demostrar que el Antiguo Testamento permitía un sacerdote que no fuera del linaje de Aarón.

sobre mejores promesas». En 8:7-13, el autor proporcionó apoyo de la Escritura para su afirmación, llamando la atención sobre la promesa del nuevo pacto en Jeremías 31:31-34 y señalando que la culpa no era del antiguo pacto en sí, sino de la comunidad del antiguo pacto, es decir, del pueblo (8:8). Debido a que la gente no podía mantener el antiguo pacto, Dios prometió un nuevo pacto, indicando que el antiguo pacto estaba a punto de desaparecer.

Hebreos 9:1-14 explica con más detalle las afirmaciones hechas en 8:1-6. En 9:1-10, el autor describió dos limitaciones principales del antiguo pacto. Primero, había serias barreras que separaban al adorador de Dios bajo el antiguo pacto. El propósito de la separación del lugar santo y el santísimo era mostrar que el camino hacia la presencia de Dios no estaba aún abierto (ver 9:8). Así, la configuración del tabernáculo terrenal apuntaba a un nuevo día. La segunda limitación del antiguo pacto era que nadie se perfeccionaba con los sacrificios que requería. Por lo tanto, el antiguo pacto era finalmente ineficaz porque se requería que el adorador repitiera los mismos sacrificios año tras año.

En 9:11-14 el contraste con la ineficacia del antiguo pacto se completa mostrando el logro de Cristo en la limpieza del creyente. Él entró en el lugar santísimo en el tabernáculo más perfecto una vez para siempre, no una vez al año; ofreciendo Su propia sangre, no animales representativos; obteniendo la redención eterna, no una cobertura temporal. El autor resumió su argumento con una apelación de lo inferior a lo superior (animales contra Cristo) para declarar la limpieza real del pueblo de Dios.

Por Su perfecto sacrificio, Jesús se convirtió en el mediador del nuevo pacto (9:15-28). La razón por la que Jesús tuvo que morir tenía sus raíces en la antigua práctica del Cercano Oriente (ver Gén. 15:1-18; Jer. 34:18-20), donde en los pactos permanentes se sacrificaban animales representativos de las dos partes que hacían el pacto y se dividían entre las partes que establecían el acuerdo. La sangre del nuevo pacto, la sangre de la muerte de Jesús como representante de los creyentes, aseguró el acuerdo permanente. Al igual que en el antiguo pacto donde los instrumentos del tabernáculo se limpiaban con la sangre, la sangre de Jesús efectuaba la limpieza de los creyentes cuando aparecían en el tabernáculo celestial. La muerte de Jesús fue tan poderosa que eliminó los pecados de una vez por todas, obteniendo una salvación eterna. La siguiente acción de Jesús que los creyentes esperaban era la salvación final que se efectuaría en Su (segunda) venida.

En 10:1-4 el autor resumió sus argumentos previos. Los antiguos sacrificios no hacían a nadie perfecto; el hecho mismo de los sacrificios anuales era un recordatorio del pecado; y la sangre de los animales no eliminaba verdaderamente el pecado. En 10:5-10 el resultado fue que estos sacrificios simbólicos y repetidos fueron reemplazados por el sacrificio suficiente de Cristo. El siguiente párrafo ilustraba la inutilidad del antiguo pacto después de que se anunciara el nuevo (10:11-14). El autor ilustró a los sacerdotes levíticos realizando siempre las ofrendas obsoletas que nunca pudieron eliminar los pecados de forma permanente. El contraste era entre los sacerdotes de pie del viejo orden y el sacerdote sentado del nuevo orden según Melquisedec. Jesús completó el curso del Salmo 110:1-4 y se sentó, esperando la subyugación de todos Sus enemigos.

Como dijo Bruce: «Un sacerdote *sentado* es la garantía de una obra terminada y un sacrificio aceptado».[37]

Finalmente, 10:15-18 se refiere de nuevo al texto del nuevo pacto. Cuando Dios dijo «nunca más me acordaré de sus pecados y transgresiones», implicaba un pago completo por los pecados. De esta manera, no había ninguna otra ofrenda por el pecado; los sacrificios del templo no lograban nada, mientras que el sacrificio de Jesús lograba todo lo que era necesario para la salvación.

La piedra angular de la enseñanza previa se encuentra en 10:19-25.[38] Tres exhortaciones a los lectores marcan esta sección como un clímax temático que concluye esta sección e introduce la siguiente sección a través de la tercera exhortación. También hay varios enlaces que remiten a las tres exhortaciones anteriores (4:14-16). Debido a lo que Jesús logró, ya no había una serie de limitantes entre el creyente y Dios, ya que el velo había sido derribado. La respuesta adecuada de los creyentes es acercarse a Dios con confianza, sabiendo que sus pecados están perdonados; aferrarse a su confesión sin vacilar porque Dios es fiel; y ejercer un cuidado genuino por otros creyentes, estimulándolos al amor, las buenas obras y la comunión fiel.

III. Jesús el que corrió la carrera antes que nosotros (10:19-13:16)

El pensamiento dominante a lo largo de esta sección es que los creyentes son peregrinos en esta vida, esperando la vida que viene. Lane llamó a esto el concepto de «peregrinación comprometida».[39] El autor comenzó describiendo la vida de fe como una carrera.

a. Correr la carrera (10:19-11:40). Todo el pasaje está tan estrechamente ligado en su estructura que la discusión de las «divisiones» es problemática. Habiendo dado las órdenes temáticas, el autor sugirió un curso de acción: avanzar en lugar de retroceder. La declaración de que un creyente, por definición, no retrocede, provoca la discusión de la fe en el capítulo 11, que a su vez se basa en el estímulo para correr la carrera con resistencia.

La última exhortación, «Y considerémonos unos a otros para estimularnos al amor y a las buenas obras» (10:24), introduce la última sección de la carta. Está dominada por una mayor proporción de verbos en plural en segunda persona («ustedes»), ya que la aplicación del sermón está ahora plenamente a la vista.[40]

La unidad 10:26-39 se compone de dos párrafos: el primero advierte (10:26-31); el segundo anima (10:32-39). Tal vez basándose en Números 15:27-31, esta advertencia es probablemente la más urgente. La distinción entre pecados «involuntarios» y «deliberados» no parece ser abordada aquí, sino más bien el rechazo de Cristo (en Números 15:30, el pecador «ultraja a Jehová»). La persona que rechaza a Cristo después de escuchar el evangelio «[pisotea] al Hijo de Dios, y [tiene] por inmunda la sangre del pacto en la cual fue santificado, [y hace] afrenta al Espíritu de gracia» (10:29). El punto es simplemente

---

[37] Bruce, *Hebrews* [Hebreos], 239.
[38] Ver Westfall, *Discourse Analysis* [Análisis del discurso], 235.
[39] Ver W. Lane, *Hebrews: A Call to Commitment* [Hebreos: Llamado al compromiso] (Peabody: Hendrickson, 1998), 162.
[40] Ver Westfall (*Discourse Analysis* [Análisis del discurso], 242), quien señaló 14 pronombres, 26 verbos infinitivos y 18 imperativos; casi el doble que las primeras dos secciones juntas (30/58).

que, si uno rechaza el sacrificio de Cristo, no queda ningún otro sacrificio. La perspectiva aterradora es la de caer en las manos del Dios vivo y todopoderoso sin tener la cobertura adecuada para el pecado de uno mismo.

El segundo párrafo (10:32-39) suaviza el golpe con un estímulo para aquellos que no han rechazado a Cristo. El autor los llamó a recordar los días anteriores en los que fueron tratados con dureza, pero respondieron con gozo, y los animó a no desechar su fe. En lugar de ello, tenían necesidad de resistencia, que el autor relacionó con la fe (ver cap. 11). De ahí que el escritor no pusiera a la mayoría de sus lectores en la categoría de los que renunciaron: «Pero nosotros no somos de los que retroceden para perdición, sino de los que tienen fe para preservación del alma» (10:39).

Comenzando con la definición de fe (11:1), el autor relató la perdurabilidad de los creyentes en el pasado en cinco etapas.[41] El capítulo incluye una introducción (11:1-3); ejemplos preliminares de los patriarcas a Abraham (11:4-12); una descripción de su estatus de peregrinos (11:13-16); más ejemplos de los patriarcas desde Abraham hacia adelante (11:17-31); y finalmente la continuación de los fieles hasta el tiempo del escritor (11:32-40). El eje parece ser Abraham, que es el principal ejemplo del que venció «por la fe» (una frase usada 18 veces en este capítulo). Por la fe, Abraham miró más allá de lo terrenal a la ciudad celestial; todos los creyentes, como él, hacen lo mismo.

La exhortación que surge de tener una «gran nube de testigos» (12:1) es la de seguir Su ejemplo y correr la carrera con resistencia, mirando a Jesús que también soportó grandes sufrimientos. Es importante señalar que el tipo de fe que se exigía a los lectores era exactamente la misma que exhibían los creyentes del A.T., lo cual es un punto poderoso para señalar que los destinatarios eran cristianos judíos. Así, el autor argumentó que, teniendo la misma fe, Abraham tenía medios para creer en Jesús, quien había llegado a hacer la expiación perfecta por el pecado. Por lo tanto, volver al judaísmo no es una opción legítima porque esto no solo significaría alejarse de Cristo, sino también quedarse corto en cuanto al tipo de fe mostrada por Abraham. Ser un verdadero descendiente de Abraham, después de la revelación de Dios «por el Hijo» (1:2), significa creer en Jesús.

b. La carrera que tenemos por delante (12:1-40). Hebreos 12:1-2 describe la carrera establecida ante los creyentes. El resto de esta sección principal describe la carrera. Esto implica soportar la disciplina de Dios en la vida cotidiana y hacer todo lo posible por mantener Su gracia. El autor describió la vida cristiana como un maratón (12:1-13) en el que uno no compite contra los otros corredores, sino que los anima a correr también la carrera (la idea de la competencia se retoma en 12:12-13). Este párrafo describe el significado, el propósito y la respuesta a la disciplina divina.[42] El significado de la disciplina es que el hecho de estar sometido a ella demuestra que uno es hijo de Dios (12:4-10). El propósito de la disciplina es que, a su debido tiempo, produzca el fruto de la paz y la justicia (12:11). La respuesta adecuada a la disciplina del Señor es animarse unos a otros a perseverar y perdurar (12:12-13).

---

[41] Ver Guthrie, *Hebrews* [Hebreos], 373.
[42] Lane, *Call to Commitment* [Llamado al compromiso], 163.

La última sección de esta unidad contiene tres párrafos. El primero se compone de tres mandamientos relativos a la estabilidad de la comunidad (12:14-17). El primer mandamiento es buscar la paz y la santidad (12:14). El segundo es animar a los demás (12:15), comprendiendo que no alcanzar la gracia de Dios como creyente significa no usar la gracia dada por Dios a los creyentes para buscar la paz y la santidad. Por lo tanto, la amargura resultante causa problemas y contamina a muchos. El tercero es recordar a aquellos que no poseían la verdadera fe, como Esaú, que era la antítesis de los que resistían, habiendo vendido su primogenitura por una sola comida.

El segundo párrafo de esta sección (12:18-24) se basa en el anterior, dando las bases para las exhortaciones que allí se encuentran: los creyentes no han venido al monte del terror (Sinaí) sino al monte de gozo (Sión) donde Jesús trabaja en los creyentes para cumplir Su voluntad. La ilustración final es que la sangre de Abel clamaba por venganza, mientras que la sangre de Cristo clama por gracia. El tercer párrafo de esta sección (12:25-29) contiene el último pasaje de advertencia del libro. La advertencia es no rechazar a Cristo, el que habla. En esencia, ya que los creyentes han recibido un reino inquebrantable, deben aferrarse a la gracia.

c. Ve con Jesús fuera del campamento (13:1-16). El primer párrafo de esta sección (13:1-4) es una exhortación a recordar el amor fraternal. Esto se explica como (1) recordar a los extraños; (2) recordar a los prisioneros; y (3) recordar a los cónyuges (fidelidad conyugal). El segundo párrafo (13:5-16) gira en torno a las órdenes relacionadas con asuntos de doctrina. El primer mandamiento (13:5-6) insta a los creyentes a abandonar el amor al dinero. El segundo (13:7-8) los anima a estimar a sus líderes y a imitar sus vidas porque Jesús no cambia. El tercer mandamiento (13:9-15) es mantenerse firme en la doctrina correcta. Por último, el autor anima a los creyentes a continuar con las buenas obras (13:16).

IV. Conclusión (13:17-25)

La conclusión del libro hace dos peticiones. Primero, los lectores fueron exhortados a obedecer a sus líderes (13:17). Segundo, debían orar por «nosotros», quienquiera que sea el beneficiario de estas oraciones solicitadas (13:18-19). Por último, el autor terminó con las exhortaciones finales y con algunos datos informativos (13:20-25), pidiendo a sus lectores que recibieran su «palabra de exhortación» (que describe la naturaleza y el propósito de la obra) y dando aviso de que Timoteo había salido de la cárcel y se dirigía a ellos. Los saludos finales y la bendición concluyen el libro.

TEOLOGÍA

Temas teológicos

La superioridad de la persona y la obra de Cristo y Su sumo sacerdocio. El primer tema importante de la carta es la supremacía de la persona y la obra de Cristo. Cristo es el eterno y preexistente Hijo de Dios, quien creó el mundo y se hizo humano para proveer expiación a Su pueblo, y luego se sentó para regresar al final de los tiempos para el juicio y la salvación. El libro comienza con una serie de contrastes que demuestran la superioridad de Cristo. Jesús no es simplemente un siervo como los profetas; es el único Hijo de Dios. Mientras que Dios habló en el pasado a través de varios profetas, en estos últimos días habló por Su Hijo. Como Creador del universo, Cristo es también Su heredero. Los ángeles no son más que servidores que adoran al Hijo. Moisés era un siervo en la casa de Dios; Cristo es el Hijo sobre la casa.

Con base en Su singularidad como persona, Cristo también realizó una obra única, descrita en Hebreos en el contexto más amplio del sumo sacerdocio de Cristo.[43] Por el contrario, el uso que hace el autor del Salmo 110:4 en su argumento encuentra apoyo en la propia aplicación que hace Jesús de la figura mencionada en el Salmo 110:1 a sí mismo (ver Mat. 22:41-45 y paralelos). A partir de esto fue solo un pequeño paso para concluir que el juramento de Dios a esta figura también pertenecía a Cristo. Por lo tanto, Jesús es un sacerdote para siempre como Melquisedec, es como argumentó el autor de Hebreos con base en los dos principales pasajes del A.T. que tratan sobre este rey-sacerdote (Gén. 14:18-20; Sal. 110:4). Como sumo sacerdote, Jesús se sentó a la diestra de Dios y vive para siempre para interceder por Su pueblo.

Perseverancia y seguridad cristiana. Como el autor deseaba animar a los creyentes a adherirse a su profesión y progresar hacia la madurez, era necesario abordar la naturaleza misma de la salvación. Un componente clave de su argumento es advertir a sus oyentes de los peligros de no atender su llamado. El autor logró esto en bloques alternados de exposición y exhortación.[44] Dentro de las exhortaciones de Hebreos hay un grupo de pasajes (los pasajes de advertencia) que advierten severamente a los oyentes sobre los peligros de no prestar atención a la palabra de Dios.[45] Estas advertencias se consideran tan fuertes que se convierten en un hilo común en el antiguo debate sobre la preservación de los creyentes.[46] Lo más probable es que el escritor no advirtiera a los cristianos sobre la posibilidad de la apostasía, sino que les insta a examinar la condición de su fe y las repercusiones de no avanzar hacia la madurez. Dos consideraciones críticas apuntan en esta dirección.

En primer lugar, el autor afirmó la enseñanza de Jesús de que, por definición, todos los verdaderos creyentes perduran hasta el final (Mat. 10:22 y paralelos). El autor declaró: «Porque somos hechos participantes de Cristo, con tal que retengamos firme hasta el fin nuestra confianza del principio» (3:14). Hebreos 6:9 afirma que la apostasía no está relacionada con la salvación, es decir, los que poseen la salvación no son los que se apartan. El autor afirmó que Cristo puede salvar a los suyos eternamente gracias a Su eterna intercesión (7:25) y que los creyentes no se encuentran entre los que retroceden hacia la destrucción, sino entre los que creen, lo que resulta en la salvación de su alma (10:39). Claramente, el autor de Hebreos afirmó la perseverancia y la preservación eterna de los creyentes.

---

[43] En ningún otro lugar del N.T. hay una afirmación tan clara del sumo sacerdocio de Cristo.
[44] G. H. Guthrie, *The Structure of Hebrews: A Text-Linguistic Analysis* [La estructura de Hebreos: Un análisis texto-lingüístico] (Nueva York: Brill, 1994; Grand Rapids: Baker, 1998).
[45] Los cinco «pasajes de advertencia» son 2:1-4; 3:7-4:13; 5:11-6:12; 10:19-39; y 12:14-29.
[46] Ver H. W. Bateman IV, *Four Views on the Warning Passages in Hebrews* [Cuatro perspectivas sobre los pasajes de advertencia en Hebreos] (Grand Rapids: Kregel, 2006).

En segundo lugar, el autor reconoció que algunos están relacionados con Cristo solo de manera superficial. Comparó este tipo de personas con la generación del desierto que se rebeló (Núm. 13-14), señalando que escucharon la palabra pero que esta audiencia no tenía fe (4:2). De hecho, el autor describió sus acciones en términos de rebelión (al igual que el Salmo 95, que citó), y ser como estos individuos desobedientes es tener un «… corazón malo de incredulidad para apartarse del Dios vivo» (3:12). Así pues, el autor contrasta a sus oyentes como pertenecientes a la categoría de los que perecieron en el desierto o bajo la rúbrica de los que creyeron y se les permitió entrar en el reposo de Dios, a saber, Josué y Caleb. El contraste más importante es, pues, entre los que confiaban en Dios y en Su promesa y los que estaban conectados con Dios solo nominalmente, los que en realidad parecían un campo infructuoso, útil solo para ser quemado (6:8).

PUNTOS DE APLICACIÓN

- Comprende que la fe en Cristo es necesaria para la salvación (2:3).
- Presta atención a las advertencias contra alejarte de la fe (6:1-8).
- Inspírate en los héroes de la fe que han corrido la carrera antes que tú (cap. 11).
- Mientras corres la carrera cristiana, deja a un lado todo el pecado y mantén tus ojos en Jesús (12:1-2).
- Acepta la disciplina paternal y amorosa de Dios (12:3-13).

PREGUNTAS DE ESTUDIO

1. ¿Cuál es la evidencia contra la autoría paulina de Hebreos?
2. ¿Qué sabemos del autor?
3. ¿Cuál parece ser la última fecha posible para Hebreos, y por qué?
4. ¿Cuál es el destino y la audiencia probable de Hebreos?
5. ¿Cuál es el propósito de Hebreos?
6. ¿Por qué los padres de la Iglesia primitiva en Occidente tardaron en recibir Hebreos en el canon?

PARA UN ESTUDIO MÁS PROFUNDO

Bateman, Herbert W., IV, *Four Views on the Warning Passages in Hebrews*. Grand Rapids: Kregel, 2006.
Bruce, F. F. *The Epistle to the Hebrews*. New International Commentary on the New Testament. Rev. ed. Grand Rapids: Eerdmans, 1990.
Ellingworth, P. *The Epistle to the Hebrews*. New International Greek New Testament Commentary. Grand Rapids: Eerdmans, 1993.
France, R. T. «Hebrews». Páginas 17–195 en *The Expositor's Bible Commentary*. Rev. ed. Vol. 13: *Hebrews-Revelation*. Grand Rapids: Zondervan, 2005.
Guthrie, G. *Hebrews*. NIV Application Commentary. Grand Rapids: Zondervan, 1998.
Hagner, D. A. *Encountering the Book of Hebrews: An Exposition*. Encountering Biblical Studies. Grand Rapids: Baker, 2002.
_____. *Hebrews*. New International Biblical Commentary. Peabody: Hendrickson, 1990.
Hughes, P. E. *A Commentary on the Epistle to the Hebrews*. Grand Rapids: Eerdmans, 1977.
Johnson, L. T. *Hebrews: A Commentary*. New Testament Library. Louisville: Westminster John Knox, 2006.
Lane, W. *Hebrews*. Word Biblical Commentary 47A-B. 2 vols. Dallas: Word, 1991.

_____. *Hebrews: A Call to Commitment.* Peabody: Hendrickson, 1998.
Lindars, B. *The Theology of the Letter to the Hebrews.* New Testament Theology. Cambridge: University Press, 1991.
Trotter, A. H., Jr. *Interpreting the Epistle to the Hebrews.* Guides to New Testament Exegesis. Grand Rapids: Baker, 1997.

Capítulo 17
Carta de Santiago

CONOCIMIENTO ESENCIAL

Los estudiantes deben conocer los hechos clave de Santiago. Con respecto a la historia, deben ser capaces de identificar el autor, la fecha, la procedencia, el destino y el propósito. Con respecto a la literatura, deben ser capaces de proporcionar un esquema básico del libro e identificar elementos centrales del contenido que se encuentran en la discusión de cada unidad. Con respecto a la teología, los estudiantes deben ser capaces de identificar los principales temas teológicos en el libro de Santiago.

ASPECTOS CLAVE	
Autor:	Santiago, hijo de José, medio hermano de Jesús.
Fecha:	ca. 45.
Procedencia:	¿Jerusalén?
Destinatarios:	La diáspora de los judíos cristianos fuera de Jerusalén.
Situación:	Una carta circular a los creyentes que habían huido de Jerusalén debido a la persecución de Agripa.
Propósito:	Exhortar a los cristianos judíos a vivir sus vidas cristianas con sabiduría, actuar de acuerdo con su fe, y no mostrar tratamiento preferencial a los ricos.
Tema:	Fe que funciona.
Versículos clave:	2:21-22.

CONTRIBUCIÓN AL CANON

- Un ejemplo del cristianismo judío temprano escrito por Santiago, medio hermano de Jesús (1:1).
- La relación entre la fe y las obras (2:14-26).

- La necesidad de sabiduría en la vida cristiana (1:5; 3:13-18).
- Exhortaciones prácticas relacionadas con el trato a los ricos (1:9-11; 2:1-13; 5:1-6), el control de la lengua (3:1-12), la humildad en la planificación (4:13-17) y otros asuntos.
- Los ejemplos permanentes de los hombres de fe del A.T. como Job o Elías (5:11,17).

INTRODUCCIÓN

ALGUNOS ERUDITOS COMO Martín Lutero han visto poco valor en el libro de Santiago y han tratado de relegarlo a los límites de las Escrituras. Pero Santiago hace una importante contribución al canon del N.T. Ampliando la doctrina de Pablo de la justificación por la gracia a través de la fe, Santiago insiste en que la fe, si es genuina, resulta en buenas obras, o de lo contrario, no es fe verdadera. Esta es una advertencia contra un enfoque indebido en la creencia correcta (ortodoxia) a expensas de la praxis correcta (ortopraxia), que debe ir de la mano. Este punto no es original de Santiago, sino que se originó en Jesús (Mat. 7:21).

Con sus escasas referencias de Jesús y la ausencia de referencias al Espíritu Santo, Santiago no se ajusta del todo al canon del N.T. En esencia, Santiago representa una forma temprana del cristianismo judío, firmemente arraigado en la ética de la sabiduría judía, mientras acepta a Jesús como Mesías. Esto demuestra que, incluso para los cristianos, hay un valor considerable en la enseñanza de la sabiduría del A.T. De hecho, el cristianismo comparte un terreno considerable con el judaísmo. Mientras que el judaísmo del cristianismo de Santiago puede hacer que algunos lectores se sientan incómodos, deben tener cuidado de no distorsionar la enseñanza de Santiago al conformarlo con otros libros del N.T. que están dirigidos a una audiencia gentil.

Desde finales de la década de los 90, Santiago se ha convertido en una figura popular como objeto de investigación histórica, en gran parte como respuesta a la afirmación de un arqueólogo de haber encontrado su osario en Jerusalén.[1] Mientras que la academia comúnmente ha encontrado a Santiago como controversial, muchos estudiantes de la Escritura han encontrado consuelo en el libro. Las amonestaciones éticas de Santiago hacen que la carta sea tan aplicable hoy como cuando fue escrita por primera vez. En este sentido, la observación de Lutero de que el libro de Santiago es «una epístola de paja» (es decir, una epístola ligera, hecha de paja) es una declaración de paja en sí misma.

---

[1] Por ejemplo, P.-A. Bernheim, *James Brother of Jesus* [Santiago, el hermano de Jesús], trad. J. Bowden (Londres: SCM, 1997); J. Painter, *Just James: The Brother of Jesus in History and Tradition* [Santiago el justo: El hermano de Jesús en la historia y la tradición] (Columbia: University of South Carolina Press, 1997); R. Eisenman, *James the Brother of Jesus: The Key to Unlocking the Secrets of Early Christianity and the Dead Sea Scrolls* [Santiago, el hermano de Jesús: La clave para desentrañar los secretos del cristianismo temprano y los rollos del Mar Muerto] (Nueva York: Viking, 1997); B. Chilton y C. A. Evans, eds., *James the Just and Christian Origins* [Santiago el justo y los orígenes cristianos] (Leiden: Brill, 1999); B. Chilton y J. Neusner, eds., *The Brother of Jesus: James the Just and His Mission* [El hermano de Jesús: Santiago el justo y su misión] (Louisville: Westminster John Knox, 2001); y H. Shanks y B. Witherington III, *The Brother of Jesus: The Dramatic Story and Meaning of the First Archaeological Link to Jesus and His Family* [El hermano de Jesús: La dramática historia y el significado del primer vínculo arqueológico con Jesús y su familia] (Nueva York: Harper Collins, 2003).

HISTORIA

Autor

El libro de Santiago, desde la perspectiva de un lector moderno, comienza con un viaje a través del lenguaje y el tiempo. Afirma ser de un cierto *Iakōbus*, griego del hebreo *Ia'acov* (Jacobo), traducido como «Santiago».[2] Aunque el nombre era extremadamente común,[3] y varias figuras en el N.T. llevan el nombre, es casi seguro que el «Santiago» al que se hace referencia en 1:1 es el medio hermano del Señor.[4] La pregunta que debaten los eruditos no es qué Santiago se menciona, sino si la carta podría ser realmente de Santiago el Justo, el medio hermano de Jesús.

La siguiente evidencia apoya la opinión de que Santiago fue el autor, Santiago el medio hermano de Jesús, o «Santiago el Justo», como llegó a ser conocido por la Iglesia primitiva. En primer lugar, la referencia a «Santiago, siervo de Dios y del Señor Jesucristo» al principio de la carta (1:1) sugiere que este Santiago era una persona con un considerable reconocimiento por su nombre y contaba con una autoridad igualmente grande. De lo contrario, habría sido necesario que el autor proporcionara información adicional y características distintivas sobre sí mismo. Santiago el Justo, como líder de la iglesia de Jerusalén, encaja en ambas descripciones como ninguna otra persona con ese nombre en el siglo primero. Que otro Santiago sea tan importante, pero pase desapercibido, es muy poco probable.

En segundo lugar, a pesar de las afirmaciones de lo contrario, el escritor mostró algunas pruebas de ser judío palestino. Mencionó «lluvia temprana y la tardía» (5:7), lo que demostrablemente era un fenómeno meteorológico en Palestina. Más significativamente, el lenguaje del autor está lleno de Escrituras del A.T.[5]

En tercer lugar, hay sorprendentes similitudes verbales con Hechos 15. «Salud» se menciona en Santiago 1:1 y Hechos 15:23 (y en otras partes de Hechos solo en 23:16). Sorprendentemente, Hechos 15:23 es parte del decreto de Jerusalén, en el que Santiago tuvo un papel principal. Tanto en Santiago 2:7 como en Hechos 15:17, los creyentes son llamados por el nombre de Dios. La exhortación para que los «hermanos» escuchen ocurre en Santiago 2:5 y Hechos 15:13. Palabras poco comunes se encuentran tanto en Santiago como en Hechos en conjunción con Santiago: «visitar» en Santiago 1:27; Hechos 15:14; «volver» en Santiago 5:19; «convierten» Hechos 15:19; y «guardarse» en Santiago 1:27; Hechos 15:29. Aunque no constituyen una prueba concluyente, estos paralelos lingüísticos corroboran la autoría de Santiago.

---

[2] A menudo la primera pregunta que hacen los estudiantes de habla inglesa es: «¿Cómo llegamos a "Santiago" de *Ia'acov*?». La respuesta requiere una extensa explicación de las traducciones y las entidades geopolíticas. Basta decir que el nombre *Ia'acov* se convierte en *Iacomus* en latín, *Giacomo* en italiano, *Gemmes* o *Jaimmes* en francés, y «James» en inglés como resultado de la conquista normanda en la batalla de Hastings en 1066.

[3] Según R. Bauckham (*Jesus and the Eyewitnesses: The Gospels as Eyewitness Testimony* [Jesús y los testigos: Los Evangelios como testimonio de testigos] [Grand Rapids: Eerdmans, 2006], 85) el nombre «Santiago» fue el undécimo nombre masculino más popular entre los judíos palestinos desde 330 a.C. hasta 200 d.C.

[4] L. T. Johnson, *The Letter of James* [La carta de Santiago], AB 37A (New York: Doubleday, 1995), 93.

[5] Aunque Santiago solo citó el A.T. explícitamente en cinco versículos (1:11; 2:8, 11, 23; 4:6), abundan las referencias indirectas (comp., por ejemplo, 1:10; 2:21,23,25; 3:9; 4:6; 5:2,11,17,18).

Tabla 17.1. Las enseñanzas de Jesús en Santiago

Enseñanza	Santiago	Evangelio
Gozo en las pruebas	1:2	Mat. 5:11–12; Luc. 6:23
Llamado a la perfección/madurez	1:4	Mat. 5:48
Pedir y recibir	1:5,17; 4:2–3	Mat. 7:7–11; Luc. 11:9–13
Resistir y salvación	1:12	Mat. 10:22; 24:13
Ira y justicia	1:20	Mat. 5:22 (con v. 20)
Hacedores de la Palabra	1:22–23	Mat. 7:24,26
Los pobres heredarán el reino de Dios	2:5	Mat. 5:3,5; Luc. 6:20
Ley de la libertad/amor al prójimo	2:10–12	Mat. 22:36–40; Luc. 10:25–28
Juicio a los que no hacen misericordia	2:13	Mat. 7:1
Cuidado de los pobres	2:14–16	Mat. 25:34–35
El fruto de las buenas obras	3:12	Mat. 7:16–18; Luc. 6:43–44
Advertencia sobre la lealtad dividida	4:4	Mat. 6:24; 16:13
Pureza del corazón	4:8	Mat. 5:8
Humillación y exaltación	4:10	Mat. 23:12; Luc. 14:11; 18:14
Los peligros de las riquezas	5:1–3	Mat. 6:19–21; Luc. 12:33–34
El ejemplo de los profetas	5:10	Mat. 5:11–12; Luc. 6:23
Prohibición de los juramentos	5:12	Mat. 5:33–37
Restauración del pecador	5:19–20	Mat. 18:15

Por último, el hombre reflejado en la carta se relaciona con Santiago, el medio hermano de Jesús, tal como se representa en el resto del N.T. Este Santiago es identificado como el líder de la iglesia de Jerusalén y visto como el garante de una expresión judía del cristianismo (Hech. 12:17; 21:18-25; Gál. 1:19).

Por estas razones, los últimos años han sido testigos de una tendencia entre los eruditos a reconocer que las pruebas internas de la carta no son incompatibles con la autoría de Santiago. Incluso, muchos eruditos, que de otra manera son críticos de los puntos de vista tradicionales, ven ahora esta carta como si fuera de Santiago el Justo.[6] Sin pruebas

---

[6] Johnson, *James*, 108-21; R. Bauckham, *James: Wisdom of James, Disciple of Jesus the Sage* [Santiago: Sabiduría de Santiago, discípulo de Jesús el sabio], Lecturas del Nuevo Testamento (Londres: Rouledge, 1999), 11-25; id, *Jude and the Relatives of Jesus* [Judas y los parientes de Jesús] (Edimburgo: T&T Clark, 1990), 128; M. Hengel, *Paulus und Jakobus* [Pablo y Santiago], WUNT 141 (Tubinga: Mohr Siebeck, 2002), 511-48; P. J. Hartin, *James* [Santiago], SacPag 14 (Collegeville: Liturgical Press, 2003), 24-25; y T. C. Penner, *The Epistle of James and Eschatology: Re-Reading an Ancient Christian Letter* [La epístola de Santiago y escatología: Releyendo una antigua carta cristiana] (Sheffield: Sheffield Academic Press, 1996), 35-103.

convincentes que demuestren lo contrario, la mejor explicación es, de hecho, que el autor del libro de Santiago es Santiago el hijo de José, el medio hermano del Señor Jesús.

Fecha

Debido a la ausencia de indicaciones de tiempo, tales como referencias a personas, lugares o eventos específicos, la carta es bastante difícil de fechar. J. A. T. Robinson señaló un amplio rango de fechas sugeridas que ofrece la literatura académica, entre los años 50 y 150.[7] Si la discusión anterior sobre la autoría es correcta, el libro fue escrito durante la vida de Santiago el Justo, es decir, en algún momento antes de ca. 62 o 63 (Josefo, *Ant.* 20.200).[8] Por otro lado, la carta debe haber sido escrita posterior a la conversión de Santiago (ver 1 Cor. 15:7), es decir, no antes del año 33. Esto proporciona un rango de posibles fechas que abarcan unos treinta años.

Para reducir el rango, la carta debe haber sido escrita después de que Santiago se convirtiera en el líder prominente de la iglesia de Jerusalén. Esto puede fecharse alrededor del año 41/42 (ver Hech. 12:17). Varios factores sugieren una fecha posterior a este marco temporal, como el hecho de que algunas dificultades económicas sugeridas en la carta coinciden con la época de la hambruna en Palestina mencionada en Hechos 11:28-30. Posiblemente, los destinatarios fueron dispersados a causa de la persecución de Herodes Agripa I, mencionada en Hechos 12:1-4 (ca. 43). Al mismo tiempo, la carta muestra un conocimiento de la enseñanza de Jesús que no parece ser el resultado de un mero conocimiento literario, lo que sugiere que la carta fue escrita muy probablemente antes de los Evangelios canónicos (y por lo tanto antes de mediados de los años 50).[9] Esto reduce la fecha más probable de composición a entre el año 42 y mediados de los años 50.

Además, la carta no parece abordar ninguna de las cuestiones que surgieron después del año 48/49. No se discute ni se reconoce la cuestión de la inclusión de los gentiles en la Iglesia (por ejemplo, Hech. 11:1-18), ni la controversia generada por los judaizantes (por ejemplo, Hech. 15:5; Gál. 2:11-13), y mucho menos la resolución de estas cuestiones en el concilio de Jerusalén en el año 49 (Hech. 15:1-21). Así pues, parece que la carta fue escrita muy probablemente antes del concilio de Jerusalén, es decir, antes de la cartas de Pablo y, por lo tanto, probablemente antes de la misión de los gentiles.[10] El intervalo probable durante el cual se escribió la carta abarca, por lo tanto, desde el año 42 hasta el 49.[11]

---

[7] A. T. Robinson, *Redating the New Testament* [Fechando el Nuevo testamento] (London: SCM, 1976), 118–19.

[8] Según Josefo (*Ant.* 20.9.1), la muerte de Santiago ocurrió después de la muerte del procurador Porcio Festo y antes de que su sucesor Lucceius Albino tomara el cargo. El sumo sacerdote judío Anás aprovechó el vacío de poder y reunió al Sanedrín. Allí, «un hombre llamado Santiago, el hermano de Jesús que se llamaba el Cristo», y algunos otros fueron acusados de haber transgredido la ley y entregados para ser apedreados. Aparentemente, esto ofendió a algunos de los justos y respetuosos de la ley judíos que solicitaron a Albino intervenir en el asunto cuando entró en la provincia, y el rey Agripa hizo que Anás fuera reemplazado por Jesús, el hijo de Damneo, como sumo sacerdote.

[9] Ver D. A. DeSilva, *An Introduction to the New Testament: Context, Methods & Ministry Formation* [Una introducción al Nuevo Testamento: Contexto, métodos y formación del ministerio] (Downers Grove: InterVarsity, 2004), 816.

[10] Por ejemplo, en el libro de Santiago, el lugar de reunión de los cristianos todavía se llama «sinagoga» (2:2), lo que puede indicar un tiempo de escritura anterior al inicio de la misión gentil.

[11] Robinson, *Redating* [Fechando], 139.

Procedencia

Los que proponen un autor diferente a Santiago el Justo, han ofrecido varias localizaciones para la fuente de la carta, incluyendo Roma. Si nuestras opiniones sobre la autoría, fecha, destinatarios y situación son correctas, entonces Jerusalén puede ser un posible lugar para escribir, en particular porque no se sabe si Santiago pasó un tiempo significativo fuera de Palestina durante los primeros años de la Iglesia. Hay que reconocer que se desconoce la procedencia, pero afortunadamente poco se basa en esta identificación.

Destinatarios

La carta está dirigida a «las doce tribus que están en la dispersión» (1:1). La mayoría entiende que estos destinatarios son judíos cristianos. El término «doce tribus», si bien en otros lugares se utiliza en sentido figurado del pueblo de Dios (ver 1 Ped. 1:1), en este caso probablemente se refiere a un público judío-cristiano. Varias características apuntan a un escenario judío: (1) la referencia a reunirse en una sinagoga (2:2 «congregación»); (2) la referencia a «Abraham nuestro padre» (2:21); (3) el uso del A.T. tanto en citas directas como en referencias; (4) el parecido de la carta con la literatura de sabiduría judía; y (5) el tono profético.

Esta opinión también se confirma por las claras indicaciones de la carta de que se esperaba que los lectores estuvieran familiarizados con las condiciones en Palestina. Johnson señaló siete factores que apuntan a esta conclusión: (1) el efecto del calor abrasador sobre la hierba (1:11); (2) la proximidad de un mar peligroso (1:6; 4:13); (3) los manantiales de agua dulce y amarga (3:11); (4) la agricultura con higos, aceitunas y uvas (3:12); (5) un patrón climático específico de Palestina, las lluvias tempranas y tardías (5:7); (6) trabajadores diarios privados de salario (5:4); y (7) el uso del término *gehenna* (infierno) en 3:6, un término que se encuentra solo en los Evangelios del N.T..[12]

¿Pero dónde están estos creyentes judíos? El término «dispersión» (1:1) se refiere generalmente a los judíos que viven fuera de Palestina (por ejemplo, Juan 7:35), describiendo al pueblo de Dios disperso por el juicio divino, pero que llevaba consigo la esperanza de restauración (ver 1 Ped. 1:1,17; 2:11, con referencia a los creyentes en general). El hecho de que se trate de una carta exige una congregación a cierta distancia del autor. Por lo tanto, es posible que los destinatarios fueran cristianos judíos en algún lugar de la zona conocida como la diáspora, tal vez en Antioquía siria, posiblemente dispersos a causa de la persecución de Herodes Agripa I (Hech. 12:1-4; c. 43 d.C.), mientras que el autor pudo haber estado en Palestina.[13]

Situación

La carta parece dirigirse a individuos específicos (las doce tribus) pero no a una situación específica. Lo mejor es ver Santiago como una carta general (que justifica su inclusión

---

[12] Johnson, *James* [Santiago], 120–21.

[13] Ver Procedencia arriba. Antioquía es la preferencia tentativa de A. Chester, *The Theology of James* [La teología de Santiago], en A. Chester y R. P. Martin, *The Theology of the Letters to James, Peter, and Jude, New Testament Theology* [La teología de las cartas a Santiago, Pedro y Judas, la teología del Nuevo Testamento] (Cambridge: University Press, 1994), 13–15.

entre las Epístolas generales en el canon del N.T.) escrita para dar consejos pastorales a los destinatarios, cualesquiera que sean sus circunstancias específicas. Había precedentes de una carta de este tipo entre los judíos y los primeros cristianos (ver Jer. 29; 2 Mac. 1:1-9; Hech. 15:23-29).

Dada la probable fecha de la carta, parece haber un grupo y una situación específicos que encajarían con el contenido de la carta. Después de la lapidación de Esteban, los creyentes de Jerusalén (bastante numerosos en ese momento) fueron dispersados fuera de Jerusalén.[14] Los mandamientos de la carta parecen ser apropiados tanto para ricos como pobres, y en particular presentan a los terratenientes ricos como opresores de los trabajadores pobres. Los desplazados por la persecución se encontrarían sin duda trabajando esencialmente como trabajadores migrantes (aunque algunos podrían prosperar). El estímulo para vivir sus vidas completamente comprometidos con el señorío de Cristo sería ciertamente apropiado para tal grupo.

LITERATURA

Género

Dada la apertura epistolar de la obra, la intención de que la carta sirva como sustituto de la presencia del escritor, y la naturaleza exhortatoria del documento, es mejor considerar Santiago como una carta. Aunque la mayoría considera Santiago como una carta, esta categoría no la describe adecuadamente en todos los aspectos. Aunque el libro comienza como una carta, no se discierne ninguna situación detrás de la ella, no se mencionan individuos y no hay un final epistolar (comp. Fil 4:10-23). El libro es intencionadamente general y está destinado a una amplia audiencia (las doce tribus en dispersión).[15]

Plan literario

Existe poco consenso sobre la estructura de Santiago. Las opiniones hoy en día varían desde el minimalismo al maximalismo. Los minimalistas no ven una estructura literaria evidente en Santiago,[16] mientras que los maximalistas identifican una estructura discernible. A menudo esta estructura se identifica como quiasma (un patrón ABB'A').[17]

La propuesta más probable ve a Santiago en términos de una estructura más lineal, en la que el capítulo 1 sirve de introducción a los temas principales, pero se niega a identificar un quiasma. En cambio, la estructura se ve como el reflejo de tres etapas. En primer lugar, tras la introducción de los temas principales en el capítulo 1, el primer tema principal en el cuerpo de la carta (2:1-26) describe la naturaleza de la fe salvadora. En segundo

---

[14] Ver Hechos 11:19, donde el verbo utilizado es *diaspeirō*, relacionado al sustantivo utilizado en Santiago 1:1.

[15] Deissmann clasificó Santiago como una carta literaria, similar a otros escritos incluidos en las Epístolas generales. Ver A. Deissmann, *Light from the Ancient East* [Luz del Antiguo Oriente], 2.ª ed., trad. L. R. M. Strachan (Londres: Hodder & Stoughton, 1911), 235.

[16] Entre ellos están M. Dibelius, *James: A Commentary on the Epistle of James* [Santiago: Un comentario sobre la epístola de Santiago], trad. M. A. Williams, Hermeneia (Filadelfia: Fortaleza, 1976), 1-11; y S. Stowers, *Letter Writing in Greek Antiquity* [Escritura de cartas en la antigüedad griega], LEC 5 (Filadelfia: Westminster, 1986), 97.

[17] O. Francis, *Form and Function of the Opening and Closing Paragraphs of James and 1 John* [Forma y función de los párrafos iniciales y finales de Santiago y 1 Juan], ZNW 61 (1970): 118.

lugar, 3:1-4:10 contiene un llamamiento al arrepentimiento en vista de la oposición de Dios al orgullo. Tercero, 4:11-5:11 constituye una exhortación a la paciencia y la resistencia a la luz del juicio de Dios. El libro concluye sin un cierre epistolar formal.

BOSQUEJO

I. APERTURA (1:1)
II. INTRODUCCIÓN: EL CAMINO HACIA LA VERDADERA MADUREZ CRISTIANA (1:2-27)
    a. Introducción a los temas principales: Pruebas y tentaciones (1:2-18).
    b. La obediencia a la «ley de la libertad» como señal de la verdadera piedad (1:19-27).
III. CUERPO: LA NATURALEZA DE LA VERDADERA FE Y LAS EXHORTACIONES AL ARREPENTIMIENTO Y LA PACIENCIA (2:1-5:11)
    a. Tesis: La fe genuina resulta en obras (2:1-26).
    b. Exhortación al arrepentimiento basado en la oposición de Dios al orgullo (3:1-4:10).
    c. Exhortación a la paciencia en vista del juicio de Dios (4:11-5:11).
IV. CONCLUSIÓN (5:12-20)
    a. La cuestión de los juramentos (5:12).
    b. Oración fiel (5:13-18).
    c. Rescatar a los que perecen (5:19-20).

DISCUSIÓN UNIDAD POR UNIDAD

I. Apertura (1:1)

El escritor se presentó como «Santiago, siervo de Dios y del Señor Jesucristo». Como se ha mencionado, esto parece indicar que el autor era una figura conocida. Si el autor era el medio hermano de Jesús, identificarse como Su siervo y el de Dios es una autoidentificación sumamente humilde. La carta está dirigida a las doce tribus en dispersión, lo que puede referirse a los creyentes judíos que habían sido dispersados por la persecución de Herodes Agripa I en ca. 43 (Hech.12:1-4).

II. Introducción: el camino hacia la verdadera madurez cristiana (1:2-27)

a. Introducción a los temas principales: Pruebas y tentaciones (1:2-18). Santiago 1:2-12 se entiende mejor como un juego de la palabra griega *peirasmos* que, dependiendo del contexto, puede significar «prueba» o «tentación». Santiago primero aseguró a aquellos que experimentan «pruebas» que estas sirven para probar y refinar su fe (1:2-4). Pedir sabiduría se refiere a la sabiduría necesaria para tratar con situaciones difíciles (1:5-8). Santiago hizo una breve pausa para tratar con los ricos y los pobres (1:9-11), un tema al que vuelve más tarde (5:1-6). En el versículo 12 la palabra *peirasmos* aparece de nuevo, pero el contexto deja claro que el significado ha cambiado ahora de «pruebas» a «tentaciones». La mayor carga de Santiago aquí es exonerar a Dios de cualquier conexión con este tipo de *peirasmos* (ver 1:2-4). Dios no es la fuente de la tentación, sino que es el dador de «toda buena dádiva […] de lo alto» (1:17). Como se mostrará más adelante, esto también incluye «todo don perfecto […] de lo alto» (3:17). El discurso «Amados hermanos míos» (1:16) marca la transición a la siguiente sección, tomando como punto de partida las pruebas y tentaciones de la unidad anterior y señalando el tema de la siguiente sección, la verdadera religión, introduciendo su fuente: la elección de Dios (1:18).

b. La obediencia a la «ley de la libertad» como señal de la verdadera piedad (1:19-27). El discurso «mis amados hermanos» (1:19; ver 1:16) marca el comienzo de la siguiente sección e introduce uno de los temas principales de la carta: la verdadera piedad no puede separarse de la obediencia. Santiago 1:19-20 establece el principio general: «Por esto, mis amados hermanos, todo hombre sea pronto para oír, tardo para hablar, tardo para airarse; porque la ira del hombre no obra la justicia de Dios». Así, el versículo 21 describe la conclusión adecuada: los creyentes deben deshacerse de toda inmundicia y abundancia de malicia, y recibir humildemente la «palabra implantada», que es capaz de salvarlos.[18]

La declaración de tesis de esta unidad está en el versículo 22: «Pero sed hacedores de la palabra, y no tan solamente oidores, engañándoos a vosotros mismos». Una persona que es solo oyente de la palabra se compara con un hombre que se mira brevemente en un espejo y luego olvida lo que vio; escuchó la palabra, pero la olvidó. La sección termina con un resumen de la naturaleza de la «religión pura y sin mácula» (1:26-27). Esta piedad implica el control de la lengua (tema que se desarrolla más ampliamente en 3:1-12), así como ayudar a los huérfanos y viudas, y evitar la contaminación espiritual por el mundo (ver 4:1-5, esp. v. 4).

III. Cuerpo: la naturaleza de la verdadera fe y las exhortaciones al arrepentimiento y la paciencia (2:1-5:11)

El cuerpo de la carta consta de tres unidades principales. La primera (2:1-26), establece la tesis de Santiago sobre la naturaleza de la verdadera fe salvadora: es el tipo de fe que inexorablemente se demuestra en obras específicas que dan evidencia concreta de esta fe. A esta tesis le siguen dos exhortaciones principales que hacen eco de componentes significativos de la tesis. La primera de ellas (3:1-4:10), es una exhortación al arrepentimiento y la humildad, a la luz de que todo orgullo humano se opone a Dios. La siguiente (4:11-5:11), es una exhortación a la paciencia y la resistencia en vista del juicio de Dios dirigido a varios grupos de malhechores.

a. Tesis: La fe genuina resulta en obras (2:1-26). La idea general de Santiago 2:1-26 es la naturaleza de la verdadera fe salvadora. En esencia, los dos primeros párrafos insisten en que la verdadera fe no distingue entre las personas de la Iglesia en función de su posición socioeconómica (2:1-13). No da un trato preferencial a los ricos de la Iglesia (2:1-7), ya que esto representa una violación de los mandamientos de Dios (2:8-13) y expone a los que lo hacen como infractores de la ley. Esto lleva al segundo punto importante de Santiago, que la verdadera fe se demuestra con las obras de los creyentes y no solamente en sus palabras (2:14-26).

El tema de la fe se introduce en 2:1 como una advertencia contra el favoritismo en la Iglesia. Los que dan preferencia a los ricos se han convertido en «jueces con malos

---

[18] La «palabra» es la «palabra de enlace», que aparece tanto en el 1:21 como en el 22, que conecta el 1:19-21 con el 1:22-27.

pensamientos» (2:4), y, lo que es más inquietante, actúan contra las acciones de Dios, quien no ha elegido a los ricos de este mundo, sino a los pobres (2:5). Además, la parcialidad expone a las personas como infractores de la ley porque no aman a su prójimo como a sí mismos. Por lo tanto, no cumplen con sus obligaciones hacia los demás estipuladas en la ley (2:8-13; ver Lev. 19:18).

Por eso Santiago insiste en que la fe es inútil sin las obras que la acompañan, de la misma forma que es inadecuado decirle a un hombre hambriento y sin ropa «calentaos y saciaos» (2:15-17). La fe sin obras está muerta, y las obras son un resultado natural de la fe. Santiago corrobora esta doble tesis con tres ilustraciones. La primera es negativa: hasta los demonios creen en Dios, pero tiemblan (2:19). El lector puede llegar a la conclusión obvia en este caso: la «fe» de los demonios no va acompañada de obras y, por lo tanto, su confesión es insuficiente.

La segunda y tercera ilustraciones son positivas: Abraham fue justificado por su disposición de ofrecer a Isaac en el altar (2:21; ver Gén. 22; comp. la cita de Gén. 15:6 en el v. 23), así como Rahab la prostituta (2:25; ver Jos. 2; comp. el elogio a la fe de Rahab en Heb. 11:31). Cada una de estas tres ilustraciones concluye con una declaración que reitera la premisa básica: la fe sin obras es inútil (v. 20); la fe es compañera de las obras (v. 24); y la fe está muerta sin obras (v. 26).

b. Exhortación al arrepentimiento basado en la oposición de Dios al orgullo (3:1-4:10). Aunque Santiago 3:1-12 puede ser un ensayo autónomo sobre la lengua, la conexión entre el maestro (3:1) y el sabio (3:13) parece proporcionar cohesión con los contextos circundantes. Por el contrario, la sección sobre la lengua termina con resultados completamente negativos (ver esp. 3:8: «… ningún hombre puede domar la lengua…»), mientras que la sabiduría de arriba tiene resultados positivos (ver 3:17-18). Santiago afirmó entonces la verdad central de que la fe auténtica da lugar a buenas obras, ya que fluye de la obra de Dios en la vida del creyente.

La advertencia sobre el deseo de ser maestro se basa en los peligros de la lengua (ver 1:26). Aunque pequeña, la lengua puede lograr grandes cosas, como el freno al caballo, el timón de un barco y una chispa que inicia un incendio forestal (3:3-5). Con respecto a esto último, la lengua humana «inflama la rueda de la creación, y ella misma es inflamada por el infierno» (3:6). La lengua indómita puede inconsistentemente bendecir al Señor y maldecir al prójimo. Así como un manantial no puede producir agua dulce y salada, o una higuera aceitunas, o una vid higos, no se puede esperar que la lengua indómita produzca ningún fruto contrario a su propia naturaleza; «… es un mal que no puede ser refrenado, llena de veneno mortal» (3:8). Así pues, Santiago, haciendo eco de las enseñanzas de Jesús (Mat. 7:16-20; 12:33-37), dejó claro que el discurso de una persona expone el contenido de su corazón.

En contraste con la lengua indómita, los miembros sabios y entendidos de la Iglesia deben estar marcados por la buena conducta y sabia mansedumbre (3:13). El sabio mundano se caracteriza por celos amargos y contención, y está dispuesto a jactarse y a mentir en favor de lo que Santiago llamó «la verdad» (3:14). Santiago identificó como diabólica la fuente de esa «sabiduría» mundana. Por el contrario, «… la sabiduría que es de lo alto es primeramente pura, después pacífica, amable, benigna, llena de misericordia y de buenos frutos, sin incertidumbre ni hipocresía» (3:17).[19] Santiago afirmó que el resultado final de esta «sabiduría de lo alto» es la paz (3:17-18).

El llamado a la humildad en Santiago 4:1-10 fluye directamente de la sección sobre la sabiduría en 3:1-18. Así, en 3:1-4:10 Santiago estableció la necesidad de un ministerio humilde y centrado en Dios, y ofreció un llamado al arrepentimiento. Si la «sabiduría de lo alto» produce personas que son pacíficas, amables, benignas, llenas de misericordia, de buenos frutos y sin incertidumbre, uno podría preguntarse: «¿Cuál es la fuente de las disputas entre los creyentes?» La respuesta es que la disensión proviene de un corazón humano pecaminoso. La codicia (4:2), el egoísmo (4:3) y la amistad con el mundo (4:4) nos colocan en una posición hostil contra Dios. Pero la buena noticia es que mientras Dios resiste a los orgullosos, da gracia a los humildes (4:6). Los últimos tres versículos de esta sección constituyen un llamado al arrepentimiento, exhortando a la gente a abandonar el orgullo y la arrogancia y a humillarse ante Dios.

c. Exhortación a la paciencia en vista del juicio de Dios (4:11-5:11). Esta última sección presenta tres ejemplos de arrogancia: calumniadores, comerciantes arrogantes y terratenientes ricos que explotan a los pobres; y hace una severa advertencia a cada uno de estos grupos. Al igual que la sección anterior, esta unidad concluye con una exhortación, en este caso, a la paciencia y la resistencia en un mundo pecaminoso, basada en la exposición de la conducta pecaminosa (5:7-11). En esencia, esto constituye un llamado a los creyentes a acercarse al mundo mediante la fe.

Llevando la discusión en una nueva dirección por los «hermanos» vocacionales, Santiago advirtió contra la calumnia al prójimo (4:11-12). Aquellos que actúan como jueces y critican la ley son culpables de la máxima arrogancia. La siguiente advertencia es introducida por las palabras «pero ahora». Los comerciantes presumen de la gracia de Dios haciendo grandes planes sin someterse a la voluntad de Dios. Una vez más Santiago reprendió a esta gente por su arrogancia y presunción (4:16-17).

Finalmente, Santiago describió a los ricos terratenientes que, mientras acumulan un gran número de posesiones en la tierra, amontonan un almacén de condenas para ellos mismos. Hablando en términos del fin de los tiempos, las polillas se comieron las caras ropas de esa gente, y su oro y plata se oxidaron. Ganando riquezas de manera injusta, esos ricos terratenientes han «engordado [sus] corazones como en día de matanza» (5:5). Con esta denuncia, Santiago adoptó la postura de un profeta del A.T., lo que lo lleva a elogiar a los profetas en su consiguiente llamada al arrepentimiento.

Estrechamente relacionado con la sección anterior por la conjunción «por tanto», 5:7-11 representa una exhortación a los creyentes a mostrar paciencia y resistir. Los ejemplos, tanto de los profetas como de Job, son modelos para los cristianos que viven en el mundo hostil que los rodea. Los profetas fueron pacientes, Job resistió, y ambos recibieron grandes bendiciones de Dios (5:11). En lugar de tratar de vencer al mundo en su propio juego

---

[19] Otras versiones ligeramente alteradas. El término «benigno» (RVR1960) es preferible a «dócil» utilizado en otras versiones (NVI).

o de jugar según sus reglas, los creyentes deben comprometerse con Él y con todos Sus caminos y mirarlo para que les dé gracia. Si son arrogantes, serán juzgados como el mundo.

IV. Conclusión (5:12-20)

De manera estable, Santiago concluyó la carta con una serie de órdenes cortas, marcadas por el muy prominente vocablo, «Pero sobre todo, hermanos míos». No hay un final epistolar adecuado (comp. Heb. 13:20-25).

a. La cuestión de los juramentos (5:12). En lugar de hacer promesas o votos, ya sea por el cielo o por la tierra, el «sí» o el «no» del creyente debería ser suficiente. Como otras afirmaciones, esta declaración hace eco de las enseñanzas de Jesús (ver Mat. 5:33-37).

b. Oración fiel (5:13-18). En relación, quizás, con el versículo anterior, al abordar situaciones que podrían llevar a hacer un juramento, Santiago 5:13-18 cita escenarios específicos relacionados con la oración. Específicamente, hace un llamado a la oración a los afligidos, a los alegres y a los enfermos. Las enseñanzas de Santiago 5:14-16 no tienen paralelos exactos en el N.T., llamando a los ancianos de la Iglesia a venir y ungir a un enfermo de la Iglesia y ordenando a los creyentes a confesar sus pecados y a orar unos por otros. Este pasaje condujo a los sacramentos católicos romanos de la confesión y a la «última unción», la unción de una persona con aceite en su lecho de muerte. En contraste, ambas enseñanzas son ampliamente ignoradas en las iglesias evangélicas de hoy en día. De acuerdo con el carácter judío del libro, el ejemplo bíblico citado para la oración persistente es el profeta Elías del A.T. Los creyentes de hoy en día también son llamados a una ferviente y justa oración.

c. Rescatar a los que perecen (5:19-20). Santiago concluyó su carta con una exhortación a los creyentes para que rescaten a los pecadores descarriados, lo que resultaría en la salvación. La frase «cubrirá multitud de pecados» en el versículo 20 se asemeja mucho a 1 Pedro 4:8, que hace eco a Proverbios 10:12. Lo más probable es que el punto de vista de Santiago es que tal rescate es impulsado por el amor. Aquí la carta se detiene de forma abrupta. No contiene las características habituales de cierre de una carta (como saludos, bendiciones, etc.). No está claro qué explica esta desviación del formato estándar de las cartas antiguas.

TEOLOGÍA

Temas teológicos

La relación entre la fe y las obras. Santiago 2:14-26 se interpreta a menudo como un rechazo a la doctrina de Pablo sobre la salvación por medio de la fe (ver Rom. 3:28; Gál. 2:15-16; Ef. 2:8-9). Tres puntos de vista han aparecido en la literatura académica: (1) Santiago estaba en desacuerdo con Pablo y buscaba corregirlo (o viceversa);[20] (2) Santiago corrigió un malentendido de Pablo;[21] (3) Santiago y Pablo trataron dos temas relacionados pero distintos.

---

[20] Ver Hengel, *Paulus und Jakobus* [Pablo y Santiago], 526–29.
[21] Ver J. H. Ropes, *St. James* [San Santiago], ICC (Edinburgh: T&T Clark, 1916), 204–6.

Es importante no involucrar a Santiago y Pablo en una contradicción necesaria. Nunca se sabrá con certeza si Santiago trató de abordar la enseñanza de Pablo en el contexto actual. La doctrina de la justificación por la fe se encuentra en otras partes del N.T. y no se limita a Pablo (por ejemplo, Heb. 11:7; 1 Ped. 1:3-7). El propio argumento de Pablo era que los apóstoles de Jerusalén habían escuchado su evangelio y le ofrecían la comunión, incluido Santiago (Gál. 2:9).

Santiago contrastó lo pasajero con lo concreto. Lo primero no afecta al mundo, mientras que lo segundo sí. De este modo, un hermano necesitado al que solo se le ofrece una palabra de aliento ha encontrado lo efímero. Pero el que tiene sus necesidades satisfechas ha encontrado lo concreto; el primero es útil, mientras que el segundo no lo es. De la misma manera, la fe, aparte de las obras, es como la palabra efímera: no logra nada y no produce la auténtica salvación.

En este sentido, Abraham fue «justificado por las obras».[22] De la misma forma, la gente hoy en día muestra su fe por sus obras.[23] Por lo tanto, lo más probable es que Santiago y Pablo no estén en conflicto real en sus enseñanzas sobre la relación entre la fe y las obras.

Tabla 17.2. Fe y obras: comparando a Santiago y Pablo

Doctrina	Santiago	Pablo
La fe es necesaria para la salvación.	2:18	Ef. 2:8-9
La fe sin obras no es una fe salvadora.	2:17,24	1 Cor. 15:2
La fe salvadora va acompañada de obras.	2:24	Rom. 3:31; Ef. 2:8-10

La persona que Santiago describe es muy familiar. Esa persona afirma tener fe, y hasta cierto punto cree todo lo correcto sobre Dios, Jesús y la salvación. Pero su fe no se vive en su vida diaria. Es este tipo de fe la que Santiago condena; la fe sin obras es inútil. No santifica ni salva. La fe salvadora o, como dice Santiago, la fe acompañada de obras, es «la fe que funciona» en el sentido de que afecta radicalmente la forma en que una persona vive.

Sabiduría y ética. Aparte de su abordaje de la fe y las obras, Santiago es quizás más conocido por su fuerte enseñanza ética en conformidad con la sabiduría judía. La carta de Santiago hace énfasis en la necesidad de tratar los aspectos prácticos de la vida cristiana de una manera piadosa y sabia. Esto incluye tratar con las pruebas y las tentaciones (1:2-18); ayudar a los necesitados, como las viudas y los huérfanos, como expresión de una forma práctica de cristianismo que se niega a separar la fe de las obras (1:19-27; ver 2:14-26); evitar el trato preferencial a los de mayor nivel socioeconómico en la sociedad (2: 1-13); controlar el propio discurso (3:1-12); cultivar la sabiduría y la comprensión en una variedad

---

[22] En otro sentido, por supuesto, fue la fe de Abraham la que le fue acreditada como justicia; ver Gén. 15:6, citado en Sant. 2:23; Gál. 3:6; y Rom. 4:3, en el probable orden cronológico de la Escritura.

[23] En 2:24 Santiago no dijo que el hombre es justificado por las obras y no por la fe, sino que añadió solo por la fe (es decir, sin obras).

de buenas obras (3:13-18); adoptar una actitud de humildad en el trato con los demás y en la forma de hacer las cosas (4:1-17); y muchos otros asuntos prácticos y éticos (cap. 5).

La enseñanza ética de Santiago está firmemente basada en las enseñanzas de Jesús, especialmente en el Sermón del monte. Santiago también está profundamente arraigado en las enseñanzas éticas del A.T., especialmente en la literatura sobre la sabiduría, particularmente en Proverbios (por ejemplo, 4:4 citando Prov. 3:34). Esto muestra la significativa continuidad en el pensamiento ético entre el A.T., Jesús y el N.T. (como el libro de Santiago). Los cristianos son creyentes en Jesús, el «glorioso Señor Jesucristo» (2:1), y no dejan atrás el fundamento ético y moral de la revelación bíblica en las escrituras hebreas. En su lugar, siguen manteniendo una conducta coherente con la vida sabia, la justicia, la humildad, el amor y la misericordia. Esto se resume de manera memorable en las conocidas palabras del profeta Miqueas: «Oh hombre, él te ha declarado lo que es bueno, y qué pide Jehová de ti: solamente hacer justicia, y amar misericordia, y humillarte ante tu Dios» (Miq. 6:8).[24]

PUNTOS DE APLICACIÓN

- Ten gozo cuando enfrentes pruebas, sabiendo que la prueba de tu fe produce paciencia (1:2-3; ¡sé que eso solo es posible por la gracia de Dios!).
- Pídele a Dios sabiduría, especialmente en situaciones difíciles (1:5-7).
- En la Iglesia, no des un trato preferencial a los ricos (1:9-11; 5:1-6).
- No olvides lo que aprendiste en tu estudio de la Palabra de Dios, haz lo que dice (1:22-25).
- Mientras seamos salvos por la fe, la fe debe ir acompañada de obras (2:14-26).

PREGUNTAS DE ESTUDIO

1. ¿Qué Santiago fue el autor del Libro de Santiago, y qué otras dos personas llamadas Jacobo son candidatos menos probables?
2. ¿Entre cuáles dos fechas es probable que se haya escrito Santiago, y por qué?
3. ¿Dónde fue escrito Santiago y a quién?
4. ¿Cuál es la probable situación que presenta Santiago?
5. ¿Cuál es el género de Santiago?
6. ¿De qué manera Pablo y Santiago están de acuerdo en la fe y las obras?

PARA UN ESTUDIO MÁS PROFUNDO

Bauckham, R. James: *Wisdom of James, Disciple of Jesus the Sage. New Testament Readings*. New York/London: Routledge, 1999.

_____. *Jude and the Relatives of Jesus in the Early Church*. Edinburgh: T&T Clark, 1990.

Chilton, B., y C. A. Evans, eds. *James the Just and Christian Origins. Novum Testamentum Supplement 98*. Leiden: Brill, 1999.

---

[24] Para una discusión más completa de la enseñanza ética de Santiago, incluyendo aspectos como el control del habla, los ricos y los pobres, las pruebas y el sufrimiento, y el amor, la misericordia y la humildad, ver Chester, *Theology of James* [Teología de Santiago], 16-45.

Davids, P. H. *The Epistle of James: A Commentary on the Greek Text. New International Greek Testament Commentary*. Grand Rapids: Eerdmans, 1982.
Guthrie, G. H. «*James*». Páginas 197–273 en *The Expositor's Bible Commentary. Rev. ed. Vol. 13: Hebrews-Revelation*. Grand Rapids: Zondervan, 2005.
Johnson, L. T. *The Letter of James. Anchor Bible 37A*. New York: Doubleday, 1995.
Martin, R. P. James. *Word Biblical Commentary 48*. Waco: Word, 1988.
Moo, D. J. *The Letter of James. Pillar New Testament Commentary*. Grand Rapids: Eerdmans, 2000.
_____. *The Letter of James. Tyndale New Testament Commentary*. Grand Rapids: Eerdmans, 1985.
Richardson, K. James. *New American Commentary*. Nashville: B&H, 1997.

Capítulo 18
Epístolas petrinas (1-2 Pedro) y la carta de Judas

CONOCIMIENTO ESENCIAL

Los estudiantes deben conocer los hechos clave de 1-2 Pedro y Judas. Con respecto a la historia, deben ser capaces de identificar el autor, la fecha, la procedencia, el destino y el propósito de cada libro. Con respecto a la literatura, deben ser capaces de proporcionar un esquema básico de cada libro e identificar los elementos centrales del contenido que se encuentran en la discusión unidad por unidad. Con respecto a la teología, los estudiantes deben ser capaces de identificar los principales temas teológicos en las epístolas petrinas y el libro de Judas.

1-2 Pedro

ASPECTOS CLAVE	
Autor:	Simón Pedro.
Fecha:	ca. 62-63,65.
Procedencia:	Roma.
Destinatarios:	Cristianos al norte de Asia Menor.
Situación:	Persecución de la Iglesia (1 Ped.) y falsa enseñanza (2 Ped.).
Propósito:	Animar a estos cristianos a mantenerse en el camino (1 Ped.) y a combatir la falsa enseñanza (2 Ped.).
Tema:	Los cristianos que viven en un mundo hostil (1 Ped.) y los peligros de los falsos maestros (2 Ped.).
Versículos clave:	1 Ped. 3:15-17; 2 Ped. 3:17-18.

CONTRIBUCIÓN AL CANON

- Los creyentes como «peregrinos» en este mundo (1 Ped. 1:1,17; 2:11).
- La continuidad entre el Israel del A.T. y la Iglesia cristiana (1 Ped. 2:1-10).
- La importancia de la sumisión a las autoridades (1 Ped. 2:13-3:7).
- La importancia de padecer como Cristo (1 Ped. 2:21-25; 3:13-18).
- La necesidad de cultivar la piedad y las virtudes cristianas (2 Ped. 1:3-11).
- La inspiración divina de las Escrituras proféticas (2 Ped. 1:21).
- La necesidad de perseverancia y vigilancia en vista del regreso de Jesús (2 Ped. 3:1-13).
- La necesidad de contender por la fe entregada de una vez por todas a los santos (Jud. 3).

INTRODUCCIÓN

LA PRIMERA EPÍSTOLA de Pedro ha sido reconocida desde hace mucho tiempo como uno de los puntos culminantes de la literatura y la teología del N.T. Martín Lutero reconoció 1 Pedro (junto con el Evangelio de Juan y las cartas de Pablo) como «el verdadero núcleo y médula de todos los libros del N.T. «Porque en ellos [...] encuentras representado de manera magistral cómo la fe en Cristo vence al pecado, la muerte y el infierno, y da vida, justicia y salvación».[1] Este punto de vista cambió cuando los comentaristas de los siglos XIX y XX consideraban al autor como un seguidor de Pablo. Gracias al trabajo de J. H. Elliott, los eruditos más modernos rechazan esta idea, y 1 Pedro ha sido considerada nuevamente en los últimos años como una fuente confiable de teología cristiana.

La segunda epístola de Pedro no es tan afortunada. En los círculos modernos la contribución teológica del libro a menudo se ve opacada. J. D. G. Dunn se quejó de que 2 Pedro contiene «una "ortodoxia" algo hueca» de un hombre «que ha perdido toda esperanza de una parusía inmediata».[2] El ejemplo más extremo puede ser E. Käsemann, que consideró que la carta tenía «un carácter rígido y estereotipado» y alegó que sus partes habían sido ensambladas por «vergüenza en lugar de fuerza», representando un catolicismo temprano del siglo II.[3] Sin embargo, gran parte de esta baja estima por 2 Pedro proviene de una mala comprensión del estilo de la carta y de la suposición de un origen tardío y seudónimo, según el cual el libro fue escrito por alguien distinto a Pedro y se le atribuye a él por alguna razón.[4] Sin embargo, si entendemos de manera correcta el contenido de 2 Pedro, este indica

---

[1] M. Luther, *Prefaces to the New Testament* [Prefacio al Nuevo Testamento], 1522, citado por J. H. Elliott, «Peter, First Epistle of» [Primera Epístola de Pedro], *ABD* 5:270.

[2] J. D. G. Dunn, *Unity and Diversity in the New Testament: An Inquiry into the Character of Earliest Christianity* [Unión y diversidad en el Nuevo Testamento: Indagatoria del carácter del cristianismo primitivo], 2.ª ed. (Valley Forge: Trinity Press International, 1990), 350.

[3] E. Käsemann, «An Apologia for Primitive Christian Eschatology» [«Apología por la escatología cristiana primitiva»] en *Essays on New Testament Themes* [Ensayos de temas del Nuevo Testamento], SBT 41 (London: SCM, 1964), 191, 194.

[4] Sobre el fenómeno del seudónimo, véase T. L. Wilder, *Pseudonymity, the New Testament, and Deception: An Inquiry into Intention and Reception* [Seudónimos, el Nuevo Testamento y el engaño: Indagatoria sobre la intención y la recepción]

que el libro es digno del estatus canónico que alcanzó por la fuerza de sus argumentos, a pesar de las dudas iniciales sobre su autenticidad.

1 PEDRO

HISTORIA

Autor

Evidencia externa. La tradición temprana de la Iglesia conocía a fondo 1 Pedro y atribuyó la autoría del libro al apóstol Pedro de manera clara. La primera evidencia del conocimiento de la carta viene de 2 Pedro; el autor señaló que «esta es la segunda carta que os escribo» (2 Ped. 3:1). Pocos podrían afirmar que no se refiere a la primera carta.[5] Ha habido intentos de demostrar la dependencia de 1 Pedro en otros documentos del siglo I como *1 Clemente* (ca. 96) y la *Didaché* (segunda mitad del siglo I o principios del siglo II), pero las pruebas no son concluyentes.[6] Policarpo, residente de Asia Menor, que era el destino de 1 Pedro, mostró el conocimiento de 1 Pedro en su carta a los filipenses (ca. 108).[7] Según Eusebio (ca. 260-340), tanto Papías (ca. 60-130) como Clemente de Alejandría (ca. 150-215) afirmaron que Pedro escribió este libro (citado en Eusebio, *Hist. Ecl.* 2.15; 3.1.2, 39).

La primera cita existente que nombra a Pedro como autor proviene de Ireneo (ca. 130-200). No solo nombró a Pedro como autor, sino que también se refirió a 1 Pedro con frecuencia (Eusebio, *Hist. Ecl.* 4.9.2; 16.5; 5.7.2). Tanto Clemente de Alejandría como Tertuliano (ca. 160-225) citaron a 1 Pedro y atribuyeron los versículos al apóstol.[8] Eusebio declaró a 1 Pedro como el único libro «indiscutible» de todas las epístolas generales.[9] La carta no figura en el Canon Muratoriano (¿más tarde en el siglo II?); sin embargo, el manuscrito es fragmentario e incompleto para todas las Epístolas generales (Eusebio, *Hist. Ecl.* 3.3.25). Así, la autoría de Pedro de la carta está bien atestiguada en la tradición de la Iglesia primitiva. Bigg declaró con respecto a 1 Pedro: «No hay ningún libro en el Nuevo Testamento que tenga una atestación más temprana, mejor o más sólida».[10]

(Lanham: University Press of America, 2004); y A. J. Köstenberger, «1 Timothy» [«1 Timoteo»], en *The Expositor's Bible Commentary* [Comentario bíblico del expositor], ed. rev. (Grand Rapids: Zondervan, 2006), 492–94 y las fuentes allí citadas. Ver también D. A. Carson y D. J. Moo, *An Introduction to the New Testament* [Introducción al Nuevo Testamento], 2.ª ed. (Grand Rapids: Zondervan, 2005), 337–50; D. Guthrie, *Introduction to the New Testament* [Introducción al Nuevo Testamento], 2.ª ed. (Downers Grove: InterVarsity, 1990), 607–49; y E. E. Ellis, «Pseudonymity and Canonicity of New Testament Documents» [«Seudónimos y canonicidad de los documentos del Nuevo Testamento»], en *Worship, Theology and Ministry in the Early Church* [Adoración, teología y ministerio en la Iglesia primitiva], ed. M. J. Wilkins y T. Paige, JSNTSup 87 (Sheffield: Sheffield Academic Press, 1992), 212-24.

[5] J. R. Michaels, *1 Peter* [1 Pedro], WBC 49 (Waco: Word, 1988), xxxii.

[6] T. R. Schreiner, *1, 2 Peter, Jude* [1-2 Pedro, Judas], NAC 37 (Nashville: B&H, 2003), 22.

[7] Por ejemplo, Filipenses 1:3; 2:1–2; 6:3; 7:2; 8:1–2; 10:2–3.

[8] Ver *Scorpiace* 12 y 14, así como *Orat.* 20.

[9] Eusebius, *Hist. Ecl.* 3.3.25.

[10] C. Bigg, *A Critical and Exegetical Commentary on the Epistles of St. Peter and St. Jude* [Comentario crítico y exegético de las Epístolas de San Pedro y San Judas], ICC (Edinburgh: T&T Clark, 1901), 7.

Evidencia interna. Internamente, el retrato del escritor es bastante reservado y no es característico de un pseudoescritor.[11] El autor trazó un aparente contraste con sus lectores, señalando que no han visto a Cristo, lo que probablemente implica que él lo había visto (1:8). También afirmó ser «testigo de los padecimientos de Cristo» (5:1). Una vez más, se observa la reserva poco realista con la que el autor planteó esta afirmación de testimonio de primera mano.

Debido a que no hay una muestra indiscutible del discurso y la escritura de Pedro, existe poca evidencia lingüística para analizar la(s) carta(s). Pero sí parece haber alguna evidencia interna que apunta al apóstol Pedro como el autor de 1 Pedro. Por ejemplo, R. Gundry creía que había un «patrón petrino» casi inconsciente en la carta. En 1958, Selwyn enumeró 30 alusiones a las palabras de Jesús en 1 Pedro, denominándolas el *verba Christi* («palabras de Cristo»).[12] Muchas de ellas se producen en contextos de los evangelios asociados a Pedro.[13] Además, hay claras afinidades con los discursos de Pedro en Hechos.[14] Adicional a ello, en Hechos 5:29 («Pedro y los apóstoles»), Hechos 10:39 («Pedro») y 1 Pedro 2:24 se emplea la frase «sobre el madero» (*epi xylou*) para describir la cruz de Cristo (como hizo Pablo en Gál. 3:13, citando a Deut. 21:23).

El Libro de 1 Pedro no incluye referencias al gnosticismo (que floreció solo en el siglo II), ni a la depreciación del estado, ni a los brillantes honores dados a Pedro, «y a ninguna de las teorías que atribuyen la carta a un seudónimo».[15] Por lo tanto, no hay motivos sustanciales para pensar en un seudónimo. Por el contrario, lo que se sabe de Pedro sí encaja con la carta, y la confianza de la Iglesia primitiva (lo que es especialmente digno de mencionar, ya que había multitud de falsos escritos que señalaban a Pedro como autor) debe tenerse plenamente en cuenta.[16] Así pues, Robinson afirmó acertadamente la autoría de Pedro al señalar que «cualquiera que sea la intención, [la seudopigrafía] en este caso [es] un ejercicio especialmente desaprobado que, de hecho (a diferencia de 2 Pedro) engañó a todo el mundo hasta el siglo XIX».[17]

Fecha

La fecha de la carta y su autoría están estrechamente entrelazadas. Los estudiosos que rechazan la autoría de Pedro suelen plantear una fecha en el reinado de Domiciano

---

[11] Ver especialmente, T. L. Wilder, *Pseudonymity, the New Testament, and Deception* [Pseudonimia, el Nuevo Testamento y el engaño]; Guthrie, «Appendix C: Epistolary Pseudepigraphy» [«Apéndice C: Pseudoepigrafía epistolar»] en *New Testament Introduction* [Introducción al Nuevo Testamento], 1011–28.

[12] E. G. Selwyn, *The First Epistle of St. Peter* [Primera epístola de San Pedro] (London: Macmillan, 1955), 23–24.

[13] R. Gundry, «Verba Christi in 1 Peter: Their Implications Concerning the Authorship of 1 Peter and the Authenticity of the Gospel Tradition» [«Verba Christi en 1 Pedro: Su implicación en la autoría de 1 Pedro y la autenticidad de la tradición del evangelio»], *NTS* 13 (1966–67): 336–50; cf. id., «Further Verba on *Verba Christi* in First Peter», *Bib* 55 (1974): 211–32.

[14] Por ejemplo, Hechos 2:23 y 1 Pedro 1:2,20; 2:4,5; Hechos 2:33 y 1 Pedro 1:12; 3:22; 4:1; Hechos 2:36 y 1 Pedro 1:11; 3:14; 4:12; Hechos 2:38 y 1 Pedro 3:22; y Hechos 10:42 y 1 Pedro 4:2.

[15] I. H. Marshall, *1 Peter* [1 Pedro], NTC (Downers Grove: InterVarsity, 1991), 24.

[16] J. A. T. Robinson, *Redating the New Testament* [Fechando el Nuevo Testamento] (Philadelphia: Westminster, 1976), 164; comp. Marshall, *1 Peter* [1 Pedro], 21 (no era un enemigo de la seudoepigrafía), quien de manera correcta declaró sobre 1 Pedro: «Si alguna vez hubo algún caso débil sobre un seudónimo, sin duda sería esta Carta».

[17] Robinson, *Redating* [Fechando], 164.

(81-96).[18] Como se muestra anteriormente, los argumentos para una fecha tardía no son ni necesarios ni convincentes. Como la carta fue compuesta en vida de Pedro, se plantea la cuestión de la fecha exacta de su composición.

Hay algunos indicios de una fecha temprana, independientemente de la autoría. Muchos apuntan a una expresión teológica primitiva que incluye al siervo sufriente de Isaías 53, la expectativa del inminente retorno de Jesús, y una formulación trinitaria no desarrollada.[19] Cualquier evaluación de la fecha debe incluir también la referencia a los ancianos de 1 Pedro 5:1 como el oficio de supervisión en la Iglesia. En la época de Ignacio (c. 35-110), un episcopado monárquico se había establecido rápidamente, lo que también sugiere una fecha temprana porque no se menciona un oficio pastoral de dos niveles en 1 Pedro como era característico de la Iglesia del siglo II.

El mejor indicador de la fecha de la carta, dada la autoría de Pedro, es la referencia a Roma en 1 Pedro 5:13. La mayoría está de acuerdo en que «Babilonia» se refiere a Roma. Si es así, lo más probable es que Pedro estuviera en Roma entre mediados y finales de los 60. La carta no da ninguna pista de que haya una persecución en curso, por el Estado o de otra manera, en el entorno del autor. Esto indica una fecha anterior a la persecución de Nerón, que comenzó aproximadamente en el año 64. Lo más probable es que 1 Pedro se escribiera un poco antes, alrededor de 62-63, cuando los precursores de esta persecución ya se vislumbraban en el horizonte.[20]

Procedencia

En 1 Pedro se menciona específicamente «Babilonia» en el 5:13 como el lugar desde el que se envió la carta. Tres opciones surgen de esta descripción. Primero, la ubicación podría ser la Babilonia mesopotámica. Sin embargo, en ese momento la ciudad estaba casi desierta.[21] Segundo, había una Babilonia en Egipto, pero era un puesto militar insignificante, y no hay evidencia de ninguna misión cristiana allí hasta mucho más tarde.[22] La tercera y mejor opción es Roma. En este caso, el término es metafórico, designando el centro del poder gentil. Incluso la mayoría de los que no se aferran a la autoría de Pedro y se adhieren a una fecha posterior todavía consideran que Roma es la fuente geográfica de 1 Pedro.[23]

---

[18] La persecución de los cristianos alentada por el Estado solo se atestigua para los reinados de Nerón, Domiciano y Trajano. Robinson (*Redating* [Fechando], 155-56) señaló que Domiciano fue elegido debido a aquellos que no podían tolerar ni a Nerón ni a Trajano.

[19] Ver Robinson (*Redating* [Fechando], 162-63), quien también mencionó a J. N. D. Kelly, *A Commentary on the Epistles of Peter and of Jude* [Comentario sobre las Epístolas de Pedro y Judas], Harper's New Testament Commentaries (Nueva York: Harper & Row, 1969), 30; F. L. Cross, *1 Peter: A Paschal Liturgy* [1 Pedro: Una liturgia pascual] (London: A. R. Mowbray, 1954), 43–44; y C. F. D. Moule, «The Nature and Purpose of I Peter» [«La naturaleza y propósito de 1 Pedro»], *NTS* 3 (1956–57): 11.

[20] Para una discusión más detallada sobre la persecución en 1 Pedro, véase Schreiner, *1, 2 Peter and Jude* [1-2 Pedro y Judas], 28–31.

[21] Ver P. J. Achtemeier, *1 Peter* [1 Pedro], Hermeneia (Philadelphia: Fortress, 1996), 353. Strabo (ca. 19 d.C.) señaló que la ciudad «está tan desierta que nadie dudaría en decir [...] "la gran ciudad es un gran desierto"» (Geog. 16.1.5).

[22] W. A. Grudem, *The First Epistle of Peter* [Primera Epístola de Pedro], TNTC (Grand Rapids: Eerdmans, 1997), 33.

[23] Ver J. H. Elliott, «Peter, First Epistle of» [«Primera Epístola de Pedro»], *ABD* 5:277.

Destinatarios

En 1 Pedro 1:1 se identifica el lugar donde vivían los destinatarios de la carta, que era el norte de Asia Menor (la moderna Turquía). Pedro enumeró una serie de provincias romanas en un orden inusual: «a los expatriados de la dispersión en el Ponto, Galacia, Capadocia, Asia y Bitinia» (1:1). Esto incluiría una región en forma de media luna de Asia Menor septentrional.[24]

La pregunta más difícil es: «¿Quiénes fueron los destinatarios de la carta?». Algunos intérpretes afirmaron que los lectores originales eran judíos conversos, principalmente con base en el discurso de apertura de Pedro, «a los expatriados de la dispersión» (1:1).[25] Sin embargo, lo más probable es que la referencia sea metafórica (ver los pasajes que describen el estilo de vida anterior de los lectores en 1:18; 4:3).

Situación

La persecución es un tema común en 1 Pedro y sirve como situación para escribir esta carta. Aunque Pedro puede haber estado anticipando la persecución de Nerón en Roma, sus lectores probablemente ya estaban experimentando una persecución privada o alguna estatal localizada. Sufrieron varias pruebas (1:6); soportaron el dolor de sufrir injustamente (2:19); fueron acusados y su vida cristiana denunciada (3:16); fueron calumniados (4:4); sufrieron pruebas de fuego (4:12); compartieron los sufrimientos del Mesías (4:13); fueron ridiculizados por el nombre de Cristo (4:14); y sufrieron de acuerdo con la voluntad de Dios (4:19). Pero no habían sido (todavía) ejecutados como criminales.

Propósito

La persecución no era una noción abstracta para los creyentes en Asia Menor; estaban sufriendo fuertes repercusiones en su fe. Pedro animó a los creyentes a soportar los tiempos difíciles. Lo hizo promoviendo una cosmovisión bíblica entre los creyentes. Necesitaban entender quiénes (o de quiénes) eran y luego enfrentar su situación desde este punto de vista. La esencia de esta exhortación está en 1:5-6: «… sois guardados por el poder de Dios mediante la fe, para alcanzar la salvación que está preparada para ser manifestada en el tiempo postrero. En lo cual vosotros os alegráis, aunque ahora por un poco de tiempo, si es necesario, tengáis que ser afligidos en diversas pruebas».

LITERATURA

Plan literario

Es de notar que hay una virtual unanimidad en cuanto a la estructura de 1 Pedro en la literatura académica reciente.[26] El plan literario de 1 Pedro está marcado por la

---

[24] R. E. Brown, *An Introduction to the New Testament* [Una introducción al Nuevo Testamento], ABRL (Nueva York: Doubleday, 1997), 708.

[25] Así como Agustín, Jerónimo y Calvino.

[26] Ver los esquemas prácticamente idénticos en Michaels, *1 Peter* [1 Pedro], xxxiv-xxxvii; K. H. Jobes, *1 Peter* [1 Pedro], BECNT (Grand Rapids: Baker, 2005), vii, 56-57; P. H. Davids, *The First Epistle of Peter* [La primera epístola de Pedro], NICNT (Grand Rapids: Eerdmans, 2006), 28-29; y Schreiner, *1, 2 Peter, Jude* [1-2 Pedro, Judas], 46-48. Grudem (1 Pedro, 44-46) no vio ninguna ruptura importante en el 4:12 y dividió la carta en dos unidades principales, 1:1-2:10 y 2:11-5:14.

presencia del discurso directo, «amados», en 2:11 y 4:11, que divide la carta en tres partes: 1:1-2:10; 2:11-4:11; y 4:12-5:14; 1:1-2 constituye el saludo inicial y 5:12-14 el saludo final y la bendición. El tema principal de la primera parte es la identidad de los creyentes como pueblo elegido por Dios debido a su salvación por medio de Cristo y su renacimiento por el Espíritu Santo. El discurso en 2:11 cambia el enfoque de la identidad de los creyentes a su consecuente responsabilidad como «extranjeros y peregrinos» en un mundo hostil a Cristo, lo que implica la debida sumisión a las autoridades en las esferas de gobierno, el lugar de trabajo y el hogar. El discurso en 4:12 (siguiendo una doxología en 4:11) introduce un llamamiento a la sumisión en otro contexto, la iglesia.

Pedro se dirigió a los «expatriados» en partes de la «dispersión» (1:1-2). La carta comienza con una acción de gracias a Dios por Sus bendiciones espirituales otorgadas a los destinatarios (1:3-12), seguida de una exhortación a la conducta santa (considera especialmente la cita de Levítico 11:44-45; 19:2; 20:7 en 1:16). En consonancia con esta continuidad con el Israel del A.T., Pedro elaboró sobre la similitud de identidad entre Israel y los receptores, muchos de los cuales habrían sido creyentes gentiles, en una serie de referencias del A.T. aplicadas a los lectores (2:4-10).

Una nueva sección comienza en 2:11 con un renovado discurso a los lectores como «expatriados y peregrinos» (ver 1:1,17). En la forma de un modificado «código del hogar», Pedro instó a sus lectores a comprometerse con la sumisión apropiada a aquellos en posiciones de autoridad, ya sea en el gobierno (2:13-17), el lugar de trabajo (2:18-25) o el hogar (3:1-7). El resto de esta sección contiene exhortaciones a un sufrimiento justo en el contexto de la persecución a la luz del hecho de que «el fin de todas las cosas se acerca» (4:7; ver 3:8-4:11).

Otra nueva sección comienza en el 4:12 con una dirección similar a la del 2:11. Los lectores de Pedro no debían sorprenderse «del fuego de prueba» que les sobrevino. También en esta sección hay más instrucciones sobre la sumisión apropiada a los que están en autoridad, en específico a los ancianos de la iglesia (5:1-7), y sobre la resistencia al diablo. Pedro incluyó una doxología (5:8-11) y una breve conclusión (5:12-14). Esta última reconoce la ayuda de Silvano para escribir (o entregar) la carta; se refiere a «Babilonia» (es decir, Roma) como la fuente de la carta, y a Marcos (Juan) que estaba con Pedro en ese momento; y contiene un saludo final.

BOSQUEJO
I. APERTURA (1:1-2)
II. EL ESTATUS DEL PUEBLO DE DIOS (1:3-2:10)
   a. Su preciosa posición (1:3-12).
   b. La ética de su nueva vida (1:13-25).
   c. El crecimiento de su nueva vida (2:1-10).

Marshall (*1 Peter* [1 Pedro], 28) tiene una ruptura mayor en 3:13 en lugar de 4:12. Para una discusión y crítica de las propuestas alternativas, ver Schreiner, *1, 2 Peter, Jude* [1-2 Pedro, Judas], 47-48.

III. LAS RESPONSABILIDADES DEL PUEBLO DE DIOS (2:11-4:11)
   a. La conducta del pueblo de Dios (2:11-3:12).
   b. La promesa de la reivindicación (3:13-4:6).
   c. La proximidad del fin (4:7-11).
IV. LA RESPONSABILIDAD DE LA IGLESIA Y LOS ANCIANOS (4:12-5:11)
   a. Respuesta a la prueba de fuego (4:12-19).
   b. Relaciones en la Iglesia (5:1-11).
V. CONCLUSIÓN (5:12-14)

DISCUSIÓN UNIDAD POR UNIDAD

I. Apertura (1:1-2)

Pedro se identificó como «apóstol de Jesucristo», y se dirigió a los destinatarios de la carta como «los expatriados de la dispersión» en diferentes provincias (1:1) y como «elegidos según la presciencia de Dios Padre en santificación del Espíritu, para obedecer y ser rociados con la sangre de Jesucristo» (1:2). De este modo, la identidad de los lectores se aclara tanto con respecto al mundo como a Dios.

II. El estatus del pueblo de Dios (1:3-2:10)

La primera gran sección del cuerpo de la carta establece el fundamento para el resto de esta al abordar la identidad de los creyentes como resultado de su salvación en Cristo y su renacimiento por el Espíritu Santo.

a. Su preciosa posición (1:3-12). Pedro quería que los creyentes apreciaran plenamente su posición ante Dios (1:3-12). Se gozaban porque su salvación estaba protegida, aunque ahora soportaban pruebas (1:3-6). Pedro señaló que esta era la prueba de la fe genuina, que era más preciosa incluso que el oro (1:7-9). Pedro concluyó la sección explicando que esta salvación ponía a sus lectores en una posición única que los profetas habían predicho y habían buscado diligentemente entender (1:10-12). Así, Pedro subrayó la continuidad de estos creyentes del N.T. con el pueblo de Dios en el A.T.

b. La ética de su nueva vida (1:13-25). Pedro resaltó la respuesta apropiada a la nueva identidad de los creyentes en Cristo (1:13-25). Primero, debían ser santos porque Dios era santo, poniendo su esperanza en el regreso de Cristo (1:13-16). Segundo, debían comportarse en reverencia a Dios (1:17) porque habían sido redimidos a un gran precio de su anterior y vacía forma de vida (1:17-21). Por último, debían amarse mutuamente con fervor, pues se habían unido a la familia de Dios a través del nuevo nacimiento y sabían que su existencia humana era transitoria (1:22-25; ver Isa. 40:6-8).

c. El crecimiento de su nueva vida (2:1-10). De manera similar a la terminología de Pablo de «dejar», «despojarse» y «revestirse» (por ejemplo, Col. 3:8), Pedro ordenó a los creyentes que, después de dejar de lado toda maldad,[27] desearan ansiosamente «la leche espiritual no adulterada» de la Palabra de Dios que les ayudara a crecer en su nueva vida

---

[27] La frase en 2:1, presentada como una orden, «libérense», en realidad denota la acción previa a la orden principal que se encuentra en 2:2, «deseo». Se enumeran específicamente los pecados que destruirían la comunión con otros creyentes, la antítesis del imperativo anterior (ver Jobes, *1 Peter* [1 Pedro], 131).

de fe (2:1-3; ver Sal. 34:8). Mientras que en otras partes del N.T. la necesidad de «leche» de los creyentes se utiliza como una ilustración de su inmadurez y necesidad de crecer en Cristo (1 Cor. 3:1-3; Heb. 5:12-14), en el presente pasaje el ansia por leche de los bebés proporciona un ejemplo positivo del hambre y la sed de los creyentes por las cualidades nutritivas de la Palabra de Dios y como condición previa necesaria para «gustar» la bondad de Dios (ver la cita del Sal. 34:8 en 1 Ped. 2:3).

Pedro desarrolló esto en términos de la vida colectiva de la Iglesia (2:4-10). Al hacerlo, ensambló una serie de pasajes del A.T. sobre Jesucristo que incluyen una referencia a una «piedra».[28] Este Cristo era la piedra que los constructores rechazaron, pero que ahora se había convertido en la piedra angular del nuevo «templo» de Dios, la comunidad de creyentes (2:6; ver Isa. 28:16; ver más adelante). Aunque resultó ser una piedra de tropiezo para muchos (2:7-8; ver Sal. 118:22; Isa. 8:14), los creyentes eran una nación elegida, santa y sacerdotal, una posesión de Dios, llamada a ofrecer sacrificios espirituales a Dios (2:9-10; ver Ex. 19:5-6; Deut. 4:20; 7:6; Isa. 43:21).

Además, un aspecto importante de estas referencias a la «piedra» es la reaplicación por parte de Pedro de las imágenes del «templo», presentando a Cristo como el fundamento del nuevo templo espiritual y a los creyentes como «piedras vivas» (1 Ped. 2:5) en ese templo. Esto se logra mediante (1) la frase «acercándoos» en 2:4 (ver Sal. 34:5, LXX), que se utiliza en la LXX con referencia a los israelitas «acercándose» al santuario del A.T. (por ejemplo, Ex. 12:48; 16:9; Lev. 9:7-8; 10:4-5); (2) el uso de «casa» (*oikos*) en 2:5 (por ejemplo, 1 Rey. 5:5; Isa. 56:7; ver Mat. 12:4; 21:13; Mar. 2:26; Luc. 11:51; Juan 2:16); y (3) las referencias al «sacerdocio» y a los «sacrificios» en 2:5, que se remontan a la terminología del A.T. en relación con el templo.[29]

III. Las responsabilidades del pueblo de Dios (2:11-4:11)

En esta sección de la carta, hay una preocupación primordial por el testimonio del pueblo de Dios. Primero, deben conducir sus vidas de una manera respetable y que honre a Dios (2:11-3:12). Como extranjeros y peregrinos (2:11-12), deben someterse al gobierno del mundo (2:13-17) y someterse a los amos, incluso a los irrazonables, siguiendo el ejemplo de Cristo (2:18-25); las esposas deben someterse incluso a los maridos incrédulos (3:1-7); y por lo tanto todos deben estar dispuestos a sufrir por hacer lo que es correcto (3:8-12). En segundo lugar, los creyentes son animados a permitir que la reivindicación venga a su debido tiempo (3:13-4:6). Pedro discutió el testimonio de los creyentes (3:13-17); proporcionó una especie de explicación sobre el testimonio de Cristo (3:18-22; ver 2:21-25); y emitió un llamado al sufrimiento como el de Cristo (4:1-6). En tercer lugar, Pedro inculcó

---

[28] Ver D. A. Carson, «1 Peter» [«1 Pedro»] en *Commentary on the New Testament Use of the Old Testament* [Comentario sobre el uso del Antiguo Testamento en el Nuevo Testamento], ed. G. K. Beale y D. A. Carson (Grand Rapids: Baker, 2007), 1023–33; y N. Hillyer, «Rock-Stone Imagery in 1 Peter» [«Imágenes de la piedra y la roca 1 Pedro»], TynBul 22 (1971): 58–81. La palabra «piedra» aparece en 2:4,5,6,7,8. Pedro se dedicó aquí a una práctica rabínica conocida como «ensartar perlas», que conecta una serie de referencias sobre un tema similar (también conocido como *gezerah shawah*). De manera característica, Pedro primero parafraseó una referencia dada y luego la citó.

[29] Ver la discusión en Jobes, *1 Peter* [1 Pedro], 144–52.

a los receptores la urgencia de una conducta cristiana adecuada en medio del sufrimiento a la luz de la proximidad del fin (4:7-11).

a. La conducta del pueblo de Dios (2:11-3:12). En 1 de Pedro 2:11-3:12 comienzan los llamados «códigos del hogar» en el libro. El doble mandamiento general a estos «extranjeros y peregrinos» se encuentra en 2:11-12: «… que os abstengáis de los deseos carnales que batallan contra el alma» y «Manteniendo buena vuestra manera de vivir entre los gentiles…». Esto se desarrolla en los pasajes que siguen en términos de su necesidad de someterse a «toda institución humana» por causa del Señor (2:13). Los creyentes deben someterse a las autoridades humanas (2:13-15, reiterado en 2:16-17). Después de esto, Pedro se dirigió a grupos específicos de individuos, comenzando con los sirvientes del hogar (2:18). Estos están llamados a seguir el ejemplo de Cristo en el sufrimiento y deben considerarlo el pastor y guardián de sus almas (2:18-25).

Las esposas, incluso las de los cónyuges incrédulos, deben someterse a sus maridos (3:1-6). Deben adornarse con Cristo, siendo Sara el principal ejemplo. Los maridos deben tratar a sus esposas «como a vaso más frágil» (v. 7) (*kata gnōsin hōs asthenesterō skeuei*; literalmente: «según el conocimiento de que [sus esposas] son un vaso más frágil»), evitando el trato áspero (ver Col. 3:19), y como «a coherederas de la gracia de la vida» en Cristo, para que sus oraciones no sean obstaculizadas (3:7).[30] El mandamiento a los maridos equilibra los mandamientos anteriores de Pedro a las esposas, dejando claro que el llamamiento a las esposas para que se sometan a sus maridos no es en modo alguno una licencia para que estos traten a sus esposas de manera dominante, opresiva o abusiva.

Esta sección concluye con un mandato sumario para que sean afines y no devuelvan mal por mal. En cambio, de acuerdo con las propias palabras de Jesús, los creyentes deben bendecir a los que los persiguen (ver Mat. 5:10-11) y así heredar una bendición, porque «el rostro del Señor está contra aquellos que hacen el mal» (3:10-12; ver Sal. 34:12-16). Este resumen pasa sin problemas al siguiente tema, la reivindicación del Señor de los que sufren por hacer el bien.

b. La promesa de la reivindicación (3:13-4:6). La siguiente sección es introducida por una pregunta retórica: «¿Y quién es aquel que os podrá hacer daño, si vosotros seguís el bien?» (3:13). A Pedro le preocupaba que los cristianos perseguidos fueran testigos valientes y mantuvieran su integridad, «… para que en lo que murmuran de vosotros como de malhechores, sean avergonzados los que calumnian vuestra buena conducta en Cristo» (3:16b). El ejemplo no es otro que el propio Cristo, que sufrió mientras era justo y fue reivindicado por Dios al final. Después de proclamar Su victoria a los ángeles caídos (3:19-20), fue entronizado en el cielo, reivindicado en la vida venidera (3:22), como lo serán los creyentes. Por lo tanto, el cristiano debe tener la misma resolución (4:1), sabiendo que Dios llamará a cuentas a los que lo persiguen (4:5) y dará vida a los creyentes en el ámbito espiritual (4:6).

c. La proximidad del fin (4:7-11). Pedro deseaba recalcar a sus destinatarios la urgencia del llamado al sufrimiento justo a la luz de la cercanía del fin, es decir, el regreso de Cristo

---

[30] Ver Schreiner, *1, 2 Peter, Jude* [1, 2 de Pedro, Judas], 158–61; Michaels, *1 Peter* [1 de Pedro], 167–71.

y el juicio de Dios. Con este propósito concluyó la unidad con un llamamiento a la santidad personal y al amor sincero. Los creyentes deben expresar su cuidado por los demás ejerciendo la hospitalidad y usando sus dones para hablar o servir en la Iglesia (4:10-11). El punto es que los creyentes deben glorificar a Dios a través de Jesucristo en todas las cosas.

IV. La responsabilidad de la Iglesia y los ancianos (4:12-5:11)

Pedro concluyó con instrucciones para los que pertenecen a la Iglesia, incluyendo a los líderes de esta. Su instrucción final a la Iglesia es que confíe en Dios mientras vive para Él, especialmente si uno está sufriendo «como cristiano» (4:12-19; ver especialmente v. 16).[31] Los ancianos de la iglesia deben guiar con humildad y con el ejemplo (5:1-4), mientras que los más jóvenes deben someterse a los ancianos (5:5). Todos deben ejercitar la humildad hacia los demás y humillarse bajo la poderosa mano de Dios mientras esperan la vindicación de Dios (5:6-7), y todos deben resistir al diablo y soportar el sufrimiento (5:8-11).

a. Respuesta a la prueba de fuego (4:12-19). En una exhortación solemne, Pedro advirtió a los creyentes que esperaran un aumento de la persecución.[32] Al participar en los sufrimientos del Mesías, su respuesta debería ser gozo, no desesperación, y deberían darse cuenta de que su sufrimiento es una prueba de la salvación y la bendición divina. Al mismo tiempo, los creyentes deben tener cuidado de no sufrir a causa de su propia obstinada pecaminosidad. Pedro también dio la nota ominosa de que el juicio comienza con la casa de Dios, argumentando que si el juicio comienza con la Iglesia y esta apenas escapa (citando Prov. 11:31), ¿cuál será el destino de los pecadores? Por esta razón los creyentes deben estar confiados en Dios, su «fiel Creador» (4:19).

b. Relaciones en la Iglesia (5:1-11). La sección final se divide en tres partes: (1) instrucciones relativas a los ancianos (5:1-7); (2) un llamado a la vigilancia y resistencia contra el diablo (5:8-9); y (3) una bendición final para animar a los que sufren por causa de Cristo (5:10-11). Pedro instruyó a sus compañeros ancianos, como testigos oculares de los sufrimientos de Cristo, a que pastorearan el rebaño.[33] Empleó tres conjuntos de contrastes para describir el ministerio pastoral: (1) no por obligación, sino libremente; (2) no por dinero, sino con entusiasmo; (3) no de manera autoritaria, sino como un ejemplo (5:2-3). Aquellos que lideran de tal manera recibirán una gran recompensa (5:4). Pedro instruyó a los jóvenes a que se sometieran a los ancianos (5:5) y a todos a que fueran humildes los

---

[31] El término «cristiano», aunque es extremadamente común hoy en día, se encuentra solo en otras dos ocasiones en el N.T. En Hechos 11:26, Lucas declaró que los discípulos fueron llamados primero «cristianos» en Antioquía (ca. 43/44). En Hechos 26:28, el rey Agripa usó el término «cristiano» (ca. 58/59). Otros nombres para los cristianos en la época de la Iglesia primitiva eran seguidores del «Camino» (Hech. 9:2; 24:14) o del «nombre» (es decir, Dios/Cristo; ver Hech. 2:21; 4:12; Rom. 10:13; Fil. 2: 9-10; Heb. 1:4; véase 1 Ped. 4:16).

[32] La expresión «fuego de prueba» en 4:12 se refiere muy probablemente al refinamiento y purificación que la persecución trae con respecto al carácter de los creyentes y la confesión de Cristo (ver 1:6-7; ver Sal. 66:10; Mal. 3:1- 4). Para una discusión útil y más referencias bibliográficas, ver Schreiner (*1, 2 Peter, Jude* [1-2 Pedro, Judas], 219-20), citando a D. E. Johnson, «Fire in God's House: Imagery from Malachi 3 in Peter's Theology of Suffering» [«Fuego en la casa de Dios: Imágenes de Malaquías 3 en la teología del sufrimiento de Pedro»], *JETS* 29 (1986): 287–89.

[33] Curiosamente, en 1 Pedro 5:1, Pedro se refirió a sí mismo como un «testigo de los padecimientos de Cristo»; en 2 Pedro 1:16, se llamó a sí mismo uno de los testigos de «su majestad» en la transfiguración «cuando él recibió de Dios Padre honra y gloria» (2 Ped. 1:17).

unos con los otros (5:6-7) y a que resistieran al diablo (5:8-9). Cerró con una bendición (como comenzó; ver 1:2) que se centra en la soberanía de Dios y Su promesa de fortalecer y restaurar a los creyentes que sufren (5:10-11).

V. Conclusión (5:12-14).

La conclusión de la carta identifica al probable portador de la carta, Silvano, y se refiere al contenido de la carta como una breve amonestación, «testificando que ésta es la verdadera gracia de Dios» (5:12). Pedro también envió saludos de la iglesia en Roma («Babilonia») y emitió un deseo de paz en la vida de los que están en Cristo (5:14).

TEOLOGÍA

Temas teológicos

El sufrimiento cristiano y el fin de los tiempos. Uno de los mayores énfasis y logros teológicos de 1 Pedro es la omnipresente referencia al sufrimiento de los creyentes en el contexto del fin de los tiempos y, en particular, la segunda venida de Cristo. Desde el principio, Pedro señaló que los creyentes no son más que «expatriados» en este mundo (1:1). Recordó a estos creyentes sufrientes su «esperanza viva, por la resurrección de Jesucristo de los muertos» (1:3; ver 1:13,20-21) y su «herencia incorruptible, incontaminada e inmarcesible, reservada en los cielos …» para ellos (1:4), señalando que su salvación plena «… está preparada para ser manifestada en el tiempo postrero» (1:5).

Estas referencias a las realidades eternas sirven para situar los sufrimientos de los creyentes en su propio contexto. Deben regocijarse en su esperanza de estas expectativas que pronto se realizarán, «aunque ahora por un poco de tiempo» pueden enfrentarse a la angustia de varias pruebas, lo que luego refina su fe y la hace más valiosa que el oro, lo que resulta «alabanza, gloria y honra cuando sea manifestado Jesucristo» (1:6-7). Este preámbulo proporciona un marco escatológico para los creyentes en sus sufrimientos que, si se le presta atención, hará más llevadera su prueba e inculcará en ellos un gozo que trascienda sus aflicciones y circunstancias temporales en el mundo hostil que les rodea.

En todo esto, Cristo sirve como ejemplo para el creyente. Después de soportar una gran hostilidad por parte de los pecadores como el Siervo sufriente al que se refiere Isaías (2:21-25), Jesús ahora ha «… subido al cielo [y] está a la diestra de Dios; y a él están sujetos ángeles, autoridades y potestades» (3:22). Basándose en el ejemplo de Cristo, Pedro emitió la siguiente poderosa exhortación a sus lectores: «Puesto que Cristo ha padecido por nosotros en la carne, vosotros también armaos del mismo pensamiento; pues quien ha padecido en la carne, terminó con el pecado, para no vivir el tiempo que resta en la carne, conforme a las concupiscencias de los hombres, sino conforme a la voluntad de Dios» (4:1-2).

A la luz de que «el fin de todas las cosas se acerca» (4:7), los creyentes deben estar sobrios y velar para practicar la oración, para amarse los unos a los otros, para ejercer la hospitalidad, y para ejercitar sus dones espirituales para la gloria de Dios en Cristo (4:7-11). Pedro se identificó a sí mismo como un compañero «participante de la gloria que será revelada» (5:1) y habló de su expectativa del día «cuando aparezca el Príncipe de los pastores» y él y sus lectores recibirán «la corona incorruptible de gloria» (5:4). La bendición final lleva al libro a una conclusión adecuada: «Mas el Dios de toda gracia, que nos llamó a su gloria eterna en Jesucristo, después que hayáis padecido un poco de tiempo, él mismo os perfeccione, afirme, fortalezca y establezca. A él sea la gloria y el imperio por los siglos de los siglos. Amén» (5:10–11).

La identidad de los creyentes y su testimonio ante el mundo. La identidad de los creyentes y su testimonio ante el mundo están completamente entrelazados en la presentación de Pedro. Su descripción de la condición de los creyentes es doble: primero, describió a los creyentes del N.T. en términos que recuerdan al Israel del A.T., enfatizando la continuidad de la iglesia del N.T. con el pueblo de Dios del A.T.; segundo, enfatizó el hecho de que los creyentes son peregrinos y extranjeros en este mundo. Con respecto al primer aspecto, Pedro escribió: «Mas vosotros sois linaje escogido, real sacerdocio, nación santa, pueblo adquirido por Dios, para que anunciéis las virtudes de aquel que os llamó de las tinieblas a su luz admirable» (2:9). Todas estas descripciones tienen antecedentes en el A.T.

En segundo lugar, Pedro dirigió la carta a «los expatriados de la dispersión» (1:1) y les pidió que se comportaran en temor «todo el tiempo de [su] peregrinación» (1:17), instándoles «… como a extranjeros y peregrinos, que [se abstengan] de los deseos carnales que batallan contra el alma» (2:11). Debido a que son el pueblo de Dios, llamados a ser santos en el servicio a un Dios santo y porque su estancia en este mundo es meramente temporal, los creyentes deben ser buenos ciudadanos de este mundo sin comprometer su pureza o integridad.

El estatus de los creyentes como el pueblo redimido de Dios trae consigo ciertas expectativas en cuanto a lo que significa ser el pueblo de Dios. Como hijos obedientes, deben ser santos porque Dios es santo (1:12-13). Deben comportarse honorablemente en el mundo, realizando buenas obras, lo que también implica la sumisión a toda institución humana. Deben ser buenos ciudadanos (2:13-17), cumplir con sus roles dentro de la familia (3:1-7), amarse humildemente los unos a los otros (3:8), y estar dispuestos a sufrir por causa de la justicia (4:16), poniendo todo el cuidado en Dios (5:6-7) mientras resisten al diablo (5:9).

Tabla 18.1. Sumisión a las autoridades en 1 Pedro

1 Pedro	Autoridad a la que debe someterse	Otras referencias del A.T. y N.T.
2:13	Autoridades del gobierno (instituidas por Dios)	Rom. 13:1,5; Tito 3:1
2:18	Autoridades en el trabajo (incluso aquellas que son crueles)	Tito 2:9; ver Ef. 6:5-9
3:1	Esposos (incluso los incrédulos)	Ef. 5:21,24; Col. 3:18; Tito 2:5
3:5	Ejemplo: Sara y las santas mujeres del A.T.	Gén. 18:12
3:22	Mundo espiritual sujeto a Jesucristo	1 Cor. 15:27-28; Ef. 1:22; Fil. 3:21
5:5	Jóvenes [y otros] sujetos a los ancianos	1 Cor 16:16; ver Heb. 13:17

En cuanto al testimonio de los creyentes ante el mundo, a Pedro le preocupaba que sus lectores no se rindieran a la presión de la sociedad para ajustarse a sus costumbres y normas. Al mismo tiempo, quería que los creyentes no se enemistaran innecesariamente con las autoridades civiles, incluido el emperador. En lugar de ello, debían silenciar a aquellos que los calumniaban siendo buenos ciudadanos. Pedro lo explicó de esta manera: «Honrad a todos. Amad a los hermanos. Temed a Dios. Honrad al rey» (2:17). Pedro no quería que sus lectores se retiraran del mundo, sino que lo enfrentaran con un testimonio activo. En cambio, dijo a los cristianos: «… santificad a Dios el Señor en vuestros corazones, y estad siempre preparados para presentar defensa con mansedumbre y reverencia ante todo el que os demande razón de la esperanza que hay en vosotros» (3:15).[34] Esto requiere una comprensión particularmente cristiana de Dios, de la identidad de los creyentes, del mundo y del supremo adversario, Satanás.

2 PEDRO

HISTORIA

Autor

Hoy en día se cree que 2 Pedro fue escrita por un seudónimo.[35] Incluso muchos de los que creen que Pedro escribió 1 Pedro tienen dificultades con 2 Pedro.[36] A diferencia de 1 Pedro, esta opinión no es del todo un fenómeno reciente. Aunque no hay registro de una negación abierta de la autenticidad de 2 Pedro en la Iglesia primitiva, muchos señalaron las dificultades que otros tuvieron con ella. En los tiempos modernos la carta es ampliamente juzgada como no auténtica por al menos tres razones: (1) la evidencia externa de la autoría de Pedro es muy escasa; (2) en su estilo, la carta es muy diferente de 1 Pedro; y (3) supuestos problemas históricos y doctrinales.

Evidencia externa. De todos los libros del N.T., 2 Pedro es el que tiene menos evidencia externa sobre la autoría. Si bien las citas en las que se *nombra* a Pedro como autor de 2 Pedro son bastante tardías y aunque hubo algunas dudas sobre su autenticidad, hay buenas pruebas de que 2 Pedro se consideraba ampliamente autoritaria, lo que en muchos casos puede implicar la creencia en la autoría de Pedro. Así pues, las pruebas externas apuntan a un documento temprano, que se cree que es de Pedro.[37] Más tarde, empezaron a circular numerosas falsificaciones que afirmaban ser de Pedro.[38] El

---

[34] Ver F. Thielman, *Theology of the New Testament: A Canonical and Synthetic Approach* [Teología del Nuevo Testamento: Abordaje canónico y sintético](Grand Rapids: Zondervan, 2005), 571–72.

[35] Brown, *Introduction to the New Testament* [Introducción al Nuevo Testamento], 767.

[36] Por ejemplo, Kelly, *Epistles of Peter and of Jude* [Epístolas de Pedro y Judas], 33, 236.

[37] Ver R. E. Picirilli, «Allusions to 2 Peter in the Apostolic Fathers» [«Alusiones a 2 Pedro en los padres apostólicos»], *JSNT* 33 (1988): 57–83. Concluyó que muchos de los padres apostólicos conocían, aludían y reflexionaban sobre 2 Pedro. Picirilli también señaló que estos padres normalmente no mencionaban a Pedro por su nombre como autor, pero sí identificaban a Pablo como el autor de las cartas que comúnmente se le atribuyen.

[38] Existía un *Evangelio de Pedro; Predicación de Pedro; Hechos de Pedro; Hechos de Pedro y los doce apóstoles; Epístola de Pedro a Felipe; Apocalipsis copto de Pedro;* y un *Apocalipsis de Pedro.*

hecho de que 2 Pedro fuera reconocido como canónico al final significa sin duda que se destacaba del resto.[39] Las pruebas externas no son de ninguna manera incompatibles con la autoría de Pedro.

Evidencia interna. Las diferencias de estilo entre 1 Pedro y 2 Pedro constituyeron el principal problema que hizo dudar de la autoría de 2 Pedro en la Iglesia primitiva. Además, en general se considera que 1 Pedro refleja un estilo griego más sofisticado que 2 Pedro.[40] Pero estas valoraciones negativas no tienen en cuenta los diferentes estilos de griego disponibles en el momento de la redacción del documento.[41] Es más, a pesar de estas diferencias estilísticas, hay muchas correspondencias sutiles entre 1 y 2 Pedro, tanto en el pensamiento como en el vocabulario, que son difíciles de explicar si un seudónimo escribió la carta.[42] Puesto que es poco probable que estas sutiles coincidencias en el lenguaje sean el resultado de una imitación consciente, estos paralelismos proporcionan pruebas significativas para sugerir la autenticidad y la autoría petrina de 2 Pedro.[43]

Las opciones para la autoría de Pedro son que 2 Pedro fue producida por un seudónimo desconocido después de la vida de Pedro (tal vez como «último testamento» de Pedro) o que la carta fue escrita por el apóstol Pedro, muy probablemente poco antes de su muerte. A la luz de las dificultades asociadas con el argumento anterior; a la luz de la ausencia de pruebas externas o internas convincentes contra la autoría de Pedro; y en vista de las conexiones convincentes antes mencionadas entre 1 y 2 Pedro, la opinión de que el apóstol Pedro escribió 2 Pedro es preferible.[44]

Fecha

Pocos libros se atribuyen a fechas tan diversas como 2 Pedro. Aquellos que encuentran los argumentos para un seudónimo, sitúan a 2 Pedro tan tarde como a mediados del siglo II. Si 2 Pedro es del apóstol, entonces debe haber sido escrito cerca del final de su vida. Debido a que 2 Pedro probablemente proviene de la pluma del apóstol, y a la luz de la referencia a su inminente muerte en 2 Pedro 1:14-15, debe ser colocada cerca del final de la vida del apóstol. La tradición de la Iglesia sostiene que Pedro murió durante

---

[39] M. J. Kruger, «The Authenticity of 2 Peter» [«La autenticidad de 2 Pedro»], *JETS* 42 (1999): 662.

[40] Un escritor fue tan lejos como para llamar a 2 Pedro «babuino griego»; véase E. A. Abbott, «On the Second Epistle of St. Peter. I. Had the Author Read Josephus? II. Had the Author Read St. Jude? III. Was the Author St. Peter?» [«Sobre la Segunda Epístola de San Pedro. I. ¿Había leído el autor a Josefo? II. ¿Había leído el autor San Judas? III. ¿Fue el autor San Pedro?»], The Expositor 2/3 (1882): 204-19.

[41] T. Callan, «The Style of the Second Letter of Peter» [«El estilo de la Segunda Carta de Pedro»], Bib 84 (2003): 202–24. Comp. D. F. Watson, *Invention, Arrangement, and Style: Rhetorical Criticism of Jude and 2 Peter* [Escritura, arreglo y estilo: Crítica retórica de Judas y 2 Pedro], SBLDS 104 (Atlanta: Scholars Press, 1988).

[42] Por ejemplo, en 2 Pedro 1:1 el autor hace referencia a «Simón Pedro», una frase que encontramos solo en Hechos 15:14 (de labios de Jacobo). Para más ejemplos, véase M. Green, *2 Peter Reconsidered* [Reconsiderando 2 Pedro] (London: Tyndale, 1960), 12–13.

[43] Kruger, *Authenticity* [Autenticidad], 661.

[44] Por lo menos, la humildad parecería requerir que los intérpretes reconozcan la evidencia limitada que está disponible y que darle a la autoría petrina el beneficio de la duda es la opción más razonable. Véase P. H. Davids, *The Letters of 2 Peter and Jude* [Las Cartas de 2 Pedro y Judas], PNTC (Grand Rapids: Eerdmans, 2006), 129.

la persecución neroniana (64-66; véase 1 *Clem.* 5.4). La mejor fecha para la muerte de Pedro es 65 o 66.[45] Por lo tanto, lo más probable es que la carta se escribiera justo antes del martirio de Pedro.

Procedencia

La segunda carta de Pedro no menciona un lugar de origen, pero si las discusiones sobre la autoría y la probable fecha de composición de 2 Pedro son correctas, el lugar más plausible para haber sido escrita es Roma. Si 1 Pedro es auténtica y fue escrita por Pedro en Roma («Babilonia»; 1 Pedro 5:13) a principios o mediados de los años 60, y si 2 Pedro es auténtica y fue escrita por Pedro también, debe haber sido escrita unos pocos años después de 1 Pedro, por lo tanto es probable que también se originara en la capital del imperio. Algunos han tratado de adjudicar los orígenes de la carta basándose en pruebas lingüísticas, pero estos intentos no son convincentes.[46] Las personas pueden exhibir diversos tipos de rasgos lingüísticos en innumerables lugares, lo que hace que sea precario determinar un lugar de origen con base en el uso lingüístico.[47] Roma sigue siendo, por mucho, la mejor opción para la procedencia de la carta.

Destinatarios

A diferencia de 1 Pedro, la segunda carta no menciona a sus destinatarios. Sin embargo, dos pistas nos ayudan a identificarlos. Como esta era la segunda carta que Pedro había escrito a esta audiencia (2 Ped. 3:1), y como mostró conocer las cartas de Pablo (2 Ped. 3:15), parece razonable inferir que el destino de 2 Pedro era el mismo que el de 1 Pedro (ver 1 Ped. 1:1).

Además, el uso del estilo asiático de la carta sugiere que el autor escribió a lectores que apreciarían este estilo de escritura. Este habría sido el caso en la parte oriental del imperio (pero no en la occidental), aunque no en el extremo oriental del Mediterráneo.[48] En general, las pruebas apuntan a los mismos destinatarios que 1 Pedro, los cristianos gentiles de Asia Menor.

Situación y propósito

La situación para escribir 2 Pedro era muy probablemente que el apóstol estaba cerca de su muerte (1:15) y necesitaba abordar una falsa enseñanza que circulaba en las iglesias a las que escribía (2:1-22). Así, en 3:17-18, Pedro amonestó a sus lectores: «… guardaos, no sea que arrastrados por el error de los inicuos, caigáis de vuestra firmeza. Antes bien, creced en la gracia y el conocimiento de nuestro Señor y Salvador Jesucristo…».

Los oponentes en 2 Pedro aparentemente se consideraban maestros cristianos y no necesariamente profetas (2:1,13), aunque Pedro los agrupó con falsos profetas de la

---

[45] Ver especialmente la profunda discusión en Robinson, *Redating* [Fechando], 140–50.

[46] Ver R. Bauckham, *Jude, 2 Peter* [Judas, 2 Pedro], WBC 50 (Waco: Word, 1983) 135–38.

[47] Muchos quienes no consideran que Pedro sea el autor de la carta, todavía sostienen que Roma es el lugar de origen. Un ejemplo de ello es Bauckham (*Jude, 2 Peter* [Judas, 2 Pedro], 159), quien concluyó que la carta fue escrita desde Roma con base en afinidades cercanas con *1 y 2 Clemente* y el *Pastor de Hermas*, y la asociación con 1 Pedro.

[48] Ver Davids, *2 Peter, Jude* [2 Pedro, Judas], 133.

antigüedad. Ellos reunieron discípulos (2:2) e intentaron atraer a los verdaderos creyentes a su esfera de influencia. En el centro de su enseñanza parece haber estado el escepticismo escatológico.[49] Estos falsos maestros aparentemente negaron la segunda venida y trataron de socavar el testimonio apostólico (ver 1:16; 2:18-19; 3:4). La negación por parte de Pedro de que los apóstoles siguieran «fábulas artificiosas» cuando les dieron «a conocer el poder y la venida de nuestro Señor Jesucristo» (1:16), parece responder a la acusación de sus oponentes de que la enseñanza de los apóstoles sobre la resurrección era meramente una cuestión de fabricación humana (para un caso similar, ver 2 Tim. 2:17-18; comp. 1 Tim. 1:20; 2 Tim. 4:14).

En general, es mejor considerar a los oponentes como partidarios de una filosofía que de otro modo no estaría atestiguada en el N.T. o en la literatura extrabíblica, similar a la «herejía colosense», que también era única en su expresión local. La evidencia interna sugiere que la filosofía de los opositores al principio excluía la intervención de Dios en el mundo en cualquier momento (3:3-4), ya fuera enviando un diluvio (negando así la veracidad de las Escrituras del A.T.; ver Gén. 6-9) o haciendo que Jesús regresara al final de los tiempos (una negación de las propias palabras de Jesús y del testimonio apostólico y de la Iglesia primitiva).

LITERATURA

Plan literario

La unión de 2 Pedro no se pone seriamente en duda.[50] En general, 2 Pedro se ajusta a las convenciones epistolares estándar del día, con saludos de apertura (1:1-2), el cuerpo de la carta (1:3-3:13), y comentarios finales (3:14-18). Hay un amplio consenso en que 2:1-22 y 3:1-13 constituyen unidades literarias. Hay menos acuerdo con respecto al material del capítulo 1. T. Schreiner dividió la carta en 1:12, mientras que D. Moo discernió una ruptura en 1:16.[51] Lo más probable es que ambos estén en lo cierto como indica el siguiente esquema: las secciones son 1:3-11; 1:12-15; y 1:16-21.

En 2 de Pedro 1:3-21 se establece el desafío de Pedro a sus lectores de buscar las virtudes cristianas a la luz de que Dios provee todo lo que se requiere para la vida y la piedad (1:3-11), declara el propósito de Pedro para escribir la carta (1:12-15), y emite una defensa y contraataque contra las acusaciones de los falsos maestros con respecto a la predicación de Pedro sobre el regreso de Jesús (1:12-21). Como se desarrolla más adelante en la discusión sobre Judas, el capítulo 2 incorpora en forma modificada grandes porciones de Judas, mientras que el 3:1-13 presenta los detalles de la herejía en cuestión y llama a los lectores a una conducta santa y piadosa mientras esperan el regreso del Señor. En general, la carta equilibra la preocupación de Pedro por la búsqueda de las virtudes cristianas por

---

[49] Bauckham, *Jude, 2 Peter* [Judas, 2 Pedro], 154.

[50] Ver la refutación del desafío a la unión de 2 Pedro por M. McNamara («*The Unity of Second Peter: A Reconsideration*» [«La unión de 2 Pedro: Reconsideración»] *Scr* 12 [1960]: 13–19) en Schreiner, *1, 2 Peter, Jude*, 281.

[51] Ver Schreiner, *1, 2 Peter, Jude*, 282; y D. J. Moo, *2 Peter, Jude* [2 Pedro, Judas], NIVAC (Grand Rapids: Zondervan, 1996), 26.

parte de los creyentes con su deseo de refutar la falsa enseñanza que negaba la realidad de la segunda venida.

La importante conexión entre el enfoque de Pedro en la santidad y la falsa enseñanza que estaba combatiendo no debe perderse. Aparentemente, la negación de la segunda venida condujo directamente a un sentimiento en contra de la ley y a un comportamiento permisivo. Esto se confirma en las referencias al juicio de los ángeles, de quienes vivieron en los de los días de Noé, y Sodoma y Gomorra (2:4-9), asegurando a los lectores que Dios juzgará a las personas por sus acciones. De ahí que el ejemplo de los falsos maestros, cuya falta de ortodoxia doctrinal llevó a la negación de la segunda venida y que dio lugar a un estilo de vida inmoral, enseñara la importante lección de que los creyentes que afirman la segunda venida deben cultivar la santidad mientras esperan el regreso de Cristo.

BOSQUEJO
I. SALUDO (1:1-2)
II. ESTÍMULO PARA CRECER EN LA PIEDAD (1:3-21)
    a. La búsqueda de las virtudes cristianas (1:3-11).
    b. La naturaleza de la carta de Pedro (1:12-15).
    c. Defensa del testimonio de Pedro y los profetas (1:16-21).
III. CONDENACIÓN DE LOS FALSOS MAESTROS (2:1-22)
    a. El peligro y la naturaleza de los falsos maestros (2:1-3).
    b. El juicio de Dios en el pasado (2:4-10a).
    c. El carácter impío de los falsos maestros (2:10b-16).
    d. Descripción de los falsos maestros (2:17-22).
IV. REFUTACIÓN Y RESPUESTA A LOS FALSOS MAESTROS (3:1-13)
V. CONCLUSIÓN (3:14-18)

DISCUSIÓN UNIDAD POR UNIDAD

I. Saludo (1:1-2)

Segunda de Pedro comienza con una prescripción estándar que se encuentra en las cartas del siglo I, incluyendo un «buen deseo» de naturaleza espiritual: «Gracia y paz os sean multiplicadas, en el conocimiento de Dios y de nuestro Señor Jesús» (1:2). La doble referencia a la «gracia» y al «conocimiento» también concluye la carta, formando posiblemente una *inclusio* literaria (3:18), un patrón que también se encuentra en 1 Pedro.

II. Estímulo para el crecimiento en la piedad (1:3-21)

a. La búsqueda de las virtudes cristianas (1:3-11). Pedro hizo la anterior «bienaventuranza» porque Cristo ha dado a los creyentes todo lo que necesitan para la vida eterna y la piedad a través de su conocimiento de Él y de la elección de los creyentes por parte de Dios, habiéndolos llamado por Su propia gloria y bondad. En virtud de este llamado, el cristiano participa de la naturaleza divina y es capaz de escapar a la corrupción provocada por los malos deseos.

La lista que sigue no es mero moralismo, pues Pedro ya ha subrayado que la fuente que permite que esto sea eficaz es la salvación, aquí representada en la palabra *fe*. En esta fe, el creyente debe añadir ciertas cosas. El verbo traducido «añadir» significa normalmente suministrar a costa propia, pero aquí es un verbo de enlace, como si alguien se esforzara en obtener bondad para obtener un suministro de fe, y así sucesivamente.[52]

Pedro siguió este estímulo de buscar las virtudes cristianas con referencias a los resultados negativos y positivos de tal esfuerzo. Si una persona no se dedicaba a la búsqueda de las virtudes cristianas, esa persona era miope hasta el punto de la ceguera. Si lo hacía, sería recompensada con la entrada en el reino de Dios en la aparición del Señor Jesucristo (1:8-11).

b. La naturaleza de la carta de Pedro (1:12-15). En 1:12-15, Pedro declaró el propósito de su carta, es decir, recordar a los creyentes importantes verdades espirituales, posiblemente debido a la amenaza de los falsos maestros, cuya naturaleza exacta de enseñanza no se especifica hasta el capítulo 3. Pedro escribió lo que resultó ser su última carta existente porque estaba convencido de que su muerte era inminente y porque confiaba en que decía la verdad (1:14; ver 1:12). El versículo 15 especifica los beneficios futuros de la carta para los lectores.

c. Defensa del mensaje de Pedro y los profetas (1:16-21). La razón por la que Pedro hizo este esfuerzo para recordar a sus lectores la necesidad de perseguir las virtudes cristianas fue que él y sus compañeros apóstoles fueron testigos oculares de la majestad de Cristo (1:16-18), de modo que la palabra profética sobre la venida de Cristo fue fuertemente confirmada (1:19). Pedro afirmó entonces que tanto el origen de la profecía como su interpretación provenían del propio Dios (1:20-21). Esto representaba una advertencia apenas velada para que se guardaran de aquellos que se dedicaban a su propia «interpretación privada» de la Escritura, resultando en una falsa enseñanza (el tema de los capítulos 2 y 3).

III. Condenación de los falsos maestros (2:1-22)

Pedro probablemente incorporó casi toda la carta de Judas en su condena a los falsos maestros. Por lo tanto, la condena era aplicable a los actuales oponentes, pero más allá de esto a todos los falsos maestros. Es hasta el capítulo 3 donde la naturaleza precisa de la falsa enseñanza es abordada.

a. El peligro y la naturaleza de los falsos maestros (2:1-3). Los falsos maestros eran tan inevitables como los falsos profetas de antaño. Claramente eran obstinados y llevaban a otros a la destrucción con ellos, blasfemando la verdad por codicia y recibirían inevitablemente el juicio de Dios.

b. El juicio de Dios en el pasado (2:4-10a). La razón por la que el juicio de Dios era inevitable, es que Dios siempre ha juzgado a los falsos maestros y a otros que no se sometieron adecuadamente a la autoridad. Los ángeles caídos fueron condenados al infierno y encadenados (2:4); las personas que vivían antes del diluvio y que cometieron pecados

---

[52] Ver Davids, *2 Peter, Jude* [2 Pedro, Judas], 179.

atroces fueron destruidas; y Sodoma y Gomorra también fueron destruidas (2:5-6). Sin embargo, en medio de esta fuerte nota de condenación, Pedro, en contraste con Judas, cuyo retrato era totalmente negativo (ver más adelante), también dio una nota alentadora. Señaló que, si bien Dios había destruido el mundo antiguo mediante un diluvio, había rescatado a Noé y a su familia, y también rescató a Lot y a su familia cuando destruyó Sodoma y Gomorra. De este modo, se podía contar con Dios no solo para juzgar a los injustos, sino también para rescatar a los justos del estado espiritual contaminado del mundo (2:7-10a).

c. El carácter impío de los falsos maestros (2:10b-16). En 2:10b, Pedro profundizó más en el carácter impío de estos falsos maestros. Eran audaces, arrogantes, profanos y calumniadores; eran como las bestias del campo en sus blasfemias y, por tanto, aptos para la destrucción (2:10b-12). Se habían infiltrado secretamente en la congregación y habían contaminado la doctrina pura de la iglesia. Siempre buscaban seducir y devorar a los justos. Pedro los comparó con Balaam, que fue un profeta que su propósito era lucrar (2:15-16).

d. Descripción de los falsos maestros (2:17-22). Pedro describió a estos maestros como «fuentes sin agua», que seducían a los que apenas habían escapado de los que vivían en el error. Es tentador entender a estos como creyentes que han caído de la gracia, ya que el apóstol declaró que hubiera sido mejor que nunca hubieran conocido la verdad, que haberse apartado del santo mandamiento. Pero el versículo 22 deja claro que nunca fueron verdaderos creyentes, porque «… el perro vuelve a su vómito, y la puerca lavada a revolcarse en el cieno» (2 Ped. 2:22, citando a Prov. 26:11). Así se hace evidente la verdadera naturaleza de estos falsos maestros: su naturaleza obstinada solo había sido enmascarada externamente, pero al final se aclarará que nunca fueron transformados espiritualmente.[53]

IV. Refutación y respuesta a los falsos maestros (3:1-13)

La naturaleza específica de la herejía, ya insinuada en 1:16, está ahora establecida y el error de los falsos maestros es refutado. Estos burladores negaron la veracidad de la enseñanza apostólica sobre la segunda venida del Señor Jesucristo, sosteniendo que «… todas las cosas permanecen así como desde el principio de la creación» (3:3-4). En respuesta, Pedro rechazó firmemente esta enseñanza señalando que la premisa subyacente era errónea. Al contrario que los falsos maestros, el mundo no siempre existirá, porque Dios ya lo ha juzgado una vez en el pasado con un diluvio (3:6) y lo destruiría de nuevo con fuego en el futuro (3:7).

De hecho, desde el punto de vista de la eternidad, había poca diferencia entre un día y 1000 años. Además, el Señor no estaba retrasando Su regreso, sino esperando pacientemente que el último de los elegidos se salvara; entonces el juicio se produciría rápidamente (3:8-9). En efecto, el Día del Señor vendría sobre los malvados sin previo aviso; los cielos

---

[53] Ver C. L. Blomberg, *From Pentecost to Patmos: An Introduction to Acts Through Revelation* [De Pentecostés a Patmos: Introducción a Hechos a través de Apocalipsis] (Nashville: B&H, 2006), 481. Esta interpretación encaja bien con las declaraciones anteriores de Pedro de que Dios sabe cómo preservar a los justos en medio de un mundo caído.

pasarían, y la tierra se quemará y se fundirá. Por lo tanto, los oponentes se equivocaron en cuanto a la existencia continua de la tierra. A la luz del juicio final del mundo, los cristianos deberían ser un pueblo santificado, esperando con expectación la promesa de los nuevos cielos y la nueva tierra (3:11-13).

V. Conclusión (3:14-18)

Pedro concluyó su carta afirmando que los creyentes deben ver el aparente retraso de la segunda venida como una oportunidad de salvación. Para confirmarlo, recurrió a las cartas de Pablo (aunque no está claro si tenía algún pasaje específico en mente). Concluyó con una advertencia contra los falsos maestros y reiteró su deseo de que sus lectores crezcan «en la gracia y el conocimiento de nuestro Señor y Salvador Jesucristo», seguido de una doxología final.

TEOLOGÍA

Temas teológicos

La búsqueda de las virtudes cristianas a la luz del fin de los tiempos. El crecimiento de los creyentes en las virtudes cristianas es un énfasis importante en 2 Pedro.[54] Según Pedro, la gente puede recorrer uno de dos caminos.[55] El primero es el de progresar en la fe, subiendo una escalera de virtudes cristianas, que permite a los creyentes llevar vidas espiritualmente productivas (1:3-11; ver 3:11-18). El segundo es el de desviarse del camino, lo que resulta en destrucción y condenación, como en el caso de los falsos maestros (2:1-3:10). Por lo tanto, la carta está impregnada de una preocupación pastoral por el bienestar del rebaño y su protección contra el daño potencial causado por los que quieren torcer la Palabra de Dios (1:12-21).[56]

La enseñanza de Pedro sobre la búsqueda de la virtud cristiana está representada en la palabra «piedad» (*eusebeia*), que aparece tres veces en 1:3-7 (vv. 3,6,7; ver 3:11). Pedro dejó claro que, a través de su conocimiento de Dios en Cristo, a los creyentes se les ha dado todo lo que necesitan para vivir una vida piadosa (1:3). Por esta razón deben buscar la piedad junto con la fe, la virtud, el conocimiento, el dominio propio, la paciencia, el afecto fraternal y el amor (1:5-7).

La enseñanza de Pedro sobre la necesidad de los creyentes de buscar las virtudes cristianas también tiene importantes implicaciones para el final de los tiempos. Los falsos

---

[54] Para una aplicación contemporánea de la enseñanza de Pedro sobre las virtudes, ver A. J. Köstenberger, *Excellence: The Character of God and the Pursuit of Scholarly Virtue* [Excelencia: El carácter de Dios y la búsqueda de la virtud] (Wheaton: Crossway, 2011).

[55] Ver Kelly, *Epistles of Peter and of Jude* [Epístolas de Pedro y Judas], 328; Thielman, *Theology of the New Testament*, 527. Pedro utilizó el término «camino» cuatro veces (2:2, 15 [dos veces], 21) así como las expresiones relacionadas «entrada» (1:11) y «partida» (1:15).

[56] El elemento más inusual de la instrucción de Pedro se encuentra en 1:4, donde se dice que los creyentes participan de la naturaleza divina. Con esto, Pedro no quiso decir participación en la esencia de Dios, sino capacidad para progresar en las virtudes cristianas. Véase Thielman, *Theology of the New Testament* [Teología del Nuevo Testamento], 527, citando a J. M. Starr, *Sharers in the Divine Nature: 2 Peter 1:4 in Its Hellenistic Context* [Participantes de la naturaleza divina: 2 Pedro 1:4 en su contexto helenístico], ConBNT 33 (Estocolmo: Almqvist & Wiksell, 2000), 47–48.

maestros desafiaron la creencia de que Cristo volverá y que Dios traerá una consumación a la historia. Sin embargo, Pedro afirmó que, a pesar de las aparentes demoras, el Señor volverá en el tiempo señalado. Él juzgará a todas las personas, y los elementos de este mundo se quemarán y se fundirán (3:12). Así, los creyentes deben vivir a la luz del fin y seguir el camino de la virtud cristiana para llegar a su destino final glorioso (1:11). De esta manera, el próximo día del Señor (3:12) proporciona un incentivo para el comportamiento moral (3:14).[57]

Testimonio de un apóstol contra la herejía. Otro énfasis distintivo en 2 Pedro es la importancia del testimonio de un testigo ocular apostólico contra la herejía y su confianza en el razonamiento humano y los argumentos fabricados. Esto se confirma por la presencia de dos grupos particulares de palabras en 2 Pedro. El primero está representado por la frase «visto con nuestros propios ojos» en 1:16, que solo aparece aquí en el N.T. El segundo está representado por la palabra griega que forma la raíz etimológica de la palabra «herejía», que puede significar «secta» o «partido», como en el caso de los saduceos (Hech. 5:17); los fariseos (Hech. 15:5; 26:5); «los nazarenos» o «el Camino», es decir, los cristianos (Hech. 24:5,14; 28:22). También puede significar «facción» o «división» (1 Cor. 11:19; Gál. 5:20), o «herejía» (2 Ped. 2:1). La carta de Pedro gira en torno a este contraste entre el testimonio de los testigos oculares y las «herejías» destructivas.

En contra de las alegaciones de sus oponentes, Pedro afirmó que él, a diferencia de ellos, no siguió «fábulas artificiosas» en su predicación de la segunda venida; «... sino como habiendo visto con nuestros propios ojos su majestad» (1:16). Procedió a relatar el recuerdo de su testimonio de la transfiguración de Jesús, que incluía escuchar la voz divina del cielo pronunciando las palabras, «Este es mi Hijo amado, en el cual tengo complacencia» (1:17-18; ver Mat. 17:5 y paralelos). Esto significaba que el mensaje de Pedro era autoritario porque se basaba en lo que realmente sucedió (de manera similar, 1 Juan 1:1-4; ver 1 Tim. 1:4; 4:7; 2 Tim. 4:4; Tito 1:14), lo que era contrario al mensaje de los falsos maestros, quienes fabricaban su mensaje y no se basaba en hechos reales (2:1-3; 3:4).

Por lo tanto, lo que se señala en 1:19-21 es que el testimonio de Pedro sobre el Cristo glorificado constituyó una base sólida para su testimonio sobre la expectativa del regreso de Cristo en su gloria al final de los tiempos. En esto, el apóstol se alió con los profetas del A.T., y en su testimonio fue confirmada «la palabra profética más segura» (1:19). El testimonio de los profetas del A.T. no había sido autoinducido, sino que fue dado por Dios e inspirado por el Espíritu (1:20-21). De la misma manera, el testimonio de Pedro se basaba en lo que Dios había hecho, e iba a hacer, en Cristo. Esto subraya la importancia crucial de confiar en las Escrituras del A.T. y el N.T., en las expectativas del fin, y en particular el regreso de Cristo. También inspira confianza en la exactitud y confiabilidad del testimonio apostólico que se nos ha transmitido en las Escrituras. Basándose en este fundamento seguro, los creyentes pueden perseguir celosamente las virtudes cristianas para estar listos para Cristo cuando regrese.

---

[57] Thielman, *Theology of the New Testament* [Teología del Nuevo Testamento], 535.

La carta de Judas

ASPECTOS CLAVE	
Autor:	Judas, hermano de Jacobo.
Fecha:	ca. 55-62.
Procedencia:	Desconocida.
Destinatarios:	Predominantemente la congregación judeocristiana (¿Asia Menor?).
Situación:	Falsos maestros (antinomianismo acompañado de libertinaje).
Propósito:	Defender la fe que fue confiada a los creyentes.
Tema:	Judas insta a sus lectores a luchar por la fe y rechazar la falsa enseñanza de los herejes.
Versículos clave:	1:3.

INTRODUCCIÓN

AUNQUE HACE UNAS décadas Judas todavía podía ser llamado «el libro más descuidado del Nuevo Testamento», esta breve carta, colocada en el último canon entre las Epístolas Generales y antes del libro del Apocalipsis, ha recibido una atención considerable en los últimos años.[58] Sin embargo, en la prédica contemporánea, Judas sigue siendo descuidada. Aparte de la frase «… la fe que ha sido una vez dada a los santos» (v. 3), solo la doxología final (vv. 24-25), aunque sin referencia a su contexto en Judas, es una parte regular del culto de la Iglesia.

En una época en que la fe cristiana y la integridad moral son escasas, el mensaje de Judas es particularmente apropiado. Con demasiada frecuencia, las iglesias locales no se enfrentan a las falsas enseñanzas o no están dispuestas a desafiar las posturas de las personas. A menudo, la tolerancia está a la orden del día, y la disciplina de la Iglesia está en su punto más bajo. Bajo estas circunstancias, Judas emitió un llamado a defender la fe y confrontar las falsas enseñanzas, particularmente a la luz de la realidad de un Dios santo que juzgará el pecado a menos que sea reconocido y confesado.

HISTORIA

Autor

La carta comienza con una referencia a «Judas, siervo de Jesucristo, y hermano de Jacobo» (1).[59] Con toda probabilidad, el autor de Judas es el hermano de Jacobo

---

[58] D. J. Rowston, «*The Most Neglected Book in the New Testament*» [«El libro más descuidado del Nuevo testamento»], *NTS* 21 (1975): 554–63; véase Bauckham, *Jude, 2 Peter* [Judas, 2 Pedro], xi: «Ningún libro del N.T. ha sido más descuidado por los eruditos que Judas y 2 Pedro».

[59] Ver R. Bauckham, «The Letter of Jude: An Account of Research» [«La Carta de Judas: Resumen de la investigación»], *Aufstieg und Niedergang der Römischen Welt* [El ascenso y la caída del mundo romano] 2.25.5 (Berlin: de Gruyter, 1988), 3791–3826.

mencionado en Mateo 13:55. La referencia inicial de Judas como «hermano» en lugar de la habitual referencia a sí mismo como «hijo de», es inusual.[60] Con respecto a la expresión «hermano de Jacobo», cabe señalar que solo Jacobo, el hermano de Jesús, podría ser mencionado simplemente como «Jacobo» o «Santiago» (Sant. 1:1) sin necesidad de una mayor identificación.[61]

Judas comienza de una manera que recuerda al libro de Santiago.[62] Santiago era mucho más conocido y no tenía necesidad de identificarse de manera especial, pero a Judas apenas se le menciona en otros lugares y fue necesario añadir el título «hermano de Jacobo».[63] Es más, Judas se llamó a sí mismo solo «hermano de Santiago»[64] y no «hermano de Jesucristo».[65] Esta última designación puede haber parecido inapropiada a la luz de la filiación divina de Jesús. En lugar de identificarse en términos de su relación de carne y hueso con Jesús, tanto Santiago como Judas se llamaban «esclavos de Jesucristo» que hacían Su voluntad.

No es rara la idea de que la Carta de Judas fue escrita por un seudónimo y que se le atribuye a Judas por alguna razón. Se supone que esta práctica se ajustaba a la antigua convención del seudónimo, según la cual una obra literaria se atribuía a una personalidad conocida para darle crédito y ampliar su audiencia potencial. Pero la pregunta obvia es por qué alguien habría querido atribuir un escrito a una persona tan poco conocida como Judas en lugar de a otros discípulos mucho más conocidos.[66]

---

[60] R. L. Webb, «Jude» [«Judas»] en *Dictionary of the Later New Testament and Its Developments* [Diccionario del Nuevo Testamento tardío y su desarrollo], ed. R. P. Martin y P. H. Davids (Downers Grove: InterVarsity, 1997), 611–21.

[61] R. Bauckham, *Jude and the Relatives of Jesus in the Early Church* [Judas y los parientes de Jesús en la Iglesia primitiva] (Edimburgo: T&T Clark, 1990), 172. Bauckham señaló que antes del siglo XIX (incluyendo a Calvino y el concilio de Trento) se consideraba que Judas el apóstol era el autor de Judas (ver Luc. 6:16; Hech. 1:13). Sin embargo, el apóstol Judas fue asociado al medio hermano de Jesús, a quien se menciona en Mateo 13:55 y Marcos 6:3. Jessein (1821) fue el primero en argumentar en contra de este consenso y en distinguir a Judas, el medio hermano de Jesús y autor de Judas, de Judas el apóstol. Véase la lista de identificaciones alternativas de Judas en Bauckham, *Jude and the Relatives of Jesus* [Judas y los parientes de Jesús], 172–73.

[62] Compara Judas 1: «Judas, siervo de Jesucristo, y hermano de Jacobo» con Santiago 1:1: «Santiago, siervo de Dios y del Señor Jesucristo».

[63] Según Gálatas 2:9, Santiago, junto con Pedro y Juan, fue uno de los pilares de la iglesia de Jerusalén. Santiago tuvo un papel destacado en el concilio de Jerusalén (Sant. 15:13; ver 12:17; 21:18). Pablo también mencionó que Jesús resucitado se había aparecido a Santiago (1 Cor. 15: 7) y llamó a Santiago «el hermano del Señor» (Gál. 1:19; ver Hech. 1:14; 1 Cor. 9: 5). Sorprendentemente, Santiago solo se llamó a sí mismo «siervo de Dios y del Señor Jesucristo» (1:1).

[64] Kelly (*Epistles of Peter and of Jude* [Epístolas de Pedro y Judas], 242) creía que Judas se habría identificado como «hermano del Señor» y que la frase «hermano de Jacobo» apunta hacia un seudónimo. Al igual que H. Windisch, *Die katholischen Briefe* [La carta católica], HNT, 3.ª ed., rev. H. Preisker (Tübingen: J. C. B. Mohr [Paul Siebeck], 1951 [1911]), 38; pero observa la respuesta de Bauckham, *Jude, 2 Peter* [Judas, 2 Pedro], 24.

[65] Este es un argumento convincente contra un seudónimo de Judas. Como observó Bauckham (*Jude and the Relatives of Jesus* [Judas y los familiars de Jesús], 176), «la falta de referencia a la relación de Judas con Jesús se explica mucho más fácilmente asumiendo la autenticidad que asumiendo un seudónimo».

[66] Con justa razón, Bauckham, *Jude and the Relatives of Jesus* [Judas y los familiares de Jesús], 175; comp. id., *Account of Research* [Cuenta de investigación], 3817-18. A veces se argumenta que el autor de Judas no era el propio Judas, sino un amigo, estudiante o pariente de Judas o que pertenecía al «círculo de Judas». También se ha propuesto el argumento de que el epíteto «hermano de Jacobo» sirvió para dar autoridad a la carta de Judas. Sin embargo, estas teorías son mucho menos plausibles que la suposición más simple de que Judas, el hermano de Jacobo, fue el autor de la carta.

Por esta razón no hay ninguna duda seria de que Judas, el hermano de Jacobo y medio hermano de Jesús, es el autor del libro de Judas.

Fecha

La fecha de Judas depende en parte de su relación con 1 y 2 Pedro, particularmente este último. Una comparación entre la carta de Judas y la de 2 Pedro sugiere que la carta de Judas fue escrita primero y que Pedro, en su segunda carta, adaptó Judas para sus propios propósitos y circunstancias.[67] A la luz del considerable número de paralelismos entre las cartas, una relación literaria entre las dos es más probable que el uso independiente de una fuente común por parte de ambos escritores.

Más adelante se ofrece una comparación detallada de Judas y 2 Pedro. Por el momento, la probabilidad de que Judas haya sido escrito antes que 2 Pedro puede ilustrarse por la forma en que estos escritos utilizaron la literatura apócrifa judía. Judas incluyó tres citas o alusiones de este tipo: (1) a *La asunción de Moisés* en el versículo 9; (2) a *1 Enoc* en los versículos 14-15; y (3) a un dicho de los apóstoles en el versículo 18. Las tres citas faltan en 2 Pedro. Parece más probable que Pedro evitara la referencia a estas obras apócrifas a que Judas añadiera estas referencias asumiendo la prioridad petrina.[68]

Las estimaciones de la fecha de composición de Judas van del año 50 (Bauckham) al 65-80 (Guthrie) y hasta el 100 (Kümmel).[69] La cuestión crítica aquí es si la carta muestra las características del catolicismo primitivo.[70] Dunn citó tres de esas características: 1) una disminución de la expectativa del inminente retorno de Cristo; 2) un énfasis en la naturaleza institucional de la iglesia (como en las pastorales); y 3) el uso de elementos litúrgicos (similares a las pastorales).[71] Sin embargo, una mirada más cercana muestra que ninguno de estos elementos está presente en Judas.

1. La expectativa de la segunda venida se expresa clara y repetidamente en Judas 14,21,24. Todo el argumento de los versículos 5-19 asume que los falsos maestros serán juzgados después del regreso de Cristo.[72]
2. No hay referencia a los titulares de los oficios eclesiásticos en ninguna parte de Judas, y la manera en que los herejes son llamados a rendir cuentas está en claro contraste con la práctica católica primitiva de apelar a los oficios eclesiásticos.

---

[67] Muchos (si no la mayoría) de los comentaristas contemporáneos. Otros, sin embargo, como D. J. Moo (*2 Peter, Jude* [2 Pedro, Judas], NIVAC [Grand Rapids: Zondervan, 1996], 18), sostuvieron que Judas utilizó partes de 2 Pedro.

[68] Quizás para compensar, Pedro complementó la Carta de Judas con ejemplos bíblicos de Noé (2 Ped. 2:5) y Lot (2 Ped. 2:7-9), y proveyó una presentación más completa de Balaam (2 Ped. 2:15-16).

[69] Ver Bauckham, *Jude and the Relatives of Jesus* [Judas y los familiares de Jesús], 168–69n237; id., *Account of Research* [Cuenta de investigación], 3812–15.

[70] Ver, por ejemplo, K. H. Schelkle, *Die Petrusbriefe, der Judasbrief* [Las cartas de Pedro, la carta de Judas], HTKNT 13/2 (Freiburg: Herder, 1961). Pero ver Bauckham, *Jude and the Relatives of Jesus* [Judas y los familiares de Jesús], 158–60.

[71] J. D. G. Dunn, *Unity and Diversity in the New Testament* [Unión y diversidad en el Nuevo Testamento], 2.ª ed. (London/Philadelphia: Trinity Press International, 1990), 341–66.

[72] Ver especialmente R. L. Webb, «The Eschatology of the Epistle of Jude and Its Rhetorical and Social Functions» [«La escatología de la Epístola de Judas y sus funciones retóricas y sociales»], *BBR* 6 (1996): 139–51.

3. Judas no contiene ningún fragmento litúrgico (la frase «la fe que ha sido una vez dada a los santos» en el versículo 3 constituye una simple referencia al evangelio; ver Gál. 1:23).

Por esta razón, la teoría de que Judas es un producto del catolicismo primitivo es insostenible, lo que sugiere la posibilidad, incluso la probabilidad, de una fecha temprana, y como se muestra a continuación, posiblemente incluso una fecha muy temprana en relación con las otras cartas del N.T.

Otro factor es la cuestión de una posible dependencia literaria entre Judas y 2 Pedro. Si 2 Pedro es posterior a Judas y depende de esta (una opinión que sostienen la mayoría de los comentaristas de hoy en día, aunque no todos), y 2 Pedro es auténtica (ver la introducción a 2 Pedro en este volumen), el hecho de que Pedro muriera como mártir en los años 65-66 exige que principios de los 60 sean la última fecha posible para el libro de Judas.[73]

Dado que no hay ninguna buena razón para cuestionar la autenticidad de 2 Pedro, y dado que es probable que 2 Pedro dependa de Judas y no viceversa, lo más probable es asumir 55-62 como fecha de composición.[74] Pero hay que señalar que la falta de pruebas internas claras sobre la fecha de composición hace que esta estimación sea, en el mejor de los casos, provisional.

Procedencia

La procedencia de Judas no puede determinarse con certeza. Bauckham demostró de manera concluyente que Judas no es un producto del catolicismo primitivo, sino una expresión del cristianismo palestino apocalíptico.[75] Esto se confirma por el uso que hace Judas de los libros judíos *La asunción de Moisés* y *1 Enoc*, y por la exégesis *pesher* de los versículos 5-19.[76] A la luz de estas observaciones, Judas tiene una afinidad más estrecha con Santiago que con 2 Pedro. Más allá de esto, es difícil precisar la procedencia de Judas, por lo que es mejor dejar esta cuestión abierta.

Destino

La referencia general a «a los llamados, santificados en Dios Padre, y guardados en Jesucristo» al principio de la carta (v. 1b) no permite identificar a los destinatarios de esta. A juzgar por las pruebas internas, es posible que la carta se dirigiera a una

---

[73] Robinson (*Redating* [Fechando], 197) propuso que, si Jacobo ya hubiera muerto en el momento de la redacción de Judas, lo más probable es que Judas se hubiera referido a él como «el bendito», «el bondadoso» o «el justo». Dado que no lo hizo, Jacobo aún debe haber estado vivo. Jacobo murió como mártir en el año 62, por lo que Robinson sugirió que Judas fue escrito antes de esa fecha.

[74] Si la carta de Judas revela tendencias antignósticas, entonces 1 Timoteo 6:21 proporciona una confirmación adicional de que los elementos protognósticos ya estaban operando en Asia Menor a principios de los años 60 (asumiendo que Pablo es el autor de las pastorales).

[75] Bauckham, *Jude and the Relatives of Jesus* [Judas y los familiares de Jesús], 155, 161; D. A. Hagner, «Jewish Christianity» [Cristianismo judío] en *Dictionary of the Later New Testament and its Developments* [Diccionario del Nuevo Testamento posterior y su desarrollo], 582.

[76] Bauckham, *Jude and the Relatives of Jesus* [Judas y los familiares de Jesús], 161.

congregación cristiana predominantemente (aunque no exclusivamente) judía, posiblemente en Asia Menor.[77] Los falsos maestros itinerantes se habían infiltrado en la iglesia, mientras vivían una vida de libertinaje y practicaban una forma de antinomianismo cristiano (anarquía).

Según estos herejes, la gracia de Dios liberaba a los creyentes de todas las normas éticas, de modo que un cristiano era libre de elegir su propia conducta sin ninguna restricción moral. Estos herejes no solo eran miembros de la iglesia, sino también maestros (vv. 11-13). Tomaban parte en el culto de la iglesia y trataban de difundir sus profecías y enseñanzas con ocasión de los «ágapes» regulares de la iglesia, es decir, las comidas comunales que incluían la celebración de la Cena del Señor. Judas advirtió a sus lectores contra los herejes y les instó a luchar por su fe (v. 3).

Situación y propósito

Los herejes mencionados en Judas no pueden ser identificados con ninguno de los otros falsos maestros mencionados en el N.T.[78] Según Judas, los falsos maestros «han entrado [a la iglesia] encubiertamente» (v. 4; ver Gál. 2:4). Lo más probable es que fueran maestros o predicadores itinerantes que iban de iglesia en iglesia y dependían de la hospitalidad de los cristianos locales (ver 1 Cor. 9:5; 2 Juan 1:10; 3 Jn. 1:5-10). En su incredulidad, estos individuos impíos negaron «a Dios el único soberano, y a nuestro Señor Jesucristo» (v. 4). Su lema era «libertad», en el sentido de completa autonomía ética (vv. 4,8; ver v. 7). Posiblemente, estos falsos maestros se aferraron a una escatología exagerada, centrándose en su actual deleite de los beneficios de la salvación mientras que a los elementos apocalípticos se les daba poca importancia (ver 2 Tim. 2:17-18).

Judas llamó a los falsos maestros «soñadores» (v. 8), místicos que se jactaban de tener un acceso privilegiado al conocimiento esotérico. Esto puede indicar el carácter carismático de estos predicadores itinerantes.[79] Estas afirmaciones de experiencias visionarias parecen haber resultado también en una falta de respeto hacia los ángeles (vv. 9-10). Es posible que se dijera que la gente tenía una naturaleza angélica y por lo tanto la distinción entre los humanos y los ángeles era poco perceptible. Judas explicó esto en referencia a la falta de visión espiritual por parte de los herejes: «Pero éstos blasfeman de cuantas cosas no conocen…» (v. 10). En realidad, no poseen el Espíritu (v. 19).

Estos maestros son «manchas» (v. 12) en los «ágapes» de la iglesia, en las que participaban sin la menor vacilación (v. 12; ver vv. 8,23). Su condición de maestros se insinúa en el versículo 12, donde se les llama pastores que «se apacientan a sí mismos». Al igual que Balaam o los falsos pastores de Ezequiel 34, estos herejes no buscaban más que su propio beneficio (v. 11). Estos individuos son tan poco fiables como las nubes sin agua o los árboles otoñales sin fruto y tan inestables como el inquieto océano (vv. 12-13; ver Isa. 57:20; Ef. 4:14), llevando a la gente por el camino equivocado (ver el v. 6).

---

[77] Ver Bauckham, *Jude, 2 Peter* [Judas, 2 Pedro], 26.

[78] Ver la investigación en Bauckham, *Account of Research* [Cuenta de investigación], 3809–12 y el extenso tratado de G. Sellin, «Die Häretiker des Judasbriefes» [«Los herejes de la Carta de Judas»], ZNW 76–77 (1985-86): 206-25.

[79] Ver G. Theissen, *The First Followers of Jesus* [Los primeros seguidores de Jesús] (London: SCM, 1978).

Los herejes eran muy críticos y estaban profundamente descontentos con su propio destino (v. 16).[80] Hablaban «cosas duras» (v. 15) similares a las de los impíos mencionados en la cita anterior de *1 Enoc* (ver también vv. 8,10); eran «burladores» (v. 18) que causaban divisiones (v. 19; ver 1 Cor. 1:10-4:7; Sant. 3:14) y eran sensuales (v. 19; la palabra es *psychikoi*; ver 1 Cor. 2:14; Sant. 3:15; 4:5). Aunque estos predicadores itinerantes carismáticos se jactaban de sus experiencias visionarias, estaban desprovistos del Espíritu (v. 19), demostrando así su naturaleza obstinada (ver Rom. 8:9). Esto era evidente por su estilo de vida permisivo.

Estos fueron los falsos maestros a los que Judas se opuso en su carta. Aunque había tenido la intención de escribir una carta general y alentadora sobre «nuestra común salvación», en cambio fue «necesario» exhortar a sus lectores a contender por la fe dada una vez a los creyentes (v. 3). Este notable cambio de planes fue ocasionado por la presencia encubierta y subversiva de los falsos maestros en la congregación a la que Judas dirigió su carta. En lugar de aceptar sus enseñanzas, los creyentes de esa congregación necesitaban oponerse a estos herejes, sabiendo que el juicio de Dios sobre tales individuos es seguro.

Así como Dios castigó severamente a la gente que hizo estas cosas en el pasado (demostrado en la referencia de Judas a varios ejemplos del A.T. en los versículos 5-19), Él ciertamente juzgará a estos falsos maestros. El mensaje de Judas para sus destinatarios se expresa claramente en los versículos 20-23, donde llama a sus lectores a edificarse en su santísima fe, a orar en el Espíritu Santo y a mantenerse en el amor de Dios mientras esperan el regreso de Cristo (una de las referencias prototrinitarias del N.T., vv. 20-21). Debían mostrar misericordia hacia aquellos que dudaban; salvar a otros arrebatándolos del fuego; y conducirse con santo temor, sabiendo que incluso la ropa de los falsos maestros estaba «contaminada por su carne» (vv. 22-23).

Es difícil exagerar la extrema seriedad con la que la Iglesia, según Judas, debe tratar con los herejes, mientras actúa con redención hacia aquellos que aún pueden ser arrancados de las garras demoníacas de estos individuos malvados y egoístas.

LITERATURA

Género

Judas se dirige a un grupo particular de personas (vv. 1-4). Por lo tanto, no es una epístola «católica» (es decir, «general»). Sin embargo, el cuerpo principal de la carta y la bendición final se leen más bien como un sermón compuesto de un comentario sobre varios textos (vv. 5-19), una exhortación (vv. 20-23) y una doxología (vv. 24-25).[81] Puede ser mejor caracterizar a Judas como un «sermón en forma de epístola».[82]

---

[80] Posiblemente se consideraban como esclavos de su propio destino y traspasaban la responsabilidad de su propia conducta licenciosa a otros. R. P. Martin, *The Theology of Jude, 1 Peter, and 2 Peter* [La teología de Judas y 1-2 Pedro], en *The Theology of the Letters of James, Peter, and Jude* [La teología de las Cartas de Santiago, Pedro y Judas] por A. Chester y R. P. Martin (Cambridge: University Press, 1994), 71.

[81] Ver C. A. Evans, «Midrash» en *Dictionary of Jesus and the Gospels* [Diccionario de Jesús y los Evangelios], ed. J. B. Green, S. McKnight, y I. H. Marshall (Downers Grove: InterVarsity, 1992), 544–48.

[82] Bauckham, *Jude, 2 Peter* [Judas, 2 Pedro], 1; D. F. Watson, «Letter, Letter Form» [«Carta, forma de la carta»] en *Dictionary of the Later New Testament and Its Developments* [Diccionario del Nuevo Testamento posterior y su evolución], 653.

Plan literario

La carta de Judas muestra la siguiente estructura de un quiasmo concéntrico:[83]

Sección	Fórmula introductoria
A Saludo (1-2)	Judas, [...] a los llamados...
B Ocasión (3-4)	Amados
C Recordatorio (5-7)	Quiero recordaros
D Los herejes (8-13)	De la misma manera, estos soñadores
D' *1 Enoch* (14-16)	De éstos también profetizó Enoc
C' Recordatorio (17-19)	Pero vosotros, amados
B' Exhortación (20-23)	Pero vosotros, amados
A' Doxología (24-25)	Y a aquel que es poderoso para guardaros...

Esta estructura contiene la correspondencia entre el saludo y la doxología y entre la ocasión y la exhortación, dos recordatorios, y las dos unidades que conforman el corazón de la carta, la sección de los falsos maestros y la cita de *1 Enoc*. El cuerpo de la carta (vv. 5-19) contiene un extenso tratamiento exegético de los tipos y las profecías con el propósito de mostrar «que los falsos maestros son personas cuya conducta es condenada y cuyo juicio está profetizado en los tipos del Antiguo Testamento y en las profecías desde los tiempos de Enoc hasta los tiempos de los apóstoles».[84]

A pesar de la longitud de los versículos 5-19, el propósito real de la carta es la exhortación de Judas a sus lectores para que luchen por la fe (vv. 20-23; ver v. 3). Por lo tanto, los versículos 20-23 no son simplemente una exhortación final, sino el punto culminante al que se llega en toda la carta. Los versículos 5-19 proporcionan el trasfondo y el fundamento necesario para esta parábola (exhortación). El mensaje de la carta es, por lo tanto, un llamado a los lectores a luchar por la fe contra los adversarios de Dios que ya están condenados en la Escritura y que serán llamados a cuenta en el último día.

Con base en este mensaje de exhortación, los lectores de Judas deben luchar «... por la fe que ha sido una vez dada a los santos» (v. 3) y separarse de los falsos maestros, tratando de salvar a cualquiera que dude y a los que estén bajo el hechizo de los herejes, mientras se aplican todas las precauciones necesarias (vv. 20-23). De lo contrario, compartirán los pecados de los falsos maestros e incurrirán en el mismo juicio.

BOSQUEJO

I. SALUDO (1-2)
II. SITUACIÓN (3-4)

---

[83] Bauckham (*Jude, 2 Peter* [Judas, 2 Pedro], 5-6) propone una estructura quiástica ligeramente diferente, secundada por Webb (*Jude* [Judas], 612). Sobre la estructura de Judas, ver la investigación en Bauckham, *Account of Research* [Cuenta de investigación], 3800–804.

[84] Bauckham, *Jude, 2 Peter* [Judas, 2 Pedro], 4.

III. EXPOSICIÓN: EL JUICIO DE DIOS SOBRE LOS PECADORES (5-19)
   a. Recordatorio de las escrituras hebreas (5-7).
   b. Los falsos maestros (8-13).
   c. La cita de Enoc (14-16).
   d. Recordatorio de la profecía apostólica (17-19).
IV. EXHORTACIÓN (20-23)
V. DOXOLOGÍA (24-25)

DISCUSIÓN UNIDAD POR UNIDAD

I. Saludo (1-2)

El saludo habitual identifica a Judas, el hermano de Jacobo, como el autor; incluye una referencia a los destinatarios, «los llamados, santificados en Dios Padre, y guardados en Jesucristo»; y un saludo de misericordia, paz y amor.

II. Situación (3-4)

Con refrescante franqueza, Judas explicó por qué la carta que escribió era diferente de la que tenía intención de escribir. En lugar de escribir una nota de aliento sobre «nuestra común salvación», Judas escribió una mordaz reprimenda a los falsos maestros e instó a los creyentes a contender «ardientemente por la fe que ha sido una vez dada a los santos».

III. Exposición: El juicio de Dios sobre los pecadores (5-19)

Judas situó su denuncia de los falsos maestros en el marco de los recordatorios de las Escrituras hebreas (vv. 5-7) y de la profecía apostólica (vv. 17-19). Los falsos maestros compartían varias características esenciales con aquellos que habían pecado conspicuamente en los tiempos del A.T. y posteriormente fueron juzgados severamente por Dios (vv. 8-16). Aunque todavía es futuro desde la perspectiva de Judas, el juicio de Dios sobre los falsos maestros en su día era seguro.

a. Recordatorio de las escrituras hebreas (5-7). La denuncia de Judas sobre los falsos maestros toma la forma de un «recordatorio» de cómo Dios trató a ofensores y rebeldes similares en el pasado. La primera prueba es el juicio de Dios a la generación rebelde en el desierto durante el Éxodo de Egipto. La segunda prueba se refiere al juicio de Dios a los ángeles caídos que no estaban contentos con el lugar que se les había asignado en la creación de Dios, sino que se rebelaron. La tercera prueba es Sodoma y Gomorra, ciudades que se rebelaron contra el orden de la creación de Dios mediante la participación en actos sexuales perversos (homosexualidad) y, en consecuencia, fueron destruidos como un acto de juicio divino. Estos tres ejemplos de las Escrituras dejan claro que los que se rebelan contra Dios no escaparán ciertamente al juicio divino, aunque, como en el caso de los falsos maestros del libro de Judas, este juicio sea aún futuro.

b. Los falsos maestros (8-13). Esta sección, junto con los versículos 14-16, está en el corazón del quiasmo de la carta, enfocándose directamente en los falsos maestros. La raíz de su pecado es el desafío a la autoridad de Dios. El arcángel Miguel es citado como un ejemplo positivo, contrastado con tres predecesores negativos de los falsos maestros: Caín, que asesinó a su hermano por celos; Balaam, cuyo error fue el resultado de la codicia; y

Coré, que se rebeló en el desierto. Los falsos maestros se sitúan en esta terrible trayectoria de pasados rebeldes contra la autoridad de Dios, que fueron juzgados severamente por Dios; como Judas deja claro, el castigo de los falsos maestros está igualmente asegurado.

c. La cita de Enoc (14-16). Como texto de prueba, Judas cita un pasaje del libro apócrifo de Enoc, atestiguando la certeza del juicio divino sobre los impíos. Los maestros son acusados de descontento, sensualidad, arrogancia y adulación.

d. Recordatorio de la profecía apostólica (17-19). El recordatorio de la profecía apostólica corresponde en la estructura quiástica al recordatorio inicial de las Escrituras hebreas en los versículos 5-7. Con esto, Judas se dirige a su audiencia («pero vosotros, amados», v. 17), recordándoles que los falsos maestros estaban cumpliendo la profecía del fin de los tiempos. Los herejes son divisivos, meramente naturales y desprovistos del Espíritu.

IV. Exhortación (20-23)

Basándose en la exposición de Judas sobre el inminente juicio de Dios a los falsos maestros en los versículos 5-19, el propósito de la carta, declarado en el versículo 3, se desarrolla ahora en forma de una exhortación completa. En esta sección culminante, Judas, de manera dramática, exhortó a sus lectores a mantenerse puros mientras intentaba «arrebatar» a algunos que dudan «del fuego», es decir, del juicio eterno de Dios.

V. Doxología (24-25)

La doxología final afirma la capacidad de Dios para evitar que los creyentes tropiecen y celebra la gloria, la majestad y el poder del único Dios y Salvador a través de Jesucristo ahora y para siempre.

TEOLOGÍA

Tema teológico

Contender por la fe. En su carta, Judas hace un urgente llamado a los creyentes a luchar por la fe cristiana y en contra de las falsas enseñanzas que acentúan la supuesta libertad sin restricciones de los creyentes en Cristo, lo que lleva a un estilo de vida inmoral. En esta forma de antinomianismo, la gente apeló a la gracia de Dios como la que libera a los creyentes para vivir de cualquier manera que elijan y la convirtió en una licencia para la inmoralidad (v. 4).

También hoy en día muchos conversos llegan a la conclusión errónea de que el evangelio de la gracia de Dios hace innecesario un estilo de vida caracterizado por la confianza en Dios y la obediencia a la moral y las enseñanzas bíblicas. Después de todo, Dios es un Dios de gracia, amor y perdón. Sin embargo, como Judas dejó claro, la decisión de confiar en Cristo no debe dar lugar a una vida de libertad sin restricciones y de inmoralidad licenciosa. Al contrario, el creyente se convierte en «siervo de Jesucristo» (v. 1).

El mensaje de la carta de Judas es por lo tanto de permanente relevancia. A los creyentes de cualquier época se les debe recordar la santidad y la justicia de Dios, que no permitirá que el pecado quede impune y que requiere un estilo de vida santo en respuesta a la gracia de Dios en Cristo. Judas también proporcionó herramientas de diagnóstico para detectar falsos maestros: un estilo de vida inmoral, una disposición egoísta y una motivación principalmente monetaria.

PUNTOS DE APLICACIÓN

- Reconoce que eres solo un extranjero y peregrino en este mundo (1 Ped. 1:1,17; 2:11).
- Debemos ser santos en toda nuestra conducta, porque Dios es santo (1 Ped. 1:15-16).
- Como los recién nacidos, anhelemos la «leche» espiritual de la Palabra de Dios (1 Ped. 2:2).
- Sométanse a toda autoridad humana, como ciudadano, en casa y en el trabajo, incluso cuando esto implique sufrimiento por hacer lo correcto (1 Ped. 2:13-3:7).
- Haz todo lo posible para complementar tu fe con las virtudes cristianas (2 Ped. 1:3-11).
- Lucha por la fe por la que muchos han muerto para preservarla y que llegara a ti (Jud. 3).

PREGUNTAS DE ESTUDIO

1. Según los autores, ¿cuál libro fue escrito primero: 1 Pedro, 2 Pedro, o Judas? ¿Por qué?
2. ¿Cuál es la fecha más probable para 1 Pedro, y por qué?
3. ¿Por qué Pedro escribió 1 Pedro, y cuál es el ejemplo más importante que cita en su exhortación?
4. ¿Cuál es la herejía que se aborda en 2 Pedro?
5. ¿De qué manera la enseñanza de Pedro de buscar las virtudes cristianas tiene importantes implicaciones en el tiempo final?
6. ¿Quiénes fueron probablemente los «falsos maestros» que menciona Judas?

PARA UN ESTUDIO MÁS PROFUNDO

Bauckham, R. *Jude, 2 Peter*. Word Biblical Commentary 50. Waco: Word, 1983.

_____. *Jude and the Relatives of Jesus in the Early Church*. Edinburgh: T&T Clark, 1990.

Charles, J. D. «1, 2 Peter». Páginas 275–411 en *The Expositor's Bible Commentary*. Ed. rev. Vol. 13: *Hebrews-Revelation*. Grand Rapids: Zondervan, 2005.

_____. «Jude». Páginas 539–69 en *The Expositor's Bible Commentary*. Ed. rev. Vol. 13: *Hebrews-Revelation*. Grand Rapids: Zondervan, 2005.

Davids, P. H. *The First Epistle of Peter*. New International Commentary on the New Testament. Grand Rapids: Eerdmans, 1990.

_____. *The Letters of 2 Peter and Jude*. Pillar New Testament Commentary. Grand Rapids: Eerdmans, 2006.

Elliott, J. H. *1 Peter: A New Translation with Introduction and Commentary*. Anchor Bible 37B. New York: Doubleday, 2000.

Green, E. M. B. *2 Peter Reconsidered*. London: Tyndale, 1961.

Green, G. L. *Jude and 2 Peter*. Baker Exegetical Commentary on the New Testament. Grand Rapids: Baker, 2008.

Green, M. *The Second Epistle General of Peter and the General Epistle of Jude*. 2ª ed. Grand Rapids: Eerdmans, 1987.

Grudem, W. A. *The First Epistle of Peter: An Introduction and Commentary.* Tyndale New Testament Commentary. Grand Rapids, Eerdmans, 1997.

Jobes, K. H. *1 Peter.* Baker Exegetical Commentary on the New Testament. Grand Rapids: Baker, 2005.

Kelly, J. N. D. *A Commentary on the Epistles of Peter and of Jude. Harper's New Testament Commentaries.* New York: Harper & Row, 1969.

Kruger, M. J. «The Authenticity of 2 Peter». *Journal of the Evangelical Theological Society* 42 (1999): 645–71.

Marshall, I. H. *1 Peter.* New Testament Commentary. Downers Grove: InterVarsity, 1991.

Martin, R. P. «The Theology of Jude, 1 Peter, and 2 Peter» Páginas 63–163 en *The Theology of the Letters of James, Peter, and Jude* por A. Chester y R. P. Martin. Cambridge: University Press, 1994.

Michaels, J. R. *1 Peter.* Word Biblical Commentary 49. Waco: Word, 1988.

Moo, D. J. *2 Peter, Jude.* NIV Application Commentary. Grand Rapids: Zondervan, 1996.

Reese, R. A. *2 Peter and Jude.* Two Horizons New Testament Commentary. Grand Rapids: Eerdmans, 2007.

Schreiner, T. R. *1, 2 Peter, Jude.* New American Commentary 37. Nashville: B&H, 2003.

Senior, D. P. *1 Peter, Jude, and 2 Peter.* Sacra. Página 15. Collegeville: Liturgical Press, 2003.

Capítulo 19

Epístolas de Juan: 1-3 Juan

CONOCIMIENTO ESENCIAL

Los estudiantes deben conocer los hechos clave de 1, 2 y 3 Juan. Con respecto a la historia, deben ser capaces de identificar el autor, la fecha, la procedencia, el destino y el propósito. Con respecto a la literatura, deben ser capaces de proporcionar un esquema básico de cada libro e identificar elementos centrales del contenido que se encuentran en la discusión de cada unidad. Con respecto a la teología, los estudiantes deben ser capaces de identificar los principales temas teológicos en 1, 2 y 3 Juan.

ASPECTOS CLAVE	
Autor:	Juan, hijo de Zebedeo.
Fecha:	ca. 90-95.
Procedencia:	Asia menor.
Destinatarios:	Iglesias en y cerca de Éfeso.
Situación:	La reciente salida de los falsos maestros de la iglesia de Éfeso (1 Juan); falsos maestros itinerantes (2 Juan); un déspota autocrático llamado Diótrefes (3 Juan).
Propósito:	Juan anima a los creyentes a amar a Dios y unos a otros y asegura que están en el Hijo (1 Juan); instruye para no ser hospitalarios con los falsos maestros (2 Juan); y ayuda a Gayo a tratar con el autocrático Diótrefes (3 Juan).
Tema:	La seguridad cristiana y continuar en el camino del amor y la verdad.
Versículos clave:	1 Juan 5:11–12; 2 Juan 9–11; 3 Juan 4.

Epístolas de Juan: 1-3 Juan

CONTRIBUCIÓN AL CANON

- Jesucristo como la propiciación por los pecados todo el mundo (1 Jn. 2:2).
- Dios es amor (por ejemplo, 1 Jn. 4:16).
- La seguridad cristiana (1 Jn. 5:11-13).
- Prohibición de extender la hospitalidad a falsos maestros (2 Jn.).
- Advertencia contra el liderazgo autocrático de la Iglesia (3 Jn.).

INTRODUCCIÓN

EN SUS DISCURSOS sobre 1 Juan, Martín Lutero declaró: «Nunca he leído un libro escrito con palabras más sencillas que esta, y sin embargo las palabras son inexpresables».[1] Su compañero Juan Calvino comentó sobre el autor: «En un momento nos amonesta en general a una vida santa y piadosa; y en otro da instrucciones expresas sobre el amor. Sin embargo, no hace nada de esto sistemáticamente, sino que varía la enseñanza con la exhortación».[2]

Estos comentarios revelan la paradoja de las cartas de Juan: simples en expresión (un vocabulario de solo 303 palabras) pero complejo en pensamiento. Especialmente la primera carta de Juan ha demostrado ser tanto el alimento básico de los estudiantes de griego básico, como la pesadilla de los comentaristas experimentados.

En la Iglesia, y a lo largo de la historia, la primera carta ha sido leída, amada y memorizada por muchos cristianos inseguros, que buscan su contenido para ser consolados por la seguridad que proporciona. William Penn quedó tan impresionado por el nuevo mandato dado en 1 Juan que nombró a la ciudad principal de Pennsylvania «la ciudad del amor fraternal» (Filadelfia). En contraste, la segunda y tercera carta han sido, y continúan siendo, ampliamente abandonadas, en detrimento de todos los que lo hacen.

HISTORIA

Autor

Evidencia externa. La Iglesia primitiva sostenía unánimemente que el autor de 1 Juan era el apóstol Juan, hijo de Zebedeo, pero la autoría de 2 Juan y 3 Juan no era tan manifiesta. Orígenes (ca. 185-254) señaló que algunos no recibieron estas cartas, aunque él sí lo hizo.[3] A pesar de las dudas de algunos, 2 y 3 Juan fueron recibidos en el canon con la convicción de que el apóstol Juan era el autor.

Sin embargo, recientemente, la tradición se ha visto socavada por la afirmación de que hasta Ireneo (ca. 130-200) no se hace una atribución explícita a Juan como autor.[4] Este

---

[1] M. Lutero, *D. Martin Luthers Werke: Kritische Gesamtausgabe, Weimarer Lutherausgabe* [Obras de D. Martín Lutero: Kritische Gesamtausgabe, Edición de Lutero de Weimar], vol. 28 (Colonia: Böhlau, 1903), 183.

[2] Calvin, *The Gospel According to St. John 11–21 and the First Epistle of John* [El Evangelio según San Juan 11-21 y la primera epístola de Juan], trad. T. H. L. Parker (Grand Rapids: Eerdmans, 1959), 231.

[3] Citado en Eusebio, *Hist. Ecl.* 6.25.10.

[4] R. E. Brown, *The Epistles of John* [Las epístolas de Juan], AB 30 (Garden City: Doubleday, 1982), 6; comp. J. Painter, *1, 2, and 3 John* [1, 2 y 3 Juan], SacPag (Collegeville: Liturgical Press, 2002), 40.

escepticismo se utiliza a menudo para apoyar la teoría de que los ortodoxos se mostraron inicialmente aprensivos a las cartas de Juan hasta su restauración por Ireneo.[5]

En respuesta, cabe señalar que este tipo de afirmaciones surgen de la rígida exigencia de que un texto debe mencionarse como «de Juan» antes de que pueda apoyarse la autoría de Juan. Pero se trata de una carga ilegítima impuesta a la fuente. Tomando esto en cuenta, resulta pertinente que las pruebas del uso autoritario de estas cartas, que implican la aceptación de la autoría de Juan, existen desde mucho antes de Ireneo.[6] Policarpo (ca. 69-155), Ignacio (ca. 35-110), Papías (ca. 60-130), la *Epístula Apostolorum* (ca. 140) y la Epístola a Diogneto (siglo II o III), entre otras, muestran gran aprecio por las cartas de Juan antes de Ireneo. Gran parte de esta evidencia infunde confianza en que el apóstol Juan escribió estas cartas.[7]

Desde la época de Ireneo en adelante hay un flujo constante de citas que sigue expresando la confianza evidenciada en la literatura más antigua. Un breve inventario de las pruebas más pertinentes desde Ireneo incluye: el Canon Muratoriano (¿más tarde en el siglo II?) se refiere a las cartas (en plural) como procedentes de Juan; Tertuliano (ca. 160-225) citó 1 Juan al menos 40 veces como la obra de Juan; Clemente de Alejandría (ca. 150-215) se refirió a 1 Juan como la «epístola mayor» (*Stromateis* 2.15.66), y también escribió un breve comentario sobre 2 Juan. 3 Juan se menciona por primera vez en las obras patrísticas existentes de Orígenes (ca. 185-254). Dionisio de Alejandría (sucesor de Orígenes, fallecido en 265) sostuvo la autoría de Juan de 1 Juan, pero sabía que había unos «renombrados» 2 y 3 Juan (Eusebio, *Hist. Ecl.* 7.25.7-8.11).

La evidencia externa apunta a que 1 y 2 Juan provienen del apóstol. La autoría de 3 Juan, probablemente debido a la brevedad de la carta y a la falta de obras patrísticas, es menos apoyada. Pero como hay evidencia para asumir que las cartas circularon juntas, es probable que 3 Juan fuera incluida también. Esto sería coherente con lo que se conoce de las colecciones de cartas publicadas en la antigüedad.[8] Por lo tanto, las cartas se citan sistemáticamente como autorizadas, sin que una sola fuente proponga un autor diferente.

Evidencia interna. B. H. Streeter repite a menudo: «Las tres epístolas y el Evangelio de Juan están tan estrechamente relacionados en dicción, estilo y perspectiva general, que la carga recae sobre quien niega su autor común».[9] Las similitudes son tan numerosas y multifacéticas que minimizan cualquier diferencia percibida por la comparación.

---

[5] Para una defensa contra la opinión comúnmente sostenida de que había una fobia hacia Juan entre los ortodoxos, ver los comentarios sobre la evidencia externas de autoría en el capítulo sobre el Evangelio de Juan (también conocida como la teoría OJP).

[6] La cita de Ireneo de 2 Juan 7-8 se produce en un contexto que se refiere a 1 Juan y cita 2 Juan como si estuviera en la misma carta (*Contra las herejías* 3.16.8). En lugar de afirmar que Ireneo se equivocó, se sostiene más comúnmente que esto es una prueba de que al menos 1 y 2 Juan circulaban juntas. Ver Brown, *Epistles* [Epístolas], 10.

[7] Ver el impresionante estudio de C. E. Hill, *The Johannine Corpus in the Early Church* [El cuerpo de Juan en la Iglesia primitiva] (Oxford: University Press, 2004) para un catálogo completo de las primeras citas de Juan.

[8] Ver «Apéndice A: La colección de cartas de Pablo», en D. Guthrie, *New Testament Introduction* [Introducción al Nuevo Testamento], ed. rev. (Downers Grove: InterVarsity, 1990), 986-1000; D. Trobisch, *Paul's Letter Collection: Tracing the Origins* [Colección de cartas de Pablo: Trazando sus orígenes] (Minneapolis: Fortress, 2000 [1994]); y S. E. Porter, ed., *The Pauline Canon* [El canon paulino], Pauline Studies 1 (Leiden: Brill, 2004).

[9] B. H. Streeter, *The Four Gospels* [Los cuatro Evangelios], rev. ed. (London: Macmillan, 1930), 460.

Además, especialmente en las referencias del prólogo, el escritor utilizó un lenguaje sensorial que se entiende mejor como el discurso de un testigo ocular. Afirma haber «oído», «visto» y palpado con sus «manos» «el Verbo de vida» (1 Jn. 1:1). Esta última expresión, usando sus manos para palpar el Verbo de vida nos lleva a entender que «Verbo de vida» no se refiere al mensaje de la vida sino al Verbo que es vida, Jesucristo (ver Juan 1:1,14). Es difícil imaginar que ese lenguaje hubiera sido utilizado por alguien que no afirmara tener contacto físico con Jesús.

El autor mantuvo un tono autoritario, consistente con un apóstol. Aunque se llama a sí mismo «anciano» en 2 y 3 Juan, esto no es incompatible con ser un apóstol como muestra 1 Pedro 1:1 (comp. 5:1). Papías se refirió de manera similar a los apóstoles como «ancianos» (citado en Eusebio, *Hist. Ecl.* 3.39.5-7). Por lo tanto, hay razones para creer que Juan podría ocupar simultáneamente el estatus de apóstol y anciano, así como de profeta, ya que escribió Apocalipsis. Así, en su función de apóstol, escribió un Evangelio; y en su función de anciano, escribió cartas a varias congregaciones.

También hay una indicación de que el autor era de edad avanzada. Si las cartas de Juan datan de finales del primer siglo, cualquier testigo ocular habría llegado a la vejez en ese momento. De acuerdo con esto, el autor se refirió a las congregaciones a las que se dirigía en las cartas de Juan como «hijitos», incluyendo incluso a aquellos a los que llamaba «padres» (1 Jn. 2:12-14).

En conclusión, aunque hay objeciones recientes a la autoría del Evangelio y de las cartas del apóstol Juan, no ha surgido ninguna evidencia externa o interna que sea incompatible con la identificación del autor del Evangelio con el de las cartas. Junto con las conclusiones sobre la autoría del Evangelio de Juan a las que se ha llegado anteriormente, el apóstol Juan sigue siendo convincentemente el mejor candidato para ser el autor de las cartas.

Fecha

La tradición histórica sugiere firmemente que Juan pasó sus últimos años en Asia Menor, en Éfeso y sus alrededores (ver Ireneo, *Contra las herejías* 3.1.2; Eusebio, *Hist. Ecl.* 3.1.1). El traslado del apóstol de Palestina a Asia menor tuvo lugar, según se informa, en algún momento posterior a la rebelión judía del año 66. Concluimos que el Evangelio de Juan fue escrito muy probablemente entre principios y mediados de los 80 (ver cap. 7). Así que la pregunta sobre la fecha de las cartas de Juan es, ¿fueron escritas antes o después del Evangelio de Juan?

Esto último parece más probable. Aunque es posible que algunas de las conexiones con el Evangelio de Juan en 1 Juan se basen en una tradición común,[10] en algunos lugares parece asumirse el Evangelio. Por ejemplo, 1 Juan 2:7-8 se refiere y explica el significado del nuevo mandamiento de Juan 13:34-35 sin nombrarlo. En 1 Juan 5:6 se hace referencia a la venida de Jesús por «agua y sangre», refiriéndose muy probablemente al bautismo y la crucifixión de Jesús (ver paralelo verbal con Juan 19:34).

---

[10] Ver A. E. Brooke, *A Critical and Exegetical Commentary on the Johannine Epistles* [Comentario crítico y exegético sobre las epístolas de Juan], (New York: Scribner, 1912), xix-xxii; y K. Grayston, *The Johannine Epistles, New Century Bible Commentary* [Las epístolas de Juan, Comentario bíblico del nuevo siglo], (Grand Rapids: Eerdmans, 1984), 12–14.

Algunos, como Carson y Moo piensan que las cartas de Juan fueron escritas para combatir las malas interpretaciones del Evangelio, lo que requeriría una fecha después del Evangelio.[11] Esto es totalmente posible. Sin embargo, incluso si el propósito de las cartas se interpretara de manera diferente, la conclusión de que fueron escritas posterior al Evangelio seguiría siendo la más probable a la luz de los paralelismos mencionados. La fecha más probable, dada la muerte de Juan alrededor del cambio del siglo[12] y la fecha del Evangelio a principios y mediados de los 80, es a principios y mediados de los años 90.

Procedencia

Como se ha mencionado, la tradición antigua coincide en que Juan pasó sus últimos años en Éfeso en Asia Menor. En una carta a Víctor de Roma, Polícrates llamó a Juan una de las «luminarias» enterradas en Éfeso (Eusebio, *Hist. Ecl.* 3.31.3; 5.24.2). Ireneo dijo que Juan permaneció en Éfeso hasta el reinado de Trajano (98-117) e incluyó declaraciones específicas sobre el ministerio de Juan en Éfeso (*Contra las Herejías* 3.1.1). Sin pruebas sólidas que demuestren lo contrario, la mayoría de los estudiosos asumen la tradición de Éfeso.

Destinatarios

En 1 Juan, el apóstol se dirigió a varios grupos de la congregación como «hijitos», «padres», «jóvenes», «hermanos» y «amados» (por ejemplo, 2:7,12-14; 4:1,7). Estas formas de dirigirse a su audiencia indican una relación estrecha entre Juan y sus lectores. Dado que 1 Juan no se refiere a nombres y lugares específicos, contiene poca mención de acontecimientos concretos y es general en su enseñanza, parece que Juan se centró en verdades importantes de relevancia para dirigirse al mayor número posible de creyentes. Esto da crédito a la opinión de que 1 Juan era una carta circular enviada a las iglesias predominantemente gentiles de Éfeso y sus alrededores.

Tanto 2 Juan como 3 Juan son cartas personales. La primera fue escrita a una «señora elegida y sus hijos» (v. 1), lo que muy probablemente se refiere a varias congregaciones locales; la segunda fue escrita a un individuo llamado Gayo (v. 1), pero no sabemos nada de él.[13]

Situación

Las iglesias a las que se escribió 1 Juan estaban bajo presión doctrinal y emocional. Recientemente habían salido falsos maestros de la iglesia (2:19), lo que aparentemente fue doloroso y desagradable, y es evidente aun en 2 Juan (v. 7). Esto es claro especialmente en

---

[11] D. A. Carson y D. J. Moo, *An Introduction to the New Testament* [Introducción al Nuevo Testamento], 2.ª ed. (Grand Rapids: Zondervan, 2005), 676.

[12] Ireneo (*Contra las Herejías* 22.22.5; 3.3.4; citado por Eusebio, *Hist. Ecl.* 3.23.3-4) fechó la muerte de Juan durante el reinado de Trajano (98-117); Jerónimo (*Vir. Ill.* 9) dijo que Juan murió en el sexagésimo octavo año después de la pasión de Jesús (98 o 101).

[13] La segunda y tercera cartas de Juan son reconocidas como ejemplos de cartas personales del primer siglo. Ambas son bastante cortas (245 y 219 palabras, respectivamente) y cabrían fácilmente en una hoja de papiro (típico de las cartas del primer siglo). Para un tratamiento útil, ver el capítulo sobre *New Testament Letters* [Cartas del Nuevo Testamento] en Carson y Moo, *Introduction to the New Testament* [Introducción al Nuevo Testamento], 331-53, esp. 332-33 (incluidas otras referencias bibliográficas).

Epístolas de Juan: 1-3 Juan

la repetida acusación contra los secesionistas, porque no aman a otros creyentes (por ejemplo, 1 Jn. 2:9-10; 3:10; 4:7). Los cristianos a los que Juan escribió en 1 Juan necesitaban instrucción, pero lo más importante era que recibieran tranquilidad y consolación a la luz de la reciente agitación que terminó con la partida de los falsos maestros (5:13; ver 2:19).

Aunque había un claro conflicto entre los lectores de Juan, su naturaleza precisa es difícil de determinar debido a las referencias. A lo largo de la carta, Juan supuso que sus lectores conocían los temas que estaban en juego. Ireneo afirmaba que Juan escribió su Evangelio para refutar a Cerinto, un antiguo maestro gnóstico que sostenía que el «espíritu de Cristo» descendió sobre Jesús en Su bautismo y lo dejó en la cruz, pero no hace la misma afirmación en sus cartas.[14] Algunos, con referencia a Ireneo, afirman que las cartas fueron escritas para combatir al mismo oponente.[15] Pero no es seguro que Cerinto fuera el impulsor de la secesión que desencadenó 1 Juan. El gnosticismo naciente de su clase estaba en marcha, y alguna forma de él puede haber influido en la secesión. Pero la identificación de los secesionistas efesios con los seguidores de Cerinto no está justificada.[16]

Es imposible precisar con certeza la naturaleza de la falsa enseñanza. Schnackenburg observó acertadamente: «Las escasas pistas y las fórmulas utilizadas en la carta son todo lo que tenemos para continuar».[17] Como mostró Griffin, éstas pueden ser interpretadas de diferentes maneras.[18] Sin embargo, hay algunas pistas que nos ayudan a entender el contexto de la falsa enseñanza mencionada en 1 Juan. Los indicadores más claros de la doctrina de los secesionistas se encuentran en 1 Juan 2, donde se hace referencia repetidamente a su negación de que Jesús es el Mesías (2:22-23; ver Juan 20:30-31).[19]

Si bien la certeza sigue siendo difícil de determinar, es posible identificar varias características de los secesionistas. En primer lugar, no conocen a Dios porque no guardan Sus mandamientos. En segundo lugar, no se comportan como Jesús, especialmente con respecto al mandamiento de amarse los unos a los otros. En todo esto, su comportamiento se caracteriza por la falta de obediencia. Si estas referencias se incluyeron para condenar la conducta de los secesionistas, la serie de contrastes en 1:6-10 probablemente también alude a ellos. Si es así, los secesionistas «andaban en tinieblas» al rechazar la noción de

---

[14] Ireneo (*Contra las Herejías* 3.11.1) también relató un enfrentamiento entre Cerinto y Juan. Señaló que Juan se negó a quedarse en una casa de baños ocupada por Cerinto, y aconsejó a la gente que huyera, «no sea que la casa de baños se caiga». Ireneo (*Ibid.*, 3.3.4) nombró a Policarpo como la fuente de esta tradición.

[15] Por ejemplo, R. Gundry (*A Survey of the New Testament* [Un estudio del Nuevo Testamento], 3ª edición. Grand Rapids: Zondervan, 1994], 448-49) propuso que Cerinto es el culpable. Pero R. Schnackenburg (*The Johannine Epistles: A Commentary* [Las epístolas de Juan: Un comentario] [New York: Crossroad, 1992], 21-23) señaló varias diferencias entre los secesionistas de 1 Juan y los oponentes de Cerinto e Ignacio mencionados a continuación.

[16] Así Schnackenburg, *Epistles* [Epístolas], 21–23.

[17] *Ibid.*, 17.

[18] T. Griffith (Keep Yourselves from Idols: A New Look at 1 John [Guárdense de los ídolos: Una nueva mirada a 1 Juan] [Londres: Sheffield Academic Press, 2002]) afirmó que los secesionistas estaban volviendo al judaísmo y que «en carne y hueso» no se refiere a una teología dócil, sino que simplemente representa una forma de expresar la encarnación.

[19] La declaración en 2:26 («Os he escrito esto sobre los que os engañan») se remonta al menos a 2:18. En 2:22 se afirma que los oponentes negaron que Jesús fuera el Mesías (aunque no se especifica la naturaleza exacta de esta negación). Las referencias a la negación y confesión del Hijo en 2:23 también son de naturaleza general.

pecado. Esta falta de orientación ética se confirma en el capítulo 3 donde se les identifica como «hijos del diablo» (3:10) al examinar sus acciones.

Los secesionistas, o un grupo distinguido de ellos, negaron que Jesús había venido en carne (1 Jn. 4:2-3; comp. 2 Jn. 7). Esto puede (aunque no necesariamente) reflejar una cristología docética. En lugar de reforzar la humanidad de Jesús, el autor simplemente definió la negación como la falta de confesión de Jesús. El mismo patrón continúa más adelante en la carta (ver 4:15; 5:1,5). Parece que el mayor énfasis se encuentra, no tanto en la refutación de una cristología dócil, sino en el rechazo o la confesión de Jesús.[20] En cualquier caso, la negación subyacente es que Jesús es el Mesías. En cuanto a la naturaleza exacta de la negación, es difícil estar seguro.

Otra posibilidad es que los secesionistas se suscribieran una cristología que negara el mérito expiatorio de la cruz. Esto se insinúa en la confesión de 1 Juan 5:6: «Este es Jesucristo, que vino mediante agua y sangre; no mediante agua solamente, sino mediante agua y sangre…». Una vez más, Juan fue escrupuloso en negar una comprensión de Cristo que lo veía venir «mediante agua solamente» y no también «por sangre», lo que parece indicar un rechazo de la naturaleza sacrificial y sustitutiva de la muerte de Jesús por otros. Esto se derivaba de un rechazo de la noción de pecado.

Entonces, ¿qué se puede decir de la doctrina de los secesionistas? En primer lugar, parece que rechazaron el testimonio apostólico (1 Jn. 1:1-5). Tenían una cristología defectuosa que negaba que Jesús era el Mesías, aunque la razón de esto no está clara. Además, eran desobedientes a los mandamientos de Dios, especialmente el del amor (ver 3:10-15). Esto condujo a una doctrina que minimizaba la realidad, o al menos la gravedad, del pecado. Así, los falsos maestros mostraron que no eran verdaderamente hijos de Dios. D. Akin describió bien la falsa enseñanza: hacían alarde de una nueva teología que «comprometía la singularidad de la persona y la obra de Jesucristo»; una nueva moralidad que «minimizaba la importancia del pecado; afirmaban tener comunión con Dios a pesar de su comportamiento injusto»; y, por último, una nueva espiritualidad que «daba lugar a la arrogancia espiritual; por consiguiente, no mostraban amor a los demás».[21]

Pero había algo más que una secesión antes de que Juan escribiera. La controversia continuó, y 2 Juan 1:8-9 indica el estado de la controversia: «Mirad por vosotros mismos, para que no perdáis el fruto de vuestro trabajo, sino que recibáis galardón completo. Cualquiera que se extravía, y no persevera en la doctrina de Cristo, no tiene a Dios; el que persevera en la doctrina de Cristo, ése sí tiene al Padre y al Hijo». Parece que la enseñanza itinerante de los opositores era continua (1 Jn. 2:26).[22] Por lo tanto, los secesionistas buscaban agresivamente infiltrarse en las iglesias de Éfeso y sus alrededores con su teología «progresiva», y que el anciano apóstol Juan (ver «el anciano» en 2 Jn. 1; 3 Jn. 1) tomó su pluma para hacer frente a esta situación.

---

[20] Por esta razón, la referencia a que Jesús «ha venido en carne» en 1 Juan 4:2 puede parecerse a la afirmación de que Dios «fue manifestado en carne» en 1 Timoteo 3:16.

[21] D. L. Akin, *1, 2, 3 John* [1, 2, 3 Juan], NAC 38 (Nashville: B&H, 2001), 31.

[22] La frase «los que os engañan» en 1 Juan 2:26 está en tiempo presente, lo que sugiere que, en el momento de escribir 1 Juan, los falsos maestros seguían tratando de infiltrarse en las iglesias con su falsa doctrina

Propósito

La primera carta de Juan es similar al Evangelio de Juan en el sentido de que la declaración de propósito se produce cerca, pero no al final del libro (ver Juan 20:30-31). En 1 Juan, la declaración de propósito ocurre en 5:13: «Estas cosas os he escrito a vosotros que creéis en el nombre del Hijo de Dios, para que sepáis que tenéis vida eterna…». Aunque hay otros dos pasajes que declaran el propósito de Juan al escribir (2:1; 2:12-14), no tienen el mismo peso que 5:13. Por lo tanto, la seguridad de todos los cristianos genuinos en las iglesias a las que se dirige es el propósito principal del libro. Sin embargo, la seguridad es solo una parte del propósito de Juan. El libro también muestra énfasis en la exhortación, ya que muchos verbos son imperativos formales o implícitos. Por lo tanto, la exhortación es una parte importante del propósito de Juan al escribir su primera carta.[23]

Temas de introducción específicos de 2 y 3 Juan

Las prescripciones de 2 Juan y 3 Juan difieren de 1 Juan en que los destinatarios y el remitente se nombran, aunque de manera imprecisa. El remitente se identifica en ambas cartas simplemente como «el anciano». La similitud en el lenguaje y los temas de 1 Juan hace que sea virtualmente seguro que son de la misma persona. El uso del término «anciano» aquí es similar al prólogo de 1 Juan 1:1-4 en que el escritor es tan conocido que la más simple de las descripciones es suficiente para identificarlo a los lectores.[24]

La designación de los destinatarios en 2 Juan como «la señora elegida y sus hijos» (2 Jn. 1; comp. v. 13) también es imprecisa. Estos destinatarios han sido interpretados de diversas maneras como una mujer real y su descendencia o como una referencia figurativa a una serie de congregaciones locales, siendo esta última más probable.[25] El lenguaje de Juan no es apropiado para referirse a una persona real (por ejemplo, v. 5: «Y ahora te ruego, señora, [...], que nos amemos unos a otros»). Además, el escenario subyacente a los versículos 7-11 era más apropiado para una congregación local que para un solo hogar. La ausencia de nombres en 2 Juan, comparada con las referencias a Gayo, Demetrio y Diótrefes en 3 Juan, sugiere que el destinatario era una congregación local y no una dama y sus hijos. No está claro por qué Juan eligió no nombrar la ubicación de la iglesia. Esto puede haber sido motivado por el deseo de Juan de dar a su carta aplicación universal o de proteger la identidad específica de la iglesia por alguna otra razón.[26]

La situación en 2 Juan puede haber sido el regreso de una delegación enviada por la iglesia al apóstol. En el versículo 4, Juan elogió a «algunos» como «andando en la verdad». Si se relaciona con 1 Juan (ver esp. 2:19), el autor puede haber tenido la intención

---

[23] Ver 1 Juan 2:4-5,12-15 y las repetidas exhortaciones a «permanecer» en Cristo (1 Jn. 2:24,27-28; 3:17; 4:13; 2 Jn. 1:9; ver 1 Jn. 3:14).

[24] Schnackenburg, *Epistles* [Epístolas], 270.

[25] Así Carson y Moo, *An Introduction to the New Testament* [Introducción al Nuevo Testamento], 677; Brown, *Epistles* [Epístolas], 655; C. G. Kruse, *The Letters of John* [Las cartas de Juan], PNTC (Grand Rapids: Eerdmans, 2000), 38; I. H. Marshall, *The Epistles of John* [Las epístolas de Juan], PNTC (Grand Rapids: Eerdmans, 1978), 60; Brooke, *Epistles* [Epístolas], 167-70.

[26] Para un tratamiento juicioso, ver J. R. W. Stott, *Letters of John* [Cartas de Juan], TNTC, rev. ed. (Grand Rapids: Eerdmans, 1988), 203-5.

de advertir a la iglesia que no acogiera a los secesionistas en sus hogares (ver 2 Jn. 8-11). Achtemeier, Green y Thompson lo explicaron bien: «Si en 1 Juan vemos el problema desde el punto de vista de la iglesia de la cual los falsos profetas "salieron", en 2 Juan vemos el problema con los ojos de la iglesia en la cual pueden haber aparecido para predicar y enseñar».[27] Si es así, Juan escribió para animar a esta congregación a tener cuidado con estos falsos maestros.

La tercera carta de Juan está escrita específicamente «a Gayo, el amado» (v. 1), un individuo por lo demás desconocido.[28] Juan no mencionó específicamente la secesión o los problemas asociados a ella. En cambio, elogió a Gayo por recibir a los hermanos enviados por el apóstol (aparentemente predicadores itinerantes) y elogió a Demetrio como uno de ellos (3 Jn. 12). Diótrefes, por otra parte, se oponía a «los hermanos» y no apoyaba a los misioneros apostólicos (vv. 9-10).[29] Por lo tanto, se puede concluir que uno de los principales propósitos de 3 Juan era proporcionar una carta de recomendación para los emisarios del anciano en general y para Demetrio en particular, así como poner a Diótrefes en su lugar antes de la visita prevista de Juan.

LITERATURA

Género

El género de 1 Juan es difícil de discernir. El documento contiene pocas características formales que lo clasificarían como una carta. No hay un destinatario, un deseo o una oración, un cierre o una despedida. De hecho, tanto la apertura «lo que era desde el principio...» como el cierre «... guardaos de los ídolos...» (5:21) son poco convencionales. Entre el prefacio y la declaración final, el anciano enseña de una manera cíclica, volviendo frecuentemente a un tema que ya ha tratado solo para discutirlo en términos similares, aunque no idénticos. En esto, 1 Juan es similar a Hebreos, que también comienza con una especie de prefacio en lugar de una apertura epistolar, y como Santiago, que también concluye sin un cierre epistolar formal. En comparación, 1 Juan se ajusta aún menos al formato epistolar estándar del siglo I que Hebreos o Santiago, ya que el primero presenta al menos un cierre epistolar y el segundo una apertura epistolar, mientras que 1 Juan no tiene ninguno de los dos.

Entonces, ¿cuál es el género de 1 Juan? A pesar de la falta de las usuales características epistolares formales, es mejor entenderlo como una carta, ya que las cartas grecorromanas exhibían un considerable grado de diversidad. La obra procede de una única fuente autorizada (un apóstol), pero los destinatarios se identifican solo en términos generales (y figurativos) como «hijitos». Hay información más específica sobre los secesionistas. Parece

---

[27] P. J. Achtemeier, J. B. Green, y M. M. Thompson, *Introducing the New Testament: Its Literature and Theology* [Introducción al Nuevo Testamento: Su literatura y teología] (Grand Rapids: Eerdmans, 2001), 548.

[28] Como observaron Carson y Moo (*Introduction to the New Testament* [Introducción al Nuevo Testamento], 677), este Gayo no es probablemente ni el Gayo de Corinto (Rom. 16:23; 1 Cor. 1:14) ni el Gayo de Macedonia (Hech. 19:29) ni el Gayo de Derbe (Hech. 20:4; contra las *Constituciones Apostólicas* del siglo IV 7.46.9).

[29] No se sabe nada sobre Demetrio o Diótrefes, aparte de las referencias a estos individuos en 2 Juan.

que la carta fue diseñada para abordar una situación relacionada con varias congregaciones de la zona.

Sin imponer categorías externas a la carta, es probablemente mejor entender 1 Juan en términos de una carta circular, similar a Efesios o Santiago. Existe abundante evidencia de este tipo de cartas en la antigüedad, especialmente entre los judíos. Jeremías 29:4-13, Hechos 15:23-29, Santiago y Apocalipsis 2-3 contienen ejemplos de este tipo de género. Si es así, 1 Juan es una carta de situación, escrita para instruir y animar a los cristianos apostólicos de Éfeso y sus alrededores en cuanto a la naturaleza del evangelio y su papel en él.

El asunto es mucho más sencillo con 2 y 3 Juan. Ambos son ejemplos prototípicos de la carta del primer siglo y pueden ser algunos de los más situacionales del N.T.[30] Hay una apertura con remitente y destinatario (en el dativo) sin el beneficio de un verbo (asumiendo alguna forma de «yo escribo»), un deseo de salud, un cuerpo, un saludo de cierre, y una despedida. Además, a diferencia de la mayoría de las cartas cristianas, y como la mayoría de las cartas grecorromanas, son bastante breves.[31] La tercera carta de Juan puede incluso clasificarse más como una carta de recomendación para Demetrio. Por lo tanto, hay un amplio consenso para identificar el género de 2 Juan y 3 Juan como *cartas simples y directas*.

Plan literario

La estructura de 2 Juan y 3 Juan es predecible y fácilmente discernible. Como las típicas cartas del primer siglo, ambos siguen el patrón simple: «introducción-cuerpo-conclusión». Pero la estructura de 1 Juan ha generado mucho debate,[32] y hasta la fecha no se ha llegado a un consenso académico. Las opciones van desde los que ven un intrincado macro caso hasta los que rechazan cualquier estructura coherente.[33]

¿Qué hace que la estructura de 1 Juan sea tan difícil de discernir? En una palabra, la respuesta es la *sutileza*. Las transiciones temáticas son prácticamente perfectas, y los diversos temas se repiten en intervalos cíclicos a lo largo de la carta. No obstante, dada la clara estructura del Evangelio y el Apocalipsis de Juan, así como los cuidadosos matices que

---

[30] J. L. White, *Ancietn Greek Letters* [Cartas griegas antiguas], en *Greco-Roman Literature and the New Testament* [Literatura greco-romana y el Nuevo Testamento], ed. D. E. Aune, SBLSBS 21 (Atlanta: Scholars Press, 1988), 100; cf. J. A. D. Weima, *Letters, Greco-Roman* [Cartas Greco-romanas], en *Dictionary of New Testament Background* [Diccionario de antecedentes del Nuevo Testamento], ed. C. A. Evans y S. E. Porter (Downers Grove: InterVarsity, 2000), 640-44.

[31] D. Aune, *The New Testament in Its Literary Environment* [El Nuevo Testamento en su entorno literario] (Philadelphia: Westminster, 1987), 163–64.

[32] Para un estudio de las opciones recientes véase B. Olsson, *First John: Discourse Analyses and Interpretations* [1 Juan: Análisis del discurso e interpretaciones], en *Discourse Analysis and the New Testament: Approaches and Results* [Análisis del discurso y el Nuevo Testamento: Enfoques y resultados], ed. S. E. Porter y J. T. Reed, JSNTSup 170, *Studies in New Testament Greek* [Estudios en el griego del Nuevo Testamento] 4 (Sheffield: Sheffield Academic Press, 1999), 369-91.

[33] Por ejemplo, P. J. van Staden (*The Debate on the Structure of 1 John* [El debate sobre la estructura de 1 Juan], *Hervormde Teologiese Studies* [Estudios de teología reformada] 47 [1991]: 487-502) abogó por un macro caso. Marshall (*Epistles* [Epístolas], 26) sugirió que no hay una estructura coherente, y Kruse (*Letters of John* [Cartas de Juan], 32) dijo que su análisis de la carta no «traza ningún argumento en desarrollo a través de la carta porque no hay ninguno».

aparecen en los diversos párrafos, parece poco probable que el autor no tuviera ningún plan en mente al escribir la carta.[34] En cuanto a la estructura de 1 Juan, hay un amplio acuerdo solo en lo que respecta al prefacio (1:1-4) y al epílogo (5:13-21).

Las propuestas estructurales de 1 Juan se dividen en tres categorías principales: divisiones en dos, tres o múltiples partes.[35] Entre los que sostienen una división en dos partes, el principal tema de discusión es si la división debe ser colocada hacia el final del capítulo 2 o en 3:11. Entre los que sostienen una estructura de tres partes, el debate se centra en si la primera división importante es en 2:17; 2:28 o 2:29, y si la segunda división importante es en 4:1 o 4:7. Entre aquellos que ven múltiples divisiones, se encuentra una variedad de propuestas.[36]

El siguiente bosquejo de 1 Juan está de acuerdo con aquellos que ven una estructura de tres partes en el libro, y específicamente con aquellos que sugieren las siguientes unidades principales: 1:5-2:27; 2:28-3:24; y 4:1-5:12. Dentro de esta estructura general, es posible discernir párrafos interrelacionados que proporcionan un mayor desglose del flujo del argumento de la carta. Es mejor entender 1:5-2:27 como una visión general extendida del resto de la carta, con 2:28-3:24 elaborando sobre las dimensiones éticas y 4:1-5:12 sobre las dimensiones doctrinales de la vida de los creyentes.[37]

BOSQUEJO

1 Juan
I. PRÓLOGO (1:1-4)
II. RESUMEN (1:5-2:27)
    a. Los verdaderos creyentes andan en luz (1:5-2:2).
    b. Los verdaderos creyentes guardan los mandamientos de Jesús (2:3-11).
    c. Crecer en Cristo y no amar al mundo (2:12-17).
    d. Permanecer y partir (2:18-27).
III. ÉTICA (2:28-3:24)
    a. Los hijos de Dios se santifican (2:28-3:10).
    b. Los hijos de Dios guardan Sus mandamientos (3:11-24).
IV. DOCTRINA (4:1-5:12)
    a. Probar los espíritus (4:1-6).
    b. La base teológica del amor fraternal (4:7-12).
    c. Confianza en la correcta doctrina (4:13-21).
    d. Testimonio y prueba (5:1-12).
V. EPÍLOGO (5:13-21)

---

[34] Schnackenburg (*Epistles* [Epístolas], 12-13) sin duda tiene razón cuando dice que el autor «no se limita a navegar sin ningún plan en particular».

[35] Brown, *Epistles of John* [Epístolas de Juan], 116–29.

[36] *Ibid.*, 764; cf. L. Scott Kellum, *On the Semantic Structure of 1 John: A Modest Proposal* [Sobre la estructura semántica de 1 Juan: Una propuesta modesta], *Faith and Mission* [Fe y misión] 23 (2008): 36-38.

[37] Para un análisis completo de la estructura de 1 Juan, ver Kellum, *Semantic Structure of 1 John* [Estructura semántica de 1 Juan], 34-82.

2 Juan
I. INTRODUCCIÓN (1-3)
II. CUERPO: «ANDAR EN VERDAD» (4-11)
   a. «Andar en verdad» requiere amor fraternal (4-6).
   b. «Andar en verdad» requiere guardar la verdad sobre el Hijo (7-11).
III. CONCLUSIÓN (12-13)

3 Juan
I. INTRODUCCIÓN (1-4)
II. CUERPO: ELOGIO DE GAYO Y DEMETRIO, CONDENA DE DIÓTREFES (5-12)
   a. El comportamiento piadoso de Gayo hacia otros creyentes (5-8).
   b. El comportamiento impío de los Diótrefes (9-10).
   c. Elogio a Demetrio (11-12).
III. CONCLUSIÓN (13-14)

DISCUSIÓN UNIDAD POR UNIDAD

1 JUAN

I. Prólogo (1:1-4)

Como el Evangelio de Juan, 1 Juan comienza con un prólogo. El autor afirmó ser un testigo ocular de Jesús y que estaba proclamando a sus destinatarios el mensaje que él y los apóstoles habían escuchado de Jesús.

II. Resumen (1:5-2:27)

A modo de introducción, esta sección presenta un avance ético y doctrinal del resto de la carta, sondeando muchos temas importantes, como la necesidad de que los creyentes permanezcan en Cristo y la importancia del amor fraternal.[38]

a. Los verdaderos creyentes andan en luz (1:5-2:2). El texto se desarrolla en función de dos implicaciones del principio de que Dios es luz (1:5), que pueden implicar Su santidad o la revelación proporcionada por Él, o ambas. La primera implicación (1:6-7) es que, si Dios es luz, Sus hijos «andan en luz», es decir, conducirán sus vidas en rectitud. La segunda implicación es que aquellos que «andan en luz» confiesan sus pecados (1:9; comp. 2:1).[39]

b. Los verdaderos creyentes guardan los mandamientos de Jesús (2:3-11). En 1 Juan 2:3, Juan elaboró la unidad anterior.[40] Los que dicen ser cristianos, o guardan los mandamientos de Jesús o son mentirosos. El principio descrito en 2:3-6 (los que permanecen en Él guardan Sus mandamientos) se ilustra en 2:7-11 por el fracaso de los secesionistas

---

[38] Curiosamente, el verbo «escribir» se usa nueve veces en los capítulos 1-2 y no de nuevo hasta la conclusión en 5:13. Ver Longacre, *Toward an Exegesis of 1 John* [Hacia una exégesis de 1 Juan], 276-77.

[39] Lo más probable es que 1 Juan 2:2 concluya esta sección. Para una defensa detallada, ver J. Callow, *Where Does 1 John 1 End?* [¿Dónde termina 1 Juan 1?] en *Discourse Analysis and the New Testament* [Análisis del discurso y el Nuevo Testamento], 392-406.

[40] Esto se indica por la continuación del tema, el andar de los verdaderos cristianos y el uso continuo de la metáfora de andar en la luz y las tinieblas en 2:9.

en guardar el más importante de los mandamientos de Jesús, el «nuevo mandamiento» del amor (ver Juan 13:34-35; 15:9-17). Esta, y las secciones anteriores, la base del amplio llamado en dos partes que se hace en las dos siguientes unidades.

c. Crecer en Cristo y no amar al mundo (2:12-17). Juan procedió a dar instrucciones a los alterados creyentes. El apóstol no dudó de su salvación, pero trató de tranquilizarlos a la luz de la reciente partida de los falsos maestros. Los comentarios de Juan a tres grupos con diferentes niveles de madurez pasan, de manera curiosa, de «hijitos» a «padres» y luego a «jóvenes», siendo las instrucciones para los jóvenes las más detalladas.[41] Aparentemente, los «hijitos» se convierten en «padres» siguiendo las instrucciones de Juan para los jóvenes.

Juan instruyó a los destinatarios de su carta a no amar el mundo (2:15-17). Esto se relaciona con la necesidad de que los creyentes permanezcan en Cristo, lo cual constituye el tema de la siguiente sección.[42] Juan recordó a sus lectores que las cosas de este mundo pasarán, mientras que los que hacen la voluntad de Dios permanecerán para siempre.

d. Permanecer y partir (2:18-27). Juan comenzó esta sección con un contraste entre los secesionistas que habían dejado la iglesia y los creyentes que habían permanecido. Los primeros (a los que llamó «anticristos») partieron tanto teológica como físicamente, lo que demostraba que no eran «de Dios». Por el contrario, los verdaderos creyentes tienen una «unción» de Dios y no necesitan más instrucción porque el Espíritu Santo es su maestro.[43] Este contraste forma el fundamento del mandamiento en 2:24, «… lo que habéis oído desde el principio, permanezca en vosotros…» (ver v. 27).

III. Ética (2:28-3:24)

En la primera unidad (1:5-2:27) Juan subrayó las necesidades éticas y doctrinales de los creyentes. En la segunda unidad (2:28-3:24), destacó la primera de ellas: la dimensión ética. Su tesis parece ser que los hijos de Dios y los hijos del diablo son reconocidos por sus obras.

a. Los hijos de Dios se santifican (2:28-3:10). En esta sección, Juan abordó las diferencias entre los hijos de Dios y los hijos del diablo. Los hijos de Dios, debido a que Jesús fue revelado para destruir el pecado, no persisten en un estilo de vida pecaminoso (es decir, «no peca [característicamente]»; ver 3:6). Juan reconoció francamente que los cristianos continúan pecando (2:1: «si alguno hubiere pecado»), pero dejó claro que, para los creyentes, el pecado no es característico ni compatible con su verdadera naturaleza como hijos de Dios. Por el contrario, los hijos del diablo son controlados por su naturaleza pecaminosa (3:8).

---

[41] Para un sorprendente paralelo ver Josué 1:8, donde se le dice a Josué que sea fuerte y que medite en la Palabra para que tenga éxito.

[42] El presente pasaje es, con toda probabilidad, un comentario sobre Génesis 3:6, donde la mujer vio «… que el árbol era bueno para comer, y que era agradable a los ojos, y árbol codiciable para alcanzar la sabiduría…».

[43] La frase «… vosotros […] conocéis todas las cosas» (2:20) puede constituir una polémica apenas velada contra un elemento gnóstico primitivo entre los oponentes de Juan. La afirmación «… no tenéis necesidad de que nadie os enseñe…» (2:27) no implica que los creyentes no tengan necesidad de instrucción posterior a la salvación (ver Ef. 4:11; 1 Tim. 2:7; 3:2; 4:11; 6:2; 2 Tim. 1:11; 2:2) sino que simplemente advierte a los lectores que no escuchen a los falsos maestros.

b. Los hijos de Dios guardan Sus mandamientos (3:11-24). Juan hizo la transición de lo negativo (es decir, no practicar el pecado) a lo positivo (guardar los mandamientos de Dios, especialmente el «nuevo mandamiento» del amor). Juan utilizó la ilustración bíblica de Caín (el único personaje del A.T. mencionado en la carta), quien asesinó a su hermano Abel porque sus obras condenaban las suyas. En esencia, el mensaje de Juan es que las palabras por sí mismas están vacías; el verdadero amor se expresa «de hecho y en verdad» (3:18). La esencia de permanecer en Cristo, por lo tanto, es cumplir Sus mandamientos.

IV. Doctrina (4:1-5:12)

La cuestión de la doctrina apropiada domina esta sección. En 4:1-6, Juan advirtió a los cristianos que debían discernir sobre qué espíritus creer. Este juicio requiere una cristología correcta. El amor fraternal, de la misma manera, presupone una correcta doctrina (4:13-21). Finalmente, en 5:1-12 el autor sostuvo que solo «El que tiene al Hijo, tiene la vida…».

a. Probar los espíritus (4:1-6). Juan advirtió a los creyentes que usaran el discernimiento. Como había muchos falsos profetas, no debían creer «a todo espíritu» (4:1) sino probar a los espíritus para ver si son de Dios. Esto hace eco de las advertencias de Jesús, especialmente en el Sermón del monte y el discurso del monte de los Olivos (Mateo 7:15-20; 24:4-5,23-26 y paralelos). Solo el Espíritu que confiesa a Jesús es el Espíritu de Dios. Las palabras «venido en carne» pueden referirse a un error docético (negar la plena humanidad de Cristo argumentando que Jesús solo parecía ser humano), pero es más probable que pertenezcan a la encarnación. Si es así, la cuestión que se plantea es que *Jesús* es el Mesías.[44] En cualquier caso, la cristología de uno identifica el espíritu detrás del mensaje. Aquellos que reciben la predicación apostólica sobre Jesús y permanecen en ella pueden ser victoriosos sobre el espíritu del mundo.

b. La base teológica del amor fraternal (4:7-12). Aunque pueda parecer que el mandamiento de amarse los unos a otros es un retorno a la ética de la sección anterior, la base del mandamiento no es ética (porque esto es moralmente correcto) sino teológica (porque Dios es amor). De hecho, Juan hizo un punto teológico: los creyentes aman a los demás porque el Dios que es amor, mora en ellos. Así es como «… su amor se ha perfeccionado en nosotros» (4:12).

c. Confianza en la correcta doctrina (4:13-21). La posesión del Espíritu es la prueba de que una persona es creyente (4:13), y la confesión de Jesús como el Hijo de Dios resulta en que Dios permanezca en él o ella (4:15). En 4:15-16 Juan tomó ambos elementos de las secciones anteriores y los aplicó al creyente: «Todo aquel que confiese que Jesús es el Hijo de Dios, Dios permanece en él, y él en Dios […] Dios es amor; y el que permanece en amor, permanece en Dios, y Dios en él». El amor de Dios se manifiesta en los creyentes para que puedan tener confianza en el día del juicio (4:17).

d. Testimonio y prueba (5:1-12). Al repetir, Juan aclaró los puntos principales de la sección anterior: «Todo aquel que cree que Jesús es el Cristo, es nacido de Dios; y todo aquel

---

[44] Este es el mismo énfasis que en el Evangelio de Juan. Ver los comentarios sobre Juan 20:31 en A. J. Köstenberger, *John* [Juan], BECNT (Grand Rapids: Baker, 2004), 582.

que ama al que engendró, ama también al que ha sido engendrado por él» (5:1). Juan procedió a señalar que la esencia de amar a Dios es guardar Sus mandamientos, y esto no es una tarea imposible porque los creyentes han nacido de Dios. Así, la fe en Jesús ha vencido al mundo.

La evidencia de la confianza de Juan se establece en 5:6-12. La carga de la prueba (dos o tres testigos) exigida en el A.T. se cumple con el testimonio del Espíritu, el agua y la sangre, una probable referencia al bautismo de Jesús, Su muerte y el testimonio del Espíritu de Dios.[45] El contenido del testimonio se identifica en 5:11: «… que Dios nos ha dado vida eterna; y esta vida está en su Hijo».

V. Epílogo (5:13-21)

La conclusión establece el propósito de la carta: «Estas cosas os he escrito a vosotros que creéis en el nombre del Hijo de Dios, para que sepáis que tenéis vida eterna…» (5:13). Juan elaboró este propósito de tres maneras, cada una de las cuales incluye la frase «sabemos». Primero, 5:14-17 describe la confianza en la oración que poseen los creyentes cuando piden de acuerdo a la voluntad de Dios, incluyendo la oración por «los que cometen pecado que no sea de muerte» (5:16).[46] Segundo, los que pertenecen a Dios no practican el pecado (5:18). Tercero, los creyentes conocen la verdad y andan en verdad (5:19-20). El comentario final de Juan, «… guardaos de los ídolos…», proporciona un final abrupto y poco convencional a la carta, pero apropiado para la situación. Es una advertencia a los creyentes para que no acepten ningún sustituto de Dios.

2 JUAN

I. Introducción (1-3)

Juan empleó una composición estándar para esta carta, incluyendo una identificación del remitente y los destinatarios y un «buen deseo» cristiano.

II. Cuerpo: «Andar en verdad» (4-11)

El cuerpo de la carta consiste en una instrucción sostenida a la iglesia definiendo «andar en verdad». Juan instruyó a sus lectores para que guardaran el «nuevo mandamiento» y se protegieran de los anticristos.

---

[45] Muchas ediciones del N.T. incluyen lo que se conoce como la «Coma de Juan», que divide a los testigos entre los que están en el cielo y los que están en la tierra: «Porque tres son los que dan testimonio en el cielo: *el Padre, el Verbo y el Espíritu Santo; y estos tres son uno. Y tres son los que dan testimonio en la tierra*: el Espíritu, el agua y la sangre; y estos tres concuerdan». (5:7-8; la «coma de Juan» está en cursiva). Hoy en día esto se entiende casi universalmente como una adición posterior. Aparece en la tercera edición del N.T. de Erasmo (comúnmente conocido como el *Textus Receptus*), porque un manuscrito griego del siglo XVI, el Codex Montfortianus (Britanicus), lo incluía. Este manuscrito fue producido con el propósito de que Erasmo lo incluyera en el texto (ver Brown, *Epistles* [Epístolas], 776, 780). La mayoría lo rechazan con razón, alegando que es imposible que se añadiera más tarde.

[46] No hay un consenso académico sobre la identificación exacta de este pecado. Para una discusión juiciosa, ver Stott, *Letters of John* [Cartas de Juan], 189-93. Stott sostuvo que Juan utilizó aquí el término «hermano» en un sentido amplio para referirse a otra persona, no necesariamente a un compañero cristiano (ver 1 Jn. 2:9,11; 3:16-17), e identificó el «pecado de muerte» como «un rechazo deliberado y abierto de la verdad», parecido a la «blasfemia contra el Espíritu Santo» cometida por los fariseos, que atribuyeron a Satanás los milagros de Jesús, hechos con el poder del Espíritu Santo (Mat. 12:28 y siguientes). Otras posibilidades enumeradas por Stott incluyen un pecado específico (un pecado «mortal») o la apostasía.

a. «Andar en verdad» requiere amor fraternal (4-6). El regreso del grupo a la iglesia (v. 4) proporciona la situación para que Juan recuerde a sus lectores que deben ser diligentes en «andar en verdad». Esto se define como el cumplimiento del «nuevo mandamiento» de amarse los unos a los otros.

b. «Andar en verdad» requiere guardar la verdad sobre el Hijo (7-11). Juan insistió en que la Iglesia debe protegerse de los engañadores. Esto se hace de dos maneras. Primero, los creyentes deben reconocer a los impostores que no cumplen con la enseñanza apostólica y por lo tanto no tienen ni al Hijo ni al Padre (v. 9). En segundo lugar, una vez identificados los falsos maestros, los creyentes no deben ofrecerles ninguna ayuda (v. 10).

III. Conclusión (12-13)

Juan concluyó con una posdata estándar que presenta los planes de visitar pronto y los saludos de amigos mutuos (la «hermana elegida» y «sus hijos»).

3 JUAN

I. Introducción (1-4)

Una vez más, Juan empleó una composición estándar, con el remitente, los destinatarios y un deseo cristiano de bienestar. Como en 2 Juan, parece que el anciano había recibido una delegación de la iglesia liderada por Gayo, y elogió a este grupo de creyentes por «andar en verdad».

II. Cuerpo: elogio de Gayo y Demetrio, condena de Diótrefes (5-12)

En el cuerpo de la carta, Juan pidió apoyo para Demetrio. Gayo es elogiado por su pasada exposición del pecado de Diótrefes, y se exhorta a la iglesia a apoyar a Demetrio.

a. El comportamiento piadoso de Gayo hacia otros creyentes (5-8). Juan comenzó elogiando el comportamiento pasado de Gayo, quien demostró su fe siendo hospitalario con «los hermanos», que probablemente eran emisarios de Juan. El apóstol animó a Gayo no solo a recibir a este grupo sino también a enviarlos con amplias provisiones. El tiempo futuro «harás bien» (v. 6) indica que esto implica el apoyo de Demetrio que se presenta más tarde.

b. El comportamiento impío de Diótrefes (9-10). Los versículos 9-10 esbozan las acusaciones de Juan contra Diótrefes, quien no reconoció la autoridad del anciano y sus emisarios y quien calumnió al grupo apostólico. Además, censuró a quienes los recibieron, todo porque «le gusta tener el primer lugar entre ellos», en flagrante contradicción con las palabras de Jesús de que «el que quiera ser el primero entre vosotros será vuestro siervo» (Mat. 20:27).

c. Elogio a Demetrio (11-12). La recomendación de Demetrio contrasta con la conducta reprobable de Diótrefes. Juan instruyó a Gayo a no «imitar lo malo» (es decir, a Diótrefes). Concluyó con un breve elogio de Demetrio, que contaba con el respeto de sus pares, que decía la verdad misma (probablemente un elogio de su doctrina), y que tenía el respeto del apóstol también (quien Gayo sabía que declaraba el testimonio veraz).

III. Conclusión (13-14)

La conclusión (similar a 2 Juan) es una posdata estándar que contiene el deseo de Juan de conocer a Gayo cara a cara, un breve saludo de los amigos de Juan y la instrucción: «Saluda tú a los amigos, a cada uno en particular».

TEOLOGÍA

Temas teológicos

Discipulado cristiano y seguridad de salvación. Las cartas de Juan dan una idea de los compromisos teológicos básicos de los creyentes. Los creyentes no están llamados a desarrollar una nueva teología, sino a aferrarse a lo que recibieron «desde el principio» (1 Jn. 1:1). Resulta que ya entonces había «progresistas» que, irónicamente, avanzaban en la dirección equivocada (2 Jn. 1:9). Tanto 2 Juan como 3 Juan desarrollan la respuesta cristiana apropiada a estos individuos con mayor detalle, llamando a los creyentes a rechazar la ayuda a los «progresistas» (2 Jn. 1:9) y a proporcionar ayuda a los socios del apóstol (3 Jn. 1:6-8). Los creyentes son desafiados a amar a Cristo y unos a otros, no «de palabra ni de lengua, sino de hecho y en verdad» (1 Jn. 3:18), y a crecer espiritualmente permaneciendo en Su Palabra (1 Jn. 2:12-14).

Pero la mayor contribución proviene de los motivos de seguridad que se dan en estas cartas.[47] El objetivo de 1 Juan es infundir confianza en los verdaderos creyentes de que su salvación está asegurada, junto con exhortaciones a perseverar (ver esp. 1 Jn. 5:13). Juan quería que sus lectores cristianos estuvieran seguros de su salvación, pero también quería que permanecieran en Jesús y en Su Palabra; por el contrario, no estaba satisfecho con que los creyentes continuaran en pecado. Así pues, Juan pintó un cuadro de los creyentes ideales: (1) están seguros de su posición en Cristo debido a la regeneración transformadora de la vida que experimentaron a través del Espíritu Santo; (2) son obedientes por su amor a Cristo; (3) crecen en madurez por su firmeza; (4) aman por la naturaleza del Dios que cambió sus vidas; y (5) son victoriosos por su fe en Cristo.

Amor. Aunque no es único a las cartas de Juan, el énfasis de Juan en el amor es importante. Marshall señaló que «el amor se tematiza de una manera que no tiene paralelo en ninguna otra parte del Nuevo Testamento [...]. Las indicaciones son que, a pesar del énfasis en la doctrina correcta, la principal preocupación del autor es el comportamiento cristiano de sus lectores».[48] Aunque la última frase puede ser exagerada (el autor no separa el amor de la doctrina), es indiscutible que el amor (*agapē* y las cognadas verbales ocurren 48 veces) es un tema importante en 1 Juan. Marshall enumeró seis dimensiones del amor en 1 Juan: 1) la fuente del amor es Dios; 2) amamos en respuesta al amor de Dios; 3) los que aman demuestran su nacimiento de Dios; 4) el amor se expresa en la obediencia (especialmente el mandamiento de amarse unos a otros); 5) es posible que el amor sea solo una

---

[47] Para un excelente tratamiento de este tema en 1 Juan y el resto del N.T., ver D. A. Carson, *Reflections on Christian Assurance* [Reflexiones sobre la seguridad cristiana], WTJ 54 (1992): 1-29.

[48] I. H. Marshall, *New Testament Theology: Many Witnesses, One Gospel* [Teología del Nuevo Testamento: Muchos testigos, un evangelio] (Downers Grove: InterVarsity, 2004), 539.

Epístolas de Juan: 1-3 Juan

pretensión; y 6) se puede argumentar la prueba de nuestro nuevo nacimiento a partir de la presencia o ausencia de amor.[49]

PUNTOS DE APLICACIÓN

- Vive en la luz y no en las tinieblas morales (1 Jn. 1:5-7).
- Jesús rechazó la ira de Dios contra el pecado y es nuestro abogado ante Dios Padre (1 Jn. 2:1-2).
- Deléitate en el hecho de que Dios es amor y que somos capaces de amar a los demás porque nos amó primero en Cristo (1 Jn. 3:1; 4:16,19).
- Si eres un creyente genuino, ten la seguridad de que tienes la vida eterna (1 Jn. 5:13).
- No apoyar financieramente o de otra manera a aquellos que están perpetrando falsas enseñanzas (2 Jn.).
- No seas autocrático en el ejercicio de tu autoridad en la iglesia local (3 Jn.).

PREGUNTAS DE ESTUDIO

1. ¿Cuál de estos fue probablemente escrito primero: el Evangelio de Juan o las cartas, y por qué?
2. ¿Qué herejía mayor se combate en 1 Juan?
3. ¿Cuáles son los dos propósitos principales de Juan al escribir 1 Juan?
4. ¿Cuáles son los propósitos de Juan al escribir 2 Juan y 3 Juan?
5. ¿Quién es la «señora elegida»?
6. ¿Cuál es el «pecado de muerte»?

PARA UN ESTUDIO MÁS PROFUNDO

Akin, D. L. *1, 2, 3 John. New American Commentary* 38. Nashville: B&H, 2001.
Bruce, F. F. *The Epistles of John*. Grand Rapids: Eerdmans, 1979.
Hill, C. E. *The Johannine Corpus in the Early Church*. Oxford: University Press, 2004.
Kruse, C. G. *The Letters of John. Pillar New Testament Commentary*. Grand Rapids: Eerdmans, 2000.
Marshall, I. H. *The Epistles of John. New International Commentary on the New Testament.* Grand Rapids: Eerdmans, 1978.
Schnackenburg, R. *The Johannine Epistles: A Commentary*. 3 vols. New York: Crossroad, 1992.
Smalley, S. S. *1, 2, 3 John. Word Biblical Commentary* 51. Waco: Word, 1984.
Stott, J. R. W. *The Letters of John. Tyndale New Testament Commentary*. Rev. ed., Grand Rapids: Eerdmans, 1988.
Streett, D. R. *«They Went Out from Us»: The Identity of the Opponents in First John*. Berlin: de Gruyter, 2011.
Thompson, M. M. *1–3 John. IVP New Testament Commentary*. Downers Grove: InterVarsity, 1992.
Yarbrough, R. W. *1–3 John. Baker Exegetical Commentary on the New Testament*. Grand Rapids: Baker, 2008.

---

[49] *Ibid.*

Capítulo 20
El libro de Apocalipsis

CONOCIMIENTO ESENCIAL

Los estudiantes deben conocer los hechos clave del libro de Apocalipsis. Con respecto a la historia, deben ser capaces de identificar el autor, la fecha, la procedencia, el destino y el propósito. Con respecto a la literatura, deben ser capaces de proporcionar un esquema básico del libro e identificar elementos centrales del contenido que se encuentran en la discusión de cada unidad. Con respecto a la teología, los estudiantes deben ser capaces de identificar los principales temas teológicos en el libro de Apocalipsis.

ASPECTOS CLAVE	
Autor:	Juan.
Fecha:	95-96.
Procedencia:	Patmos
Destinatarios:	Efeso, Esmirna, Pérgamo, Tiatira, Sardis, Filadelfia, y Laodicea.
Situación:	La persecución de los cristianos en Asia menor, las visiones de Juan.
Propósito:	Animar a los cristianos a una resistencia fiel, describiendo el juicio final y el establecimiento del reino de Cristo en la tierra
Tema:	Jesús, el Cordero inmolado y resucitado, viene de nuevo como el escatológico Rey y Juez.
Versículos clave:	1:7; 19:11–16.

CONTRIBUCIÓN AL CANON

- La adoración de Dios y de Jesucristo (por ejemplo, cap. 4).
- La revelación del futuro por el Cordero que fue inmolado, el León de Judá (5:1-7).
- La necesidad de una inflexible fidelidad a Cristo a través de una paciente resistencia (por ejemplo, 14:12).

- La reivindicación de la justicia de Dios (teodicea) y de los creyentes que sufren persecución por parte del mundo incrédulo (caps. 6-18).
- El glorioso retorno de Jesús como el supremo Rey y Señor (19:11-16).
- El milenario reinado de Cristo, la derrota de Satanás y el juicio del gran trono blanco (capítulo 20).
- La restauración de todas las cosas en el nuevo cielo y la nueva tierra (caps. 21-22).

INTRODUCCIÓN

A TRAVÉS DE LA historia de su interpretación, el libro del Apocalipsis ha capturado la imaginación de muchos, produciendo una multitud de interpretaciones y bosquejos teológicos en un esfuerzo por comprender las difíciles, pero fascinantes, enseñanzas del libro.[1] A pesar de la cantidad de desafíos que enfrenta el intérprete, el interés en el libro del Apocalipsis no ha disminuido.[2]

HISTORIA

Autor

Dado que el autor se identificó como «Juan», y dado que la mayoría de los estudiosos aceptan que el nombre no era un seudónimo, el foco de la discusión ha sido responder a la pregunta, ¿cuál Juan es el autor del libro? La mayoría de los eruditos reconocen tres candidatos principales: 1) Juan el apóstol e hijo de Zebedeo;[3] 2) Juan el anciano;[4] y 3) algún otro Juan desconocido que fue profeta.[5] Además, se han propuesto como candidatos Juan Marcos[6] y Juan el Bautista,[7] pero no han obtenido mucho apoyo.

Evidencia interna. Apocalipsis es el único libro del corpus de Juan con una declaración explícita de autoría. El autor se identificó como «Juan» tres veces al principio y una vez al final (1:1,4,9; 22:8). Las referencias en primera persona indican que el autor fue testigo ocular y participante en los acontecimientos narrados en el libro.[8] Al principio, el texto

---

[1] Sobre la historia de la interpretación del Apocalipsis, ver A. W. Wainwright, *Mysterious Apocalypse: Interpreting the Book of Revelation* [Misterioso Apocalipsis: Interpretando el libro del Apocalipsis] (Nashville: Abingdon, 1993); J. Kovacs y C. Rowland, *Revelation: The Apocalypse of Jesus Christ* [Revelación: El Apocalipsis de Jesucristo], BBC (Oxford: Blackwell, 2004).

[2] Entre los comentarios importantes figuran D. E. Aune, *Revelation* [Apocalipsis], 3 vols., WBC 52 (Nashville: Nelson, 1997, 1998); G. K. Beale, *The Book of Revelation* [El libro de Apocalipsis], NIGTC (Grand Rapids: Eerdmans, 1999); y G. R. Osborne, *Revelation* [Apocalipsis], BECNT (Grand Rapids: Baker, 2002).

[3] Ireneo, *Contra Herejías* 4.20.11; Tertuliano, *Contra Marción* 3.14.3; 3.24.4; Clemente de Alejandría, *Paed.* 2.119; *Quis dives salvetur* 42; *Stromateis* 6.106; Hipólito, *Anticristo* 36; Orígenes, *Commentary on the Gospel of John* [Comentario sobre el Evangelio de Juan] 2.4.

[4] Eusebio, *Hist. Ecl.* 3.39.3–7. Aparentemente, Papías hizo una distinción entre el apóstol Juan y el anciano Juan (ver cap. 7). Con referencia a las dos tumbas de Juan en Éfeso, Eusebio conjeturó que Papías atribuyó el Evangelio al apóstol y el Apocalipsis al anciano.

[5] R. H. Charles, *The Revelation of St. John* [El Apocalipsis de San Juan], ICC (New York: Scribner's, 1920), 1.xxxviii.

[6] Eusebio, *Hist. Ecl.* 7.25.15. Esto fue sugerido, pero rápidamente descartado por Dionisio de Alejandría (d. 265) como una posible alternativa, ya que el nombre de Marcos también era Juan.

[7] J. M. Ford, *Revelation* [Apocalipsis], AB 38 (New York: Doubleday, 1975), 28–46.

[8] F. Bovon, *John's Self-Presentation in Revelation 1:9–10* [La presentación de Juan en Apocalipsis 1:9-10] CBQ 62 (2000): 695.

dice que Juan «ha dado testimonio» como testigo ocular de la veracidad del mensaje que Dios le había transmitido directamente (1:2; ver 1 Juan 1:1-3). En las otras dos referencias iniciales, parece que Juan declaró su nombre para el registro oficial (1:4,9).[9] Por lo tanto, cumplió la función de testigo de Cristo y de las iglesias al presentar su testimonio por escrito.

El autor se refirió a sí mismo simplemente como «Juan», lo que sugiere que era una figura conocida en Asia Menor. Aunque no se llamó explícitamente profeta, se presentó como tal. Esto queda demostrado por la simple denominación «Yo Juan» (1:9; 22:8), que se ajusta a la convención estándar utilizada en los escritos proféticos y apocalípticos.[10] También designó a su libro como una «profecía» (1:3; 22:7,11,18-19). La visión inaugural incluye el encargo de Juan de una manera que recuerda a los profetas del A.T. (1:9-20).[11] Más adelante en el libro, Juan participa en la visión como profeta cuando come un librito amargo y se le dice: «es necesario que profetices otra vez» (10:8-11; ver Ezeq. 3:1-3). Mostró una especial preocupación por los profetas cristianos (10:7; 11:10,18; 16:6; 18:20,24; 22:6,9) y condenó a todos los falsos profetas (16:13; 19:20; 20:10). Esto sugiere que Juan se consideraba a sí mismo como un profeta en la tradición de los profetas del A.T.

Cuando Juan se refirió a sí mismo, lo hizo con humildad, prefiriendo llamarse a sí mismo «siervo» de Dios o de Cristo (1:1; ver 2:20; 6:15; 7:3; etc.) y «hermano» (1:9). Aunque Juan era una figura autorizada en la comunidad cristiana, se presentaba a sí mismo como uno de los creyentes, un «copartícipe» con sus lectores en las dificultades, el reino y la resistencia paciente (1:9; ver 6:11; 12:10; 19:10; 22:9). Además, las pistas lingüísticas y estilísticas del texto sugieren firmemente que Juan era judío-cristiano originario de Palestina.[12] A la luz de estas observaciones hay buenas razones para creer que el autor del Apocalipsis fue Juan el apóstol, el hijo de Zebedeo.

Evidencia externa. La tradición de la Iglesia primitiva atribuye unánimemente el Apocalipsis al apóstol Juan. Pocos libros del N.T. tienen una atribución tan clara e inequívoca sobre su autoría.[13] El testimonio explícito e indiscutible que afirma la autoría apostólica de Juan se encuentra en los escritos de Justino Mártir (ca. 100-165), Ireneo (ca. 130-200), Clemente de Alejandría (ca. 150-215), Hipólito (ca. 170-236), Orígenes (ca. 185-254)

---

[9] Beale, *Book of Revelation* [Libro de Apocalipsis], 1127–28.

[10] Por ejemplo, «Yo, Daniel» (Dan. 7:15; 8:15,27; 9:2; 10:2,7; 12:5); «Yo, Baruc» (2 Apoc. Bar. 8:3; 9:1; 10:5; 11:1; 13:1; 32:8; 44:1); «Yo, Enoc» " (1 Enoc 12:3); «Yo, Esdras» (4 Esd. 2:33). Ver también H. B. Swete, *Commentary on Revelation* [Comentario sobre el Apocalipsis] (Grand Rapids: Kregel, 1977; repr. de la 3.ª ed. de *The Apocalypse of St. John* [El Apocalipsis de San Juan] [1911]), 11; Aune, *Revelation* [Apocalipsis] 1-5, 75.

[11] Ver especialmente F. D. Mazzaferri, *The Genre of the Book of Revelation from a Source-critical Perspective* [El género del libro de Apocalipsis desde una perspectiva crítica], BZNW 54 (Berlín: W. de Gruyter, 1989), 259-378. Sobre los relatos de llamadas proféticas del Antiguo Testamento, ver *ibid.*, 88-102; D. E. Aune, *Prophecy in Early Christianity and the Ancient Mediterranean World* [La profecía en el cristianismo temprano y en el antiguo mundo mediterráneo] (Grand Rapids: Eerdmans, 1983), 97-103.

[12] Esta opinión es sostenida por la mayoría de los estudiosos, incluyendo a Carlos, *Revelation of St. John* [Apocalipsis de San Juan], 1.xliv; Aune, *Revelation* [Apocalipsis] 1-5, l; y G. R. Beasley-Murray, *Revelation* [Apocalipsis], NCBC (Londres: Oliphants, 1974), 35-37.

[13] Ver Charles, *Revelation of St. John* [Apocalipsis de San Juan], 1.c; D. Guthrie, *New Testament Introduction* [Introducción al Nuevo Testamento], ed. rev. (Downers Grove: InterVarsity, 1990), 933; D. A. Carson y D. J. Moo, *An Introduction to the New Testament* [Una introducción al Nuevo Testamento], 2.ª ed. (en inglés). (Grand Rapids: Zondervan, 2005), 701.

y Tertuliano (ca.160-225).[14] Justino Mártir en el siglo II (ca. 100-165) proporcionó la primera evidencia existente de que el apóstol Juan escribió el Apocalipsis (Justino, *Diálogo con Trifón* 81.4; ver Eusebio, *Hist. Ecl.* 4.18.8).

Esta tradición no solo fue repetida y afirmada por los padres de la Iglesia; no hay absolutamente ningún indicio de opiniones contrarias sobre la autoría apostólica de Juan. Esta evidencia es tan fuerte que Guthrie observa que quienes niegan la autoría apostólica de Juan suponen que los primeros padres de la Iglesia simplemente ignoraban los verdaderos orígenes del libro y asumían erróneamente que el autor debía ser el hijo de Zebedeo.[15] Por lo tanto, estas primeras tradiciones son un caso sólido para Juan, el hijo de Zebedeo, como autor del Apocalipsis.

Fecha

La opinión académica sobre la fecha de composición de Apocalipsis se divide en una fecha temprana (64-69) y una fecha tardía (95-96). Aunque aún existe incertidumbre, la fecha tardía, durante el reinado de Domiciano, tiene un apoyo considerablemente mayor.

Evidencia interna. El Libro del Apocalipsis proporciona las siguientes pistas con respecto a su fecha de composición: (1) la persecución de las iglesias de Asia menor; (2) la condición espiritual de estas iglesias; (3) el culto al emperador; y (4) las referencias a «Babilonia» en Apocalipsis.

Tipo de persecución. Uno de los argumentos más comunes para fechar Apocalipsis es la noción de que en el momento de la composición los cristianos estaban bajo una cruel persecución. A través de la historia de la Iglesia, Domiciano ha sido visto como un gran perseguidor de la Iglesia (Eusebio, *Hist. Ecl.* 4.26.9). Pero en las últimas décadas esta suposición ha sido cuestionada cada vez más debido a la escasez de pruebas que apoyen una persecución en todo el Imperio instigada por Domiciano. Por lo tanto, los defensores de una fecha temprana sostienen que la persecución de los cristianos reflejada en Apocalipsis corresponde mejor a la persecución de Nerón.

El libro de Apocalipsis indica varios grados de persecución y anticipa la persecución en una escala mucho más grande en el futuro cercano. El destierro de Juan a Patmos se produjo por la hostilidad a los reclamos del evangelio (1:9). Las cartas a las iglesias de Asia Menor también muestran la persecución local, aunque la persecución experimentada por los cristianos en Asia Menor no resultó en muerte, excepto por un caso (Antipas) en la ciudad de Pérgamo (2:13). Estos y otros ejemplos favorecen la época de Domiciano. En primer lugar, la persecución no es lo suficientemente severa como para ser asociada con Nerón. Segundo, aunque la idea de que Domiciano instituyó una persecución por todo el Imperio ha sido exagerada,[16] el hecho de que no persiguiera sistemáticamente a los cristianos, no

---

[14] Ireneo, *Contra las herejías* 4.20.11; Clemente de Alejandría, *Paed.* 2.119; *Quis div.* 42; *Stromateis* 6.106; Hipólito, *Anticristo* 36; Orígenes, *Comentario a Juan* 2.4; Tertuliano, *Contra Marción* 3.14.3; 3.24.4.

[15] Guthrie, *Introduction* [Introducción], 935.

[16] A. J. Bell, *The Date of John's Apocalypse: The Evidence of Some Roman Historians Reconsidered* [La fecha del Apocalipsis de Juan: Reconsideración de la evidencia de algunos historiadores romanos], NTS 25 (1978): 93-97; J. C. Wilson, *The Problem of the Domitianic Date of Revelation* [El problema de la fecha del Apocalipsis de Domiciano], NTS 39 (1993):

significa que estuviera a favor de ellos. Al contrario, los creyentes eran despreciados en todo el Imperio. No todos los creyentes en Asia menor se enfrentaron al mismo nivel de antagonismo; parece que la persecución fue más intensa en las ciudades que competían por el favor de Roma. Esto también sugiere la época de Domiciano.

El estado de las iglesias en Asia Menor. En cuanto al estado de las iglesias en Asia Menor como se describe en Apocalipsis, muchas de ellas estaban claramente en una estado moral y espiritual deteriorado. Los cristianos de Éfeso habían abandonado su «primer amor» (2:4). Las iglesias de Pérgamo y Tiatira habían permitido, e incluso sucumbido a la falsa enseñanza (2:14-15,20-24). Los creyentes en Sardis se habían vuelto espiritualmente letárgicos (3:1-2). Los habitantes de Laodicea se habían entregado a una autosuficiencia «tibia» y arrogante (3:15-17).[17] Aunque se puede argumentar que desarrollar este tipo de apatía espiritual habría llevado algún tiempo, lo que apoyaría una fecha tardía, esta evidencia no es concluyente por sí misma, especialmente porque algunas de las iglesias de Pablo desarrollaron problemas similares en los años 50 y 60.[18]

El culto al emperador. El culto al emperador es significativo ya que muchos han sugerido una fecha en la época de Domiciano debido a la retórica anti imperial del libro.[19] La frase «Señor nuestro Dios» (4:11; ver 19:6), en particular, es paralela al latín *dominus et deus noster*, un título aplicado a Domiciano durante su reinado (Suetonio, *Dom.* 13.2). La fidelidad al único Dios verdadero en medio de una sociedad idólatra es uno de los principales temas del libro. Abundan las pruebas de los críticos y partidarios de Domiciano de que arrogaba títulos de divinidad más allá de lo culturalmente aceptable. Aparte de las excesivas afirmaciones de Calígula sobre la divinidad,[20] Domiciano fue el primer emperador romano que adoptó e incluso ordenó el título *deus*,[21] una afirmación que sus críticos encontraron repulsiva.[22]

588-96; L. L. Thompson, *The Book of Revelation: Apocalypse and Empire* [El libro de Apocalipsis: Apocalipsis e imperio] (Nueva York: Oxford Univ. Press, 1990), 116.

[17] Algunos también señalan la referencia a la riqueza de Laodicea como prueba para una fecha posterior, ya que la ciudad fue destruida por un terremoto ca. 61 y reconstruida sin la ayuda de Roma (Tácito, *Ann.* 14.27.1). Si la ciudad hubiera sido destruida, naturalmente se esperaría una fecha mucho más tardía para la composición de la carta. Ver C. J. Hemer, *The Letters to the Seven Churches of Asia in Their Local Setting* [Las cartas a las siete iglesias de Asia en su entorno local], JSNTSup 11 (Sheffield: JSOT, 1986), 193-96; L. Morris, *The Revelation of St. John* [Apocalipsis de San Juan], TNTC (Grand Rapids: Eerdmans, 1969), 37.

[18] Ver C. H. H. Scobie, *Local References in the Letters to the Seven Churches* [Referencias locales en las cartas a las siete iglesias], NTS 39 (1993): 606-24.

[19] L. Mowry, *Revelation 4-5 and Early Christian Liturgical Usage* [Apocalipsis 4-5 y el uso litúrgico de los primeros cristianos], JBL 71 (1952): 80; Beale, *Book of Revelation* [Libro del Apocalipsis], 335; C. S. Keener, *Revelation* [Apocalipsis], NIVAC (Grand Rapids: Zondervan, 2000), 176; Osborne, Apocalipsis, 240; Aune, Apocalipsis 1-5, 310; id, *The Influence of Roman Imperial Court Ceremony on the Apocalypse of John* (La influencia de la ceremonia de la corte imperial romana en el Apocalipsis de Juan), BibRes 28 (1983): 20-22.

[20] Philo, Legat. 353; J. S. McLaren, *Jews and the Imperial Cult: From Augustus to Domitian* [Los judíos y el culto imperial: De Augusto a Domiciano], JSNT 27 (2005): 266-69.

[21] T. B. Slater, *On the Social Setting of the Revelation to John* [Sobre el escenario social del Apocalipsis de Juan], NTS 44 (1998): 236.

[22] Suetonius, *Dom.* 13.2; Dio Cassius, *Hist.* 67.4.7; 67.13.4; ver Dio Chrysostom, *Def.* 45.1; Juvenal, *Sat.* 4.69–71. Ver también F. O. Parker, «Our Lord and God» in Rev. 4:11: Evidence for the Late Date of Revelation? [«Señor» en Apocalipsis 4:11: ¿Evidencia de la fecha tardía de Apocalipsis?], Bib 82 (2001): 209.

Si bien la referencia a «Señor» en 4:11 no señala de manera concluyente al emperador en el momento de la composición, de todos los emperadores Domiciano es el candidato más probable. Es cierto que a todos los emperadores se les concedió cierta medida de divinidad, pero esta práctica parece haber alcanzado un nuevo nivel bajo Domiciano. Lo que, es más, en los relatos del conflicto de Nerón con los cristianos, no hay evidencia de que Nerón afirmara ser divino. Lo mismo es cierto para todos los otros emperadores anteriores a Domiciano. Si 4:11 representa un reclamo en competencia por «Señor», la evidencia favorece el tiempo de Domiciano para la fecha del libro.

La ciudad «Babilonia». Las referencias a la ciudad «Babilonia» en la última mitad del libro (14:8; 16:19; 17:5; 18:2,10,21) son intrigantes. En 17:9, al explicar la visión de la mujer montada sobre una bestia escarlata de siete cabezas, el ángel intérprete explica que «… Las siete cabezas son siete montes, sobre los cuales se sienta la mujer». Dado que Roma era conocida en todo el mundo antiguo como la ciudad de las siete colinas, «Babilonia» debe ser equiparada con Roma.[23] Esto representa una importante prueba que apoya una fecha posterior al año 70.[24] La razón por la que «Babilonia» se convirtió en un nombre en clave adecuado para Roma es que ambos imperios destruyeron el templo de Jerusalén. Dos apocalipsis judíos posteriores al año 70 utilizan «Babilonia» como clave para Roma (4 Esd. 3:1-2,28-31; 2 Bar. 10:1-3; 11:1; 67:7; comp. *Sib. Or.* 5.143, 159-60).[25] Esto constituye una prueba convincente para identificar a «Babilonia» como Roma en Apocalipsis, lo que sugiere una fecha de composición posterior al año 70.

Evidencia externa. Las primeras tradiciones ubicaron Apocalipsis durante los reinados de Claudio, Nerón, Domiciano o Trajano. La mayor parte de la tradición de la Iglesia primitiva apoya la época de Domiciano.[26] El testimonio de Ireneo constituye la primera prueba disponible sobre la fecha del Apocalipsis (ca. 130-200).[27] Ireneo, oriundo de Esmirna, puede haber recibido su información directamente de Policarpo, discípulo de Juan (Ireneo, *Contra las herejías* 3.3.4), y su pronunciamiento tuvo amplia aceptación en la Iglesia primitiva.

El testimonio de Ireneo fue confirmado por Clemente de Alejandría (ca. 150-215), Orígenes (ca. 185-254), Victorino (muerto ca. 304), Eusebio (ca. 260-340) y Jerónimo (ca. 354-420). Clemente y Orígenes declararon que Juan escribió desde Patmos, pero no

---

[23] Virgil, *Georg.* 2.535; *Aen.* 6.738; Horace, *Carm.* 7; Cicero, *Att.* 6.5; Suetonius, *Dom.* 4; *Sib.* Or. 2.18; 13.45; 14.108; Keener, *Revelation* [Apocalipsis], 408n21.

[24] A. Y. Collins, *Crisis and Catharsis: The Power of the Apocalypse* [Crisis y catarsis: el poder del Apocalipsis] (Filadelfia: Westminster, 1984), 57-58; J. N. Kraybill, *Imperial Cult and Commerce in John's Apocalypse* [El culto y el comercio imperiales en el Apocalipsis de Juan], JSNTSup 127 (Sheffield: Sheffield Academic Press, 1996), 142-47; S. J. Friesen, *Imperial Cults and the Apocalypse of John: Reading Revelation in the Ruins* [Los cultos imperiales y el apocalipsis de Juan: Leyendo el Apocalipsis en las ruinas] (Oxford: University Press, 2001), 138-40.

[25] Ver J. J. Collins, *The Apocalyptic Imagination* [La imaginación apocalíptica], 2.ª ed. (Grand Rapids: Eerdmans, 1998), 196.

[26] Ireneo, *Contra las herejías* 5.30.3; Clemente de Alejandría, *Quis dives salvetur* 42; Orígenes, *Homilía sobre Mateo* 16.6; Victorino, *Apocalipsis* 10.11; Eusebio, *Hist. Ecl.* 3.18; 3.20; Jerónimo, *De Viris illustribus* 9.

[27] Melito de Sardis (muerto ca. 190) también apoyó una fecha en la época de Domiciano como la registrada por Eusebio (*Hist. Ecl.* 4.26.9). Escribió un comentario sobre el Apocalipsis y en su protesta contra Marco Aurelio argumentó que Nerón y Domiciano persiguieron injustamente a los cristianos. Ver Carlos, *Revelation of St. John* [Apocalipsis de San Juan], 1.xcii.

nombró al emperador. Clemente, escribió al final del primer siglo que Juan fue liberado del exilio en Patmos después de la muerte del «tirano».[28] Aunque no proporcionó el nombre, Eusebio asumió que era Domiciano.[29] Después de la muerte de Domiciano, Nerva prometió una «nueva era» de libertad y justicia.[30] El tirano en cuestión podría muy bien ser Domiciano, lo que corroboraría la fecha indicada por Ireneo.

Eusebio aceptó el testimonio de Ireneo, afirmando que Apocalipsis fue escrito en el decimocuarto año del reinado de Domiciano (ca. AD 95; *Hist. Ecl.* 3.18.1-3 citando a Ireneo, *Contra las herejías* 5.30.3).[31] Describió a Domiciano como un tirano cruel, el sucesor de Nerón, en su hostilidad a Dios y su persecución de los cristianos.[32] También afirmó la tradición de que después de que Juan fuera liberado de Patmos, se estableció en Éfeso después de la muerte de Domiciano.[33] Si sus fuentes se equivocaron y no hubo tal persecución, su cita se vuelve sospechosa. En cualquier caso, el testimonio de Eusebio conserva una tradición que atribuye a Apocalipsis una fecha tardía que fue ampliamente aceptada en la Iglesia primitiva.

Conclusión. El predominio de las evidencias internas y externas sugiere que la fecha más probable de composición es a mediados de los años 90, durante el reinado de Domiciano. La evidencia externa favorece abrumadoramente la fecha tardía, que se convirtió en la tradición establecida a lo largo de la historia de la Iglesia. La evidencia interna, aunque menos que concluyente, también tiende a apoyar una fecha posterior. Aunque algunos pasajes pueden reflejar circunstancias históricas previas a los años 70, la mayoría de las pruebas parecen apuntar a una fecha posterior. El libro del Apocalipsis fue escrito alrededor del año 95-96 por Juan, en obediente sumisión a la visión que recibió mientras estaba en el exilio en Patmos.

Procedencia

Juan reveló el lugar donde recibió su visión como la pequeña isla de Patmos en el Mar Egeo (1:9b).[34] Plinio y Estrabón mencionan brevemente a Patmos entre las islas de las Espóradas.[35] Estaba situada a unas 40 millas (65 km) al oeste de Mileto y casi 60 millas (100 km) al suroeste de Éfeso. Esta proximidad al continente de Asia menor demuestra su inclusión en los límites provinciales. Patmos podría haber funcionado como un lugar de exilio, pero no existen registros que lo identifiquen como tal. Aunque no está deshabitado,

---

[28] Clement, *Quis div. salv.* 42; cf. Eusebius, *Hist. Ecl.* 3.23.5–19.

[29] Eusebio, *Hist. Ecl.* 3.23.1; cf. Aune, *Revelation* [Apocalipsis] 1-5, lix. Sobre la liberación de los desterrados bajo Domiciano, ver Plinio, *Ep.* 1.5.10; 9.13.5; Dio Crisóstomo, *Or.* 13.

[30] Tacitus, *Agr.* 3; comp. Thompson, *Book of Revelation* [Libro de Apocalipsis], 110–11.

[31] Eusebius, *Chron.* PG 19.551–52; Aune, *Revelation* [Apocalipsis] 1–5, lix.

[32] Eusebio, *Hist. Ecl.* 3.17.1; 3.18.4; también (*ibid.*, 3.20.7) citó a Tertuliano (*Apol.* 5) quien declaró: «Domiciano también trató de hacer lo mismo que él, pues era un Nerón en la crueldad, pero, creo, en la medida en que tenía algún sentido, se detuvo de inmediato y recordó a los que había desterrado».

[33] Eusebius, *Hist. Ecl.* 3.20.8–9; ver Clemente, *Quis div. salv.* 42; Jerome, *De Viris illustribus* 9.

[34] La isla tenía una circunferencia de unas 30 millas según Plinio el Viejo, *Nat.* 4.12.23, 69; Estrabón, *Geog.* 10.5.13; ver Tucídides, *Peloponnesian War* [Guerra del Peloponeso] 3.33.3.

[35] Plinio el Viejo, *Nat.* 4.12.69; Estrabón, *Geog.* 10.5.14.

El libro de Apocalipsis

el pequeño terreno rocoso de Patmos lo convertía en un lugar ideal para el destierro. Juan indicó que la razón por la que estaba allí era «la palabra de Dios y por el testimonio», lo que probablemente indicaba alguna forma de persecución (ver 6:9; 12:17; 20:4). Esto se apoya en la autoidentificación de Juan como un participante compañero de las iglesias en sus dificultades (1:9; ver 2:9,10,22; 7:14). Por tanto, la presencia de Juan en Patmos fue muy probablemente el resultado de la oposición oficial a su mensaje. Según Tertuliano (ca. 160-225), Juan fue exiliado a Patmos como un *insulam relegatur*.[36] Así, es probable que Juan fuera desterrado de Éfeso en Asia menor por un gobernador provincial.

Destinatarios, situación y propósito

El libro de Apocalipsis está dirigido a siete iglesias a finales del primer siglo (95-96). Juan se dirigió a los cristianos que vivían en ciudades a lo largo de una ruta en la provincia romana de Asia menor.[37] Las ciudades eran Éfeso, Esmirna, Pérgamo, Tiatira, Sardis, Filadelfia y Laodicea. Juan declaró explícitamente varias veces que escribirles era una orden directa del Señor (1:11,19; ver 2:1, etc.).

La visión de Juan llegó en un momento en el que las iglesias de Asia menor necesitaban aliento para permanecer fieles a Cristo y soportar las dificultades mientras nadaban contra las corrientes de la cultura circundante (caps. 2-3). La situación implícita es que los cristianos de estas ciudades se encontraban en la encrucijada entre la fe y la cultura, teniendo que elegir entre el compromiso con el sistema del mundo y su compromiso con Cristo.

La cultura dominante estaba impregnada de paganismo grecorromano con su plétora de dioses y templos. Los cristianos representaban un grupo religioso que penetraba en todos los niveles de la sociedad y consistía en judíos y gentiles. Eran monoteístas tenaces que se negaban a participar en los gremios comerciales locales o en cualquier otro ritual pagano común, incluido el culto imperial. El culto imperial había existido como parte del clima religioso de Asia menor desde la época de Augusto. Pérgamo acogió el primer templo dedicado a Augusto y a la diosa Roma para toda la provincia de Asia a partir del año 29 a.C. y permaneció activo mucho más allá del reinado de Adriano.[38] Durante el reinado de Tiberio, las ciudades de Sardis y Esmirna compitieron por el derecho a albergar un segundo culto imperial provincial en Asia, que fue conquistado por Esmirna en el año 26 d.C.[39] Durante el reinado de Domiciano, la ciudad de Éfeso erigió un tercer templo imperial sin precedentes en Asia Menor (89/90).[40] Algunas estimaciones atestiguan la existencia de más de 80 templos imperiales pequeños localizados en más de 60 ciudades de Asia

---

[36] Tertuliano, *Praescr.* 36; ver Jerónimo, *De Viris illustribus* 9.

[37] El camino que conectaba las ciudades formaba un circuito en forma de herradura, y cada ciudad podía ser alcanzada en uno o dos días a pie. Ver D. A. deSilva, *Introduction to the New Testament: Context, Methods, and Ministry Formation* [Introducción al Nuevo Testamento: Contexto, métodos y formación del ministerio] (Downers Grove: InterVarsity, 2004), 895.

[38] S. J. Friesen, *Imperial Cults and the Apocalypse of John: Reading Revelation in the Ruins* [Cultos imperiales y el Apocalipsis de Juan: Leyendo el Apocalipsis en las ruinas] (Oxford: Oxford Univ. Press, 2001), 25, 27.

[39] *Ibid.*, 36-38. Así Tácito, *Anales* 4.15.

[40] Friesen, *Imperial Cults* [Cultos imperiales], 44–46.

menor.[41] El culto funcionaba políticamente para expresar cuán agradecidas y leales eran las provincias al emperador, utilizando las convenciones religiosas con fines políticos.[42] Desde sus comienzos, el emperador, junto con la diosa Roma, era adorado y honrado por su benevolencia hacia las provincias.

El culto imperial, sin embargo, era mucho más que solo una herramienta política; los participantes en realidad adoraban al emperador como algo divino. El uso del término *theos* («dios»), aunque poco frecuente, atestigua el hecho de que los adoradores estimaban a los emperadores elevándolos a un nivel superior al de los mortales normales. El conflicto con el culto imperial en Apocalipsis difícilmente puede ser ignorado. Al parecer existen referencias frecuentes al culto imperial en la última mitad de la segunda visión (13:4,15-16; 14:9-11; 15:2; 16:2; ver 20:4). Juan previó un tiempo en el que la adoración a un gobernante se intensificaría hasta el punto de que todos los habitantes de la tierra tuvieran que participar obligatoriamente.[43] Los cristianos que se negaran a inclinarse en adoración a la bestia provocarían su ira y serían ejecutados (13:15; ver 6:9; 18:24; 20:4). Sin embargo, se exhorta a los creyentes permanecer fieles y leales a Cristo, aunque esto signifique la muerte (2:10,13; 13:10; 14:12; 17:14).

Si bien el clima religioso y político local de cada ciudad variaba, Juan, como alguien en un injusto exilio, escribió a los creyentes que se enfrentaban a una injusticia similar. Los creyentes podían sucumbir a la desesperación por el triunfo de un sistema de justicia corrupto que condena a los inocentes simplemente por su fe cristiana. Pero la visión de Juan calma estos temores al describir la eventual reversión de estos enmascarados de la justicia. Esta preocupación por la reivindicación es expresada por las almas mártires en el altar (6:9-11; 16:7). Apocalipsis describe a Jesús como quien ejerce la máxima autoridad judicial y como quien es digno de desatar la ira de Dios sobre la obstinada humanidad (1:12-20; 5:2-4; ver Juan 5:17-29). Independientemente del destino de los cristianos bajo jueces injustos, un día reinarán con Cristo y ayudarán a ejecutar el juicio de las naciones (20:4).[44] Así, el propósito es consolar a los cansados y oprimidos, fortalecer la fidelidad y la resistencia y limpiar a las iglesias de la herejía y comprometerse describiendo la realidad celestial de Jesús como el juez glorificado y todos los acontecimientos que rodean Su regreso para establecer Su reino en la tierra.

---

[41] S. R. F. Price, *Rituals and Power: The Roman Imperial Cult in Asia Minor* [Rituales y poder: El culto imperial romano en Asia menor] (Cambridge: Cambridge Univ. Press, 1998), 135. Para un excelente mapa que localiza los templos imperiales en Asia Menor, ver M. Wilson, *Charts on the Book of Revelation: Literary, Historical, and Theological Perspectives* [Gráficos del libro de Apocalipsis: Perspectivas literarias, históricas y teológicas] (Grand Rapids: Kregel, 2007), 115.

[42] Price, *Rituals and Power* [Rituales y poder], 16, 29–31.

[43] Ver D. A. deSilva, *The «Image of the Beast» and the Christians in Asia Minor: Escalation of Sectarian Tension in Revelation 13* [La «imagen de la bestia» y los cristianos en Asia menor: La escalada de la tensión sectaria en Apocalipsis 13], TrinJ 12 (1991): 197–201.

[44] D. A. deSilva, *Honor Discourse and the Rhetorical Strategy of the Apocalypse of John* [El discurso del honor y la estrategia retórica del Apocalipsis de Juan], JSNT 71 (1998): 98.

LITERATURA

Género

La misma palabra *apocalipsis* evoca una diversidad de imágenes. Los estudiosos suelen distinguir entre: 1) «apocalipsis»; 2) «apocalíptico»; y 3) «apocalipticismo».[45] *Apocalipsis* se refiere a un género particular de literatura escrito entre aproximadamente los años 200 a.C. y el 200 d.C.[46] El adjetivo *apocalíptico* se utiliza para describir el género literario o la cosmovisión. *Apocalipticismo* denota una cosmovisión, una ideología o una teología que fusiona los objetivos escatológicos de grupos particulares en un ámbito cósmico y político.[47]

J. J. Collins y otros académicos desarrollaron la siguiente definición clásica:

> «Apocalipsis» es un género de literatura reveladora con un marco narrativo, en el que una revelación es mediada por un ser de otro mundo a un receptor humano, revelando una realidad trascendente que es a la vez temporal, en la medida en que prevé una salvación escatológica, y espacial, en la medida en que implica otro mundo sobrenatural.[48]

Esta definición hace hincapié en la forma como marco narrativo en el que interviene un mediador de otro mundo y en que el contenido incluye elementos tanto temporales (salvación escatológica) como espaciales (mundo sobrenatural). Pero esta definición carece de toda referencia a la *función* de un apocalipsis. Por esta razón, un grupo de estudio posterior añadió que un apocalipsis «pretende interpretar las circunstancias presentes y terrenales a la luz del mundo sobrenatural y del futuro, e influir en la comprensión y el comportamiento de la audiencia por medio de la autoridad divina».[49]

El libro de Apocalipsis es único en la Biblia, no solo porque representa el pináculo de la revelación inspirada, sino también porque es el único libro apocalíptico del N.T. Apocalipsis exhibe elementos consistentes con los géneros apocalíptico, profecía y carta. Algunos mantienen que la segunda palabra del libro, «revelación» (*apokalupsis*), sugiere una clasificación de género inmediata, especialmente dado el uso del lenguaje e imágenes apocalípticas a lo largo del libro. Pero una designación más precisa del género se produce en los pasajes en los que Juan identificó el libro como una «profecía» (1:3; 22:7,10,18-19; comp. 11:16; 19:10). Esta estrecha asociación entre el apocalipsis y la profecía es natural porque el género apocalíptico se deriva de la profecía del A.T. y permanece bajo su

---

[45] P. Hanson, *Dawn of Apocalyptic* [El amanecer del Apocalipsis] (Philadelphia: Fortress, 1975), xi; Collins, *Apocalyptic Imagination* [Imaginación apocalíptica], 2.

[46] Collins, *Apocalyptic Imagination* [Imaginación apocalíptica], 21.

[47] K. Koch, *The Rediscovery of Apocalyptic* [El redescubrimiento del Apocalipsis], traducción M. Kohl (Naperville: A. R. Allenson, 1972), 28–33.

[48] J. J. Collins, *Introduction: Towards the Morphology of a Genre* [Introducción: Hacia la morfología de un género], Sem 14 (1979): 9.

[49] A. Y. Collins, *Introduction: Early Christian Apocalypticism* [Introducción: Apocalipsis cristiano temprano], Sem 36 (1986): 7.

rúbrica.[50] Los escritos apocalípticos derivados de los oráculos proféticos, y por lo tanto las líneas de demarcación que separan estos géneros, son algo fluidas. Es más, el Apocalipsis está dirigido a congregaciones específicas y por lo tanto también tiene ciertas características epistolares.

Por lo tanto, Apocalipsis constituye un género mixto. El libro cae dentro del género general de la profecía, pero corresponde a los escritos apocalípticos en muchos aspectos. G. E. Ladd defendió correctamente la designación como «profético-apocalíptico».[51] Fiorenza también sostuvo que la dicotomía entre apocalíptico y profecía no puede sostenerse en lo que respecta a Apocalipsis, ya que el libro combina ambos elementos.[52] La mejor evaluación general con respecto al género de Apocalipsis es que el libro constituye «una profecía en un molde apocalíptico escrita en forma de carta».[53]

Plan literario

Como un caleidoscopio, las escenas se transforman ante los ojos del lector con una multitud de símbolos, colores, números y seres celestiales, dejando a muchos desconcertados y confusos respecto al plan literario del libro del Apocalipsis.[54] Los rápidos cambios de escenario con varias inserciones o interpolaciones, recapitulaciones y anexos, han hecho que algunos intérpretes concluyan que el libro consiste en un mosaico de visiones compuestas en varios escenarios durante períodos de tiempo prolongados.[55] Pero estos críticos de las fuentes y la composición no han reconocido que en su forma actual Apocalipsis representa una unidad literaria.

El libro de Apocalipsis representa una obra maestra literaria intrincada, con la intención de transmitir un mensaje unificado. El ensayo fundamental de Bauckham sobre la estructura de Apocalipsis, demuestra de manera convincente la naturaleza intrincada de su composición y unidad literaria.[56] Es más, los enfoques de la crítica narrativa no solo suponen esta unidad, sino que ayudan a demostrar cómo Apocalipsis presenta una composición literaria unificada.[57] Como tal, Apocalipsis cuenta una historia completa con personajes, escenarios, trama y clímax.

---

[50] Elisabeth Schüssler Fiorenza, *The Book of Revelation: Justice and Judgment* [El libro de Apocalipsis: Justicia y juicio], 2.ª ed. (Minneapolis: Fortress, 1998), 138.

[51] G. E. Ladd, *Why Not Prophetic-Apocalyptic?* [¿Por qué no profético-apocalíptico?] JBL 76 (1957): 192–200.

[52] Fiorenza, *Book of Revelation* [Libro de Apocalipsis], 133–56.

[53] D. A. Carson, D. J. Moo, y L. Morris, *An Introduction to the New Testament* [Introducción al Nuevo Testamento] (Grand Rapids: Zondervan, 1992), 479.

[54] Ver E. F. Scott, *The Book of Revelation* [El libro de Apocalipsis] (New York: Charles Scribner's Sons, 1940), 44.

[55] Charles, *Revelation of St. John* [Apocalipsis de San Juan], 1.lxxxvii-xci; Aune, *Revelation 1–5* [Apocalipsis 1-5], cx-cxxxiv; Ford, *Revelation* [Apocalipsis], 50–57.

[56] R. Bauckham, *The Climax of Prophecy: Studies on the Book of Revelation* [El climax de la profecía: Estudios sobre el Libro de Apocalipsis] (London: T&T Clark, 1993), 3–22.

[57] L. L. Thompson, *The Literary Unity of the Book of Revelation* [La unidad literaria del libro de Apocalipsis], en *Mappings of the Biblical Terrain: The Bible as Text* [Mapeos del terreno bíblico: La Biblia como texto], ed. V. L. Tollers y J. Maier (Lewisburg: Bucknell Univ. Press, 1990), 347-63; J. L. Resseguie, *Revelation Unsealed: A Narrative Critical Approach to John's* Apocalypse [Apocalipsis sin sellar: Un acercamiento crítico narrativo al Apocalipsis de Juan], Biblical Interpretation Series 32 (Leiden: Brill, 1998); D. Lee, *The Narrative Asides in the Book of Revelation* [La narración de los lados en el libro de Apocalipsis] (Lanham: Univ. Press of America, 2002); J. R. Michaels, *Revelation 1.19 and the Narrative Voices of the Apocalypse* [Apocalipsis 1.19 y las voces narrativas del Apocalipsis], NTS 37 (1991): 604-20.

Los intentos de explicar la estructura de Apocalipsis son abundantes.[58] Aunque no existe un consenso formal, los estudiosos han logrado identificar numerosas características estructurales. Apocalipsis tiene un prólogo claramente definido (1:1-8) y un epílogo (22:6-21). Juan dividió el libro en cuatro visiones marcadas por la frase «en el Espíritu» (1:10; 4:2; 17:3; 21:10). Aunque algunos eruditos arreglan la estructura como una serie de sietes, solo hay cuatro ejemplos de una serie de sietes claramente enumerados (2:1-3:22; 6:1-8:1; 8:2-11:19; 15:1-16:21). Juan incluyó materiales que parecen interrumpir o vincular aspectos de la narración, que han sido etiquetados como interludios, intercalaciones,[59] entrelazados[60] o entretejidos.[61] Otra característica estructural comúnmente reconocida es el contraste entre la ciudad ramera de Babilonia (caps. 17-18) y la ciudad novia de la nueva Jerusalén (caps. 21-22).

Como se ha mencionado, Apocalipsis consiste en cuatro visiones separadas e interrelacionadas introducidas por la frase «en el Espíritu», las cuales ocurren en un solo día (1:10).[62] M. Tenney señaló cómo «cada vez que ocurre esta frase, el vidente se encuentra en un lugar diferente».[63] La frase indica un cambio de escenario desde Patmos (1:9) al salón del trono celestial (4:1-2), a un desierto (17:3), y finalmente a una gran montaña alta (21:10). Además, la frase «te mostraré» sobresale tres veces (4:1; 17:1; 21:9) en estrecha proximidad a «en el Espíritu» (4:2; 17:3; 21:10), lo que sugiere que estas dos frases se utilizan conjuntamente para señalar transiciones estructurales importantes.[64] Curiosamente, 4:1-2 también contiene una de las tres ocurrencias de la frase «las cosas que deben suceder» (1:1; 4:1; 22:6), que subraya la naturaleza profética de 4:1-22:6.[65]

BOSQUEJO
I. PRÓLOGO (1:1-8)
II. VISIÓN UNO (EN PATMOS): CRISTO GLORIFICADO INVESTIGA SUS IGLESIAS (1:9-3:22)
   a. La visión inaugural de Jesucristo (1:9-20).
   b. Los mensajes a las siete iglesias de Asia menor (2:1-3:22).

---

[58] Ver D. L. Barr, *Tales of the End: A Narrative Commentary on the Book of Revelation* [Cuentos del fin: Un comentario narrativo sobre el libro de Apocalipsis] (Santa Rosa: Polebridge, 1998), 10; Beale, *Book of Revelation* [Libro de Apocalipsis], 108; Bauckham, *Climax of Prophecy* [Clímax de la profecía], 21.

[59] R. J. Loenertz, *The Apocalypse of Saint John* [El Apocalipsis de San Juan], traducción H. Carpenter (New York: Sheed & Ward, 1948), xiv-xix; Fiorenza, *Composition and Structure of the Book of Revelation* [Composición y estructura del libro de Apocalipsis], CBQ 39 (1977): 360–61.

[60] M. S. Hall, *The Hook Interlocking Structure of Revelation: The Most Important Verses in the Book and How They May Unify Its Structure* [La estructura entrelazada de Apocalipsis: Los versículos más importantes del libro y cómo pueden unificar su estructura], NovT 44 (2002): 278–96.

[61] Bauckham, *Climax of Prophecy* [Clímax de la profecía], 9.

[62] *Ibid.*, 3.

[63] M. C. Tenney, *Interpreting Revelation* [Interpretando Apocalipsis] (Grand Rapids: Eerdmans, 1957), 33. Ver también G. E. Ladd, *A Commentary on the Revelation of John* [Comentario sobre el Apocalipsis de Juan] (Grand Rapids: Eerdmans, 1972), 14.

[64] Beale, *Book of Revelation* [Libro de Apocalipsis], 110.

[65] *Ibid.*, 152–70; W. C. van Unnik, *A Formula Describing Prophecy* [Una fórmula que describe la profecía], NTS 9 (1963): 92–94.

III. VISIÓN DOS (EN EL CIELO): LOS PROCEDIMIENTOS DE LA CORTE DIVINA Y EL JUICIO DE LAS NACIONES (4:1-16:21)
   a. Transición de Patmos al cielo (4:1-2).
   b. Adoración alrededor del trono (4:3-11).
   c. La corte divina (5:1-14).
   d. Juicios de la investigación preliminar (6:1-17).
   e. Primer interludio: el sello protector del pueblo de Dios (7:1-17).
   f. Juicios de investigación escatológica (8:1-9:21).
   g. Segundo interludio: el pueblo de Dios como testigos proféticos (10:1-11:19).
   h. Tercer interludio: la narrativa de señales/pueblo de Dios en la guerra santa (12:1-15:8).
   i. Juicios finales de la investigación: las siete copas (16:1-21).
IV. VISIÓN TRES (EN EL DESIERTO): LA DESTRUCCIÓN DE BABILONIA Y EL REGRESO DE CRISTO (17:1-21:8)
   a. La transición: «Ven acá, y te mostraré la sentencia contra la gran ramera» (17:1-2).
   b. Descripción de la ciudad prostituta de Babilonia (17:3-6).
   c. La ciudad prostituta de Babilonia como Roma (17:7-18).
   d. Juicio y sentencia de Babilonia (18:1-24).
   e. Celebración celestial de la destrucción de Babilonia (19:1-10).
   f. El guerrero divino y el juicio final (19:11-20:15).
   g. Renovación de la creación y la llegada de la nueva Jerusalén (21:1-8).
V. VISIÓN CUATRO (EN UNA MONTAÑA): LA RECOMPENSA DE LOS CREYENTES Y LA RENOVACIÓN DE LA CREACIÓN (21:9-22:5)
   a. La transición: «Ven acá, yo te mostraré la desposada» (21:9-10).
   b. Descripción de la nueva Jerusalén descendiendo del cielo (21:11-27).
   c. El paraíso de Dios: Renovación de la creación (22:1-5).
VI. EPÍLOGO (22:6-21)

DISCUSIÓN UNIDAD POR UNIDAD

I. Prólogo (1:1-8)

El prólogo informa al lector que este es un libro revelador que contiene una visión sobre Jesús, con Su retorno como contenido, Juan como vidente, y las iglesias como receptores. Dios dio esta revelación para que todos sus siervos sepan lo que debe suceder en el futuro cercano. La autoridad divina de esta visión se expresa a través de una cadena de intermediarios: Dios, Jesús, ángel, Juan, iglesias. Juan afirma la veracidad de esta visión presentándola como testimonio de todo lo que vio y oyó.

Después de prometer una bendición al que lee, escucha y obedece la visión (1:4-6), Juan envió saludos de cada miembro de la Trinidad: el Padre, el Hijo y el Espíritu (simbolizada por «los siete espíritus»). Apocalipsis 1:7 habla del retorno visible y físico de Cristo al fusionar Daniel 7:13 con Zacarías 12:10. El prólogo termina con la afirmación de Dios Padre de que Él es el principio y el fin de la historia como el Eterno y Todopoderoso.

II. Visión uno (en Patmos): Cristo glorificado investiga Sus iglesias (1:9-3:22)

a. La visión inaugural de Jesucristo (1:9-20). La primera visión inicia con un relato del llamado de Juan a profetizar y la visión inaugural de Jesús en Su gloria, de pie, entre Sus iglesias. Juan, mientras estaba en Patmos, estaba en el Espíritu en el día del Señor y escuchó una fuerte voz que le ordenaba escribir la siguiente visión para siete iglesias en Asia menor. Se volvió para ver la voz que le hablaba, solo para descubrir al glorificado Señor Jesús. La visión de Él extendió los límites del lenguaje de Juan mientras intentaba describir a Jesús usando símiles extraídos de las teofanías del A.T.

Abrumado, Juan cayó a los pies de Jesús como si estuviera muerto. Cristo respondió colocando Su mano sobre Juan y anunciando que Él es el primero y el último, el resucitado vivo, y el que tiene autoridad sobre la muerte y la vida. Jesús explicó entonces que los siete candeleros son las siete iglesias de Asia, y las siete estrellas en Su mano son Sus ángeles. Esta identificación pasa de la visión inaugural de Cristo a los mensajes destinados a las siete iglesias.

b. Los mensajes a las siete iglesias de Asia menor (2:1-3:22). Los mensajes a las siete iglesias en los capítulos 2-3 representan la porción más familiar del libro de Apocalipsis y proporcionan las instrucciones más prácticas para los creyentes. Aunque estos mensajes abordan situaciones histórica y localmente confinadas a esas siete iglesias, se aplican universalmente a todas las iglesias a lo largo de todos los tiempos. Debido a que estas cartas difieren de los modelos normales de la escritura epistolar grecorromana, se acercan más a la clasificación de género de un oráculo profético.

Los mensajes comienzan con un discurso al ángel de la iglesia particular (comp. 1:20), un mandato para escribir, y una predicación que describe una característica de Cristo extraída de la visión inaugural y relevante para esa iglesia específica (2:1,8,12,18; 3:1a,7,14). El cuerpo oficial del mensaje comienza con el discurso «Yo conozco», que incluye ya sea elogios o acusaciones, o ambos (2:2,9,13,19; 3:1,8b,15). A continuación, Jesús amonesta a las iglesias, ya sea alentándolas a seguir perseverando en un cierto tipo de conducta o llamándolas a arrepentirse, acompañadas de una advertencia de consecuencias negativas en caso de desobediencia. Los dos últimos elementos de estos mensajes incluyen un llamamiento profético a escuchar lo que el Espíritu dice a las iglesias (2:7a,11a,17a,29; 3:6,13,22) y la promesa de liberación para los que perseveran (2:7b,11b,17b,26; 3:5,12,21).

III. Visión dos (en el cielo): los procedimientos de la corte divina y el juicio de las naciones (4:1-16:21)

a. Transición de Patmos al cielo (4:1-2). La entrada de Juan a través del umbral del cielo señala una importante transición hacia una nueva visión que también constituye una transición temática de una investigación jurídica de las iglesias a una investigación de las naciones (4:1-2).

b. Adoración alrededor del trono (4:3-11). La escena se transforma radicalmente de la estéril isla rocosa de Patmos al salón del trono celestial. El trono de Dios está en el centro de una serie de círculos concéntricos, representando Su soberanía sobre el cosmos.

Al describir su visión, Juan se basó en otras visiones proféticas relacionadas con el trono de Dios (por ejemplo, Ezeq. 1:5,10,18,22). La visión de Juan del salón del trono celestial ofrece una perspectiva apocalíptica que contrasta las pretensiones imperiales de soberanía cósmica con el verdadero Rey y Juez del universo. El concilio divino se reúne con el propósito de instalar un juez escatológico digno de procesar el juicio de Dios sobre los habitantes de la tierra.

c. La corte divina (5:1-14). La escena de la corte continúa en el capítulo 5 con la introducción del rollo y el Cordero. La escena representa la instalación de Cristo como Rey davídico y Su entronización a la derecha de Dios, así como Su comisión como Juez escatológico, que es el único digno de desencadenar el juicio de Dios sobre la humanidad. Un rollo sellado es traído, y un ángel anuncia la búsqueda de uno, que es digno de romper los sellos y abrirlos. Después de una extensa búsqueda en todo el orden creado, solo se encuentra uno (5:2-4). El Cordero, el León conquistador de la tribu de Judá, es considerado digno de tomar el rollo y asumir Su papel de Rey y Juez (5:5-7). El resto del capítulo elogia al Cordero. Este capítulo establece el escenario para el juicio de las naciones.

d. Juicios de la investigación preliminar (6:1-17). De la misma manera que Apocalipsis 5 se enfoca en el poder del Cordero para juzgar, los capítulos 6-16 muestran la justicia de Su juicio sobre la humanidad. El rollo con siete sellos descansa firmemente en las manos del Cordero que procede a romper los sellos. Como el contenido del rollo no puede ser leído hasta que se rompan todos los sellos, los sellos se entienden mejor como juicios preliminares. Los juicios introducidos por los sellos representan los «dolores de parto» que se producen antes de los próximos días de tribulación que precederán al regreso de Cristo (ver Mar. 13:8,19).

Los cuatro jinetes constituyen un patrón de conquista, guerra, hambre y muerte (6:1-8; ver Mat. 24:7). Los creyentes mártires y su llamamiento a la justicia (6:9-11) indican que durante este tiempo el pueblo de Dios seguirá soportando persecución. Los sellos también representan una intensificación progresiva que conduce a un tiempo de agitación cósmica como lo indica la ruptura del sexto sello. Los sellos inician los juicios preliminares contra las naciones e incluyen advertencias dirigidas a los violadores del pacto en las respectivas iglesias. Estos juicios preceden a las siete trompetas que constituyen la gran tribulación.

e. Primer interludio: el sello protector del pueblo de Dios (7:1-17). Antes de la tribulación, el primero de varios interludios entrelazados entre la serie de septetos asegura a los creyentes su protección del juicio divino y la salvación final (7:1-17). Juan colocó el interludio entre la ruptura del sexto y séptimo sellos (ver 6:12; 8:1). El interludio se divide en dos segmentos separados pero relacionados (7:1-8,9-17). La primera unidad se refiere al sello de los 144 000 para protección antes de la tribulación (ver 7:1,14; ver Ezeq. 9:4-6). Mientras que algunos ven a los 144 000 como un símbolo de la multitud de creyentes que han salido de la gran tribulación, otros toman la referencia literalmente como las doce tribus de Israel.

La segunda unidad se centra en la salvación del pueblo de Dios de cada nación, tribu, pueblo y lengua (7:9-17). El hecho de que este grupo esté de pie ante el trono de Dios responde a la pregunta de quién puede estar de pie durante el día de Su ira (ver 6:17).

Este interludio ofrece dos perspectivas con respecto al mismo grupo de personas. Lo más probable es que los 144 000 representen a toda la comunidad del nuevo pacto del pueblo de Dios que está *a punto de entrar* en la tribulación, mientras que la multitud de muchas naciones representa a la multitud de los redimidos que *salen* de la tribulación. El pueblo de Dios tiene la seguridad de que Dios los protegerá durante este tiempo de angustia.

f. Juicios de investigación escatológica (8:1-9:21). Después del sello protector de los siervos de Dios de los juicios divinos venideros, Juan regresó a la serie de septetos con la ruptura del séptimo sello en 8:1. Conectó los sellos a las trompetas, pero también conectó íntimamente los siguientes juicios con las trompetas y con los sellos anteriores. La ruptura del séptimo sello resulta en un silencio inmediato, seguido de la introducción de los siete ángeles y sus trompetas. Las primeras cuatro trompetas impactan toda la vida en la tierra: un tercio de la vegetación de la tierra se quema; un tercio del agua salada se convierte en sangre; un tercio del agua dulce se vuelve amarga; y un tercio del sol, la luna y las estrellas se vuelven oscuros.

Las últimas tres trompetas están dirigidas específicamente contra los habitantes de la tierra. La quinta trompeta libera una horda de demonios de langostas para azotar a los habitantes de la tierra, y la sexta trompeta libera una caballería demoníaca que inflige aún más terror. Los creyentes están exentos de los tres últimos juicios, ya que a las langostas se les ordena no dañar a los que tienen el sello de Dios en la frente (9:4). Aunque cada sonido sucesivo de trompeta tiene consecuencias nefastas para los habitantes de la tierra, estos se niegan a arrepentirse (9:20-21). La última trompeta comprende la consumación de la ira de Dios, ya que contiene los siete juicios de trompeta que destruyen la vida en la tierra (ver 16:1-21).

g. Segundo interludio: el pueblo de Dios como testigos proféticos (10:1-11:19). El segundo interludio aparece entre la sexta y séptima trompeta (10:1-11:13). Describe el papel del pueblo de Dios en la tierra durante el tiempo de los juicios correspondientes. El interludio se divide en dos secciones separadas, pero interrelacionadas. La primera unidad contiene la segunda comisión profética de Juan, en la que recibe un mensaje sobre las naciones (10:1-11). La segunda unidad describe el ministerio de los dos testigos proféticos ante las naciones (11:1-13). Estas secciones están inextricablemente unidas porque pertenecen al cumplimiento de un ministerio profético a las naciones. La comisión profética de Juan se completa en última instancia en el ministerio de los testigos fieles.

Cuando el testimonio profético de los testigos inspirado por el Espíritu llega a su fin, son asesinados (11:7-10). Juan declaró que la bestia del abismo hará la guerra contra los dos testigos (11:7). Esto anticipa la guerra contra los creyentes instigada por la bestia (13:1-18). Los habitantes de la tierra vituperan a estos dos testigos hasta tal punto que se produce una celebración global una vez que han sido violentamente asesinados en las calles. El hecho de que sus cadáveres permanezcan expuestos en el lugar donde yacen indica el nivel de humillación y odio expresado por la humanidad hacia los fieles representantes de Cristo. Después de tres días y medio, en un momento que corresponde con la séptima trompeta, Dios reivindica a Sus testigos a través de una impresionante exhibición pública de la resurrección y la ascensión (11:11-12). El tiempo de testimonio se completa, y el tiempo de juicio ha llegado.

h. Tercer interludio: la narrativa de señales/pueblo de Dios en la guerra santa (12:1-15:9). Un tercer interludio aparece entre el sonido de la séptima trompeta (11:15-19) y la introducción de las siete copas que contienen los juicios finales (15:5-8). La narración se divide en tres fragmentos naturales: guerra santa en el cielo (cap. 12); guerra santa en la tierra (cap. 13); y la reivindicación de los creyentes seguida del juicio de los malvados (cap. 14). En medio de las escenas de esta guerra espiritual cósmica, Juan hizo explícito el propósito de este interludio al intercalar llamadas de aliento (12:10-12), paciencia (13:9-10), y la vindicación final de los creyentes (14:6-13).

El dragón (Satanás) pide la ayuda de dos bestias para ejecutar su guerra contra los creyentes (13:1-18). La bestia del mar representa la fuerza bruta del poder político y militar de Roma (13:1-8). La bestia de la tierra representa la institución religiosa que impone el culto a la primera bestia (es decir, el culto imperial; 13:11-17). Juntos, estos tres forman un trío impío, en el que el dragón, la bestia marina y la bestia terrestre funcionan en una capacidad similar a las tres personas de la Divinidad. Así, 12:1-15:4 proporciona la base y la justificación de la severidad y la finalidad de los juicios emitidos sobre los habitantes de la tierra.

La séptima trompeta, que comprende el tercer dolor, señala la consumación final del juicio de Dios (11:15-19) e introduce a los ángeles con las siete copas llenas de Su ira (15:5-8).

i. Juicios finales de la investigación: las siete copas (16:1-21). Las siete copas contienen el vino de la ira de Dios derramado sobre los habitantes de la tierra. Los objetos de esta ira se identifican específicamente como todos los que tienen la marca de la bestia, que adoraron su imagen (16:2). Los juicios del sello impactaron a un cuarto de la tierra y su población, las trompetas a un tercero, pero las copas liberan toda la furia de la ira de Dios.

La primera copa inflige a todos los incrédulos (es decir, a los que tienen la marca de la bestia) llagas feas y dolorosas. La segunda y tercera copas transforman todos los océanos y aguas dulces de la tierra en sangre pútrida. La cuarta copa intensifica el poder del sol quemando toda la carne. La quinta y sexta son asaltos directos contra el reino de la bestia con una plaga de oscuridad y preparación para la batalla final del Armagedón. Cuando la última copa se vacía, la retribución de Dios se completa (16:19), como se afirma en la doxología del juicio (16:5-7).

IV. Visión tres (en el desierto): la destrucción de Babilonia y el regreso de Cristo (17:1-21:8)

a. La transición: «Ven acá, y te mostraré la sentencia contra la gran ramera» (17:1-2). La última copa culminó el derramamiento de la ira de Dios, de modo que la tercera visión comprende una mirada ampliada y más detallada del juicio final y la sentencia de la prostituta ciudad de Babilonia. Por lo tanto, la tercera visión representa una perspectiva diferente de los eventos finales descritos brevemente durante las trompetas y las copas. Juan presentó metafóricamente a Roma como una prostituta, que seduce a

El libro de Apocalipsis

reyes y naciones para que cometan fornicación con ella, y contrastó el destino de la ciudad prostituta de Babilonia con la ciudad, la novia, de la nueva Jerusalén.

La tercera visión muestra cinco movimientos distintos: (1) introducción de Babilonia (17:3-18); (2) Babilonia es juzgada como el juicio escatológico de las naciones (18:1-19:10); (3) el regreso de Cristo como un guerrero divino (19:11-21); y (4) la primera y segunda resurrección como el juicio escatológico de los individuos (20:1-15). Después del juicio final, (5) los creyentes son introducidos a su recompensa eterna (21:1-8).

b. Descripción de la ciudad prostituta de Babilonia (17:3-6). Juan, una vez más, fue llevado «en el Espíritu» a un desierto, donde vio a una gran prostituta sentada sobre la bestia de siete cabezas y ebria de la sangre de los creyentes (17:3-6).

c. La ciudad prostituta de Babilonia como Roma (17:7-18). La mujer personifica la ciudad de Roma con su poderío militar, su opulencia y su atractivo, y en un sentido más amplio el sistema mundial representado por todas las grandes civilizaciones terrenales. Al representarla en el lomo de la bestia, Juan demostró su dependencia y relación con el reino de Satanás. También resaltó su poder político, su extravagancia económica y su devoción religiosa. Ella atrajo a los habitantes de la tierra a abandonar la verdad, la rectitud y la justicia para entregarse a sus flagrantes adulterios consistentes en idolatría, codicia y asesinato. Por todo esto ella merece un juicio.

d. Juicio y sentencia de Babilonia (18:1-24). Habiendo identificado a Babilonia con Roma, la gira del juicio de Babilonia prometido por el ángel en 17:1 ahora se enfoca claramente. Una característica sobresaliente de toda esta escena es que Juan saturó esta sección con material extraído de los oráculos proféticos del A.T. relacionados con el juicio de la Babilonia histórica. Este entrelazamiento de alusiones crea el efecto de que el juicio de Babilonia representa la culminación del juicio de Dios contra todas las naciones paganas por medio de la devastación militar, política y económica. El veredicto contra Babilonia es pronunciado por un ángel con gran autoridad (18:1-3). El ángel expresa el veredicto en términos que transmiten la certeza de la destrucción de Babilonia, aunque el juicio es todavía un evento futuro desde el punto de vista de Juan.

Dios considera a Babilonia responsable de cometer pecados relacionados con el vino, la riqueza y el poder político, llevando así a las naciones a desviarse del verdadero Dios y a obedecer Sus justos decretos. Una vez que se anuncia el veredicto, otra voz del cielo comienza con la sentencia de Babilonia, que se caracteriza por una serie de imperativos que Dios ha decretado para Babilonia basándose en sus pecados y crímenes (18:6-7). Dios administra la justicia a través de un juicio garantizado por los crímenes cometidos.

Mientras los ángeles anuncian el juicio celestial y sus causas, los reyes, comerciantes y marineros expresan una respuesta terrenal. Aunque Babilonia parecía tan fuerte, rica y poderosa, Dios fácilmente provocó su colapso con Su veredicto judicial. La sentencia de Babilonia concluye con un acto simbólico que muestra su completa destrucción junto con una reafirmación final de su acusación (18:21-24).

e. Celebración celestial de la destrucción de Babilonia (19:1-10). Ahora que Dios ha declarado Su veredicto, los creyentes lo reconocen debidamente con la alabanza apropiada por Su justicia vengadora (19:1-10; ver 6:10; Deut. 32:43).

f. El guerrero divino y el juicio final (19:11-20:15). En 19:11-21 Jesús regresa a la tierra para procesar la sentencia contra Babilonia. Regresa como el legítimo Rey y el divino guerrero en esta culminación cristológica del libro. Acompañado por Su ejército de creyentes redimidos, a quienes ha convertido en Su reino (ver 1:6), viene como el Rey guerrero divino a impartir justicia a través del juicio y la salvación, tal como lo explican el caballo blanco, las múltiples diademas, la vara de hierro, Sus ojos ardientes y la espada que sobresale de Su boca. Una de las imágenes más gráficas que representan a Jesús como el guerrero divino es Su manto teñido en sangre (19:13) por pisar el lagar del furor de la ira de Dios (19:15).

Jesús es, por lo tanto, la plena revelación del guerrero divino del A.T. que ejecuta el juicio contra todos los enemigos de Dios y Su pueblo. La gran y final batalla constituye una matanza que termina tan pronto como comienza (19:17-21). A pesar de las jactancias de la bestia y del falso profeta, son rápidamente capturados y arrojados al lago de fuego (19:20). El resto de los combatientes mueren instantáneamente al oír la palabra de Cristo (19:21), quien conquistó todos los demás reinos de la tierra y los sometió bajo Su reino, ahora establecido en la tierra.

La destrucción de Babilonia representa el juicio de las naciones colectivamente como una entidad política, pero Dios también juzgará a todos los pueblos individualmente. Habiendo establecido Su reino a través de una victoria militar (19:20-21), ordena que el dragón sea atado y encarcelado durante 1000 años (20:1-3). Toda la escena en 20:4-6 corresponde a Daniel 7:9-10, donde el Anciano de días celebra la corte y los libros se abren para el juicio, y a Daniel 7:22-27, donde da un veredicto favorable a los creyentes, a quienes da el reino. El veredicto otorgado a los creyentes individuales incluye el derecho a reinar con Cristo, la autoridad sobre la tierra durante este período de 1000 años. Al final de este período, Satanás instigará una última y fútil batalla, donde la humanidad irredenta dará un golpe de Estado contra el Señor, solo para fracasar miserablemente.

La segunda resurrección (20:11-15) representa el juicio individual de toda la humanidad. Constituye el juicio final de Dios antes de la renovación completa del orden creado (es decir, la «era venidera» escatológica). Cuando el juez entra en la sala del tribunal, todos los muertos resucitan para hacer frente a sus actos. Los libros se abren como la principal prueba consultada durante el juicio de investigación de cada ser humano individual hasta Adán. Estos libros son los registros escritos de la conducta de cada persona.

g. Renovación de la creación y la llegada de la nueva Jerusalén (21:1-8). Cada individuo es juzgado de acuerdo a sus obras. Estas obras incluyen actitudes del corazón como la cobardía, la incredulidad y la corrupción moral, así como acciones externas como el asesinato, la inmoralidad sexual, la hechicería o la brujería, la idolatría y la mentira (21:8). Nadie escapará a las consecuencias de su culpa, y los perdidos compartirán posteriormente el mismo destino que el dragón (Satanás), la bestia y el falso profeta en el lago de fuego (20:14). La única esperanza de salvación es si el nombre de una persona está escrito en el libro de la vida del Cordero (20:14).

V. Visión cuatro (en una montaña): la recompensa de los creyentes y la renovación de la creación (21:9-22:5)

a. La transición: «Ven acá, yo te mostraré la desposada» (21:9-10). La visión final comienza en 21:9-10 cuando otro ángel que sostiene una de las siete copas invita a Juan a ver a la novia del Cordero y es llevado «en el Espíritu» a una montaña alta. Constituye una presentación ampliada de la nueva Jerusalén introducida en 21:1-8. Esta visión funciona como la antítesis de la ciudad prostituta Babilonia, y presenta a la Iglesia glorificada como la ciudad novia de la nueva Jerusalén. El propósito es contrastar el destino de Babilonia con la gloria de la nueva Jerusalén, en la que los creyentes reciben reivindicación y la recompensa eterna. Esta visión cae en dos divisiones que describen la ciudad santa como un eterno lugar santísimo (21:9-27) y luego como un nuevo Edén (22:1-5).

b. Descripción de la nueva Jerusalén descendiendo del cielo (21:11-27). La ciudad novia desciende del cielo brillando con la gloria de Dios adornada con piedras preciosas. Tiene doce puertas con el nombre de los doce patriarcas y doce piedras fundamentales con el nombre de los doce apóstoles (21:12-14). Las medidas indican que es un cubo perfecto de inmensas proporciones. Así, la nueva Jerusalén se asemeja al lugar santísimo, donde Dios habita con Su pueblo en absoluto esplendor y pureza.

c. El paraíso de Dios: renovación de la creación (22:1-5). Además, «río limpio de agua de vida» fluye desde el trono del Cordero y riega «el árbol de la vida» a lo largo de las calles de la nueva Jerusalén. En el eterno paraíso del Edén, Dios y la humanidad, habitan juntos en perfecta armonía, porque la maldición ya no existe.

VI. Epílogo (22:6-21)

El ángel intérprete afirma la veracidad de las palabras de la profecía porque ha sido autorizado por Dios. Juan continuó con una serie de testimonios presentados como verificación forense para las iglesias. En primer lugar, Juan testifica que ha presentado un testimonio de lo que ha visto y oído (22:8-11). En segundo lugar, Jesús testifica que viene pronto para recompensar a los justos y castigar a los malvados (22:12-16). El tercer testimonio viene del Espíritu y la novia (22:17), que probablemente se refiere al Espíritu Santo a través de la Iglesia, como un testigo profético (ver 19:10). Juan advirtió solemnemente contra cualquier alteración de su visión invocando las consecuencias legales de la alteración de un documento del pacto (22:18-19; ver Deut 4:2). Juan concluyó con un testimonio final de Jesús, quien afirma que vendrá pronto (22:20). Estos cuatro testimonios constituyen la forma más fuerte posible de validar la verdad de su visión mediante el uso de categorías legales.

TEOLOGÍA

Temas teológicos

La soberanía de Dios. La prominente representación de Dios como Creador del universo, sentado en el cielo y reinando sobre todas las personas, seres, eventos y el cosmos hace de Su soberanía un tema central del libro de Apocalipsis. La soberanía de Dios sobre la creación, los eventos y la historia se describe de tres maneras distintas a lo largo del libro: (1) designación de nombres, títulos y atribuciones divinas; (2) representaciones del salón del trono celestial y del trono de Dios; y (3) despliegues de las acciones de Dios a través de decretos y juicios. El énfasis en la soberanía de Dios, una característica común de los escritos proféticos y apocalípticos, funciona para recordar a los lectores que Dios está en control de todas sus circunstancias y que pueden confiar en Él plenamente.

Desde el principio, Dios se identifica como el soberano supremo del universo (1:8). Él es «el Alfa y la Omega», «el que es y que era y que ha de venir», y «el Todopoderoso».[66] El «Alfa y la Omega» provienen de la primera (alfa) y la última (omega) letra del alfabeto griego y equivale a «Yo soy de la "A" a la "Z"» en español. El título indica que Dios es el origen y el final de toda la historia, porque precede a toda la creación y llevará todo a su cumplimiento escatológico.[67]

Dios como «el que es y que era y que ha de venir» (1:4,8; 4:8; 11:17; 16:5) constituye una expansión interpretada del nombre divino Yahvé (ver Éxodo 3:14) y subraya Su presencia eterna en relación con el mundo.[68] Dios es ahora; siempre ha sido; y vendrá en el futuro cuando lleve a cabo la consumación de las edades (11:17; 16:5). La tercera designación de Dios como «el Todopoderoso» (1:8; 4:8; 11:17; 15:3; 16:7,14; 19:6,15; 21:22) lo asocia con el «Señor de los ejércitos» en el A.T., enfatizando Su omnipotencia y autoridad sin igual.

La cuarta designación que afirma la soberanía de Dios es «al que está sentado en el trono» (4:9; 5:1,7,13; 6:16; 7:15; 21:5).[69] La soberanía de Dios sobre la creación, los eventos y la historia también se muestra a través de Sus decretos y actos de juicio. Dios como Creador es quien decreta el curso y el tiempo de todos los acontecimientos mientras gobierna desde Su trono en el cielo. Su actividad es más evidente en las seis escenas que giran en torno al trono celestial, seguidas de los juicios posteriores en la tierra. Los juicios producidos en la tierra por los sellos, las trompetas y las copas representan una interpretación directa de los procedimientos en la sala del tribunal divino.

Dios es el que juzga a la humanidad (11:18; 18:8; 19:11; 20:12-13), y Su juicio es rápido, severo y justo (14:7; 16:7; 18:10; 19:2). La actividad de Dios es a veces pasiva (como lo indica el uso frecuente del verbo pasivo divino «se le dio»).[70] Él comisiona agentes con el propósito de emitir juicios (por ejemplo, los cuatro jinetes y los ángeles) y permite que las fuerzas del mal realicen ciertas acciones (por ejemplo, la bestia). El hecho de que Dios controle todo, incluidos los males de los creyentes y los incrédulos, refuerza el propósito del Apocalipsis: alentar a los creyentes en su fe en medio del sufrimiento.

Teodicea. La teodicea representa a la justificación de Dios en relación con «el aparente triunfo de los malvados y el sufrimiento de los inocentes».[71] Por lo tanto, las visiones que se desarrollan ilustran la realidad apocalíptica de que aunque los justos sufren injustamente

---

[66] R. Bauckham, *The Theology of the Book of Revelation* [La teología del libro de Apocalipsis] (Cambridge: University Press, 1993), 25.
[67] *Ibid.* 27.
[68] *Ibid.*, 28–30.
[69] *Ibid.*, 31.
[70] Osborne, *Revelation* [Apocalipsis], 32.
[71] G. R. Osborne, *Theodicy in the Apocalypse* [La teodicea en el Apocalipsis], TrinJ 14 NS (1993): 63.

a manos de los malvados, tendrán su día en la corte cuando el veredicto de Dios resulte en una gran inversión de este orden terrenal actual.

La teodicea representa un tema importante en Apocalipsis que transmite la justicia y la misericordia de Dios.[72] La petición de los mártires aborda directamente la cuestión de la justicia: «… ¿Hasta cuándo, Señor, santo y verdadero, no juzgas y vengas nuestra sangre en los que moran en la tierra?» (6:10). Esta petición de reivindicación refleja los sentimientos de generaciones de siervos de Dios que sufrieron injustamente mientras que los malvados parecían quedar impunes.

En el A.T. se hace la misma pregunta sobre cuándo tomará Dios medidas para vindicar el maltrato de Su pueblo (por ejemplo, Sal. 79:5-10; 94:1-3).[73] La preocupación no es por qué existe el mal en el mundo, o por qué los cristianos sufren en general, sino específicamente por qué están sufriendo como consecuencia de su fidelidad a Cristo y su obediencia a los justos requisitos de la ley de Dios. Las visiones de Juan tratan de responder a esta pregunta y demuestran que Dios hará verdadera justicia en un mundo lleno de maldad e injusticia.

PUNTOS DE APLICACIÓN

- Permanecer fiel a Cristo en la persecución y perseverar hasta el final (2:2,3,19; 13:10; 14:12).
- Adorar a Dios y al Señor Jesucristo, que son los únicos dignos de recibir adoración y alabanza (caps. 4-5).
- Advertencia a los incrédulos de la ira que vendrá y exhortación al arrepentimiento (caps. 6-18).
- Esperar el regreso de Cristo (19:11-16).
- Aliento, ya que en el cielo Dios enjugará toda lágrima y ya no habrá más muerte, ni dolor, ni llanto, y Dios vivirá con Su pueblo (21:3-4).

PREGUNTAS DE ESTUDIO

1. ¿Cuáles son las dos alternativas principales para el tiempo de composición de Apocalipsis?
2. ¿Cuál fue la situación y el propósito del Libro de Apocalipsis?
3. ¿Cuál es la definición de «Apocalipsis», y cuáles son algunos de sus rasgos acompañantes?
4. ¿Cuántas visiones están registradas en el Apocalipsis, y cuál es la frase que indica una nueva visión?
5. ¿Cuáles son las ubicaciones respectivas de estas visiones, y cuál es el rango de capítulos para cada visión en el libro de Apocalipsis?

---

[72] *Ibid.*, 77.
[73] Comp. D. A. Carson, *How Long, O Lord? Reflections on Suffering and Evil* [¿Cuánto tiempo, oh Señor? Reflexiones sobre el sufrimiento y el mal], 2.ª ed. (Grand Rapids: Baker, 2006); J. N. Day, *Crying for Justice* [Clamando justicia] (Grand Rapids: Kregel, 2005), 107; E. Nardoni, *Rise Up, O Judge: A Study of Justice in the Biblical World* [Levántate, oh Juez: Un estudio de la justicia en el mundo bíblico], trad. S. C. Martin (Peabody: Hendrickson, 2004), 123.

6. ¿Cuáles son las tres teorías primarias de los sellos, las trompetas y las copas en Apocalipsis?

PARA UN ESTUDIO MÁS PROFUNDO

Aune, D. E. Revelation. 3 vols. *Word Biblical Commentary 52*. Nashville: Thomas Nelson, 1997, 1998.
Bauckham, R. *The Climax of Prophecy: Studies on the Book of Revelation*. London: T&T Clark, 1993.
_____. *The Theology of the Book of Revelation. New Testament Theology*. Cambridge: University Press, 1993.
Beale, G. K. *The Book of Revelation. New International Greek Testament Commentary*. Grand Rapids: Eerdmans, 1999.
Ford, J. M. Revelation. *Anchor Bible 38*. New York: Doubleday, 1975.
Hemer, C. J. *The Letters to the Seven Churches of Asia in Their Local Setting. Journal for the Study of the New Testament Supplement 11*. Sheffield: JSOT, 1986.
Johnson, A. F. «*Revelation*». Páginas 571–789 en *The Expositor's Bible Commentary*. Rev. ed. Vol. 13: Hebrews-Revelation. Grand Rapids: Zondervan, 2005.
Kovacs, J., y C. Rowland. *Revelation: The Apocalypse of Jesus Christ*. BBC. Oxford: Blackwell, 2004.
Ladd, G. E. *A Commentary on the Revelation of John*. Grand Rapids: Eerdmans, 1972.
Michaels, J. R. *Interpreting the Book of Revelation. Guides to New Testament Exegesis*. Grand Rapids: Baker, 1992.
_____. *Revelation. IVP New Testament Commentary 20*. Downers Grove: InterVarsity, 1997.
Mounce, R. H. *The Book of Revelation*. Rev. ed. *New International Commentary on the New Testament*. Grand Rapids: Eerdmans, 1997.
Osborne, G. R. *Revelation. Baker Exegetical Commentary on the New Testament*. Grand Rapids: Baker, 2002.
Wilson, M. *Charts on the Book of Revelation: Literary, Historical, and Theological Perspectives*. Grand Rapids: Kregel, 2007.

Glosario

agraphon (pl. *agrapha*): palabras de Jesús no registradas en los evangelios canónicos del N.T. (por ejemplo, Hechos 20:35: «Hay más dicha en dar que en recibir»).

Agripa I: nieto de Herodes el Grande (s. v.) y gobernante de Judea (37-44 d. C.); llamado «Herodes» en el libro de los Hechos (véase Hechos 12:1-4, 19-23); no debe confundirse con su hijo Agripa II, ante el cual Pablo defendió su caso (véase Hechos 26).

Tipo de texto alejandrino: grupo de manuscritos que forman la base del texto griego ecléctico moderno del N.T. (por ejemplo, el Códice Sinaítico).

Alejandrino: s.v. Códice Alejandrino.

alegoría: forma de metáfora extendida.

alusión: referencia indirecta identificable e intencionada a otro texto o declaración.

alogi: grupo de herejes cristianos que florecieron en Asia Menor alrededor del año 170 d. C.

amanuense: escriba o secretario utilizado por un autor bíblico para escribir su mensaje.

amilenialismo: creencia de que las referencias bíblicas al reino de mil años de Cristo son de naturaleza simbólica (s.v. milenio).

Anás: influyente sumo sacerdote judío (6-15 d. C.) y suegro de Caifás, sumo sacerdote en el año de la crucifixión de Jesús (véase Juan 18:13-14).

Anticristo: figura del final de los tiempos que se opone a Dios y al Señor Jesucristo (por ejemplo, 1 Juan 2:18; 2 Juan 7; s.v. hombre de pecado).

Prólogos antimarcionistas: a pesar de su nombre, estos prólogos de Marcos, Lucas y Juan (Mateo se ha perdido) probablemente no fueron escritos contra Marción y pueden datar del siglo IV d. C.; excepto el prólogo de Lucas (que puede datar de alrededor de 160-180), solo existen en latín.

antinomianismo: una tendencia «anti-ley», que a menudo se traduce en libertinaje.

Antíoco Epífanes IV (reinó entre 175 y 164 a. C.): Gobernante seléucida (griego) que trató de imponer la cultura griega a los judíos; llevó a cabo la «abominación desoladora» en el templo de Jerusalén, al edificar un altar al dios griego supremo Zeus y sacrificar cerdos en él alrededor del año 167 a. C.; en su oposición al pueblo de Dios, sirvió como precursor del Anticristo (véase Dan. 9:27; 11:31; 12:11; 1 Mac. 1:54; Mat. 24:15; Mar. 13:14).

Antipas: s.v. Herodes Antipas.

apocalipsis: obra literaria que contiene representaciones simbólicas de los acontecimientos del fin de los tiempos.

Apocalipsis de Pedro: documento gnóstico encontrado en la biblioteca de Nag Hammadi en Egipto.

apocalíptico: visión del mundo que describe los acontecimientos del fin de los tiempos en términos simbólicos.

apocalipticismo: fenómeno sociológico de un grupo impregnado de la perspectiva del fin de los tiempos.

apócrifos: los apócrifos del Antiguo Testamento, aceptados como canónicos por la Iglesia católica romana pero no por los de la tradición protestante, que comprenden escritos como 1 y 2 Esdras, 1, 2, 3 y 4 Macabeos, Tobías, Judit y otros escritos producidos después del período profético del Antiguo Testamento; los apócrifos del Nuevo Testamento contienen varios evangelios, Hechos, Epístolas y Apocalipsis producidos durante el período subapostólico (s. v.) y no son reconocidos por los católicos romanos ni por los protestantes como parte del canon del N.T.

apócrifo: oscuro u oculto; perteneciente a los apócrifos.

aporía: aparente incongruencia o costura literaria que indica el uso de fuentes escritas por parte de un autor.

apóstol: en un sentido estricto y técnico, un miembro de los Doce (véase Mateo 10:1-4 y paralelos); ligeramente ampliado en el N.T. para incluir también a otros como Pablo y Bernabé; en un sentido más amplio, incluye también a los misioneros y otros emisarios (por ejemplo, Rom. 16:7; 2 Cor. 8:23; Fil. 2:25).

testigo ocular apostólico: el testimonio de primera mano de los Doce que se recoge en los cuatro Evangelios canónicos.

padres apostólicos: grupo de escritos producidos durante el primer período patrístico que comprende 1 y 2 Clemente; las Cartas de Ignacio; la Carta de Policarpo a los Filipenses y el Martirio de Policarpo; la Didaché-; la Epístola de Bernabé; el Pastor de Hermas; la Epístola a Diogneto; el Fragmento de Cuadrato; y los Fragmentos de Papías.

período apostólico: período de vida de aquellos que fueron testigos oculares del ministerio de Jesús y que habían sido especialmente designados por Él para servir como sus mensajeros; normalmente se considera que termina con la redacción del último libro del N.T., el libro del Apocalipsis (c. 95 d. C.; s.v. también período subapostólico).

apostolicidad: asociación directa o indirecta de una obra del N.T. con un apóstol.

Aquino: s.v. Tomás de Aquino.

arameo: antigua lengua del Oriente Próximo, parecida al hebreo; en el Antiguo Testamento aparece en partes de Daniel y Ester; también se encuentra en los Targums (s.v.); Jesús hablaba arameo, y los Evangelios del Nuevo Testamento conservan varios dichos auténticos de Jesús en arameo (por ejemplo, Mateo 27:46).

Armagedón: de Heb. *har megido* («Monte Meguido»); lugar de batalla en tiempos del A.T. cerca de la ciudad de Meguido (2 Rey. 23:28-30; 2 Crón. 35:20-25) y lugar de la batalla final entre las fuerzas de Dios y Satanás antes del regreso de Cristo (Apoc. 16:16).

ascetismo: supresión de las pasiones corporales.

Atanasio de Alejandría (ca. 296-373 d. C.): obispo de Alejandría del siglo IV d. C., conocido sobre todo por su Carta Festal del 367 d. C., en la que enumera los 27 libros canónicos del N.T.

expiación: sacrificio de sangre por el pecado.

Agustín de Hipona (354-430 d. C.): Padre de la Iglesia norteafricana y obispo de Hipona, hijo de la piadosa Mónica y autor de *Confesiones* y *La Ciudad de Dios*.

Visión agustiniana del problema sinóptico (s.v.): creencia de que los Evangelios se escribieron en el orden canónico, primero Mateo, luego Marcos y después Lucas, con Marcos utilizando a Mateo, y Lucas utilizando a Mateo y a Marcos; algunos cuestionan que Agustín sostuviera realmente esta opinión.

Augusto: Emperador romano que gobernó entre el 31 y el 27 a. C. y el 14 d. C.

autógrafos: los manuscritos originales del A.T. y del N.T.

«Babilonia»: nombre en clave del Imperio Romano (por ejemplo, 1 Ped. 5:13).

Talmud babilónico: s.v. Talmud.

Revuelta de Bar Kokhba: Rebelión judía contra los romanos (132-135 d. C.).

Tipo de texto bizantino: también llamado Texto Mayoritario, forma de texto que se encuentra en la mayoría de los manuscritos bíblicos y que también subyace en la traducción del *Textus Receptus* (por ejemplo, la KJV).

César: título de los emperadores romanos, que se remonta a Julio César (nacido en el año 100 a. C. y que fue virtualmente dictador entre el 46 y el 44 a. C., asesinado en el 44 a. C. por Bruto y otros miembros del Senado).

Caifás, José: Sumo sacerdote judío (ca. 18-36 d. C.) en el año de la crucifixión de Jesús.

Calígula: Emperador romano (37-41 d. C.).

canon: de *kanōn* («regla» o «norma»); colección de Escrituras cristianas.

canonicidad: estatus de un libro en cuanto a su inclusión en la colección de las Escrituras cristianas.

católico: universal; posteriormente se utilizó para la Iglesia católica romana.

centurión: funcionario militar romano, del latín que significa «comandante de 100».

Cefas: nombre arameo del nombre griego Pedro (ambos significan «roca»; véase Mateo 16:18; Juan 1:42).

certinismo: herejía cristiana primitiva atribuida a Cerinto, un maestro gnóstico que sostenía que el «espíritu de Cristo» descendió sobre Jesús en su bautismo y lo abandonó en la cruz.

Cerintio: s.v. Cerintismo.

citas en cadena: s.v. encadenamiento de perlas.

caldeo: s.v: Babilonio.

quiasmo: del nombre de la letra griega c; disposición cruzada de frases de tal manera que la segunda expresión está en orden inverso a la primera (A B B' A').

chiliasmo: creencia en el reino milenario (de mil años) de Cristo.

cristofanía: aparición (preencarnada) de Cristo.

padres de la Iglesia: líderes eclesiásticos, escritores y teólogos de los primeros siglos de la era cristiana (s.v. también patrística).

Claudio: Emperador romano (41-54 d. C.); s.v. también Edicto de Claudio.

Clemente de Alejandría (ca. 150-215 d. C.): padre de la Iglesia primitiva y miembro de la escuela alejandrina; autor de *Stromateis* («Misceláneas»).

Clemente de Roma: obispo de Roma y autor de 1 Clemente (ca. 96 d. C.).

códice: el equivalente antiguo de un libro, formado por hojas encuadernadas.

Códice Alejandrino: manuscrito de la Biblia griega del siglo V d. C. que contiene la mayor parte de la Septuaginta y el N.T.

Codex Sinaiticus: manuscrito del siglo IV d. C. que contiene la Biblia cristiana en griego, incluido el N.T. completo.

Codex Vaticanus: manuscrito griego del siglo IV d. C. que contiene la mayor parte de la Septuaginta y el N.T.

Concilio de Nicea: primer concilio ecuménico convocado por el emperador romano Constantino en Nicea, Bitinia, que es la actual Turquía (325 d. C.).

pacto: contrato (sagrado).

filosofía cínica: conjunto de creencias que sostienen que una vida virtuosa debe vivirse de acuerdo con la naturaleza y libre de la esclavitud de las posesiones materiales.

Día de la Expiación: *Yom Kippur*, la fiesta más sagrada del calendario judío (véase Levítico 16; s.v. expiación).

Día del Señor: tiempo del juicio divino final predicho por los profetas del A.T.

diácono: de *diakonos* («siervo»); cargo eclesiástico no docente del N.T. (véase 1 Tim. 3:8-12).

diaconisa: diácono femenino (s.v. diácono; véase 1 Tim. 3:11; Rom. 16:1).

Rollos del Mar Muerto (RMM): conjunto de literatura sectaria judía encontrada cerca del Mar Muerto en los años posteriores a 1947, que incluye la Regla de la Comunidad (1QS), el Rollo de la Guerra (1QM) y el Documento de Damasco (CD).

decálogo: los Diez Mandamientos (véase Éxodo 20; Deuteronomio 5).

Decápolis: *deka* («diez») y polis («ciudad»), un grupo de 10 ciudades en el territorio de Siria, Jordania y Palestina unidas por una ubicación, lengua y cultura comunes (incluyendo Gerasa, Gadara, Pella, Escitópolis y Damasco).

deísmo: creencia de que existe un Dios que ha creado el universo pero que no interviene en él.

Inscripción de Delfos: inscripción en la antigua ciudad griega de Delfos que supuestamente contiene las máximas «conócete a ti mismo» y «nada en exceso».

deutero-paulino: no auténticamente paulino, es decir, escrito falsamente o tradicionalmente atribuido al apóstol Pablo.

Diáspora: por «dispersión», la dispersión de los judíos más allá de la región de Palestina tras los exilios asirio y babilónico.

Diatessaron: en griego «a través de cuatro», nombre de la primera sinopsis conocida de los Evangelios compilada por el padre de la Iglesia Taciano (ca. 150-160 d. C.).

Didaché: manual eclesiástico de finales del siglo I o principios del II d. C. que proporciona información sobre las prácticas eclesiásticas primitivas relativas a la administración del bautismo, la Cena del Señor, etc.

Diocleciano: Emperador romano (284-305 d. C.) que inició una gran persecución contra los cristianos (302-3 d. C.).

El discípulo que Jesús amaba: epíteto juanino para designar al discípulo más cercano a Jesús durante Su ministerio terrenal (véase Juan 13:23), que también fue el autor del Evangelio de Juan (21:20,24); tradicionalmente identificado como Juan, el hijo de Zebedeo.

dispensacionalismo: sistema teológico que divide la historia de la salvación en distintos períodos (llamados «dispensaciones»); se divide en dispensacionalismo clásico, revisado y progresivo.

Dispersión: s.v. Diáspora.

diteísmo: creencia en dos dioses.

docetismo: de *dokeō* («parecer»); la enseñanza de que Jesús solo parecía ser humano.

Domiciano: Emperador romano (81-96 d. C.).

doxología: de *doxa* («gloria») y *logos* («palabra» o «dicho»); una breve declaración o himno en alabanza a Dios.

catolicismo primitivo: formación de la doctrina ortodoxa, la autoridad eclesiástica y la estructura de liderazgo eclesiástico de tres niveles en el siglo II d. C.

Historia eclesiástica: famosa obra de Eusebio (s.v.) en la que hace referencia a muchas obras ya no existentes de los primeros padres de la Iglesia, como Papías (s.v.).

eclesiología: doctrina de la iglesia.

Edicto de Claudio: decreto del emperador romano Claudio en el año 49 d. C. por el que se expulsaba a los judíos de Roma; mencionado en Hechos 18:2 (s.v. Claudio).

elección: doctrina bíblica según la cual Dios eligió a ciertos individuos para la salvación.

culto al emperador: adoración del emperador romano como un dios.

fin de los tiempos: período inaugurado por la venida del Mesías, Jesucristo, que se consumará con Su regreso o la Segunda Venida; también se denomina «los últimos días».

Ilustración: movimiento intelectual de los siglos XVII y XVIII que defiende la primacía de la razón como base de la autoridad.

Epicureísmo: filosofía basada en las enseñanzas de Epicuro (ca. 341-270 a. C.), una forma de hedonismo que consideraba el placer como el bien humano supremo y enseñaba a llevar una vida virtuosa y templada para poder disfrutar de los placeres sencillos de la vida.

epifanía: revelación; de *epiphaneia* («aparición»), uno de los términos técnicos para la segunda venida de Cristo (s.v. también parusía).

Epístola de Bernabé: s.v. Pseudo-Barnabé.

Epístola a Diogneto: carta apologética anónima que defiende al cristianismo de sus acusadores y que data del siglo II o III d. C.

escatología: doctrina del fin de los tiempos.

eschaton: término griego que significa «último»; suele referirse a los acontecimientos del final de los tiempos relacionados con el regreso de Cristo.

etnarca: título de un antiguo gobernante, como Arquelao, que fue etnarca de Judea, Samaria y Edom (4 a. C.-6 d. C.).

Eusebio de Cesarea (ca. 260-340 d. C.): padre de la Iglesia del siglo IV y eminente historiador de la Iglesia primitiva, conocido por su importante obra Historia Eclesiástica.

exilio: sometimiento o deportación del pueblo judío por los asirios en el 721 a. C. y los babilonios en el 605, 597 y 586 a. C.; también llamado «cautiverio».

expertos en la Ley: designación del N.T. para los escribas judíos y los estudiosos de las Escrituras; a menudo se les llama «escribas».

referencia existente: pasaje disponible en un manuscrito existente.

evidencia externa: testimonio de un escrito dado por una fuente externa a ese documento, como por ejemplo un escritor patrístico; en contraste con la evidencia interna (s.v.).

Félix: Procurador romano de Judea (52-59 d. C.; véase Hechos 24).

Festo, Porcio: Procurador romano de Judea (60-62 d. C.; véase Hechos 25).

equivalencia formal: enfoque de traducción bíblica palabra por palabra (por ejemplo, NASB).

evangelio cuádruple: la noción de que, bien entendidos, los cuatro evangelios canónicos constituyen un solo evangelio «según» los cuatro testigos Mateo, Marcos, Lucas y Juan.

citas de cumplimiento: declaraciones de los autores de los cuatro Evangelios, especialmente de Mateo y Juan, que destacan el cumplimiento de diversos pasajes mesiánicos en Jesús; se introducen con una fórmula como «para que se cumpliera lo que el Señor había dicho por medio del profeta» (por ejemplo, Mateo 1:22; 2:5,15,17,23).

equivalencia funcional: enfoque de la traducción bíblica frase por frase (por ejemplo, NLT).

Inscripción de Galio: inscripción encontrada en Delfos, Grecia, que confirma que Galio era el gobernador de Acaya cuando Pablo estaba en Corinto en el año 51-52 d. C. (véase Hechos 18:12).

Gamaliel I el Viejo, rabino: preeminente rabino judío del siglo I y maestro de Pablo antes de la conversión de este al cristianismo (véase Hechos 22:3; comp. Hechos 5:34-39; Filipenses 3:4-6).

gematría: simbolismo numérico (por ejemplo, la genealogía de Jesús en Mateo 1:1-17 en tres grupos de 14 generaciones, ya que 14 es el total del valor de las tres letras hebreas del nombre «David»).

Epístolas generales: expresión colectiva para un conjunto de escritos del N.T. que contiene Hebreos, Santiago, 1-2 Pedro, 1-3 Juan y Judas; se llaman «generales» porque se dirigen a un público amplio, variado y a menudo no especificado.

Evangelios gnósticos: conjunto de literatura producida por los seguidores de una herejía cristiana primitiva llamada «gnosticismo» (s.v.) que incluye el Evangelio de Tomás, el llamado Evangelio de la Verdad y otros.

gnosticismo: del griego *gnōsis* («conocimiento»), religión del siglo II que oponía el espíritu a la materia, considerando al primero bueno y al segundo malo; los precursores pueden estar atestiguados en el NT posterior (por ejemplo, 1 Tim. 6:20-21).

temeroso de Dios: Gentil (no judío) atraído por el culto judío que participa en el culto de la sinagoga sin someterse a la circuncisión (s.v. también prosélitos).

Evangelio de María (Magdalena): evangelio gnóstico del siglo II d. C. atribuido falsamente a María Magdalena.

Evangelio de Pedro: evangelio apócrifo falsamente atribuido al apóstol Pedro, muy probablemente fechado en la segunda mitad del siglo II d. C.

Evangelio de Felipe: evangelio apócrifo falsamente atribuido al apóstol Felipe, muy probablemente fechado en la segunda mitad del siglo II d.C.

Evangelio de Tomás: evangelio gnóstico de finales del siglo II d. C., falsamente atribuido al apóstol Tomás, encontrado en la biblioteca de *Nag Hammadi* en Egipto

tradición evangélica: material oral o escrito subyacente a los Evangelios escritos (s.v. también tradición sinóptica).

grecorromano: perteneciente a la cultura griega y romana.

Griego: lengua franca del mundo del siglo I y lengua original del N.T.

Hipótesis de Griesbach (o de los dos evangelios): opinión que lleva el nombre del erudito alemán, J. J. Griesbach, según la cual Mateo y Lucas escribieron primero y Marcos utilizó los dos evangelios anteriores.

Hades: la morada de los muertos que esperan el juicio final.

asmoneos: Dinastía gobernante judía establecida durante el período macabeo.

Hebreo: antigua lengua del Cercano Oriente hablada por el pueblo judío y lengua original del A.T.

helenismo: cultura griega.

Herodes: puede referirse al jefe de la dinastía herodiana, Herodes el Grande (37-4 a. C.) o a uno de sus descendientes, como sus hijos Arquelao (s.v. Herodes Arquelao), Antipas (s.v. Herodes Antipas) y Filipo.

Herodes Antipas: tetrarca de Galilea y Perea (4 a. C.-39 d. C.).

Herodes Arquelao: uno de los hijos de Herodes el Grande (s.v.) que fue etnarca de Judea, Samaria e Idumea (4 a. C.-6 d. C.).

Herodes el Grande: s.v. Herodes.

Jesús histórico: producto de la investigación académica sobre los antecedentes de la persona de Jesucristo.

Escuela de la historia de las religiones: enfoque que considera la historia principalmente en términos de la evolución de la conciencia religiosa humana y utiliza un enfoque comparativo de las religiones para comprender el judaísmo y el cristianismo en relación con otras religiones antiguas.

Ignacio de Antioquía (ca. 35-110 d. C.): obispo de Antioquía y padre de la Iglesia primitiva que escribió cartas a los efesios, a los magnesios y a los filadelfos, entre otros.

culto imperial: s.v. culto al emperador.

inclusio: recurso literario antiguo que pone entre paréntesis una sección colocando una misma palabra o frase al principio y al final de la misma.

inclusio **del testimonio ocular**: práctica literaria que consiste en indicar la fuente principal de los testigos oculares de un relato presentando a esta persona como el primer y el último personaje nombrado en la narración.

inerrancia: doctrina que afirma que la Escritura está libre de errores.

inspiración: la doctrina de la influencia espiritual determinante de Dios sobre los escritores de la Escritura que da como resultado una Biblia inerrante.

evidencia interna: datos derivados de un documento determinado (en contraste con la evidencia externa, s.v.).

interpolación: inserción de texto.

ipsissima verba: palabras exactas.

ipsissima vox: voz exacta, sentido verdadero.

Ireneo de Lyon (ca. 130-200 d. C.): obispo de Lyon, Francia, y padre de la Iglesia primitiva que escribió la importante obra *Contra las herejías*, que refuta el gnosticismo.

Jerónimo (ca. 345-420 d. C.): padre de la Iglesia del siglo IV d. C. y traductor de la Vulgata (s.v.).

Concilio de Jerusalén: designación tradicional de la reunión de los líderes de la Iglesia primitiva en Jerusalén narrada en Hechos 15.

«Jesús de la fe»: Jesús como objeto de la fe de la Iglesia primitiva, a diferencia de Jesús durante Su ministerio terrenal (distinción defendida por los eruditos alemanes M. Kähler, R. Bultmann y otros).

«Jesús de la historia»: s.v. Jesús histórico.

Guerra judía: suele referirse a la primera guerra judeo-romana (66-73 d. C.) durante la cual fueron destruidos Jerusalén y el templo.

juanino: relacionado con (el apóstol) Juan (s.v. también corpus juanino).

Coma juanina: adorno de 1 Juan 5:7 que no se encuentra en ningún manuscrito griego anterior a la época de la Reforma.

Corpus juanino: conjunto de escritos de Juan incluidos en la Biblia (es decir, Evangelio de Juan, 1-3 Juan, Apocalipsis).

Josefo (37-100 d. C.): Historiador judío; autor de las *Guerras judías*, las *Antigüedades judías* y *Contra Apión*.

Judaizantes: movimiento judío del siglo I que quería exigir a los gentiles que se sometieran a la circuncisión como condición para permitirles entrar en la Iglesia cristiana (véase especialmente Gálatas).

Justino Mártir (ca. 100-165 d. C.): apologista cristiano primitivo; más conocido por sus obras *Diálogo con Trifón* y *Primera Apología*.

lacuna **(pl.** *lacunae***)**: laguna en un manuscrito, inscripción o texto.

latinismo: término o frase en latín.

legalismo: término peyorativo que denota la fijación indebida en leyes o códigos de conducta.

libertinaje: complacencia de las pasiones corporales, que implica un comportamiento inmoral.

lingua franca: lengua universal.

oración del Señor: s.v. oración modelo.

Evangelios perdidos: referencia general a los evangelios apócrifos, es decir, aquellos falsamente atribuidos a un apóstol o a otra figura mencionada en el N.T. (como María Magdalena) que se escribieron después de la era apostólica; aunque se denominan «evangelios perdidos», la mayoría de estos documentos existen en realidad pero a menudo en copias tardías y por lo regular fragmentarias (s.v. también evangelio de María, Pedro, Tomás, etc.).

LXX: s.v. Septuaginta.

Mártires macabeos: judíos que perdieron la vida durante el levantamiento macabeo contra los seléucidas en el siglo II a. C. (véase 2 Macabeos).

Macabeos: familia judía que lideró la revuelta contra los seléucidas en el siglo II a. C. que dio lugar a un período de independencia judía.

«hombre de la iniquidad»: el Anticristo (véase 2 Tesalonicenses 2:1-12).

manuscrito (ms.; pl. mss.): cualquier cosa escrita a mano (un texto o documento).

tradición manuscrita: historia de la transmisión de manuscritos (bíblicos).

prioridad marcana: opinión de que Marcos escribió primero y fue utilizado por los otros dos sinópticos (Mateo y Lucas).

masoretas: escribas judíos responsables de la conservación del texto del A.T.

Texto masorético (TM): s.v. masoretas.

prioridad matean: opinión de que Mateo fue el primero de los sinópticos en escribir su Evangelio y que Marcos y Lucas utilizaron a Mateo.

Mesías: del heb. *meshiach* («ungido»); libertador prometido enviado por Dios para salvar a Su pueblo; identificado en el N.T. como el Señor Jesucristo (por ejemplo, Juan 20:30-31).

secreto mesiánico: término utilizado convencionalmente para describir la reticencia de Jesús a identificarse públicamente como el Mesías, posiblemente debido a la incomprensión predominante asociada al término (al menos en parte).

midrash: antiguo comentario judío, que incluye la interpretación de determinados pasajes de las Escrituras, con el fin de señalar su relevancia contemporánea.

milenio: reino de mil años de Cristo (véase Apocalipsis 20).

minúsculas: manuscritos antiguos escritos en letra cursiva.

Mishnah: colección de tradiciones rabínicas judías recopiladas hacia el año 200 d. C.

oración modelo: también llamada «oración del Señor» (véase Mateo 6:9-11; Lucas 11:2-4).

prólogos monárquicos: breves introducciones prefijadas en muchos manuscritos de la Vulgata (s.v.) a los cuatro Evangelios, probablemente escritas en el siglo IV o V d. C.

monoteísmo: creencia en un solo Dios característica del judaísmo, el cristianismo y el islamismo.

ms.(s): abreviatura de manuscrito(s).

Canon Muratoriano: lista canónica temprana que data probablemente de finales del siglo II d. C.

religiones mistéricas: cultos grecorromanos que conciben la religión principalmente en términos de unión mística con lo divino.

misticismo: diversos enfoques de la espiritualidad centrados en la unión humana con lo divino, como en el misticismo de la *merkabah* o en las religiones mistéricas (s.v.).

mito: relato sagrado, en particular de los orígenes humanos, que es de fabricación humana y no se basa en la historia real.

Biblioteca de Nag Hammadi: colección de escritos gnósticos encontrados en Nag Hammadi, en el Alto Egipto, en 1945.

Nazareno: habitante de Nazaret, la ciudad donde creció Jesús; de ahí que se llamara a Jesús «nazareno» en cumplimiento de la profecía (Mateo 2:23).

Nerón: Emperador romano (54-68 d. C.); responsable del incendio de Roma (64 d. C.) y del martirio de muchos cristianos, incluidos los apóstoles Pedro y Pablo (65 o 66 d. C.).

Apócrifos del N.T.: varios escritos producidos durante el período subapostólico (s.v.) que imitan a los Evangelios, Hechos, Epístolas y Apocalipsis canónicos (por ejemplo, el Evangelio de Tomás, los Hechos de Tecla o el Apocalipsis de Pedro).

Discurso del Olivar: las enseñanzas de Jesús sobre el final de los tiempos, recopiladas en Mateo 24-25, con paralelos en Marcos 13 y Lucas 21.

oráculo: visión.

ordenanza: observancia de la Iglesia ordenada por Cristo, en particular el bautismo (Mateo 28:18-20) y la Cena del Señor (1 Cor. 11:23-26; véase Mateo 26:26-30 y paralelos).

Orígenes (ca. 185- 254 d. C.): padre de la Iglesia primitiva, notable erudito y miembro de la escuela de interpretación alejandrina.

ortodoxia: conformidad de un documento determinado con la enseñanza apostólica (véase Hechos 2:42).

ortopraxis: práctica correcta (s.v. también ortodoxia).

Vía Ostiense: famosa carretera que unía Roma con la ciudad portuaria de Ostia; lugar tradicional de la tumba de Pablo.

Apócrifos del Antiguo Testamento: conjunto de literatura incluida en el canon por los católicos romanos, pero no por los protestantes; contiene 1 y 2 Esdras, Tobías, Judit, Adiciones a Ester, Sabiduría de Salomón, Sirácide, Baruc, Carta de Jeremías, Oración de Azarías y Canción de los Tres Jóvenes, Susana, Bel y el Dragón, Oración de Manasés, 1 y 2 Macabeos.

Papiros de Oxirrinco: objetos encontrados en un yacimiento arqueológico de Egipto donde se descubrió una gran colección de papiros antiguos, entre los que se encontraban fragmentos de varios textos cristianos.

paganismo: variedad de creencias y prácticas religiosas animistas o no cristianas.

Papías de Hierápolis (ca. 60-130 d. C.): padre de la Iglesia cuyas *Exposiciones de los dichos del Señor* son citadas por Eusebio (s.v.) en su *Historia Eclesiástica*.

papiro: antiguo material de escritura o rollo en el que se encuentran algunos de los primeros manuscritos del N.T. (por ejemplo, $\mathfrak{P}$52, un fragmento del Evangelio de Juan que data de alrededor del año 125 d. C.).

paráclito: del griego *paraklētos*; título de Jesús para el Espíritu Santo («Consejero», Juan 14:16,26; 15:26; 16:7); Juan lo usó para Jesucristo («abogado», 1 Juan 2:1).

parusía: del griego *parusia* («presencia»); término técnico para la segunda venida de Jesús.

narración de la pasión: relato de los acontecimientos que rodean la crucifixión de Jesús en los cuatro Evangelios.

pasión, la: los acontecimientos que rodean la crucifixión de Jesús.

Pascua: fiesta religiosa judía instituida en la víspera del Éxodo de Israel de Egipto (véase Éxodo 12).

Glosario

Epístolas pastorales: denominación convencional de las cartas de Pablo a Timoteo y Tito (1-2 Timoteo, Tito).

Patmos, Isla de: lugar de exilio donde el apóstol Juan recibió las visiones registradas en el libro del Apocalipsis (véase Apoc. 1:9).

patrístico: relacionado con los padres de la Iglesia.

paulino: relacionado con (el apóstol) Pablo (s.v. también círculo paulino, corpus paulino).

círculo paulino: grupo de los primeros cristianos asociados al apóstol Pablo en su misión; incluye a colaboradores como Timoteo, Tito, Lucas, Juan Marcos, Silas, Bernabé y otros.

Corpus paulino: conjunto de escritos de Pablo incluidos en la Biblia (es decir, sus 13 cartas).

encadenamiento de perlas: práctica rabínica de agrupar una serie de pasajes bíblicos relacionados; imitada por los escritores cristianos (por ejemplo, Rom. 3:10-18; Heb. 1:5-14).

Pentateuco: del griego *penta* («cinco»); los cinco libros de Moisés: Génesis, Éxodo, Levítico, Números y Deuteronomio.

Pentecostés: del griego «quincuagésimo»; fiesta judía descrita en Levítico 23:5-21 y Deuteronomio 16:8-10; término utilizado solo en Hechos 2:1; 20:16; 1 Corintios 16:8.

pesher: Técnica interpretativa judía mediante la cual se destaca la aplicación contemporánea de una referencia bíblica.

fariseos: secta judía influyente conocida por su énfasis en la ley; se opuso a Jesús y, junto con los saduceos (s.v.), lo hizo crucificar.

Filón (ca. 20 a. C.-50 d. C.): Pensador, autor y exegeta judío de Alejandría, Egipto, que practicaba un método alegórico de interpretación de las Escrituras.

inspiración plenaria: la inspiración plena o completa de cada parte de la Escritura.

Plinio el Viejo: filósofo naturalista romano del siglo I d.C.; autor de la *Historia Natural*.

Plinio el Joven: hijo de Plinio el Viejo y procónsul de la provincia de Bitinia en Asia Menor a principios del siglo II d. C.

mecanismo de plural a singular: cambio de uso de plural (grupo) a singular (individuo) que indica el testimonio de los testigos oculares (descrito por R. Bauckham en *Jesús y los testigos oculares*).

Plutarco: historiador, biógrafo y ensayista griego del siglo I d. C.; autor de *Vidas paralelas* y *Moralia*.

pneumático: del griego *pneuma* («Espíritu» o «espíritu»); relacionado con asuntos espirituales, el espíritu humano o el Espíritu Santo.

Polibio: historiador griego del siglo II a. C.; autor de *Las Historias*.

Policarpo de Esmirna (ca. 69-155 d. C.): discípulo del apóstol Juan, compañero de Papías, obispo de Esmirna; autor de *A los filipenses*; martirizado al ser quemado en la hoguera.

Poncio Pilato: Procurador romano de Judea (26-36 d. C.); junto con los dirigentes judíos, responsable de la crucifixión de Jesús, tal como se explica en los cuatro Evangelios.

rapto postribulacional: creencia de que Cristo volverá al final de la tribulación (s.v.).

prefecto: funcionario del gobierno romano (por ejemplo, Poncio Pilato).
premilenialismo: Creencia cristiana de que el Señor Jesucristo volverá antes («pre») de Su reinado de mil años en la tierra; milenio viene del lat. *mille* («mil») y *annus* («año»).
rapto pretribulacional: creencia de que Cristo volverá antes de la tribulación (s.v.).
Epístolas de la cárcel: denominación convencional de las cuatro cartas de Pablo escritas desde su primera prisión romana: Efesios, Filipenses, Colosenses y Filemón.
procurador: funcionario del gobierno romano.
prosélito: gentil atraído por el culto judío que se sometía a la circuncisión y a la observancia del sábado judío y de las leyes alimentarias.
procedencia: lugar de escritura.
pseudoepígrafa: del griego, que significa «título falso»; término colectivo para la literatura judía del Segundo Templo no incluida en los apócrifos.
Pseudo-Barnabas: carta antigua atribuida falsamente a Bernabé (¿fechada hacia el año 135 d. C.?).
pseudonimia: atribución de un escrito a alguien que no es el verdadero autor.
«Q»: fuente hipotética común a Mateo y Lucas, posiblemente abreviatura de la palabra alemana Quelle («fuente»).
Búsqueda de (o para) el Jesús histórico: oleadas modernas de investigación histórica sobre los antecedentes de la persona de Jesús (se distinguen como «primera búsqueda», «segunda búsqueda» y «tercera búsqueda»).
Quirino: gobernador o titular de un cargo administrativo en Siria, mencionado en la narración del nacimiento de Jesús en Lucas 2:2.
Qumrán: región cercana al Mar Muerto y lugar donde se encontró la literatura de Qumrán
Literatura de Qumrán: s.v. Rollos del Mar Muerto.
literatura rabínica: cuerpo de literatura que recopila las enseñanzas de los antiguos rabinos judíos, incluyendo la *Mishnah* (por ejemplo, m. Avot), los Talmuds de Babilonia y Jerusalén (por ejemplo, b. Sanh.; y. Yeb.), y la Tosefta (t. Zer.).
rapto: del lat. *raptura*, la traducción de la Vulgata (s.v) de «arrebatado» en 1 Tesalonicenses 4:17; la reunión de los cristianos con su Señor en el momento de la Segunda Venida en relación con la tribulación (s.v.).
escatología realizada: aspectos del final de los tiempos que ya se han cumplido en Cristo y en la vida de los creyentes (por ejemplo, la vida eterna en Juan 5:24).
retórica: estudio y práctica de la comunicación eficaz; tipo de discurso.
crítica retórica: estudio de las características retóricas (comunicativas) de un documento determinado (como el libro de Romanos).
regla de fe: enseñanza apostólica ortodoxa.
sacramento: rito religioso que, según los católicos romanos, media la gracia y constituye un misterio sagrado.
saduceos: secta aristocrática judía que apoyaba generalmente el *statu quo* político en Palestina; junto con los fariseos (s.v.), fueron responsables de la crucifixión de Jesús.
historia de la salvación: el desarrollo progresivo de la provisión de salvación de Dios para la humanidad.

Sanedrín: consejo gobernante judío formado por saduceos y fariseos que entregó a Jesús a Poncio Pilato para que lo crucificara.

Saulo de Tarso: nombre alternativo del apóstol Pablo (Tarso se refiere a su ciudad natal).

Salvador: libertador religioso; el N.T. afirma que Jesús es el Salvador del mundo (Juan 4:42); el término también se utilizaba para los emperadores en el mundo grecorromano.

secesionistas: herejes divisivos que abandonaron la congregación, sugiriendo que nunca fueron verdaderamente salvados en primer lugar (véase especialmente 1 Juan 2:19).

Judaísmo del Segundo Templo: religión del pueblo judío durante el período del Segundo Templo.

Período del Segundo Templo: período comprendido entre la reconstrucción del templo en el año 516 a. C. y su destrucción por los romanos en el año 70 d. C.

autoafirmación de la Escritura: las afirmaciones de la Biblia sobre su propia naturaleza.

semítico: judío, con referencia a uno de los hijos de Noé, Sem (véase Gén. 6:10).

semitismo: también llamado hebraísmo; patrón de pensamiento o expresión judía reflejada en un documento griego de un escritor judío.

Septuaginta: traducción griega de las Escrituras hebreas del A.T. (abreviada LXX).

sepulcro: tipo de tumba.

Sermón de la Montaña: conjunto de enseñanzas de Jesús presentadas en Mateo 5-7 (véase Mateo 5:1, «ladera de una montaña»).

Sermón de la Llanura: equivalente del Sermón de la Montaña en Lucas 6:17-49 (véase Lucas 6:17: «en un llano»).

siclo: antigua moneda judía.

shekinah: presencia gloriosa de Dios, especialmente en el templo.

Shema: del heb. *shema* («oír» o «escuchar»), la primera palabra de Deuteronomio 6:4, «Escucha, Israel: El Señor nuestro Dios es el único Señor»; la afirmación central judía del monoteísmo.

Pastor de Hermas: documento cristiano de principios del siglo II d. C.

Oráculos sibilinos: colección de oráculos atribuidos a una sibila, una profetisa que pronunció supuestas revelaciones divinas en un estado de frenesí.

Sinaítico: s.v. Codex Sinaiticus.

Sirach: libro apócrifo del siglo II a. C. también conocido como *La Sabiduría de Ben Sira* o *Eclesiástico* (no el libro Eclesiastés del AT).

hijos de Zebedeo: los apóstoles Juan y Santiago.

período subapostólico: época posterior a la era apostólica.

expiación sustitutiva: sacrificio de sangre en nombre de otro.

Suetonio (ca. 70-130 d. C.): historiador romano y autor de *Vidas de los doce césares*.

Siervo sufriente: figura de la segunda parte de Isaías (especialmente 52:13-53:12) identificada como Jesús el Mesías por los escritores del Nuevo Testamento (por ejemplo, 1 Ped. 2:21-25).

sincretismo: mezcla ecléctica de creencias y prácticas religiosas.

sinóptico: perteneciente a Mateo, Marcos y Lucas.

Evangelios sinópticos: del griego *sunopsis* (lit. «ver juntos»), designación técnica para Mateo, Marcos y Lucas debido a su punto de vista común sobre la vida de Jesús.
paralelos sinópticos: pasajes relacionados en los evangelios sinópticos.
Problema sinóptico: naturaleza de la relación entre los Evangelios de Mateo, Marcos y Lucas, considerada por algunos como un «problema» debido a supuestas discrepancias en la cronología y la redacción.
tradición sinóptica: material oral o escrito que subyace en un relato de los Evangelios de Mateo, Marcos o Lucas.
Tácito (nacido hacia el 56 d. C.; muerto después del 118 d. C.): historiador romano, autor de los *Anales* y las *Historias*.
Talmud: recopilación de escritos judíos de la tradición babilónica y palestina.
***Targum* (pl. *Targums*)**: paráfrasis y comentario en arameo de las Escrituras hebreas.
Tatiano: padre de la Iglesia primitiva y compilador de la sinopsis de los cuatro evangelios llamada *Diatessaron* (ca. 150-160 d. C.).
recaudadores de impuestos: residentes locales en tiempos del N.T. que recaudaban ingresos para las autoridades romanas y, por tanto, eran despreciados por sus conciudadanos como traidores.
culto del templo: ritos religiosos y sacrificios ofrecidos en el santuario de Jerusalén.
templo, el: normalmente, abreviatura del templo de Jerusalén, construido originalmente por Salomón.
Tertuliano (ca. 160-225 d. C.): importante apologista del cristianismo primitivo; autor de *Contra Marción*, *Apología* y *Sobre el bautismo*.
Testimonio: textos mesiánicos comunes del A.T. aducidos por los primeros cristianos para demostrar que Jesús era el Cristo.
Testimonium Flavianum: parte controvertida de las *Antigüedades Judías* del historiador judío Josefo que se refiere a Jesús, de la que se cree que al menos una parte es una interpolación cristiana posterior.
tetragrámaton: del griego, que significa «cuatro letras», en referencia al nombre de Dios en el Antiguo Testamento, «YHWH» (probablemente se pronuncia «Yahweh», pero en la mayoría de las traducciones se representa como «Señor»).
tetrarca: «gobernante de un barrio», título de gobernantes como Herodes Antipas (s.v.).
tipos de texto: los cuatro principales tipos de textos manuscritos griegos de los libros del N.T. se clasifican comúnmente como alejandrinos, cesáreos, bizantinos y occidentales.
Crítica textual: la ciencia que se encarga de adjudicar las variantes de las lecturas de los manuscritos mediante criterios específicos como la datación, el tipo de texto o la distribución geográfica, las lecturas atestiguadas y las posibles razones de las variantes.
testigos textuales: lecturas atestiguadas en determinados manuscritos.
Textus Receptus: Texto recibido en latín, una forma del tipo de texto bizantino también atestiguado en el *Texto Mayoritario*, que constituyó la base textual para las traducciones de Wycliffe y Lutero y para la KJV.
teodicea: del griego *theos* («Dios») y *dikaios* («justo»); intento de justificar las acciones de Dios (por ejemplo, véase Job, Romanos y Apocalipsis).

teofanía: del griego *theos* («Dios») y *phainō* («aparecer»); una aparición de Dios a los humanos.

Tiberio: emperador romano (14-37 d. C.).

Torá: traducción de la palabra hebrea que significa «doctrina» o «enseñanza»; en términos generales, la ley judía que abarca las enseñanzas orales y escritas; en términos restringidos, los cinco libros de Moisés (el Pentateuco).

Tosefta: del arameo *tosefta* («adición, suplemento»); enseñanza adicional que complementa la *Mishnah*.

Trajano: emperador romano (98-117 d. C.).

transfiguración: acontecimiento en el que la apariencia externa de Jesús se transformó en anticipación de Su gloria celestial (véase Mateo 17:1-8 y paralelos).

transmisión: proceso de copia y conservación de un texto (Escritura).

tribulación: período de gran sufrimiento y aflicción en relación con el regreso de Cristo.

entrada triunfal: llegada de Jesús a Jerusalén y Su aclamación popular como Mesías durante la semana de la Pasión (Domingo de Ramos; véase Mateo 21:1-11 y paralelos).

Hipótesis de los dos documentos: s.v. Teoría de las dos fuentes.

Hipótesis de los dos evangelios: s.v. Hipótesis de Griesbach.

Teoría de las dos fuentes: hipótesis de que Mateo y Lucas utilizaron independientemente dos fuentes escritas, Marcos y «Q» (s.v.).

tipología: patrón bíblico de correspondencia a lo largo de líneas históricas de salvación (por ejemplo, Juan 3:14, donde Jesús elaboró la relación entre la serpiente levantada por Moisés en el desierto y Jesús siendo levantado en la crucifixión, en ambos casos dando vida al que mira con fe).

uncial: manuscrito antiguo escrito en letras mayúsculas sin espacios ni puntuación.

universalismo: creencia errónea de que todos se salvarán finalmente.

Vaticanus: s.v. Codex Vaticanus.

inspiración verbal: naturaleza divina de las propias palabras de la Escritura.

Vespasiano: emperador romano (69-79 d. C.).

Vulgata: traducción latina de la Biblia realizada por Jerónimo en el siglo IV d. C.

Pasajes «nosotros»: partes de la narración del Libro de los Hechos escritas en primera persona del plural, lo que indica con toda probabilidad que el autor de los Hechos participó en los viajes narrados en esas partes de su relato (Hechos 16:10-17; 20:5-15; 21:1-18; 27:1-28:16).

Yahvé: transliteración aproximada de las consonantes hebreas yhwh (s.v. tetragrámaton); nombre veterotestamentario de Dios basado en la autorreferencia divina en Éxodo 3:14 a Moisés, «YO SOY EL QUE SOY».

YHWH: tetragrámaton (s.v.); Yahvé.

Sión: monte sagrado de Jerusalén (por ejemplo, 2 Sam. 5:7; Sal. 2:6; Isa. 28:16).

Índice de Nombres

Achtemeier, P.   *372*
Achtemeier, P. J.   *299, 335*
Akin, D. L.   *370, 381*
Aland, B.   *8, 18*
Aland, K.   *8, 18, 47*
Alexander, L. C. A.   *241*
Allen, D.   *296*
Allison, D. C., Jr.   *38, 50, 58, 77*
Archer, G. L., Jr.   *18*
Arnold, C. E.   *88, 122, 249, 269, 276, 290*
Aune, D. E.   *373, 383, 384, 386, 388, 392, 404*

Barclay, J. M. G.   *145*
Barnett, P.   *141, 154, 211*
Barr, D. L.   *393*
Barrett, C. K.   *122, 154, 183, 210, 215*
Bartchy, S. S.   *268*

Bartholomew, C. G.   *106*
Barton, G. A.   *298*
Barton, J.   *3*
Bateman, H. W.   *313, 314*
Bauckham, R.   *7, 9, 17, 54, 57, 79, 81, 90, 109, 111, 112, 141, 275, 318, 219, 329, 346, 347, 353-359, 362, 392, 393, 402, 404, 415*
Baugh, S. M.   *290*
Baur, F. C.   *143, 264, 273*
Beale, G. K.   *14, 31, 180, 339, 383, 384, 386, 393, 404*

Beasley-Murray, G. R.   *122, 384*
Beckwith, R.   *18*

Behm, J.   *8*
Bell, A. A.   *385*
Belleville, L. L.   *192, 210*
Bernheim, P.-A.   *317*
Best, E.   *169 , 248*
Best, F.   *50*
Betz, H. D.   *161*
Bevere, A. R.   *263*
Black, D. A.   *274*
Blomberg, C. L.   *18, 54, 77, 94, 105, 122, 131, 141, 210, 350*
Bock, D. L.   *51, 53, 93, 97, 106, 131, 141, 186*
Bockmuehl, M   *38, 239, 243, 269*
Borchert, G. L.   *108*
Bovon, F.   *383*
Bowley, J. E.   *29*
Bowman, R.   *53*
Boyd, G. A.   *53*
Brand, C. O.   *287*
Brooke, A. E.   *367, 371*
Brooks, J. A.   *80, 88*
Brown, R. E.   *54, 246, 298, 336, 344, 365, 366, 371, 374, 378*
Bruce, F. F.   *18, 19, 37, 91, 131, 141, 146, 154, 158, 165, 178, 180, 192, 234, 239, 248, 269, 303, 310, 314, 381*
Burge, G. M.   *37*
Burridge, R. A.   *54*

Caird, G. B.   *387*
Callow, J.   *375*
Calvin, J.   *365*
Caragounis, C. C.   *76, 254*
Carson, D. A.   *xiv,viii, 6, 14, 15, 31, 45, 50, 56, 59, 77, 81, 90-93,* *110-112, 122, 189, 192, 239, 241, 242, 247-249, 263, 265, 266, 268, 269, 274, 276, 290, 298, 333, 339, 368, 371, 372, 380, 384, 392, 403*
Chapell, B.   *290*
Chapman, D. W.   *37*
Charles, J. D.   *362*
Charles, R. H.   *383, 384, 392*
Charlesworth, J. H.   *37*
Chester, A.   *321, 329, 358, 363*
Chilton, B. D.   *34, 317, 329*
Church, F. F.   *266*
Cohick, L. H.   *37*
Cole, A.   *157, 161*
Collins, A. Y.   *387*
Collins, J. J.   *387, 391*
Collins, R. F.   *273*
Cousar, C. B.   *156*
Cowan, S. B.   *xi, 287*
Cranfield, C. E. B.   *222*
Croteau, D. A.   *12, 19, 110*

Dandamayev, M. A.   *268*

Davids, P.H.   *301, 330, 336, 345, 346, 349, 354, 362*
Davies, W. D.   *50, 58*
Day, J. N.   *403*
Deissmann, A.   *322*
deSilva, D. A.   *30, 37, 265, 320, 389, 390*
De Witt Burton, E.   *157*
Dibelius, M.   *90, 322*
Dillon, J. M.   *33*
Dockery, D.   *18, 274, 291*
Dodd, C. H.   *214*
Donahue, J. R.   *85, 86*
Donaldson, T. L.   *63, 239*

Índice de Nombres

Donfried, K. P.   *171*
Doty, W. G.   *273*
Duff, J.   *276*
Duncan, G.   *156*
Dunn, J. D. G.   *56, 165, 217-219, 256, 257, 265, 332, 355*

Eddy, P. R.   *53*
Edson, C.   *171*
Ehrman, B. D.   *10, 19*
Eisenman, R.   *317*
Ellingworth, P.   *314*
Elliott, J. H.   *332, 335, 362*
Elliott, J. K.   *7*
Ellis, E. E.   *145, 234, 273, 274, 276, 278, 290, 333*
Evans, C. A.   *12, 25, 37, 53, 88, 240, 274, 290, 317, 329, 358, 373*

Fant, C. F.   *186*
Fee, G. D.   *183, 185, 210, 239, 241, 243, 269, 272, 279, 280*
Fein, P.   *8*
Ferguson, E.   *32, 35, 37*
Finegan, J.   *43, 44, 215*
Fiorenza, E. S.   *292, 293*
Fitzmyer, J. A.   *92, 93, 214, 216, 217, 222*
Ford, J. M.   *383, 392, 404*
France, R. T.   *54, 56, 77, 88, 314*
Francis, F. O.   *322*
Friesen, S. J.   *387, 389*
Fung, R. Y. K.   *165*
Furnish, V. P.   *183, 216*

Gamble, H. Y.   *18, 19*
Garland, D. E.   *84, 88, 183, 187, 210, 211, 269*
Gasque, W. W.   *17*
Gaston, L.   *298*
Geisler, N. L. *5, 18*
Gempf, C. *141*
George, T. *165*
Giles, K.   *281*
Gill, D. W. J.   *26, 141*
Gombis, T. G.   *253*

Gorday, J.   *290*
Gordon, T. D.   *282, 283*
Goulder, M. D.   *59*
Gowan, D. E.   *38*
Grabbe, L. L.   *25, 28*
Grayston, K.   *367*
Green, E. M. B.
Green, G. L.   *37, 180, 362*
Green, J. B.   *42, 53, 54, 67, 79, 88, 106, 299, 300, 358, 372*
Green, M.   *345, 362*
Griffin, H. P., Jr.   *280, 290*
Griffith, T.   *369*
Grudem, W. A.   *xiv, viii, 15, 335, 336, 363*
Guelich, R. A.   *79, 80, 82, 88*
Gundry, R.   *57-59, 82, 88, 192, 334, 369*
Guthrie, D.   *30, 57, 169, 189, 192, 272, 274, 276, 280, 290, 333, 366, 384, 385*
Guthrie, G.   *297, 311, 313, 314, 330*

Hafemann, S. J.   *209, 211*
Hagner, D. A.   *60, 77, 234, 296, 314, 356*
Hahn, F.   *84*
Hall, M. S.   *252, 393*
Hansen, G. W.   *156, 158, 166*
Hanson, P.   *391*
Harris, M. J.   *183, 185, 192, 211*
Harrison, E. F.   *204*
Harris, R. L.   *18*
Harris, W. H., III   *252*
Hartin, P. J.   *319*
Hawthorne, G. F.   *145, 154, 156, 166, 217, 239, 240, 249, 269, 273, 290*
Head, P. M.   *52*
Helyer, L. R.   *24, 26, 38*
Hemer, C. J.   *92, 129, 147, 169, 386, 404*
Hendriksen, W.   *80, 81*
Hengel, M.   *54, 56, 319, 327*
Hennecke, E.   *151*

Henry, C. F. H.   *18*
Herrick, G. J.   *53*
Hewitt, T.   *296*
Hill, C. E.   *173, 166, 381*
Hodge, C.   *214*
Hoehner, H. W.   *28, 42-45, 53, 246-248, 252-254*
Holmes, M. W.   *5, 41, 180, 184, 190*
Hoppins, R.   *296*
Huffman, D. S.   *94*
Hughes, F. W.   *173*
Hughes, P. E.   *209, 299, 314*
Hughes, R. K.   *290*
Humphreys, C. J.   *46*
Hurst, L. D.   *295, 297*

Jewett, R.   *169, 173, 180*
Jobes, K. H.   *336, 338, 339, 363*
Johnson, A. F.   *404*
Johnson, L. T.   *92, 93, 272, 273, 278, 290, 295, 298, 302, 314, 318, 319, 321, 330*
Jones, P.   *34, 209, 288*
Juel, D.   *85*

Kaiser, W. C, Jr.   *18*
Karris, R. J.   *262, 279, 280*
Käsemann, E.   *332*
Keener, C. S.   *50, 77, 112, 122, 386, 287*
Kelber, W.   *85*
Kellum, L. S.   *374*
Kelly, J. N. D.   *290, 335, 344, 351, 354, 363*
Kennedy, G.   *173*
Kent, H. A., Jr.   *132*
Kent, J. H.   *216*
Kim, S.   *145, 154*
Klein, W. W.   *269*
Kline, M. G.   *9*
Knight, G. W.   *35, 42, 53, 54, 67, 79, 88, 106, 272, 274, 290, 358*
Knox, J.   *3, 54, 154, 156, 264, 295, 314, 317*
Koch, K.   *391*
Kohlenberger, J. R., III   *12*
Komoszewski, J. E.   *53*

Köstenberger, A. J.   *xiv, xv,
   14, 16, 18, 19, 31, 43,
   45, 46, 88, 108-111,
   113, 115, 118-122,
   141, 145, 154, 165,
   205, 232, 253, 272,
   278, 279, 281, 282,
   287, 288, 290, 333,
   351, 377*
Köstenberger, M. E.   *54*
Kovacs, J.   *383, 404*
Kruger, M. J.   *345, 363*
Kruse, C. G.   *371, 373, 381*
Kruse, J.   *211*
Kümmel, W. G.   *8, 355*
Kupp, D. D.   *62*

Ladd, G. E.   *62*
Lane, W. L.   *80, 81, 83, 88,
   297, 301-304, 310,
   311, 314*
Laniak, T. S.   *290*
Larkin, W. J., Jr.   *87, 131,
   141, 185*
Lea, T. D.   *192, 280, 290*
Lee, D.   *292*
Levinskaya, I.   *141*
Liefeld, W. L.   *106*
Lierman, J.   *111*
Lightfoot, J. B.   *10, 18, 157,
   161, 257*
Lightfoot, N. R.   *10, 18, 157,
   161, 257*
Lincoln, A. T.   *123, 253*
Lindars, B.   *295, 298, 315*
Loenertz, R. J.   *293*
Lohse, E.   *262*
Longacre, R.   *375*
Longenecker, B. W.   *164*
Longenecker, R. N.   *15, 141,
   154, 157, 161, 164,
   276*
Luther, M.   *213, 332, 365*

MacGregor, K. R.   *202*
Maier, P. L.   *29, 43, 392*
Marshall, I. H.   *42, 53, 54,
   67, 79, 88, 93, 106,
   131, 141, 178, 180,
   273-275, 282, 334,
   337, 358, 363, 371,
   373, 380, 381*
Martin, D. M.   *180*
Martin, R. P.   *145, 154, 156,
   166, 217, 249, 269,
   273, 290, 301, 321,
   330, 354, 358, 363*
Martyn, J. L.   *165*
Mason, S.   *36, 215*
Matil, A. J.   *128*
Mazzaferri, F. D.   *384*
McDonald, L. M.   *3, 6, 12,
   18, 240, 257*
McGrath, A. E.   *19*
McKnight, S.   *35, 42, 53, 54,
   67, 79, 88, 106, 358*
McLaren, J. S.   *386*
McRay, J.   *147*
Meier, J. P.   *45*
Melick, R. R., Jr.   *269*
Merkle, B. L   *287, 290*
Metzger, B. M.   *3, 5, 10, 18,
   19, 220, 248, 265, 275*
Michaels, J. R.   *333, 336,
   340, 363, 392, 404*
Mikolaski, S. J.   *12*
Milligan, G.   *169*
Milns, R. D.   *25*
Mitton, C. L.   *247*
Moffatt, J.   *296*
Moloney, F. J.   *113*
Moo, D. J.   *6, 45, 56, 59, 81,
   90-93, 189, 192, 217,
   219, 232, 234, 239,
   242, 247-249, 263,
   265, 266, 268, 269,
   276, 298, 330, 333,
   347, 355, 363, 368,
   371, 372, 384, 392*
Moreland, J. P.   *54*
Morgan, C. W.   *178, 295*
Morris, L.   *15, 56, 77, 91-93,
   106, 123, 166, 180,
   192, 210, 215, 235,
   386, 392*
Mounce, R. H.   *404*
Mounce, W. D.   *16, 273,
   274, 275, 278, 279,
   281, 290*
Mowry, L.   *386*

Murphy-OConnor, J.   *186,
   187, 216*

Nardoni, E.   *403*
Neusner, J.   *317*
Nickelsburg, G. W. E.   *38*
Nix, W. E.   *5, 18*
Nolland, J.   *50, 77, 106*
Nordling, J. G.   *266*
Norman, R. S.   *287, 318*

Oakes, P.   *245*
O'Brien, P. T.   *76, 82, 88,
   141, 146, 152, 154,
   173, 239, 241, 247-
   249, 253, 254, 257,
   264, 265, 267, 270*
Olsson, B.   *373*
Osborne, G. R.   *9, 18, 383,
   386, 402, 404*

Pache, R.   *18*
Painter, J.   *317, 365*
Pao, D. W.   *106*
Patterson, R. D.   *xv, viii,
   ix, 18*
Patzia, A. G.   *18, 263, 266*
Penner, T. C.   *319*
Peterson, D.   *141*
Peterson, R. A.   *295*
Picirilli, R. E.   *344*
Pines, S.   *41*
Piper, J.   *54, 205*
Plummer, R. L.   *146*
Polhill, J. B.   *141, 148, 154*
Pollard, T. E.   *108*
Porter, S. E.   *9, 25, 37, 54,
   180, 240, 274, 290,
   366, 373*
Porton, G. G.   *36*
Price, S. R. F.   *390*
Prior, M.   *275*
Pryor, J. W.   *123*

Quinn, J. D.   *273, 290, 291*

Ramsay, W.   *296*
Rapske, B.   *142*
Reasoner, M.   *217*
Reddish, M. G.   *186*
Reed, J. T.   *241, 373*

Índice de Nombres

Reese, R. A. *363*
Reid, D. G. *145, 154, 156, 166, 249, 269, 273*
Reid, M. L. *217*
Reinhard, D. R. *254*
Renan, E. *56, 90*
Resseguie, J. L. *392*
Rhoads, D. M. *83, 88*
Richardson, K. *215, 330*
Ridderbos, H. N. *112, 119, 123, 154*
Riesner, R. *154*
Riggenbach, E. *296*
Robbins, M. M. *296*
Roberts, M. D. *54*
Robinson, J. A. T. *249, 320, 334, 335, 346, 356*
Roller, O. *214*
Ropes, J. H. *327*
Rowland, C. *383, 404*
Rowston, D. J. *353*
Ryken, L. *19*

Sanders, J. A. *18*
Sanders, J. N. *108*
Sandy, D. B. *26*
Schelkle, K. H. *355*
Schlatter, A. *17, 54, 110, 142, 235*
Schnabel, E. J. *142, 143, 146, 151, 154*
Schnackenburg, R. *246, 369, 371, 374, 381*
Schneemelcher, W. *151*
Schreiner, T. R. *46, 154, 217, 219, 221, 232, 235, 282, 288, 290, 333, 335-337, 340, 341, 347, 363*
Schürer, E. *37, 38*
Scobie, C. H. H. *386*
Scorgie, G. G. *12, 19*
Scott, J. J., Jr. *24, 38, 178, 374, 392*
Sellin, G. *357*
Selwyn, E. G. *334*

Senior, D. P. *84-87, 363*
Shanks, H. *317*
Silva, M. *166, 239, 242, 243, 270*
Skarsaune, O. *279*
Slater, T. B. *386*
Smalley, S. S. *381*
Smith, I. K. *258*
Spicq, C. *299*
Stanton, G. N. *7*
Stein, R. *48, 52, 54, 88*
Stemberger, G. *38*
Stibbe, M. W. G. *119*
Stott, J. R. W. *131, 142, 371, 378, 381*
Stowers, S. K. *241, 266, 322*
Strack, H. L. *38*
Strauss, M. L. *12, 19, 105, 106*
Streeter, B. H. *366*
Stuhlmueller, C. *84-87*
Swain, S. R. *33, 121, 123*
Swete, H. B. *384*

Tasker, R. V. G. *56, 183*
Telford, W. *84, 86*
Tenney, M. C. *276, 293*
Theissen, G. *357*
Thielman, F. *103, 140, 154, 166, 239, 245, 249, 254, 270, 344, 351, 352*
Thiselton, A. *106, 211*
Thompson, L. L. *386, 388, 392*
Thompson, M. M. *232, 299, 300, 372, 381*
Tomasino, A. J. *26*
Towner, P. H. *275, 279, 280, 291*
Trobisch, D. *366*
Trotter, A. H., Jr. *315*
Turner, D. L. *77*

van Staden, P. J. *373*
van Unnik, W. C. *393*

Van Voorst, R. E. *54*
Verheyden, J. *91*
Vermes, G. *37, 38*
von Harnack, A. *296*

Wacker, W. C. *291*
Waddington, W. G. *46*
Wainwright, A. W. *383*
Wallace, D. B. *253*
Wanamaker, C., *171, 173, 178, 180*
Warfield, B. B. *18*
Watson, D. F. *345, 358*
Webb, R. L. *354, 355, 359*
Wegner, P. D. *19*
Weima, J. A. D. *180, 365, 373*
Wenham, D. *144, 145, 153, 154*
Westcott, B. A. *2, 18*
Westfall, C. L. *306, 310*
White, J. L. *373*
Wilder, T. L. *274, 290, 291, 332, 334*
Wilkins, M. J. *54, 77, 274, 333*
Williams, J. F. *83, 87*
Williams, M. C. *52, 322*
Wilson, A. N. *127*
Wilson, J. C. *385*
Wilson, M. *151, 390, 404*
Windisch, H. *354*
Witherington, B., III *38, 166, 185, 241, 317*
Wrede, W. *143*
Wright, N. T. *viii, 205, 235, 270, 383*

Yamauchi, E. *34, 43*
Yarbrough, R. W. *54, 381*
Yoder Neufeld, T. R. *371*
Young, F. M. *279*

Zahn, T. *296, 298*

Índice Temático

A

Alejandro Magno *21, 24, 25, 30, 37*
alusiones a Jesús en las cartas de Pablo *144*
agustiniana, visión *407*
antecedentes políticos y religiosos del Nuevo Testamento *20*
antigüedad *6*
apócrifos *406, 412, 414, 416*
apariciones de Jesús resucitado *60, 104, 114, 119*
Apocalipsis, libro de *382*
    autor *383*
    fecha *385*
    género *391*
    plan literario *392*
    ocasión, destino y finalidad *389*
    esquema *393*
    procedencia *388*
    discusión unidad por unidad *394*
    apostolicidad *384*
asmoneos, los *21, 22, 27*
autonomía judía *27*
autógrafos *10, 11, 407*
autotestimonio de la Escritura *15, 17*

B

Babilónico, período *21, 24*

C

calendario religioso *34, 35*
Canon Muratoriano *5*
canonicidad, criterios de *6*
canonización, estímulos para *5*
colección de cartas paulinas, la *8*
Colosenses, carta a los *255*
    autor *256*
    fecha *256*
    destino *257*
    plan literario *259*
    ocasión *258*
    esquema *259*
    procedencia *256*
    propósito *258*
    discusión unidad por unidad *259*
Concilio de Jerusalén *320, 354*
contribución al canon
    Hechos 126
    Corintios *182*
    Gálatas *155*
    Hebreos *294*
    Epístolas juaninas *365*
    Juan *107*
    Judas *332*
    Lucas *80*
    Marcos *78*
    Mateo *55*
    Epístolas pastorales *271*
    Epístolas petrinas *332*
    Filemón *237*
    Apocalipsis *382*
    Romanos *212*
    Tesalonicenses *168*
Corintios, 1-2 *181*
    autor *183*
    fecha y procedencia *184*
    destino *185*
    plan literario *192*
    ocasión *187*
    esquemas *193*
    propósito *190*
    secuencia de visitas y cartas *184*
    discusión unidad por unidad *194*
cronología del ministerio de Jesús *42*
culto al emperador *22, 32, 111, 385, 386*
cumplimiento
    de la fiesta del Antiguo Testamento *116*
    de la profecía del A.T. *76*

D

dichos «Yo soy» *113*
dinastía herodiana *23, 28*
discurso del Olivar *73*
documentos de la nueva alianza *9*
duración del ministerio de Jesús *45*

E

Efesios, carta a los *246*
    autor *247*
    fecha *247*
    destino *248*
    plan literario *249*
    ocasión *248*
    esquema *250*
    procedencia *248*
    propósito *249*
    discusión unidad por unidad *250*
Epífanes *24, 26, 35*
epístolas pastorales, las *271*
    género *282*
    seudonimia *274*
época romana *28*

equivalencia dinámica o
    funcional   *12, 18*
equivalencia formal   *12, 18*
Escritura   *3, 16*
escuelas rabínicas   *34*
evangelio cuádruple, el   *7*
Evangelio según Juan   *107*
    fecha   *110*
    destino   *111*
    plan literario   *112*
    ocasión   *111*
    esquema   *114*
    procedencia   *111*
    propósito   *112*
    discusión unidad por
        unidad   *114*
Evangelio según Lucas   *89*
    autor   *90*
    fecha   *92*
    destino   *93*
    plan literario   *94*
    esquema   *95*
    procedencia   *93*
    propósito   *94*
    Índice temático   *103*
    discusión unidad por
        unidad   *96*
Evangelio según San
    Marcos   *78*
    autor   *79*
    fecha   *80*
    destino   *81*
    plan literario   *82*
    esquema   *83*
    procedencia   *80*
    propósito   *82*
    discusión unidad por
        unidad   *84*
Evangelio según Mateo   *55*
    autor   *56*
    fecha   *57*
    cinco discursos   *60, 61*
    plan literario   *60*
    procedencia y destino   *58*
    propósito   *59*
    discusión unidad por
        unidad   *61*

F

fariseos   *36*
Filemón, carta a   *263*
    autor   *264*
    fecha   *264*
    destino   *264*
    plan literario   *266*
    ocasión   *265*
    esquema   *266*
    procedencia   *265*
    discusión unidad por
        unidad   *267*
Filipenses, carta a los   *237*
    autor   *238*
    fecha   *238*
    destino   *240*
    plan literario   *241*
    ocasión   *240*
    esquema   *242*
    procedencia   *238*
    propósito   *241*
    discusión unidad por
        unidad   *242*
filosofía griega   *33*

G

Gálatas, carta a los   *155*
    autor   *156*
    fecha   *159*
    destino   *157*
    plan literario   *161*
    ocasión y propósito   *159*
    esquema   *161*
    procedencia   *157*
    discusión unidad por
        unidad   *161*
Gnosticismo   *33, 334*
Gran Comisión   *76*

H

Hechos   *126*
    autor   *127*
    fecha   *128*
    destino   *129*
    género   *130*
    plan literario   *131*
    esquema   *132*
    procedencia   *128*
    propósito   *129*
    discusión unidad por
        unidad   *132*
herejía colosiana   *258*
Hebreos, carta a los   *294*
    autor   *295*
    fecha   *297*
    destino   *299*
    género   *302*
    plan literario   *303*
    esquema   *303*
    procedencia   *298*
    propósito y ocasión   *301*
    discusión unidad por
        unidad   *303*
hombre de pecado   *177*

I

independencia literaria   *51*
inerrancia, definición de   *12*
inerrancia de la Escritura   *17*
inicio del ministerio de
    Jesús   *43*
inspiración de las
    Escrituras   *16*
interdependencia literaria   *51*

J

Jesús   *39*
    y los Evangelios   *39*
    uso de las Escrituras   *14*
Juan, 1-3   *364*
    autor   *365*
    fecha   *367*
    destino   *368*
    género   *372*
    cuestiones introducto-
        rias propias de 2 y 3
        Juan   *371*
    plan literario   *373*
    ocasión   *368*
    esquemas   *374*
    procedencia   *368*
    finalidad   *371*
    discusión unidad por
        unidad   *375*
Juan el Bautista   *43*
    inicio del ministerio   *43*
judaísmo   *33*
Judas, carta de   *353*
    autor   *353*
    fecha   *355*
    destino   *356*

género *358*
plan literario *359*
ocasión y propósito *357*
esquema *359*
procedencia *356*
discusión unidad por unidad *360*
juicio de Jesús *102*
justificación *224*

L

latinismos *80*
literatura del Segundo Templo *30*

M

mesianismo *36*
monoteísmo *33*
muerte de Jesús *45*

N

nacimiento de Jesús *42*
nueva creación *165*

O

orden de los libros del Nuevo Testamento *8*
ortodoxia *6*

P

Pablo *146*
  apariencia *151*
  conversión *149*
  primeros años de vida y formación *146*
  últimos años *150*
  seguidor de Jesús o fundador del cristianismo *145*
  evangelio *152*
  vida de *151*
  nombre *147*
  formación rabínica *147*
  ciudadanía romana *146*
  el hombre y el mensaje *143*
parábolas de Jesús *68, 69*

parábolas del reino *67, 70, 73*
padres de la Iglesia, testimonio de *4*
paganismo *32*
pasajes de «nosotros» en Hechos *90*
Pedro, 1 *331*
  autor *333*
  fecha *334*
  destino *336*
  plan literario *336*
  ocasión *336*
  esquema *337*
  procedencia *335*
  propósito *336*
  discusión unidad por unidad *338*
Pedro, 2 *344*
  autor *344*
  fecha *345*
  destino *346*
  plan literario *347*
  ocasión y propósito *346*
  esquema *348*
  procedencia *346*
  discusión unidad por unidad *348*
período del Segundo Templo *20, 21, 24, 26*
período griego *25*
período persa *25*
período ptolemaico *26*
período seléucida o sirio *26*
prosélitos y temerosos de Dios *34, 36*
pueblo de la tierra *36*

R

rapto *176*
referencias a Jesús fuera de los Evangelios *40*
regla de fe *6*
relaciones entre los Evangelios *47*
relato de viaje, Lucano *95*
religiones mistéricas *32*
retórica *172*

rollos del Mar Muerto *31*
Romanos, carta a los *212*
  autor *213*
  fecha *214*
  destino *217*
  plan literario *221*
  ocasión *219*
  esquema *222*
  procedencia *216*
  propósito *220*
  discusión unidad por unidad *223*

S

saduceos *36*
Sanedrín *36*
Santiago, carta de *316*
  autor *318*
  fecha *320*
  destino *321*
  género *322*
  plan literario *322*
  ocasión *321*
  esquema *323*
  procedencia *321*
  discusión unidad por unidad *323*
sectas judías *36*
seudoepigrafía, los *31*
señales de Jesús *117*
Sermón de la Montaña *63*
siete palabras de Jesús en la cruz *120*
sinagoga, la *34*
superstición y sincretismo *32*

T

teología judía *35*
templo, el *34*
temas teológicos en Apocalipsis *401*
  soberanía de Dios *401*
  teodicea *402*
temas teológicos en Colosenses *261*
  la conducta cristiana adecuada *262*
  la supremacía de Cristo *261*

Índice Temático

temas teológicos en
  Corintios 208
  naturaleza del cuerpo
    resucitado 208
  la nueva y la vieja
    alianza 209
temas teológicos en
  Efesios 254
  la iglesia 254
temas teológicos en
  las Epístolas
    juaninas 380
  discipulado y seguridad de la
    salvación 380
  el amor 380
temas teológicos en
  Filemón 268
  enfoque cristiano de la escla-
    vitud y otras cuestiones
    sociales 268
  amor mutuo y fraterni-
    dad en el cuerpo de
    Cristo 268
temas teológicos en
  Filipenses 245
  el sufrimiento
    cristiano 245
  la unidad de los
    cristianos 245
  la alegría en Cristo 245
temas teológicos en
  Gálatas 164
  la justificación por la fe
    frente a las obras de la
    ley 164
  la transformación del
    creyente 164
temas teológicos en
  Hebreos 312
  la perseverancia y la seguri-
    dad cristiana 313
  superioridad de la persona y
    la obra de Cristo y Su
    sumo sacerdocio 312
temas teológicos en
  Hechos 140
  Espíritu Santo 140
  resurrección y ascensión de
    Jesús 140
temas teológicos en Juan 121

Jesús como Verbo, Cordero
  de Dios e Hijo de Dios
  mesiánico 121
las señales 121
tema teológico en Judas 361
  contender por la fe 361
temas teológicos en
  Lucas 103
  la preocupación de Jesús
    por los humildes 104
  historia de la salvación 103
temas teológicos en
  Marcos 86
  Jesús, el Hijo de Dios 86
  naturaleza del
    discipulado 87
temas teológicos en Mateo 75
  la Gran Comisión y la inclu-
    sión de los gentiles 76
  Jesús el Mesías 75
temas teológicos en las
  Pastorales 287
  preservación de los
    creyentes 288
  las calificaciones de
    los líderes de la
    iglesia 287
temas teológicos en 1
  Pedro 342
  el sufrimiento cristiano y el
    fin de los tiempos 342
  identidad de los creyentes
    y su testimonio ante el
    mundo 343
temas teológicos en 2
  Pedro 351
  el testimonio apostólico
    frente a la herejía 352
  la búsqueda de las vir-
    tudes cristianas a la
    luz del final de los
    tiempos 351
temas teológicos en
  Romanos 232
  el evangelio 232
  la justicia de Dios 233
temas teológicos en
  Santiago 327
  fe y obras 327
  sabiduría y ética 328

temas teológicos en
  Tesalonicenses 178
  la ética del trabajo
    cristiano 179
  Segunda Venida 178
Tesalonicenses, 1-2 167
  autor 168
  fecha 169
  destino 171
  plan literario 172
  ocasión 171
  esquema 173
  procedencia 170
  propósito 172
  discusión unidad por
    unidad 174
Timoteo, 1-2 271
  autor 273
  fecha y procedencia 278
  destino 276
  ocasión 279
  esquema 284
  propósito 280
  discusión unidad por
    unidad 284
Tito, carta a 277
  fecha y procedencia 278
  destino 277
  ocasión 287
  esquema 286
  finalidad 282
  unidad de discusión 286
traducción del Nuevo
  Testamento 12
transmisión del Nuevo
  Testamento 10
«tríada hermenéutica» viii

U

uso de las Escrituras por
  parte de la Iglesia
  primitiva 11
uso eclesiástico 6

V

viajes misioneros de
  Pablo 149

primeros viajes *149*
primer viaje misionero *150*
segundo viaje misionero *150*
tercer viaje misionero *150*

Z

zelotes *36*

Índice de las Escrituras

Génesis

1:1   *115*
1:1–2   *62*
1:28   *304*
2:2   *305*
3:6   *97, 376*
6–9   *347*
8:8–12   *62*
11:1–9   *113*
12:1–3   *61*
12:3   *229*
14:18–20   *313*
15:1–18   *309*
15:6   *156, 212, 225, 226, 325, 328*
18:12   *343*
22   *325*
28:12   *115*
42:17–18   *46*

Éxodo

1–2   *62*
2:15   *84*
3:14   *402, 419*
12:1–4   *116*
12:1–14   *35*
12:15–20   *35, 116*
12:48   *339*
13:3–10   *35*
16:9   *339*
17:14   *13*
18   *37*
19:3   *63*
19:5–6   *339*
20:2–6   *33*
20:4   *199*
23:15   *35*
23:16   *35*
23:20   *50*
24:7   *9*
24:12   *204*
24:13   *63*
24:18   *63*
25–30   *295*
29:9   *306*
29:18   *204*
29:33   *306*
31:18   *204*
32:15   *204*
34:1   *204*
34:18   *35*
34:22   *35*
34:29–35   *70, 209*
35–40   *295*

Levítico

9:7–8   *339*
10:4–5   *339*
11:44–45   *337*
16   *35*
19:2   *337*
19:18   *165*
19:28   *243*
20:7   *337*
21:5   *243*
23   *34*
23:4–5   *116*
23:5   *35*
23:6–8   *35, 116*
23:9–14   *35, 116*
23:15–21   *35*
23:15–22   *116*
23:23–25   *35*
23:23–35   *116*
23:26–32   *35, 116*
23:33–36   *35*
23:34–43   *117*
23:39–43   *35*
23:44–46   *116*

Números

9:1–14   *35*
12:7   *305*
13–14   *295*
15:27–31   *310*
15:30   *310*
23:19   *13*
27:17   *66*
28:16   *35*
28:17–25   *35*
28:26–31   *35*
29:1–6   *35*
29:1–11   *116*
29:7–11   *35*
29:12–34   *35*

Deuteronomio

4:2   *13, 401*
4:20   *339*
5:6–10   *34*
6:4   *33, 198*
6:13   *76*
6:16   *76*
7:6   *339*
8:3   *76*
9:10   *204*
14:1   *243*
16:1–7   *35*
16:3–4   *35*
16:8   *35*
16:9–12   *35*
16:13–15   *35*
17:7   *197*
21:23   *148, 334*
25:4   *4*
27:26   *164*
28:58–59   *13*
29:20   *9*
31:9   *9*
31:26   *9*
31–33   *118*
32:21   *230*
32:43   *304, 399*
33:29   *63*

Josué

1:8   *13, 376*
2   *325*
8:32   *13*

1 Samuel

15:29   *13*
23:14   *84*
30:12–13   *46*

2 Samuel

7:14   *304*

1 Reyes

5:5   *339*
5–8   *34*
18:28   *243*
19:3–4   *84*

2 Reyes

4:42–44   *85*
22:8   *13*
22:13   *13*
23:2   *9*
23:21   *9*
24:12   *24*
24–25   *24*
25:3   *24*

2 Crónicas

10:5   *46*
10:12   *46*

34:14 *13*
34:30 *9*
36:5–21 *24*

Esdras

1:1–4 *25*
3 *34*

Nehemías

8:1 *13*

Ester

1:1 *25*
4:16–5:1 *46*
9:18–32 *35*

Salmos

2:7 *63, 304*
8:4–6 *304*
22:1 *76*
22:7–8 *76*
22:18 *76*
32:1–2 *226, 233*
34:5 *339*
34:8 *339*
34:12–16 *340*
45:6 *304*
66:10 *641*
68:8 *252*
69:21 *76*
78:2 *76*
79:5–10 *403*
89:35 *13*
94:1–3 *403*
95 *305*
95:7–11 *305-306*
102:25–27 *304*
104:4 *304*
110:1 *74, 76, 304, 313*
110:1–4 *309*
110:4 *306, 313*
118:22 *339*
118:22–23 *76, 101*
118:26 *76, 100*

Proverbios

3:34 *329*
8:8 *13*
10:12 *327*
11:31 *341*
26:11 *350*
30:5–6 *13*

Isaías

4:2 *62*
5:1–2 *76*
6:9–10 *76, 130, 139*
7:14 *14, 61, 76*
8:14 *229, 339*
9:1–2 *76*
11:1 *62, 76*
15:2 *243*
22:13 *33*
28:11–12 *201*
28:16 *229, 339, 419*
28:18 *92*
29:13 *76*
35:5 *92*
35:5–6 *64, 76*
40:3 *31, 62, 76, 84, 115*
40:6–8 *338*
42:1 *63*
42:1–4 *76-77*
42:18 *76*
43:21 *339*
44:28–45:13 *25*
52:7 *230*
52:13–53:12 *36, 417*
53:1 *230*
53:2 *76*
53:4 *64, 76*
53:12 *234*
55:10–11 *121*
55:11 *121*
56:7 *71, 76, 86, 339*
57:20 *357*
61:1 *76, 92*
61:1–2 *95, 97, 133*
62:11 *76*
65:1 *230*
65:25 *148*

Jeremías

1:9 *13*
7:11 *76*
12:7 *76*
22:5 *76*
23:5 *62*
29 *322*
29:4–13 *373*
31:15 *62, 76*
31:31–34 *209, 301, 309*
32:6–9 *76*
33:15 *62*
34:18–20 *309*
36:28 *13*
39:2 *24*

Ezequiel

1:5 *396*
1:10 *108, 396*
1:18 *396*
1:22 *396*
3:1–3 *384*
9:4–6 *396*
11:19 *204*
11:19–20 *165*
34 *357*
34:5 *66*
36:26–27 *165, 204*
43:11 *13*

Daniel

6:23 *148*
7:9–10 *400*
7:13 *36, 74, 394*
7:15 *384*
7:22–27 *400*
8 *25*
8:8 *26*
8:15 *384*
8:27 *384*
9:2 *384*
9:27 *405*
10:2 *384*
10:7 *384*
11:31 *405*
12:5 *384*
12:11 *405*

Oseas

7:14 *243*
11:1 *76*

Joel

2:28 *140*
2:28–32 *133*
2:32 *223, 230*

Amós

5:18–20 *178*

Abdías

15 *178*

Jonás

1:17 *76*

Miqueas

5:2 *76*
6:8 *329*
7:6 *76*

Habacuc

2:2 *13*
2:4 *212, 224-225*

Sofonías

1:2–18 *178*
3:5 *13*

Hageo

1–2 *34*

Zacarías

4 *34*
9:9 *71, 100*
11:12 *76*
11:12–13 *76*
12:10 *394*
13:7 *76*

Índice de las Escrituras

14:16–19   35

Malaquías

3:1   50, 76, 84, 92
3:1–4   341

Mateo

1:1   76
1:1–17   55, 61, 96, 410
1:1–18   75
1–4   55
1:18–2:12   22
1:18–25   55, 61
1:22   14, 410
1:22–23   61, 76
2   28
2:1   42
2:1–12   62
2:5   14, 410
2:5–6   36, 76
2:13–18   62
2:13–20   47
2:15   14, 76, 410
2:16   43
2:17   14, 410
2:18   62, 76
2:19–23   62
2:21–23   23
2:23   14, 76, 410
3:1–4:11   62
3:1–6   62
3:2   63
3:3   14, 76, 115
3:7–12   62
3:13–17   62
3:15   15, 63, 76
4:1–11   15, 63, 76
4:4   14
4:10   58
4:12–25   63
4:12–16   63
4:12–18:35   63
4:14   14
4:15–16   76
4:17   63
4:18   65
4:18–22   63
4:21   65

4:23   49
4:23–25   63
4:24–25   49, 76
5:3   225, 319
5:5   319
5:6   63
5–7   55, 60, 63, 75
5:8   319
5:10–11   340
5:11–12   319
5:13–16   63
5:14–15   68
5:17–20   63
5:18   14
5:21–48   64
5:22   319
5:33–37   319, 327
5:38–42   144
5:48   319
6:1–18   64
6:19–21   319
6:19–34   64
6:24   319
7:1   319
7:1–16   64
7:7–11   319
7:7–14   64
7:9–11   68
7:13–14   68
7:15–20   377
7:15–23   64
7:16–18   319
7:16–20   68, 325
7:21   317
7:24   319
7:24–27   68
7:24–29   64
7:26   319
7:28   60
8:1–4   49
8:5–13   35
8:14–15   49
8:16–17   49
8:17   64, 66, 76
9:1–8   49, 64
9:9   57
9:9–13   49, 65
9:13   5
9:14–17   49
9:15   68
9:16   68

9:17   68
9:35–38   66
10:1–4   49
10:2–3   6
10:3   65
10:4   36, 65
10:5–6   68, 85
10:5–42   60
10:10   144
10:22   319
10:35–36   76
11:1   60
11:1–19   66
11:5   76
11:10   50, 76
11:20–24   66
11:25–30   66
12:1–8   49
12:1–14   66
12:3   50
12:4   339
12:5   14, 50
12:9–14   49
12:15–16   49
12:15–21   66, 76
12:17–21   76
12:22–37   66
12:28   378
12:29–30   68
12:30   46
12:33–37   325
12:38–45   66
12:40   46, 76
12:46–50   67
13   55, 67
13:1–9   68
13:1–23   67
13:1–52   60
13:14–15   76
13:18–23   68
13:24–30   67-68
13:27–28   67
13:31–32   68
13:31–35   67
13:33   68
13:35   76
13:36–39   67
13:36–43   67-68
13:44   68
13:44–46   67
13:45–46   68

13:47–50   68
13:47–51   67
13:52   67-68
13:53   60
13:53–58   67
13:55   6, 354
14:1–12   67
14:3–12   23
14:13–21   67
14:22–36   67
15:1–20   67
15:6   14, 34
15:7–9   76
15:10–20   144
15:21–28   68
15:21–31   76
15:24   68
15:26   68
15:29–39   69
16:1–12   69
16:13   319
16:13–17   65
16:13–20   69
16:16–19   120
16:18   57, 69, 407
16:21   46
16:21–23   36, 48-49, 65
17:1–13   70
17:5   352
17:20   144
17:23   46
17:24–27   58, 70
18   55
18:1–9   70
18:1–35   60
18:10–14   70
18:12–14   68
18:15   319
18:15–20   70
18:21–35   70
18:23–35   68
19:1   60
19:1–12   70, 144
19:4   50
19:13–15   70
19:16–30   70
20:1–16   68, 71
20:17–19   71
20:19   46
20:20–28   71

431

20:27   *379*
21:1–11   *71, 419*
21:5   *76*
21:9   *76*
21:12–17   *71*
21:13   *76, 339*
21:16   *50*
21:18–22   *71*
21:23–27   *71*
21:28–32   *68, 71*
21:33   *76*
21:33–46   *68, 71*
21:42   *14, 50, 76*
22:1–14   *68, 71*
22:15–22   *57, 72*
22:23–33   *72*
22:29   *14*
22:31   *50*
22:34–40   *72*
22:36–40   *319*
22:37–40   *144*
22:40   *14*
22:41–45   *72, 313*
22:44   *76*
22:46   *72*
23:1–7   *34*
23:1–39   *72*
23:12   *319*
23:15   *148*
23:23   *14*
23–25   *60*
23:38–39   *76*
24   *144*
24:1–2   *23*
24:2
24:4–5   *377*
24:7   *396*
24:13   *319*
24:15   *22*
24:15–18   *50*
24:23–26   *377*
24–25   *55, 178*
24:29–31   *178*
24:30–31   *178*
24:31   *116*
24:32–36   *68*
24:42–44   *68*
24:43–44   *144*
24:45–51   *68, 144*
25:1–13   *69, 73, 144*
25:6   *178*

25:14–30   *69, 73*
25:31–46   *69, 73*
25:34–35   *319*
26:1   *60*
26:1–2   *73*
26:3–5   *73*
26:6–16   *73*
26:14–16   *65*
26:15   *76*
26:17–25   *73*
26:20   *46, 109*
26:26–30   *73, 144, 414*
26:31   *76*
26:31–35   *73*
26:36–46   *73*
26:47–56   *73*
26:54   *76*
26:56   *76*
26:57–68   *74, 102*
26:69–75   *74*
27:1–10   *74*
27:1–25   *102*
27:3–10   *65*
27:9–10   *76*
27:11–26   *74*
27:27–50   *72*
27:34–35   *76*
27:39   *76*
27:43   *76*
27:46   *76, 120*
27:48   *76*
27:51–56   *74*
27:54   *77*
27:57–66   *75*
27:62   *46*
27:64   *46*
28:1–10   *75*
28:8–10   *104*
28:11–15   *75*
28:16–20   *75, 104*
28:19–20   *77*

Marcos

1:1   *78-79, 82-84, 87*
1:1–8:26   *83-84*
1:1–13   *84*
1:2   *50*
1:3   *115*
1:11   *78, 83-84, 87*

1:14   *84-85*
1:14–3:35   *84*
1:14–15   *84*
1:16   *79*
1:16–20   *84*
1:21–22   *49*
1:21–28   *84*
1:23–28   *49*
1:25   *82*
1:29–31   *49*
1:32–34   *49*
1:34   *84-85*
1:35–38   *49*
1:38–39   *85*
1:39   *49*
1:40–45   *49, 85*
1:44–45   *85*
1:45   *85*
2:1–12   *49, 82*
2:13–17   *49, 84*
2:14   *57*
2:17   *5*
2:18   *65*
2:18–22   *49*
2:19–20   *68*
2:21   *68*
2:22   *68*
2:23   *45*
2:23–28   *49*
2:26   *339*
3:1–6   *49*
3:6   *84*
3:7–12   *49*
3:11   *83, 87*
3:11–12   *82*
3:12   *85*
3:13–19   *49, 84*
3:14   *85*
3:17   *65, 81*
3:18   *65*
3:22–27   *68*
3:31–35   *84*
4:1–8:26   *83*
4:1–9   *68*
4:11–13   *87*
4:13–20   *68*
4:21–25   *68*
4:26–29   *68*
4:30–32   *68*
4:33–34   *87*
4:35–5:43   *78, 82, 87*

4:40   *78, 87*
5:1–20   *84*
5:7   *78, 82-83, 87*
5:20   *85*
5:41   *81*
5:43   *85*
6:1–6   *84*
6:3   *6, 354*
6:6–13   *84-85*
6:12   *85*
6:12–13   *84*
6:14–29   *28, 85*
6:17–29   *23*
6:30–52   *85*
6:39   *45*
6:41   *85*
6:48   *81*
6:51–52   *78, 87*
7:3–5   *81*
7:11   *81*
7:17–23   *144*
7:19   *81*
7:24–30   *85*
7:26   *85*
7:31–8:12   *85*
7:34   *81*
7:36   *85*
7:36–37   *85*
8:1–10   *85*
8:4   *87*
8:14–21   *87*
8:15   *84*
8:16–21   *78*
8:22–26   *87*
8:26   *85*
8:27–9:1   *85*
8:27–9:32   *85*
8:27–16:8   *83, 85*
8:27–30   *83*
8:29   *86*
8:29–30   *85*
8:31   *82*
8:31–33   *48-49*
8:33   *78, 87*
8:34   *85, 87*
9:2   *65*
9:7   *78, 82-83, 87*
9:9   *85*
9:14–21   *87*
9:18–19   *78*
9:30   *85*

Índice de las Escrituras

9:30–41 *85*
9:31 *82*
9:33 *85*
10:1 *85*
10:1–12 *144*
10:17 *85*
10:32 *85*
10:32–45 *85*
10:33–34 *82*
10:45 *78, 82, 88*
10:46 *81, 85*
10:46–52 *87*
10:52 *85*
11:1–13:37 *85*
11:12–14 *86*
11:17 *86*
11:20–26 *86*
12:1–2 *86*
12:1–12 *68*
12:6 *82-83*
12:9 *86*
12:10 *14, 50*
12:13 *84*
12:24 *14*
12:26 *50*
12:42 *81*
13 *144, 178*
13:8 *396*
13:14–16 *50*
13:19 *396*
13:28–31 *86*
13:28–32 *68*
13:32 *83, 87*
13:34–37 *68*
13:35 *81*
14:1–16:8 *86*
14:12 *81*
14–15 *87*
14:17 *46, 109-110*
14:22–26 *144*
14:28 *85-86*
14:33 *65*
14:36 *81, 144*
14:53–65 *86, 102*
14:61 *82-83, 86-87*
14:66–72 *78, 88*
15:1–15 *102*
15:2 *86*
15:16 *81*
15:22 *81*
15:34 *81, 120*

15:39 *78, 81-82, 86-87*
15:42 *46, 81*
16:7 *79, 85-86*
16:8 *78, 86, 88*

Lucas

1:1 *103*
1:1–4 *90-93, 95-96, 105*
1:2 *127*
1:3 *91, 93-94, 129*
1:4 *94, 129*
1:5 *42*
1:5–2:52 *95-96*
1:5–4:13 *95-96*
1:9 *92*
1:16 *96*
1:31–33 *103*
1:32 *96*
1:46–55 *105*
1:47 *103*
1:48–49 *105*
1:68–71 *103*
1:69 *103*
1:71 *103*
1:77 *96, 103*
2:1 *23, 90, 106*
2:1–2 *43*
2:1–20 *22*
2:10 *105*
2:11 *96, 103*
2:16 *23*
2:17 *105*
2:27 *105*
2:30–32 *96*
2:32 *105*
2:36–38 *96*
2:40 *105*
2:49 *96*
3:1 *29, 47, 90*
3:1–2 *23, 43*
3:1–4:13 *95*
3:4 *115*
3:21 *23*
3:23 *44*
3:23–28 *94, 96*
3:37 *89*
4:1–11 *96*
4:1–13 *15, 95-96*

4:14–7:50 *95, 97*
4:14–9:50 *95, 97*
4:14–30 *97*
4:16–30 *34*
4:17 *14*
4:18 *97, 105-106*
4:18–19 *89, 95, 133*
4:18–21 *15*
4:21 *4*
4:25–27 *105*
4:31–32 *49*
4:31–41 *97, 105*
4:33–37 *49*
4:38–39 *49*
4:40–41 *49*
4:42–43 *49*
4:43 *97*
4:44 *49*
5:1–11 *49, 97*
5:3 *90*
5:12–16 *49*
5:12–26 *105*
5:17–26 *49*
5:27 *57*
5:27–32 *49, 97, 105-106*
5:30 *105*
5:31–32 *89*
5:32 *105*
5:33–39 *49, 68*
5:36 *68*
5:37–39 *68*
6:1–5 *49*
6:1–11 *97*
6:6–11 *49, 105*
6:12–16 *49, 97*
6:15 *65*
6:16 *65*
6:17–19 *49, 105*
6:17–49 *97*
6:20 *106, 319*
6:20–23 *105*
6:23 *319*
6:29–30 *144*
6:43–44 *319*
6:47–49 *68*
7:1–10 *97*
7:9 *105*
7:11–17 *95, 97*
7:18–35 *97*
7:20 *92*

7:22 *105-106*
7:27 *50, 92*
7:28 *105*
7:30 *105*
7:34 *90, 105*
7:36–50 *97, 105*
7:41–50 *69*
7:50 *103*
8:1–3 *95, 97, 105*
8:1–39 *97*
8:2–3 *90, 105*
8:4–8 *68*
8:11–15 *68*
8:12 *103*
8:15 *97*
8:16–18 *68, 97*
8:21 *14, 97*
8:22–25 *97*
8:22–39 *97*
8:25 *98*
8:26–9:2 *105*
8:26–39 *98*
8:40–9:50 *98*
8:40–42 *98*
8:43–48 *98*
8:48 *105*
8:49–56 *98*
9:1–6 *98*
9:7–9 *98*
9:10 *98*
9:10–17 *98*
9:18–20 *95*
9:18–27 *98*
9:21–22 *49*
9:21–27 *95*
9:21–44 *92*
9:22 *48*
9:28–36 *98*
9:31 *98*
9:37–43 *105*
9:41 *98*
9:46–48 *98, 105*
9:49–50 *98*
9:51 *95, 103*
9:51–19:27 *95, 98*
9:51–24:51 *98*
9:52–56 *98*
9:57–62 *98*
10:1–20 *98*
10:7 *4, 144*
10:25–28 *319*

10:25–37   *69, 95, 98*
10:26   *50*
10:30–37   *105*
10:38–42   *99, 105*
10:42   *98*
11:1–4   *99*
11:1–13:21   *99*
11:5–8   *69*
11:5–13   *99*
11:11–13   *68*
11:14–26   *99*
11:21–23   *68*
11:27–28   *99*
11:28   *14*
11:29–36   *99*
11:32   *99*
11:37–54   *99*
11:51   *339*
11:54   *99*
12:1–12   *99*
12:13–21   *69, 105*
12:13–34   *99-100*
12:33–34   *319*
12:34   *99*
12:35–38   *68*
12:36–38   *144*
12:39–40   *68*
12:42–46   *68*
12:42–48   *144*
12:49   *99*
12:49–59   *99*
13:1–9   *99*
13:6–9   *69*
13:10–17   *99, 105*
13:18–19   *68*
13:20–21   *68*
13:23   *103*
13:23–27   *68*
13:24–30   *99*
13:32   *23*
13:35   *99*
14:7–14   *69*
14:11   *99, 319*
14:13   *105*
14:15–24   *68*
14:16–24   *69*
14:21–24   *105*
14:23   *105*
14:28–30   *69*
14:31–33   *69*
15:1–2   *105*

15:1–7   *68-69*
. 15:2   *99*
15:8–10   *69*
15:11–32   *69, 95*
16:1–8   *69*
16:9   *100*
16:14   *100*
16:16   *103*
16:17   *14*
16:19–31   *14, 69, 105*
16:29   *14, 50*
16:31   *14, 50*
17:1–10   *100*
17:2   *105*
17:7–10   *69*
17:11–19   *100, 105*
17:16   *105*
17:21   *36*
18:1–8   *69, 100*
18:8   *100*
18:9–14   *69, 100*
18:14   *100, 105, 319*
18:15–17   *100, 105*
18:18–23   *100*
18:29–30   *100*
18:31–33   *92*
18:31–34   *100*
18:35–43   *100, 105*
19:1–10   *100*
19:7   *105-106*
19:9   *103*
19:10   *95, 103, 105*
19:11–27   *69, 100*
19:28–22:38   *100*
19:28–44   *100*
19:38   *100*
19:39–40   *100*
19:41–48   *100*
19:45–48   *101*
19:48   *101*
20:1–8   *101*
20:9–19   *68, 101*
20:20–40   *101*
20:41–47   *101*
21   *144*
21:1–4   *105*
21:1–36   *101*
21:19   *101*
21:20–22   *50*
21:20–24   *101*

21:29–33   *68, 101*
21:34–36   *101*
22:1–6   *101*
22:7–38   *101*
22:8   *109*
22:14   *46, 109-110*
22:14–23   *144*
22:39–24:51   *101*
22:39–46   *102*
22:53   *102*
22:54–62   *65*
22:55–62   *102*
22:63–71   *102*
23:1–6   *102*
23:1–7   *102*
23:7–11   *102*
23:7–12   *23*
23:12–25   *102*
23:15   *102*
23:24–33   *102*
23:34   *120*
23:43   *120*
23:44–46   *102*
23:46   *120*
23:47–48   *102*
23:49   *95*
23:54   *46*
23:55–24:10   *105*
24:1–8   *102*
24:1–12   *105*
24:6   *92*
24:13–32   *104*
24:13–33   *102*
24:13–35   *95*
24:25   *14*
24:26   *103*
24:27   *14*
24:34   *104*
24:34–49   *103*
24:36–49   *144*
24:44–49   *104*
24:46–49   *95*
24:49   *133*
24:50–51   *103*
24:52–53   *96, 103*
24:53   *92*

Juan

1:1   *107, 112*
1:1–3   *112*

1:1–18   *112-114*
1:6–8   *115*
1:6–9   *115*
1:10–11   *115*
1–12   *121*
1:12–13   *115*
1:14   *107-108, 110, 112, 114*
1:15   *115*
1:18   *107, 114*
1:19–12:50   *112-114*
1:19–28   *115*
1:19–34   *113*
1:19–36   *115*
1:23   *115*
1:29   *107, 112, 114*
1:29–36   *116*
1:31   *115*
1:34   *112*
1:35–39   *65*
1:36   *107, 114-115*
1:40   *65*
1:41   *112-113*
1:42   *57*
1:43–48   *65*
1:43–49   *65*
1:49   *36*
1:50–51   *115*
2:1–4:54   *113-114*
2:1–1   *115*
2:6   *122*
2:19–20   *122*
2:11   *108, 110, 113, 115*
2:13   *116*
2:13–22   *115*
2:14–16   *34*
2:16   *339*
2:18–22   *112*
2:20   *115*
2:23   *45*
2:24–25   *115*
3:1–21   *115*
3:16   *107*
3:18   *107*
4:1–42   *115*
4:6–7   *121*
4:21–24   *112*
4:25   *113*
4:43–54   *115*
4:46–54   *115*

Índice de las Escrituras 435

4:52–53 *122*	10:34 *14*	14:12–18 *107*	20:2 *108*
4:54 *113*	10:35–36 *14*	14:17 *118*	20:2–9 *109*
5:1–10:42 *113*	10:40–41 *113*	14:22 *109*	20:9 *14*
5:1–15 *115*	11:1–44 *115*	14:26 *414*	20:11–18 *119*
5:16 *115*	11–12 *112*	15:1 *113*	20:19–23 *119*
5:17–29 *390*	11:16 *65*	15:5 *118*	20:19–29 *144*
5:17–47 *115*	11:25 *113*	15:9–17 *376*	20:21 *119*
5:25 *178*	11:27 *113*	15:18–16:33 *118*	20:21–22 *122*
5:38 *122*	11:33 *121*	15:25 *14*	20:21–23 *114*
5:39 *14*	11:35 *121*	15:26 *414*	20:22 *119*
6:1 *110*	11:39 *122*	16:13 *14*	20:23 *119*
6:1–15 *115*	11:45–57 *117*	16:28 *114*	20:24–29 *119*
6:4 *116*	11:54 *117*	16:33 *118*	20:26–29 *104*
6:5–7 *65*	11:55 *116*	17:1–5 *118*	20:28 *119*
6:8 *65*	12:1 *116*	17:1–26 *118*	20:30–31 *107,*
6:13 *122*	12:1–8 *117*	17:5 *121*	*113-115*
6:14 *36*	12:4–6 *65*	17:6–19 *118*	20:31 *112*
6:23 *120*	12:12–13 *36*	17:12 *65*	21:1 *110*
6:30–59 *34*	12:12–19 *117*	17:17 *14*	21:1–14 *120*
6:31–59 *121*	12:20–36 *117*	17:20–26 *118*	21:1–23 *104*
6:35 *113*	12:21–22 *65*	18:4 *118*	21:2 *109*
6:48 *113*	12:22 *65*	18:15–16 *109*	21:4 *120*
6:48–58 *114*	12:34 *113*	18:15–18 *119*	21:7 *108-109*
6:51 *113*	12:36–40 *122*	18:19–23 *102*	21:15–19 *120*
6:70–71 *65*	12:36–41 *117*	18:19–24 *119*	21:18–19 *120*
7:19 *14*	12:37 *122*	18:20 *34*	21:20 *108*
7:23 *14*	12:37–40 *113*	18:24–28 *102*	21:20–23 *109*
7:27 *113*	12:37–41 *119*	18:25–27 *119*	21:20–25 *121*
7:31 *113*	12:37–50 *117*	18:28 *45*	21:23 *121*
7:35 *36*	12:38 *14*	18:28–19:16 *119*	21:24 *108*
7:38–39 *117*	12:41 *121*	18:29–19:6 *102*	21:25 *108*
7:41–42 *36*	13:1 *114*	18:31 *14*	
7:49 *14*	13:1–3 *121*	18:31–32 *110*	**Hechos**
7:51 *14*	13:1–17 *118*	18:36 *86*	1:1 *126*
7:52 *113*	13:1–20:3 *112*	18:37–38 *110*	1:1–2 *131*
8:12 *113*	13:1–30 *113*	18:39 *45*	1:1–2:41 *132*
8:17 *14*	13:2 *109*	19:7 *14*	1:1–3 *93*
8:24 *121*	13:6–9 *109*	19:14 *46*	1:1–5 *132*
8:34 *121*	13:18 *14*	19:16–42 *119*	1:1–6:7 *131*
8:58 *121*	13:18–30 *118*	19:24 *14*	1–2 *151*
9:1 *122*	13–20 *117*	19:26 *108*	1:2 *140*
9:1–41 *115*	13:21–30 *65*	19:26–27 *120*	1:3–8 *104*
9:5 *113*	13:23 *108-110*	19:28 *120*	1:4 *140*
10:7 *113*	13:23–24 *109*	19:30 *120*	1:4–8 *140*
10:10 *122*	13:26–27 *109*	19:31 *46*	1:6–26 *133*
10:11 *113*	13:31–16:33 *133*	19:34 *367*	1:8 *126*
10:14 *113*	13:34–35 *367*	19:35 *110*	1:8–9 *133*
10:15 *114*	14:2 *118*	19:36 *14*	1–12 *127*
10:17–18 *114*	14:5 *109*	19:37 *14*	1:12 *129*
10:22 *22*	14:6 *113*	19:42 *46*	1:13 *354*
10:24 *113*	14:8–9 *109*	20:1–10 *119*	

1:14 *354*	6:8–7:60 *134*	12:1–3 *23*	15:20 *137*
1:15–26 *133*	6:8–9:31 *131*	12:1–4 *320*	15:23 *318*
1:16–20 *65*	6:8–15 *134*	12:1–5 *65*	15:23–29 *137*
1:19 *129*	6:8–9:31 *132*	12:1–23 *136*	15:29 *137*
2:1 *129*	7:21 *147*	12:2 *109*	15:36 *137*
2:1–4 *140*	7:56 *140*	12:4 *129*	15:36–16:5 *137*
2:1–13 *133*	8:1–3 *135*	12:12 *80*	15:37–39 *80*
2:1–40 *116*	8:1–9:31 *135*	12:17 *319*	15:37–40 *80*
2:1–47 *133*	8:4–8 *135*	12:25 *136*	15:38 *150*
2:10 *218*	8:4–25 *65*	13:1–14:28 *136*	16:1 *184*
2:14–21 *133*	8:9–25 *135*	13:1–16:5 *136*	16:1–2 *277*
2:14–40 *133*	8:14–25 *110*	13:2 *140*	16:2 *277*
2:16–21 *140*	8:26–38 *135*	13:4 *136*	16:6 *158*
2:21 *341*	8:26–40 *65*	13:4–14:28 *159*	16:6–10 *140*
2:22–36 *133*	8:29 *140*	13:6 *35*	16:6–19:20 *137*
2:23 *334*	8:39 *140*	13:7 *32*	16:6–40 *240*
2:33 *133*	8:39–40 *135*	13:8 *129*	16:8–17 *127*
2:36 *334*	9:1–9 *6*	13:13 *80*	16:10 *137*
2:37–40 *133*	9:1–18 *140*	13:13–52 *34*	16:14 *240*
2:38 *334*	9:1–19 *151*	13–14 *151*	16:15 *240*
2:41–47 *133*	9:1–31 *135*	13:15 *301*	16–18 *151*
2:42 *126*	9:2 *341*	13:16–41 *136*	17 *170*
3:1–4:23 *109*	9:3–6 *104*	13:26 *35*	17:1–10 *171*
3:1–4:31 *133*	9:15 *135*	13:28–39 *140*	17:2 *138*
3:1–6:7 *133*	9:16 *112*	13:38–39 *159*	17:3 *138*
3:1–10 *133*	9:26–30 *159*	13:43 *35*	17:4 *35*
3:13–26 *133*	9:32–11:18 *135*	13:45 *160*	17:5 *171*
3:15 *140*	9:32–12:24 *135*	13:48 *159*	17:5–10 *169*
4:1–4 *134*	9:32–43 *136*	13:50 *35*	17:10 *174*
4:5–22 *134*	9:36 *129*	14:1–7 *137*	17:13–14 *169*
4:12 *341*	10:2 *35*	14:3 *160*	17:14–15 *277*
4:23 *140*	10:9–16 *35*	14:4 *159*	17:14–16 *170*
4:26 *136*	10:9–29 *136*	14:8–20 *137*	17:16–18:17 *185*
4:31 *134*	10:14 *129*	14:11–13 *32*	17:17 *35*
4:32–6:7 *134*	10:19–20 *140*	14:21 *159*	17:18 *138*
4:32–37 *134*	10:22 *35*	14:21–23 *277*	17:23 *138*
4:33 *140*	10:24–48 *136*	14:21–28 *137*	17:34 *138*
4:36 *129*	10:34–43 *79*	14:23 *279*	18 *184*
5:1–11 *134*	10:35 *35*	15 *127, 151*	18:1–22 *188*
5:12–16 *134*	10:39 *334*	15:1 *137*	18:2 *232*
5:17 *352*	10:42 *334*	15:1–20 *159*	18:3 *146*
5:20 *134*	11:1–18 *136*	15:1–21 *320*	18:4 *187*
5:29 *134*	11:16 *15*	15:1–29 *130*	18:5 *170*
5:33–39 *147*	11:19 *322*	15:1–30 *159*	18:7 *35*
5:34–39 *147*	11:19–26 *136*	15:1–35 *137*	18:8 *187*
5:40 *134*	11:26 *341*	15:2 *279*	18:11 *151*
6:1–6 *288*	11:27–12:24 *136*	15:5 *137*	18:12 *151*
6:1–7 *134*	11:27–30 *136*	15:13 *318*	18:17 *184*
6:5 *135*	11:28 *92*	15:14 *318*	18:21 *138*
6–7 *130*	11:28–30 *320*	15:16–17 *15*	18:23 *158*
6:7 *134*	11:30 *159*	15:19 *318*	18:23–19:20 *138*

Índice de las Escrituras

18:23–20:1 *188*
18:24–19:7 *139*
19:8 *248*
19:10 *152*
19:11–20 *139*
19–21 *152*
19:21 *215*
19:21–21:16 *139*
19:21–28:31 *139*
19:22 *216*
19:23–20:1 *189*
19:28–41 *276*
19:29 *216*
20 *215*
20:1–2 *152*
20:1–3 *215*
20:1–6 *185*
20:2 *184*
20:3 *216*
20:4 *158*
20:16 *129*
20:17 *279*
20:22–23 *140*
20:25 *93*
20:28 *140*
20:28–31 *279*
20:31 *152*
21:1–16 *139*
21:4 *140*
21:10–14 *92*
21:15–17 *159*
21:17–23:35 *139*
21:18 *279*
21:18–25 *319*
21–23 *152*
21:27–40 *152*
21–28 *232*
21:38 *215*
21:39 *146*
22:3 *146*
23:6 *148*
23:8 *36*
23:11 *139*
23:16 *318*
23:26 *129*
24:1–26:32 *139*
24:1–27 *139*
24:3 *129*
24:5 *352*
24:14 *341*
24:15 *140*

24–27 *152*
25:1–12 *139*
25:13–27 *139*
25:19 *140*
25–26 *23*
26:1–32 *139*
26:5 *352*
26:9–11 *148*
26:14 *149*
26:22 *140*
26:23 *140*
26:25 *129*
26:28 *341*
27 *127, 152*
27:1–28:31 *139*
27:2 *257*
27:7–13 *277*
27:27–40 *152*
28 *152*
28:15 *178*
28:16 *239*
28:20 *140*
28:23–28 *127*
28:25–27 *130*
28:28 *130*
28:30–31 *239*

Romanos

1:1 *223*
1:1–2 *224*
1:1–4 *212*
1:1–4:25 *233*
1:1–7 *221*
1:1–15 *222*
1:2 *223*
1:3–4 *152*
1:4 *223*
1:5 *195*
1:5–6 *218*
1:7 *217*
1–8 *222*
1:8–10 *224*
1:8–15 *222*
1:10–15 *221*
1:15 *217*
1:16 *152*
1:16–4:25 *222*
1:16–11:36 *221*
1:16–17 *212*
1:17 *212*

1:18 *152*
1:18–3:20 *213*
1:18–4:25 *222*
1:18–32 *152*
1:26–27 *225*
2 *218*
2:1 *225*
2:4 *225*
2:5 *225*
2:5–16 *152*
2:9 *221*
2:25 *225*
2:27 *225*
2:28–29 *225*
3:1–4 *225*
3:7–8 *225*
3:9 *221*
3:9–20 *152*
3:10–18 *15*
3:19–20 *225*
3:21–4:20 *233*
3:21–4:25 *222*
3:21–5:2 *212*
3:21–22 *233*
3:21–23 *225*
3:21–25 *116*
3:21–26 *212*
3:22 *221*
3:23 *213*
3:25 *226*
3:28 *327*
3:28–30 *221*
3:31 *226*
4:1 *218*
4:3 *212*
4:9 *212*
4:10 *226*
4:13–15 *226*
4:18 *226*
4:19 *226*
4:22–23 *212*
4:25 *223*
5:1 *226*
5:1–5 *226*
5:1–8:39 *222*
5:1–11 *222*
5:6 *226*
5:6–8 *153*
5:8 *213*
5:9 *153*
5:9–11 *227*

5:10 *152*
5:12 *227*
5:12–21 *222*
5:13 *227*
5:15 *227*
5:20 *227*
5:21 *222*
6:1–2 *227*
6:1–7:6 *153*
6:1–8:39 *222*
6:1–23 *222*
6:3 *227*
6–8 *213*
6:11–14 *227*
6:14 *218*
6:18 *227*
6:23 *153*
7:1 *218*
7:1–25 *222*
7:4 *218*
7:7 *228*
7:13 *228*
7:14–25 *228*
8:1–4 *153*
8:1–17 *222*
8:2 *228*
8:3 *153*
8:5 *229*
8:9 *228*
8:15 *144*
8:15–17 *153*
8:17 *228*
8:18 *228*
8:18–39 *222*
8:28 *228*
8:29–30 *228*
8:39 *222*
9:1–5 *222*
9:1–11:36 *222*
9:2 *183*
9:6 *229*
9:6–18 *15*
9:6–29 *222*
9–11 *213*
9:12–19 *152*
9:14–18 *229*
9:19–21 *229*
9:30–10:21 *222*
9:30–32 *229*
9:33 *229*
10:1–4 *229*

10:4 *226*	16:3–5 *232*	5:13 *197*	13:2 *144*
10:9 *213*	16:5 *218*	6:1–11 *193*	13:12 *xii*
10:13 *223*	16:13 *81*	6:12–20 *191*	14:1–6 *200*
10:14–21 *230*	16:14 *218*	7 *182*	14:6–12 *200*
10:19 *230*	16:15 *218*	7:1 *190*	14:8–10 *201*
10:20 *230*	16:17–18 *223*	7:1–5 *208*	14:13–19 *201*
11 *230*	16:17–20 *220*	7:1–7 *197*	14:20–25 *201*
11:1–10 *222*	16:19–24 *223*	7:1–16:4 *193*	14:21 *201*
11:11–12 *230*	16:21 *277*	7:1–40 *193*	14:26–33 *201*
11:11–32 *223*	16:22 *214*	7:8 *198*	14:33–36 *201*
11:13 *218*	16:23 *152*	7:10–11 *144*	14:37–40 *201*
11:17–21 *230*	16:25–27 *222*	7:10–16 *198*	15 *182*
11:31 *218*		7:17–24 *198*	15:1–2 *201*
11:33–36 *223*	**1 Corintios**	7:21–23 *187*	15:1–58 *193*
12:1 *230*		7:25 *193*	15:2 *328*
12:1–2 *223*	1:1 *187*	7:25–40 *198*	15:3–4 *201*
12:1–15:13 *221*	1:1–3 *193*	7:37 *193*	15:3–5 *144*
12:2 *231*	1:1–9 *193*	8:1 *193*	15:5 *104*
12:3–8 *231*	1:2 *185*	8:1–11:1 *193*	15:5–8 *202*
12:3–21 *223*	1:2–3 *195*	8:1–13 *187*	15:6 *104*
12:9–21 *231*	1–4 *182*	9 *182*	15:7 *104*
12:14 *144*	1:4–9 *193*	9:1–18 *146*	15:8 *104*
13:1 *343*	1:7–10 *195*	9:1–27 *199*	15:9–11 *201*
13:1–7 *220*	1:10–4:7 *358*	9:5 *357*	15:12 *279*
13:5 *343*	1:10–4:20 *193*	9:14 *144*	15:12–19 *202*
13:8–10 *144*	1:10–4:21 *191*	9:24–27 *186*	15:12–57 *153*
13:8–14 *223*	1:10–17 *183*	10:1–13 *199*	15:14 *223*
13:13–14 *213*	1:11 *188*	10:1–22 *187*	15:17 *223*
14:1–8 *231*	1:12 *191*	10:14–22 *199*	15:20 *116*
14:1–15:6 *220*	1:14 *372*	10:23–11:1 *199*	15:20–28 *202*
14:1–15:13 *218*	1:18–25 *195*	10:25–11:1 *187*	15:23 *209*
14:14 *144*	1:19 *281*	11:2–16 *199*	15:27–28 *343*
14:15 *219*	1:26–31 *195*	11:2–34 *193*	15:32 *33*
14:19 *231*	2:1–5 *195*	11:8–9 *262*	15:34 *279*
15 *214*	2:6–16 *196*	11:17–22 *200*	15:35–49 *202*
15:14–16 *220*	2:14 *358*	11:17–24 *220*	15:35–57 *144*
15:14–16:27 *223*	3:1–3 *339*	11:17–34 *200*	15:50–58 *202*
15:14–33 *221*	3:1–9 *196*	11:19 *352*	15:51–52 *116*
15:19 *214*	3:10–17 *196*	11:23 *46*	15:52 *178*
15:20 *219*	3:18–23 *196*	11:23–26 *144*	16 *191*
15:23 *214*	4:1–20 *196*	11:27–34 *200*	16:1 *193*
15:23–29 *151*	4:6–8 *187*	12:1 *193*	16:1–4 *182*
15:24 *215*	4:10–13 *187*	12:1–3 *200*	16:5–11 *189*
15:25 *214*	4:12 *146*	12:1–14:40 *193*	16:5–12 *193*
15:25–29 *219*	4:17 *277*	12:4–11 *200*	16:5–24 *193*
15:26 *215*	4:21 *189*	12:12–31 *200*	16:8 *184*
15:28 *215*	5 *182*	12:13 *35*	16:9 *189*
16 *216*	5:1–13 *191*	12–14 *182*	16:10 *277*
16:1–2 *152*	5:9 *184*	13 *183*	16:10–11 *189*
16:1–16 *223*	5:10–13 *188*	13:1 *208*	16:12 *193*
16:1–23 *222*	5:11 *184*	13:1–3 *181*	16:13–18 *193*

Índice de las Escrituras

16:15–18 *188*
16:16 *343*
16:19 *276*
16:19–24 *193*
16:21 *275*

2 Corintios

1:1 *184*
1:1–2 *193*
1:2 *195*
1:3–7 *193*
1:3–11 *182*
1:8–11 *193*
1:12 *183*
1:12–14 *194*
1:15–22 *194*
1:15–24 *189*
1:23–2:4 *194*
2:1 *184*
2:2–4 *189*
2:3–9 *189*
2:4 *184*
2:5 *183*
2:5–11 *182*
2:8 *281*
2:12 *190*
2:12–13 *278*
2:12–17 *194*
2:13 *190*
3 *209*
3:1–3 *194*
3:4–6 *194*
3:7–18 *194*
4:1–6 *194*
4:4 *262*
4:7–18 *182*
4:14 *183*
5:1–10 *194*
5:10 *183*
5:11–6:2 *194*
5:16–21 *182*
5:17 *183*
5:20 *205*
5:21 *153*
6:3–13 *194*
6:5 *146*
6:7 *183*
6:14–7:1 *187*
6:16 *183*
7:2–16 *194*

7:5 *184*
7:5–6 *278*
7:8 *184*
7:8–12 *189*
7:10 *190*
7:13–14 *278*
8:1 *184*
8:1–4 *190*
8:1–7 *187*
8:2 *190*
8:6 *278*
8:8–15 *194*
8:13–15 *187*
8:16 *278*
8:16–24 *194*
8:23 *278*
9 *182*
9:1–5 *194*
9:2 *184*
9:6–15 *194*
10:1–11 *194*
10:3–6 *246*
10:12–18 *194*
11:1–4 *190*
11:7–11 *170*
11:9–10 *183*
11:16–33 *194*
11:23 *146*
11:23–29 *151*
11:27 *146*
11:32–33 *149*
12:1–10 *182*
12:11 *190*
12:11–13 *194*
12:14–13:4 *194*
12:16 *183*
12:18 *278*
13:1–2 *184*
13:5–12 *194*
13:13 *194*

Gálatas

1:1 *157*
1:1–5 *161*
1:1–9 *161*
1:2 *157*
1:3 *195*
1:6–2:21 *161*
1:6–9 *155*
1:8 *158*

1:10–2:21 *161*
1:10–6:10 *161*
1:11–12 *162*
1:11–16 *296*
1:13 *148*
1:14 *147*
1:16 *160*
1:17 *149*
1:18 *149*
1:19 *319*
1:21 *160*
1:23 *356*
2:1 *158*
2:1–3 *278*
2:1–5 *278*
2:1–10 *149*
2:2 *160*
2:3–5 *278*
2:4 *357*
2:5 *160*
2:9 *158*
2:10 *160*
2:11–13 *320*
2:11–14 *156*
2:11–21 *35*
2:13 *158*
2:15–16 *164*
3:1 *157*
3:1–4:7 *156*
3:1–4:11 *161*
3:1–5 *163*
3:1–5:1 *161*
3:2 *164*
3:5 *165*
3:6 *156*
3:6–9 *163*
3:6–14 *164*
3:10–14 *155*
3:11 *224*
3:13 *162*
3:15–16 *163*
3:16–26 *29*
3:19–26 *163*
3:22 *15*
3:24 *156*
3:27–4:7 *163*
3:28 *155*
4:4 *29*
4:5–7 *29*
4:6 *144*
4:8–11 *163*

4:11–15 *158*
4:12–6:10 *163*
4:12–16 *151*
4:12–20 *163*
4:13 *159*
4:13–16 *159*
4:19 *158*
4:21–31 *163*
4:22 *15*
4:27 *15*
4:30 *15*
5:1–15 *156*
5:2–6:10 *161*
5:3 *160*
5:11 *148*
5:13–15 *165*
5:14 *144*
5:15–26 *164*
5:16–26 *156*
5:20 *352*
5:22 *165*
5:22–23 *153*
5:22–24 *153*
6:11 *157*
6:11–18 *161*
6:15 *155*
6:16 *165*

Efesios

1:1 *248, 253*
1:1–2 *250*
1:2 *195, 253*
1:3 *250, 254*
1:3–3:21 *250*
1:3–6:20 *250*
1:3–14 *246, 250, 253, 254*
1:4–5 *250*
1:4–14 *254*
1:5 *153*
1:6 *250*
1:7–12 *250*
1:9–10 *246*
1:10 *153, 237, 246, 250, 254*
1:12 *250*
1:13 *250, 253*
1:14 *250*
1:15 *253*
1:15–3:21 *250*

1:15–23   250, 251
1:17   254
1:19   253
1:19–22   254
1:20   251, 254
1:20–23   237, 251
1:21   252
1:22   343
2:1–10   250, 251
2:4–5   153, 251
2:5   253
2:6   251, 254
2:7   251
2:8   251, 253
2:8–9   327, 328, 251
2:8–10   165, 328
2:10   251
2:11–12   251, 254
2:11–22   237, 250, 251, 254
2:13–22   254
2:14–18   253
2:15   215
2:16   254
2:18   254
2:19   254
2:19–20   281
2:21–22   251
2:22   254
3:1–13   250, 251, 252
3:2   248
3:4–5   254
3:5–6   252
3:6   253
3:8–9   252
3:10   252, 254
3:12   253
3:14–17   254
3:14–19   254
3:14–21   250, 251, 252
3:15   254
3:17   253
3:18–19   252
3:20–21   252
3:21   153, 251
4:1   281, 252
4:1–6   252
4:1–6:20   250, 252
4:1–13   252

4:1–16   252
4:3   253, 255, 269
4:4–6   254, 255
4:5   253
4:7–10   252
4:7–13   252
4:8   252
4:9   254
4:11   376
4:11–12   252
4:12–13   252
4:13   252, 253, 255
4:14   369, 252
4:15   253
4:15–16   252
4:17–19   252
4:17–32   252
4:21   248, 253
4:24   253
4:24–25   253
5:1–6   252
5:2   252
5:6–7   252
5:6–14   252
5:7–14   252
5:8   252
5:8–10   252
5:9   253
5:11–14   252
5:15   252
5:15–6:9   252
5:15–17   252
5:18   253, 254
5:18–20   254
5:19   253
5:20   253
5:21   343, 253
5:22   253
5:22–6:9   237, 253
5:23   253
5:24   343
5:26   253
5:28   253
6:1   253
6:3   254
6:4   253
6:5–9   343
6:9   253
6:10–13   253
6:10–17   252
6:10–18   246, 269

6:10–20   252, 253
6:11   252, 253
6:12   254
6:13   252, 253
6:14   252, 253
6:14–17   253
6:18   253
6:18–20   252, 253
6:19–20   253
6:21   236
6:21–22   254
6:21–24   250, 254
6:22   254
6:23   254
6:24   254

Filipenses

1:1   240, 242
1:1–2   242
1:2   242
1:3–4:20   242
1:3–11   242
1:5   240, 242
1:5–6   245
1:6   242
1:7   238, 242
1:8   242
1:9–11   242
1:12–2:30   243
1:12–4:9   242, 243
1:12–13   245
1:12–14   238
1:12–20   237
1:12–26   243
1:13   238, 239
1:14   239
1:15–17   243
1:17   238
1:19   240
1:20–24   243
1:21   238
1:21–25   236
1:21–26   238
1:27   241, 245
1:27–30   237
1:28   243
1:29   243
2:2   183
2:3–4   245
2:5–11   243, 245

2:5–12   237
2:7–8   153
2:8   243, 245
2:9–10   341
2:9–11   153
2:10–11   238
2:12–13   245
2:19–22   277
2:19–23   240
2:19–24   243
2:20   277
2:22   277
2:24   239, 240
2:25–30   240, 243
2:27   243, 245
2:30   243
3:1–3   243
3:1–4:9   243
3:2   245
3:4–6   243
3:5   146
3:5–6   148
3:7   243
3:8   243
3:9   243
3:10   244
3:11   244, 245
3:12   244
3:12–14   244
3:15   244
3:16   244
3:17   243
3:17–19   244
3:19   244
3:20   244
3:20–21   244
3:21   244
4:1   244
4:2   240, 244, 245
4:3   244, 245
4:4   238, 244
4:6   244
4:7   244
4:8   244
4:9   243, 244
4:10   244
4:10–20   242, 244
4:10–23   322
4:11   244
4:12   244
4:13   238, 244

4:14 244
4:15–16 241, 244
4:16 171
4:18 244
4:19 244
4:20 244
4:21–23 242, 244
4:22 239, 244
4:23 244

Colosenses

1:1 256
1:1–2 259
1:1–8 259
1–2 262
1:2 195
1:3–8 259
1:4–5 259
1:5–6 259
1:6 259
1:7 259
1:9 259
1:9–2:23 259
1:9–4:6 259
1:9–12 256
1:10–12 259
1:12–13 260
1:14 260
1:15 260, 262
1:15–17 260
1:15–20 258, 260, 261
1:16 262
1:17 262
1:18 260, 262
1:18–20 260
1:19 260
1:20 260
1:21 152
1:21–22 260
1:21–23 260
1:23 256, 260
1:24 260
1:24–2:3 237
1:24–2:5 260
1:25 260
1:26 260
1:27 260
1:28 260
1:29 260

2:1 260
2:2 260
2:3 260
2:4 260
2:4–23 33
2:5 260
2:6–7 256, 260
2:6–10 255
2:6–23 260
2:8 258, 260
2:9 258, 260
2:10 258, 260
2:11 258
2:11–12 260
2:13 258, 260
2:14 261
2:15 261
2:16 258
2:16–17 261
2:18 258
2:18–19 261
2:18–23 279
2:20–21 258
2:20–23 261
2:21 258
2:23 258
3:1–2 258, 262
3:1–4 261
3:1–4:1 237
3:1–4:6 261
3:5 262
3:5–8 261
3:8 338
3:9 262
3:9–10 153
3:9–11 261
3:10 262
3:12–17 261
3:17 256, 262
3:18 343
3:18–4:1 261, 262
3:19 340
4:1 268
4:2 256
4:2–4 261
4:5–6 261
4:7 236
4:7–9 261
4:7–18 261
4:9 237
4:10 264

4:10–14 261
4:12 237
4:14 264
4:15–17 261
4:16 275
4:17 264
4:18 256, 261

1 Tesalonicenses

1:1 174
1:2–3:13 174
1:2–4 174
1:2–10 174
1:4 168
1:5 171
1:5–7 174
1:8–10 174
1:9 171
2:1–4 175
2:1–12 174
2:5–9 175
2:9 171
2:10–12 175
2:13–16 175
2:17–3:10 175
2:17–20 175
3:1–5 175
3:1–10 170
3:2 277
3:6–10 175
3:11–13 175
3:12 175
4:1 281
4:1–2 175
4:1–5:11 144
4:1–5:22 175
4:1–8 175
4:2 175
4:3 175
4:3–8 175
4:7 176
4:8 175
4:9 175
4:9–12 175
4:10 175
4:10–12 179
4:11 175
4:12 176
4:13 175, 176
4:13–5:11 175

4:13–18 167, 168, 176
4:14–16 176
4:16–17 116
4:17 176
5:1 172
5:1–8 176
5:1–11 176
5:1–22 168
5:9–11 176
5:12–14 168
5:12–18 176
5:12–22 176
5:14 176
5:19–22 176
5:23 168
5:23–28 176
5:24 176
5:27 6

2 Tesalonicenses

1:1 169, 170
1:1–2 176
1:2 195
1:3–4 176
1:5–7 176
1:5–10 153
1:7–10 176
1:11–12 14
2:1–2 174
2:1–12 144
2:2 275
2:2–3 169
2:3 177
2:3–4 168
2:3–12 174
2:4 177
2:5–8 177
2:7 168
2:8 176
2:9–12 177
2:13–15 168
2:13–17 174
2:16–17 177
3:1–5 174
3:1–15 174
3:3–5 177
3:6 177
3:6–13 168
3:6–15 174

3:7–13 *177*
3:8 *146*
3:11 *172*
3:16–18 *174*
3:17 *169*

1 Timoteo

1:1 *274*
1:1–2 *284*
1:2 *277*
1:3 *276*
1:3–4 *280*
1:3–11 *285*
1:3–20 *284*
1:4 *279*
1:6 *280*
1:7 *279*
1:12–17 *283*
1:15 *289*
1:18–20 *280*
1:19 *289*
1:19–20 *279*
1:20 *279*
2:1 *280*
2:1–3:16 *280*
2:1–8 *283*
2:3–4 *271*
2:7 *376*
2:8–15 *285*
2:9–15 *272*
2:11–15 *281*
2:14–15 *288*
2:15 *33*
3:1 *289*
3:1–7 *283*
3:1–12 *272*
3:2 *376*
3:3 *280*
3:6 *288*
3:7 *288*
3:8–10 *288*
3:8–12 *287*
3:8–13 *283*
3:13 *288*
3:14–15 *283*
3:14–16 *285*
3:15 *281*
3:16 *281*
4:1 *281*
4:1–3 *280*
4:1–5 *279*
4:1–6:2 *284*
4:3 *279*
4:6–16 *285*
4:7 *279*
4:7–8 *33*
4:8–9 *289*
4:10 *271*
4:11 *376*
4:11–16 *272*
4:12 *277*
4:13 *6*
4:16 *272*
5:1–2 *285*
5:1–16 *288*
5:3–16 *281*
5:13 *289*
5:14–15 *288*
5:15 *289*
5:17–25 *281*
5:18 *144*
5:19–20 *277*
6:1–2 *283*
6:2 *279*
6:2–10 *285*
6:2–21 *284*
6:3–10 *283*
6:4 *280*
6:5 *280*
6:6 *272*
6:7 *273*
6:9 *289*
6:9–10 *289*
6:10 *273*
6:11 *289*
6:11–16 *283*
6:12 *289*
6:15–16 *285*
6:17–19 *283*
6:20 *280*
6:20–21 *273*

2 Timoteo

1:1 *274*
1:1–2 *284*
1:1–7 *284*
1:2 *277*
1:3–7 *285*
1:3–18 *284*
1:5 *277*
1:8 *281*
1:8–12 *284*
1:8–14 *285*
1:9–10 *281*
1:10 *271*
1:11 *376*
1:12 *281*
1:14 *281*
1:15–18 *285*
2:1–7 *284*
2:1–26 *284*
2:2 *376*
2:11–13 *281*
2:14 *279*
2:14–26 *284*
2:15 *vii*
2:16 *280*
2:17–18 *279*
2:19 *281*
2:22 *272*
2:23 *280*
2:26 *289*
3:1–4:8 *284*
3:1–9 *286*
3:2 *280*
3:3–4 *280*
3:4 *280*
3:6–9 *280*
3:10–11 *277*
3:10–17 *286*
3:15 *277*
3:16 *4*
3:16–17 *viii*
3:17 *17*
4:1–2 *271*
4:1–8 *286*
4:2 *279*
4:4 *279*
4:6–8 *281*
4:7 *289*
4:9–18 *284*
4:10 *278*
4:11 *128*
4:14 *347*
4:15 *289*
4:18 *289*
4:19–22 *284*
4:20 *216*

Tito

1:1 *274*
1:1–4 *286*
1:4 *278*
1:5 *277*
1:5–9 *287*
1:5–16 *286*
1:6–9 *272*
1:7 *278*
1:10 *277*
1:10–13 *280*
1:10–16 *287*
1:11 *280*
1:12 *277*
1:13 *279*
1:14 *279*
1:15 *279*
2:1–2 *287*
2:1–15 *286*
2:3–5 *287*
2:5 *343*
2:9 *343*
2:9–10 *287*
2:10 *284*
2:11–14 *287*
2:15 *287*
3:1 *284*
3:1–2 *287*
3:3–11 *287*
3:4–7 *282*
3:4–8 *289*
3:9 *279*
3:10 *279*
3:12 *278*
3:12–15 *284*

Filemón

1 *277*
1–3 *266*
1–7 *266*
2 *264*
3 *267*
4 *267*
4–7 *266*
5 *264*
6 *267*
7 *264*
8–9 *267*
8–11 *267*

Índice de las Escrituras

8–20 *267*
10 *267*
11 *267*
12 *268*
12–16 *267*
13 *267*
14 *267*
15–16 *267*
17 *267*
17–20 *263*
18–19 *267*
19 *264*
20 *267*
21 *268*
21–25 *267*
22 *265*
23 *264*
23–24 *268*
24 *264*
25 *268*

Hebreos

1:1–2 *12*
1:1–2:18 *303*
1:1–4 *294*
1:1–4:16 *303*
1:4 *303*
1:5 *303*
1:5–6 *304*
1:5–14 *304*
1:5–18 *304*
1:7–12 *304*
1:13–14 *304*
2:1–4 *294*
2:3 *297*
2:5 *302*
2:5–9 *304*
2:9 *304*
2:11 *304*
2:12–13 *304*
2:14–15 *304*
2:16–18 *304*
2:17 *306*
3:1 *306*
3:1–2 *304*
3:1–6 *305*
3:3–4 *305*
3:6 *305*
3:7–4:11 *298*
3:7–4:13 *313*

3:7–19 *305*
3:14 *307*
4:1–13 *305*
4:2 *314*
4:8 *305*
4:11 *305*
4:11–10:25 *303*
4:11–16 *305*
4:13 *305*
4:14 *302*
4:14–5:10 *295*
4:14–16 *306*
4:16 *306*
5:1–10 *306*
5:5–6 *306*
5:7–8 *306*
5:8 *306*
5:10 *302*
5:11 *302*
5:11–6:3 *300*
5:11–6:8 *301*
5:11–6:12 *313*
5:12–14 *339*
6:1 *301*
6:1–2 *307*
6:1–7:3 *303*
6:4–6 *307*
6:4–12 *307*
6:6 *307*
6:7–8 *307*
6:8 *314*
6:9 *302*
6:9–10 *307*
6:10 *300*
6:13–7:3 *307*
7:1 *302*
7:1–3 *307*
7:1–9:28 *302*
7:1–28 *295*
7:4–10 *308*
7:4–10:25 *303*
7:4–28 *308*
7:11–19 *308*
7:17 *308*
7:20–25 *308*
7:25 *313*
7:26 *308*
7:27 *294*
8:1 *302*
8:1–6 *308*
8:1–9:25 *295*

8:1–10:18 *308*
8:6 *308*
8:7–13 *308*
8:8 *309*
8:8–13 *301*
8:26 *294*
9:1–10 *309*
9:1–14 *309*
9:5 *302*
9:6–10 *298*
9:8 *309*
9:11–14 *309*
9:11–28 *116*
9:15–28 *309*
10:1–4 *309*
10:5–10 *309*
10:11–14 *309*
10:19–11:40 *303*
10:19–13:16 *303*
10:19–25 *301*
10:19–39 *313*
10:22 *301*
10:23 *301*
10:24 *302*
10:25 *300*
10:26–31 *310*
10:26–39 *310*
10:29 *310*
10:32 *298*
10:32–39 *310*
10:34 *300*
10:39 *311*
11:1 *311*
11:1–3 *311*
11:4–12 *311*
11:7 *328*
11:12 *226*
11:13–16 *311*
11:17–31 *311*
11:19 *226*
11:31 *325*
11:32 *297*
11:32–40 *311*
12:1–2 *294*
12:1–13 *311*
12:1–40 *311*
12:3–13 *300*
12:4 *298*
12:4–10 *311*
12:11 *311*
12:12–13 *311*

12:14 *312*
12:14–17 *312*
12:14–29 *313*
12:15 *312*
12:18–24 *312*
12:25–29 *312*
13:1–4 *312*
13:1–16 *303*
13:5–6 *312*
13:5–16 *312*
13:7 *298*
13:7–8 *312*
13:9–15 *312*
13:12–14 *300*
13:13 *300*
13:16 *312*
13:17 *300*
13:17–25 *303*
13:18–19 *312*
13:19–23 *296*
13:20–25 *312*
13:22 *302*
13:23 *297*
13:24 *298*

Santiago

1:1 *316, 318, 321, 323*
1:2 *319*
1:2–4 *323*
1:2–12 *323*
1:2–18 *323, 328*
1:2–27 *323*
1:4 *319*
1:5 *317, 319*
1:5–8 *323*
1:6 *321*
1:9–11 *317, 323*
1:10 *318*
1:11 *321*
1:12 *319*
1:16 *323, 324*
1:17 *319, 323*
1:18 *324*
1:19 *324*
1:19–20 *324*
1:19–21*
1:19–27 *323, 324, 328*
1:20 *319*

1:21 *324*	4:1–10 *326*	1:7–9 *338*	3:7 *340*
1:22 *324*	4:1–17 *329*	1:10–12 *338*	3:8 *343*
1:22–23 *319*	4:2 *326*	1:11 *334*	3:8–4:11 *337*
1:22–27 *329*	4:2–3 *319*	1:12 *334*	3:8–12 *339*
1:26 *325*	4:3 *326*	1:12–13 *343*	3:10–12 *340*
1:26–27 *324*	4:4 *319, 326*	1:13 *342*	3:13 *337, 340*
1:27 *317*	4:5 *319*	1:13–16 *338*	3:13–4:6 *338, 339, 340*
2:1 *324, 329*	4:6 *326*	1:13–25 *337, 338*	3:13–17 *339*
2:1–7 *324*	4:8 *319*	1:16 *337*	3:13–18 *332*
2:1–13 *317, 324, 328*	4:11–5:11 *323, 324, 326*	1:17 *321, 338*	3:14 *334*
2:1–26 *322, 323, 324*	4:11–12 *326*	1:17–21 *338*	3:15 *344*
2:2 *321*	4:13 *321*	1:18 *336*	3:15–17 *331*
2:4 *325*	4:13–17 *317*	1:20 *334*	3:16 *336, 340*
2:5 *318, 319*	4:16–17 *326*	1:20–21 *349*	3:18–22 *339*
2:7 *318*	4:52 *15*	1:22–25 *338*	3:19–20 *340*
2:8 *318*	5:1–3 *319*	2:1 *337*	3:22 *334, 340, 343*
2:8–13 *324, 325*	5:1–6 *317, 323*	2:1–3 *339*	4:1 *334*
2:10–12 *319*	5:2 *318*	2:1–10 *332, 337, 338*	4:1–2 *342*
2:11–5:11 *323, 324*	5:5 *326*	2:2 *338*	4:1–6 *339*
2:13 *319*	5:7 *321*	2:3 *339*	4:2 *334*
2:14–16 *319*	5:7–11 *326*	2:4 *334*	4:3 *336*
2:14–26 *316, 324, 327, 328*	5:10 *319*	2:4–10 *337, 339*	4:5 *340*
2:15–17 *325*	5:11 *317, 326*	2:5 *334*	4:6 *340*
2:17 *328*	5:12 *319, 323, 327*	2:6 *339*	4:7 *337*
2:18 *328*	5:12–20 *323, 327*	2:7 *339*	4:7–11 *340*
2:19 *325*	5:13–18 *323, 327*	2:7–8 *339*	4:8 *327*
2:21 *321, 325*	5:14–16 *327*	2:8 *339*	4:11 *337*
2:21–22 *316*	5:17 *317*	2:9 *339*	4:12 *334, 336, 337, 341*
2:23 *328*	5:18 *318*	2:9–10 *339*	4:12–5:11 *338, 341*
2:24 *325, 328*	5:19 *318*	2:11 *321, 332, 337*	4:12–5:14 *337*
2:25 *325*	5:19–20 *319, 323, 327*	2:11–3:12 *338, 339, 340*	4:12–19 *338, 341*
2:26 *325*	5:20 *319*	2:11–4:11 *338, 339*	4:13 *336*
3:1 *325*		2:11–12 *339, 340*	4:14 *336, 337*
3:1–4:10 *323, 324, 325*	**1 Pedro**	2:13 *340*	4:16 *341*
3:1–12 *317, 324, 325, 328*	1:1 *321, 331, 336, 337, 338, 346*	2:13–3:7 *332*	4:19 *336, 341*
3:3–5 *325*	1:1–2 *337, 338*	2:13–15 *340*	5:1 *334*
3:6 *325*	1:1–2:10 *337*	2:13–17 *337, 339*	5:1–4 *341*
3:8 *325*	1:2 *334, 338, 342*	2:16–17 *340*	5:1–7 *337, 341*
3:9 *318*	1:3 *342*	2:17 *344*	5:1–11 *338*
3:12 *319, 321*	1:3–2:10 *337, 338*	2:18 *340, 343*	5:2–3 *341*
3:13 *325*	1:3–6 *338*	2:18–25 *337, 339, 340*	5:4 *341*
3:13–18 *317*	1:3–7	2:19 *336*	5:5 *341, 343*
3:14 *325*	1:3–12 *337, 338*	2:21–25 *332, 339*	5:6–7 *341, 342*
3:17 *323, 326*	1:5 *342*	2:24 *334*	5:8–9 *341, 342*
3:17–18 *325, 326*	1:5–6 *336*	3:1 *343*	5:8–11 *337, 341*
4:1–5 *324*	1:6 *336*	3:1–6 *340*	5:9 *343*
	1:6–7 *341*	3:1–7 *337, 339*	5:10–11 *341*
		3:5 *343*	5:12 *342*
			5:12–14 *337, 338*

Índice de las Escrituras

5:13   *335, 346*
5:14   *342*

2 Pedro

1:1   *348*
1:1–2   *347, 348*
1:2   *348*
1:3   *351*
1:3–3:13   *347*
1:3–7   *351*
1:3–11   *332, 347, 348, 351*
1:3–21   *347, 348*
1:4   *351*
1:5–7   *351*
1:6–7   *351*
1:8–11   *349*
1:11   *351, 352*
1:12   *349*
1:12–15   *347, 348, 349*
1:12–21   *347, 351*
1:14   *349*
1:14–15   *345*
1:15   *346, 349, 351*
1:16   *347, 350, 352*
1:16–18   *349*
1:16–21   *347, 348, 349*
1:17   *341*
1:17–18   *352*
1:19   *349, 352*
1:19–21   *352*
1:20   *349*
1:20–21   *349, 352*
1:21   *332*
2:1   *346, 352*
2:1–3   *348, 349, 352*
2:1–3:10   *351*
2:1–22   *346, 347, 348, 349*
2:2   *347, 351*
2:4   *349*
2:4–9   *348*
2:4–10   *348, 349*
2:5   *350*
2:5–6   *350*
2:7–9   *355*
2:10–12   *350*
2:10–16   *348, 350*
2:13   *346*
2:15   *351*
2:15–16   *350*
2:17–22   *348, 350*
2:18–19   *347*
2:22   *350*
3:1   *333*
3:1–13   *332, 347, 348, 350*
3:3–4   *347, 350*
3:4   *347, 352*
3:6   *350*
3:7   *350*
3:8–9   *350*
3:11   *351*
3:11–13   *351*
3:12   *352*
3:14   *352*
3:14–18   *347, 348, 351*
3:15   *346*
3:16   *342*
3:17–18   *331, 346*
3:18   *348*

1 Juan

1:1   *367, 381*
1:1–3
1:1–4   *371, 374, 375*
1:1–5   *370*
1:5–2:2   *374, 375*
1:5–2:27   *374, 375, 376*
1:6–7   *375*
1:6–10   *369*
1:9   *375*
2   *369, 374*
2:1   *371, 375, 376*
2:2   *365, 375*
2:3   *375*
2:3–6   *375*
2:3–11   *374, 375*
2:4–5   *371*
2:7–8   *367*
2:7–11   *375*
2:9   *375*
2:9–10   *369*
2:11   *378*
2:12–14   *367, 368, 371, 381*
2:12–15   *371*
2:12–17   *374, 376*
2:15–17   *376*
2:17   *374*
2:18   *369*
2:18–27   *374, 376*
2:24   *371, 376*
2:26   *370*
2:27   *376*
2:27–28   *371*
2:28   *374*
2:28–3:10   *374, 376*
2:28–3:24   *374, 376*
2:29   *374*
3:6   *376*
3:8   *376*
3:10   *369, 370*
3:10–15   *370*
3:11   *374*
3:11–24   *374, 377*
3:14   *371*
3:16–17   *378*
3:17   *371*
3:18   *381*
4:1   *368, 374, 377*
4:1–5:12   *374, 377*
4:1–6   *374, 377*
4:2   *370*
4:2–3   *370*
4:7   *368, 369*
4:7–12   *374, 377*
4:12   *377*
4:13   *371*
4:13–21   *374, 377*
4:15   *370*
4:15–16   *377*
4:16   *365*
4:17   *377*
5:1   *367, 370, 378*
5:1–12   *374, 377*
5:5   *370*
5:6   *367, 370*
5:6–12   *378*
5:11   *378*
5:11–12   *364*
5:11–13   *365*
5:13   *371, 375, 378, 381*
5:13–21   *374, 378*
5:14–17   *378*
5:16   *378*
5:18   *378*
5:19–20   *378*
5:21   *372*

2 Juan

1   *370, 371*
1–3   *375, 378*
4   *371*
4–6   *375, 379*
4–11   *375, 378, 379*
7   *368, 370*
7–8   *366*
7–11   *371, 375*
8–9   *370*
8–11   *372*
9   *379, 381*
9–11   *364*
10   *379*
12–13   *375, 379*
13   *371*

3 Juan

1   *370*
1–4   *375, 379*
4   *364*
5–8   *375, 379*
5–10
5–12   *375, 379*
6   *379*
6–8   *381*
9–10   *372, 375, 379*
11–12   *375, 379*
12   *372*
13–14   *375, 380*

Judas

1   *356, 361*
1–2   *359, 360*
1–4   *358*
3   *357, 358, 359, 361, 362*
3–4   *359, 360*
4   *357, 361*
5–7   *359, 360, 361*
5–19   *355, 356, 358, 359, 360, 361*
6   *357*
7   *357*

8   357, 358
8–16   359, 360
9–10   357
10   357, 358
11   357
11–13   357
12   357
12–13   357
14   355
15   358
16   358
17–19   359, 360, 361
18   358
19   357, 358
20–21   358
20–23   358, 360, 361
21   355
22–23   358, 359
23   357
24   355
24–25   353, 358, 359, 360, 361

Apocalipsis

1:1   383, 384
1:1–8   394
1:3   384, 391
1:4   401, 402
1:4–6   394
1:6   400
1:7   382, 394
1:8   402
1:9   384, 385, 389
1:9–3:22   393, 395
1:9–20   384, 395
1:10   393
1:11   389
1:12–20   390
1:19   389
2:1   389, 395
2:1–3:22   393, 395
2:2   395, 403
2–3   389, 403
2:4   386
2:7   395
2:9   389, 395
2:10   389, 390
2:11   395
2:12   395
2:13   385, 390, 395

2:14–15   386
2:17   395
2:18   395
2:19   395, 403
2:20   384
2:20–24   386
2:22   389
2:29   395
3:1   395
3:1–2   386
3:5   395
3:6   395
3:7   395
3:8   395
3:12   395
3:13   395
3:14   395
3:14–22   258
3:15   395
3:15–17   386
3:21   395
3:22   395
4:1   393
4:1–2   393, 394, 395
4:1–16:21   394, 395
4:2   393
4:3–11   394, 395
4:6–15
4:8   387, 402
4:9   402
4:11   386, 387
5:1   402
5:1–7   382
5:1–14   394, 396
5:2–4   390, 396
5:5–7   396
5:7   402
5:13   402
6:1–8   393
6:1–8:1   314
6:1–17   394, 396
6:9–11   390
6:10   399, 403
6:11   384
6:12   396
6:15   384
6–16   314
6:16   402
6:17   396
6–18   383, 403
7:1   396

7:1–8   396
7:1–17   394, 396
7:3   384
7:9–17   396
7:14   389, 396
7:15   402
8:1   396
8:1–9:21   394, 397
8:2–11:19   393
9:4   397
9:20–21   397
10:1–11   397
10:1–11:13   397
10:1–11:19   394, 397
10:7   384
10:8–11   384
11:1–13   397
11:7   397
11:7–10   397
11:10   384
11:11–12   398
11:15–19   398
11:16   391
11:17   402
11:18   384, 401, 402
12   398
12:1–15:1   394, 398
12:1–15:4   398
12:10   384
12:10–12   398
13   398
13:1–18   397, 398
13:4   390
13:9–10   398
13:10   403
13:11–17   398
13:15   390
13:15–16   390
14   398
14:6–13   398
14:7   402
14:8   387
14:9–11   390
14:12   382, 390, 403
15:1–16:21   393
15:2   390
15:3   402
15:5–8   398
16:1–21   394, 397, 398
16:2   390, 398

16:5   402
16:5–7   398
16:6   384
16:7   390, 402
16:13   384
16:14   402
16:19   387, 398
17:1   393, 399
17:1–2   394, 398
17:1–21:8   394, 398
17:3   393
17:3–6   394, 399
17:3–18   399
17:5   387
17:7–18   394, 399
17:9   387
17:14   390
17–18   393
18:1–3   399
18:1–19:10   399
18:1–24   394, 399
18:2   387
18:6–7   399
18:8   402
18:10   387, 402
18:20   384
18:21   387
18:21–24   399
18:24   384, 390
19:1–10   394, 399
19:2   402
19:6   386, 402
19:10   384, 391, 401
19:11   402
19:11–16   382, 383, 403
19:11–20:15   394, 400
19:11–21   399, 400
19:13   400
19:15   400, 402
19:17–21   400
19:20   400
19:20–21   400
19:21   400
20
20:1–3   400
20:1–15   399
20:4   390
20:4–6   400
20:10

Índice de las Escrituras

20:11–15 *400*
20:12 *402*
20:13 *402*
20:14 *400*
21:1–8 *394, 399, 400, 401*
21:5 *402*
21:8 *400*

21:9 *393*
21:9–10 *394, 401*
21:9–22:4 *394, 401*
21:9–27 *401*
21:10 *393*
21:11–27 *394, 401*
21:12–14 *401*
21–22 *393*

21:22 *402*
22:1–5 *394, 401*
22:6 *393*
22:6–21 *321, 394, 401*
22:7 *384, 391*
22:8 *383, 384*
22:8–11 *401*

22:9 *384*
22:10 *391*
22:11
22:12–16 *401*
22:18–19 *384, 391, 401*
22:20 *401*